[노모스 노동법총서 5]

근로계약법의 근본문제

The Root Problems in Labor contract law

강 희 원 저

by Hee-Won Kang

법 영 사

서 언 : 출간에 붙여

본서는 [노모스 노동법총서 시리즈] 제5권에 해당하는 것이긴 하지만, 책의 제목이 말하고 있듯이 근로계약법의 통상적인 기초이론 보다도 더 저변적인 문제들을 다루고 있다. 우리나라에서 근로계약법은 지금까지 단순히 민법 채권편에 있는 계약법의 특별부문으로 취급되어 왔기 때문에 「노동법으로서의 근로계약법」에 관해 독자적인 체계적 논의가 거의 이루어지지 않았다. 이러한 상황에서 필자는 「노동법으로서 근로계약법」을 근대의 시민사법(市民私法)적인 논의에 다시 포섭시켜서 논의하는 것이 과연 이론적으로 타당한가에 대해 평소 불만을 품고 있었다. 이 책은 필자의 그러한 불만을 약간 깊게 천착한 결과를 모은 것이다.

노동법은 근대시민법과 같은 자본주의라는 경제적 기반 위에 서 있지만, 이미 그것에서 멀리 떨어져 나와서 그 자체의 독자적 법이념과 원리에 입각하고 있다고 하겠다. 그러므로 노동법에는 근대시민법에는 볼 수 없는 특별한 법적 문제들이 제기되고 있다. 우리나라 노동법에서는 예컨대, 노동법적 가치평가기준은 무엇인가, 단체행동의 본질에 대한 책임론은 어떻게 구성되는가, 상품교환의 기초법인 민법과의 관계에서 근로기준법의 지위는 어떠하며 또 근로기준법에 구체적인 노동보호규정이나 근로계약규범이 없는 경우에는 그 규범적 공백은 어떻게 형성·보충되어야 하는가 등과 같은 문제들이 그것이다. 물론 노동법의 특수한 문제는 여기에서 끝나지 않는다. 근로계약에 의해 근로자가 제공해야 하는 급부 즉 「근로를 제공한다」는 것, 다시 말하면, 노동 그 자체가 가지고 있는 특수성 때문에, 다른 일반상품의 거래에 관한 기본법인 시민법적 계약법리를 근로계약관계에 그대로 적용하여 기업적 노사관계를 규범적으로 재단하는 것 그 자체가 커다란 문제가 아닐 수 없다. 시민법적 계약사고와 그것에 기초한 계약법리는 적어도 노동법의 기본이념과 노동 자체의 특수성에 의해 근본적인 검토를 받은 후에 수정되어서 근로계약법리로서 수용되어야 한다. 그럼에도 우리나라에서는 여전히 근로계약의 법리를 구성함에 있어 여전히 근대의 시민법적 계약사고에 너무나 많이 주박(呪縛)되어 있는 것 같다. 지금까지 필자는 근대시민법의 물적 계약사고와는 상이한 근로계약의 독자성에 입각해서 인본주의적인 근로계약법의 규범적 기초를 천착하고자 한다.

본서는 이러한 문제의식에 입각하여 써진 기발표논문들을 하나의 체계로 편집한 것이다. 그렇지만 본서에서는 기발표논문의 내용을 가능한 거의 그대로 유지하고자 했다. 다만, 「서설」과 「제4장 근로계약과 기업」은 공간되지 않았던 글이다. 「서설」은 우리나라 근로계약법의 법적 상황에 대해 필자 나름의 문제의식을 본서의 이론적 도화선으로서 소박하게 피력한 것이고, 제4장은 본래 박사과정 대학원생을 위한 강의록인데 그 후 약간 수정·가필한 것이다. 기발표된 논문들은 물론 기본적으로 동일한 관점에서 써진 것이긴 하지만, 한권의 책을 만들기 위해서 일관된 체계 하에서 쓴 것이 아니기 때문에, 각 장의 제목은 논문의 본래 제목을 변경하고 그 내용을 약간 보완하는 등 가필·정정하기도 했지만, 각 장간에는 약간 겹치거나 일관되지 않는 부분도 있다.

평소 필자는 우리나라에도 일찍부터 법과 법률은 존재하고 있었지만, 그것을 아카데믹하게 연구하는 분야가 독자적인 학(學)으로서 제대로 성립되지 못하고 있다고 생각한다. 근대유럽 특히 도이칠란트 대학의 법학부는 근대계몽절대주의국가의 관리(官吏)를 양성한 곳이었고, 여기에서 법률학은 말하자면 국가관리론이었다. 이러한 유럽의 법학사에 비춰 볼 때 지난 2008년 본격적인 법률가양성소로서 로스쿨제도가 도입된 것 자체는 그 기본방향에 있어 제대로 된 것이라고 말할 수 있다. 그러나 우리 법학의 연륜이 얼마 되지 않아 그 지적 축적을 제대로 쌓아 올리지 못하고 있었는데 국가시험으로서 변호사시험에서의 낮은 합격률은 로스쿨에서 실정법에 대한 아카데믹한 검증과 이론적 훈련과정을 편파적 내지 편향적으로 몰아가 독자적인 체계로서 법학의 존속가능성 자체를 위협할 우려가 크다고 할 것이다. 어쩌면 법과 법학의 발전을 위한 로스쿨제도가 법학 자체에게 또 다른 시련을 가져다줄 지도 모른다. 우리 법학이 이론적으로 더 치열하게 되기를 기대하면서 본서가 우리 근대법의 역사에 입각한 독자적인 근로계약법의 이론적 기초를 세우는 데 약간이라도 기여할 수 있기를 바란다.

끝으로 본서가 이렇게 깨끗하게 나오기까지는 법학박사 김상철 공인노무사의 노고가 아주 크다. 김 박사는 노무법인 운영으로 바쁜 중에도 많은 시간을 할애해서 난삽한 논문들을 꼼꼼하게 읽어서 윤문을 해주었다. 그리고 색인과 교정은 경희대학교 학생기숙 삼의원 원장으로서의 격무를 무릅쓰고 또 늦은 나이에도 불구하고 오로지 노동법의 연구를 위해서 외국어대학교 대학원 박사과정에 입학해 노익장의 마지막 학구열마저 아낌없이 불태워버리려는 듯이 독서에 열중하고 있는 김장원 선생께서 기꺼이 맡아 아주 적절하게 처리해주었으며, 또 탈자·오자에 대한 최종검열은 경희대학교 법학전문대학원 재학 중인 최선영 양이 짬을 내서 수고를 해주었다. 이 자리를 빌려 이들 세 사람의 노고에 깊이 감사한다.

2016. 8

천장산 아래 연구실에서

강 희 원

차 례

서 설

제Ⅱ장 근로관계와 헌법

제 2 장 근로계약의 개념

제 3 장 근로계약과 근로기준법

제 4 장 근로계약과 기업

제 5 장 근로계약법의 이론적 기초

제 6 장 취업규칙론

제 7 장 근로계약의 기간

제 8 장 근로계약과 노동생산물의 소유권

서 설

Ⅰ. 노동법에 있어 「계약」의 재인식

1. 한국고용사회의 변화

1) 근로관계의 법화

우리나라의 경제규모가 과거보다 커지고 또 세계자본주의경제체제에 본격적으로 편입됨으로 인하여 우리 사회구조 전체는 전에는 전혀 예상도 할 수 없을 정도로 크게 변하였다. 이러한 변동과 함께 기업의 고용 및 근로관계에도 엄청난 변화가 야기되었다. 게다가 최근에는 저출산·고령화나 고용형태의 다양화, 직장에 있어서 남녀평등의식의 정착, 직장과 가정생활균형의 요청 등의 새로운 상황이 생기면서 고용관계를 둘러싼 당사자 간의 계약상의 다툼에 있어서도 지금까지의 단순한 자율적인 대응방식으로는 해결이 어렵게 되었다.

이와 같이 기업에 있어서 노사분쟁이 과거의 도덕이나 윤리 및 관행의 차원에서 해결될 수 없게 되자, 그 해결은 타율적이긴 하지만 어쩔 수 없이 합리적인 법제도적 방법에 의존할 수밖에 없게 된다. 사회적 이익조정과 분쟁해결을 위해 법에 대한 사회적 수요가 급증하고 그에 따라 사회적 관계는 더욱더 조밀하게 「법화」(法化, Verrechtlichung; legalization)된다. 이러한 현상은 생활재료의 원천인 기업에서 특히 두드러진다. 이와 같은 「법화」의 시대를 맞이하여 준법(legal compliance)의 이념이 기업에 대해서도 강하게 요청된다. 그래서 1980년대 중반부터는 기업은 물론이고, 사회·경제·문화·가족관계에서조차 고래의 전통이나 관습이 아니라, 보편적이고 투명한 법적 룰에 의해 운영되어야 한다고 하는 의식이 확산되고 있다. 그래서 근로관계에 대해서도 남녀고용평등법의 개정에 의한 남녀평등의 철저화 및 직장과 가정의 양립지원, 근로기준법의 개정에 의한 해고, 근로시간제 등 직장 내에서 개별적 분쟁의 공적인 해결수단의 확대 등 법화의 경향은 한층 더 강하게 진행되고 있다.

2) 기업노무관리의 개별화

국제경쟁의 높은 파고에 직면하고 있는 기업에는 지금까지와 같이 근로자를 사적 생활까지 포함해서 모조리 끌어들여 후한 기업복지나 견고한 연공적인 인사제도에 기하여 근로자의 충성심을 확보하고자 할 여력도 감축되면서 성과주의의 도입 등에 의한 개별인사관리의 방향으로 나아 갈 수밖에 없게 된다. 이에 따라 근로자의 임금제도에도 다면적 평가제도의 활용을 통해서 개별적으로 그때그때 결정하는 방식이 폭넓게 보급되어 가고 있다.

3) 비정규직근로자의 확대

고용형태의 다양화로 무엇보다 비정규직근로자의 급격한 확대를 가져왔다. 시간제근로자나 파견근로자, 아르바이트나 계약직 및 기간제근로자라는 새로운 유형의 근로자와 사용자 간의 고용관계는 종래부터 개별적인 차원에 구두계약을 체결했던 것이 마치 비법적인 상식처럼 되어 있었으나, 2000년을 전후로 해서 국가가 직접 나서 이러한 상황을 현실적으로 전제로 해서 이들 근로자의 법적 보호를 기도하였다(기간제 및 단시간근로자 보호 등에 관한 법률, 파견근로자보호 등에 관한 법률 등). 이렇게 해서 고용관계는 계약관계이라는 원칙이 노사 양측에서 새롭게 재인식되는 상황이 생기고 있다.

이와 같은 상황에서, 고용관계에 대해서는 최저기준을 법률로 강제하는 근로기준법이나, 노동조합과 사용자의 단체교섭과 단체협약의 체결에 의해 집단적으로 근로조건을 형성하기 위한 노조법 외에, 기업에서는 계약법적 룰에 입각해서 개개의 근로계약을 규율하고자 하는 경향이 강화되고 있다.

2. 고용사회에서 근로계약의 적정한 운영의 필요성

개인의 자유와 평등을 지향하는 「열린 사회」에 있어서 근로관계의 합리적인 관리라는 측면에서 보는 경우에도, 근로관계가 계약이고, 계약에 기초하고 있는 이상, 근로관계는 그 양 당사자가 자주적으로 운영하여야 한다는 요체(要諦)가 강조될 수밖에 없다. 즉 근로관계의 성립 및 전개에는 이른바 노사자치의 원칙이 제대로 정착되어야 한다는 것이다. 물론 근로계약은 계약 일반에 대한 특질(노사간의 교섭력, 정보격차, 노동의 타인결정성)을 가지고 있다는 것에서 근로계약법적 규제가 필요하지만, 그것은 어디까지나 노사가 자주적으로 근로계약의 적정한 운영에 집중하는 것을 촉진하는 규제이어야 한다. 법원의 노동재판 및 노동위원회의 노동심판 등의 분쟁처리법의 운용에 있어서도, 노사자치의 존중은 기본적 전제이다. 무엇보다 노사가 자주적으로 적정하게 근로계약을 운영하는 것을 촉진하고, 분쟁을 방지하는 것에 근로계약법의 요체가 있다. 이리하여 근로계약법의 목적은 노동계약의 적정한 운영을 촉진하는 규제(인센티브규제)를 제공하고, 노사 간의 최적의 이익조정을 추구하는 것에 있다. 규범이라는 것의 성격에서 보면, 근로계약법은 근로계약분쟁을 사후적으로 해결하기 위한 규범(재판규범)인 동시에, 근로계약의 일상적 운영에 기여하는 사전적 규범(행위규범)을 의미를 가지고 있다.

근로계약법은 기업인사, 법무의 적정한 운영을 촉진하고, 기업의 적정한 운영에 공헌한다고 하는 의의를 가지고 있다. 노동계약의 적정한 운영은 기업의 인사관리를 적정하게 진행하는 것 밖에 없지만, 그것을 위해서는 노동계약법의 올바른 이해가 불가결하다. 그뿐만 아니라, 적정한 인사관리를 통해 분쟁을 미연에 방지하는 것은 넓은 의미에서의 기업법무(예방법무)의 역할이다. 노동계약법은 기업의 법률준수(legal compliance)와 법적 위험관리에 있어서 유의의하다. 그리고 기업법무의 전통적인 영역(예컨대, 기업조직의 변동, 지적재산법실무, 내부통제와 법령준수 등)에 있어서도 근로계약법에 관한 지식은 필요하다. 이러한 의미에서 근로계약법은 기업법(business law)을 구성하는 법이다.

근로계약법은 개별적 근로계약만을 대상으로 하는 법이 아니라, 기업의 인사제도와 집단적 규범(취업규칙, 단체협약)을 대상으로 하는 법이다. 근로계약법은 기업인사와 기업비밀의 문제와도 관련되어 있는데, 인사제도는 다수종업원을 대상으로 하는 취업규칙에 있어서 설계·운영되고, 노동조합이 존재하는 기업에는 기본적인 근로조건은 단체협약으로 규정된다. 이리하여 근로계약은 형성된 기업의 인사제도를 개별노사 간의 법률관계에 반영하기 위한 불가결한 법적 통로임이 틀림없다. 그런데 이미 언급한 개별노동분쟁에서도 노사를 당사자로 한다는 의미에서는 「개별」분쟁이지만, 그것이 취업규칙의 운영 그리고 노동조합이 있는 경우에는 단체협약의 운영을 둘러싸고 발생한다는 의미에서는 집단적 성격을 가지고 있다.

3. 계약법적 룰(rule)의 중요성

위와 같은 상황과 더불어, 오늘날 기업 및 산업계에서 노동자가 직면하고 있는 구체적인 사정을 감안하면서 노동자의 구체적인 상황에 따라 구체적인 보호를 제공할 수 있는 근로계약법의 중요성이 비약적으로 높아지고 있다. 고용사회와 기업운영의 룰이 크게 변하는 가운데, 근로계약의 적정한 운영을 촉진하고, 근로계약분쟁(개별노동분쟁)을 해결하기 위한 법규범의 수요가 높아지고 있기 때문이다.

우선, 노동위원회나 법원에 처리되었던 노동사건의 숫자를 보면, 노동조합과 사용자간의 집단적 이익을 둘러싼 노사분쟁보다는 근로자 개인과 사용자 개인 간의 권리에 관한 근로계약분쟁이 현저하게 많은 비중을 차지하고 있다. 특히 1990년 후반에 들어와, 특히 IMF외환위기 사태 이후 신자유주의적 경향이 강화되어 근로관계의 시장화·유연화라는 이데올로기가 상식화되면서 비정규직근로자가 양산되어 노동분쟁 중 거의 대부분이 근로계약분쟁이다. 게다가 노동위원회나 법원에 제기된 근로계약분쟁사건의 수가 빙산의 일각에 불과하다는 것을 감안할 때, 실제 근로계약분쟁건수는 엄청나게 많을 것이다. 또 분쟁의 내용을 보아도 해고, 체불임금이라는 전통적인 분쟁 외에, 임금·인사제도의 재편에 따른 근로조건의 불이익변경, 인사고과·전근·전보·배치전환·전출 등의 인사관련분쟁, 기업재편에 고용·처우를 둘러싼 분쟁, 여성의 고용평등에 관한 분쟁, 퇴직 후의 비밀유지의무·경업금지의무에 관한 분쟁, 내부고발분쟁 등 고용사회의 변화를 반영하는 종래와 다른 노동분쟁이 생기고 있다.

개별노동분쟁이 격증하는 배경에는 고용사회 그 자체의 변화가 있다. 과거의 고도성장에는 장기고용제도, 연공임금, 기업별 노동조합을 중심으로 장기안정고용시스템이 형성되었다. 또 특히 대기업에는 「종업원공동체」라고도 하는 안정적 노사관계가 형성되고, 고용존중을 기본으로 하여, 종업원(정규직사원, 기업별노동조합)의 이익을 중시하는 경영이 행해졌다. 거기에는 노사 간의 분쟁은 상대적으로 적고, 발생한 분쟁도 기본적으로 기업내부에서 기업차원의 룰(rule)에 의해 해결되었다.

그러나 1990년대 이래의 지속적인 경기후퇴와 경제구조의 변화 속에서 이러한 장기안정고용시스템은 후퇴하고 있다. 즉 임금체계·인사제도의 근본적인 재편(능력별 성과급제도의 도입), 기업재편(합병, 분사, 사업양도 등), 인원삭감에 따른 해고·퇴직(work out)이 일상화하고, 고용과 근로조건에 영향을 주고 있다. 기업의 인사제도를 보면, 연공주의인사제도가 성과주의인사제도로 전환되고, 다양한 이력(career)제도와 사내공모제, 사내가족지원제도 등과 같은 새로운 인사제도가 등장하는 한편, 재량근로시간제, 플렉시블타임(flexible time)제 등 개별적 근로시간관리제도가 도입되면서 기업차원에 종업원 전체를 획일적·일률적인 집단적 인사관리시스템이 근로자 개인별의 고용관리로 변화하고 있다. 그리고 시간제, 파견, 계약사원 등의 비정규직사원이 증가하여 고용형태·취업형태의 다양화가 진행되는 한편, 자발적 노동이동(고용의 유동화)이 진행하고, 장기고용(정사원고용)은 그 규모가 작아지고 있다. 다른 한편에서 노동조합의 조직률은 해마다 저하하여, 노동조합에 의한 근로조건 규제기능은 점점 낮아지고 있다.

또 기업운영의 룰의 변화라는 배경도 중요하다. 오늘날 기업활동과 주식시장은 유례없이 글로벌화하고, 국내외의 기업간경쟁의 격화를 초래하고 있다. 그것에 수반하여, 기업관리(corporate governance)의 룰(rule)로서는 주주이익을 중시하는 아메리카합중국형의 거버넌스(주주가치모델)이 주류로 되고, 상법 및 회사법제정에 의해 주주의 권리의 강화와 경영전략결정의 신속화를 지향하는 재편이 전개되고 있다(주주대표소송, 사외이사제도의 증가 등). 그 결과, 기업은 주주 및 투자자의 이익을 존중하는 경영행동으로 경도하여, 평생직장이라는 관념 하에 고용의 존중과 종업원 이익을 어느 정도 중요시하였던 종래의 경영방침은 이제 옛말이 되어 버렸을 정도로 후퇴하고 있다. 위와 같은 기업재편과 인사제도개혁의 가속화는 오늘날 우리나라의 경제운영에서 판을 치고 있는 기업관리모델이 자본중심적인 아메리카합중국식으로 변화한 것과 무관하지 않다.

이리하여 고용관계, 인사관리가 개별화 다양화하고, 개별노동분쟁이 증가하면 할수록, 근로계약과 근로계약법의 중요성이 높아진다. 평생직장을 전제로 하는 장기고용시스템과 기업공동체라는 관념 하에서 기업내부에서 해결되었던 노사분쟁은 급격하게 외부화하고, 「법」이라는 공공공간(公共空間)에서 해결을 찾게 된다. 그리고 이것을 사회에 있어서 「법의 지배」의 조류(사법제도 개혁)가 뒤에서 밀고 있다. 그래서 최근에 우리나라에서 근로계약입법의 필요성이 제기되고 있는 것은 놀랄 일이 아니다.1)

---

1) 최근 경제적 사회적 여건변화를 전제로 우리나라 노동법학계에서도 근로계약법제에 대한 논의가 진행 중에 있다. 일본에서는 노동계약법이 이미 2007. 11. 28 제정되어 그 다음 해 3. 1.부터 시행되었고, 도이칠란트에서도 그 오래된 과제의 하나이었던 노동계약법에 관한 논의가 새롭게 다시 가동되고 있는 듯하다. 일본, 중국, 도이칠란트 및 우리나라의 근로계약법제의 현황은 2009년도 한국노동법학회 주최 국제학술대회(2009. 10. 16, 서울지방노동청 컨벤션센터)의 주제이었다. 특히, 일본노동계약법의 개괄적인 내용과 도이칠란트와 우리나라의 논의현황에 대해서는 위 학술대회의 발표문 「근로계약법제의 현황과 과제」 중 荒木尙志, Enactment of the Labor Contract Act and Its Significance for Japanese Labor Law, 123~170면; Ulrich Preis, German Employment Contract Law, (23~66면); 김재훈, 「한국의 근로계약법제의 현황과 과제」, 175~220면 참조.

Ⅱ. 근로관계의 규범상(像)과 사회적 실상(實狀)

1. 근로관계의 규범상(規範像)

위와 같이 계약법적 룰(rule)의 중요성이 근로관계에서 커지고 있음에도 불구하고, 근로계약법이라는 구체적인 법의 이미지가 파악되기 쉽지 않다. 법률가들 사이에서 단연코 「근로관계는 계약관계이다」라고 말하고 있지만, 현재 우리나라 기업에서 노동을 하고 있는 사람들에게는 자신과 회사가 계약관계로 연결되어 있다고 하는 인식 자체가 전혀 없을지도 모른다. 인사관리를 담당하는 사람들에게도 고용이 계약이라고 하는 발상은 반드시 일반적이지 않다고 생각한다.

그러나 실은 무릇 일하고 임금으로 살아가고 있는 사람들, 그 사람들을 고용하고 있는 회사와의 사이에는 이를테면 당사자가 명확히 인식하고 있지 않을 지라도 고용계약이라는 계약이 성립되어 있다. 근로관계가 계약인 이상, 일하는 측(근로자)과 일을 시키는 측(개인사업주나 법인이든 관계없이 사용자) 간에 어떠한 약속이 성립되어 있다. 고용계약은 그 약속의 내용은 노동자로부터는 사용자에 대해서 「당신의 업무를, 당신의 지휘명령에 따라 수행한다」라는 약속을 하고 있다. 이러한 약속을 법률적으로 「노무의 제공」이라고 한다. 이것은 근로자가 사용자에 대해 「당신의 지시에 따라 노무를 제공한다」라는 것을 의미한다.

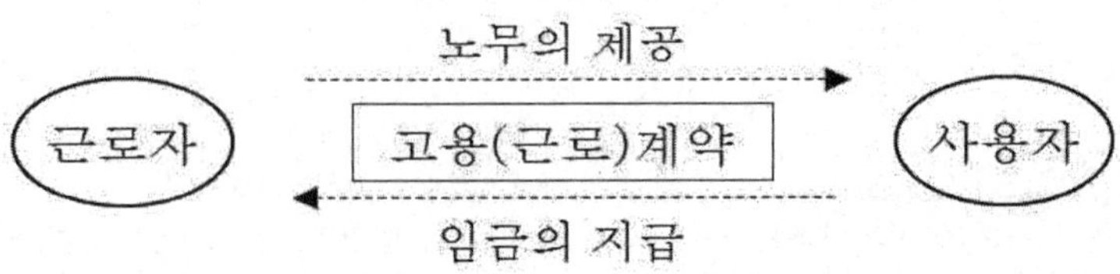

그러면 여기에서 「지시된 노무를 제공한다」라는 것은 근로자가 자신의 노동력을 상대방인 사용자에 제공한다고 하는 것을 의미한다. 이것에 대해 사용자는 근로자에 대해 「제공된 노무에 대해 소정의 보수를 지불한다」라는 약속을 한다. 이리하여 근로자와 사용자와 간에는 「노무의 제공」과 「임금의 지불」이 대가관계에 있는 「고용계약관계」가 성립하는 것으로 된다. 이것을 법률은 「고용은 당사자 일방이 상대방에 대하여 노무를 제공할 것을 약정하고, 상대방이 이에 대하여 보수를 지급할 것을 약정함으로써 그 효력이 생긴다」(민법 제655조)라고 표현하고 있다.

2. 근로계약의 사회적 실상

현실에서 기업의 정규직원으로서 노무를 제공하고 있는 사람들(정규직근로자)이나 아르바이트, 시간제근로자 등과 같이 일시적 또는 특별한 관계 하에서 노무를 제공하고 있는 사람들이 많이 있는데, 실제로 일을 시작하기까지 「자신은 이 회사에서 회사의 일을 회사의 지시에 따라 하고 있다」는 인식을 가지고 있지 않다고 하는 사람은 없을 것이다. 또 종업원을 고용하는 사용자의 입장도, 「이들 근로자에게는 임금을 지급해야 한다」는 인식을 하고 있지 않을 리도 없다. 즉 고용계약관계가 성립하였다는 것에는 이와 같은 양자의 인식이 반드시 일치하고 있다고 할 것이다. 이러한 최소한의 인식은 바로 「근로자와 사용자 간에 근로계약이 성립하고 있다」고 하는 법적 상태를 말해 주고 있다고 하겠다.

그런데 우리나라에서 최근까지는 근로자가 기업에 취직하는 때에 근로관계의 내용을 기재한 계약서를 교부하는 경우는 많지 않았다. 계약서를 작성하기는커녕 자신이 입사하는 기업에서 임금이나 근로시간, 인사제도의 내용에 대해서 거의 아무것도 알지 못한 채로 취업하는 근로자도 적지 않았다. 이와 같은 상태에서 돌연 「고용은 계약이기 때문에, 룰이 필요하다. 그러한 룰을 정한 것이 근로계약법이다」라고 하는 것은 당혹스럽다고 하는 것은 당연하다.

우리나라에는 고용은 「기업이라는 조직의 일원에 편입되는 것이다」고 하는 의식이 강하게 자리잡고 있다. 얼마 전까지만 해도 기업이 「우리의 사옥, 우리의 자신, 우리의 주(株), 그리고 우리의 종업원」이라고 말하듯이, 기업의 건물이나 자산이나 설비 등과 같이, 종업원도 기업조직의 일부이고, 기업의 사정에 따라 건물을 팔거나 설비를 외주하는 것처럼, 사용주가 종업원의 근로조건을 일방적으로 변경하는 결정을 하는 것도 가능하다고 인식하고 있었는가 하면, 근로자도 극단적으로 말하면, 「회사에 봉공(奉公)하고 대상(代償)으로 급료를 받는다」라고 하는 듯한 의식을 가지고 있었던 것이 일반적이었다. 「고용은 계약이다」라고 하는 원칙은 19세기말에 제정되어 1912년부터 한반도에도 거의 그대로 적용되었던 일본민법의 계약 편에 「고용(雇傭)」[2]이라는 장이 있었고, 그것의 바통을 이어받아 1960년 제정·

---

2) "雇用"과 "雇傭"은 둘 다 우리말로 "고용"이라고 읽지만, 전자는 "삯을 주고 사람을 부

시행된 우리 현행 민법의 계약 편에서도 일관되게 변하지 않고 유지되고 있다. 그러므로 우리 사회가 계약관념과 접촉한 것은 이미 100년이 넘어가고 있다. 그럼에도 우리의 계약관념과 계약의식은 여전히 박약한 상태에 있다.[3)]

이와 같이 서유럽적인 계약의식이 일반적으로 정착하지 않았던 우리나라에는 「고용은 봉공(奉公)이다」라는 봉건적인 관념에 터를 잡아, 군사독재정부가 기업의 발전이 나라와 사회의 발전이라는 슬로건 하에 이른바 애국적인 경제개발을 추진하면서 농업유휴노동력을 동원하여 공업노동력으로 급속하게 전환하는 과정에서 기업에 대한 충성도를 높이기 위해 부수적 조치로서 이룩된 이른바 종신고용제와 연공제인사제도 및 이들 제도의 기반으로서 기업별조합중심의 노사관계에 의한 집단적 근로조건의 형성시스템이 바로 「기업조직의 일원으로서 종업원」이라는 의식을 더욱더 확립하는 데에 기여하였다고 하겠다. 그러나 최근에 들어와 한국경제가 세계자본주의체제에 본격적으로 편입되면서 경쟁이 격화되자 위와 같은 전통적인 의식 하에 자본주의법의 기본원칙과 실정법이 규정하고 있는 외형과는 상이한 모습의 근로관계를 유지할 수 없게 되었다.

Ⅲ. 근로계약의 법적 상황

1. 의용민법에서 근로기준법으로

1) (의용)민법의 출발점과 현실의 경제사회

(1) (의용)민법이 전제로 하는 사회

「고용관계는 계약관계이다」라는 원칙이 우리나라에 언제부터 의식되기 시작하였는지는 정확히 알 수 없다. 어쩌면 1898년에 제정되었던 일본민법이 일본식민지배시대에 한반도에 적용되기 시작하였던 때부터가 아닌가 추측해본다. 왜냐하면

림"이라는 의미로서 사용자 편의 행위를 지칭하는 것이고, 후자는 "품삯을 받고 남의 일을 해 줌"이라는 피용자편의 행위를 말한다. 우리 민법전상의 고용은 후자의 의미로 사용되고 있다.

3) 이와 관련해서는 강희원, 「한국인의 정서와 계약관념-새로운 한국적 계약법이론의 정초를 위해-」 1 『비교사법』 제16권(통권47호, 2009년), 67-200면 참조.

의용민법이 법형식적으로는 1912년부터 한반도에 적용되었기 때문이다. 하지만 그것도 1945년 일본식민지배가 끝나고 대한민국이 건국되어 제헌헌법이 공포·발효되기 전까지는 한반도의 법적 상황은 사실상 공백이라고 말해도 과언이 아니다. 대한민국 제헌헌법 제10장 부칙 제100조가 "현행법령은 이 헌법에 저촉되지 아니하는 한 효력을 가진다"고 규정하고 있었지만 이 조항에서 말한 현행법령에 일본식민지당국의 조선민사령에 의하여 한반도에 적용되었던 일본민법이 포함될 수 있는지는 의문이다. 왜냐하면 해방이후 일본식민지 점령국인 아메리카합중국 군정청이나 그 이후에 군정청으로부터 권력을 승계한 대한민국 정부도 일본민법전을 한어(韓語, 또는 조선어)로 번역하여 이를 국내법으로 공포한 적이 없었기 때문이다. 이렇듯 한반도에 있어 대한민국 정부수립 직전·후의 법적 상황은 그야말로 혼돈이라고 말할 수 있다. 이러한 법적 상황에서 6.25전쟁 중인 1953년 5월에 근로기준법이 제정되어 시행되었고, 그 보다 7년이나 후인 1960년부터 비로소 우리의 현행 민법이 발효하여 근로관계에 대해서는 적어도 근로기준법을 수정·보완하는 법률로서 등장한다.[4)]

어떻든 민법은 계약관계에 들어가고자 하는 자는 원칙으로서 전원이 자유로운 의사를 가지고 있고, 그 상대방이 누구이든 평등한 입장에서 계약을 체결할 수 있다고 하는 그러한 세계를 출발점으로 하고 있었다. 거기에서 예상되는 것은 시민은 누구라도 자유로운 의사결정을 할 수 있고 주체적으로 자신이 선택한 상대방과의 사이에서 평등한 입장에서 계약을 체결한다는 것이 기본적인 테제이고, 그러한 테제를 존중하는 것이 사회적 관계형성의 전제이다. 그러한 사회에 부합하도록 「합리적인 인간」이 행동한다고 하는 관점에서 다양한 룰이 정해져 있다. 현재에는 순수하게 민법이 적용되는 영역은 의외로 적고,[5)] 소비자보호법을 비롯하여 다수의 소비자입법 등이 민법의 특별법으로서 기능하고 있지만, 위와 같은 전제가 완전히 붕괴하고 있다고 하는 것은 물론 아니다.

---

4) 현행 민법이 시행되기 전에 1912~1959년까지 조선민사령(朝鮮民事令) 제1조에 의하여 한국에 의용되었던 일본민법전(日本民法典)을 말한다. 근로기준법이 1953년 제정·시행되었으므로 근로기준법은 현행민법이 제정·시행된 1960년까지 유효했던 일본민법전의 고용계약을 수정·보완하는 법이었다고 할 것이다. 이러한 측면에서 보면, 현행민법전의 고용계약은 실제로 우리사회에 적용될 여지조차가 없었다고 할 것이다.

5) 민법전에 전제된 것은 사회적 관계의 이념 또는 정형으로서 존재하고 있다고 할 수 있다. 그러므로 현실적 사회관계를 분류하거나 유형화하는 기준은 될 수 있어도, 이것에 부합하는 현실적인 관계는 존재하지 않는다고 해도 과언이 아니다.

(2) 계약당사자의 세력차이

실제에는 이러한 민법의 출발점과 현실의 경제사회는 완전히 다르다는 것은 모두가 잘 알고 있는 바이다. 입장이 강한 사람이 있는가 하면, 약한 사람도 있다. 능력이나 지혜가 있는 사람이 있는가 하면, 언제라도 속임을 당하고 혼나게 당하는 사람도 있다. 대기업과 개인은 본래의 의미에서 평등이라고 말할 수 없을 지도 모른다. 요컨대, 모든 사람이 평등하고 합리적인 판단을 할 수 있다고 하는 세계를 전제로 한 민법의 규제의 방식에 대해서는 현실에 입각하면 상당한 수정의 필요가 있다는 것은 당연하다. 그리고 계약을 체결하는 당사자의 세력관계의 차이가 가장 여실하게 나타나는 것이 고용계약이라는 것도 누구라도 무리없이 긍정할 것이라고 생각한다.

그렇다고 한다면, 앞에서 보여준 민법에서 상정하고 있는 근로자와 사용자의 자유롭고 평등한 관계는 실은 아래와 같은 부자유스럽고 비대칭적인 불평등한 상태(狀態)라고 할 것이다.

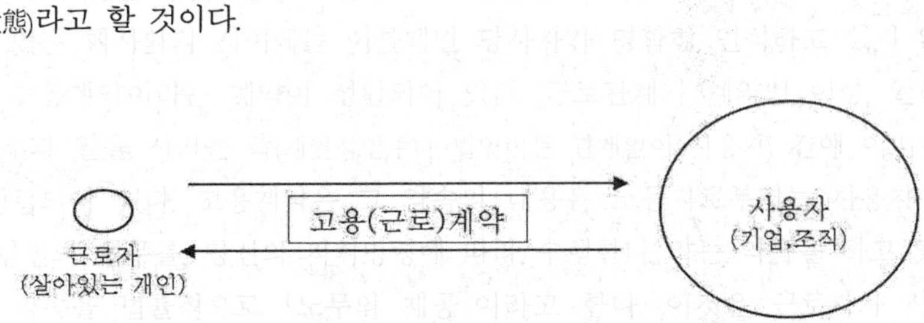

2) 근로계약의 문제점과 노동법의 대응

(1) 노동력은 축적할 수 없다.

위의 그림의 의미를 좀 더 구체적으로 생각해보면, 우선 고용계약에서 근로자가 「노무를 제공한다」라는 것은 약간 난폭한 표현을 사용하면, 자신의 노동력을 임금이라는 대가와 교환으로 사용자에게 파는 행위라고 말할 수 있다. 그렇지만, 이 「노동력」이라는 상품은 팔지 않고 모아 둘 수 없다고 하는 성질을 가지고 있다. 즉 이를테면 사용자가 노동자에 승복하기 어려운 계약조건을 제시한다고 하더라도, 노동자는 「그렇다면 팔지 않겠다」라고 하여 저축해 둘 수 있는 것이 아니다. 노동력은 팔지 않고 두면 그대로 소멸해버린다. 노동력은 팔지 않고 모아 둘 수 없기 때문에, 교섭의 상대방인 사용자의 양보를 끌어내기 어렵다. 그래서 노동자로서는 어쨌든 자신의 노동력을 사 간다고 하는 상대방과 이를테면 노동조건이 좋지 않더라도 계약을 체결하게 된다.

(2) 노사 간에는 경제적 격차가 있다.

회사와 거기에서 일하는 인간과의 사이에는 커다란 경제적 격차가 있는 것이 보통이다. 노동자 개개인이 옛날에 비하면 풍요롭게 된 오늘날에도 근무하는 회사와 자신이 경제적으로 대등하다고 생각하는 노동자는 아주 예외를 제외하고는 존재하지 않을 것이다. 이미 설명하듯이 민법이라는 법률이 정하는 고용계약에는 어느 시민이 자유로운 의사에 의해 평등한 입장의 다른 사람과 계약을 체결한다고 하는 기본적인 전제가 있다. 그러나 통상은 노동력을 팔아서 생활할 수밖에 없는 노동자와 단독으로 거대한 부를 가지고 있는 기업이 고용계약을 체결하게 되면, 그 계약내용이 후자에게 유리하게 되는 것은 당연할 것이다. 그렇게 되면, 때로 건강을 해치는 과혹한 근로조건이「계약으로 동의하였다」고 하는 이유로 노동자에게 강제되는 것으로 될 수밖에 없다.

(3) 근로자는 항상 살아 있는 육체를 가진 인간(自然人)이다.

여러 가지의 계약유형들 중에서도 고용계약에서만 볼 수 있는 특징이 있다. 그것은 고용계약에 있어서 계약의 일방당사자는 예외없이「살아 있는 신체를 가진 개인」이다. 민법에는 고용 외에도, 도급이나 위임이라는 계약유형이 있다. 도급은 대목수에게 집을 짓도록 부탁하는 경우를, 위임은 변호사에게 소송을 제기하도록 부탁하는 경우를 상상해보면 쉽게 이해할 수 있다. 이들 두 가지의 계약유형은 고용과 같이 상대방의 사무를 대상으로 하는 것인데, 이들 계약에는 건설회사나 용역회사 자신 또는 법무법인이 계약의 당사자로 될 수 있다. 그러나 고용계약만은 노무를 제공하는 측에 법인이 설 수 없다. 법인에게 어떠한 사무를「도급」하거나「위탁」할 수 있어도, 법인을 고용할 수는 없다.

당초「노무를 제공한다」고 하는 고용계약의 내용은 인간의 신체나 머리를 상대방의 지시에 따라 움직이는 것이고, 이와 같은 행동은 본래적으로 살아 있는 몸을 가진 개인[6]밖에 할 수 없기 때문이다. 그렇지만, 계약의 상대방 당사자인 사용

---

6) 여기에서 개인이란 법률용어로는 "자연인"이라고 하겠다. 그 대(對)개념이 법인(法人)이다. 법인은 근로계약의 일방당사자인 근로자 또는 민법상 고용에 있어서 노무를 제공하는

자의 측을 생각해보면, 물론 대학교수가 비서를 고용하는 경우 등은 사용자 측도 자연인이지만, 경제사회에서 결부되어 있는 고용계약의 대부분에 있어서 사용자인 것은 법인인 회사 및 조직이다. 법인 및 조직과 몸뚱아리를 가진 개인이 계약에서 내용을 교섭하여 체결한다고 하면, 전자가 유리한 위치에 서는 것은 당연할 것이다.7)

이상과 같이 고용계약을 생각하는 데에는 현실에서는 계약당사자는 대등하지도 평등하지 않을 뿐만 아니라, 노동력은 인간의 육체와 분리할 수 없는 것이고, 그러한 고용계약의 특징은 그대로 현실사회에 있어서 문제점으로서 인식될 수밖에 없는 것이다.

3) 근로계약의 시정방법 : 국가에 의한 근로자의 보호/근로자의 단결권 법인(法認) 및 보장

고용계약이 상기와 같이 본질적으로 불균형한 계약이고, 그 결과로서 근로자가 불이익한 입장에 서는 것이라면, 근로자의 권리나 이익이 침해될 우려가 생길 뿐만 아니라 이 계약에는 건전한 「시장메커니즘」이 작용하기 어렵게 된다는 문제가 생긴다. 즉 자유로운 경제활동에 의해 수요와 공급이 자연스럽게 균형점이 찾아 안정된다고 하는 시장메커니즘의 사고방식8)의 배경에는 계약에 의해 경제관계를 맺는 거래주체가 경제적 합리성에 따라 행동한다고 하는 전제가 있다. 환언하면, 양자 간에 본질적인 세력관계의 격차나 신분적인 상하차이가 있으면, 경제적 합리성은 없고 단순한 힘에 의해 계약내용이 결정되게 된다.

근로계약은 그 사회적 세력차이로 인하여 방치해두면 거의 항상 사용자 측의 뜻에 따른 내용으로 되어버리기 때문에 대부분의 자본주의국가는 국가적인 법령에 의해 근로계약의 결과를 수정한다고 하는 조치가 취해지고 있다. 예컨대, 최저

고용계약의 일방당사자인 피용자가 될 수 없다.

7) 물론 이 경우, 마치 스포츠선수의 경우와 같이, 「그렇기 때문에 개인의 쪽은 대리인을 세워 교섭에 임하면 좋지 않을까」라는 이를테면 대리인(agency)제도를 생각해 볼 수도 있다. 그러나 아주 잘 알듯이, 이것은 비현실적인 생각이라고 할 것이다. 회사에 취직하는 데에 대리인을 세워 취직활동을 한다고 하면, 그것만으로 상대방이 계약교섭 자체를 하지 않으려고 하는 것이 통상일 것이다. 본래 근로자 쪽에서 대리인을 세우지 않으면 상대와 대등하게 될 수 없다고 하는 사실 자체가 고용계약에 있어서 양당사자간의 불균형을 나타낸다고 하는 것이다.

8) 이것이 스코틀랜드의 고전경제학자인 애담 스미스(Adam Smith, 1723-1790)가 말하는 「보이지 않는 손(invisible hand)」이다.

임금법에는 아무리 자유로운 합의로 일정한 임금액이 결정되어도, 그것이 국가가 정한 최저액에 미달하는 경우에, 그 합의에 의한 임금액은 무효로 되고, 법으로 정해진 최저임금액이 고용계약상의 임금액으로 변경된다고 하는 구조를 만들어 놓는다. 이것이 전형적인 예인데, 요컨대, 계약의 자유를 원칙으로서 인정하면서, 노동자에 있어서 너무나도 불이익한 계약내용에 대해서는 최저기준을 정해서 그것 이하로 되지 않도록 법률로 강제하는 방법이다. 이미 기술했듯이, 근로기준법은 이러한 의미에서의 최저기준을 광범하게 정한 법률이고, 최장근로시간이나 최단휴게시간 등을 법에 따라 정하고 있다.

민법은 고용관계를 계약관계라고 하고 있지만, 고용계약은 그 전제로 되는「양 당사자의 실질적 대등성」을 애초부터 결하고 있기 때문에, 근로기준법에 의해 강제적으로 계약내용을 수정할 수밖에 없다. 그렇다면, 당초 고용을「봉공(奉公)」의 연장으로 파악하고 있었으며, 해방 이후에 제헌헌법에 의해서 근로권과 노동단체권이 보장되고 본격적으로 서유럽적 계약관념이 법적으로 도입되었지만, 그것이 제대로 정착될 수 없었다. 6.25 민족상전 과정에서 근로기준법이 제정되어 이씨 조선에서 대대로 내려왔던 봉건적인 잔재를 제거하고 우리 의식을 계몽해서 근대사회를 지향하는 이른바 근대화사회를 만드는 데에 커다란 역할을 하지만,[9] 우리의 계약관념은 여전히 미약하기 그지없다. 근로기준법이 제정·시행된 지 60여년이 지난 오늘날에도, 게다가 한국자본주의가 세계 10위권에 들어가게 되었건만, 그러한 경제적 성장이 봉건구조에 터잡아서 이룩된 것이기 때문에 집단적 근로조건의 형성이 법적으로 인정되고 있음에도 불구하고 현실적으로 제대로 작동하지

9) "근대화국가(modernizing state)" 또는 "근대화사회(modernizing society)"라는 말은 "근대국가(modern state)" 또는 근대사회(modern society)와는 다른 의미에서 사용하려고 한다. 사회생활이 먼저 근대화를 이룩하고, 그 결과로서 근대법전이 성립했던 유나이티드 킹덤이나 프랑스와 같은 19세기 서유럽국가를 진정한 의미에 있어서 "근대국가"라고 한다면, 사회생활은 여전히 전근대적 봉건적 상태에 있었음에도 불구하고, 외부적 강제나 지배적 정치권력에 의한 "위로부터 근대화"라는 방식에 의해 근대화가 되어 가고 있었던 일본 및 한국과 같은 후발근대국가를 "근대화국가"라고 부르려고 한다. 근대화국가에서 민중의 주체적 역량이 없이 위로부터의 근대화를 위해 지배세력에 의해 강제적으로 도입된 근대법전은 하나의 근대화를 거친 결과를 보여주는 이상적인 사회의 법은 될 수 있을 지언정, 그것 자체로서 적극적인 의미에 있어서의 근대화를 위한 법적 제도적 장치로서는 기능할 수 없다는 것이다. 여기에는 근대화를 위해 봉건적 관념과 관습 그리고 사회적 체질을 척결하는 새로운 적극적 도구로서 새로운 형태의 법이 필요하다는 것이다. 이러한 새로운 형태의 법이 바로 노동법으로서 나타났던 것이다. 다시 말하면, 근대화사회에 있어서 근대시민법은 근대화를 추진할 수 없는 이른바 소극적 근대화법에 불과하고, 노동법이야말로 적극적 근대화의 법이라고 말할 수 있다.

못하고 있어 우리나라에는 아직도 「고용은 계약이다」라는 원칙이 강하게 의식되었던 상황이 생기지 않고 있다.

2. 근로계약법의 현황

1) 근로기준법에 의한 규제

근로관계가 계약관계인데, 지금까지 우리나라에는 근로계약법이라는 실정법률이 존재하지 않다. 그렇다면 근로계약법이 없는데, 근로계약관계는 어떻게 규율되는가? 법치국가에서 이러한 상황을 어떻게 이해할 수 있는가라고 의아해하면서 의문을 제기하는 사람이 있을 수도 있다. 이를테면 기업과의 취업과정에 있어서 채용내정을 취소되면 계약상 어떻게 되는가? 사용자는 무엇에 근거해서 근로자에게 배치전환을 명령할 수 있는가? 사용자는 무엇을 기준으로 해서 근로자의 인사고과를 평정하고, 그것에 기한 해고는 어떻게 해서 정당화되는가? 이러한 문제들은 지금까지 근로기준법이나 노동조합및노동관계조정법과는 별로 관계가 없지만 노동위원회나 법원에서 빈번히 쟁송으로서 다투어져 왔다. 그러면, 이러한 문제들은 근로계약법과 같은 법률도 없었는데 어떻게 해결되었던 것인가?

확실히 근로기준법은 인간다운 근로조건의 최저기준을 어느 정도 확보하는 데에는 기여하고 있다고 해도, 실제로 사용자가 근로자를 어떠한 구체적인 방식과 절차를 통해서 채용해야 하는가, 계속적인 기업적 조직 내에서 근로자의 배치전환, 전출, 해고라는 중요한 주제에 관해 어떠한 정치한 계약법적 규제를 하고 있는 것은 아니다. 이들 테마는 임금이나 근로시간과 달리, 명확하게 수치를 표시하여 「최저기준」을 설정할 수 없었던 성질의 것이고, 행정감독이나 형벌로 통제하는 방법도 없기 때문이다. 또 노동조합도 임금을 올린다든가, 복지후생을 개선한다고 하였듯이, 종업원 전체에 일률적으로 적용되는 사항에 대해서는 대응할 수 있었는데, 예컨대, 「어떠한 응모자를 채용하는가 하지 않는가」라는 문제나 특정 개인에 대해 발령된 배치전환명령에 개입한다고 하는 사항은 노동조합의 대응에는 친하지 않다. 이러한 문제를 해결하기 위해서 「고용관계는 계약이다」라는 원칙에 입각한 본격적인 근로계약법제는 없었고, 근로계약에 있어서 근로기준법상의 근로자보호규정 및 고용계약에 관한 민법상의 약간의 규정만이 존재하였을 뿐이다.

2) 판례근로계약법

(1) 판례에 의한 법형성

그러면 이들 문제가 소송으로 제기된 경우에 법원은 어떻게 해결했는가? 한 마디로 말하면 법원은 사용자의 「인사권」을 광범하게 인정한 다음, 민법의 「권리남용」(민법 제2조 제2항)이나 「신의칙」(민법 제2조 제1항) 혹은 선량한 풍속 기타 사회질서」(민법 제103조)라는 일반조항을 이용해서 타당한 해결을 이끌어내려는 노력을 계속하였다.[10] 그리고 그러한 해결이 쌓여서 「판례근로계약법」이라는 해야 할 적지 않은 체계가 만들어졌다.

여기에서 근로자가 사용자(기업)으로부터 돌연한 배치전환명령을 받은 경우를 예로 들어서 설명하고자 한다. 배치전환이라는 것은 근무지의 변경인 「전근」과 종사해야 할 노무내용의 변경인 「전직」의 양자를 포함하지만, 어느 쪽이든 계약내용의 변경으로 된다. 왜냐하면 이미 기술했듯이 고용계약이란 노동자가 노무를 제공하는 것과 그것에 대해 사용자가 임금을 지급하는 것을 약속하는 것으로 성립한다. 노무를 제공한다고 하는 경우, 「어디에서」 「무엇을 한다」는 것이 확실히 되지 않으면 계약을 수행할 수 없다. 이른바 정규직종업원이 취직하는 경우에는 통상, 어디에서 무엇을 해서 일하는가에 대해서는 「그 때마다 사용자의 결정에 맡겨져 있다」이라는 계약상의 합의가 성립하고 있다고 해석하는 것이다. 그렇기 때문에 사용자는 「배치전환」이라는 것을 권리로서 행사할 수 있다는 것이다. 그러나 가령 채용 시에 「근무장소는 서울특별시 동대문구 회기동 ○○번지 당사 회기동 지점으로 한다」고 약속되어 있다면, 근로자는 회기지점에서 일한다고 하는 계약상의 의무를 부담하게 되고, 예컨대 동사의 부산 대신동 영업소에서 일할 의무는 없다. 즉 이 경우에는 사용자가 근로자에게 「부산 대신동 영업소로 옮기를 바란다」라고 생각하면, 근무지에 관한 합의가 미리 필요로 된다.

이처럼 배치전환이란 고용계약의 내용에 관한 사항이기 때문에 이것에 대해서 다툼이 생긴 경우에 소송으로 되면, 법원은 계약에 관한 법의 룰을 적용하여 사안의 처리를 하게 된다. 그렇지만 반복해서 지적하였듯이, 분명한 조문에 의한 「고용」이라는 장이 있을 뿐이고, 현재의 일반적인 고용형태를 대상으로 한 법률의 조문

10) 우리나라 거의 모든 법영역이 그러하듯이, 판례근로계약법도 일본의 판례를 거의 그대로 추수했다고 하는 것이 사실일 것 같다.

은 없다. 민법의 규정에는 배치전환에 관한 룰 등은 전혀 없다.

(2) 판례근로계약법의 기초 : 민법상의 일반조항의 활용

그러나 다행스럽게도, 민법은 그 「총칙」편에 모든 계약유형에, 아니 거의 모든 법분야, 나아가서 개인과 개인, 개인과 집단 그리고 집단과 집단의 상호관계 전반에 있어서 사회적 경제적 정치적 법적 차원에 통용될 수 있는 포괄적인 규정을 두고 있다. 이들 포괄적인 규정을 「일반조항(一般條項, Generalklauseln)」이라고 한다.[11] 이러한 일반조항의 대표적인 것으로서 민법 제2조를 들 수 있다. 민법 제2조 제1항은 「권리의 행사와 의무의 이행은 신의를 좇아 성실히 하여야 한다」라고 규정하고 있는데, 일반적으로 이 내용을 「신의성실의 원칙」 또는 줄여서 「신의칙」이라고 하고, 제2조 제2항 「권리는 남용하지 못한다」라고 규정하고 있는데, 이를 「권리남용금지의 원칙」이라고 한다. 이 규정의 구체적인 의미는 일단 계약을 체결하였다면 계약당사자는 어느 쪽이든 권리를 행사하는 데 있어 혹은 의무를 이행하는 데에 있어 상대방의 신뢰를 배신하지 않도록 성의를 다해 행동해야 한다는 것이다. 즉 계약의 내용을 실현하는 경우, 권리를 남용적으로 사용하거나 형식적으로 의무를 수행해도 좋다고 하는 것은 아니라 적절한 행위방법이 있다고 하는 것이다.

a. 신의성실의 원칙

근로관계에는 예컨대 어떤 회사에 일을 하고 있는 사람이 일단 회사를 나간다고 하는 순간에 그 회사를 비방하고 중상하는 경우, 물론 범죄의 고발 등은 별론으로 하고, 그것은 「공익신고자 보호법(제정 2011.3.29 법률 제10472호)」라는 법률에 의해서 보호되지만, 그렇지 아니하고, 어떻든 예컨대 자신이 근무하고 있는 회사를 중상비방하는 내용을 인터넷에 써서 불특정다수인들에게 배포하는 짓을 해서는 아니 되고, 그렇게 하는 것은 신의칙에 반하는 것으로 생각한다. 그래서 그러한 짓을 하면, 회사는 당연히 그 근로자에게 제재를 과하는 것으로 되는데, 그 법적인 근거의 중심은 「신의칙」이고, 근로자는 오직 사용자가 시키면 시키는 대로 일해야 할 뿐만 아니라, 그것도 신의에 따라 성실하게 일해야 할 계약상의 의무가 있다고 생각하는 사람들이 많다.

---

11) 일반조항의 의의와 기능 및 구체화의 방법에 대한 자세한 이해를 위해서는 강희원, 「소위 一般條項에 관한 基礎法學的 考察」, 『고황법학』제1호(1994), 209-265면 참조.

또 사용자 측도, 근로자에 대해 그 근무에 대해서 오직 임금을 지급하면 충분하다는 것이 아니다. 사용자 측에서 보면, 근로자는 자신의 지시에 따라 노무를 제공해주고 있다. 그러한 근로자에 대해서는 노무의 제공에 있어 심신의 건강을 해치지 않도록 배려할 신의칙상의 의무가 사용자에게 부과된다.

예컨대, 산업재해가 발생한 경우, 사용자가 충분한 설비나 환경을 갖추지 않았기 때문에 일어났던 사고가 원인인가, 혹은 충분한 안전교육을 실시하지 않았기 때문에 생긴 상해인가 나아가서 과중업무를 알면서 방치해서 노동자가 우울상태에 빠져 자살했다는 것이 밝혀지면, 노동자나 그 유족은 단순히 근로복지공단에 신청해서 산업재해보상보험에서 급부를 받을 뿐만 아니라, 사용자를 상대로 해서 손해배상의 청구도 가능하게 된다. 왜냐하면, 그러한 상해나 질병을 입은 것은 사용자가 고용계약상의 신의칙을 위반하였다고 하는 이유가 성립하기 때문이다.

b. 권리남용금지의 원칙

권리남용금지의 원칙도 계약상의 권리에 가장 자주 적용되는 룰이다. 요컨대, 권리를 가지고 있다고 해서 그것을 어떠한 경우에도 안하무인(眼下無人)으로 행사해서는 아니 되고, 너무나 부당하거나 불공정한 권리의 행사는 「남용」으로 되는 것이다. 고용관계에는 예컨대 사용자가 근로자에게 휴직을 명하는 것은 휴직을 명할 권리에 고용계약상의 근거가 있으면 원칙적으로 당연한 것인데, 그 근로자가 노동조합의 활동가이고, 혐오하기 때문에 휴직을 명하였다는 등의 경우는 권리의 남용으로 된다.

c. 선량한 풍속 기타 사회질서 위반

의용민법 제90조에 「公의 秩序 또는 善良한 風俗에 반하는 법률행위는 무효로 한다」고 정하고 있어 이것에 기하여 마약의 매매계약이나 매춘계약이 무효라고 판단되었다. 고용관계에서 근로기준법이 제정되기 이전에도 남녀간에 정년을 차별한다든가 동일노동에 대해 임금을 차등화하는 고용계약은 무효라고 주장되었던 근거도 바로 이 조항이었다. 의용민법 제90조는 현행 민법 제103조에서 「선량한 풍속 기타 사회질서에 위반한 사항을 내용으로 하는 법률행위는 무효로 한다」라고 규정되어 있다. 이와 같이 주로 계약 전반에 적용되는 민법의 포괄적 일반조항은 특히 고용계약에 아주 빈번하게 사용되고, 다수의 고용계약에 관한 사안의 처리에 이용되었다.

위에서 들었던 배치전환의 예에서, 법원은 먼저 사용자에게 배치전환을 명할 권리가 확실하게 존재하는지 여부를 검토한다. 그 고용계약에 있어서 사용자에게 배치전환을 명할 권리가 있다고 인정되면, 그 다음에 배치전환명령이 「배치전환명령권의 남용」으로 되는지의 여부를 판단하게 될 것이다.

이와 같은 방법은 고용계약을 둘러싼 다양한 문제의 해결에 도움이 된다. 채용내정의 취소, 시용기간만료후의 본채용거부, 배치전환 전출, 전적 등의 인사이동, 또 교육훈련, 배치, 승진, 인사고과, 징계, 해고, 퇴직 후의 기업연금의 지급 등에 대해서도, 고용계약에서 어떠한 합의가 되어 있고, 권리나 의무가 설정되어 있는가, 그리고 구체적인 권리의 행사나 의무의 이행에 신의칙위반이나 권리남용, 선량한 풍속 위반 등이 없는지를 검토하게 된다.

(3) 판례근로계약법의 문제점 : 인사권의 절대성 인정

다른 한편, 이와 같은 법원의 대응에 있어서 중요한 역할을 했던 것이 일제(日帝)로부터 전수하였던 우리 기업의 고용관행이다. 일본식의 고용관행에 의하면, 근로관계에 있어서 근로자의 「근로권」 또는 「취로권」은 인정되지 않으며, 사용자가 근로자에 대한 노무지휘권의 한 양태로서 이른바 「인사권」을 가지고 있다는 것이다. 우리나라의 기업에는 근로자의 채용에서 퇴직까지의 지위의 변동이나 처우에 관한 사용자의 포괄적인 권한으로서 「인사권」이 있다고 일반적으로 용인됐다.

그렇지만 실제로 어떠한 법률 어디에도 「사용자는 근로자에 대한 포괄적인 인사권을 가지고 있다」는 등의 규정은 없다. 또 인사권의 구체적인 내용에 대해서도 공적인 기준이 있는 것도 아니다. 그런데도 사용자가 근로자에 대한 인사권을 가지고 있다고 하는 인식이 정착하고 있는 것은 일반적으로 정규직종업원의 고용계약에 있어서 채용의 단계에서, 근로자의 배치전환이나 이동, 처우 등에 대해 포괄적으로 사용자의 결정권을 인정한다고 하는 합의가 성립하고 있다고 생각하는 것이 많기 때문이다. 그렇게 해서 근로계약상의 다툼이 소송으로 비화하는 경우에는 법원도 사용자에게 인사권이 있다는 것을 전제로 하면, 뒤에 본론에 들어가서 자세히 논의하겠지만, 그 파생적 권리인 배치전환명령권이나 인사고과의 권리가 남용으로 되었는가, 신의칙위반은 없는가라는 판단에 집중하면 충분하게 된다.

판례근로계약법은 근로자에 대한 사용자의 포괄적인 인사권을 마치 근로자에 대한 물권적 지배권으로 전제하고 있는데, 이러한 법리구성은 근로자의 근로권(노동권)을 기본적 인권으로서 보장하고 있는 우리 헌법의 이념에 비춰 볼 때 문제가 아닐 수 없다. 우리나라에는 봉건적 신분질서를 타파하는 시민혁명이라는 근대화의 과정이 없었기 때문에 민법의 제정은 봉건적 잔재로서 남아 있는 현실적인 사회적 세력관계를 고려하지 않음으로써 특히 기업 내에 있어서 근로관계의 반봉건적 상태를 고착시키는 법적인 도구로서 역할을 담당했다고 말 할 수 있다. 이러한 상황에서 법원(法院)은 근로자의 기본권으로서 근로권을 보장하고 있는 헌법의 이념을 용해해서 개별 근로자와 개별 사용자의 관계인 근로계약관계 안으로 끌어들여서 한국 근로관계의 반봉건적 상황을 적극적으로 개선하기 위해 종래의 시민법적인 계약법리를 질적으로 수정하거나 변경하는 차원에서 새로운 「사회적 계약법」으로서 근로계약법의 구체적인 법리를 형성했어야 함에도 불구하고, 오히려 민법의 일반조항으로 회피해서 근로계약을 순수사법영역으로 편입하는, 말하자면 「노동법의 재시민화(再市民法化, Wiederzivilisierung des Arbeitsrechts)」를 초래했다는 비판을 면할 수 없다. 그러나 법리적 차원에서 보면, 판례근로계약법이 직선적으로 근로계약법의 사회화(Sozialisierung des Arbeitsvertragrechts)에는 이르지 못했지만, 구체적인 노동사건에서 사용자에 의한 인사권의 일방적인 행사로 인해 야기되는 근로자의 불이익과 사용자의 이익을 민법의 일반조항이라는 우회로를 통해 구체적인 형평을 기하였다고는 평가할 수 있다. 이러한 맥락에서는 판례근로계약법이 사용자의 봉건영주적 지배의식과 근로자의 노예적 종업원의식에 기하여 형성된 우리 기업의 반봉건적인 고용관행을 수정하려는 소극적인 법적 시도라고도 평가할 수 있다.

은 없다. 민법의 규정에는 배치전환에 관한 룰 등은 전혀 없다.

(2) 판례근로계약법의 기초 : 민법상의 일반조항의 활용

그러나 다행스럽게도, 민법은 그 「총칙」편에 모든 계약유형에, 아니 거의 모든 법관계 나아가서는 개인과 개인, 개인과 집단 그리고 집단과 집단의 상호관계 전반에 걸쳐서 지도적·개괄적 성격의 여러 사회에 적용될 수 있는 포괄적인 규정을 두고 있다. 이들 포괄적인 규정을 「일반조항」(一般條項, Generalklausel)이라고 한다.1) 이러한 일반조항의 대표적인 것으로서 민법 제2조를 들 수 있다. 민법 제2조 제1항은 「권리의 행사와 의무의 이행은 신의를 좇아 성실히 하여야 한다」라고 규정하고 있는데 일반적으로 이 내용을 「신의성실의 원칙」 또는 줄여서 「신의칙」이라고 하고, 제2조 제2항은 「권리는 남용하지 못한다」라고 규정하고 있는데, 이를 「권리남용금지의 원칙」이라고 한다. 이 규정의 구체적인 의미는 일단 계약을 체결하였다면, 계약당사자는 어느 쪽이든 권리를 행사하는 데 있어 혹은 의무를 이행하는 데에 있어 상대방의 신뢰를 배신하지 않도록 성의를 다해 행동해야 한다는 것이다. 즉 계약의 내용을 실현하는 경우, 권리를 남용적으로 사용하거나 형식적으로 의무를 수행해도 좋다고 하는 것은 아니라 적절한 행위방법이 있다고 하는 것이다.

a. 신의성실의 원칙

근로관계에는 예컨대 어떤 회사에 일을 하고 있는 사람이 일단 회사를 나간다고 하는 순간에 그 회사를 비방하고 중상하는 경우, 물론 범죄의 고발 등은 별론으로 하고, 그것은 「공익신고자 보호법(제정 2011.3.29 법률 제10472호)」이라는 법률에 의해서 보호되지만, 그렇지 않다하고, 어떻든 예컨대 자신이 근무하고 있는 회사를 중상비방하는 내용을 인터넷에 써서 불특정다수인들에게 배포하는 것을 해서는 아니 되고, 그렇게 하는 것은 신의칙에 반하는 것으로 생각한다. 그래서 그러한 짓을 하면, 회사는 당연히 그 근로자에게 제재를 과하는 것으로 되는데, 그 법적인 근거의 중심은 「신의칙」이고, 근로자는 오직 사용자가 시키면 시키는 대로 일해야 할 뿐만 아니라, 그것도 선의에 따라 성실하게 일해야 할 계약상의 의무가 있다고 생각하는 사람들이 많다.

---

1) 일반조항의 의의와 기능 및 구체화의 방법에 대한 자세한 이해를 위해서는 강희원, 「소위 一般條項에 관한 基礎法學的 考察」, 『고황법학』 제1호(1994), 207-265면 참조.

제Ⅱ장 근로관계와 헌법

Ⅰ. 들어가면서

1. 역사적 원점으로의 회귀

우리나라 노사관계가 서유럽국가의 그것과 비교해 볼 때 여전히 미숙한 단계에 있으며 우리 노동법학은 실정법률의 자구적 해석론에 그치고 있을 뿐만 아니라 아직 독자적인 이론체계를 공고하게 확립하고 있다고 평가할 수 있는 수준에 이르지 못하고 있는 것 같다. 그런데 우리 노동법제와 그것에 이론체계가 이와 같은 수준에 도달하지 못한 까닭이 어디에 기인하고 있을까? 한 나라의 노동법제와 그 이론도 그 나라의 다른 부문의 법제와 그 이론 및 사유(思惟)와 마찬가지로 정치적·사회경제적 산물이기 때문에 그 나라의 정치적·사회경제적 발전수준과 동떨어져 독자적으로 전개될 수 없는 것은 자명하다. 이러한 관점에서 보면 우리나라의 노동법제와 그 이론적 수준과 상황도 우리나라의 정치적 사회경제적 맥락에서 그 원인과 결과를 찾는 것이 옳을 것 같다. 그렇지만 우리나라의 노동법제와 그 이론적 수준은 우리나라 노동법제의 성립시기에 한반도가 처해있었던 특별한 역사적 상황에 기인했던 면이 컸다는 점도 무시해서는 아니 될 것이다. 그래서 우리나라의 노동법이론의 미성숙현상의 원인과 귀결을 역사적 차원에서 설명하면 오히려 더 많이 수긍할 수 있지 않을까 생각한다. 역사적 차원에서 우리가 생각한다면 노동법의 성립과 노동법이론에 영향을 미쳤던 한반도의 특수한 역사적 상황이 무엇일까? 물론 이러한 역사적 상황이란 늘 어떠한 프리즘으로 보는가에 따라 그것은 다르게 비칠 수도 있다. 예컨대 정치적 프리즘으로 비추면 그것은 정치적 상황이 되고, 경제적 프리즘으로 보면 경제적 상황으로 될 것이다.

잘 알고 있듯이 한반도는 제2차 세계대전에서 일본파시즘체제의 패전으로 돌연 그 식민지배에서 벗어난 후 다시 아메리카합중국과 (구)소비에트사회주의공화국연방(Soviet Union)의 진영논리에 의해 남북으로 나누어져 남반부에는 3년간의 아메리카합중국 군정을 거쳐 천신만고 끝에 대한민국이라는 신생국가가 탄생하였다. 제헌헌법의 전문을 보면 대한민국은 그 정치시스템에서는 3.1운동에 기하여 수립된 임시정부에 그 역사적 단초를 두고 1948년의 제헌헌법에 의해 재건된 민주국가이며,[1] 그 경제체제에 있어서는 특히 제헌헌법 제15조, 제17조, 제18조와 제84조 내지 제89조를 종합적으로 판단해보면 정치시스템으로서의 국가[2]에 의해 규제되는 시장경제, 말하자면 한국적인 '사회적 시장경제'(soziale Marktswirschaft)[3]를 지향하고 있었다고 말할 수 있다. 그러므로 대한민국은 처음부터 정치경제적 모델로서 이른바 제3의 길을 선택했다고 말할 수 있겠다.[4] 특히 일제가 패주하면서 한반도에

---

1) 제헌헌법 전문은 "유구한 역사와 전통에 빛나는 우리들 대한국민은 기미 삼일운동으로 대한민국을 건립하여 세계에 선포한 위대한 독립정신을 계승하여 이제 민주독립국가를 재건함에 있어서…"라고 하여 이러한 점을 분명히 하고 있다. 그러므로 현재의 대한민국은 이씨조선과 연속선상에 있는 1897년 10월 12일부터 1910년 8월 29일까지 존립했던 대한제국과 그 역사적 실질에 있어 같다고 볼 수 있지만 적어도 정치적·법적으로는 무관하다고 하겠다.

2) 필자는 우리 헌법상의 국가개념을 「정치시스템(politisches System)으로서의 국가(Staat, state, 國)」와 「공동체(Gemeinschaft)로서의 국가(Nation, nation, 邦)」으로서 구별해서 파악하고자 한다. 전자는 주로 권력적·제도적 기능을 부각하고자 하는 경우를 의미하고, 후자는 서로 공유하는 일정한 역사적 문화적 정치적 경제적 지리적 등 여건에서 함께 살고 있는 구성원관계를 부각하는 경우를 지칭한다. 후자는 통상 "나라"라는 순수한 우리말로 표현되기도 한다(한자어 "國"과 "邦"은 모두 우리말 "나라"에 해당하는 말이다. 그러나 필자는 "國"은 정치시스템을, "邦"은 공동체 또는 협동체를 의미하는 것으로 보고자 한다). 전자는 역사와 전통에서 연속성을 가지고 있지 않을 수도 있지만, 후자는 연속성을 가지고 있다. 필자는 예컨대 우리 헌법 제10조 이하에 말하는 '기본권보장의무자로서의 국가'는 헌법 제4장의 제목인 '정부'와 동일한 것으로서 바로 「정치시스템으로서의 국가」를 의미한다. 그러므로 「정치시스템으로서 국가」는 제도 및 기구의 기능적 차원에서 통치구조 또는 국가조직을 본 것이라면, 「정부」라고 할 때에는 제도 및 기구의 정태적인 차원에서 통치구조 또는 국가조직을 명명한 것이고 말할 수 있다. 한편, 헌법 제1조, 제2조, 제3조이 말하는 "대한민국"과 제37조 제2항의 "국가"는 「공동체로서의 국가」를 의미하고, 헌법 전문(前文)에 있는 "대한국민"의 「대한」도 「공동체로서의 국가」를 의미한다고 본다.

3) '사회적 시장경제'란 한마디로 말하면, 경쟁원리의 우위를 강조하면서 생산·소비·직업선택 등에 대해서는 시장경제에 있어서의 자유경쟁을 완전히 보장하지만, 시장형태 등을 포함한 사회적 질서의 형성·유지에 대해서는 국가가 경제·사회 정책을 통하여 책임을 지는 시장경제의 한 형태라고 할 수 있다. 사회적 시장경제는 Alfred Müller-Armack, Ludwig Erhard, Walter Eucken, Franz Böhm, Alexander Rüstow 등의 경제정책적 개념으로서 도이치연방공화국 기본법상의 사회국가원리와 밀접한 관계에 있다고 말할 수 있다. 사회적 시장경제의 질서이념 등에 관해서는 Alfred Müller-Armack, Studien zur sozialen Marktwirtschaft, Köln, 1960 참조.

4) 여기에서 말하는 '제3의 길'은 경제질서의 구성방법과 관련된 것이라고 말할 수 있는데, 경

남기고 간 이른바 적산(敵産) 즉 국가귀속(歸屬)기업[5]을 이를테면 '사회적 공유기업' 또는 '협동적 공동기업'으로 삼고 그것에 기초하여 기획되었던 근로자의 이익균점권은 이러한 제3의 길을 지향하고자 하는 대한민국 경제질서의 원초적 기반이었다고 말할 수 있다. 귀속재산은 일제가 조선민중의 피와 땀의 결과를 수탈하여 이루어진 것이기 때문에 근로자이익균점권이 제헌헌법의 제정과정에서는 특별한 논란 없이 향후의 헌법적 이정표로서 명문화될 수 있었지만 머지않아 그것은 방향을 상실하고 만다.[6] 그 후 공식적인 입법차원에서 이익균점권의 구체화에 관한 논의는 한 번도 이루어진 적이 없었고 또 1953년의 노동입법에서 이익균점권이 구체화되어야 함에도 그것은 입법의제로서 한 번도 상정되지 조차 못하였다. 그 근본적인 원인은 해방직후에 다양한 스펙트럼으로 왕성하게 전개되었던 노동운동세력이 아메리카합중국 군정기간을 거치면서 거세되고 순화되어 추진주체가 실제로 그 동력을 상실했기 때문일 것이다.[7] 1953년의 노동법제는 대한민국 정부가 수립된 지 얼마 되지 않아 공산주의진영과 자본주의진영 간의 냉전상황에서 이들의 이데올로기대리전으로 전개되었던 현대판 당파싸움[8]과 같은 6.25전쟁 기

제질서의 이념형으로서 '제1의 길'과 '제2의 길'의 절충적인 형태를 의미한다. 제1의 길은 완전히 자유로운 내지는 순수자유주의적인 시장경제(die völlig freie oder reine liberalistische Marktwirtschaft)로서 자본주의의 길이다. 제2의 길은 사회주의인데, 이는 자유주의경제와 예리하게 대립하는 주의라는 것는 말할 필요도 없이 국가적 계획경제 또는 중앙관리경제(staatliche Planwirtschaft od. Zentralverwaltungswirtschat)의 길이다. 물론 절충주의로서 제3의 길에는 제1의 길과 제2의 길 중 어느 편을 주(主)로 하면서 양자를 어떻게 절충하는가에 따라 다양한 형태가 나타날 수 있다.

5) 귀속재산은 일제가 조선민중의 피와 땀의 수탈에 의해 이루어진 것인데 그 규모는 그 해방직후 남한 총자산의 70~80%로 추정된다고 한다. 한국역사연구회 현대사연구반, 『한국현대사1: 해방직후의 변혁운동과 미군정』 풀빛 1991, 104면. 1948년 말 귀속기업체의 비중 비중은 공장의 수에 있어서는 21.6%이나 종업원 수에 있어서는 59.% 특히 종업원 30명 이상의 기업체는 80%이상이 귀속기업체였다고 한다. 金大換, "1950년대 韓國經濟의 연구–工業을 중심으로", 陳德奎/韓培浩/金學俊/韓昇洲/金大換 외 『1950年代의 認識』 한길사, 1981, 157-255(181)면 참조.

6) 제헌헌법의 근로자이익균점권의 역사적·정치적 배경에 관해서는 황승흠, "근로자 이익균점권의 탄생 배경과 법적 성격 논쟁", 『노동법연구』, 제36호, 2014, 1-44면 참조.

7) 그 이후에 전개되었던 역사적 결과를 보면 제헌헌법 제18조의 근로자이익균점은, 과도한 표현일지는 모른지만, 어쩌면 해방직후의 특수한 역사적 상황에서 지배계급이 노동자의 저항을 무마하기 위한 정치적 기망술책이었거나 이것이 사실이 아니라면 군사쿠데타에 의해 탈취되었다고 말해야 할지도 모른다.

8) 이와 같이 6.25전쟁을 '현대판 당파싸움'으로 명명하는 것은, 긴 역사적 안목으로 본다면, 조선시대의 당파싸움의 경우 그 명분이 유교적 교리에 관한 다툼이었지만 그 실질은 그 당시 지역 또는 씨족에 기반을 두고 있는 세력들 간의 정치적·경제적 주도권장악에 있었듯이, 6.25전쟁도 역시 그 명분은 좌우 이데올로기의 선택에 있었다고 하지만 그 실질

간 중에 전쟁물자생산을 위한 노동력동원이라는 전략적 필요에 의해 제정된 것이므로[9] 실제로 근로자이익균점권에 관한 구체적인 논의를 할 수 있는 상황도 아니었을 것이다.[10] 설사 이에 관한 입법적 논의를 하려고 해도 개별기업차원의 근로자이익균점권은 일본에서는 물론이고 유럽의 어떠한 국가에서도 그 입법례를 볼 수 없는 독특한 것이어서 입법을 위한 참조자료가 없었을 것이다. 그 당시 대한민국의 노동입법모델은 좋든 싫든 간에 과거의 식민지모국인 일본의 그것일 수밖에 없었고 일본에 그러한 입법이 없었기 때문에 대한민국 정부가 독자적으로 그 입법을 위한 준비를 한다는 것 자체가 불가능했는지도 모른다.

2. 아름다운 미래로의 지향을 위해

우리나라 노동법제와 노동법이론의 오늘날의 상황은 역사적 소산이라고밖에 말할 수 없지만, 우리나라 다른 어떠한 법제와 법이론 분야에서보다 일본의 영향이 깊게 남아 있다고 하겠다. 일본노동법제는 제2차 세계대전에서의 패배로 아메리카합중국 점령군의 강요에 기하여 제국주의적 노동행정에 벗어나자 그 이전에 수입된 바이마르 도이치 노동법이론에다가 아메리카합중국식의 노동입법을 가미하여 급조된 이른바 일본신헌법[11]체제하에 새롭게 마련된 것이었는데, 이것이 우

은 정치경제적 이해에 뿌리를 두고 있었던 한(韓)민족 내의 몇몇 세력들 간의 정통성계승투쟁에 있었으며, 그러한 투쟁은 현재에도 남북 간에 계속되고 있는 것이 아닌가 생각해 본다.

9) 이와 관련해서는 金三洙, 『韓國資本主義國家の成立過程 1945-54年』, 東京大學出版會, 1993, 197면 이하 참조.

10) 대한민국의 초대 보사부장관이었던 전진한은 제헌헌법 제18조 제2항에 규정되어 있었던 근로자의 이익균점권을 구체화하는 입법에도 그 나름으로 노력하고자 했으나 그 당시 대통령이었던 이승만과의 불화, 수구세력의 반대 등 정치적 경제적 상황에 의해서 그 뜻을 이루지 못했다. 이에 관한 보다 자세한 내용에 관해서는 이흥재, 『노동법의 제정과 전진한의 역할』 서울대학교출판문화원, 2010 특히 56면 이하 참조. 그러나 제헌헌법의 이익균점권이 다른 노동기본권과 달리 그 이후에도 입법에 의해 구체화되지 못한 것은, 앞에서 언급했듯이(각주18 참조) 그 성립배경의 술책성과 특히 6.25.전쟁 이후에는 생산시설의 파괴와 노동진영의 붕괴로 인한 주체세력의 부재 등으로 사실상 유명무실하게 되었을 뿐만 아니라, 다른 한편 기업적 노동생산물에 관한 근로자의 공동지분권이라고 할 수 있는 이익균점권이 가지고 있는 성격으로 인해 그 당시 지배권력과 자본측에게는 산업화를 위한 자본축적이 절실했기 때문에 도저히 수용될 수 없었던 부분이라고 해도 과언이 아니다. 이와 관해서는 위 김 대환의 논문(각주5) 및 임송자, 『대한민국 노동운동의 보수적 기원』, 선인, 2007, 특히 제3장 참조.

11) 일본국신헌법은 1945.8.15. 연합국의 포츠담선언을 수용한 후, "민주주의적 경향의 부활

리나라에 돌연히 도입되어 우리나라 노동법제의 모체가 되었고 정부수립부터 수차례의 정치적 격동기가 있었지만 우리나 노동법제의 기본적 구조는 오늘날까지 그대로 유지되고 있다. 5.16.군사쿠데타로 들어선 반공적 군사정권에 의해 노동운동은 거의 괴멸상태로 되었다가 그 동안 겨우 생존을 위한 차원에서 소극적 저항의 형태로 진행되었던 노동운동은 1980년 후반부터 민주화의 한 고리로서 진행되어 현재에 이르고 있다고 하겠다. 1960년부터 현재까지의 상황을 돌이켜보면 1960년대 중반부터 1970년대 중반 베트남전쟁, 1980년대 중반까지의 중동붐 등의 특수에 기한 수출위주의 산업화의 경제적 과실로 근로자들의 불만이 어느 정도 무마될 수 있었으나 한국자본주의체제가 1980년대 후반부터 세계자본주의체제의 중심부로 본격 편입되자 국가들 간의 경쟁이 고도화되면서 세계자본주의체제의 출렁임 속에서 한국경제가 직접적으로 영향을 받으면서 이제 그 악영향은 외부적인 특수가 없는 한 사회경제적 약자인 국내근로자들의 부담으로 직접 이전될 수밖에 없는 상황에 처해 있다.[12] 요즘 논의되고 있는 노동시장의 구조개선이라는 테제도 세계자본주의체제의 위기로 인해 한국자본주의체제의 모순을 과거와 같이 더는 외부화할 수 없어서 생기는 체제내적 현상의 하나라고 볼 수 있을 것 같다. 이와 같은 상황에서 정부가 주창하는 이른바 '경제살리기'라는 슬로건에 대항하는 노동운동은 경제성장의 저해자라는 표적이 될 수 있어 사실상 딜레마에 빠질 수밖에 없다고 하겠다.

노동법이론의 현재적 상황에 관해서는 노동법학을 하는 사람의 자세에서도 그 원인을 찾을 수 있을 것 같다. 노동기본권 등 기본적 인권에 관한 헌법규정의 추상성이나 자유주의적인 아메리카합중국법제의 대량도입 등도 현저한 원인으로 들 수 있지만 해방 이후 정부수립과 제헌헌법의 시행과 함께 18세기적 개인주의 자유주의사상을 제대로 소화하지 못한 채 생존권사상의 혼입, 외세에 의한 남북분단과 자본주의와 공산주의의 이데올로기적 뒤엉킴과 6.25전쟁과 그 사회적·정치적 트라우마(trauma) 등도 커다란 원인이다. 또 남북대결구도 속에서 노사관계에 대한 국가권력의 과도한 개입, 그 결과로 생긴 노사관계의 특수성, 예컨대, 노동

강화", "기본적 인권존중", "평화정치", "국민의 자유의사에 의한 정치형태의 결정" 등과 같은 포츠담선언의 기본적 요구사항을 기조로 하여 연합국최고사령관총사령부의 감독 하에서 「헌법초안강령」을 작성하고 우여곡절을 거쳐 1946.5.16. 제국의회에서 헌법안이 통과되어 1946.11.3.공포되고 그 6개월 후에 시행되었다.

12) 오늘날 이른바 재하청기업 소속 근로자의 임금수준이 정규직 또는 비정규직에 무관하게 최저임금수준으로 하향 평준화되는 현상이 강한데, 이러한 현상은 그것을 반증하고 있다.

조합의 기업별조직이나 조합간부의 재적전임자제도 등도 노동법이론을 왜곡하는 요인으로 되었다.

자본주의국가에 있어 노동문제는 그 양상에서 보면 19세기에서 20세기 중반까지는 자본 측의 방어와 노동 측의 공격이 주축을 이루지만 20세기 후반에서 21세기에 접어들면서 그 양상이 전도되어 자본 측의 주도적 공격과 노동 측의 수동적 방어전이 그 본질이 아닌가 생각한다. 우리나라의 노동법제와 노동시장구조는 경제개발이라는 미명하에 자본주도로 진행되었기 때문에 어느 나라의 노동운동도 그러했지만 특히 우리나라 노동계는 노동법제 그리고 노동시장정책에 대해 삶의 최저수준만 보장되면 수용하는 입장에서 수동적으로 방어해온 것이 사실이다. 그렇다고 하더라도 노사 쌍방 모두 공격전과 방어전에 눈코 뜰 새 없었기 때문에 양진영의 사람들은 실제로 노사 본연의 모습을 제대로 살펴보면서 그 진정한 존재방식을 학문적으로 반성해볼 여유가 없었다고 생각해도 과언이 아니다. 이러한 요인에 의해 우리나라 노사이론은 현저히 왜곡되어 혼미에 빠지고 오늘날 여전히 정상적인 모습을 볼 수 없고 아직 이른바 투쟁주의 일변도로 일관하고 있는 상태이다.

이러한 상황에서 대한민국의 국가적 성격도 규명하고 노동헌법적 기본질서를 명징하게 밝혀서 「전체와 개체의 대등적 가치관계」를 찾아내고 거기에서 노사관계에 있어 권리성과 의무성, 대립성과 협동성 상호의 관계를 이론적·실천적으로 구체화해내는 것은 「규범학(規範學)」으로서 노동헌법[13]의 일차적인 연구과제라고 생각한다. 공동체에서 개인 대(對) 전체 그리고 개인 대(對) 개인의 관계가 근본적으로 대립성과 호혜성이라는 상반적 이원적인 요소로 구성되어 상조(相助)와 길항(拮抗)이 작용하듯이 기업적 노사관계에서도 이원적 요소가 그렇게 작용하고 있는 것은 말할 필요도 없을 것 같다. 그러므로 노사관계에서 협동성만을 강조하면서 대립성을 말살하고 투쟁적인 측면을 은폐하려고 하는 이론이 허용되지 않는다는 것은 노동삼권을 근로자의 기본권으로 보장하고 있는 우리헌법에서 보면 분명하며 이론(異論)의 여지가 없을 것이고, 그렇다고 반대로 대립성만 강조하면서 노사관계의 협동성을 완전히 부정하고 파괴적 투쟁이론으로 시종일관하는 태도 또한 우리나라 헌법적 기본질서에서는 도저히 허용할 수 없는 위헌적 입장이라고 해야 할 것이다. 여기에서 근본적으로 제기되는 문제는 도대체 노사관계에서 어떠한 협동성이 어떻게 호혜적으로 가능하게 할 수 있느냐는 것이다. 그것이 있다고 한

---

13) 노동헌법 일반에 관해서는 강희원, 『노동헌법론』, 법영사, 2011 참조.

다면 그 형태는 어떠한 것인가? 또 그 법적 근거는 무엇인가? 그리고 이에 대해 대립성의 관계는 어떻게 자리매김되어야 하느냐는 점이다. 이것은 위에서 이미 언급한 대한민국의 재건을 하면서 그 가치를 규범화했던 제헌헌법이 지향하고자 했던 이른바 「제3의 길」로 돌아가는 것이다. 그 동안 수차에 걸쳐서 헌법이 개정되었는데, 이로 인하여 제헌헌법의 제3의 길은 폐쇄되어 버렸는가? 그렇지 않다고 생각한다. 제헌헌법의 제3의 길은 아래에서 살펴보듯이 여전히 현행헌법에도 그대로 유지되고 있다고 하겠다.

근대서유럽의 시민법학이 추구해온 것을 돌이켜 보면 그것은 한 마디로 말해 물본주의(物本主義)법학이라고 규정할 수 있을 것 같다. 그것은 언제나 '가진 자'가 '갖지 못한 자'를 물(物)로 취급하면서 소유물과의 관계를 통해 갖지 못한 자를 통제하는 장치로서 법제도이었기 때문이다. 인본주의(人本主義)법학이 '인간성'(Menschentum) 즉 인간 그 자체를 법가치로 하는 법적 사고라고 한다면, 20세기 중반부터 사회적 복지국가원리 하에서 물본주의법학에 틈새를 만들어 자본에 대한 제어를 시작했던 사회법이라는 이름으로 총괄되는 법적 사고가 인본주의법학의 시작이다.[14] 이러한 의미에서 노동법학은 인본주의적 사고를 법영역에 가미하려는 시도라고 하겠다. 인본주의노동법학은 어떻게 하면 국가공동체질서에 생산노동과 생산자본을 동시적·등위적·동가치적으로 구성할 수 있을 것인가를 고민해 본다. 이러한 문제의식은 인본주의법학으로 노동법학의 시작점이자 종착점이다.

기업적 노사관계의 대립성과 협력성을 조화할 수 있는, 말하자면 새로운 제3의 길로 나아가는 규범적 기반을 어디에서 찾을 수 있을까? 제헌헌법이 지향하고자 했던 제3의 길은 현행 헌법에서도 그대로 유효하게 유지되고 있는가? 만약 그렇다면 현행 헌법은 제3의 길을 규범적으로 어떻게 설계하고 있는가? 아니, 현행 헌법의 정신을 어떻게 구체화할 것인가? 그리고 노동법과 노동법이론은 이러한 제3의 길로 가는데 어떻게 기여할 수 있을까? 이러한 의문에 대해 화답하기에 우리의 현재 노동법사고에 문제는 없는가? 만약 현재의 우리 노동법적 사고에 문제가

14) 제2차 세계대전 이후부터 본격적으로 진행되었던 서유럽적 복지국가의 꿈은 1970년대 후반부터 자본주의경제가 성장의 한계에 부딪치자 상당부분 수정되었다가, 1980년대에 들어와 신자유주의에 의해 거의 폐기단계에 있다고 해도 과언이 아니다. 이러한 맥락에서 보면, 서유럽에서 복지국가와 사회복지를 추구하고자 하는 법적 사고도 진정한 의미에서 인본주의법학이라고 말할 수 없다. 예컨대 인본주의적 법사고에 터 잡고 있다고 평가받고 있는 노동법의 경우에도 실은 그 궁극적 목적이 종속노동의 극복이 아니라 종속노동의 유지·관리이기 때문에 현행노동법적 사고는 진정한 의미에서 인본주의적 법사고가 아니라고 하겠다.

있다고 한다면 그 문제점은 구체적으로 노동법이론의 어디에 있을까? 그 주된 문제점이 노동계약의 본질론, 노동관계의 조직론, 나아가서는 기업에 대한 지금까지의 법학적 구성에 있는 것은 아닐까? 다시 생각해보면 이러한 것들보다도 더 근원적인 문제도 있을 것 같다. 그것은 노동관련기본권, 더 거슬러 올라가서, 우리 헌법상의 기본적 인권의 성격 및 그것에 대한 원리적 연구가 부족했던 것이 아닌가 생각해 본다. 그래서 아래에서는 위와 같은 문제의식을 실마리로 해서 우선 대한민국의 헌법에서 기업에 있어 노동과 자본의 동시적·등위적·동가치적인 구축을 위한 인본주의적 규범기초를 찾을 수 없을까라는 문제를 고민하면서 현행 헌법의 구조원리와 기본권을 재음미하여 기업질서에 관한 우리 노동헌법의 규범적 기획을 시도해보고자 한다.[15)]

15) 필자의 의도가 헌법 각조항의 규범적인 내용을 본격으로 규명하고자 하는 것은 아니기 때문에 우리 헌법 각 조항의 규범적 내용에 관해 본격적인 논의를 전개하는 것은 피하고자 한다. 다만, 본 주제와 관련해서 필요한 범위에서 우리나라 헌법에 규정되어 있는 기본권규정에 대해 필자가 법학자로서 평소 가지고 있는 나의 개인적 견해를 피력하면서 나의 주장을 정당화하고자 한다. 우리헌법은 '과제적' 헌법이다. 여기에서 '과제적'이란 우리가 우리 헌법에 어떠한 의미를 부여할 것인가에 따라 그 규범력을 가질 수 있다는 것이다. 이와 관련하여 許營, 『憲法理論과 憲法(中)』(전정판), 博英社, 1988은 기능적 통합론적 헌법론에 기하여 우리 헌법상의 기본권을 설명하고 있다. 이러한 기능적 통합론적 헌법론에서는 그 주창자인 루돌프 스멘트(Rudolf Smend)가 카톨릭신학으로부터 받은 영향 때문인지는 몰라도 카톨릭교의 사변신학(思辨神學)의 분위기가 물씬 풍기는 것 같다. 특히 위 책, 54면은 "정의·인도와 동포애로써 민족의 단결을 공고히 하기 위한 우리 민족의 동화적 통합의 법질서인 동시에 생활형식을 뜻하는 우리 헌법은 우리 민족의 동화적 통합을 실현하기 위한 수단으로서 우리 사회공동체의 저변에 깔려 있는 가치적인 합의(Konsensus)를 기본권의 형식으로 보장한 것이라고 보아야 할 것이다"라고 기술하고 있는데, 필자의 과문 때문인지는 몰라도 "우리 민족의 동화적 통합"이란 것이 무엇을 의미하는지 이해하기 어렵다. 기본적 인권은 인류의 보편적 가치인데, 반드시 왜 우리 민족의 동화적 통합을 굳이 강조하는지? "우리 민족의 동화적 통합"이라는 용어 자체에서는 유럽의 19세기적 쇼비니즘(chauvinism)적인 애국주의의 냄새가 물씬 풍긴다. 사실 우리의 역사를 볼 때 우리 헌법에 대해 우리 민족은 스스로의 역사를 제대로 가지고 있지 않는 것이 아닌가? 오늘날 한국인이 헌법에 의해 유럽적 가치를 미래지향적으로 수용한 것이 아닌가? 이러한 의미에서 우리 헌법에 있어서 기본권보장의 의의는 역사적인 것이 아니라 과제적인 것이 아닌가 생각한다. 향후 우리는 그 역사를 만들어 갈 수는 있고 또 그렇게 해야 한다고 생각한다. 또 기존의 헌법학자 또는 헌법재판소의 결정과 다르게 의미를 부여하고자 하는 것은 현재와는 다른 역사를 만들고 싶기 때문인지도 모른다. 그러나 많은 후학들이 동조한다면 필자의 견해도 새로운 역사를 만들 수 있으리라고 생각한다.

Ⅱ. 우리 헌법상 기본권에 관한 새로운 파악

1. 기본권의 헌법적 보장과 「정치시스템」으로서의 국가

우리 현행헌법은 「제2장 국민의 권리와 의무」라는 제목 하에 제10조에서 제39조에 걸쳐 상당한 규모로 국가가 「기본적 인권」 또는 「기본권」으로서 각종의 「권리와 자유」를 보장하도록 규정하는 한편[16] 또 그 보장의 한계도 설정하고 있다. 헌법 제2장에 기본권이 규정되어 있는 순서를 보면 그 나름의 체계가 있는 것 같기도 하지만 그 내용과 비중과 가치 그리고 규정형식 등을 종합해서 규정체계를 재구성해보면 우리 헌법에서 제10조와 제11조 및 제37조 제1항은《권리와 자유》의 보장에 관한 총칙규정으로서, 제37조 제2항은 「자유와 권리」의 보장의 한계에 관한 총칙규정으로 자리매김하는 데에는 아마 이의가 없을 것이다. 또 이들 총칙규정을 전제로 해서 제12조 내지 제36조는 「자유와 권리」에 관한 각론규정으로서 구체적인 자유와 권리를 재확인하여 규정하는 한편, 제38조와 제39조는 국민의 기본적 의무에 관한 규정이지만, 이것을 자유와 권리를 중심으로 볼 때 결국 그 일반적인 보장한계 또는 제한의 일반형식을 규정하고 있는 제37조 제2항의 각론적 규정이라고 말할 수 있다.[17]

---

16) 인권보장과 관련하여 우리 헌법의 용어법에 관해서는 강희원, "'인권'이라는 말에 관한 용어사적(用語史的) 고찰" 『경희법학』 45권 1호, 2010, 7-57면 참조.

17) 헌법학에서는 「국민의 의무」가 기본권제한의 문제와 별도의 차원에서 논의되고 있는 듯하다. 마치 우리헌법에 규정된 「국민의 의무」가 인간의 존재적 구속과 같이 논의하고 있는 것 같기도 하다. 예컨대 許營, 『憲法理論과 憲法(中)』(전정판), 博英社, 1988, 421면 이하 참조. 그러나 이러한 사고방식에 대해서는 근본적인 의문이 제기된다. 국민의 기본의무는 기본권의 제한문제로서 심층적인 논의되어야 한다고 생각한다. 현행 헌법은 납세의무(헌법 제38조), 국방의무(제39조), 근로의무(헌법 제32조 제2항), 교육을 받게 할 의무(헌법 제31조 1항) 등을 국민의 기본적 의무로 규정하고 있다. 이러한 의무는 국가에 의한 기본적 인권의 보장에 대한 반대급부가 아니다. 그러므로 이러한 의무들은 국가에 의한 기본권보장과는 무관한 의무이다. 그런데 이러한 기본의무의 이행과 관련하여 국가권력에 대해 개인은 규범적으로 무방비상태에 있다. 왜냐하면 현행헌법은 헌법 제37조 제2항 소정의 헌법적 규범통제조차 없이 의무의 구체적인 내용을 법률에 거의 백지위임하고 있기 때문이다. 기본의무제도는 개인에 대해 구체적인 작위(作爲)를 강제하는 것을 그 내용으로 한다. 그러므로 헌법이 아무리 기본권을 세세하게 규정하여 보장한다고 하더라도 이들 의무 중 어느 하나라도 과잉으로 되면 기본권은 그 만큼 위축될 수밖에 없다.

기본권조항은 헌법의 품격이고, 그 실질적 보장은 「정치시스템으로서 국가」의 품격이다. 역사적으로 보면, 강자가 약자를 지배하기 위한 무자비한 폭력단체에 불과했던 국가를 인권보장이라는 이름으로 강자와 약자가 공존할 수 있는 법적 공간을 건설하기 위한 선량한 도구로 승화시킨 것은 근대유럽부르주아계급의 위대한 착상의 하나였다. 그들의 착상은 이제 전(全)인류가 함께 향유하는 최고의 가치로 되었다. 인권은 지금까지 인간이 자기 자신을 위해 고안해낸 최고의 가치개념이다. 인권을 통해서 인간에 대한 자기이해와 공동체를 위한 배려가 법적으로 승화된다. 인권은 국가의 폭력을 사용하는 계획안이며, 국가폭력의 구조를 결정하는 핵심이다. 인권은 국가의 기본적 질서를 향도하는 등불이며, 국가권력을 정당화하는 원천이다. 그러므로 기본권을 보장하는 것은 국가권력의 출발점이자 종착점이라고 할 수 있다.

그러면 '기본적 인권'이란 무엇일까? 우리 헌법 제10조 제2문이 말하는 '기본적 인권'은 인간이 사람으로서 생존하고 그 인격의 자유로운 발현을 위해서 당연히 존중받고 또 인정받아야 할 기본적 권리와 자유를 말한다고 하겠다.[18] 이러한 권

이른바 '의무의 과잉'에 대해 항상 주의해야 한다. 우리나라에는 현재 특정의무가 우려할 정도로 과잉적으로 강요되는 위태로운 상황에 이르고 있다고 말할 수 있다. 대한민국 건국초기의 상황과는 달리 국가공동체의 사회적 기반이 다양하게 분화되었고 국가의 경제규모도 커졌고 또 개인들 간에 경제적 격차도 엄청나게 벌어져 구성원 집단이 극단적으로 양극화되어 있다. 게다가 화폐와 교환되지 아니 하는 용역이 없을 정도로 모든 용역이 구매가능한 상황이다. 이와 같은 자본주의체제 하에서 적정수준의 화폐지불로서의 납세의무 외에 국가권력이 개인의 구체적인 작위(作爲)를 용이하게 확보·동원할 수 있도록 하기 위해 기본의무제도에 대해서는 기본권의 제한문제로서 헌법 제37조 제2항과도 관련해서 심각하게 다시 생각해야 할 것이다.

18) 이와 관련하여 우리 헌법 제10조에 규정되어 있는 "기본적 인권"의 개념과 관련해 현대적 인권론의 차원에서 보면 새로운 안목을 얻을 수 있다. 오늘날 사회적·경제적 정치적 등의 상황변화와 더불어 기본적 인권개념은 19세기 내지 20세기 초반과는 달리 말하자면 패러다임의 전환을 맞이하고 있다고 하겠다. 19세기의 근대적 인권론에서는 기본적 인권은 주로 자본주의적 생산관계에 있는 시민의 인권으로서 상정되었지만, 오늘날에는 이러한 자본주의적 생산관계를 넘어 생활관계 전반으로 인권문제가 확대되고 있다. 근대적 인권론에서는 자유권의 주체로서 일반 근로자 이외에 종교인, 표현자, 보도자, 교사 등으로서 독립적인 지위에서 일을 하면서 그 수입에 기하여 생활하고 있는 사람과 같이 주로 능동자의 인권을 보장하는 것에 주안점이 있었고, 이러한 능동적 지위에 있는 자에 대응하고 있는 수동적 지위에 있는 자의 인권보장은 아주 소극적이었다. 하지만 인간의 사회적 생활은 결코 생산관계만으로 결정되는 것은 아니다. 20세기 후반 이후 사회적 경제적 상황변화에는 생산관계를 축으로 하는 종래의 인권론이 적정하게 대처할 수 없기 때문에 그러한 문제에 대응하기 위한 새로운 인권과 인권론이 등장하고 있다고 하겠다. 우리 헌법이 보장하고 있는 기본적 인권의 실천에도 현대적 인권론의 시각이 적극적으로 도입되어야 할 것이다.

리와 자유는 인간의 존엄성에 비롯되는 것으로서 목적적으로 고유한 가치로서 각인에게 부여되어야 하는 것이고 어떠한 전체적 목적을 위한 수단으로서 인정되어서는 아니 된다고 하는 이념에 기초한다. 그러므로 우리 헌법질서에서는 예컨대 제2차 세계대전 전에 있었던 도이치파시즘체제의 나치주의자가 민족공동체에 대한 개인의 의무봉사에 인격부여의 근원을 찾고 (구)소비에트연방에서 스탈린주의자들이 공산독재국가의 생산력증강을 위한 시민 개인의 기여에 그 근원을 두었던 것과 같이 개인을 전체를 위한 수단으로 파악하는 것은 금지된다. 인간 그 자체를 위해서 인격가치를 인정한다고 하는 것이 우리 헌법상 부동의 원칙이라고 하겠다. 이 점에서는 우리 헌법은 18세기 자연법 이래 서유럽 각국의 헌법들과 그 기본적 이념을 공유하고 있다. 이러한 관점에서 보면 기본적 인권에 대한 우리 헌법상의 보장규정은 특별히 새로운 것이 있다고 평가할 수 없다. 그러므로 우리 헌법이 보장하는 인격의 자유란 추상적 인격의 영역에 그치면서 사람 그 자체의 절대가치를 부정하는 전체주의국가의 인격이념과는 큰 간극이 있다.

그렇다고 해서 우리 헌법상의 기본적 인권을 자연법에 기한 생래적 천부의 권리 또는 신탁된 권리라고 해석하는 것도 문제라고 하겠다. 그러면 우리 헌법 제10조 제2문이 말하는 '기본적 인권'을 어떻게 이해할까? 기본적 인권은 가치적으로 국가 수준을 초월하는 것이다. 모순적이긴 하지만 그것은 또한 실천에 있어서 국가내적 권리라고 이해할 수밖에 없을 것이다. 유럽사상은 18세기 이래 자연권, 천부인권사상에 기초하고 있는데 인권은 하늘에서 부여된 것이라고 이해하고 있다. 이에 의하면, 아메리카합중국 독립선언에도 있듯이 인권은 신으로부터 부여된 것이다. 여기에서는 인간이 만들고 따라서 인위적인 개정·폐지가 가능한 입법에 의해 부여된 것은 아니고 인간으로서 선천적으로 창조주로부터 수여받은 것이라는 기본적 인권의 근거로서의 자연법의 원리가 표명된 것이 틀림없다. 그러나 이렇게 보는 것은 우리 헌법상의 기본권규정과 관련해서는 정말 불가해한 전제라고 해야 할 것이다. 설령 우리 헌법의 표현에서 그러한 사상을 도출해 낼 수 있다고 하더라도 현행헌법이 대한민국의 기본법인 이상 유럽이나 아메리카합중국에서와 같이 천부인권적 해석이 타당하지 않다는 것은 말할 필요도 없다.

요컨대 우리 헌법상의 기본적 인권은 단순히 서유럽적인 의미에서 자연법적 근거에 기한 천부(天賦) 내지 신부(神賦)의 권리라고 이해해서는 아니 된다. 위에서 언급했듯이 헌법상의 기본권보장과 관련하여 이원적으로 생각할 필요가 있다. 우리 헌법 제10조 제2문에서 보면 국가는 기본권을 보장하는 수단이다. 이러한 차원에서 보면 기본권은 전(前)국가적 또는 국가에 우선하는 권리이다. 우리 헌법이 천명하고 있는 기본권은 「정치시스템으로서 국가」 이전의 권리다. 왜냐하면 헌법 제10조 제2문의 국가는 기본권보장의무자인 「정치시스템으로서의 국가」이기 때문이다. 그러므로 우리 헌법상의 기본권을 자유권적 내지 자연권적 기본권과 생존권적 기본권의 2종으로 나누고 전자를 전(前)국가적인 권리로, 후자를 후국가적인 권리로 보는 견해도 또한 잘못된 것이라고 하겠다.

그러면 우리 헌법상 기본권이 반드시 전(前)국가적 성질의 것인가라고 하면 반드시 그렇지도 않다. 헌법 제37조 제2항에서 보면 기본권은 「공동체로서의 국가」 내(內)의 권리이다. 이에 관해 좀 더 부언하면 제1조 내지 제5조 및 제37조 제2항에 전제되어 있는 국가로서의 대한민국은 「정치시스템으로서 국가」가 아니라 「공동체로서 국가」이다. 우리 헌법상의 기본권은 「정치시스템으로서 국가」 전(前)의 권리이지만, 「공동체로서 국가」 내(內)의 권리인 것이다. 그러므로 우리 헌법상 기본권을 일의적으로 전(前)국가적 또는 후(後)국가적 권리로 규정해서는 아니 된다고 할 것이다.

한편 「공동체로서 대한민국」은 그 공동체의 영역에서의 공동체적 성격을 살펴보면 정치적 공동체로서는 「민주공화국가」이고, 사회경제적 공동체로서는 「사회국가」이며, 법적 공동체로서는 「법치국가」이다. 물론 공동체로서 대한민국의 이와 같은 성격 전부에 대해 우리 헌법에는 도이치 연방공화국 기본법과 같은 직접적인 명문이 있지 않지만, 우리헌법의 전문, 제1조 내지 제5조, 제10조, 제34조, 제37조 및 기타 우리 헌법의 전취지를 종합하면 정치적·사회경제적·법적 공동체로서 대한민국은 한 마디로 「민주적 사회적 법치국가」로 그 성격을 규정한다고 하더라도 이에 대해 전혀 다툴 여지가 없다고 하겠다.[19)]

이렇듯 우리 헌법에 의하면 대한민국은 민주적·사회적·법치적 공동체국가(Gemeinschatsstaat)이다. 그렇다면 이른바 「사회국가원리」(Sozialstaatsprinzip)가 공동체국가의 구조적 원리 중의 하나라는 것은 명확하다고 하겠다. 사회국가원리는 우리 헌법 전체를 관통하는 사회경제적 기본원리로서 입법·행정 및 사법을 구속하는 헌법적 질서의 구성부분을 이루고 있다. 이것은 단순한 프로그램에 그치지 않고 국가영역뿐만 아니라 사인 간에도 직률적인 효력을 가지는 법규범이다.[20)] 우리

19) 우리 헌법재판소도 이와 같은 취지로 보고 있는 것 같다. 헌재 1999.12.23. 선고 98헌바33 결정 등 참조.

20) Vgl. Hans Carl Nipperdey, Freie Entfaltung der Persönlichkeit, in: Bettermann, Karl August/Nipperdey Hans Carl, *Die Grundrechte, IV.* Bd. 2. Halbband, Berlin 1954, S. 805ff.

헌법에서는 개체와 전체가 동시적(同時的)·동위적(同位的)·동가적(同價的)인 것이고 그 어느 쪽이 우선한다고 하는 것은 허용되지 않는다고 생각한다. 만약 전체와 개체 어느 것이 우선 선행한다고 하면 여기에는 이미 민주적·사회적 공동체국가는 이론상 성립할 수 없다고 할 것이다. 그렇지만 예컨대 나치스는 개인 자체의 존엄과 가치를 부정하고 전체를 개체에 선행시키고 게다가 그 위에 민족공동체국가를 건설하려 했는데, 이러한 파시즘적 국가는 전체주의국가가 보통 개인과 공동체의 불균형 또는 부조화로 인해서 늘 그러하듯이 민주적 사회적 성격을 전면적으로 상실해버린다. 그와 같은 기기국가(器機國家, Apparatsstaat)는 개인을 위한 야경국가(Nachtwächerstaat)로서 개인적 이익은 잘 방위될 수 있지만 전체와 개체의 일체적 협동을 기초로 하는 진정한 공동체국가(Gemeinschaftsstaat)로서는 성립할 수 없다. 이것은 이른바 일반의지(volunté générale) 위에 만들어지는 루소(Jean Jacques Rousseau)적 민약국가(民約國家)가 하나의 단순한 관념형태로서의 기기(器機)적 의제국가에 불과하다는 것을 생각해보면 곧바로 알 수 있고 또 19세기 개인주의국가가 어떻게 자본주의를 조성하고 무산자계급을 낳고 그 생활을 위협하던 생각에 이르면 곧바로 납득할 수 있다. 기본적 권리 자유로써 천부인권으로 이해하고 개체의 절대적 우선성을 인정하는 자연법적 이념에서는 공동체국가는 절대로 생기지 않는다. 우리헌법상 기본적 인권을 그와 같은 천부의 권리로 파악하여 이것을 전국가적 선천적인 것으로 이해하는 입장은 분명히 우리 헌법이 확립한 「민주적 사회국가의 원리」를 배반하는 것이고 또 이 원리를 구성부분으로 하는 통일적 헌법질서와 모순되는 것이다.

어떠한 국가에서든 기본법으로서 헌법이 보장하고 있는 기본권의 특질은 그 국가의 성격을 떠나서 규명할 수 없다. 학자들 중 일부는 국가의 성격을 도외시하고 오로지 기본권 그 자체의 측면에서만 그것을 규명하려고 하지만 이러한 태도는 잘못된 것이라고 할 것이다. 국가에 의해서 보장되는 기본권에 대한 규범적 규명은 보장되는 기본권과 그것을 실현하는 국가의 동시적·동위적·동가적 가치관계에서만 비로소 가능할 수 있다. 우리 헌법 제10조 제2문은 "국가는 개인이 가지는 불가침의 기본적 인권을 확인하고 이를 보장할 의무를 진다"라고 규정하여 기본적 인권을 최고법규로서 선언하고 있지만, 다른 한편에서 우리 헌법 제37조 제2항은 "국민의 모든 자유와 권리는 국가안전보장·질서유지 또는 공공복리를 위하여 필요한 경우에 한하여 법률로써 제한할 수 있으며 제한하는 경우에도 자유와 권리의 본질적 내용을 침해할 수 없다"라고 규정하여 국가에 의한 기본권보장의 한계를 인정하고 있다. 그러므로 우리 헌법이 보장하는 자유 및 권리의 전체에는 단순히 18세기적 개인주의적 사상만을 전제로 하는 것이 아니라 동시에 국가공동체적 사상도 포함하고 있다는 것에 주목해야 할 것이다. 국민은 기본적 권리를 소극적으로 남용해서는 안 될 뿐만 아니라 적극적으로 이것을 공공복리(또는 공공복지)를 위해 활용할 책임을 부담한다. 자유에는 항상 책임이 수반한다. 그것은 개인의 자의를 위해서 혹은 일부의 이익에 봉사하기 위해서 부여되어 있는 것이 아니라 어디까지나 '공공복리'를 위해서 주어진 것이다. 이러한 적극적 측면에서 본조가 국가공동체적 사상의 표현인 의미가 가장 명백하게 나타나있다. 우리 헌법이 인권 기타 국민이 향유하는 자유 및 권리의 사회적 의무성을 특히 강조하고 국가공동체적 사상을 강하게 표현하고 있다고 판단하면서 다른 한편 "국가가 개인이 가지는 불가침의 기본적 인권을 확인하고 이를 보장할 의무를 진다"라는 우리 헌법 제10조 제2문과 관련해서 개인이 이른바 전체의 분지로서의 지위에서 비로소 그 가치가 인정된다고 하는 초개인주의적 관념(überindividualistische Ideologie)을 배제하면서 개인 그 자체에 가치를 인정하고 개인의 가치를 일체의 국가사회생활의 기본으로 하는 취지로 이른바 개인주의적 국가관(individualistische Staatsauffassung)의 표명이라고 하거나 국정의 기본으로서 개인이 존중된다는 개인주의가 규명되고 개인을 위해 국가가 존재하고 있다는 입장이 과도하게 강조하는 것은 어쨌든 그대로 수용하기 어렵다고 하겠다. 이러한 입장에 의하면 우리 헌법이 개인주의적 국가관을 천명하고 개인을 위해 국가가 존재한다는 관점만을 강조하고 있는 입장이라면, 우리 헌법은 대한민국의 성격에 있어 근대자연법론적 계몽주의국가관을 그대로 채택하지 않고 오히려 개인의 권리와 자유의 사회적 의무성을 부과해서 개인주의를 상당부분에서 억제하고 사회생활에서 개인들의 협동성을 결과하도록 하는 수정주의 또는 개량주의의 입장에 입각하고 있음이 틀림없을 것이다.

우리 헌법이 특히 제10조와 제37조 제2항에서 「정치시스템으로서 국가」에 의한 개인의 기본권의 보장과 관련하여 「공동체로서 국가」 내에서 그 구성원인 개인과 그 결합으로서 공동체의 조화를 꾀하고자 하는, 말하자면 일종의 「국가공동체적 사상」(der Staatsgemeinschaftlicher Gedanken)을 표명하고 있다고 본다면, 위와 같이 초개인주의적 국가관 또는 개인주의적 국가관 중 어느 하나에 기하여 우리 헌법상의 국가를 이해하고자 하는 것은 근본적으로 잘못이라고 할 것이다. 그래서 우리 헌법이 국가를 개인에 우선시하는 초개인적인 국가공동체적 사상을 표명한 것이 아니라 공동체로서 국가와 그 구성원인 개인을 동시적·동위적·동가치적 관계로 보고 있다는 의미에서 특별한 「공동체국가사상」(der Gedanken des Gemeinschaftsstaates)을 천명한 것으로 이해하면 어떨까 생각한다. 우리 헌법이 이상형으로 추구하는 「민주적 사회국가」란 이미 그 자체로서 개인의 현존과 그 결합으로서 전체의 균형적 조화를 지향하는 공동체국가를 전제하지 않고서 성립될 수 없기 때문이다. 그래서 우리 헌법이 한편으로는 국가에 대한 초(超)개인주의적 관념을 배제하면서도 또 다른 편에서는 개인 그 자체에 목적적 가치를 인정하여 동시에 국가우월주의도 부정하고 있다고 보고자 하는 것이다. 그러므로 우리 헌법 제10조가 「정치적 체제(politisches System)로서 국가」에게 부여하고 있는 기본권보장의무만을 과도하게 부각하면서 우리 헌법이 개인주의적 국가관을 표명하였던 것이라고 이해하는 것은 논리불충분한 것이라고 생각한다. 헌법 제37조 제2항이 「공동체(Gemeinschat)로서 국가」를 기본권보장의 한계로서 상정하고 있기 때문에 기본권은 「공동체로서 국가」의 내적 가치이다. 「정치체제로서 국가」에 의한 「공동체로서 국가」 내에 있어 개인의 인권보장은 전체(공동체)와 개체(개인)의 동시적·동위적·동가적 관계에서 비로소 가능하다고 생각한다. 이러한 균형적 관계를 우리 헌법에 있어 제10조와 37조의 변증법적 관계라고 표현하고자 한다. 우리 헌법 제10조와 헌법 제37조 제2항의 이러한 변증법적 관계에서 본다면, 헌법 제10조 「인간으로서 존엄과 가치 …」라는 것은 개인에 대한 「정치시스템으로서 국가」의 우월 즉 국가우월주의를 부정하였던 것에 그치고 있을 뿐이지 적극적으로 개인우월주의를 선언하였던 것은 아니라고 해석해야 할 것이다. 마찬가지로 「국민의 모든 자유와 권리는 국가안전보장·질서유지 또는 공공복리를 위하여 … 제한할 수 있으며」라고 규정하는 헌법 제37조 제2항도 개인에 대한 「정치시스템으로서 국가」의 우월 즉 국가우월주의를 부정하면서 개인이 「공동체의 국가」내적 존재라는 것에 관한 규범적 표현이라고 이해해야 할 것이다. 즉 우리 헌법에서 「개인」과 그 공동체로서 「국가」는 동시적·동위적·동가적 관계에 있다고 하겠다. 이러한 관계는 우리 헌법이 기본적 인권에 제일의적 가치를 인정하면서 동시에 「사회국가원리」 혹은 「사회적 복지이념」과 이에 기초한 적극적 국가역할을 상당히 강한 질서형성원리로 채택해서 구체적으로 구현하고자 한다고 할 것이다.

2. 헌법 제10조의 의의 및 그 해석의 문제

1) 헌법 제10조 제1문의 두 측면

현행 헌법 제10조[21] 제1문은 인간 그 자체의 존엄성에 관한 기본권과 그러한 존엄성의 주체로서 인격의 자유로운 전개행위에 관한 기본권을 보장한 규정으로서 기본권에 관한 우리 헌법규정 중에서 가장 중요한 기본규정이다. 즉 "인간으로서 존엄성과 가치를 가지며"라는 동조 제1문 앞절은 인격의 근원 즉 본질적 차원(本質的 次元)에서 추상적으로 인간 그 자체의 존엄권을 보장한 것이고, "행복을 추구할 권리를 가진다"라는 제1문의 후절은 인격의 자유로운 전개활동 즉 그 동태적 차원(動態的 次元)에서 존엄성의 구체적인 발현으로서 행복추구권[22]을 보장한 것이라고 하겠다.[23] 이들 양자는 일체불가분의 관계에 있으며 공히 인간성의 절

21) 현행 헌법 제10조은 "모든 국민은 인간으로서의 존엄과 가치를 가지며, 행복을 추구할 권리를 가진다. 국가는 개인이 가지는 불가침의 기본적 인권을 확인하고 이를 보장할 의무를 진다"라고 천명하고 있다. 이와 유사한 내용은 이른바 제3공화국 헌법에 처음으로 등장하긴 했지만 1980.10.27. (전면)개정 제9호 헌법 제9조에서 현재와 같은 표현으로 개정되어서 그것이 1987년 민주화운동의 결과로 성립된 현행 헌법 제10조로 그대로 이어지고 있다.

22) 행복추구권이 기본권적 인권으로서 우리 헌법상 명시적으로 규정되게 된 역사적 과정을 보면, 존 로크(John Locke)는 '인간은 태어나면서부터 생명·자유·재산에 관한 권리를 가지고 있다'고 하는 천부권사상(John Locke, *Two Treaties of Government,* a critical edition with an introduction and apparatus criticius, 1689; 任星熙 역, 『統治論』 世界의 大思想 6, 휘문출판사, 1983, 제2장 6절 및 제7장 8절 참조)을 주장하였는데 이러한 로크의 사상이 대서양을 건너가서 아메리카합중국이 연합왕국(UK)로부터 독립할 때 그 독립선언에서 「생명·자유 및 행복추구」권으로 천명되었다. 이러한 행복추구권은 제국주의 일본이 제2차 세계대전에서 패한 후 아메리카합중국의 영향 하에서 제정된 일본국의 1946년 소위 신(新)헌법 제13조에 반영되어 명문화되었다고 하겠다. 그런데 우리 헌법에서 행복추구권은 1980. 10.27. (전면)개정 제9호 헌법에 처음으로 등장하였는데 그 연원은 일본국헌법 제13조에서 찾아야 하지 않을까 생각한다.

23) 우리 헌법 제10조 제1문 후절의 행복추구권에 대해서는 대부분의 헌법학자들은 포괄적인 기본권으로 이해하지만, 그것에 대해 독자적인 주(主)기본권성을 인정하는 입장과 보충적 기본권성을 인정하는 입장으로 나누어져 있는 것 같다. 전자에는 예컨대 金哲洙, 『憲法學新論(第20全訂新版)』, 博英社, 2010, 312면; 梁建, 『憲法講義(제5판)』, 法文社, 2014, 312면; 장영수, 『헌법학(제7판)』, 弘文社 2012, 569면 등이 있고, 후자에는 예컨대, 權寧星, 『憲法學原論(改訂版)』, 法文社 2010, 386면; 성낙인, 『헌법학(제12판)』, 법문사, 2012, 423면 등을 들 수 있다. 특히 행복추구권에 대해 상당히 불편한 태도를 드러내고 있는 헌법학자도 있다. 예컨대, 許營, 『韓國憲法論(10판)』, 博英社, 1998, 320면은 그 모두에서 "이 규

대적 가치를 선언한 총칙적 규정이라는 의미에서 제10조는 우리 헌법의 성격을 규정하는 결정적인 기본규정이다.

위와 같은 이해는 우리 헌법 제10조 제1문을 도이치공화국 기본법 제1조 제1항과 제2조 제2항의 관계와 비교해보면 그 내용을 더 분명하게 알 수 있다. 도이치 연방공화국 기본법 제1조 1항 제1문(Abs.1 Art. 1. GG)은 「인간의 존엄성은 침해할 수 없다」[24]고 선언하여 인격의 본질면에서 존엄성의 보장에 관한 규정을 두고 있으며, 제2조 제1항 제1문(Abs.1 Art. 2. GG)은 「누구라도 그 인격의 자유로운 전개에 관한 권리를 가진다」[25]고 규정하여 인격의 동태면에서 그 자유로운 신장의 보장을 별개의 조항에서 규정하고 있다. 그런데 우리 헌법 제10조 제1문은 “모든 국민은 인간으로서의 존엄과 가치를 가지며, 행복을 추구할 권리를 가진다”고 규정하여 도이치 연방공화국 기본법 제1조 제1항 제1문과 제2조 제1항 제1문을 하나의 규정으로 통합하여 규정한 것과 같다고 할 것이다. 특히 우리 헌법 제10조 제1문 후절은 도이치공화국 기본법 제2조 제1항 앞절과 같이 「인격의 자유로운 신장·전개에 대한 권리」라고 표현하지 않고, 그것을 각인이 자신의 존엄과 가치를 실현하는 자유로운 행위로서 「행복을 추구할 권리」라고 표현하고 있을 뿐이다. 인간이 각자 자신의 행복을 추구한다는 것은 그야말로 각인의 개성에 따른 행위이자 개개인의 인격현상이므로 행복의 추구는 인격의 자유로운 신장과 전개이다. 그러므로 행복추구권을 규정하고 있는 헌법 제10조 제1문 후절은 개인으로서 인간의 인격적 생존과 발현에 불가결한 권리와 자유를 포괄적으로 기술한 것이라고 보아야 할 것이다. 이러한 의미에서 「인격의 자유로운 발전에 대한 권리」를 포괄적으로 보장하고 있는 도이치연방공화국 기본법 제2조 제1항과 실질적으로는 같은 취지라고 할 것이다. 그러므로 우리 헌법은 이와 같은 내용을 헌법 제10조 제1문에 함께 규정하고 있다고 하겠다. 우리 헌법 제10조 제1문 앞절은 도이치연방

정은 1980년 우리 헌법에 들어온 이후 오늘날까지 그 내용의 불명확성 때문에 많은 불필요한 논란을 일으키고 있다”고 기술하고 있다. 헌법재판소는 행복추구권의 포괄적·독자적 기본권성을 인정하고 있는 것 같다(헌재 2005.4.28. 선고 2004헌마65 결정 참조). 행복추구권에 대한 독자적 또는 보충적인 기본권성을 인정하고 있든 그렇지 않든, 과문인지는 모르지만, 우리나라 헌법학자 중에는 필자와 같이 보는 견해는 없는 듯하다.

24) Grundgesetz für die Bundesrepublik Deutschland Artikel 1 (1) Die Würde des Menschen ist unantastbar. Sie zu achten und zu schützen ist Verpflichtung aller staatlichen Gewalt.

25) Grundgesetz für die Bundesrepublik Deutschland, Artikel 2 (1) Jeder hat das Recht auf die freie Entfaltung seiner Persönlichkeit, soweit er nicht die Rechte anderer verletzt und nicht gegen die verfassungsmäßige Ordnung oder das Sittengesetz verstößt.

공화국 기본법 제2조 1항에 해당하는 것이고, 우리 헌법 제10조 제1문 후절은 도이치연방공화국 기본법 제2조 제1항과 같으며 또 우리 헌법 제10조 제2문은 도이치연방공화국 기본법 제1조 제1항 제2문과 취지의 규정이라고 보아도 무방할 것이다.

2) 우리 헌법상 기본권의 동태적 체계화의 시도

(1) 기본권의 '씨알'로서 「인간으로서의 존엄과 가치」

위에서 언급했듯이 우리 헌법 제10조 제1문이 "인간으로서 존엄과 가치"가 기본권적 인권의 핵심적 내용이라는 것을 천명함(제10조 제1문 전절)과 아울러 개인에게 스스로 행복을 추구할 권리가 있다고 규정하고 있는데(제1문 후절), 전절은 인간의 존엄과 가치 그 자체를 선언하고, 후절은 그것의 동태적 측면을 개인의 행복추구권으로서 재확인하고 있다고 보아야 한다. 개인의 행복추구란 인간으로서 존엄성과 가치를 실현하는 동태적 양상이기 때문이다. 인간에 있어 자기실현은 바로 자기인격의 발현이고 행복추구권은 자기인격의 자유로운 발현으로서 자기실현에 관한 포괄적 권리이다. 결국 인간으로서 존엄과 가치의 실현은 행복추구권의 보장을 통해서 가능하게 된다. 그러므로 헌법 제10조 제1문 후절은 전절의 규정으로 환원되고 전절을 동태적 차원에서 반복적으로 규정한 것이라고 하겠다. 이러한 점에서 보면, 헌법 제10조 제1문 전절이 규정하고 있는 "인간의 존엄과 가치"는 그 이하에 규정되어 있는 그 포괄적인 동태로서 행복추구권 및 그것의 구체적인 양상으로서 개별기본권의 원천(源泉)이자 그것들이 회귀하는 종착지(終着地)이다.[26] 그러므로 헌법 제10조 제1문의 인간의 존엄과 가치는 모든 기본권의 씨알[27]적인 성질을 가지고 있다.

그렇지만 대저 인간의 존엄성은 인간의 자유로운 활동범위를 통해 그리고 그 인격의 자유로운 전개를 통해서 비로소 유지·고양될 수 있는 것이기 때문에 헌법 제10조 제1문 전절과 같이 추상적인 보장규정만으로는 족하지 아니하여 또한 이것과 더불어 자유로운 활동으로서 동태적인 근간적 기본권의 보장이 필요하고 또 그것을 세분화하는 개별적인 기본적 권리와 자유를 보장하는 일반적 규정이 필요로 되

---

26) 이러한 의미에서 許營, 『憲法理論과 憲法(中)』(전정판), 博英社, 1988, 172면은 「인간의 존엄성」을 "기본권의 이념적 기초"라고 규정하고 있다.

27) 씨알은 교육자이자 종교인인 유영모(1890-1981)과 함석현 선생의 사상의 핵심어이다. 이것은 "새끼를 까기 위하여 쓰는 알", "식물의 종자"를 일컫는 수수한 우리말이다.

는 것이다. 헌법 제10조 제1문 후절이 보장하고 있는 행복추구권은 이러한 요청에 따라 인간의 존엄성과 가치에 관한 동태적인 포괄적 기본규정이다. 반복해서 말하면, 헌법 제10조는 제1문 전절에서 인간의 존엄과 가치가 본질적 차원에서 기본권의 씨알로서 천명하고 그러한 본질의 천명을 전제로 해서 헌법 제10조 제1문 후절은 각인의 자유로운 행복추구권의 보장이 인간공동체(Meschengemeinschaft)로서의 대한민국의 형성을 가능하게 하고, 문화·과학·경제·사회 등 공동체의 각 영역에서 각인의 주동(主動)과 직관(直觀)이 모든 생활관계의 진보적 형성과 인격의 자유로운 전개·발현을 보장한다는 인식에 기초하여 인간의 존엄과 가치를 동태적 차원에서 발현할 수 있도록 보장하고 있다. 그러므로 비유적으로 표현하면 인간의 존엄과 가치는 우리 헌법이 보장하는 모든 기본권의 씨알 즉 기본권의 혼(魂)이자 얼이며 행복추구권은 기본권의 몸통이라고 말할 수 있다. 그러므로 인간의 존엄성은 모든 개별적 기본권의 본질적 내용이고, 행복추구권은 개별적 기본권의 근간이다. 인간존엄성과 행복추구권은 헌법개정의 한계인 동시에 기본권제한입법의 한계이고, 인간존엄성의 보장과 행복추구권의 실현은 「정치시스템(Politisches System)」으로서 국가의 존재이유이자 목적이기도 하다. 헌법 제10조 제2문은 "국가는 개인이 가지는 불가침의 기본적 인권을 확인하고 이를 보장할 의무를 진다"라고 규정하여 이를 명시적으로 재확인하고 있다.

(2) 「인간으로서의 존엄과 가치」의 동태(動態)로서 행복추구권

헌법 제10조 제1문 후절은 도이치공화국 기본법 제2조 제1항에 해당하는 것으로서 동태면에서 인간의 존엄성이 발현되는 다양한 양상을 포괄적 추상적으로 보장하고 있는 규정이라는 것에 대해 이미 상술하였는데, 인간의 존엄성이란 각자가 자신의 인간성을 자유롭게 전개하고 신장하는 것이며 이것이 또한 행복의 본질이자 핵심이다. 그러므로 인격의 신장자유(Entfaltungsfreiheit)은 행복추구권의 본질이다. 행복추구권은 결국 각인의 「일반적 행위자유」(allgemeine Handlungsfreitheit)로 이해할 수 있다.[28] 행복추구권의 내용은 「모든 생활영역에서 적극적 또는 소극적인 행위의 자유」를 총괄적으로 보장한 것으로 해석해야 한다. 여기에서 행위의 자유의 소극적인 면이란 개인의 자유가 국가권력에 의해 함부로 제한 금지되지 않는다고 하는 것을 의미한다. 즉 헌법 제10조 제1문 후절은 개인이 국가권력의 침해

---

28) 같은 맥락에서 한수웅, 『헌법학(제3판)』, 법문사, 2013, 532면은 일반적 행동자유권과 일반적 인격권을 행복추구권의 내용으로 인정하고 있다.

를 받지 않고 생명 및 자유를 완전하게 할 수 있고 행복추구를 해서 인격의 자유로운 신장을 달성할 수 있는 권리 그리고 이것에 필요한 일체의 행위자유에 대한 권리를 보장하였던 것으로 해석해야 한다. 따라서 이 규정은 본질상 「활동에 관한 기본권」(tätigkeitsbezogenes Grundrechte)을 보장한 것이고 이른바 「인격에 관한 기본권」(personenbezogenes Grundrechte)을 보장한 것은 아니라고 할 것이다. 왜냐하면 사람의 인격은 각자의 활동을 통해서 발전할 수 있는 것이기 때문이다. 그러나 위와 같은 해석에 대해서는 도이칠란트의 학설[29]이 기본법 제2조 1항의 해석에 대해 주장하고 있는 「인 그 자체에 관한 기본권」 즉 「인격의 본질적 핵심에 대한 권리」(das Recht auf den Wesenskern der Persönlichkeit)를 보장한 것으로 이해하는 입장도 또 볼 수 있다. 이 입장은 이른바 「인격핵심설」(Persönlichkeitskerntheorie)이라고 하기 때문에 도이치공화국 기본법 제2조 제1항 후절의 해석에 있어 「국민 각 개인이 그것을 지향해서 노력해야 할 일정한 인간상 내지 인격상」에서 출발하여 동조의 기본권을 「일정한 정신적 도의적인 인격의 자질에 부합하는 행동에 대한 권리」로 해석하려고 한다. 그러나 이러한 견해는 우리 헌법 제10조 제1문 후절의 해석으로서도 채택되어서는 아니 된다. 우리 헌법 제10조 제1문 후절은 도이치공화국 기본법 제2조 1항과 같이 오직 「인격의 자유로운 신장에 대한 권리」를 보장한 것은 물론이고 진정한 인간성의 의미에서 정신적 도의적 인격으로의 발전을 지표로 하는 것은 아니다. 이러한 정신적 도의적 인격의 이상(理想) 내지는 인격의 이상형(Pesönlichkeitsideal)으로까지 발전하는가 그렇지 않는가는 전적으로 개개인의 자유에 맡겨져 있는 사항이고 또 무릇 각인이 그 인격을 발전시키는가 그렇지 않는가도 전적으로 개인의 자유에 맡겨져 있기 사항이다. 따라서 이러한 의미에서 우리 헌법 제10조 제1문 전절이 대한민국 국민으로서 인간상을 그리고 있으며, 그것을 지향한 인격신장의 자유를 보장한 것으로 보는 것도 옳지 않다고 하겠다. 그리고 그와 같은 인격핵심을 채용하면 헌법 제37조 제2항에서 "국가안전보장·질서유지 또는 공공복리를 위하여 필요한 경우에 한하여"라는 기본권제한을 위한 입법유보 사항은 전혀 무의미하게 될 수밖에 없다. 어쩌면 이 규정이 일정한 정신적 도의적 인간성을 가진 인격의 이상상(理想像)을 의미하는 것이라고 하면 이것으로의 각인의 발전노력을 국가가 제한한다고 하는 것은 본래 허용되지 않는 것이 아닐 뿐만 아니라 그것은 전혀 불필요하고 무의한 것이기 때문이다. 그리고 「제한하는

29) Vgl. Bettermann, Karl August/Hans Carl Nipperdey, *Die Grundrechte, IV*. Bd. 2. Halbband, Berlin 1954, S. 768ff.

경우에도 자유와 권리의 본질적인 내용을 침해할 수 없다」고 하는 제한의 한계도 무의미하게 된다. 그러므로 여기에서 말하는 「인격신장의 자유」란 실은 「개인의 신장자유」를 보장한 것에 불과하고, 인격이라는 자구에 구애되어서는 아니 된다. 국민 개개인의 자유의사에 기하여 그 「개인으로서」의 발전을 할 수 있는 행동자유권을 포괄적으로 보장한 것이 헌법 제10조 제1문 후절의 규정이다. 이것을 요컨대 헌법 제10조 제1문 전절은 국민 각인에 대해 인격의 자유로운 신장을 위한 주(主)자유권을 포괄적으로 보장한 것이기 때문에 앞에서 기술하듯이 이 규정이 헌법 제2장이 보장하는 모든 기본적 권리와 자유의 씨알인 것은 말할 필요도 없다. 따라서 많은 헌법학자들이 말하듯이 본장의 권리와 자유를 「국가권력에 의한 침해의 배제에 주안을 둔 것」 즉 자연권적 기본권과 「국가권력에 의한 보장을 요구하는 것에 주안을 둔 것」 즉 사회권적 기본권이라는 2종으로 나누고 헌법 제10조의 규정을 오로지 전자의 기본권에 대한 총칙적 규정에 불과한 것으로 보는 것도 전적으로 옳다고는 말할 수 없다고 할 것이다.

헌법 제10조 제1문 후절의 행복추구권은 앞에서 기술했듯이 국가생활과 사회생활에 있어 개인의 인격적 생존·발전에 불가결한 적극적 및 소극적 활동의 자유와 권리를 포괄적으로 기술하는 것이고 내용적으로는 도이치 연방공화국 기본법 제2조 제1항의 「인격의 자유로운 발전에 대한 권리」를 보장하였던 규정과 같은 취지이다. 그러므로 이 규정은 기본권의 카탈로그에서 보면 포괄적인 일반적 주자유권(Hauptfreiheitsrecht)을 보장하는 규정이라고 할 것이다. 즉 그것은 일반적인 자유보장과 일정한 제한을 가진 우리 헌법상의 결정적인 기본법규이다. 그 나머지 여러 가지의 기본적 권리와 자유는 이것에 대해서는 오직 인격적 발전자유의 개별적 영역에 있어 세목의 구체화로서의 권리와 자유에 불과하다. 이러한 의미에서 헌법 제10조 제1문 후절의 행복추구권은 그 이하의 조항들에서 규정하고 있는 여러 가지의 적극적 및 소극적인 활동적 기본권(tätigkeitsbezogene Grundrechte)의 모체이자 이들 활동적 기본권들은 본질상 일반적인 주자유권을 각 생활영역과 부문에 적용하여 구체화한 것에 불과하다고 해야 할 것이다.

(3) 우리 헌법상 기본권규정의 체계화

헌법 제10조 제1문을 위와 같이 이해할 때, 현행 헌법에 보장되어 있는 기본권규정을 어떻게 분류하고 이를 체계화할 것인가라는 문제가 제기된다. 특히 규범학에 있어서 권리나 의무의 분류와 체계의 목적이 어디에 있는가에 그 분류관점과 방법이 상이하게 된다. 즉 분류와 체계화가 기본현상을 파악하기 위한 설명에 그 목적이 있는가, 그렇지 않으면 구성원 간에 상충하는 이해관계를 조정하기 위한 우선순위를 정하고 이를 실행하기 위한 기준을 결정하고자 하는 데에 목적이 있는가가 관건적 문제이다.[30] 전자는 기술적 관점(die darstellende Stellungsnahme)이라고 할 수 있는데 반해, 후자는 판단적 관점(die beurteilende Stellungsnahme)이라고 하겠다. 그래서 어떠한 기본권이 어느 영역에서 기능하고 있는가에 따라 분류하고자 하는 이른바 기능론은 전자에 그 중점이 있고, 어느 기본권이 어떠한 내용을 본질로 하고 있는가에 따라 분류하고 하는 이른바 본질론은 후자에 그 중심이 있다고 하겠다. 후자의 경우에는 결국 분류와 체계화 그 자체는 바로 규범력의 문제와 직결되는 것이다. 결국은 기본권의 분류와 체계화에 있어서 기능론적 사고방식과 본질론적 사고는 서로 대립적인 것처럼 보이지만 실제로는 서로 보완적이라고 하겠다.[31]

---

30) 학문이란 그 실질이 나누기(또는 분류하기) 그 자체에 있다고 해도 과언이 아니다. 생각하고 판단하는 것은 분류하는 것에서 시작한다. 특히 규범학에서는 '분류하는 것'에서 권리나 행위의 본질을 규정하고 다른 부분과 다른 규범적 효력을 끌어내어 정당화하고 있다. 이에 관해서는 조류주 비뇨(Georges Vignaux) (임기대 옮김), 『분류하기의 유혹』, 동문선, 2000의 「들어가는 말」 및 미셸 푸고(Michel Foucault) (이규현 옮김), 『말과 사물』, 민음사, 2012의 「서문」 참조.

31) 학문 특히 규범학에 있어 모든 분류는 이른바 말씀화(Dogmatisierung)를 위한 전제이다. 규범학이란 어떻게 보면 분류작업에 의한 의미부여라고 말할 수 있다. 종래 기본권을 국가에 있어 국민의 지위에 따른 분류방법, 이른바 G. Jellinek의 분류론이고, 국가권력에 대한 국민의 태세에 따라 자유권을 중심으로 하되 그 작용에 따라 자유권, 생활권(사회권), 청구권 참정권 등으로 분류하는 슈미트(C. Schmitt)의 분류론이 있다. 그런데 許營, 『憲法理論과 憲法(中)』(전정판), 博英社, 1988, 184면는 "이를 구태여 배척할 필요는 없다고 하더라도 우리 헌법이 보장하는 기본권의 기능을 그 전체적 각도에서 합리적으로 설명하기 위해서는 자유권 생활권을 획일적으로 구별하는 종래의 태도를 버리고, 되도록 '자유권의 생활권화현상'에 부응할 수 있는 새로운 기본권의 유형화와 체계화가 모색되어야 하리라고 생각한다"라고 전제한 후 "하나하나의 기본권이 중점적으로 규율하는 생활영역(Lebensbereich)에 따라 기본권을 체계화하는 것이 합리적이라고 생각한다"는 결론을 내리고 있다. 결국 이분법적 도그마에서 벗어나지 못하고 있다. 어쩌면 이것은 모든 법이론의 한계라고 말할 수 있다. 보장이란 통제 또는 제한을 전제로 해서만 가능하다. 그러므로 기능주의적-통합론적 헌법이론가는 통제 또는 제한을 통합이라는 용어로 표현하고 있지만 통합을 위한 기본권의 보장에는 특히 구체적인 상황에서 통합으로서 보장과 통합으로서 제한을 어디에서 어떻게 정해야 해야 하는가가 기본권론의 핵심이다. 그러므로 기본권보장에서는 항상 그 보장한계로서 제한이 문제로 될 수밖에 없다. 기능주의적-통합론적 분류는 헌법실천을 위한 말씀화에서는 자신이 폐기한 종래의 본질론적 분류론을 은밀히 도입할 수밖에 없다. 결국 폐기된 본질론이 기능론의 실천이론에서 통합을 위한 실천적 기준이라는 이름으로 되살아나는 것이다. 위에서 인용된 "구태여 배척할 필요는 없다고 하더라도"라는 표현은 이 점을 은연중 자백하고 있다고 하겠다.

앞에서 기술했듯이 헌법 제10조는 인간 그 자체와 그의 인격적 생존과 발전에 불가결한 권리와 자유를 국가에 의해 포괄적으로 보장도록 한 일반적 총칙규정이다. 이를 크게 나누어보면, 그것은 인간의 존재에 관한 생명권, 인격전개에 관한 포괄적인 자유의 주(主)자유권 및 이에 기초해서 구체적인 활동을 할 수 있는 행복추구권이라는 3가지의 방면에서의 보장이 될 것이다. 이들 3개의 방면은 인간 존엄성의 구성적 요소이므로 그 어느 하나의 면에서도 흠결이 생기면 존엄성의 심각한 훼손에 해당할 것이다. 헌법 제10조 제1문 후절의 행복추구권도 인격의 자유로운 발전을 위한 인간존엄성의 동태적 표출에 관한 기본권으로서 여러 가지 각론적 기본권들의 근간(根幹)을 이루고 있는 것이기 때문에 국가생활과 사회생활을 위해 실질적으로 핵심적인 의미를 가지고 있다. 물론 근간기본권으로서 생명권, 주자유권 및 적극적 행복추구권은 항상 동시에 보장되어야 진정한 의미에 있어서 이간의 존엄성이 실현될 수 있다. 이러한 의미에서 근간기본권은 성질상 상호 밀접한 연관관계에 있다. 어느 것에서도 정신적 및 육체적 내지 물질적 등 다양한 측면을 포괄하는 것이라는 것임은 당연하다.

그러므로 우리 헌법 제10조 이하에 규정된 기본권의 내용을 체계화하면 「씨알로서 인간의 존엄성」(제10조 제1문 전절) ⇒ 「근간으로서 행복추구권」(제10조 제1문 후절) ⇒ 「개별기본권」(제12조 이하)과 같은 체계적 구성으로 된다.

여기에서 인간의 평등은 인간의 존엄성에서 당연히 도출되는 결과이다. 존엄성에 있어 인간은 평등하고, 존엄하기 때문에 평등한 것이다. 평등권의 보장은 헌법 제10조 제1문의 당연한 결과이다. 그렇지만 우리 헌법은 제10조 제2문과의 관계에 있어 "모든 국민은 법앞에 평등하다. 누구든지 성별·종교 또는 사회적 신분에 의해 정치적·경제적·사회적·문화적 생활의 모든 영역에 있어서 차별받지 아니 한다"라고 제11조에 규정하여 기본권보장의무자인 정치시스템으로서의 국가에 대해 '평등한 기본권보장'의 의무를 부언해서 다시 천명하고 있다. 헌법 제11조에 개인의 기본권보장에 대한 국가의 평등한 보장의무가 규정되어 있지 않더라도 개인에 대한 국가의 평등대우(또는 처우)의무는 헌법 제10조에 기한 당연한 의무이다. 그래서 오히려 제11조와 같은 언어적 표현방식 보다 오히려 "모든 국민은 평등하다" 또는 "인간은 평등하다"로 표현했더라면 훨씬 더 좋지 않았을까 생각해본다.

제10조 제1문에서 비롯하고 있는 기본권을 크게 분류해본다면 일응 다음과 같이 된다.

가. 생명권

인간에 있어 기본권의 출발점은 생명과 신체가 온전히 보장되어야 가능하다.[32] 개개인의 생명이 보장되지 않는다면 인간존엄성의 보장이란 한갓 추상적인 구두선에 불과하다. 생명권(또는 생존권)은 당연히 인격신장을 위한 시발점이다. 그러므로 생명권이 인격발전을 위한 제일의적 선천적인 기본권이라는 것은 말할 필요도 없다. 생명권과의 관련에서 신체생존의 유지와 거주·이동 등 신체적 활동의 자유도 보장되어야 하는 것은 물론이다. 이러한 것을 내용으로 하고 있는 헌법 제12조 내지 16조의 규정이 바로 그것이다. 그뿐만 아니라 이와 같은 본원적인 생명권에서 여타의 생존권 및 생활권이라는 파생적 기본권으로서 노동권(제32조 제1항), 생활권(제34조), 제35조(환경권), 제36조(혼인 및 가족생활권) 등이 나오는 것이다.[33]

나. 자유권 : 소극적 행복추구권

여기에서 자유는 너무나 추상적이고 포괄적이며 무정형적이다. 자유는 그것을 제한하고 억압하는 구체적인 부문, 방식, 형태, 정도 등에 따라 그 내용이 다양하게 유형화될 수 있다. 그래서 여기에서 말하는 자유권이란 그러한 구체적인 자유를 포괄할 수 있는 상위개념으로서 주자유권(Hauptfreiheitsrecht)을 의미하는데, 자유권은 각자가 어떠한 형태로든 국가의 간섭을 받지 않고 스스로 자신의 행복을 추구할 수 있다는 의미에서 말하자면 소극적 행복추구권이라고도 말할 수 있다. 헌법 제10조 제1문 후절의 행복추구권은 개인의 인격적 생존·발전에 불가결한 권리와 자유를 포괄적으로 기술하는 것이고 내용적으로는 도이치연방공화국 기본법 제2조 1항의 「인격의 자유로운 발전에 대한 권리」를 보장하였던 규정과 같은 취지로 보아야 한다. 그러므로 이 규정은 기본권의 카탈로그에서 보면 주자유권을 보장하는 규정이라고 할 것이다. 즉 그것은 일반적인 자유보장과 일정한 내재적 한계를 가지고 있지만 우리 헌법상의 결정적 기본법규이다. 그 나머지 여러 가지의 기본적 권리와 자유는 이것에 대해서는 오직 인격적 발전자유의 개별적 영역에 있어 세목의 구체화로서의 권리와 자유에 불과하다고 할 것이다. 이러한 의미

---

32) 다수의 헌법학자들은 "인신권(人身權)"이라고 표현하고 있다. 그렇지만 인신(人身)이라는 표현보다는 생명권이라는 표현이 더 적절하고 또 포괄적이라고 생각한다.

33) 도이치 헌법학의 영향을 받은 헌법학자들은 이를 "사회적 기본권" 또는 "사회권"이라고 하고, 일본 헌법학의 영향을 받은 헌법학자들은 이를 "생존권" 또는 "생활권"이라고 지칭하고 있는 것 같다.

에서 헌법 제10조 제1문 후절의 행복추구권은 그 아래 규정되어 있는 다양한 국가지향적 활동과 사회자율적 활동에 관련된 기본권(tätigkeitsbezogene Grundrechte)의 모체라고 해야 할 것이고 이들 활동연관적 기본권은 본질상 위의 일반적 주자유권을 각 생활분야에 적용인 것에 불과하다.

개별의 자유권규정은 그 자체로는 인간의 존엄성에 기한 자유내용을 다할 수 없고 따라서 이들과 더불어 기본적 자유를 포괄적으로 보장하는 일반적 총칙규정이 필요로 되는 것이다. 도이치연방공화국 기본법 제2조 제1항에 대해서는 도이치 학설들은 위에서 언급한 바와 같은 입법이유를 설명하고 있는데 우리 헌법 제10조 전문 또한 그것과 전적으로 같은 이유에 기한 기본규정이라고 말할 수 있을 것 같다.

이러한 주자유권에서 나오는 개별의 파생적 자유권을 우리 헌법은 제17조 내지 제22조에 명시적으로 규정하고 있다. 그러나 무릇 자유라 함은 자유의 주체 간 평등을 전제요건으로 한다고 하겠다. 이와 반대로 평등은 또한 주체의 자유를 전제로 해야 진정한 평등이 될 수 있다. 그렇지만 자유의 평등이든 평등의 자유이든 앞에서 언급했듯이 인간의 존엄성에서 당연히 도출되는 결과이다. 그러므로 평등권의 보장은 국가에 의한 기본권보장의 전제이자 결과이라고도 말할 수 있다. 우리 헌법은 평등한 기본권보장에 관해 제11조 및 제36조에서 법 앞에서의 평등과 가족생활에서의 양성평등을 명시적으로 규정하고 있지만 그러한 규정이 없더라도 모든 기본권의 보장에 있어서 평등하다.

다. 적극적 행복추구권

행복추구권에는 그 소극적 및 적극적 동태로서 구체적인 개별기본권 전부가 포함되기 때문에 그 범위가 아주 광범하다고 하겠다. 행복추구권의 소극적 측면은 위에서 언급했듯이 각자가 자연인으로서 자력 또는 타인과의 협력에 의한 행복추구에 있어 국가의 간섭이나 개입을 받지 않을 자유 즉 자유권으로 나타난다. 그렇지만 인간으로서 행복추구의 추구에는 불간섭이라는 의미에서 있어서의 자유만으로는 실현될 수 없다. 그래서 행복추구에 공동체로서 국가의 적극적 개입과 보조도 필요하다. 그러므로 행복추구권은 국가에 의한, 그리고 국가를 향한 권리이기도 하다. 이러한 의미에서 행복추구권은 국가에 요구 내지 요청할 수 있는 적극적 행복추구권이다. 적극적 행복추구권은 「공동체로서의 국가」 내의 생활에서 공동체의 구성원으로서의 지위를 인정받으면서 공동체인 국가를 향해 공동체의 의사결정에 적극적으로 참가하고 또 「정치시스템으로서 국가」에 의해 보장되고 실현되어야 할 구체적인 개별기본권을 내용으로 한다. 공동체의 구성원으로서 국민은 모두 공공적 행복 즉 헌법적 기본질서에 반하지 않는 한 모든 생활부문[34]에서 모든 수단에 의해 정신적 물질적 내지 육체적 행복을 추구할 수 있어야 하고, 이를 통해 자기의 인격의 자유로운 발전을 기도할 수 있어야 한다. 따라서 행복추구권에 관한 권리는 내용적으로 말하면 무수한 파생적 기본권으로 분해될 수 있으며, 이러한 파생적 기본권은 이미 국제적으로 어느 정도 가시화되어 승인되어 있다고 하겠다. 우리 헌법은 이러한 국제적으로 승인된 인권을 수용하여 그 나름으로 명시적으로 규정하고 있다.

한편 우리 헌법은 특히 사회의 자율기능을 확보될 수 있도록 '국가'와 '사회'의 구별이라는 이원론에 입각하고 있다.[35] 그래서 「국가」와 「사회」의 이원적 구조의 관점에서 우리 헌법이 명시적으로 규정하고 있는 개별기본권들을 분류해 본다면 크게 국가지향적인 것과 사회자율적인 것으로 대별할 수 있다. 전자가 바로 정치생활에 관한 기본권이고 후자가 사회(경제)생활에 관한 기본권이라고 말할 수 있다.[36] 물론 사회생활에 관한 기본권은 그 본질에 있어서 주자유권에서 파생된 개별적 자유권과 상당부분에서 중첩되고 있다. 그렇지만 여기에서는 그 핵심이 주로 사회(경제)생활에 있는 경우에만 행복추구권의 파생적 기본권에 포함시키기로 한다.

a) 정치생활에 관한 기본권

정치생활에 관한 기본권규정은 헌법 제24조 내지 제26조이다. 이것은 이른바 정치적 기본권(politische Grundrechte)라고 하는데, 18세기 이래 국민의 정치운동에 의해 획득된 것이다. 기본권의 역사에서 보면 이것을 위한 운동은 유럽 각국에서 공히 19세기에서 어느 정도 그 목적을 달성했다고 해도 좋다. 우리나라에서는 일제식민지배에서 벗어나서 비로소 이룩되었다.

---

34) 許營, 『憲法理論과 憲法(中)』(전정판) 博英社, 1988, 172면은 "우리 헌법은 기본권의 이념적 기초를 '인간의 존엄성'에 두고 기본권실현의 방법적 기초를 '평등권'에서 찾으면서 모든 국민에게 사생활과 정신생활, 그리고 정치, 경제, 사회 문화생활에서 필요로 하는 자유와 권리를 보장하고 있다."라고 하면서 국가공동체의 생활영역에 따른 기본권의 체계화를 하고 있다.

35) 이에 관해서는 許營, 『韓國憲法論(제10판)』, 博英社, 1998, 194면 참조.

36) 우리 헌법은 사회의 자율기능을 확보될 수 있도록 국가와 사회의 구별이라는 이원론에 입각하고 있다.

b) 사회(경제)생활에 관한 기본권

사회(경제)생활에 관한 기본권규정은 헌법 제23조, 제33조의 두 개의 규정이다. 주지하듯이 제23조는 유산자가 재산권을 가지고 또 제33조는 근로자가 이른바 노동3권을 가지고 자기의 경제생활을 유지·개선하는 것을 헌법상 보장한 규정이다. 이 중 제33조의 기본권은 제34조의 생존권, 제32조의 근로권(또는 노동권)과 더불어 대체로 제1차 세계대전 후 여러 나라 헌법에 널리 인정되기에 이르렀던 것이고 말하자면 20세기 사회법이념에 의해 최후적 보장을 쟁취하였던 것이라고 할 수 있는 인권사(人權史)에서 상대적으로 신규의 것이다. 통상 헌법학자들이 말하는 사회적 또는 경제적 기본권(soziale od. wirtschaftliche Grundrechte)라는 것이 이것이다.

헌법 제23조 내지 제33조는 유산자 뿐만 아니라 근로자에게 사생활상 행복추구의 수단을 보장하는데 그치지 않고 또한 국가적 경제조직에 대한 관여도 보장한 제도적 측면도 가지는 규정이라는 것을 주의해야 할 것이다. 이 점에 대해서 다시 후술한다.

c) 다양한 새로운 행복추구권

위에서 이미 자세히 언급했듯이 우리 헌법은 헌법 제10조에서 "모든 국민은 인간으로서의 존엄과 가치를 가지며, 행복을 추구할 권리를 가진다. 국가는 개인이 가지는 불가침의 기본적 인권을 확인하고 이를 보장할 의무를 진다"고 규정하면서 「인간으로서의 존엄성과 가치」가 기본권의 씨알임을 선언한 후에 제37조 제1항은 "국민의 자유와 권리는 헌법에 열거되지 아니한 이유로 경시되지 아니 한다"라고 규정하는 제10조 제1문의 갖는 의미를 재차 확인하고 있다. 즉 헌법 제37조 제1항은 국가와 사회의 구체적인 전개과정에서 기본권의 씨알로서의 「인간으로서의 존엄성과 가치」의 개방성과 확장성을 확인하고 있다. 그러므로 우리 헌법상의 기본권은 정치적·사회적·경제적·문화적·환경적·기술적 등의 다양한 측면에서 공동체로서 국가의 여건이 변하여 생길 수 있는 새로운 구체적인 기본권의 성립가능성이 열려 있는 것이다. 우리 헌법 제37조 제1항에 의하면, 헌법에 현재 명시적으로 규정되어 있지 않더라도 헌법질서에 반하지 않는 한 다양한 형태와 방식의 행복추구에 관한 기본권은 부정되어서는 아니 된다.

Ⅲ. 사회국가에 있어 「공공복리」원리의 헌법적 의미 : 경제적 강자와 약자의 인간다운 공생(共生)을 위한 기본권형성적 헌법근거

1. 전제적 의문들

우리 헌법은 제10조에서 인간의 존엄과 가치를 기본권의 씨알로서 그리고 각 개인이 스스로 그 개성에 따라 씨알을 싹틔워 천태만상으로 신장할 있도록 하기 위해 동태적 측면에서 행복을 추구할 권리를 가진다고 천명한 후 그 다음에 그 씨알을 구체화한 것으로 간주되는 국가지향적인 기본권과 사회자율적인 기본권을 예시적으로 규정하고 있다. 그런데 문제는 이러한 기본권이 어디까지 보장되며 어떻게 제한될 수 있는가라는 것이다. 이것은 기본권론의 중요한 주제의 하나이다. 사실 헌법상의 기본권이 법률에 의해 제한될 수 있는가는 아주 중요하고 또 곤란한 문제이기도 하다.

우리나라 헌법의 역사는 아직 1세기도 채 되지 않았지만[37] 어떻든 제헌헌법이래 우리 헌법에서 「국민의 자유와 권리」 중 일부(예컨대, 제헌헌법 제8조 평등, 제12조 신앙과 양심의 자유, 제14조 학문과 예술의 자유 등)에 대해서 아무런 조건을 붙이고 있지 않았지만 대부분의 자유와 권리는 그 해당조항에서 「법률에 의하지 아니하고는 … 아니 한다」(예컨대, 제헌헌법 제9조 신체의 자유, 제10조 주거의 자유, 제11조 통신의 자유, 제13조 표현의 자유) 라든가, 「법률로써… 」(예컨대 제헌헌법 제15조 1항 재산권)라든가, 「법률의 범위 내에서 …」(예컨대 제헌헌법 제18조)라든가, 「법률의 정하는 바에 …」(예컨대 제헌헌법 제19조 사회보장) 등의 개별적인 방식으로 '법률에 의해 제한되는 자유' 또는 '법률에 의해 비로소 보장되는 권리'로 규정되었고, 설령 개별적 제한이 없는 국민의 자유와 권리에 대해서도 「질서유지」와 「공공복리」를 위하여 제한할 수 있는 일반적 법률유보가 있었고(제헌헌법 제28조 제2문) 이러

---

37) 대한민국에 상하이 임시정부까지 포함해서 계산한다면 3.1.운동(또는 혁명)이 1919년에 있었으니 앞으로 4년만 지나가면 우리 헌법사도 100년에 이르게 될 것이다. 그러나 이렇게 보는 것은 우리 스스로를 자위하기 위한 부질없는 짓에 불과하지 않는가라는 자괴감이 든다.

한 제한에 부가해서 근로의무, 납세의무 및 국방의무 등과 같은 작위가 이른바 「국민의 일반의무」의 형태로서 기본권에 대한 제한과 별도로 규정되어 있었는데(제헌 헌법 제17조, 제29조, 제30조), 이러한 기본권의 제한양태는 현행헌법에서 거의 그대로 유지되고 있으며 그 제한정도는 더욱더 강화되어 있다고 말할 수 있다.

이 점과 관련해서 우리헌법의 표현형식을 좀 더 자세히 살펴보면 현행헌법 제2장《국민의 권리와 의무》중 당해조항에 개별적인 법률유보를 명시하고 있는 기본권과 그렇지 않은 기본권으로 대별할 수 있고, 전자의 경우에 그 표현양식은 그야말로 다양하다. 우리 헌법이 규정하고 있는 개별적 기본권 중에서 예컨대, 고문을 당하지 않을 자유와 형사상 자기에게 불리한 진술을 강요당하지 않을 자유(헌법 제12조 제2항), 거주이전의 자유(제14조), 직업선택의 자유(제15조), 사생활의 비밀과 자유(제17조), 통신의 비밀(제18조), 양심의 자유(제19조), 학문과 예술의 자유(제22조), 교육을 받을 권리(제31조)를 제외하고는 대부분의 기본권에는 다양한 형태의 법률유보가 붙어있다.

이와 같은 개별적 법률유보에 있어 언어적 표현방태를 보면, ① 적극적 표현방식과 ② 소극적 표현방식으로 나눌 수도 있다. ①에는 ⓐ「법률이 정하는 바에 의하여 … (한)다」형(예컨대, 헌법 제12조 4항, 제26조 제1항, 제27조 제5항, 제28조, 제29조 제1항, 제30조, 제31조 제4항, 제38조, 제39조), ⓑ「법률로(써) … (한)다」형(예컨대, 제21조 4항, 제22조 제2항, 제32조 제2항 제3항, 제35조 제2항), ⓒ「법률이 정한(하는) … (한)다」형(예컨대, 헌법 제27조 제1항, 제29조 제2항, 제31조 제2항, 제32조 제1항, 제33조 제2항 제3항)가 있고, ②에는 ⓐ「법률에 의하지 아니하고는(법률에 정한 경우… 제외하고는) ……지 아니 한다」형(예컨대 헌법 제12조 1항, 제13조 제1항 제2항, 제27조 제2항), ⓑ「법률이 정하는 바에 의하여 … 아니할 수 있다」형(헌법 제33조 제3항)이 그것이다.

여기에서 ①의 ⓐ(여기에서 기본적 의미에 관한 조항은 제외), ⓑ, ⓒ형은 이른바 기본권형성적 법률유보에 해당한다고 말할 수 있으나 기본권형성에 있어 국가의 부작위(不作爲)의 규범적 한계가 어디까지인지가 불분명하며 이들 3개의 유형 사이에 어떠한 차이가 존재하는지도 상당히 애매하다. 또 ②의 ⓐ형은 적극적인 기본권제한적 법률유보에 해당하나 방어적 의미를 가진다고 할 수 있다. 그렇지만 그 제한적 입법의 한계가 어디까지인지가 불분명하다. 또 ②의 ⓑ형은 재량적인 기본권제한적 법률유보라고 말할 수 있는데, 그러한 재량의 한계가 어디까지도 불분명하다.

그리고 위와 같은 각 헌법규정에 기한 개별적 유보법률과 헌법 제37조 제2항의 "국가안전보장 질서유지 또는 공공복리를 위하여 필요한 경우"에 기한 일반적 법률유보와의 관계가 어떻게 되는지도 문제이다. 첫째, 현행헌법에 의해 조직된 국가공동체에 있어 기본권의 규범력과 관련하여 헌법 제37조 제2항을 어떻게 이해해야 하는가? 즉 헌법의 개별조항에 의한 개별적인 법률유보는 제1차적인 것에 해당하고, 헌법 제37조 제2항의 일반적 법률유보는 제2차적인 것인가? 둘째, 법률에 의해 개별적으로 형성되어야 하는 기본권의 경우에도 본질적 내용이 있을 수 있는지? 그것이 있다면 그 내용은 무엇이며, 헌법 제37조 제2항에 의해 제2차적 기본권제한이 가능한지? 셋째, 개별적 헌법유보가 붙어 있는 기본권과 그렇지 않은 기본권에서 각 기본권의 본질적 내용에 차이가 있는지? 있다면 그것이 무엇이며, 개별적 헌법유보가 붙어 있는 기본권에서 기본권제한에 의해 그 본질적 내용이 침해되더라도 위헌에 해당하지 아니하지만 개별적인 헌법유보가 붙어 있지 않은 기본권의 경우에 기본권제한에 의해 그 본질적 내용이 침해되어서 아니 되기 때문에 위헌으로 되는지, 그렇지 않으면 기본권제한에 의해 그 본질적 내용이 침해되면 개별적 헌법유보가 붙어 있는 기본권과 그렇지 않은 기본권을 차별하지 않고 위헌으로 되는가 등등의 문제가 제기된다.

또 국가에 의한 기본권의 보장과 관련해서도 헌법적 표현은 상당히 다양하다. 우리 헌법 제10조 제2문에 의하면, "국가는 개인이 가지는 불가침의 기본적 인권을 확인하고 이를 보장할 의무를 진다."라고 하여 개인에 대한 국가의 기본적 인권보장의무에 관한 헌법적 근거를 마련하여 국가에 대한 기본권보장에 관한 개인의 청구권을 일반적으로 인정하고 있듯이 표현하고 있다. 그런데 이러한 헌법 제10조 제2문과는 언어적 뉘앙스가 상당히 다르게 "국가가 … 보장한다"(예컨대, 헌법 제36조 제1항) 또는 "국가의 보호를 받는다"(헌법 제32조 5항, 제34조 제5항, 제36조 제3항) 또는 "국가는 …의 보호를 위하여 노력하여야 한다"(제36조 제2항)라고 규정하고 있는 경우도 있다. 이러한 경우에 당해 헌법규정의 규범력에 어떠한 차이가 있는지도 의문이다.

위와 같은 의문들을 본격적으로 해결하려고 하는 것이 필자의 의도는 아니다. 그래서 우선 이러한 의문들을 헌법학연구자들에게 제기하여 논의를 촉구하고 향후 그 논의가 본격적으로 진행되어 수긍할 수 있는 답이 얻어질 수 있기를 기대한다.[38] 그래서 이 문제에 대한 본격적인 논의는 헌법학자들에게 맡기고 여기에

38) 필자의 과문 때문인지는 모르겠으나, 이러한 문제에 대해 언급하고 있는 헌법학연구서

는 본고의 모두에서 제기했던 과제에 집중하려고 한다.

2. 경제적 강자와 약자의 기본권의 조정적 보장을 위한 구조적 원리로서「사회국가」원리

기본권은 헌법질서 내에 있으므로 헌법의 통일성과 헌법에 의해 보장되는 전체적인 가치질서에서 실현될 수 있기 때문에 당연히 그러한 내재적 한계를 가진다고 할 것이다. 즉 헌법적 기본질서에 반하지 않는 한에서 보장되고 그것을 넘어설 수 없다.[39] 왜냐하면 헌법적 기본질서가 항상 전체와 개체의 가치관계를 규정하고 그 국가공동체생활에 있어 그 지위를 자리매김하는 것이기 때문이다. 사회국가원리는 이러한 헌법적 질서의 구성부분이다.[40]

여기에 우선「사회국가원리」[41]에 대해 좀 더 설명할 필요가 있을 것 같다. 사회국가원리는 단순한 프로그램에 그치지 않고 직률적 구속력을 가지고 있다고 하겠다. 입법, 사법 및 행정은 그것에 구속된다. 사회국가원리는 특히 입법자에게 의무를 부과하는 원리이다. 즉 우리 헌법은 사회국가원리를 근거로 하여 사회적 자율적 생활부문에서 사회적 긴장이나 분쟁을 해결하고 또 개인이 자력으로 생활을 달성할 수 없게 되는 경우 개인에 대해 적정한 생활여건을 조성하는 등 사회

는 없는 것 같다.

39) 이와 관련하여 許營,『憲法理論과 憲法(中)』(전정판), 博英社, 1988, 123면 이하; 한수웅,『헌법학(제3판)』 법문사, 2013, 295면 이하 참조. 일부의 헌법학자들은 사회국가원리를 사회복지국가원리와 사회적 시장경제주의로 표현하고 있다. 예컨대, 金哲洙,『憲法學新論(第20全訂新版)』, 博英社, 2010, 250면 이하; 성낙인,『헌법학(제12판)』, 법문사, 2012, 261면 이하 등 참조.

40) 許營,『韓國憲法論(10판)』, 博英社, 1998, 155면은 사회국가와 복지국가가 전혀 다르다는 것을 강조하고 있다. 그러나 필자가 생각하기에 적어도 국가의 역할 또는 기능의 측면에서 도이치식의 복지국가가 이른바 사회국가가 아닌가 생각한다. 복지국가에는 이론적으로나 현실적으로 다양한 스펙트럼이 있을 것 같은 데, 왜 허 교수님이 복지국가에 대해 그러한 나쁜 인상을 가지고 있는지 도저히 이해할 수 없다. 국가공동체 내에서 개인의 자율성과 자기책임성을 강조하고자 하는 취지는 이해가 된다. 하지만 복지국가에서는 개인의 자율성과 자기책임성이 존재할 수 없다는 듯이 견강부회하지만, 만약 개인의 자율성과 자기책임성이 전혀 인정되지 않는다면 그러한 복지국가는 이미 복지국가가 아닌 것이 아닌가? 許 교수님은 이른바 사육형 또는 양로원식의 완전복지국가를 염두에 두고 있는 것 같은데, 스칸디나비아식 복지국가도 사육형 또는 양로원식의 완전복지국가는 아니라고 하겠다.

41) 사회국가원리에 관한 기본적 내용은 許營,『憲法理論과 憲法(上)』, 博英社, 1980, 282면 이하 및 같은 이,『韓國憲法論(제10판)』, 博英社, 1998, 151면 이하 참조.

적 보호 및 생존을 위한 예방조치를 강구해서 보호하도록 하는 취지의 구체적인 법률을 형성할 입법의무를 입법자에게 부과하고 있다. 그러므로 우리 헌법 하에서는 사회국가원리에 의해 입법자에게 사회적 형성위임(Sozialgestaltungsauftrag)이 되어 있다. 그렇지만 입법자가 이러한 사회적 형성의무를 임의로 해태한 경우가 아닌 한 입법자의 특정 입법행위에 대한 개인의 직접적 청구권을 생기게 하는 것은 물론 아니라고 하겠다.42) 그리고 사회국가원리는 사법에 대해서는 특히 중요한 해석법규를 의미한다. 그 외에 사회국가원리는 구체적인 사회적 법률상의 일반법원칙의 구체화 및 법의 형성에 대한 수단이라는 의의도 가지고 있다. 그러므로 법관은 이와 같은 헌법적 기초에 헌법적 질서의 개념을 구체적으로 구성하고 이로써 개인이 자유롭게 행복을 추구할 권리를 행사할 수 있도록 하고 또 구체적인 사건에서 그러한 한계를 구체화하도록 할 판단직분을 부담하고 있다. 어쩌면 사회국가원리는 개인의 공동체로의 정서에 대한 구체적인 기준을 부여하는 것이고 그리고 자유와 구속을 균형잡힌 가치관계로 결과하는 것이기 때문이다. 그리고 제2조 제1항은 국가와 개인의 관계에 관한 원칙적인 선언을 포함하는 것으로 된다. 즉 그 속에는 개인의 자유를 원칙적으로 국가강제 하에 복종케 하는 전체주의국가의 부정, 그리고 또 입법이 일반적 법률유보를 근거로 해서도 자유로이 시민의 발전자유를 제한할 수 있는 중간국가(der neutralistische Staat)의 부인도 포함하고 다른 편에서는 개인의 무제한적인 자유가 인정되고 그 남용이나 타인의 자유의 억압도 허용하는 완전자유주의국가의 부인도 포함하고 있다. 이 근본적인 자유와 자유행사에 대한 적정한 제한규제 간의 밀접한 관련에서, 국가에게 이러한 자유를 위해서 “사회적·경제적 약자를 보호할” 의무가 부과되게 된다. 그리고 그 결과로서 타인의 절대적 자유의 제한이라는 것이 거기에서 생기게 된다.

그렇지만 사회적 보호원리(das soziale Schutzprinzip)의 관철은 다른 면에서 자유의 원리도 고려해야 하는데, 그것은 단지 국가의 간섭에 의해서만 실현되어야 하는 것은 아니다. 사회적 보호는 제1차적으로는 물론 자유의사에 기하여 또 책임있는 사회적 의무를 수반하는 개개인의 국민간의 상호거래관계에 있어 행동에서 실현되고 또 항상 법구성원간의 자치 내지 자주적 기반 위에 형성된 단체에 의해 행위로 옮겨져야 한다. 이러한 자유의사에 기하여 또 사회적 의무화된 행동이 달성되지 않거나 충분한 보호가 되지 않는 경우에 비로소 공권적 규제 특히 입법에 의해 우선 계약자유를 제한하는 것이 국가에게 허용된다. 그래서 이 사회국가원

42) 그러나 입법권에 대하여 개인이 입법청원을 하는 것은 가능할 것이다.

리에서 곧바로 개인자유의 제한이라는 것이 나오게 된다. 개인 특히 경제적 강자는 이 제한을 약자의 부담으로까지 이용해서는 아니 된다. 국민의 사회적 약자계급은 특별한 보호를 받아야 하는 것이다.

사회국가원리는 헌법적 기본질서의 구성부분으로서 입법, 사법 및 행정을 구속하는 것으로 보고, 특히 입법자에 대한 「사회적 형성위임」의 법리를 도출하려고 하는 시도에 대해서는 주목해야 할 점이 있다고 하겠다. 나아가서 그것은 개인을 공동체 내에 자리매김하는 기본원리로서 자유와 구속을 균형적인 가치관계로 결과하는 것으로 판단하고 거기에서 사회적 강자의 개인적 자유의 제한 및 약자보호의 법리가 도출된다고 하겠다.

이렇게 이해하면 우리 헌법이 보장하고 있는 기본적 인권에 내재되어 있는 「사회적 의무성」은 훨씬 명료하게 드러나게 된다. 이른바 자연권적 내지 자유권적 기본권을 국가권력과 대립시키고 그 침범을 절대적으로 배제한다고 하는 입장은 계몽주의국가 하에서는 허용될 수 있을지는 몰라도 공동체국가를 이념으로 하는 우리헌법질서 하에서는 절대로 허용될 수 없는 사고방식이라고 해야 한다. 모든 기본적 인권은 우리나라에서 "전체와 개체의 균형잡힌 가치관계" 속에서만 올바르게 평가될 수 있을 것이다.

이렇게 생각하면 모든 기본적 권리와 자유는 한편에서 개인적 권리와 자유인 동시에 다른 면에서 사회적 의무도 포함하고 타인에 대한 의무도 창설되고 할 것이다. 기본권은 다만 타인의 자유를 존중할 의무를 부담할 뿐만 아니라 이것을 넘어 타인의 생존에 대한 책무도 부담케 하고 또 이웃 아니, 모든 인에게 봉사하는 채무도 부담하는 것이다. 이것이 즉 기본권의 본질적 내용 및 내재적 한계이다.

우리 헌법의 「사회국가원리」는 입법 기타 국가기관에 대해 「사회적 형성위임」을 하고 있다고 보아야 할 것이다. 환언하면 국가기관에 대해 「사회국가적 질서」의 형성에 대한 기준을 제시한 규정에 불과하다고 하든가 즉 「사회국가적 질서」의 형성에 대해서 생명·자유 및 행복추구의 권리, 즉 인격신장의 자유의 권리는 최고의 존중을 받는다는 취지를 선언하고, 이것을 국가에 대해 의무화하는 한편, 그렇게 하는 것이 「사회국가원리」와의 조화를 파괴할 우려가 있는 경우에는 이것을 최고로 존중하는 것을 신중하도록 하는 것은 물론이고 공공복리의 요청이 있는 경우 국가기관은 입법에 의해 이것을 제한할 수 있다는 취지는 아니라고 해야 할 것이다. 사회국가원리는 국가기관에 대해 사회적 질서형성을 위한 입법 내지 국정상의 기준을 제시하고 있다고 하겠다. 기본적 인권이라고 하더라도 사회적 질서형성을 위한 사회입법에 의해 제한될 수 있다는 것이다. 이러한 제한은 「사회국가원리」 그 자체에서 나온다고 할 것이다. 따라서 이른바 자연권적 인권(자유권적 기본권)이라도 입법자는 이러한 질서형성상 필요한 경우는 헌법의 「형성위임」에 의한 권한에 기해 법률에 의해 그것이 제한될 수 있다는 것이다. 이러한 종류의 권리는 법률에 의해 제한할 수 없다고 하는 해석하는 것은 전적으로 이유가 없다. 오히려 이러한 기본권의 역사적 과정에 역행하는 것이다. 오늘날 사회국가원리와 기본적 인권의 절대성과 상호가치관계를 전적으로 망각한 단편적인 논의라고 하겠다.

3. 헌법 제37조 제2항의 「공공복리」에 대한 사회국가원리적 재음미

제헌헌법의 전문(前文)과 개별기본권의 보장규정들을 보면 제헌헌법제정자는 「공동체(Gemeinschaft)로서 국가」의 중요성을 과도할 정도로 강하게 의식하고 있었던 것 같다. 국민의 기본권의 제한 또는 형성의 목적사항으로서 「공공복리」를 제헌헌법에 명시적으로 규정했던 것도 이와 같은 강한 의식의 표출이라고 말할 수 있을 것 같다. 이러한 의식적 유산은 줄곧 우리 헌법질서의 커다란 울타리기둥으로서 현행헌법에도 계속해서 유지되고 있다. 현행헌법 제37조 제2항은 "국민의 모든 자유와 권리는 국가안전보장·질서유지 또는 공공복리를 위하여 필요한 경우에 한하여 법률로써 제한할 수 있으며, 제한하는 경우에도 자유와 권리의 본질적인 내용을 침해할 수 없다"고 규정하여 「국가안전보장」·「질서유지」 또는 「공공복리」를 기본권제한의 일반적 법률유보사항으로 정하고 있다. 그런데 우리 헌법에 있어 기본권제한의 일반적 법률유보사항에 관한 규정은 지금까지 약간씩 변했다. 이를 도식화하여 정리하면, 제헌헌법의 「질서유지와 공공복리」→1962.12.26. 전면개정 제6호 헌법의 「질서유지 또는 공공복리」→1972.12.27. 전면개정 제8호 헌법(이른바 유신헌법)의 「국가안전보장·질서유지 또는 공공복리」로 변경되어 현행헌법에도 그대로 유지되고 있다.[43)]

---

43) 제헌헌법에서는 "국민의 자유와 권리를 제한하는 법률의 제정은 질서유지와 공공복리를 위하여 필요한 경우에 한한다"(제헌헌법 제28조 제2문)라고 하여 「질서유지"와" 공공복리」(조사 "와"에 유의)가 기본권제한의 일반적 법률유보사항으로 규정되었다가 5.16군사쿠데타 후의 제6차 헌법개정 제3공화국 헌법(1962.12.26 헌법 제6호) 제32조 제2항은 "국민의 모든 자유와 권리는 질서유지 또는 공공복리를 위하여 필요한 경우에 한하여 법률로써 제한할 수 있으며, 제한하는 경우에도 자유와 권리의 본질적인 내용을 침해할 수 없다"

헌법 제37조 제2항은 우리 헌법상의 기본권보장에 관한 총칙규정이기도 하고 기본권제한에 관한 총칙규정이기도 하다. 모든 보장 또는 보호라는 것은 일정한 통제 또는 제한을 전제로 해서만 가능하다. 그러므로 기본권보장에서는 항상 그 보장한계로서 제한이 문제로 될 수밖에 없다. 헌법 제37조 제2항은 기본권보장과 제한의 헌법적 근거를 동시에 명시적으로 표시한 것이라고 할 수 있다.[44]

여기에서 첫 번째로 제기되는 문제가 현행헌법 제37조 제2항 전절을 어떻게 이해해야 하는가라는 것이다. “국민의 모든 자유와 권리는 국가안전보장·질서유지 또는 공공복리를 위하여 필요한 경우에 한하여 법률로써 제한할 수 있으며”라는 헌법 제37조 제2항 전절은 이중적인 의미를 가지고 있다. 한편으로는 “국가안전보장·질서유지 또는 공공복리를 위하여 필요한 경우에 한하여”라고 규정하고 있기 때문에 그 표현으로만 해석하면 「국가안전보장·질서유지 또는 공공복리」가 기본권제한의 일반적 법률유보를 위한 목적적 사항이다. 그러므로 국가안전보장·질서유지 또는 공공복리의 필요가 있으면 법률에 기하여 기본권을 적극적으로 제한할 수 있다는 것이다. 다른 한편으로는 「국가안전보장·질서유지 또는 공공복리의 필요 외에는 법률에 의하더라도 기본권을 제한할 수 없다는 소극적인 의미도 가지고 있다. 이러한 의미에서 일반적 법률유보로서 기본권제한의 한계를 규정하는 것이라고 보아야 할 것이다.[45] 즉 공동체국가의 원리에서 말하면 인권의 행사도 「국가안전보장·질서유지 또는 공공복리」에 합치하도록 행사할 것을 요청하고 있

라고 하여 「질서유지 “또는” 공공복리」(부사 “또는”에 유의)으로 변했다가 전문개정 1972.12.27 헌법 제8호(이른바 유신헌법) 제32조 제2항은 “국민의 자유와 권리를 제한하는 법률의 제정은 국가안전보장·질서유지 또는 공공복리를 위하여 필요한 경우에 한한다”라고 하여 기본권제한의 일반적 법률유보사항에 「국가안전보장」이 추가되었고 “제한하는 경우에도 자유와 권리의 본질적인 내용을 침해할 수 없다”라는 제한의 한계에 관한 것도 삭제되었다. 그 후 전부개정 1980.10.27. 제9호 헌법 제35조 제2항은 “국민의 모든 자유와 권리는 국가안전보장·질서유지 또는 공공복리를 위하여 필요한 경우에 한하여 법률로써 제한할 수 있으며, 제한하는 경우에도 자유와 권리의 본질적인 내용을 침해할 수 없다”로 개정되어 제한의 한계에 관한 부분이 다시 복원된 후, 민주화운동에 의한 결과로 성립된 현행헌법(1987.10.29. 전부개정 제10호 헌법) 제37조 제2항으로 계속되고 있다.

44) 통합론적 헌법이론가는 기능론적 관점에서 통제 또는 제한을 「통합」(Integration)이라는 용어로 국가현상을 설명하고 있지만, 통합을 위한 가치적 컨센서스(Konsensus)로서 기본권의 보장에는 특히 실천적 관점에서 구체적인 상황에 있어 ‘통합으로서의 기본권보장’과 ‘통합으로서의 기본권제한’을 어디에서 어떻게 결정할 것인가라는 문제가 기본권론의 핵심이라고 할 것이다. 이 점에서 헌법 제37조 제2항의 규범적 의미를 기본권제한의 소극적 차원으로만 이해고자 하는 許營, 『憲法理論과 憲法(中)』(전정판), 博英社, 1988, 146-149면은 문제가 있다고 하겠다.

45) 許營, 『憲法理論과 憲法(中)』(전정판), 博英社, 1988, 147면 참조.

다. 즉 입법에 의한 기본권의 제한을 허용하되 그 한계를 규정한 것이라고 하겠다.

그 다음 제기되는 문제가 헌법 제37조 제2항에 일반적 입법유보사항으로서 규정되어 있는 「국가안전보장」, 「질서유지」, 「공공복리」 그 자체를 어떻게 이해해야 하는가라는 것이다. 즉 「국가안전보장」, 「질서유지」, 「공공복리」가 동질적·동가치적 또는 동위적인 사항인가라는 의문이 제기된다. 이들 3개의 입법유보사항은 모두 입법에 의한 기본권제한을 정당화하는 사유로서 동위적인 것이지만, 동질적 및 동가치적인 것은 아니라고 할 것이다. 「국가안정보장」은 외적의 침입에 대한 방위와 거대자연재해와 같은 국가안보적 사태의 예방과 수습을 위한 국가적 행위를 위한 기본권제한을 정당화하기 위한 입법목적적 사항이고, 「질서유지」는 사회질서를 교란하는 행동이나 사태에 대한 국내경찰권의 발동에 의한 기본권제한의 정당화사유라고 할 것이다. 그러므로 국가안전보장과 질서유지는 헌법적 기본질서를 유지하기 위한 방어적인 기본권제한사항이지만, 공공복리는 헌법적 기본질서를 적극적으로 실현하기 위한 형성적인 기본권제한사항 즉 「공동체로서 국가」 내에서 사회적 약자와 사회적 강자의 공생을 위하여 사회적 강자의 기본권과 사회적 약자의 그것 간의 조정적 내지 형성적 제한사항이다. 국가안전보장과 질서유지는 헌법상의 국가구조적인 원리로서 민주적 법치국가원리와 연계되지만, 공공복리는 헌법상의 국가구조적인 원리로서 사회국가원리와 관련된다고 할 것이다. 그러므로 「국가안전보장」과 「질서유지」는 서로 동질적·동가치적 또는 동위적인 것으로 소극적인 규제적 제한사항라고 평가할 수 있으나 이와 달리 「공공복리」는 「국가안전보장」과 「질서유지」와는 동질적 동가치적인 사항이 아니라고 보아야 할 것이다.[46] 그래서 헌법 제37조 제2항은 언어적 표현이 약간 애매하긴 하지만 「국가안전보장·질서유지 <또는> 공공복리」(여기에서 "< >"표는 필자가 붙인 것임)라고 표현하고 있다. 여기에서 <또는>은 "그렇지 않으면"이라는 뜻을 가진 부사어인데, 이것은 「공공복리」가 그 앞의 양자와는 동질적·동위적·동가치적인 사항이 아니라는 것을 시사하고 있다고 하겠다.[47]

위에서 보았듯이, 「공공복리」원칙은 대한민국의 헌법이 수차에 걸쳐서 개정되

---

46) 이에 대해 한수웅, 『헌법학(제3판)』, 법문사, 2013, 463-4면은 공공복리를 국가안전보장과 질서유지를 포괄하는 광의의 상위개념으로 보지만, 다른 한편에서 "사회국가를 실현하기 위하여 입법자가 추구하는 공익을 공공복리로 이해하면서" 사회국가원리와 결부시키고 있다.

47) 기본권제한의 목적으로서 「공공복리」의 이데올로기성에 관해서는 강희원, 『노동헌법론』, 법영사, 2011, 241면 이하 참조.

었지만 기본권제한을 위한 일반적 법률사항으로서 제헌헌법 이래 줄곧 유지되어 왔는데, 기본권제한의 목적으로서 공공복리원칙은 바로 제헌헌법이 지향했던 이른바 '제3의 길'과 밀접하게 연관되어 있다고 볼 수 있다. 공공복리라는 국가의 목적, 기능, 역할과 밀접하게 연관된 개념이다. 공공복리는 국가의 지향목표 또는 목적을 실현하기 위한 적극적 형성적 사항이다. 우리 헌법의 공공복리원칙은 권력자의 이익에 봉사하는 절대주의적 정치이념이나 단순히 다수의 행복을 의미하는 양적 공리주의 원리와 연관된 치자의 이데올로기가 아니라 현행 헌법의 국가구조적 원리로서의 사회국가원리와 관련하여 특별한 의미를 가지고 있다. 다시 말하면 대한민국이 제헌헌법 이래 계속해서 지향해온 사회적 시장경제질서와 밀접하게 연관되어 있다고 하겠다.

그러므로 우리 헌법 제37조 제2항에 기본권제한의 일반적 법률유보사항으로 규정되어 있는 「공공복리」란 19세기 절대국가의 경찰적인 공공복리가 아니라, 우리 헌법이 제헌헌법 이래 지향하고 있는 사회국가적 공공복리인 것이다. 우리 헌법은 대한민국이라는 국가공동체 내에서 국민의 자유·평등실현을 위한 국가운용원리로서 민주국가원리 법치국가원리 및 사회국가원리를 상정하고 있다. 이러한 맥락에서 보면 헌법 제37조 제2항 소정의 공공복리는 단순히 기본권제한을 위한 법률적 유보사항을 넘어서 사회국가원리를 염두에 둔 기본권형성적인 법률유보사항으로서 규범적 의의를 가진다고 할 것이다. 공공복리원칙은 국민의 실질적 자유와 평등이 최적화될 수 있도록 국민 개개인의 기본권을 상호 조화·조정하는 형성적 입법의 원칙이다. 이것은 사회적 강자와 약자의 동가치적·동위적·동질적인 생활 즉 인간다운 공생(共生)에 관한 사회국가적 질서의 형성을 통해서 경제적 강자의 기본권은 상대적으로 제한하고 경제적 약자의 기본권을 앙양하여 실질적 사회정의를 구현하는 것을 목적으로 하는 바로 「사회국가적 공공복리」인 것이다.[48)]

이와 같이 우리 헌법의 국가구조적 원리로서 사회국가원리를 이해할 때, 헌법 제37조 제2항에 규정되어 있는 「공공복리」는 「국가안전보장」, 「질서유지」와 같은 성질의 기본권제한사항으로 볼 수 없고, 이들 양자와는 다른 것이라고 하겠다. 즉 헌법 제37조 제2항의 공공복리는 사회국가원리를 구현하기 위한 사회적 강자와 사회적 약자의 기본권을 조화적으로 형성하기 위한 입법근거라고 하겠다. 이미 상설하였듯이 사회국가원리는 입법 기타 국가기관에 대해 기본적인 사회적 형성

---

48) 동지: 성낙인, 『헌법학(제12판)』, 법문사, 2012, 370면; 장영수, 『헌법학(제7판)』, 弘文社, 2012, 515면 등.

위임을 하는 원리적 근거로서 국가에 대해 「사회국가적 질서」의 형성에 대한 기준을 제시하고 있다고 하겠다. 여기에서 정리한다면, 우리 헌법은 헌법 제10조 제1문에서 누구나 존엄성을 가진 인간으로서 생명권·자유 및 행복추구권을 가지고 있다고 선언하고, 이러한 근간기본권 및 여기에서 파생되는 개별적인 기본권을 보장할 의무를 국가에 대해 부과하는 한편, 헌법 제37조 제2항에서 「국가안전보장」·「질서유지」 또는 「공공공리」를 위해서만 법률로써 각 기본권의 본질적 내용을 침해하지 않는 범위에서 그 보장의무의 예외를 인정한다. 특히 현행헌법에 있어서 국가에 의한 기본권보장의 예외사유로서 공공복리는 국가안전보장과 질서유지와는 다른 차원의 것으로서 사회국가원리의 실현을 위한 것이다. 사회적 강자의 기본권보장이 사회국가원리와 부합하지 않는 결과가 야기되는 경우에는 사회국가적 공공복리의 요청에 기하여 국가는 입법에 의해 경제적 강자의 기본권 일부 또는 전부를 그 본질적 내용을 침해하지 아니 하는 범위에서 제한할 수 있도록 하고 있다.

그렇다면 위와 같은 우리 헌법상의 국가구조적 원리로서 사회국가원리가 기업적 노사관계에 어떠한 규범적 효력을 가질까? 국가는 헌법 제37조 제2항 소정의 사회국가적 공공복리를 실현하기 위해서 사회형성적 입법을 통해 기업적 노사관계를 형성해야 할 의무를 지고 있다. 이에 관해서는 절을 바꾸어서 논하기로 한다.

Ⅳ. 기업에 있어 노동과 자본의 동위적·동가치적 관계로서 노사관계 : 기업적 노사관계의 사회국가적 형성

1. 제도보장적 측면에서 본 노동기본권과 재산권

우리 헌법에 보장된 개별기본권은 헌법 제10조의 씨알기본권 및 그 동태로서 행복추구권에서 파생된 개별적인 것이고 이들 모두는 각인의 「인간으로서 존엄성 및 인격의 자유로운 발전」을 위한 것이라고 하는 점은 위에서 기술하였다. 그러므로 이것은 제1차적으로 각인의 주관적 권리로서 보장한 것이다. 다른 한편 이들 기본권의 보장은 국가공동체 내에서 국가에 의한 보장이기 때문에 여기에는 국가적 제도보장의 측면도 동시에 포함되어 있다.[49] 제도보장이란 국가가 개인의 기본권을 그 본지에 맞게 행사할 수 있도록 여건과 제도를 형성하고 그것에 적극적으로 참가할 수 있도록 보장하는 것이 그 핵심을 의미한다고 하겠다.

위와 같은 기본권의 양면적 성격은 헌법 제23조의 재산권과 제33조의 노동3권(이하 노동기본권이라고 한다)의 경우에도 그러하다. 재산권과 노동기본권에 있어 제도적 보장이란 국가가 개인이 재산권과 노동기본권을 그 본지에 맞게 행사할 수 있도록 경제조직과 제도를 형성하고 이에 대한 참가의 보장이 그 핵심을 의미한다고 하겠다. 이렇게 본다면 노동기본권과 재산권의 헌법적 보장은 한편으로는 개인의 「자유보장」(Freiheitsgarantie)이고 다른 한편으로 이러한 자유가 확보될 수 있도록 하는 「제도보장」(Institutsgarantie)이다. 다시 말하면 전자는 각인의 인격의 자유로운 발전을 위한 「일반적 활동자유」로 보장한 것으로서 헌법 제10조 제1문에서 근원하는 것이고, 후자는 국가가 노동기본권과 재산권을 각 개인의 고립적인 입장에서가 아니라 이들 자유가 확보될 수 있도록 경제헌법적 기본질서의 차원에서 파악하여 법률로써 구체적인 국가제도로서 형성하고 보장해야 한다고 하는 헌법 제10조 제2문과 제37조 제2항에서 근거한 것이다. 후자에서 사유재산권과 노동기본권이 제도보장으로서 경제헌법적인 문제로 부각된다. 노동기본권의 제도보장은 노동시장의 차원에 있어 자본주체와 노동주체 간의 집단적 문제로서 노사제도에 관한 보장과 개별기업의 차원에 있어 경영조직의 문제로서 노사제도에 관한 보장으로 크게 두 가지로 나눌 수 있다. 물론 양자의 제도보장은 상호보완적으로 밀접하게 연관되어 있다. 양 차원의 노사제도는 기본적으로 대립적 관계에 기초하고 있는 것이지만 하나의 헌법적 질서이고 경제헌법적인 제도인 것이다. 이러한 노사제도에 있어 대립적 국면은 노동조합이 단체행동권을 행사한 때에 그 정점에 이른다. 단체행동권의 사회경제적인 영향력이 크다. 그래서 단체행동권은 「자유보장」으로서보다는 오히려 사유재산에 관한 제도보장과 함께 「제도보장」의 문제로서 거의 항상 거론되는 것이다. 노동기본권에 있어서 그 핵심인 단체행동의 자유보장은 결국 단체행동의 제도로서의 보장에 의해 비로소 그 내용이 결정되기 때문이다. 이에 비해 개별기업의 차원에 있어 경영적 노사제도에 관한 보장은 주로 기업의 의사결정에 대한 근로자의 참가문제로 나타난다. 그런데 우리 헌법은 공동체경제에 대한 근로자의 참가를 규범적으로 어떻게 예상하고 있는가라고 묻는다면, 이 물음은 여기에서 말하는 경영적 노사제도로서 경영참가의 문제보다 훨

49) 이와 관련해서 제도보장적 기본권이론에 관해서 許營, 『憲法理論과 憲法(中)』(전정판), 博英社, 1988, 263면 이하 참조. 그리고 Niklas Luhmann, *Grundrechte als Institution. Eine Beitrag zur politischen Soziologie*, Berlin, 1965도 참조.

씬 더 넓고 근본적인 문제라고 말할 수 있다. 이 문제는 이미 헌법 제2장과 제9장의 규정 내용에 의해 결정되었다고 볼 수 있다. 여기에서 논의하고자 하는 것은 헌법 제2장과 제9장의 규정내용에 의해 규범적으로 정해진 경제헌법 하에서 개별기업의 의사결정과정에 대한 근로자의 참가제도가 어떻게 제도적으로 보장되어 있는가라는 문제이다.

그러면 우선 우리나라 경제헌법은 어떠한가라는 것이 문제이다. 우선, 우리 헌법은 그 전문(前文)에서 "자유와 권리에 따르는 책임과 의무를 완수하게 하며, 안으로는 국민생활의 균등한 향상을 기하고"라고 천명하여 「공동체로서의 대한민국」에 있어 전체와 개체의 조화로운 이상적 모습을 제시하는 한편, 앞에서 이미 기술하였던 바와 같이 우리 헌법도 국가구조적인 원리로서 「사회국가」원리를 채택하고 있다. 그래서 우리 헌법이 도이치 연방공화국 기본법과 같이 「사회적 시장경제」(soziale Marktwirtschaft)에 관한 명문의 규정을 두고 있지 않다고 하더라도, 위와 같은 공동체국가의 기본이념과 이상적인 모습을 제시하고 있는 전문의 천명과 국가구조적 원리로서 사회국가원리에다가 "대한민국의 경제질서는 개인과 기업의 경제상의 자유와 창의를 존중함을 기본으로 한다" 그리고 제2항에서 "국가는 균형있는 국민경제의 성장 및 안정과 적정한 소득의 분배를 유지하고, 시장의 지배와 경제력의 남용을 방지하며, 경제주체간의 조화를 통한 경제의 민주화를 위하여 경제에 관한 규제와 조정을 할 수 있다"라고 규정하고 있는 헌법 제119조의 취지를 종합해서 규범적으로 음미해본다면, 시장경제에 있어 국가의 적극적인 조정역할을 분명하게 하고 있어 우리 헌법도 경제적 질서로서는 도이치연방공화국 기본법이 선언하고 있는 이른바 사회적 시장경제를 채택하고 있는 것에는 의문이 없을 것 같다.[50] 그러므로 우리나라 경제헌법은 이른바 전제주의적인 계획경제나 완전자유주의경제와는 명확히 구별될 것을 요구한다.

「사회국가」는 「모든 사람의, 모든 사람을 위한 국가」가 되어야 하는 동시에 그 구성요소인 경제조직도 또한 「모든 이의 또 모든 이를 위한 경제」이다. 그와 같이 경제헌법이 「사회적 시장경제」를 기본조직으로 하고 있는 이상 경제는 유산자, 무산자 모든 이의, 또 이들 모든 이를 위한 것이어야 하기 때문에 유산자가 「재산」으로써 경제조직에 참가하는 것을 허용되는 동시에 이것은 근로자는 또한 「노동」으로써 경제조직에 참가하는 것이 헌법상 당연하게 인정되어야 한다. 이것은 「민주

50) 헌재 1996.4.25, 92헌바47결정(판례집8-1, 370,380); 동 1998.5.28, 96헌가4결정(판례집 10-1, 522, 533-534); 동 2001.6.28., 2001헌마132결정(판례집 13-1, 1441, 1456) 등 참조.

적 사회국가원리」에서 당연한 것이다.

이러한 경영참가제도에 관한 헌법적 보장에 대해 혹자는 사유재산제도에 있어서는 제도보장에 관한 헌법 제23조의 규정이 있기 때문에 분명하지만, 노동기본권에 대해서는 그러한 직접적 명문이 없기 때문에 의문시할 지도 모른다. 그렇지만 헌법 제33조에 기한 노동3권의 제도보장으로서 경제조직에 대한 근로자의 참가가 인정되지 않는다면, 생산자본과 생산노동의 동시적·동위적·동가치적 관계의 형성을 지향하는 「사회국가」원리와 그것의 경제적 질서로서의 「사회적 시장경제」는 유명무실하게 될 것이다. 그러므로 우리나라 경제헌법에서도 근로자의 「경제참가권」이 인정된다는 것은 현행 헌법의 구조원리상 긍정하지 않을 수 없다.[51)]

그러면 헌법 제33조의 노동3권은 경영참가제도의 보장으로서 어떠한 의미를 가지는가? 우리나라 경제헌법이 「사회적 시장경제」를 기본으로 하고 경제조직 전체가 「모든 사람의, 모든 사람을 위한 것」이라는 것은 앞에서 기술한 바와 같은데, 이 「모든 이」라는 것은 물론 「평등한 모든 이」를 헌법이 생각하는 것은 분명하다. 불평등한 자 간에 복지적 협동관계는 이론상 있을 수 없기 때문이다. 즉 이러한 참가보장으로서의 헌법 제33조는 경제조직참가자로서 완전자격을 약자인 근로자에게 부여하기 위한 보장을 의미하는 것이고, 경제헌법에서 보면, 말하자면 「준비적인 평등보장」의 규정이라고 보아야 한다. 그와 같은 준비적인 평등보장의 규정이라도 제도적 측면에서 보면 역시 경제참가보장의 한 단계를 의미하는 것이라고 해야 할 것이다.

이와 같이 근로자는 우리나라의 성격상 당연히 경제참가를 보장받고 있는 것으로 이해해야 하기 때문에 헌법 제33조의 규정을 오직 사법적 측면보장 즉 자유보장에 그친다고 보면서 투쟁일변도로만 이해하는 태도는 우리 경제헌법에서 근로

---

51) (구)도이치 민주공화국(Deutsche Demokratische Republik, 구東獨) 헌법 제17조에는 "경영에 있어 생산 및 임금조건 및 노동조건의 규제는 근로자 및 직원의 적당한 협력 하에 한다. 근로자 및 직원은 이 권리를 노동조합 및 경영위원회에 의해 옹호한다"고 규정하여 참가권을 헌법상 명문으로 보장하고 있는데, 그것은 우리가 잘 알고 있듯이 (구)도이치 민주공화국이 사회주의국가이었음에도 오히려 바이마르헌법 제165조의 보장규정에 비해 현저하게 후퇴하였던 면이 있다. (구)도이치 민주공화국에서는 근로자에게 첫째, 경영참가만을 인정하고, 전(全)경제조직에 대한 참가권을 인정하고 있지 않았고, 둘째, 경영참가라고 하지만 오로지 "적당한 협력권"을 부여하는 것에 그쳐서 진정한 경영참가로서의 공동결정권을 부여하고 있지 않다. 도이치연방공화국(구서독) 기본법에는 어떠한 참가보장규정이 없지만 학자들은 바이마르 헌법과 거의 같은 수준으로 널리 참가권을 인정하려고 있다. 우리나라의 현행헌법 하에서도 (구)도이치민주공화국에서 그랬듯이 "사회적 경제"를 좁게 해석해서 경영에 대한 근로자의 협력권을 인정하는 정도로 한정해서는 아니 된다.

자의 지위를 부당하게 제한하여 해치는 것으로서 찬성할 수 없다. 노동법에서는 노사투쟁에 의한 근로자의 인격의 자유로운 발전과 사회국가의 구성원으로서의 근로자의 경제헌법상의 참가라는 두 측면이 병존하는 것을 잊어서는 아니 된다고 하겠다. 그 후자의 측면은 인본주의의 실현을 위한 노동법학의 일부이고 노동조합을 투쟁주체로 하는 이른바 「집단적 노동법학」의 분야와 병존하는 부분이다. 집단적 노동법학이 노사의 투쟁을 이념으로 하고 근로자의 인격의 자유로운 발전을 기도하는 것과는 달리, 인본주의노동법학에 있어서는 근로자의 경제헌법상의 지위 즉 존재방식을 규명하여 그 생산자로서의 직무권한을 명확하게 하는 것을 목적으로 하는 것이고, 여기에는 오로지 협동이념이 지배한다. 어쩌면 근로자가 경제조직에 참가한다고 하는 것은 투쟁적, 파괴적으로 참가하는 것을 의미하는 것은 아니고, 협력적 건설적으로 그 생산성, 복지성에 참가하는 것을 의미하는 것이기 때문이다. 도이칠란트, 프랑스 등의 경영참가 내지 기업참가제도는 이러한 분야에 속하는 것으로서 특별한 주의를 요한다고 하겠다.

주지하듯이 헌법 제23조는 재산권의 보장을 선언한 것이고, 제도보장의 측면에서 보면, 이 보장은 우리나라 사유권제도를 선언한 경제헌법적 기본규정이라고 말할 수 있다. 그렇지만 우리 헌법이 민주주의의 원리에 서서, 민주주의는 또한 모든 이의 평등을 기본이념으로 하고 있다는 점에서 생각해보면 근로자의 경제참가권과 유산자의 경제참가권은 헌법상 상호 동위적·동가적 관계에 있다고 해야 할 것이다. 이른바 재산우위설이나 노동우위설은 우리 헌법의 「사회국가」 원리에서 보면 도저히 허용되어서는 아니 된다. 따라서 근로자가 우리 경제헌법상 기본권으로서 경제참가를 보장받고 있다고 하여도 그것은 오로지 사유권제도 내지 자본제법질서의 테두리 내에서 인정되는 것이고, 이러한 테두리를 넘어 무제한으로 보장되는 것은 아니다. 그것 이상의 참가권은 현행헌법을 개정하지 않는 한 인정되지 않는다.

우리 헌법상 근로자의 경제참가권은 이른바 경영참가권 내지 기업참가권에만 그치지 않는다. 여기에 경영참가권이란 하부경제조직으로서 개별적 경영에 있어 경영지도(Betriebsleitung)에 대한 참가를 말하고, 기업참가권이란 개별기업에 있어 기업지도(Unternehmensleistung)에 대한 참가권을 말한다.[52] 그러나 근로자의 경제참가권

52) 종래 경영참가란 단순히 사용자의 경영지도에 대한 참가 즉 경영자가 가진 노동기술적 목적을 달성하기 위한 입법, 행정 및 사법의 측면의 권한(경영권)에 대한 근로자의 협력 내지 공동결정을 의미하는 것에 그쳤는데, 헌법상의 경영참가는 이 수준을 훨씬 다 넘어 기업지도에 대한 참가 즉 기업자가 가진 경제적 목적달성을 위한 권한(기업권)에 대한

은 헌법상 그와 같은 하부조직에 있어서뿐만 아니라 널리 전국적 내지 지방적 전 경제조직에 관해서도 또한 인정되어야 한다. 그렇지만 우리나라에는 아주 초보적인 협력적 노사관계법률이라고 할 수 있는 「근로자참여 및 협력증진에 관한 법률」이 있을 뿐 아직 제1차 세계대전 후 몇몇 유럽국가들에서 성립되었던 개별기업차원에서의 근로자의 경영참가법[53]과 같은 입법은 존재한 적도 없고 또 바이마르헌

근로자의 협력 내지 공동결정에까지 진전되었다. 예컨대 (구)서부도이칠란트 1951년 5월 21일의 「철강·석탄·광업의 공동결정법」의 규정(제1조, 4조 참조) 및 1952년 2년10월 11일의 「경영조직법」의 규정(제67조 참조)은 이러한 단계에 있어 공동결정이다. 20세기초반까지 기업지도에 대한 참가라는 의미에 있어 근로자의 경영참가는 본래 상법 내지 경제법의 분야의 주제이었지만 오늘날에는 근로자의 경영참가 문제는 노동법의 분야에 속한지 이미 오래 되었다. 그래서 상업사용인, 선원, 노동주식(이른바 우리사주) 등의 문제는 상법의 규율대상으로서 영업활동의 범위에서 벗어나 「사회적 제도로서 기업」에 대한 근로자의 공동기여의 문제로서 노동법의 분야로 넘어왔다고 할 것이다. 우리나라에서는 아직도 회사의 합병, 분할, 영업양도 등의 문제가 여전히 상법적 고찰에만 치중되어 있으나 이것은 오늘날 사용자의 영리추구의 차원을 넘어서 오히려 기업에 대한 근로자의 사회적 참가의 문제로서 노동법적 고찰이 강하게 요청되고 있는 것도 사회적 제도로서의 기업의 성격변화와 그 궤를 같이 하고 있다.

53) 개별기업차원에서 근로자의 경영참가제도는 제1차 세계대전 후 유럽에서 상당히 여러 국가에서 받아들여져 그 입법이 각 나라마다 다르긴 하지만 서서히 어느 정도 정비되기 시작하였다. 1919년 5월 15일의 오스트리아 경영위원회법, 1920년 2월 4일의 도이칠란트 경영위원회법, 같은 해 2월 25일의 체코슬로바키아 광산경영위원회법, 1921년 8월 12일의 체코슬로바키아 일반경영위원회법, 1929년 7월 23일의 노르웨이 경영위원회법, 같은 해 7월 26일의 룩셈부르크 일반경영위원회법 등이 그것이다. 이 중에서 앞의 3개국의 입법은 어느 정도 진정한 의미에서의 근로자의 공동결정권(Mitbestimmungsrecht)을 인정하여 경영참가제도로서는 최고수준에 이르렀지만, 이와 달리 후자의 2개국의 입법은 거기까지는 이르지 못하여 노사의 협력기관 또는 자문기관으로서 경영위원회를 인정하는 정도에 그쳤다고 할 수 있다. 예컨대, 취업규칙의 작성과 관련하여 전자의 국가들의 입법에서는 사용자와 근로자의 동수로 조직된 경영위원회의 공동결정에 의하도록 하고 그렇지 않은 경우에는 무효로 하였다(오스트리아법 제3조, 도이칠란트법 제66조 등, 체코슬로바키아 광산경영위원회법 제2조 참조). 그러나 위 후자의 국가들의 입법에서는 취업규칙의 작성에 대하여 단순히 사용자의 자문에 응해 근로자들이 그 의견을 표시할 수 있는 기회를 주는 정도에 그치고 있었다(노르웨이 법 제5조, 룩셈부르크법 제1조 참조). 또한 1922년 벨기에 취업규칙법 제7조, 같은 해 핀란드 취업규칙법 제7조, 1914년의 스위스 공장법 제15조의 규정 등도 이러한 정도의 것이었다. 제1차 세계대전 이후의 경영참가제도의 세계적인 경향에 비춰보면 1953년에 제정된 우리나라 근로기준법 제95조 제1항도 취업규칙의 작성 및 변경에 대한 근로자의 참가를 인정한 것이라고 볼 수 있는데, 물론 우리나라의 특수한 사정 때문에 당시 일본노동기준법을 거의 그대로 도입하다가 보니, 일본노동기준법의 그것과 마찬가지로 그 수준이 상당히 낮은 것으로서 위 후자의 국가들의 입법과 같은 정도라고 평가해야 할 것이다.

그렇지만 현행 근로기준법 제94조 제1항에 대해서는 1953년 제정 근로기준법과는 다른 평가가 필요할 것 같다. 즉 1987년 우리나라의 민주화운동이 그 정점에 도달하였을 때에 취업규칙의 작성 및 변경에 대한 근로자의 단순한 의견청취를 넘는 수준으로 개정되었

법 제165조 및 그것에 기한 「제국경제협의회」(Reichswirtschaftsrat)[54]와 같은 구체적인 기구를 제도화하는 실정법률은 없다. 이와 관련하여 그 이름만 거창한 「근로자참여 및 협력증진에 관한 법률」이 현재 존재하고 있긴 하지만, 이 법률에 기해서 제도화되어 있는 전국차원에는 노사정위원회가 개별기업차원에서 노사협의회에 의한 미미한 참가가 이루어지고 있을 뿐이다. 「근로자참여 및 협력증진에 관한 법률」은 우리 헌법상의 사회국가원리 및 경제헌법적 질서로서 사회적 시장경제에 부합하는 근로자의 경제참가권을 제대로 구현하고 있다고 말할 수는 없다. 그래서 지금까지 논의의 귀결에 의하면, 우리 헌법은 적어도 현재의 정부에 대해서는,

---

고, 그것이 현재에도 그대로 유지되고 있는 현행 근로기준법 제94조 제1항은 사용자가 취업규칙의 작성 또는 변경에 대해 당해 사업장의 과반수노동조합 내지 과반수근로자의 의견을 청취하도록 하고 또 기존의 취업규칙의 불이익변경에 대해서는 이들의 동의를 얻도록 하고 있다. 이러한 입법조치는 사용자를 위한 근로자의 단순한 협력주의의 차원을 넘는 근로자의 부분적 공동결정을 인정하는 입법적 태도라고 평가해야 할 것이다. 또 기숙사규칙의 작성과 변경에 관한 근로기준법 제99조 제2항은 "사용자는 제99조 제1항 소정 사항에 관한 기숙사규칙의 작성 또는 변경에 관하여 기숙근로자 과반수의 대표자의 동의를 받아야 한다"고 규정하고 있는데, 이것은 기숙근로자의 공동결정적인 입법참가를 인정한 것이라고 할 것이다. 이렇게 이해하는 것이 현행 헌법상의 사회국가원리 및 사회적 시장경제원칙에 부응하는 법률해석일 것이다. 그럼에도 대법원 판례와 대부분의 노동법학자들은 위와 같은 태도를 취하는 것을 거부하고 특히 취업규칙의 제정·변경에 대해서 그 법리를 오로지 시민법적인 계약사고(契約思考)에 집착한 나머지 근로기준법상의 취업규칙제도의 정신 그 자체까지 무시하고 근로기준법이 사용자에게 일방적인 작성·변경권을 부여하고 있다고 해석하면서 근로기준법 제94조가 취업규칙에 관한 사용자의 전권(專權)을 단순히 제한하는 것이라고 이해하고 있다(예컨대, 김형배, 『노동법(제24판)』 박영사 2015, 305면 이하, 대판[전합] 1992.12.22., 91다45165; 동 1994.12.23., 94누3001; 동 2009.5.28., 2009두2238 등 참조). 이러한 견해와 판례의 태도는 우리나라 노동헌법을 제대로 파악하지 못한 것에서 비롯된 것으로 생각한다(이러한 잘못된 결과는 박근혜 정부가 추진하고 있는 '노동시장개혁'이라는 미명 하에 작금 그 도입이 임박한, 사용자에 의한 일방적인 취업규칙변경에 의한 해고요건의 완화를 정당화하는 도구로 이용되고 있다). 그러나 우리나라 노동헌법의 관점에서 볼 때, 근로기준법은 근로조건의 최저기준을 정하고 있는 단순한 근로조건법이 아니라, 우리나라 노동헌법의 기본적 규범기획인 "노동기본법"의 성격을 가지고 있다. 그러므로 현행 근로기준법 제94조는 선진유럽국가의 경영참가입법례를 모범하여 기업 내에서 종업원의 입법참가권을 상당한 수준에서 인정하고 있는 규정이라고 보는 것이 타당하다. 근로기준법상의 취업규칙제도 특히 동법 제94조를 어떻게 이해하는가에 따라 이른바 「취업규칙변경의 법리」에도 견해의 차이가 생기게 된다. 이에 관해서는 강희원, "근로기준법상 '취업규칙'의 개념에 대한 일고찰-취업규칙법의 재정립을 위해", 『노동법학』 제42호, 2012, 73-137면, 특히 100-104면 참조.

54) 바이마르공화국 헌법 제165조는 근로자에게 경제조직에 대한 참가권을 헌법상 보장하였던 것으로서 아주 유명하다. 그렇지만 이 규정은 단순한 개별적 경영참가를 근로자에게 인정하였다고 하는 것에 그치지 않고 그 전국가적 지방적 경제조직에 대한 참가도 널리 보장한 것이고 게다가 단순한 참가제도를 넘어 이른바 직능의회로서의 산업의회제도(Wirtschaftsparlamentarismus)라는 구상으로 이것을 실현하려고 하였던 것에 그 특색이 있다.

장래 무엇인가 근로자의 본격적인 경영참가를 가능하게 하는 입법 기타의 시책을 강구할 것을 법적으로 요청을 하고 있다고 말할 수 있다.

2. 사회국가원리와 경제질서 및 기업

1) 사회국가의 경제질서로서 「사회적 시장경제」

앞에서 이미 언급했듯이 우리 헌법 제9장은 대한민국의 헌법적 질서를 전제로 하는 경제질서를 규정하고 있다. 헌법 제119조 제1항에서 "대한민국의 경제질서는 개인과 기업의 경제상의 자유와 창의를 존중함을 기본으로 한다"라고 선언하여 국가적 계획경제 또는 중앙관리경제(staatliche Planwirtschaft od. Zentralverwaltungswirtschat)를 부정한 후, 제2항에서 "국가는 균형있는 국민경제의 성장 및 안정과 적정한 소득의 분배를 유지하고, 시장의 지배와 경제력의 남용을 방지하며, 경제주체간의 조화를 통한 경제의 민주화를 위하여 경제에 관한 규제와 조정을 할 수 있다"라고 하여 시장실패에 대하여 보완적으로 국가의 적극적 개입을 수용하는 이른바 제3의 길, 말하자면 「사회적 시장경제」(Soziale Markwirtschaft)를 지향하고 있다.

그래서 우리 헌법상의 사회국가원리와 경제질서를 다시 정리해보면, 첫째, 대한민국의 경제는 「시장경제」이라는 것이다. 즉 여기에서는 헌법상, 경제에 있어서 자유경쟁의 원리, 자발성의 원리가 지배한다. 둘째, 그것은 「국가와의 관계에서도」 시장경제이다. 즉 그것은 중립적 경제조직과는 반대로 경제행정에 대한 국가간섭은 헌법 자체에서 예상된 엄격한 제한 내에서만 허용하고, 법률유보의 원칙, 즉 법률에 의하더라도 자유로이 시장경제를 제한할 수 있는 원칙에 따르는 것은 허용되지 않는다. 셋째, 그것은 「사회적」 시장경제이다. 즉 우리 헌법상 「사회국가원리」에서 비로소 사회적 균형의 이익을 위해 개인자유의 직접적 한계도 생기며 이것과 더불어 경제행정에 대한 국가간섭의 척도가 이것에서 생긴다. 이 간섭은 그러한 한에서는 다만 국가의 합법적 권리일 뿐만 아니라 또 헌법상의 의무이기도 하다. 넷째, 그것은 균형있는 국민경제의 성장 및 안정과 적정한 소득의 분배를 유지하는 「모든 이의」 경제이어야 한다. 경제에 있어 진정으로 시장경제의 시스템이 시행되기 위해서는 시장경제가 모든 이의 이익에서 시행되어야 한다. 즉 그것이 바로 「사회적」 시장경제라는 것이다. 게다가 이 경우 국가는 이것에 대해 소극적인 태도를 취해서는 아니 되고 오히려 더 나아가 이 시스템이 기반하고 있는 자유를 원칙적으로 보장하는 태도를 취해야 한다. 이것이 바로 시장에 있어서 사회국가원리의 구현이다. 국가는 그 법적 권력을 사회적 시장경제의 원칙에 따라 시장 및 경쟁의 자유에 대해서가 아니라 그것을 위해 행사하는 것이다. 그러므로 시장에 있어 자유경쟁이 헌법상의 원리로서 인정되는 것은 시장경제가 모든 사람의 그리고 모든 사람을 위한 경제로서 보장되는 범위 내에서라고 할 것이다.

2) 사회국가에서 기업 : 「사회적 제도」로서 기업

위에서 언급했듯이 헌법적 질서로서 사회국가원리는 경제질서에도 직률적 효력을 가지고 있으므로 그러한 경제질서 내에 있는 기업의 조직과 활동에도 직률적 효력을 갖는다.[55] 헌법 제119조 제1항은 "대한민국의 경제질서는 개인과 기업의 경제상의 자유와 창의를 존중함을 기본으로 한다"라고 규정하고 있는데, 여기에

---

55) 이와 관련하여 21세기인 오늘날에도 헌법이 여전히 19세기에서와 같이 오로지 국가만을 지향하고 있다고 하는 선(先)이해를 불변의 자명한 출발점으로 해야 하는가라는 근본적인 의문을 제기하지 않을 수 없다. 공동체의 기본법인 헌법의 규범은 그 텍스트에 의해서가 아니라 현재적 해석에 의해 구성되는 것이다. 정치적 권력보다 오히려 사적 경제력이 국경을 넘어 그리고 개인의 사생활의 영역까지 범람하여 개인과 공동체 자체에 융단폭격을 가하면서 위협하고 있는 오늘날과 같은 상황에서는 헌법상의 기본권규정이 국가권력에 대해서뿐만 아니라 사인간 특히 경제적 사회적 강자에 대해서도 향하고 있다고 해석해야 할 것이다. 이러한 맥락에서 보면 사인 간에 대한 헌법의 간접적용설은 공·사법의 이원적 법질서관념과 그것에 터잡고 있는 정치적 이데올로기에 사로잡힌 근대적 헌법관에서 비롯된 것이라고 하겠다. 이러한 근대적 헌법관은 오늘날 입법권우위 관념과 그 이면인 사법권의 자기억제의 관념을 이른바 「사적자치」의 존중이라는 설탕발림식의 논의방식을 통해 여전히 정당화되고 있는 것이 현재의 우리나라 헌법학계의 실정이 아닌가 생각한다(예컨대, 성락인, 위 같은 책, 334면). 그렇지만 필자는 우리나라 헌법학에서 지배적인 견해를 차지하고 있는 이러한 간접적용설은 자율적 시민사회가 확대되고 있는 21세기에서는 극복되어야 한다고 생각한다. 이뿐만 아니라 기본권의 사정범위와 관련해서도 공동체의 생활영역을 단순히 공적 영역과 사적 영역으로 양분하는 근대적 이분법적 사고에서 탈피하여 공영역(또는 공적 영역), 공적 영역(또는 공적=사적 영역) 그리고 사영역(친밀권)으로 삼분하여 적어도 공적 영역(공적=사적 영역)에는 기본권이 직접적 효력을 갖는다고 보는 것이 현대사회에 있어 시민사회의 자율성확보를 위해 절실히 필요할 것이다. 기본권을 국가와 개인을 넘어서 시민사회에 있어서 개인과 개인의 관계까지 확대될 때에 <공공영역으로서의 시민사회> 또는 <시민사회의 공공영역>이라는 제3의 영역은 새로운 기본권형성적 영역으로 부각되는 것이다. 그리고 기본권의 대사인적 효력과 관련해서 염두에 두어야 할 점은 성숙된 자유주의적 문화를 역사적 배경으로 가지고 있는 서유럽국가나 앵글로아메리카국가에서와 달리 그렇지 못한 우리나라의 특수한 상황이다. 물론 이러한 특수한 상황은 자유주의적 문화가 제대로 정착되지 못한 우리의 역사에서 비롯된 것이지만, 우리나라에서는 기본적 인권의 침해가 국가권력에 의해서보다는 오히려 일상생활에서 사인에 의해 자행되는 경우가 훨씬 더 비일비재하게 많다는 점이다.

서 「대한민국의 경제질서」는 바로 사회적 시장경제질서를 말한다. 그러므로 「기업」은 헌법적 경제질서를 구현하는 제도라고 할 것이다.[56]

「기업」(business enterprise, Industrieles Unternehmen)이란 그것을 둘러싼 각종의 이해관계자 그룹의 이해의 대립 속에서 이들을 조정(co-ordinate)하는 기능을 영위하고 그 존속·성장을 목적으로 한 경제적 활동의 단위로서의 사회적 제도이다.

경제적 활동의 단위로서 사회적 제도이다. 여기에서 경제활동이라는 용어는 넓은 의미로 사용한다. 즉 널리 제품의 구매, 자금의 차입 혹은 대부, 노동계약의 체결, 제품의 제조·운반·가공, 서비스와 제품의 판매 등의 경제적 활동을 포섭하는 개념이다. 이들 경제적 활동이 「인간의 집단행동」의 시스템으로 제도화된 것이 기업이다. 여기에서 「사회적」이라 함은 의미는 단순히 기업이 영위하는 「기능」의 측면만을 파악하고자 하는 것이 아니라 법적인 차원에서 사회적 제도로 파악하고자 하는 것이다. 이것은 법적 의미에서 말하는 「사적 소유권의 사회화」 혹은 「가업의 사회화」와 같은 맥락에서의 의미이다. 전자로 파악하는 경우 「사회적」이라는 의미는 기업이 영위하는 사회경제적 기능에서 보면 기업은 「인간의 행동」을 조정하는 사회적 시스템=제도라는 것을 의미하나 후자는 법적인 소유권=기업경영권의 사회화로까지 전개될 수 있는 길을 열어두고 있다고 하겠다.[57] 제도(Institution)와 조직체(Organization)를 특히 구별하지 않고 사용하는 학자도 있지만 물론 그것은 같은 실체의 것을 보는 관점에서의 차이이다. 조직체는 「인간의 행동」을 하나의 목적에 의해 통일체로 향도하는 「동적」인 면에서 파악한 것이고, 제도는 「인간의 행동」으로 구성된 「정적」인 측면에서 파악된 하나의 시스템(System)이다. 인간의 행동이 이러한 시스템을 구성하기 위해서는 인간의 노력이 조정되어야 하지만 그 노력의 방법·정도·시간은 어느 것도 시스템에 의해 정해진다. 이 시스템은 규칙이라든가, 규정이라든가, 규율이든가, 구조라든가, 유형이라든가 하는 말로 표현되는데, 그것은 인간의 행동의 정형으로서 나타나는 것이다. 이러한 「정적」인 면에서 파악된 것이 「제도」이다.

---

56) 헌법상의 경제제도로서 기업을 전제로 해서 경제법은 거시적인 차원에서 기업 및 시장질서를 형성·규제하여 구체화하고 있다(독점규제 및 공정거래에 관한 법률, 약관의 규제에 관한 법률, 소비자보호법, 방문판매 등에 관한 법률·은행법·대외무역법·농지법·양곡관리법 등 참조). 그리고 이와 같은 시장질서의 형성·규제법으로서 경제법과 더불어 노동법 및 상법은 그러한 기업 구성원의 대내외적 법률관계를 규제하고 조직화하는 기능을 담당하고 있다.

57) 오늘날 선진자본주의국가 뿐만 아니라 우리나라에서 최근 강조되고 있는 기업의 사회적 책임(CRS: Corporate Social Responsibility)도 「사회적 제도로서 기업」의 한 단면이라고 생각할 수 있다.

3. 경영참가의 법적 성격과 주체로서 근로자단체

1) 근로자경영참가의 법적 성격

이미 상술했듯이 근로자의 경영참가는 사회적 제도로서 기업에 대해 우리나라 경제헌법이 보장한 기본적 인권의 일종으로 보아야 하기 때문에 그 성격이 공법적인 것은 물론이고 따라서 그 일부인 개별적 경영참가권도 또한 마찬가지로 제도보장적 성격을 가지는 것임은 물론이다.

우리나라에는 본격적인 경영참가에 관한 법률이 없기 때문에 현재에는 「근로자참여 및 협력증진에 관한 법률」이 인정하고 있는 정도에서 또는 단체협약을 통해 경영참가권이 획득될 수도 있다. 설령 단체협약에 의해 경영참가가 구체화되는 경우에 단체협약에 의해 비로소 참가권이 발생하는 것처럼 생각해서는 아니 된다. 위에서도 여러 번 언급했듯이 개별기업 차원에 있어 근로자의 경영참가권은 이미 우리나라 경제헌법의 구성요소로서 규범적으로 분명하게 보장되어 있고 그 행사의 방법 및 범위가 아직 법률에 의해 명시적으로 정해져 있지 않을 뿐이다. 단체협약은 즉 법률을 대신해서 이것을 규정하는 것에 불과하고 협약에 의해 비로소 참가권이 발생하는 것으로 보아서는 아니 된다. 이러한 의미에서는 우리나라 경영참가권 또한 하나의 법정권이지 약정권은 아니라고 해야 할 것이다.

2) 경영참가의 주체

단체협약에 의해서 경영참가가 구체화되는 경우에 그 경영참가의 주체는 무엇인가, 그리고 그 주체의 성격을 어떻게 파악해야 하는가라는 것이 다음의 문제로 된다. 그것이 경영참가인 한 참가권의 주체가 근로자인 것은 물론인데 이것에 대해서는 아래와 같은 몇 가지의 문제를 생각할 수 있다.

경영참가가 단체협약에 의해 규제된 경우에는 참가권의 주체는 협약의 당사자인 노동조합이 아닌가라는 의문이다. 이것은 부정적으로 해석해야 한다. 이 협정이 이를테면 사용자와 노동조합의 대항의 장에서 이루지는 것이라고 하여도 그것은 다만 참가권행사의 범위나 방식을 제도화하는 것에 불과한 것이고 그 주체인 참가권의 주체의 문제와는 전연 별개의 사항이다. 참가권의 주체는 이러한 경우에도 노동조합은 아니고 경영 내 종업원이라고 해석해야 한다.

이렇게 보면 노사 간의 협정에 의해 경영협의회제도가 마련되어 노동조합 측에서 협의위원이 선출되어 있다고 하여도 이들 노동조합위원은 노동조합의 대표권을 가지는 것은 아니고 또 노동조합으로서의 의사결정을 하는 권한을 당연히 가지는 것도 아니다. 양자를 그 역할에 있어서 완전히 분리해서 생각하는 것이 노동법적으로 옳다. 즉 단체교섭의 장에서 노동조합 대표위원과 경영협의회에서 노동조합 측의 대표위원은 그 성격이 완전히 다르다고 할 것이다. 요컨대 경영참가권의 주체는 경영참가가 협약에 의해 정해져 있는 경우에도 노동조합이 아니고 경영내의 종업원이고 또 근로자 측 협의회위원이 노동조합으로부터 선출되어 있다고 하여도 그것은 다만 선출의 모체가 노동조합이 된다는 것에 그치고 노동조합의 대표위원 자격을 당연히 가지는 것은 아니라고 보아야 한다(근로자참여및협력증진에 관한 법률 제5조 참조).

경영참가의 주체는 경영내의 종업원 개개인인가, 그렇지 않으면 그 단체인가라는 문제이다. 이미 기술했듯이 경영참가권은 우리 헌법상 기본적 인권의 일종으로서 보장되어 있다는 것에서 생각해보면 다른 기본권과 마찬가지로 그것은 제1차적으로는 개개의 종업원에게 부여되어 있다고 해야 할 것이다. 그렇지만 경영참가권 뿐만 아니라 모든 노동법상의 기본권은 개개인에 의해 행사될 수 있는 것은 아니고 통상 단체적으로 행사되고 또 행사되어야 하는 성질의 것이기 때문에 다른 일반 기본적 인권과 다르게 거기에 당연히 단체법적 고찰이 필요로 된다. 즉 거기에 개인을 넘는 단체적 존재 및 기능이라는 것이 크게 표면에 부상하게 된다. 바꿔 말하면 이 단체적 존재를 제외하고서는 근로자의 기본권 일체는 도저히 생각할 수 없다. 단결권 단체교섭권 단체행동권이 모두 그러하고 경영참가권도 또한 그러하다. 여기에서 노동기본권의 주체를 단체적으로 파악해야 할 합리적 근거를 볼 수 있다. 우선 노동3권에 대해서 보면 그것은 정말 헌법규정의 형식에서 보면 일응 근로자 개인에게 보장되어 있는 것이 틀림없지만 헌법이 진정으로 의도하는 바는 거기에 있는 것이 아니라 실은 진츠하이머(Hugo Sinzheimer)가 바이마르 헌법 제159조[58]의 해석으로서 "이것은 제159조의 목적에서도 나온다. 동

---

58) 바이마르 헌법(Weimarer Verfassung)의 공식적인 명칭은 "도이치제국헌법(Die Verfassung des Deutschen Reichs"이다. 제159조는 다음과 같다. Artikel 159: Die Vereinigungsfreiheit zur Wahrung und Förderung der Arbeits- und Wirtschaftsbedingungen ist für jedermann und für alle Berufe gewährleistet. Alle Abreden und Maßnahmen, welche diese Freiheit einzuschränken oder zu behindern suchen, sind rechtswidrig(결사의 자유는 노동과 경제 조건을 보호하고 개선하기 위해 누구에게나 그리고 모든 직업에 보장된다. 이 자유를 제한하거나 방해하고자 모든 약정과 조치는 위법이다).

조의 목적은 단결(체) 자체의 촉진이다. 제159조는 개인적 권리(Individualrecht)가 아니라 조직적 권리(Organisationsrecht)를 창설하려는 것이다"[59](필자가 원문에 기하여 약간 윤문했음)고 하였듯이, 우리 헌법 제33조 제1항 또한 노동3권을 오히려 단결(조합)을 주체로 하는 조직체적 기본권으로서 창설하려고 하였던 것은 틀림없다. 그리하여 이러한 단체법리에서 보면 단체가 가진 노동기본권은 개인이 가진 노동기본권보다도 고차적인 것이고, 후자는 전자에 흡수된다고 하는 이론도 또한 당연히 성립할 수 있게 된다. 학자가 유니온샾제의 합법적 근거로서 단결권에 대한 동종의 설명을 하고 있는 것은 이러한 이치에 의한 것이다. 이러한 이론은 모두 그대로 단결권에 대해 동종의 설명을 하고 있는데 타당하다고 할 것이다. 디-츠(Rolf Dietz)와 니키쉬(Arthur Nikisch)[60]는 이와 같이 이해하고 있다.

그러면 이러한 주체인 기업 내의 종업원단체는 법률상 어떠한 성격을 가지고 있는가가 세 번째의 문제로 된다. 이 점에 대해서는 도이칠란트에는 활발하게 의론이 되었는데, 그 학설에는 우리나라에서 이 문제의 해석으로 옮겨서 참조해야 할 것이 적지 않다. 도이칠란트 학설은 대체로 사법설과 공법설으로 나누어진다. 과거에 전자의 입장을 취했던 대표적인 학자로서 니퍼다이(Hans Carl Nipperdey)를 들 수 있고,[61] 디-츠는 주로 후자를 대표하였다[62]고 말할 수 있다.

---

59) Hugo Sinzheimer, *Grundzüge des Arbeitsrechts*, Jena 1927, S. 81(이원희 역, 『노동법원리』, 관악사, 2004, 72면).

60) Vgl. Arthur Nikisch, *Arbeitsrecht*, Bd. I: Allgemeine Lehren und Arbeitsvertragsrecht, 3. Aufl. Tübingen 1961, S. 33.

61) Alfred Hueck/Hans Carl Nipperdey, *Lehrbuch des Arbeitsrechts*, Bd. II., 6. Aufl. S. 682ff. 이 입장은 공동결정권의 주체는 경영내 근로자의 공동체이다. 공동결정은 경영위원회(Betriebsrat)에 의해서 그들을 위해 행사된다. 경영조직법은 사법이라고 한다. 이 견해는 경영조직법에 의해 종업원에게 부여된 권리는 오직 협동적 행사에 의해서만 가능하다는 것, 그리고 그것이 필요한 통일적 의사형성을 위해서는 「법률상 인정된 공동체」(rechtlich anerkannte Gemeinschaft) 인 것이 필요하다는 것이다. 이러한 출발점 그 자체는 정당하다고 하겠다. 그렇지만 법률상 인정된 공동체가 항상 권리능력을 전제로 한다는 사고방식은 옳지 않다. 실제로 권리능력 없는 사단이나 조합에서 이것을 볼 수 있다. 법이 바라는 통일적 의사형성이라는 것은 특별히 종업원단체에게 고유한 권리능력이 있다고 하는 이론구성 없이 다른 방법에 의해서도 달성되는 것이다. 경영에 있어 참가권은 사용자와 근로자 간의 대립관계를 완화하려고 하는 것이다. 경영조직법에 의해 근로자에게 경영관계의 형성에 대해 일정한 영향을 줄 수 있는 것이 보장되었다. 오늘날에는 사용자의 지휘권이나 명령에 이전만큼 강하게 복종할 필요는 없게 되었다. 그러나 지휘명령권이 근로계약적 기반 위에 있는 것과 마찬가지로 이 권리의 제한 즉 개별종업원이 가진 공동결정도 또한 근로계약에 근원하는 것이다.

62) Rolf Dietz, *Betriebsverfassungsgesetz*, 3. Aufl. 1960, S. 33, 34, 417 참조. 이 입장에 의하면, 경영내 근로자는 종업원단체(Belegschaft)라는 하나의 독립적인 법률상의 단일체로까지 통합된

생각건대, 경영참가는 제도적 보장으로서 파악하는 것이 옳기 때문에 공법의 법리에 의해서 규율하는 것이 우리나라의 경우에도 옳다고 생각한다. 경제참가라는 것이 우리 경제헌법상 근로자의 기본적 권리로서 보장되어 있다고 볼 수 있는 이상 경제참가제도는 개별근로자나 개별사용자에 관한 문제만은 아니고 오히려 우리의 경제적 조직에 관한 문제이고, 따라서 우리 헌법의 형성원리의 문제로도 되어 있는 것이다. 우리 헌법의 「민주적 사회국가」의 원리에서 보면 헌법이 한편에서는 모든 국민에게 정치조직에 대한 참가를 보장하고 있는 것과 더불어 다른 한편에서는 경제조직에 대한 참가도 보장하고 있다는 것은 의심이 없는 바이므로 사회국가원리는 공히 우리 헌법을 관통하는 부동의 사회적 형성원리라고 말할 수 있다. 그러한 이상 우리나라에서도 기업차원에 있어 경영참가를 포함해서 모든 경제참가는 헌법질서의 일환을 이루고 있는 것이며 그 공법적 내지 사회법적 성격을 가진 것은 당연하다고 해야 할 것이다. 그래서 또 참가권의 주체인 기업내 종업원단체도 마찬가지로 공법적 내지 사회법적 성격을 가진 것은 물론이라고 생각한다.

V. 결 어

사실 종래 우리 노동법학은 자본주의경제체제에서 기업적 노사관계의 대립성 또는 대결성을 지나치게 강하게 부각시키면서 노사문제를 논해왔던 경향에 있는 것이 아닌가 또 이러한 경향은 우리나라 노동법의 역사적 상황과 그 규범적 내용과 관계없이 외국 특히 일본의 노동법이론을 도입해서 거의 무반성적으로 실정노동관계법률의 해석론을 전개한 나머지, 특히 공동체로서 대한민국의 최고규범인 우리 헌법 자체가 자본주의적 노사관계의 대립적인 구조를 조정하고 조화하기 위해 어떠한 규범원리를 미래지향적으로 준비하고 있는지를 본격적으로 고찰하지 않았던 것에서 비롯된 것이 아닌가가 생각한다. 이와 같은 나름의 반성에 기하여

다. 이것은 법률에 의해 부여된 권리의무의 독립주체이다. 특히 협력권 내지 공동결정권은 개개의 근로자에 귀속하는 것은 아니고 이 단체에게 귀속하는 것이다. 그와 같이 그것은 권리의무를 가질 수 있는 한에서 그것은 권리능력을 가진다고 말할 수 있다. 그러나 이 권리능력은 포괄적인 것은 아니고 제한적인 것이다. 특히 그것은 재산권에 미치는 것은 아니다. 이들 제한은 법률에 의해서 생긴다. 그리고 이 단체는 사법영역에 있지 않고 공법영역에 속한다는 것이다.

본고에서는 노동헌법의 차원에서 기업적 노사관계의 대립성과 협력성을 조정하기 위해 우리 헌법의 원리적 차원에서 그 근거를 찾아 기업적 생산노동과 생산자본을 규범형성적으로 재구성하려고 시도했다. 그러므로 이것은 우리 헌법의 규범적 상황에 입각해서 말하자면 '위에서 아래로' 기업적 노사관계를 재구축하기 위한 규범기획의 노동헌법적 기초라고 하겠다. 여기에서 논의된 것을 대강 요약해보면, 아래와 같다.

첫째, 헌법 제10조 제1문 전절의 "인간의 존엄과 가치"를 기본권보장의 씨알로서 해서 그의 동태 즉 행위로서 제10조 제1문 후절의 "행복을 추구할 권리"를 자리매김하고 그 이하의 개별 기본권들을 행복추구권의 구체적인 양태로서 포섭해서 우리 헌법상의 기본권의 체계를 새롭게 하고자 시도했다. 그러므로 헌법 제10조 제1문은 인간의 존엄성과 인격의 자유로운 전개에 관한 권리를 일반적 추상적으로 보장한 총칙규정이고 그래서 헌법 제10조 제1문의 존엄성과 행복추구권은 기본권의 씨알과 근간기본권으로서 주(主)행위권(또는 주자유권)의 성질을 가지고 있으며 그 이하의 각론적 기본권들이 비롯되는 모체이자 발원지이다. 헌법학에서 통상적으로 말하고 있는 자연권적 기본권도, 사회적 경제적 기본권 등 모든 기본권은 여기에서 연원하며 이것의 소극적 또는 적극적인 동태인 것이다. 한편 헌법 제10조 제1문이 기본권보장의 씨알이라면 헌법 제37조 제2항은 기본권간의 규범적 조정을 위한 그 보장한계의 씨알이라고 평가할 수 있다. 그러므로 헌법 제37조 제2항은 삶의 터전으로서 공동체국가가 처해 있는 구체적인 상황에서 개체와 전체의 조화를 위한 입법의 근거라고 할 것이다.

둘째, 우리 헌법 제10조와 제37조 제2항에 전제되어 있는 국가와 개인의 관계에 관한 기본적 사유에 대해서도 우리 헌법은 단순히 국가를 개인의 기본권보장을 위한 수단으로 보는 개인주의국가관을 전제로 하고 있는 것도 아니고 그렇다고 헌법 제37조 제2항이 국가를 개인에 우선하는 공동체적 사상을 암묵중 선언하는 전세기적 사고방식에 입각하고 있는 것이 아니다. 헌법 제10조는 적극적으로 국가선행주의를 부정한 규정이지만 적극적으로 개인선행주의를 선언한 규정도 아니다. 헌법 제37조 제2항은 대한민국이 「민주적 사회적 법치국가」이기 때문에 그러한 국가상을 헌법상 분명히 하고 있다. 그러므로 헌법 제10조와 제37조 제2항은 논리필연적으로 존엄성을 가진 개인으로 구성된 공동체로서의 국가를 전제로 해야 한다. 왜냐하면 우리 헌법이 이념으로 하고 있는 「민주적 사회적 법치국가」는 '모든 사람의 그리고 모든 사람을 위한 국가'가 되어야 하기 때문이다. 그러므로 전체를 개체에 선행케 하는 전체주의국가나 개인을 전체에 선행시키는 개인주의국가는 그것이 어느 한쪽 만인 경우에는 「민주적 사회적 법치국가」인 대한민국과는 거리가 먼 것이라고 할 것이다. 왜냐하면 민주적 사회적 법치국가에서는 오로지 전체와 개체의 동시적·동위적·동가적·가치관계에서만 성립이 가능하기 때문이다.

셋째, 「사회국가원리」는 국가구조적 원리로서 천명되었기 때문에 우리 헌법의 기본질서의 구성부분을 이루고 있는 것이다. 이것은 단순한 프로그램에 불과한 것이 아니라 국가기관 및 국가구성원 모두에게 직률적 효력을 가진 헌법적 규범이라고 해야 할 것이다. 그러므로 이 원리는 사법 및 행정의 국가기관에 대해 사회국가적 질서형성의무를 부과하는 구속적인 기능을 한다. 무엇보다 입법기관에 대해서는 이른바 「사회적 형성위임」을 하고 있다고 이해해야 할 것이다. 이것은 입법기관이 우리 헌법 제10조 제2문, 제34조 및 제37조 제2항 등에 기한 사회국가적 기본권의 제1차적 보장의무자 즉 사회국가적 공공복리구현의 제1차적 의무자라는 것이다. 그리고 기타 국가기관은 개체로서 개인의 자유와 권리와 전체로서 공동체의 존립 자체와의 조화, 즉 자유와 권리의 보장과 그 한계를 입법기관이 제정한 사회국가적 법률에 기하여 적정하게 수행할 임무를 부담하고 있다. 이러한 의미에서 우리 헌법상의 기본권을 자연적 인권과 사회경제적 기본권의 두 종류로 나누고 전자를 헌법이전(憲法以前) 또는 국가이전의 기본권으로서 공동체의 구조적 원리로서 공공복리의 원칙에 우위에 두는 절대적 성격의 것으로 보는 견해도 채택될 수 없다. 「사회국가」는 모든 사람의 그리고 모든 사람을 위한 국가이어야 하는 동시에, 그 중요한 구성권역(圈域)인 경제조직도 또한 모든 사람의 그리고 모든 사람을 위한 경제가 되어야 한다는 것은 물론이다. 국가구조적 원리 측면에서 보면 헌법상 명문이 없음에도 불구하고 유산자이든 무산자이든 모든 사람의 경제참가권이 헌법상 기본권으로서 인정되어야 한다. 여기에 근로자의 경제참가권에 관한 경제헌법적 근거가 존재한다.

넷째, 「사회국가」에 있어 근로자의 경제참가란 하부경제조직으로서 개별경영 내지 기업에 대한 참가뿐만 아니라 널리 지방적 전국적 경제조직에 대한 참가도 포함하는 것을 의미한다. 무엇보다 사회적 제도로서 개별기업에 있어 자본과 노동의 등위적·동가치적인 실현으로서 경영참가가 사용자의 행복추구권과 근로자의 행복추구권을 실질적으로 보장하는 방법이다. 그러나 현재 우리나라에는 「근로자참여 및 협력증진에 관한 법률」이라는 참가방식 및 범위를 정한 구체적인 법률이 존재하지만, 이 법률은 우리 헌법의 취지에 부응할 수 있는 진정한 의미에 있어서 근로자의 경영참가를 위한 법률이라고 보기에는 너무도 부족하고, 이러한 점에서 입법자가 그 임무를 해태하고 있다고 평가되며, 근로자의 경영참가를 실현하는 법률이 제정되기 전까지는 근로자들이 노동기본권을 적극적으로 행사하여 하부조직의 경영 내지 기업에 대해 단체협약의 방법에 의해 이것을 실현할 수 있는 것에 기대할 수밖에 없다. 그러나 이러한 하부참가가 단체협약에 의해 규제된다고 해서 이러한 참가권이 단체협약 그 자체에 의해 비로소 설정되고 발생하게 된다고 보는 것은 잘못이다. 참가권은 우리나라 노동헌법 및 경제헌법 그 자체가 직접으로 보장하는 바이며, 단체협약은 다만 그 행사의 방법 및 범위를 정하는 것에 불과하다고 해야 할 것이다. 그와 같이 노동의 경제참가권은 우리나라 국가원리에 기하여 경제헌법이 보장하는 공법적 내지 사회법 성격의 것이기 때문에 경영참가가 협약에 의해 규제되었다고 하여도 이 참가권은 순수사법(私法)적인 것이 아니라 공법적 내지 사회법적인 성질을 가진다고 할 것이다.

이것을 요컨대, 통상 우리가 노사관계의 협동성 및 연대성이라고 하는 경우에는 두 가지의 방면을 나누어서 생각해야 한다. 즉 집단노동법의 분야에 있어서는 처음부터 근로자의 인격의 자유로운 발전을 위한 투쟁이 지도이념으로 되어 있기 때문에 노사관계는 본질적으로 투쟁관계이고, 그 속에 협동성이나 연대성을 찾을 여지는 없는 것은 물론이다. 그렇지만 앞에서 기술한 우리나라의 「사회국가원리」 및 이 원리를 중핵으로 하는 우리나라 헌법적 기본질서에서 보면 노사라고 하여도 「전체와 개체의 균형있는 가치관계」에 있어서만 그 기본가치가 인정되어야하기 때문에 재산권 내지 경영권이나 노동3권의 행사에도 헌법상 일정한 한계가 존재하고 그 행사에 의해 국가공동체적 질서를 문란하게 해서는 아니 된다는 것은 당연하게 나온다. 이러한 의미에서는 집단적 노사관계라고 하여도 역시 일정한 공동체적 제약을 받아야 하는데, 그것은 물론 집단적 노사관계 그 자체의 협동성을 의미하는 것은 아니다. 이것과 달리 경영적 노사관계에 있어서는 본질적으로 협동성을 기반으로 하는 것이고 그리고 이 협동성은 「사회국가원리」에 기한 근로자의 경제헌법상의 생산자적 지위성격에서 당연히 나오는 것이라는 것이다. 이러한 이원적 사고에 입각할 때 기업적 노사관계의 대립성과 협력성의 조화를 위한 헌법적 근거를 마련할 수 있다.

오늘날 한국의 사회경제적 상황은 해방 직후의 그것과는 너무나도 현격히 변해서 이제 적산기업과 같은 이른바 사회적 공유물에 해당하는 물적 기반은 없다.

그래서 적산기업을 전제로 사기업에서 근로자의 이익균점권을 기본권으로 보장하여 제3의 길을 설계했던 제헌헌법의 구상은 현실적으로 실현하기는 거의 어렵게 되었다. 게다가 현행현법에는 제헌헌법 제18조 제2항과 같은 규정도 없다. 그렇지만 현행헌법에 제헌헌법의 기본적 구상은 그대로 유효하게 살아 있다고 하겠다. 왜냐하면 현행 헌법은 사회국가원리를 대한민국의 국가구조적 원리로 천명하고 있기 때문이다. 대한민국 경제질서는 당연히 우리 헌법이 천명하는 국가구조적 원리에 의해서 구성되어야 한다. 그러므로 대한민국 경제질서의 기초조직으로서 기업이 헌법적 구조원리에 의해 구성되어야 하는 것은 물론이다. 기업은 사회국가형성을 위한 가장 중요한 사회경제적 조직체이다. 기업이야말로 사회국가적 형성의 구체적인 주체적 부문이자 대상영역이라고 해도 과언이 아니다. 기업의 구성원으로서 사용자와 근로자가 동위적·동가치적으로 조화적으로 구성되어야 비로소 우리나라의 경제질서 전체를 이른바 '모두의 모든 이를 위한 경제'로 만들어 나갈 수 있기 때문이다. 현행 「근로자참여 및 협력증진에 관한 법률」은 현행헌법의 사회적 이념을 제대로 실현하지 못하고 있기 때문에 헌법적 기본질서로서 사회국가원리에 부응할 수 있기 위해서는 개별기업차원에서 종업원인 근로자의 본격적인 경영참가를 구체화하는 입법이 절실히 요청되고 있다. 이러한 요청에 입법부가 부응하지 않고 있는 현재의 상황은 위헌적인 입법부작위라고 할 것이다.

위와 같은 규범적 상황을 인식하고 있는지는 알 수 없지만 최근 정부는 '경제살리기'라는 구호 하에 「노동시장이중구조문제」, 「임금 근로시간 정년 등 현안문제」, 「노사정파트너쉽구축」, 「사회안정망구축」, 「관련법제의 현대화」라는 5대의제를 내걸고 이른바 노사정대타협을 추진하고 있다. 진정한 의미에서 노사정대타협이 이루어진다면 좋겠지만, 어떻든 정부는 내걸고 있는 경제살리기가 근로자를 위한 것이고 그래서 노동계의 양보에 의한 대타협이 바로 노사상생을 위한 유일한 길인 것처럼 강조하면서 대국민홍보를 하여 정부의 의도대로 타협이 되지 않으면 그것을 강제할 수 있는 명분을 쌓아 그것을 강행할 기세에 있다. 이에 노동계는 정부와 경영계가 합작해서 대외적 경기부진의 책임을 근로자들에게 전가하기 위한 대(對)노동전략이라고 인식하면서 총파업의 경고로 맞서고 있다. 우리나라 정부는 지금까지 대자본의 대리인역할을 성실히 해왔기 있기 때문에 노동계로부터 신뢰를 얻지 못하고 있으며 국가의 노동정책 자체가 경영계의 영향 하에서 수립되고 경영계는 공권력의 물리적 억압에 편승하기만 하면 특별한 희생 없이도 자신들의 이익을 극대화할 수 있었던 것이 사실이다. 이러한 현실에서 노동계는 큰 희생을 각오하고 파업으로 맞설 수밖에 없었던 것이 우리나라의 노사관계의 지금까지의 상황이다. 그 결과 경영계와 노동계가 각기 양보하여 연대와 협동을 현실적으로 이룩한다는 것은 기대할 수 없다. 이러한 현실 앞에 노동법이론도 대립과 투쟁을 전제로 해서 구성될 수밖에 없는 것이 사실이다. 그렇지만 노동법이론이 언제까지 이러한 대립적 상황만을 전제로 해야 하는가? 노동과 자본이 대승적인 차원에서 대타협에 의한 연대협동으로 나갈 수 있을까? 자본세력과 이를 등에 업고 있는 국가권력이 진정한 반성에서 출발해서 노사의 평화적 협동이 가능할 수 있는 제도를 구축하고 그러한 제도를 운용하는 공정한 자세를 견지한다면 제헌헌법이 구상하였던 제3의 길을 새로운 차원에서 지향해 나아갈 수 있지 않을까 생각한다.

오늘날 우리나라에 진행되고 있는 근로자임금의 하향평준화는 헌법적 이념에 배치된다. 거시경제적으로 볼 때, 우리 경제는 지금 유효수요의 부족이라고 말할 수 있을 것 같다. 한국경제는 지금까지 세계자본주의의 규모확장에 힘입어 원자재수입과 외자에 기초한 제품생산과 이것을 제공하는 선진자본주의국가의 하청경제에 의한 수출을 통해서 성장해왔다. 기술발전과 글로벌경쟁에 의한 세계자본주의체계의 변동에 의해 한국경제성장의 견인차 역할을 했던 수출이 둔화되고 있기 때문에 더 이상 해외수출이라는 내적 모순의 외화(外化)에 의해서만 구조적 모순을 완화할 수 없는 상황이 되었다. 이러한 상황이 더 이상 심화되기 전에 수출지향적인 경제구조를 내수지향적인 경제로 전환해야 한다. 이러한 내수지향적인 경제로의 구조전환에는 국내에서의 유효수요의 진작이 필수적이다. 유효수요를 진작시키기 위해서는 국민의 절대다수를 차지하고 있는 근로자군의 구매력 향상이 절대적으로 필요하다. 이러한 상황에서 기업에 의한 총수익을 자본측에 상대적으로 지나치게 배분하는 구조를 수정하는 것이 요청된다. 이러한 수익배분구조의 수정은 국가가 강권적인 개입을 통해서는 제대로 실현할 수도 없고 또 설령 그것이 가능하다고 하더라도 그렇게 하는 것에는 역효과가 생길 우려가 훨씬 크고 또 개별기업마다 그 사정에 상응하는 구체적인 실효를 거둘 수도 없기 때문에 이러한 강제적 방법을 동원하기보다는 노사 간의 적정한 타협에 의한 자율적인 방법이 더 효율적이고 또 현재의 우리나라 자본주의경제체질에도 부합한다. 이를 위해서는 무엇보다 근로자들 스스로가 자신이 속해 있는 기업에서 그들의 노동생산력에 부합하는 적정임금을 요구할 수 있도록 근로자의 집단적 교섭력을 어느 수준으로 강화하는 것이 절실히 요청된다고 하겠다. 이것이 가능할 수 있도록 하는 데에 국가가 우선적으로 해야 할 것은 이러한 방향으로 나아가는 길을 부실하게 설계하고 있거나 방해하고 있는 제도적 법적 장애를 정비하는 것이다. 대(對)사용자적 관계에 있어 근로자의 집단적 교섭활동을 과도하게 규제하고 있는 현행 노동조합 및 노동관계법 등에 있어 반(反)노동조합적인 경찰적 규제법을 대폭적으로 정비하여 무엇보다 산업별, 지역별 노동조합운동이 활성화될 수 있는 법적 제도적 여건을 만들어야 한다. 이른바 한국적 노사관계의 자율화 또는 재활성화를 위한 한국적 노동뉴딜정책(labor new deal policy)이 요청된다. 이를 통해 근로자들이 스스로 대자본에 대한 교섭력을 높여서 국가적 차원에서 노동과 자본 간의 총수익 분배구조를 개선하고 또 개별기업의 차원에서 기업경영에 대한 근로자의 참가도 강화되도록 해야 한다. 이를 통해 몇몇의 대재벌기업을 정점으로 피라미드식으로 다단계화되어 있는 하청구조를 독립중소기업 중심으로 재편하여 재벌의 지배자 및 일부 경영자에게 거액의 연봉을 모아주는 계층적 기업지배구조도 반드시 개혁되어야 한다. 무엇보다 개별기업차원에서 근로자의 경영참가는 당해기업을 초월하는 산별 및 지역별의 노동조직을 배경으로 해야 그것이 실질적으로 작동될 수 있다. 기업자본을 위한 근로자의 단순한 협력자원을 넘어 근로자의 등위적·동가치적인 실질적 경영참가가 가능하도록 제도를 재편해야 할 것이다.

제 2 장 근로계약의 개념

Ⅰ. 서

최근 경제적 사회적 여건변화를 전제로 우리나라 노동법학계에서도 근로계약법제에 대한 논의가 진행 중에 있다. 일본에서는 노동계약법이 이미 2007.11.28 제정되어 그 다음 해 3.1.부터 시행되었고, 도이칠란트에서도 그 오래된 과제의 하나이었던 노동계약법에 관한 논의가 새롭게 다시 가동되고 있는 듯하다.[1)]

모든 학문적 작업에서 그러하듯이, 관념적 체계 또는 관념적 구상물(構想物)로서 한국근로계약법론 또는 한국노동계약법론을 제대로 정립하기 위해서는 먼저 그 기초를 다지는 개념적 정지작업이 필요하다. 근로계약법 또는 노동계약법을 위한 정지작업을 하고자 할 때, 가장 먼저 우리가 직면하게 되는 과제가 바로 근로계약의 개념을 어떻게 정의해야 하는가라는 문제라고 할 것이다. 어떠한 계약(契約, contract, Vertrag)[2)]이 근로계약인가? 근로계약은 다른 계약과는 다른 어떠한 고유한 특성을 가지고 있는가? 혹은 근로계약이라는 개념이 개별적인 실정노동법률을 적용하기 위한 입법정책적 개념인가? 또는 근로계약이 실정노동법률을 적용한 결과로 생겨난 분류상의 용어에 불과한 것인가? 다른 한편, 무엇을 위해, 왜 기존의 법률용어와는 다른 근로계약이라는 용어가 필요한가? 기존의 다른 유형의 계약, 특히 민법상의 고용계약과는 어떻게 다른가가 문제로 대두한다. 근로계약법론으

1) 일본, 중국, 도이칠란트 및 우리나라의 근로계약법제의 현황은 2009년도 한국노동법학회 주체 국제학술대회(2009.10.16. 서울지방노동청 컨벤션센터)의의 주제이었다. 특히, 일본 노동계약법에 개괄적인 내용과 도이칠란트와 우리나라의 논의현황에 대해서는 위 학술대회의 발표문 『근로계약법제의 현황과 과제』 중 荒木尙志 「Enactment of the Labor Contract Act and Its Significance for Japanese Labor Law(일본 노동계약법의 제정과 노동법상의 함의)」(123-170면), Ulrich Preis 「German Employment Contract Law(독일의 근로계약법)」(23-66면), 김재훈, 「한국의 근로계약법제의 현황과 과제」(175-220면) 참조.

2) "계약"에 관해서는 강희원, 「"계약"에 대한 법철학적 일고찰」, 법철학연구 제11권(2008) 1호, 137-164면 참조.

로 들어가는 입구에서 우리가 부딪치는 첫 번째 문제가 바로 이러한 기본적 문제들이다.

두 번째의 문제는 근로계약이라는 이름으로 현실에서 행해지고 있는 사회적 실체가 어떠한 현상적인 특징을 가지고 있는가라는 것이다. 우리 사회에서 근로계약이라 명명되고 있는 사회적 실체는 무엇인가? 이것은 물론 노동사회학적 또는 노동법사회학적 관심의 대상이라고 말할 것이다. 물론 논리적으로만 본다면, 두 번째의 문제에 대한 논의가 첫 번째의 문제에 대한 논의에 앞서 이루어져야 한다. 왜냐하면, 현실에서 행하여지는 근로계약의 현상적인 실상을 파악하고 그 공통적인 요소를 정리하여 근로계약의 개념을 정의해야 하기 때문이다. 근로계약이 근로자와 사용자의 역할을 규정하는가? 그렇지 않으면, 근로자의 사회적 역할 또는 사용자의 사회적 역할이 근로계약을 규정하는가? 만약 근로자의 사회적 역할이 근로계약을 규정한다면, 근로계약이라는 개념은 근로자개념의 종속변수가 아닌가?

세 번째의 문제는 노동시장에서 현실적으로 체결되고 있는 근로계약이 규범적으로 어떠한 역할을 하고 있는가라는 것이다. 이것이 노동분쟁에 있어서 근로계약의 규범적 기능이라고 할 것이다.

지금까지의 논의들을 보면, 위와 같은 기본적인 문제들을 전제하지도 않고 또 근로계약이라는 용어에 관해 세밀한 개념정의와 분석도 없이 그것이 막연히 사용돼 온 것 같다. 어쩌면 일반인들은 근로계약을 단순히 현상적으로 생각하고 있었을 지도 모른다. 이를테면, 어떤 사람이 다른 사람에게 사용되는 관계가 성립하게 되는 경우에, 사용되는 자가 근로자이고, 사용하는 자가 사용자이며, 이러한 역할을 설정하는 당사자 간의 약정이 계약이라는 법형식인데, 이러한 계약이 근로를 대상으로 하기 때문에 근로계약이라는 정도로 생각했을 뿐일 것이다. 게다가 근대 이후 이익사회에서는 개인 대(對) 개인의 사회적 관계로서 법률관계의 형성은 계약에 의해서만 가능하다는 것은, 「신분에서 계약으로」라는 표제어를 들먹일 것까지 없이, 근대법의 상식이며, 노무사용관계도 당연히 계약에 의해 형성되어야 하고, 이 경우에 있어서의 계약은 근로를 그 급부목적으로 하기 때문에 근로계약이라는 식으로 생각했던 것이 아닌가 한다.

그런데 우리나라의 노동법제, 특히 근로기준법은 일정한 계약유형에 근로계약이라는 명칭을 부여하고, 그것에 대해 다른 계약에서와는 달리 엄격한 법적 규제를 하고 있다. 왜 노동법제는 지금까지와 다른 용어를 필요했을까? 혹자는 이것은 노동법이 독자적인 규율영역을 구축하기 위한 것이라고 한다. 이들에 의하면,

근로계약은 민법상의 전형계약인 고용계약과는 다른 말이고, 그 성질에서도 질적으로 다르다고 한다. 그리고 여기에서 시민법과 노동법과의 차이를 읽을 수 있고, 근로계약에 특유한 법리가 탐구되어야 한다는 것이다. 그래서 지금까지 국내외를 막론하고 많은 학설들이 이러한 이념에 기초해서 근로계약을 논의하여 종래의 물적(物的) 계약론과는 다른 독자적인 근로계약법론을 구축하려고 시도하면서, 특히 철학적으로 사회학적으로 접근하였던 것이 아닌가하는 인상도 주고 있다. 그럼에도 불구하고, 실정법률을 금과옥조로 삼고 있는 우리나라 법원(法院)은 근로계약을 적어도 지금까지는 이런 식으로는 인식하지 않은 것 같다. 아니, 실정법률이 사용하고 있는 근로계약이라는 용어가 가지고 있는 규범적 의미를 의식적으로 불식하려는 듯한 태도를 취해왔다고 해도 과언이 아니다. 법원은 독자적인 근로계약법론을 구축하려는 노동법학자들의 목소리에 귀를 기울이지 않고, 모든 법의 기초인 민법 또는 민법적 이론에만 충실하면 된다는 식으로, 의식적으로 고용계약이라는 민법상의 용어를 근로계약이라는 용어와 호환적으로 사용하고자 하는 것 같다. 그렇지만 외국의 경우에는 법원이 앞장서서 근로계약이라는 것에 일정한 사회적 이념이나 철학을 반영하려고 노력하는 경우도 있는 것 같다.[3)]

여기에서는 우리는 근로계약의 개념 및 특성을 개관하여 근로계약론으로 가는 입구를 개척하고자 한다. 이미 알고 있다시피, 역사적 문화적인 연유로 인해 우리나라는 다른 법의 경우에도 그러하지만 특히나 노동법의 경우에는 일본의 노동법제와 이론을 거의 그대로 계수했다. 따라서 일본에서 논의되었던 노동계약본질론을 간략히 살펴보면서 여기에서 다루고자 하는 근로계약법론에 관한 논의를 위한 교두보를 마련하고자 한다.

Ⅱ. 근로계약의 개념문제

1. 전반적인 상황

노동계약(Arbeitsvertrag, contrat de travail)[4)]이라는 용어는 노동보호법이 보호의 대상

3) 도이칠란트의 노동법사를 보면, 물론, 여기에는 도이칠란트의 사회적·경제적·정치적인 상황에서 기인한 것이긴 하지만 법원이 노동법이론의 형성에 주도적인 역할을 했다고도 말할 수 있다.

을 아동, 연소자, 여자 혹은 특정산업의 근로자 등에 한정하고 있었던 전(前)사적 단계를 벗어나, 이것을 성인남자 일반에 확대하고, 그 내용이 노동조건의 상당한 부분을 대상으로 하게 되었던 19세기 말경부터 서서히 선진국의 노동입법에서 사용되어 왔지만, 그것이 각국의 노동입법에 정착하게 된 것은 20세기에 들어와서 부터, 특히 제1차 세계대전 후의 시기였다고 생각된다.[5)]

노동입법, 특히 노동보호법이 일정한 역사적인 발전단계에 다다르면, 고용이라는 시민법상의 용어 대신에 노동계약이라는 용어가 사용되는 것처럼 되지만, 유나이티드 킹덤이나 아메리카합중국[6)]에서 볼 수 있듯이, 오늘날에도 여전히 커먼

4) 물론 개념정의의 문제 보다 먼저 결정되어야 할 것이 용어선택이다. 노동계약과 근로계약이라는 두 용어 중 어느 것을 사용할 것인가? 즉 노동계약인가? 근로계약인가? 노동계약을 상위개념으로 하고, 후자를 하위개념으로 할 것인가, 그렇지 않으면, 이와 반대로 근로계약을 상위개념으로 하고, 노동계약을 하위개념으로 사용할 것인가? 그렇지 않으면, 노동계약과 근로계약을 동의어로 사용할 것인가? 이와 같은 문제들이 있을 수 있다. 물론 이 문제는 용어사용에 있어서 선택의 문제라고 할 것이다. 이 문제는 우리 입법자가 특별히 잉글리쉬어 labor 도이치어 Arbeit를 「근로」라고 번역함으로써 생긴 문제이다. 우리말에 있어서 「노동」과 「근로」는 그 의미가 다름에도 불구하고, 「노동」으로 번역되어야 할 잉글리쉬어 labor 도이치어 Arbeit를 「근로」로 번역하여 법률용어화함으로써 문제가 야기된 것이다. 통상 잉글리쉬어 labor law 및 도이치어 Arbeitsrecht는 노동법이라고 번역하고 있는데, 우리 입법자는 잉글리쉬어 labor나 도이치어 Arbeit는 「근로」 잉글리쉬어 employee 및 도이치어 Arbeitnehmer는 「근로자」로 번역하여 법률용어로서 도입한 것 같다, 인간노동을 계약의 직접적인 목적으로 하는 계약이라는 의미에서 현행 근로기준법상의 근로계약과 구별하기 위해 노동계약이라는 용어를 사용하되, 여기에서 대부분의 경우에는 노동계약의 개념은 근로계약과 동일한 내포를 가진다고 할 것이다. 그래서 근로계약과 노동계약은 동의어로 사용하고자 한다.

5) 片岡昇, 『團結と勞動契約の硏究』, 有斐閣, 1957, 204면.

6) 외국을 지칭하는 명칭에는 우리가 중국이나 일본을 통해서 서양을 받아들인 흔적이 남아 있다. 이를테면 미국(美國, 米國), 영국(英國), 불란서(佛蘭西), 독일(獨逸), 서반아(西班牙) 등이 그것이다. 중국인들은 의미와 발음을 감안하여 the United States of America를 美利堅共和國로 표기하고(일본사람들도 같은 이유로 the United States of America을 米合衆國으로 부르고 있다), England를 英國으로 Deutschland를 德國으로 표기했다. 우리는 무슨 이유로 the United States of America를 "미합중국"으로 표기하고, England를 "영국"으로 또 Deutschland를 "독일"로 표기하고 있을까? 중국인들과 일본인들이 그렇게 표기하고 있으니까 우리도 그것들을 우리말로 그렇게 읽어야 하는가? 현재 우리가 이들 국가를 지칭하는 명칭으로서 사용하고 있는 한자식 표기에는 문제가 있는 것 같다. 오래 전부터 그렇게 사용해 왔으며, 그것은 언어관용상의 문제이기 때문에 특별한 의미가 없다고 치부해 버릴지도 모르지만, 특히 나라의 이름이 그 나라를 상징하고 또 그러한 명칭에 의하여 그 나라가 우리들의 의식에 각인되어 진다는 것을 생각해보면, 명칭을 함부로 정할 것은 아니다. 특히 미국, 영국, 독일 등의 한자어는 언어심리학적으로 볼 때 한국인들에게는 상당히 영향을 미치고 있을 것이다. 19세기말 개화기에 중국 또는 일본을 통해서 우리나라에 소개된 중국식 또는 일본식 또는 한자식의 국가명칭이 현재에도 그대로 쓰이는 것은 재고할 필요가 있다. The United States of America를 「미국(美國)」, The United Kingdom이

로(common law)상의 고용계약(contract of employment)이라는 용어를 사용하고 있는 나라가 없는 것은 아니다. 그러나 이들 국가에서도, 예컨대, 아메리카합중국에 있어서는 뒤에서 약간 더 상세히 살펴보겠지만, 고용계약이라는 커먼로상의 용어를 사용하면서, 공정노동기준법의 적용에 관해서는 커먼로상의 고용계약에서는 대상으로 되지 않는 것도 이것에 포함시키고, 즉 커몬로상의 개념에 새로운 내용을 부가하여 고용계약이라는 용어를 사용하는 국가도 있다.[7]

이렇듯 노동계약이라는 용어는 앵글로아메리카의 국가들을 제외한 선진자본주의국가의 노동입법에 정착되어 있지만, 이 용어를 사용하는 대부분 나라에서 그 개념내용을 명확하게 하는 정의규정을 설치하고 있는 예를 볼 수 없는 것이 아닌가라고 생각한다.[8] 이 용어를 실정노동법률에서 사용하고 있는 국가에는 이것을 정확하게 정의하는 것은 실용법학상의 과제로 될 것이다. 우리나라와 같이 민법상의 고용계약(Dienstvertrag)이라는 개념이 유상위임(有償委任) 즉 자주노동을 포함하는 광의의 개념인 경우에는, 노동법의 보호대상으로 되는 노무제공계약의 범위를 명확하게 하는 것이 필요하다. 그러나 이와 같은 문제관심에서 특히 실무법학적인 필요에 의해 근로계약 또는 노동계약(Arbeitsvertrag)의 개념을 깊이 있게 연구해야 함에도 불구하고, 그 외연과 내포를 둘러싼 논의는 심층적이지 않고, 그러한 논의가 실용법학을 위해서 거의 도움이 되지 않는 것 같다.[9] 이것은 어떠한 이유

나 England를 「영국(英國)」, Die Bundesrepublik Deutschland를 「독일(獨逸)」등과 같이 한자로 표기할 것이 아니라 적어도 그들의 원어명칭을 소리나는 그대로 우리말식으로 고쳐서 부르는 것이 바람직할 것이다. 그래서 여기에서는 「미국」이 아니라 이를테면 「아메리카」 또는 「유-에스에이」로, 「영국」이 아니라 「유나이티드 킹덤」 또는 「연합왕국」으로, 「독일」이 아니라 「도이칠란트」로 부르고자 한다.

7) 유나이티드 킹덤에서는 사용자와 근로자의 관계를 master and servant에서 employer and emplyee로 이동하였다고 하고, 또한 기본적으로는 옛날에 나온 판례에 의해 형성된 커먼로의 적용 하에 있다. 그러나 그것이 근대에 있어서 조합과 경영자의 관계를 포함한 노사관계의 실체의 변동과 1960년대 이후의 다수의 특별법에 의해 수정되어 크게 변모를 하고, 그 전체상이 contract of employment라고 불리고 있다. 예컨대, Dix and Crump on Contract of Employment, 6th. ed. 1980에는 statute places numerous restrictions on the freedom of the parties to negotiate terms of employment and grants to employees' rights of a non-contractual nature. The employer and employee are bound by contract, but Parlament has created new incidents which arise from the relationship or even before it comes into existence, and can continue after its determination

8) 예외적으로 우리나라 근로기준법은 근로계약의 개념을 정의하고 있다. 만약 근로기준법상의 근로계약이 노동계약과 동일하다면, 적어도 형식적으로는 유일하게 우리나라는 노동계약의 정의규정을 가진 국가라고 할 것이다. 그러나 뒤에서 보는 바와 같이 근로기준법상의 근로계약정의규정만으로는 불충분하다.

에 의한 것인지는 불분명이지만, 추측하건대, 아마 우리나라에는 노동보호법으로서 근로기준법이 있고 근로기준법의 적용은 주로 근로자개념을 중심으로 운영되고 있기 때문이 아닌가 생각한다. 노동계약의 개념에 대해서는 도이칠란트[10] 및 일본에서만 심층적으로 논의되고 있는 듯하고, 그 외의 국가에서 거의 논의가 없으며, 우리나라의 경우에도 도이치란트와 일본을 제외한 다른 외국에서의 논의를 소개하는 연구논문이 거의 없는 듯하다.

2. 우리나라 실정법의 상황

1) 노무(勞務)의 이용에 관한 민법상 계약유형

우리 민법은 타인의 노무를 이용하는 것을 목적으로 하는 계약으로서, 고용(민법 제655조 이하), 도급(민법 제664조 이하), 현상광고(민법 제675조), 위임(민법 제680조 이하)의 4 가지를 전형계약으로서 상정하고 있다.

우리 민법전에 의하면 고용은 「당사자 일방이 상대방에 대하여 노무를 제공할 것을 약정하고 상대방이 이에 대하여 보수를 지급할 것을 약정함」으로써 성립하는 계약이다(민법 제655조). 이에 대해 도급은 「당사자 일방이 어느 일을 완성할 것을 약정하고 상대방이 그 일의 결과에 대하여 보수를 지급할 것을 약정함」으로 성립하는 계약이다(민법 제664조). 그리고 고용계약에 의해 성립되는 고용관계에서는 노무를 제공하는 것 자체를 그 목적으로 하고 노무공급은 사용자의 명령에 따라서 이루어지고 또 사용자의 지휘명령에 노동력의 처분을 맡기기만 하면 보수가 지급되는 것에 대해, 도급계약에 의해 성립되는 도급관계에서는 노무의 성과인 일의 완성을 목적으로 하여 도급인이 일의 완성에 대한 위험을 스스로 부담하면서 독립성을 가지고 노무공급을 하고 또 일이 완성된 경우에만 보수가 지급된다고 하는 것이 일반적이다.

한편, 위임은 「당사자 일방이 상대방에 대해 사무의 처리를 위탁하고 상대방이

---

9) 우리나라에는 이영희, 『근로계약론』, 인하대학교출판부, 1988 및 이승길, 『근로계약에 관한 연구』(성균관대 대학원 박사학위논문), 1998 등 두 개의 박사학위논문이 있다. 특히 전자는 근로계약의 법적 성질을 주된 테마로 해서 주로 일본의 논의를 중심으로 하면서 이를 통해서 간접적으로 도이칠란트의 논의를 다루고 있다.

10) 도이칠란트에 있어서 노동계약에 관한 논의는, 이영희, 위 같은 책 및 Ulrich Preis, Grundfragen der Vertragsgestaltung im Arbeitsrecht, Newied/Kriftel/Berlin 1993 참조

이를 승낙함」으로써 성립하는 계약이다. 위임은 법률행위이든 법률행위가 아니든 관계없이 사무처리의 위탁을 목적으로 하고 있다. 위임계약에 의해서 성립하는 위임관계에서는 위임인은 수임인에게 사무처리에 관해 일반적으로 지도를 할 수도 있지만, 사무처리의 방법에 대해서는 주로 수임인의 재량에 맡겨져 있고, 그것에 대해 위임인의 통제에는 따르지 아니한다. 이 점에서 위임은 고용과 구별되는 것이다.

또 현상광고는 「광고자가 어느 행위를 한 자에게 일정한 보수를 지급할 의사를 표시하고 이에 응한 자가 그 광고에 정한 행위를 함」으로써 성립하는 계약이다(민법 제675조). 현상광고계약도 그 실질에 있어서는 노무의 이용에 관한 계약이라고 할 수 있다. 그러나 법조문의 표현을 보면, 요물계약형식을 취하고 있어 고용, 도급 및 위임과는 그 법적 성질이 현저히 다르다고 할 수 있다.[11)]

2) 근로기준법상의 근로계약

「근로계약」이라는 용어는 법문상으로는 1953년 제정된 근로기준법에서 처음으로 나타났다(1953년의 근로기준법 제18조). 1953년의 근로기준법 제18조의 근로계약에 관한 정의는 현행근로기준법에도 그대로 유지되고 있다. 즉 "근로계약이란 근로자가 사용자에게 근로를 제공하고 사용자는 이에 대해 임금을 지급하는 것을 목적으로 체결된 계약을 말한다"고 규정하고 있다(현행 근로기준법 제2조 4호).

근로기준법에 있어 근로계약개념의 주요한 요소를 분석해보면, 근로기준법은 「근로자」, 「사용자」, 「근로」, 「임금」을 근로계약의 개념적 요소로서 규정하고 있다. 이러한 개념요소에 대해 근로기준법은 독자적으로 정의하고 있다. 즉 「근로자」에 대해서는 "직업의 종류와 관계없이 임금을 목적으로 사업이나 사업장에 근로를 제공하는 자"(동조 1호)로, 「사용자」에 대해서는 "사업주 또는 사업경영담당자, 그밖에 근로자에 관한 사항에 대하여 사업주를 위하여 행위하는 자"(동조 2호)로, 「근로」에 대해서는 "정신노동과 육체노동"으로 「임금」에 대해서는"사용자가 근로의 대가로 근로자에게 임금 봉급 그 밖에 어떠한 명칭으로든지 지급하는 일체의 금품"으로 각 정의하고 있다.

먼저, 근로계약이 노무(勞務)의 이용에 관한 민법상 계약유형인 고용, 도급, 위임과는 어떠한 관계에 있는가가 문제이다. 근로기준법은 근로계약이라는 법적 창(法

11) 그래서 여기에서는 현상광고계약을 노동계약 또는 근로계약의 문제로 별도로 취급하지 않으려고 한다.

的 窓)을 통해서 노무(勞務)의 이용이라는 사회적 실체를 어떻게 파악하고 있는가? 우리는 근로기준법이 민법과는 다른 관점에서 타인의 노무를 이용하는 계약관계를 보고 있다는 것을 살펴볼 필요가 있다.

그 다음에, 우리가 주목해서 생각해보아야 하는 것은, 근로기준법상의 근로계약을 노동법에 있어서 근로자와 사용자간의 노무의 이용을 목적으로 하는 계약 일반을 지칭하는 계약유형으로 사용할 수 있는가? 그렇지 않으면 근로계약은 근로기준법의 법적 목적을 위한 특수한 계약유형으로 보아야 하는가라는 것이 문제이다. 만약 전자라고 한다면, "근로계약=노동계약"으로 파악해야 할 것이고, 후자라고 한다면 근로계약은 노동계약의 일부 즉 "근로계약<노동계약"으로 파악해야 할 것이다.

3) 파견근로자 보호 등에 관한 법률상의 정의

파견근로자보호 등에 관한 법률에는 노무의 이용을 목적으로 하는 계약유형으로서 「근로자파견계약」이라는 것을 상정하고 있다. 근로자파견계약은 "파견사업주와 사용사업주간에 근로자파견을 약정하는 계약"을 말한다(파견근로자보호 등에 관한 법률 제2조 6호). 여기에서 근로자파견은 "파견사업주가 근로자를 고용한 후 그 고용관계를 유지하면서 근로자파견계약의 내용에 따라 사용사업주의 지휘·명령을 받아 사용사업주를 위한 근로에 종사하게 하는 것"을 말한다(동조 1호).

그러므로 파견근로계약은 불특정인 제3자를 위한 근로계약이다. 즉 파견근로계약은 사용자가 근로자의 노동력을 아직 지정되지도 아니한 제3자에게 처분하는 것을 내용으로 하는 일종의 노동력임차계약이다. 이것은 민법상의 고용, 도급, 위임 및 근로기준법상의 근로계약과는 다른 차원에서 노무의 가치를 이용하는 것이다. 고용, 도급, 위임 및 근로계약에 있어서 노무의 주체가 직접 자기 자신의 노무를 타인에게 이용하도록 하는 것인데 반해, 파견근로계약은 노무의 주체가 그 상대방인 타인에게 자신의 노무 그 자체를 제3의 타인에게 이용하도록 하는 것 즉 타인의 노무를 매매하는 것이다. 고용, 도급, 위임 및 근로계약이 자기의 노동력을 노동력의 주체가 스스로 계약을 통해서 상품화하는 계약유형이라고 할 수 있는데 반해, 파견근로계약은 타인의 노동력을 상품화하는 계약유형이라고 할 수 있다. 타인의 노무를 상품으로 하는 파견근로계약은 인신매매와 직업소개의 중간에 있는 형태로서 지금까지의 폐해 때문에 노동법이 금지하고자 했던 노무이용계약이었다. 이러한 의미에서 파견계약은 노동력을 중첩적으로 상품화하는 계약 즉

"이중적 근로계약" 또는 "분절적 근로계약(分節的 勤勞契約)"이라고 할 수 있다. 이러한 면에서 본다면, 파견계약을 근로계약의 또 다른 유형이라고 말할 수 있다.

3. 일본에 있어서 노동계약본질에 관한 논의

1) 일본의 법적 상황

일본의 경우에는 근로계약이라는 용어가 아니라 노동계약이라는 용어를 사용하고 있다. 그렇지만 노동계약의 개념을 정확하게 규정하는 실정법적 규정은 없다.[12] 노동계약이라는 용어를 가장 많이 사용하는 일본 노동기준법은 그 적용대상인 「근로자」, 「사용자」 등에 대해서 정의하고 있을 뿐이다. 이 때문에, 노동계약이라는 노동법상의 용어의 개념내용을 명확하게 하는 것이 필요하다.

도이칠란트[13]와 달리 일본에서는, 민법상의 고용[14]이 유상위임을 포함하지 않고, 사용자의 지휘명령 하에 있어서 노동 즉 종속노동만을 대상으로 하고, 직업의 종류를 불문하는 개념으로 하고 있기 때문에, 도이칠란트에 있어서와 같은 논의의 필요성이 없음에도 불구하고, 노동계약은 고용계약과 개념내용을 달리 하는 노동법상의 독자의 개념이라고 하는 학설(이하 준별설이라고 한다)이 유력하게 주장되고 있으며, 이러한 점을 둘러싸고 다채로운 견해가 보이고 있다.

여기에서 우리는 일본노동법 학계에서 제2차 세계대전 직후부터 지금까지 논의되고 있는 노동계약의 본질에 관해 민법상의 고용계약과 준별해야 하는 입장과 준별할 필요가 없다는 입장을 간단히 살펴보고자 한다.

2) 준별설

준별설은 노동계약을 고용계약과 본질적으로 구별되는 노동법상의 독자적인 개념이라는 것에서 출발한다. 노동계약의 독자성을 강조하는 것은 공통이지만, 노동계약의 이해방식에 있어서 그 관점에 따라 준별설도 그 내용에 차이가 있다. 즉 종속노동론과 노동계약의 관계에 있어서도 상당한 차이를 보이고 있을 뿐만 아니라, 노동계약의 개념요소인 사용종속관계의 존부에 관한 판단기준에 있어서도 같

12) 2008.3.1. 발효한 일본노동계약법 총칙에는 여전히 근로계약에 관한 정의규정이 없다.
13) 도이칠란트의 경우에는 위임계약은 무상이 원칙이다.
14) 고용에 관한 일본민법전의 상황은 우리 민법과 거의 동일하다.

지 않다. 여기에서는 일본에 있어서 준별설의 대표주자라고 볼 수 있는 카타오카 노보루(片岡昇)[15]과 혼다 준리야우(本多淳亮)[16]의 견해를 간략히 살펴보기로 한다.

(1) 片岡昇의 견해

민법상의 고용계약의 개념은 민법이 따르고 있는 기본원리 즉 「자유」의 원리에 기하여 구성되는 것에 대해, 노동법상 노동계약의 개념은 단결을 지지하는 생존권 이념의 시민법적 질서에 대한 삼투에 수반하여, 민법적인 고용의 원리가 노동관계를 규율하는 유일한 법적 계기인 지위를 상실한다는 전제 위에, 그것 자체 변질화시킨, 말하자면, 수정된 자유의 원리를 기초로 하여 성립하는 것이라고 할 수 있다. 따라서 노동계약은 「생존권이념을 원리적 기초로서 성립하는 노동법상의 독자적인 개념이라는 것이다.

자본제노동관계는 상품인 노동력을 자본가에게 양도하는 상품교환의 과정과 자본가가 자기가 취득한 노동력을 현실에 사용 처분하는 노동과정의 두 개의 측면에서 성립한다. 이 중에서 민법은 오로지 전자에 대해서만 법적 구성을 하는 것을 원칙으로 하고, 따라서 후자는 법률관계로서 직접 현상하게 할 수 없다. 그래서 노동계약은 노동법의 중심적 기초개념인 노동의 종속성에 관련하여 이해되어야 하고, 그러므로 노동계약은 민법의 고용계약과는 구별된 「노동의 종속성」을 본질적 특징으로 하는 노동법 독자의 개념이다. 따라서 「노동계약의 존립」의 유무는 도급, 위임, 고용 등의 계약형식 여하에도 불구하고, 노동의 종속성의 기준에 기하여 판단해야 한다.

이러한 노동의 「종속성」은 근로자에 의한 생존권적 규범의식을 기존법질서가 매개적으로 섭취하는 것을 통해, 또 사태의 수정을 기도하는 것에 인정되었던 개념 즉 생존권원리에 기하여 제기된 개념이기 때문에, 그것은 노동계약의 내용을 그리는 대상개념일 뿐만 아니라 이념개념이기도 하다.

대상으로서의 「노동의 종속성」의 내용은 고도성장이전까지는 노동의 수행에 있어서 지배, 복종의 관계 즉 「인적 종속성」을 중핵 또는 기저로서, 그것에 「경제적 종속성」을 결합시킨 복합적 개념으로서, 이해되면 충분하지만, 고도성장이후의 노동의 기계화의 높은 발전, 복잡한 고용형태의 출현 등의 새로운 사정에 입각하여

15) 片岡昇, 『團結と勞動契約の硏究』, 有斐閣, 1957; 「勞動契約論」, 片岡舜 外, 『新勞動基準法論』 法律文化史, 1982.

16) 本多淳亮, 『勞動契約·就業規則論』, 一粒社, 1981.

근로자의 노동이 사용자의 업무의 불가결적 구성부분으로서 유기적으로 조직된다고 하는 의미에서 「조직적 종속성」의 요소를 중시할 필요가 있기 때문에, 「인적 종속성」과 「경제적 종속성」외에, 「조직적 종속성」을 가미한 복합적 개념으로서 이해해야 한다.

이러한 논리적 전개를 통해서 片岡昇은 「노동계약」은 당사자의 일방이 자기의 노동력의 처분권을 상대방에게 계속해서 맡기고, 또 상대방의 지휘명령 하에 종속적 노동에 따르고, 상대방이 이것에 대해 임금 기타의 보수를 지불하는 계약이라고 정의하고 있다.

(2) 本多淳亮의 견해

민법상의 고용계약도 사용종속관계 하에서 노무의 급부를 약속하는 계약이지만, 고용계약이 파악하는 사용종속관계라는 개념은 어디까지나 계약의 적용대상을 확정하기 위한 실용법학적 해석론의 영역에 그치는 것이고, 이른바 종속노동을 원리적으로 인정하는 것은 아니다. 즉 고용계약에 기초한 노동이 사용자의 지휘명령 하에서 이루어진다고 하는 현상적 사실은 인식하지만, 그 지휘명령관계의 존재를 뒷받침하는 종속성의 표지는 고용계약을 다른 계약유형으로부터 식별하기 위한 징표로서 해석기술적으로 사용하는 것에 불과하고, 종속노동을 법적 구조에 넣고 법원리에 반영시키려고 하는 것은 아니다. 즉 사용종속관계 하의 노동의 급부형태를 시야에 두면서, 그렇지만 또한 실체를 제거하고, 고용계약을 자유롭고 대등한 법적 인격자간의 계약으로서 파악하는 것이다.

그러나 원래 종속노동론은 노동계약의 체결에 의한 노동력상품의 교환과정뿐만 아니라, 노동계약의 이행인 노동력의 처분과정, 생산과정에도 눈을 두고, 거기에서 종래의 시민법원리와는 다른 독자의 노동법원리를 체계적으로 구축하려고 하고, 그 출발점으로 되는 기초개념으로서 종속노동을 내걸었던 것이다. 따라서 종속노동개념은 본래 노동법의 원리와 체계를 만들기 위한 전제로 되는 기초이념이고, 노동계약의 성격을 설명하기 위한 도구는 아니다. 이것이 종속노동론을 제창하는 자 간에도 지금까지 충분히 인식되고 있지 않았던 것은 확실하고, 그래서 이론적인 혼미가 있었던 사실은 솔직히 인정해야 한다.

고용계약이 자유·평등을 이념으로 하는 민법상의 계약개념이라고 하는 전제에서는 한, 생존권원리 위에 선 노동법상의 노동계약개념과는 원리적 본질적인 점에서 다르다. 양자의 차이를 무시하는 것은 시민법과 노동법의 원리의 차이를 인식하는가 여부에 관련되는 기본문제인 것이다.

고용계약과 노동계약 간에는 그 대상에 관한 한에서는 거의 차이가 없다. 양자는 사용종속관계 하에서 노무의 공급을 약속하는 일정한 사회관계를 대상으로 하고 있다. 그러나 민법상의 고용계약개념 하에서는 그 종속성은 고용과 도급이나 위임으로 식별되기 위한 해석기술적 판단의 징표로서 사용되는 것에 불과하다. 법적 이념으로서는 결국 고용계약은 독립대등자 간의 자유·평등한 계약으로서 자리매김되고 있는 것이고, 종속노동의 실체나 본질은 법의 구조 내지 법적 시야에서 배제되어 버린다. 고용계약도 사용자에게 고용되어 "노무에 종사한다"라는 임노동의 성격에 입각해서 세워진 계약개념이고, 그러한 한, 임노동이 가진, 특히 노동과정에 있어서 종속성을 고려하고 있다고 하지만, 그럼에도 불구하고, 고용계약은 이 종속성을 사실의 세계의 문제로서 법외에 추방해버리는 것이다.

노동법상의 노동계약도 민법상의 고용계약과 마찬가지로 노동력상품의 교환에 관한 계약이고, 근대적 계약의 한 형태로 인정되는 이상 거기에는 이념으로서, 대등당사자간의 자유·평등한 계약이라고 해야 한다는 원리가 작용한다. 이 원리까지도 부정하는 것은 아니다. 그러나 노동계약의 특색은 이 원리가 현실에서는 관철되지 않는다는 것의 인식도 출발점에 둔다. 계약의 대상으로서 노동력상품이 다른 상품과 다른 특수성을 가지는 것을 자각할 뿐 아니라, 노동과정에 있어서 근로자의 인적, 조직적 종속을 법의 시야에 넣고, 노동과정에서 나타나는 여러 가지 폐해를 법적으로 규제하려고 하는 것이다. 노동과정에 눈을 돌리는 이상 근로자는 유통과정인 노동력상품의 교환의 당사자로서 자유·평등한 법적 인격자로만 볼 수 있는 것이 아니라, 노동에 종속하는 살아 있는 사회적 인간이라는 현실에 입각하여 파악하지 않으면 아니 된다. 그렇지 않으면 노동과정 그 자체에 대한 법적 규제라는 구상 자체가 성립하지 않게 된다. 이와 같은 견지에 기초해 노동법상의 노동계약은 고용계약이 법적 시야에서 버렸던 종속노동의 개념을 법적 구성과 법원리의 중심에 끌어들여 이를 좌표축으로 하는 것이라고 한다.

그래서 고용계약과 노동계약의 차이는 이념적인 면에 한정된다는 것이다. 그러나 이 이념적인 측면이 여기에서는 극히 중요하다. 고용계약이 민법상의 개념이고, 노동계약이 노동법상의 개념이라는 것을 전제로 하는 이상, 양자의 차이를 무시 내지 경시하는 것은 다소간 시민법과 노동법의 원리적 차이를 경시하는 사고방식과 결부되어 있다. 시민법적 자유의 원리에 대한 비판을 출발점으로 하여 이것을 수정하기 위해 노동법의 생존권원리가 생기게 되었다는 것, 따라서 양자는 법리적 기초가 다른 것을 인식하는 한, 시민법원리의 상징인 고용계약과 노동계약을 동일평면에 나란히 논하는 견해에는 찬동할 수 없다. 양자는 규제대상이 거의 다르지 않기 때문에, 실용법학적인 의미에서는 구별할 실익이 부족하다고 말할 것이다. 그러나 그런데도 양자를 동일시할 것인가는 노동법의 본질을 시민법과의 연속성에 있어서 거래법의 원리로서 파악하는가, 그렇지 않으면 시민법원리와는 이질적이고 특수한 성격을 가진 생존권원리에 의해서 체계화할 것인가는 노동법 자체의 기초적 인식에 관계하는 문제라는 것을 알아야 한다.

위와 같은 견지에서, 노동계약의 개념을 노동법적으로 표현하면, 그것은 기업내에서 종속적 지위에 선 근로자가 사용자의 노무지휘 하에서 종속노동을 제공하고, 이것에 대해 사용자가 광의에 있어서 임금을 지불할 것을 약정하는 계약이라고 정의하고 있다.[17)]

3) 동일설

동일설은 노동계약은 고용계약과 본질에서 같으며, 입법자가 근로자의 보호라는 입법정책적인 필요에 의해서 설정된 개념이라는 것이다.[18)] 이러한 의미에서 동일성은 입법정책설이라고 할 수도 있겠다.

민법이 정하고 있는 세 개의 노무공급계약 중 고용계약은 급부되는 노무가 계약의 상대방(사용자)의 지휘명령 하에서 행하여지는가 여부에 따라, 즉 종속노동인가 자주노동인가에 따라 도급, 위임과 구별되지만, 타인의 지휘명령 하에 있어서 노동이라고 할 수 있는가 여부에서는 계약형식에 의해 결정되는 것이 아니라 당해계약을 통해 전개되는 사회관계의 실태 여하에 따라 실질적으로 판단되어야 한다. 따라서 종속노동인지 여부는 민법의 차원에 있어서도 상대적인 것이다. 그렇지만 지휘명령의 대상은 반드시 노무자가 급부하는 노무의 내용에 미치는 것은

---

17) 종속노동관계 즉 사용종속관계의 유무를 판단하는 기준에 대해서는, 本多淳亮는 요보호성의 존부라는 관점을 끌어들인다. 노동관계를 다른 계약유형과 구별하는 실익은 그것에 의해 노동법의 적용대상을 확정하는 점에 있지만, 그 전제에는 타인의 지휘명령 하에 구속되어 노동해야 하는 근로자의 사회적 열위에 대한 보호의 필요성이라는 문제가 존재하고 있다. 즉 근로자가 사회적 내지 경제적으로 약자이기 때문에, 근로자가 사용자와 동등한 지위에서 노동계약을 자유롭게 체결한다는 것이 불가능하며, 노동관계의 실체에서 계약의 이행과정에도 종속적 지위에 있기 때문에, 이것에 대해 노동법상의 보호를 줄 필요가 있다는 것이다.

18) 동일설에 대해서 岸井貞男, 「勞動基準法上의 勞動契約의 意義」, 青木宗也 先生還曆記念論文集, 『勞動基準法의 課題와 展望』, 日本評論, 1984, 36면 이하 참조.

요건이 아니고, 그 노무를 어떠한 목적을 위해 쓰는가, 즉 그 배치, 배열, 조합 등에 대한 지휘권능이 있으면 족하다고 해석되고, 따라서 예컨대, 의사와 회사의 계약도 회사의 설비의 위생, 사회의 건강 등의 관리의 담당을 목적으로 하는 경우에는 사용자는 의학적 지식의 적용에 대해서는 지도할 능력이 없다고 하여도 그 의사의 노무를 회사의 사업운영에 유용하게 하도록 배치하는 권능을 가지고 있기 때문에 고용이라는 것이다. 이것은 고용계약의 개념요소로 되어 있는 노무의 종속성은 상당히 추상적인 것으로 족하는 것을 의미하고 있기 때문에 종속노동의 제공이라고 할 수 있는지 여부의 판단은 극히 유동적 상대적인 것으로 될 수밖에 없다는 것이다.

4) 정 리

일본노동법학계에 있어서 노동계약의 개념 및 본질을 둘러싼 논점을 정리하는 것 그 자체가 곤란한 상태에 있지만, 그 원인의 얼마간을 요약적으로 들면 다음과 같은 점을 지적할 수 있겠다.

첫째, 노동계약이라는 개념내용을 명확하게 함에 있어서 어떠한 방법론에 의하는가에 대해 충분한 토의가 되지 않은 채 준별설과 동일설의 대립이 계속되고 있는 것이 아닌가 생각한다. 그런데 근래에 片岡昇이 제시하는 이 방법론의 당부에 대해 동일설의 입장에서 엄한 비판[19]이 서서히 나왔고, 또 준별설의 입장에서도 이론(異論)[20]이 나와서, 그 쟁점은 상당히 선명하게 되었다고 할 수 있다.

둘째, 준별설은 노동계약 내지 노동법을 생성·발전시켜 왔던 원리적 기초 혹은 노동계약이 다수가 통상 가지고 있는 일반적 특색은 무엇인가라는 것과 특정의 노동입법이 노동계약이라는 용어와 같은 내용을 부여하고 있는가라는 것은 본래적으로는 별개의 문제이기 때문에 다른 방법론에 따라 즉 전자는 이론법학의, 후자는 실용법학의 과제로서 개별적으로 검토해야 할 과제임에도 불구하고, 이것을 동일한 방법론에서 일원적으로 파악하려고 하고 있지만, 이것을 가능하게 하는 이론이 제시되지 않은 채 대립이 계속되고 있다는 것이다.

셋째, 준별설이 노동계약과 고용계약을 구별하는 본질적인 징표라고 하고 있는

---

19) 下井隆史, 「雇用請負委任と勞動契約ー『勞動法適用對象劃定』問題를 中心ー」, 甲南法學 11권 2, 3합병호, 241면 이하; 동 「勞動契約과 賃金을 めぐる 若干의 基礎理論的 考察」 ジュリ, 401호, 129~1130면.

20) 本多淳亮, 위 같은 책, 4면 이하.

「노동의 종속성」개념이 다의적일 뿐만 아니라, 그 내용에 있어서 의견의 차이가 있음에도 불구하고, 상호의 논쟁을 피해왔기 때문에 준별설의 입장 자체에 아주 이해하기 힘든 불투명한 부분이 보인다는 것이다. 또 이른바 「노동의 종속성」개념이 단순한 대상개념이 아니라, 원리적 기초 내지 이념과 불가분적으로 결합된 개념이라고 하는 준별설의 이론적 근거가 논증되지 않은 채 준별설이 주장되어왔다고 할 수 있다.

넷째, 노동계약의 개념논쟁의 출발점이라고 생각되는 민법상의 고용계약의 개념 내지 그 이해 자체에 대해 준별설과 동일설 간에 현저한 차이가 있을 뿐만 아니라, 위에서 보았듯이 준별설 간에 있어서도 견해의 미묘한 차이가 있는 것 같다.

다섯째, 노동계약의 개념을 둘러싼 대립이 노동계약상의 개개의 법률문제, 예컨대, 배치전환명령의 근거와 한계라든가, 취업규칙에 의한 노동조건의 일방적 변경의 한계라는 노동계약상의 구체적인 문제의 해결에 어떠한 차이를 가져오는가, 즉 실무법학적인 의의가 명확하게 되지 않은 채 논의되고, 이 논쟁이 일본의 판례에는 전혀 반영되고 있지 않다고 해도 좋을 정도로 영향을 주지 않기도 하고,[21] 그 논쟁적 의의가 단순한 인식론의 차원에서 견해의 차이인가 혹은 그것을 넘어 실무법학상 의미가 있는 논쟁인가에 대해 아주 알기 어렵다고 할 것이다.

4. 근로계약의 개념

1) 개념의 두 측면

근로계약(또는 노동계약)에 대한 개념적 인식은 근로자보호를 위한 이론적 및 실천적 관심사이다. 무엇보다 노동법에 있어서 개념을 정의하는 데에는 반드시 그것을 하는 실천적인 목적이 있다.

일반적으로 개념은 두 가지의 기능을 하고 있다. 그의 첫 번째가 연상적 기능(聯想的 機能, Vorstellungsfunktion)이고, 그의 두 번째가 판단적 기능(判斷的 機能, Urteilsfunktion)이다. 우리는 한편에서 어떠한 계약이 근로계약인가를 연상하고, 다른 한편에서 어떠한 계약관계에 대하여 구체적으로 어떠한 노동보호법이 적용되어야 하는지를 판단하기 위해서 노동계약의 개념을 필요로 한다. 전자는 근로계약을 인식하기 위한

21) 판례상은 지금도 여전히 노동계약과 동일한 의미로 고용계약이라는 용어가 사용되고 있다. 川義事件, 最三小判 昭和59.4.10勞判 429면, 12면.

이론적인 차원과 연결되고 후자는 구체적인 개별노동보호법의 적용을 위한 실천적인 또는 실용법학적인 차원과 연결될 것이다.

근로계약의 개념을 바르게 정의하기 위해서 우리는, 한편에서는 개념의 일반적인 두 기능을 염두에 두고, 다른 한편에서 근로계약의 생성역사, 실천적 과제 및 실존하고 있는 근로관계(또는 노동관계)를 총체적으로 파악하여 이러한 모든 것들을 유기적으로 연결해주고, 근로자보호에 있어서 실존하고 있는 사회적 실체에 노동법을 적용할 수 있도록 하는 연결고리, 즉 노동법의 기초개념을 근로자보호법의 이념 및 사회적 과제에 비추어 분석해야 할 것이다.

결국 우리는 근로계약의 개념을 두 가지의 차원, 즉 근로계약이 어떠한 계약인가라는 인식적 차원과 구체적인 개별노동보호법이 어떠한 대상을 근로계약으로 전제하고 있는가라는 실천적 차원 즉 실무법학적인 차원에서 시도하지 않을 수 없다. 전자가 인식적 개념으로서 근로계약의 개념이고, 후자가 실용법학적인 개념으로서 근로계약의 개념이라고 할 수 있겠다.

인식적 개념으로서 근로계약의 개념은 인식관점에 따라 근로계약이 상이하게 파악될 수 있다. 실천적 개념으로서 근로계약의 개념은 구체적인 노동보호법의 적용을 전제로 한다. 이것은 당해 노동보호법의 입법목적 및 규율목적에 따라 상이하게 파악될 것이다. 즉 당해 노동보호법에 의해서 근로계약의 개념이 규정되어야 할 것이다. 실용법학적 개념으로서 근로계약의 개념은 재판규범으로서 당해 노동보호법의 효력범위와 연결되어 있다.

노동보호법의 적용을 위한 전제조건은 노동관계이고, 노동관계는 근로자(또는 근로자)와 사용자의 법적 사실적 관계이므로 노동관계의 핵심은 근로자와 사용자 및 근로계약이다. 한편 근로자, 사용자 및 노동계약은 서로 연관되어 있는 개념이므로 어느 하나의 개념내포(內包)가 결정되면 나머지 두 개념의 내포가 자동적으로 결정된다. 그런데 실질적으로는 근로자의 개념만 확정되면 충분하다. 왜냐하면 실천적 개념으로서 근로계약개념의 기본적 요소는 근로자개념이기 때문이다. 그러므로 근로자개념의 폭에 따라 노동보호법의 효력범위가 결정되는 것이다.

2) 노동보호법적용의 표식(標識)으로서 「노동의 종속성」

오늘날에는 약정에 의해 고용된 근로자의 사용자에 대한 종속적 지위를 근로계약의 본질적 특질이라고 생각하는 점에는 학설이 일치하고 있다. 그런데 종속성의 내용에 대해서는 학설이 설명하는 바는 결코 동일하지 않으며, 그 강조점에 따라 법률적 내지 인적 종속성설, 경제적 종속성설, 계급적 종속성설, 직업조직적 종속성설 등이 주장되고 있다.[22] 그리고 민법상의 고용개념에서는 알 지 못하는 헌법에 선언되어 있는 생존권이념을 근로계약개념이 내포하고 있다는 것을 이유로 근로계약을 고용계약과 구별하려는 견해도 있다. 그러나 실제상 이 양자의 개념은 혼용되고 있는 것도 사실인 것 같다.

특히 우리나라에서는 「종속성」 내지 「종속노동」의 표식은 널리 노무공급을 목적으로 하는 여타의 계약유형과 구별하기 위한 근로계약의 특질로서보다도, 오히려 「근로기준법상의 근로자」의 자격을 결정짓기 위한 것으로서 사용되고 있다는 것에 주목할 필요가 있다. 게다가 최근의 경제적 상황에서 노동력의 외주형식을 보면 더욱더 그러하다. 즉 노무공급에 관한 계약관계의 법적 성질에 중점을 두는 것 없이, 노무공급을 하는 자에 대해는 종속상태가 인정되는 경우에 그 명칭에 관계없이 노동보호법의 적용이 인정될 필요가 있다. 표면적으로는 위임 또는 도급이라는 형태를 취하더라도 노무사용관계의 구체적인 상황에서 그 종속성이 인정되는 자에게는 근로기준법상의 근로자로 보호하는 것이 요청되고 있다. 예컨대, 노무공급의 방식이 사실상 자칭 위임자에 의해 엄격하게 지휘가 이루어지거나 통제되고 있는 경우라든가, 회사의 이사라는 명칭을 가지고 있음에 불구하고 어떠한 대표권이나 결정권도 가지지 않고 실제상 그 지위가 단순한 피용자로 전락되어 있는 경우라든가, 도급의 경우에 특정수급인과 장기간에 걸쳐서 계속적으로 반복된다든가 특히 주문생산에 있어서 그 주문이 항상 동일사업주에 의해 독점적으로 행해지거나 그 사업자가 경제적 위험을 부담하지 않으며 주문작업의 진척상황의 여하에 관

22) 노동법은 추상적인 개인(Einzelperson)과 그 추상적 자유의사를 매개하는 사회관계를 규율하는 시민법의 반성원리를 맡은 새로운 법이라는 것은 말할 것도 없다. 그리고 노동법은 근로자와 노동관계를 그 기초적 범주로서 하고 있고, 또 그 「노동」은 노동일반이 아니라, 이른바 종속노동이다. 이와 같은 사고방식은 대체로 노동법학자의 통설이라고 볼 수 있다. 「노동의 종속성」(Abhängigkeit der Arbeit)은 노동법의 기초개념이다. 그런데 이 개념이 구체적으로 어떻게 규정되어야 하는가에 대해서는 분분할 수 있다. 다만, 느낌으로서는 알 수 있겠지만 그것을 좀 더 깊게 파악해보면, 그 초점이 애매하게 된다. 어떻든 이들 학설은 크게 두 부류로 구분할 수 있다. 그 하나는 근로자의 사회적 경제적인 상태에 그 중점을 두는 것이고, 다른 하나는 노동계약의 체결에 있어서 사용자에 대한 종속상태나 노동과정에 있어서 근로자의 경영자의사에 대한 종속관계에 주안점을 두는 것이 그것이다. 전자는 자본주의사회에 대한 사회과학적인 인식이 전제로 되어 있는 것이나 후자는 노동계약의 구성요건을 분석하고 종속성을 노동의 종류적인 특성으로 보려고 하는 해석법학자적 고심에서 출발하고 있다고 할 것이다. 그렇지만 노동운동사를 통해 노동의 종속성을 본다면, 그것은 직관적인 자각에서 과학적인 자각으로 그리고 법적 자각으로 전개되었다고 할 것이다. 이러한 법적 자각이 바로 노동법의 기초가 되었다고 보는 것이 옳을 것이다.

계없이 항상 일정한 월액적인 보수가 지급되고 있는 경우 등이 그러하다.

여기에 지적해 두어야 할 것은 근로계약의 표식에 관한 다양한 논의에도 불구하고, 결국 이러한 근로계약표식의 탐구문제는 개별적인 노동관계에 있어서 노동보호법의 적용이라는 실제적 문제의 해결을 위해서는 이차적인 중요성밖에 없다는 것이다. 그리고 학설에 의해서 근로자개념의 확대에 의한 노동보호법의 적용의 필요성이 주장되고 있고 또 구체적인 사건에서 판례를 통해 채용되고 있는 이러한 근로자개념의 경향에는 하나의 경제적 사회적 배경이 있다. 1990년대 후반 경제위기 이후 고용조정과 유연화와 아울러, 계약의 법적 성질에 대해 명확한 결정을 하기가 때로 곤란한 특수한 고용형태와 새로운 근로자범주의 출현을 야기했던 것이었다. 특히 경제성장과 함께 점차 증가해가던 다양한 가내근로자, 파트타이머나 재량근무자, 각종 판매자나 외무원[23], 수수료에서 급여를 받는 전기, 가스나 수도사업자의 검침원이나 수금원, 정년퇴직 후에 촉탁의 자격으로서 정규종업원의 범주 밖에서 또 일정한 자유로운 근무시간을 인정받아서 재고용된 자 등등의 근로자가 그것이다. 전통적인 전형계약의 범주에서는 특정계약유형으로 그것을 분류하는 것이 곤란하고, 설령 특정범주의 계약으로 분류하는 경우에도 기교적으로 지나친 경우가 있는 것을 고려해서 학설 및 판례도 노동보호법의 적용가능성을 이들 근로자의 이익을 위해 해결하려고 하는 경향을 보이고 있는데, 이 경우에 표면적인 계약유형의 법적 성격의 문제에 너무나 고집하지 않고, 직접적으로 노무공급자의 인적 종속 또는 경제적 종속성상태를 인정하여 그들에게 노동보호법상의 보호를 원용하였던 것이다.

근로계약은 유상의 노무공급계약의 한 유형으로서 그 본질이 근로자가 사용자의 지휘명령 하에서 노무를 행한다는 점에 있다. 그래서 개념적으로 그것은 일 또는 작업의 완성을 목적으로 하기 때문에 노무수행에 관하여 지휘감독을 받지 않은 도급이나 수임인이 자주적인 재량권을 가지고 노무를 수행하는 위임과는 다르고, 근로계약관계에 있어서 노동력의 이용을 사용자에게 맡기고 그 지시에 따라서 노무를 제공하는 것은 근로자의 의무이다. 임금은 이러한 의무에 기하여 근로자가 사용자의 지시에 따라 자신의 노동을 처분한 대가로서 받는 것이다.

이와 같이 개별적 근로계약관계에 있어 소위 종속노동론은 사용자의 지휘명령 하에서 노동이라는 특질은 「인적 종속성」이라는 개념에 의해 포착된다. 이것은 「인

---

23) 여기에서 외무원이란 특정사업장 밖에서 근무하면서 특히 대외적으로 마치 독립적인 사업자와 같은 외관을 가지고 있는 근로자를 말한다. 이러한 외무원은 할부판매나 방문판매 등의 새로운 거래방법의 발전과 더불어 그 수가 격증하고 있다.

격적 종속성」이라고 표현될 수 있는 사실상의 지배관계를 내포하는 것을 강조하는 것인데, 사실, 노동력 이외에 생활수단을 가지고 있지 않기 때문에 불리한 조건을 감수할 수밖에 없는 근로자의 「경제적 종속성」과 결합되어 있다고 할 것이다. 그래서 논자에 따라서는 근로자가 기업 또는 사업장조직에 편입된다고 하는 「조직적 종속성」도 주장되고 있는 것이다. 어떻든 종속노동은 근로계약의 표식으로 되고, 당사자의 자유·평등을 전제로 하는 민법상의 고용계약과는 다른 독자성을 가지고 있다는 점에서 종속노동론의 특색이다.

확실히 근로계약에 의한 계속적인 사용관계에 있어서 근로자와 사용자 간에 다양한 의미에서 종속적인 지배관계가 발생할 수밖에 없으며, 게다가 종래의 민법만으로는 이러한 지배관계에 대처할 수 없고, 그 법적 이념과는 상반되게 오히려 이러한 종속관계를 심화시킬 우려마저 있기 때문에 민법의 형식적인 자유와 평등의 이념을 극복하기 위해 새로운 법의 체계로서 노동법이 요청되었다는 것은 새삼 말할 필요도 없을 것이다. 이러한 법적 필요에 기하여 시민법상의 고용계약이란 용어를 대체할 수 있는 새로운 용어, 즉 근로자와 사용자의 종속적인 지배관계를 부각시키는 용어가 요청되었을 것이다. 이러한 의미에서 보면, 이러한 새로운 용어는 시민법의 형식적 자유에 그 실질을 보충하기 위한 개념적 출발점이라고 할 것이다. 우리나라의 근로기준법이 민법상의 고용계약이라는 용어를 그대로 사용하지 않고 근로계약이라는 새로운 용어를 채용하였던 것도 바로 이러한 취지라고 하겠다. 즉 근로기준법상의 근로계약이라는 개념은 민법과 달리 노동법에 있어서 근로자보호이념을 구현하려는 것에 있다고 할 것이다.

그렇지만 규범적인 측면에서만 보면, 노동법의 규제대상에 포함되어야 할 계약유형으로서 근로계약을 생각하는 경우에도 근로자가 사용자의 지휘명령에 따라 노동을 하는 그 이상의 종속성을 요구할 이유는 없다고 생각한다. 물론 현실에 있어서는 노무제공이라는 채무가 인격을 가지고 있는 살아있는 근로자에 의해서 되기 때문에 근로자의 자유나 존엄이 훼손될 위험에 있어 그것의 확보가 중대한 문제로 된다는 것은 사실이지만, 이러한 상황이 결코 인격적 종속이 근로계약의 요소로 된다는 것을 의미하는 것만은 아니다. 이러한 상황은 근로계약의 외적 여건이라고 해야 할 것이다. 오히려 그러한 종속성이 없는 근로계약 그 자체가 이상상태(理想狀態)이다. 노동법은 근로계약의 외부에 있는 종속성을 억제하고 배제하여 근로계약의 이상태(理想態)가 근로관계의 현실태(現實態)가 되도록 해야 하는 것이다.

이와 같은 관점에서 말한다면, 근로계약과 고용계약의 관계에 대해서도 민법에서는 고용으로 있었던 계약에 대하여 노동법이 근로계약이라는 명칭에 의해서 독자적인 규제를 행하고 있다고 생각하면 충분할 것이다. 사용자의 지휘명령 하에서의 노무제공이라는 요소가 양자에 공통적인 특질로 된다. 실정법규정을 들어서 말한다면, 민법 제655조의 고용의 정의에 의하면 「노무를 제공할」이라는 문언은 근로기준법 제2조 1호의 근로자의 정의에 있어서 「근로를 제공하는」이라는 문언이 그것을 나타내고 있다고 생각한다.

3) 실천적 개념으로서 근로계약

노동법제는 민법과 달리 고도한 정책입법이다. 민법은 고용계약을 정의하면서 「당사자 일방이 상대방에 대하여 노무를 제공할 것을 약정하고 상대방이 이에 대하여 보수를 지급할 것을 약정함…」라고 중립적으로 규정하고 있는데 반하여, 근로기준법은 「근로자가 사용자에게 근로를 제공하고 사용자는 이에 대하여 임금을 지급할 것을 목적으로 체결된 계약」을 근로계약으로 정의하여 그 계약당사자를 근로자와 사용자로 상정하면서 「근로자」를 근로계약의 개념적 내포로 규정하고 있다. 그러므로 근로기준법에 의하면, 노무 또는 근로를 제공하는 자가 근로자인 경우에는 그가 임금 기타 금품을 목적으로 체결하는 계약은 그 법적 유형에 관계없이 근로계약으로 포섭된다. 적어도 근로기준법상의 근로계약의 정의에 의하면 근로제공이 사용종속관계에서 이루어지는 경우 즉 법적 사용종속 또는 이것에 준할 수 있는 실태가 있는 한, 다시 말해서, 근로자로서의 보호의 필요성이 있는 경우에는 법적 형식에 따라 근로기준법의 보호의 밖에 두는 것은 타당성을 결하게 된다고 할 것이다. 이러한 의미에서 독립성이 약한 도급, 위임 또는 임치 등도 그 실태에 따라 근로기준법의 규제의 대상으로 들어 올 수 있게 된다. 그 결과 근로계약의 개념적 외연(外延)은 민법상의 고용계약의 그것보다 좁은 것 같으나, 그 실질에서 근로계약의 개념적 내포(內包)는 민법의 고용계약의 그것보다 훨씬 확대된다. 그래서 노동보호의 정책적 필요성에 따라 종속노동과 자주노동의 상대적 차이는 새로운 관점에서 재구성되는 것도 어쩔 수 없게 된다.[24]

그런데 어떠한 범위에까지 노동계약의 외연이 확대되는가는 입법정책여하에 관

24) 이와 관련하여, 우리나라 현행법제 중 근로기준법과 민법의 적용관계가 어떻게 되는가가 문제로 된다. 이에 관해서는 강희원, 『노동법 기초이론』(개정판), 동림사, 2009, 265면 이하 참조.

계되는 것이기 때문에 한계선상의 노무공급계약에 대해서는 이러한 점에 대한 이해여하에 따라 해석상 견해의 대립은 피할 수 없을 것이다. 그러나 그 경우에도, 예컨대, 소규모이라도 독립의 기업자 내지 사업자로서의 지위를 가지는 것 즉 가내공업자(농업소작인, 도급업자 등도 마찬가지로)는 사회적 경제적으로는 농지대주(農地貸主), 공장주 등에 대해 사실상 종속적 관계가 있다고 하여도, 형식적으로 사업자라는 견지에 서서 이들을 근로자개념에서 배제하고 이들과의 사이에 체결된 노동력제공을 목적으로 계약을 근로계약이 아니라고 단정하는 것은 타당하지 않을 것이다. 왜냐하면, 이러한 종속적 관계도 공장 또는 사업장에 근무하는 근로자의 종속적 관계와 동일하여 노동법의 보호 하에 둘 지의 여부는 선험적 연역적으로 결정되는 것이 아니라 입법정책여하에 따라 결정되는 것이기 때문에 특정의 노동입법의 해석을 떠나 노동계약인지 여부를 판단해야 하는 것은 아니다.[25] 이것을 시사하고 있는 한 가지 좋은 예를 아메리카의 공정근로기준법이 적용되는「피용자」에 관한 정의규정과 그 해석에서 볼 수 있다.

아메리카합중국 공정근로기준법은 2조 (e)항 (1)호에 있어서「피용자란 사용자에 의해 사용되고 있는(employed) 일체의 개인을 말한다」라고 규정하고, 동조(g)항에 있어서「『사용한다』란 노동의 용인 또는 허용을 포함한다("employ" includes to suffer or permit to work)」라고 규정하고,「사용한다(employ)」라는 법령상의 용어의 해석 및 정의의 규정을 설정하고 있다. 이 때문에 공정노동기준법의 적용상「피용자」인지 여부는 이 해석규정과의 상관관련에 있어서「법률의 요건에 적합한 사용자, 피용자관계가 현실에 존재하는지 여부에 따르는」것으로 되지만, 이 점에 대해서 연방최고법원은「커먼로 기준에 의해 확정된 고용관계의 존재는 임금 노동시간법의 적용에 대해서도 본질적인 요소라고 할 수 있다. 그러나 그럼에도 불구하고, 커먼로상의 기준은 결정적이지 않다[26]」고 판단하고 공정근로기준법의 제정에 의해, 동법의 제정 이전에는 사용자 피용자관계가 존재한다고는 생각되지 않았던 다수의 사람들과 취로관계(Working relation)에 대해서도 상당히 광범하게 동법이 적용된다는 취지를 분명하게 하였다. 이와 같은 해석 하에서, 동법의 보호를 받는 피용

25) 노동법상의 노동계약과 민법상의 고용계약과 구별해서 파악해야 한다고 하는 것은 노동법에 대한 이론적 인식에서 비롯된 것이지 노동보호법의 적용을 위한 실용법학적인 차원에서는 이러한 구분이 필요하지 않는 것이 아닌가 한다.

26) Walling v. Portland Terminal Co.(1947), 330 U.S. 148, Rutherford Food Corp. v. McComb (1947) U.S. 722. Powell v. U.S. Cartridge Co.(1950) 339 U.S. 497. Walling v. Nashville, C& ST. L. Ry.(1947) 330 U.S. 158

자인지 여부가 다투어지는 사건은 상당히 보이지만, 여기에서는 사건의 구체적 내용과의 관계에 있어서는 상술할 여유는 없기 때문에, 추상적 판단부분에 대해서만 두 세 개의 판단을 보면, 「피용자란 그 노동이 사용자에 의해 관리 혹은 감독되고(controlled or directed), 필연적이고 제일차적으로 사용자의 이익을 위해 수행되는 사람이다[27)]」라든가, 「취로조건 중 충분한 지배력을 행사하고 있기 때문에 사용자이다[28)]」라든가, 「어떠한 근로자가 독립의 도급인(interdependent contracter)라고 불릴지라도 사용관계 또는 피용관계가 현실에 존재하는 경우에는 법률의 적용범위밖에 있는 것은 아니다[29)]」라는 판시에 기해서, 상당히 광범위한 사람들을 피용자로 인정하여 왔다.

공정근로기준법상의 피용자개념은 위에서 본 바와 같지만, 주목을 끄는 것은 위의 피용자개념 중에 가내근로자(homeworker)는 당연히 포함되는 것으로 해석되고, 최근 급증하고 있는 재택근무(telecommuting)자도 원칙으로서 이것에 포함된다고 해석되는 것이다.

위에서 보았듯이, 아메리카합중국에 있어서는 「사용」관계가 있는지 여부는 노무에 관해 지휘·명령이 미치는 것을 반드시 요건으로 하지 않고, 「노동의 인용 또는 허용」이 있으면 족하고, 또 「노동의 장소」에 대해서도 제한이 없기 때문에 우리나라에 있어서는 사용종속관계가 있다고는 인정되지 않는 것, 예컨대, 가내근로자 등에 대해서도 우리나라에서 말하는 사용종속관계가 있는 것으로 취급되고 있다. 이것은 어떠한 경우에 사용종속관계 있는 것으로서 취급되는가는 노동입법의 정책 여하에 따라 결정된다는 것을 의미하고 있다. 다만 우리나라의 경우 도이치란트 등과 같이 가내근로자에 대해서는 개별의 보호입법으로 규제하고자 하는 때에는, 근로기준법상의 근로자개념에서 이것을 제외한다고 하는 정책이 선택되기 때문에 가내근로자는 근로기준법상의 근로자개념에는 포함되지 않게 되며, 따라서 근로계약의 대상으로서 되는 사용종속관계도 그것에 대응하여 좁게 된다.

27) Falk v. Brennan(1975) 414 U.S. 190.

28) Tobin v. Anthony-William Mfg. Co.(CA-8 1952) 196 F. 2d 547.

29) Gemo Inc. v. Walling(1954), 324 U.S. 244, Goldberg v. Whitaker House Cooperative(1961), 366 U.S.

5. 근로계약의 중심개념으로서 「근로자」

현대사회는 공간적 및 시간적으로 다기하고 복잡하게 분화되어 가고 있다. 그래서 누구나 사회적 생활을 위해서는 타인의 노동이나 전문적 지식을 이용할 필요성이 점점 높아지고 있다. 다종다양한 기업들은 다양한 형태로 타인의 노동이나 지식을 이용하여 사회적 수요에 부응하고 또 이를 통해서 노동시장에서 많은 이익을 창출하고 있다. 최근에는 노동시장의 상황은 정부의 규제완화와 유연화정책, 근로자의 전문화와 개인주의화 등으로 인하여 더욱더 복잡해지고 있다. 이에 따라 노동법도 대상별, 영역별 또는 기능별로 다양해지고 있다. 그러므로 이러한 실정노동법률은 적용대상, 범위, 효력 등에 있어서 각각의 법규마다 다르고 획일적이지 않다.

근로계약관계에 들어가 있는 근로자 및 사용자에 적용되는 법규가 있는가 하면, 집단적 노사관계에 있는 노사단체에 관한 것도, 직업훈련에 관한 것도 있다. 노동법규의 어느 것이 적용되기도 하고, 또는 적용되지 않는가를 결정하는 것은 법규와 당해사실과의 대응관계이고 일률적이지 않다. 예컨대, 근로자의 개념은 주지하고 있듯이 헌법의 경우에는 상당히 개방적이고,[30] 노동조합및노동관계조정법과 근로기준법도 각기 다르게 정의하고 있다. 노동조합및노동관계조정법상의 근로자개념이 근로기준법상의 그것보다 넓고, 그 뿐만 아니라 같은 법률에 있어서도 조문에 따라 근로자의 개념이 다를 수 있다. 최상위규범인 헌법에 있어서 「근로자」개념조차도 동일하지 않다고 할 것이다. 예컨대 헌법 제32조의 근로자개념과 헌법 제33조의 근로자의 개념이 동일하지 않다. 후자가 전자 보다 광의의 것이다. 이렇듯이, 근로자의 개념은 각 법규에 따라 다를 수 있다.

그렇게 본다면, 근로계약이란 단순히 「근로자」중의 일부를 당사자로서 포함하는 계약에 불과하기 때문에 근로계약에 의해 「그 일방의 당사자를 근로자로 인정한다」고 하는 것은 논리적으로 역립(逆立)하게 될 것이다. 오히려 근로계약은 근로자를 일방당사자로 하는 계약이라고 하는 의미로 이해될 수 있다. 그러므로 계약

30) 사전적인 의미만 본다면 "근로자(勤勞者)"란 근면하게 일하는 사람을 뜻한다. 그래서 근로자의 개념에는 자영업자로서 이른바 독립노동에 종사하는 자까지도 포함될 수 있다. 그러므로 근로자는 반드시 근로자와 동일시할 수 없다. 오히려 오늘날과 같은 사회경제적 상황에서는 우리 헌법 제33조 1항의 근로자개념에 영세자영업자도 포함되어야 한다.

의 일방당사자가 근로자로 인정되면, 그 때 그 계약은 근로계약의 개념에 포섭된다고 하는 것이 옳을 것이다. 그러므로 근로계약을 규제한다는 것은 근로자의 보호를 위해서 근로관계에 노동법규를 적용한다는 것을 의미한다고 할 것이다. 노동법규의 적용대상은 근로계약관계에만 한정되지 아니하고, 전형적인 의미에 있어서의 근로자에도 포함되지 아니하는 유형의 노무공급자도 포함하는 광범위한 것으로 된다.

근로기준법은 「사용자로부터 임금을 지급받는」 근로자에게 적용되고, 그 임금은「노동의 대가로서 사용자가 근로자에게 지불해야 할 모든 것」이다. 이러한 동의반복적인 정의는 어떻게 해석하더라도, 근로계약의 일방당사자인 근로자인 경우에는 근로기준법이 적용되는 필요적 요건이다. 현행 근로기준법이 근로계약에 대해 하나의 장(제2장: 제15조 내지 제42조)을 할애하고 있는 것은 근로자보호법으로서 근로관계의 성립과 그 존속의 보장을 위해 근로계약의 체결, 해제에 대한 최저의 기준을 정하는 것에 그치고 있을 뿐이라고 할 것이지, 근로기준법이 근로계약에 관한 독자적인 성격이나 지위를 특정하려는 것은 아니라고 할 것이다. 근로기준법에 있어서 근로계약의 지위는 그러한 필요한도에 그치는 것이라고 할 것이다. 그럼에도 불구하고, 근로기준법이 근로계약을 동법의 기본개념으로서 정의하고 있는 것은 노동보호의 필요목적에서 근로계약의 일방당사자를 근로자라는 것을 명시하고, 그러한 근로계약에 기하여 성립된 관계가 근로기준법의 적용을 받는 정형적인 관계이기 때문이다. 그래서 이 경우에 어떠한 노무제공관계에 대하여 근로기준법의 적용을 받기 위해서는 당사자 일방이 근로자라는 사실이 존재하면 충분하고, 노무제공관계의 법적 근거가 근로계약이라는 형식을 취하고 있다는 것을 증명하거나 주장할 필요는 없다고 할 것이다. 그 정형에 의거한 사고방식은 사실상 근로계약의 개념적 내포를 확대할 수 있도록 한다. 근로계약의 개념적 내포가 확대되면 될수록 그 만큼 민법의 계약론이나 고용계약론의 구속에서 해방되어 근로계약의 독자적인 논리구성이 가능하게 된다.

이렇게 보면, 근로기준법상의 근로계약관련조항은 근로계약의 의사형성을 규제하는 것이 아니라, 근로계약당사자 일방인 근로자를 위해 적용되는 근로조건에 관한 기준을 정하는 법률이다(헌법 제32조 3항 참조). 여기에서 출발한다면, 근로기준법에 있어서 근로계약론은 노무사용관계가 근로계약에 의해 성립하고 있는지 여부가 아니라, 노무사용관계에 있어서 근로자의 해당여부와 그 보호필요성 즉 노동법상 어떠한 보호가 주어져야 하는가라는 방향에서 법적 논리가 전개되어야 할 것이다.

집단적 노동관계를 다루고 있는 노동조합및노동관계조정법의 경우에도 노동조합의 조직형태가 기업별조직인 경우에는 근로계약의 존재가 그 적용여부의 조건으로 될 수 있으나(노동조합및노동관계조정법 제2조 4호 라목 참조), 그렇지 않은 경우에는 근로계약의 존재는 집단적 노사관계법의 적용을 위한 필요적 조건이 아니다. 산업재해보상보험법의 경우, 산업재해에 있어서도, 위험의 귀책책임주체를 생각하면 족하고 특별한 근로계약론을 필요하지 않는 경우가 적지 않다.

지금까지 근로계약의 문제가 재판상 다투어졌던 것은 주로 임금채권에 관한 것 또는 근로관계의 존재확인을 구하는 것(예컨대, 해고무효확인의 소)에 집중되어 있다. 예컨대, 임금과 관련된 소송에서 임금채권이 근로계약의 존재를 불가결하게 전제로 하는가라는 문제를 생각해보자, 이러한 문제에 있어서는 경우에 따라 근로계약의 존재를 다르게 생각할 수도 있을 것이다. 근로계약이 없이 노무가 제공된 경우, 그 노무를 수령한 자에 대해 반대급부로서 임금을 지불할 의무가 있는가라는 문제는 근로계약론에서 자주 예로 되었다. 예컨대, 청소년과 근로계약을 체결함이 없이 사실적 근로관계를 가진 자에 대하여 근로계약이 존재하지 않는다는 것을 이유로 임금지급의무가 면제되는 것은 허용되어서는 아니 된다고 생각한다. 노동의 대가로서 임금의 지급의무는 근로계약을 체결한 자가 부담해야 한다는 것이 원칙이다. 그렇다고 해서, 당사자의 의사에 기한 근로계약의 체결이 없는 경우에 임금지급의무가 없다고 하는 것은 허용되지 않는다. 이러한 경우에는 근로계약의 존부에서 판단할 것이 아니라, 임금을 지급받지 못한 근로자를 어떻게 보호하는가라는 관점에서 근로계약론의 논리를 구성해야 할 것이다. 이를테면, 수차에 걸쳐 도급이 이루어진 경우에 직접의 사용자인 하도급인이 도망하여 임금을 받을 수 없는 경우를 생각해보자. 이러한 경우에, 근로자는 그 하도급을 사용해서 이익을 얻었던 상수급인에 대해 임금(또는 그것에 상당하는 보상)을 소구하는 이외에 생활을 유지할 방법은 없다. 그렇기 때문에, 근로자는 상수급인을 상대방으로 하는 소송을 제기하였던 것이고, 이 경우에 문제는 근로계약관계의 존부가 핵심이 아니라고 할 것이다. 그럼에도 불구하고, 현재 법원은 노동계약관계가 없는 것을 이유로 하여 근로자에게 패소판결을 하고 있다. 이것은 근로계약관념에 얽매인 결과에서 비롯된 것이다. 하도급을 사용해서 이익을 올리고 있었던 상수급인이, 도망간 하도급인의 근로자에 대한 채무에 대해 전혀 책임이 없다고 말할 수 있는가? 근로계약의 존부라는 회로를 경유하지 않고, 상수급인의 책임을 긍정하는 법리를 구성해야 할 것이다.

Ⅲ. 노무에 관한 「현대적」 기본계약으로서 근로계약

1. 「근대적」 노무계약으로서 고용계약

민법이 규정하는 각종 계약 중에 대차형 특히 임대차[31]와 이른바 노무공급형 중 특히 고용[32]이 그것이다. 이와 같이 하여 사람이 사회의 일원으로서 일하는 관계가 신분이 아니라 계약－원칙으로서 자유로운 계약－에 의해서 되었던 것이다. 이것을 사소유권의 확립이라는 측면에서 보면, 재산을 소유하지 않은 자 특히 생산수단을 소유하지 않는 자는 타인이 소유하는 물에 의존할 수밖에 없다. 위의 두 가지의 형의 계약에는 생산수단과 사람(노동력)의 결합을 담당한다고 하는 점에서 공통의 것이 있다. 그것에 의해 소유권의 지배적 작용에 봉사하는 것도 지적되고 있는 것이다.

임대차는 물(物)의 대차인 것에 대해, 고용은 말하자면 사람의 대차라고 하겠다. 임차인은 물을「사용」하고, 고주(雇主)는 사람을 「사용」한다. 물론 사용의 태양을 달리하지만, 양자도 시간적 계속을 요건으로 하는 것이고, 그것에 의해 사회구성의 일익을 담당하는 점에서 공통하는 것이 있다.

그런데, 우리나라 민법 특히 재산법부분은, 주지하듯이, 이미 신분에서 계약으로의 이행을 경유한 유럽의, 그것도 도이치민법과 프랑스민법을 모범으로 해서 제정된 일본민법을 거의 그대로 계수한 것이다. 물권법이나 친족법, 상속법과 같이 종전부터의 특수한 관습이나 제도를 무시할 수 없는 영역과 달리 계약법은 다른 나라의 법제도와 비록 비교적 용이하게 수입 내지 계수하는 것이 가능한 영역에 속한다. 19세기말까지의 봉건제 하에 있어서 신분적인 부동산이용관계나 사람이 사람을 사용하는 주종관계가 임대차계약, 고용계약에 의해 개명된 것은 의문이 없다. 그러나 구래의 봉건적 내지 전근대적인 실태가 「계약」의 시대에 들어와서도 여전히 길게 남아 있는 것도 확실하다.

민법은 고용계약을 「당사자 일방이 상대방에 대하여 노무를 제공할 것을 약정

---

31) 중세의 농노에 있어서 근세의 차임소작으로의 전환을 상기하라.

32) 넓은 의미에서 노예노동에서 임노동으로의 전환을 상기하라.

하고, 상대방이 이에 대해 보수를 지급할 것을 약정함」으로써 성립하는 계약이라고 정의하고 있다(민법 제655조). 그리고 당사자 중 전자를 「노무자」, 후자를 「사용자」라고 부르고 있다(민법 제657조 1항 2항 제658조 1항 2항, 제662조 1항, 제663조 1항 참조). 민법규정은 양 당사자의 대등한 지위 또는 느낌을 표현하고 있다. 물론 여기에서 「노무를 제공한다」는 것은 사용자의 지휘에 따라 일한다고 하는 정도의 의미일 것이다. 특히 임대차의 경우에 임차인은 「계약 또는 기타 목적물의 성질에 의해 정하여진 용법으로 이를 사용 수익하여야 한다」(민법 제654조, 제610조)고 규정하고 있지만, 이것에 대응하는 정함이 고용에는 없다. 대상이 사람이기 때문에 물(物)의 성질이나 용법에 대응하는 적당한 개념이나 말이 없기 때문일 것이다. 그러나 「계약으로 정해진 노무」라고 하더라도 어떠한 지장이 생긴다고는 생각할 수 없다. 민법 제656조 2항에는 「약정한 노무」라는 표현이, 민법 제658조 1항에서는 「약정하지 아니한 노무」라는 말이 사용되고 있는데, 정의규정인 제655조에는 이러한 표현이 들어 있지 않다. 하지만 사실상 이러한 규정은 현실에서 거의 무의미하게 되고 있다. 현실에 있어서 무정량이라고까지는 말할 수 없다고 하더라도, 노무자는 뭐라도 하게 할 수 있다고 하는 사고방식의 편린이 있는 것처럼 생각된다.[33] 또한 노무를 제공한 대가는 임금이라고 하지 않고 보수라고 말하고 있는 것은 도급(민법 제664조), 현상광고(민법 제676조), 유상위임(민법 제686조), 임치(민법 제701조 제686조) 등 노무공급계약에서와 같이 그 대가를 보수라고 부르고 있다. 금전 이외의 것의 급부를 인정하는 뜻이라고 해석할 수 없는 것은 아니지만, 다른 의도가 있는 것처럼 생각되지는 않지만, 노무공급계약에 있어서 「보수를 지급한다」라는 표현에서와 같이 "지급한다"라는 용어가 매매계약의 대금과 임대차계약의 차임의 경우에도 동일하게 사용되고 있다. 이 경우에 "지급한다"와 "지불한다"라는 동일한 의미로 사용하는 것은 문제가 있을 수 있다. 이를테면 실정법률에서 임차인에는 임차목적물을 보존해야 할 의무가 있는데 반해(민법 제654조 제615조), 사용자의 노무자에 대한 보호의무에 관한 규정이 없다. 그럼에도 "지급한다"와 "지불한다"라는 용어를 임금과 임료가 계약목적물의 사용료이기 때문에 동일한 맥락에서 이해한다면 어쩌면 임대차계약과 고용계약의 성질상 균형이 맞지 않는 것은 아닐까?

그렇지만 "일을 한다"는 것에는 그것 자체 시간의 요소가 포함되어 있다. 단지 통상 목적물이 임차인에 인도되고 그 직접의 지배하에 두어진 상태가 계속하는

33) 회사에서 상사(上司)가 이사하는 경우에 부하종업원이 동원되고 있는 우리 사회의 실태를 상기해보라.

임대차와 달리, 고용에 있어서는 노무자가 살아 있는 몸을 가지고 사용자의 지휘에 따라 하루 얼마간(그것에 대해서는 규제가 없다) 일하는 상태가 몇 일간, 몇 달간 또는 몇 년간 계속되는 것이다. 이러한 「고용기간」에 대해 민법은 직접의 제한을 하고 있지 않다. 일시 또는 일일이라도 좋고, 몇 년 또는 당사자 종신이라도 좋다. 당사자의 자유에 맡기고 있는 것이지만, 그렇지만 3년을 경과한 후에는 언제든지 해지를 통고할 수 있고(민법 제659조 1항) 그 통고를 받은 날로부터 3월이 경과하면 계약이 종료된다(동조 2항). 기간의 정함이 없는 경우에는 경우는 언제든지 해지 통지를 할 수 있고(민법 제660조 1항), 통고를 받은 날로부터 1월이 지나면 계약이 종료한다(동조 2항). 그리고 기간으로 보수를 정한 때에는 해지의 통고를 받은 당기후의 1기를 경과함으로써 고용계약이 종료한다(동조 3항). 기간이 약정이 있는 경우에도 부득이한 사유있는 때에는 해지할 수 있고, 그 사유가 당사자 일방의 과실로 인하여 생긴 때에는 상대방에 대하여 손해를 배상해야 한다(민법 제661조). 기간만료 후에도 노무를 제공한 경우에는 사용자가 상당한 기간 내에 이의를 제기하지 아니 한 때에는 전고용과 동일한 조건으로 다시 고용한 것과 같은 묵시의 갱신이 이루어진다(민법 제662조). 이러한 조항들은 계속적 계약으로서는 당연한 것이라고 할 것이다.

마지막으로 고용계약에 있어서 급부의 대상은 바로 당해노무자의 노무 그 자체이기 때문에 일신전속이고, 노무를 급부하는 노무자가 자신에 대해 제3자에 그 노무를 급부하게 하는 것은 사용자의 승낙이 있어야 한다. 이를 위반하면 사용자는 계약을 해지할 수 있다(민법 제657조). 그러나 사용자의 측도 노무자의 동의가 있으면 권리를 양도할 수 있고(민법 제657조 1항), 노무자측도 사용자의 동의가 있으면 제3자로 하여금 대신하게 할 수 있다(동조 2항). 그러므로 상대방의 동의가 없으면 양도의 계약은 무효이라고 할 것이다. 노무자의 의무는 사용자의 지휘에 따라 노동을 하는 것이고, 임대차의 경우보다도 훨씬 강한 의미에서 사용자가 누구인가는 노무자에 있어서 중요한 관심사이기 때문에 당연하다고 할 것이다.

2. 「현대적」노무계약으로서 근로계약

고용계약은, 임대차계약이 물(物)의 대차이라는 것과 달리, 말하자면 사람(人)의 임대차라고 할 수 있다. 그러나 고용은 두 가지의 점에서 임대차와 다르다. 첫째, 전자에 있어서는 소유권은 대주에게 있고, 일반적으로 약한 것은 차주이지만, 후자에 있어서는 생산설비의 소유자 내지 사업주는 차주이지만, 약자는 일반적으로 무산자이고, 자신의 몸을 「빌려주고」 얻는 보수에 의존할 수밖에 없는 대주인 노무자이다. 이러한 결과는 자본주의사회에 있어서 상태적 현상이라는 것은 다언을 요하지 않을 것이다. 둘째는 임대차계약에 있어서는 임대목적물의 사용이 차주(借主)에게 맡겨지면, 대주(貸主)측의 채무는 이행·만족을 위해, 적극적인 행위를 필요로 하지 않는다. 이것에 반하여 고용계약에서는 급부의 이행·만족과 관련해서 보면 노무의 대주(貸主)인 노무자가 자기 자신을 노무의 차주(借主)인 사용자의 지휘 하에서 자신의 이행을 제공하고, 그의 지휘에 따라 노무에 종사해야 한다. 그리고 구체적으로 어디에서 어느 정도의 노무를 제공해야 하는가 또 어느 시각에 사용자가 그 이행에 대해 어떠한 보수가 주어지는지는 당사자의 임의에 맡겨져 있다. 그러나 현실에서는 거의 모든 것이 사용자의 자유에 맡겨져 있다. 이에 대해는 민법은 아무것도 규정하고 있지 않다. 다만 우리 민법에는 특약이 없으면, 보수는 후불이라고 하는 규정뿐이다(민법 제656조 2항 참조).

뿐만 아니라, 그 이행의 과정에는 당사자쌍방에서 보아 현실의 노동의 수수가 계약의 취지에 합치하고 있는지 여부, 노동현장이 안전하고 위생적인지 여부, 노무자가 약속된 기능을 가지고 있는지 여부, 근로자가 질병으로 쉬고, 원료가 부족하여 휴업한 경우나 공장의 소실, 근로자의 부상 등 불가항력에 의해 취로가 불가능하게 된 경우의 손실은 누가 부담하는가 등등 얼마든지 문제가 있다. 당사자가 그것에 대해 명확한 합의를 하고 있으면 그것에 의해 하지만, 하지 않은 경우에 대해서는 민법은 아무런 규정을 하고 있지 않다. 일반의 계약법리에 맡기고 있는 것이다. 사람을 고용해서 사용하는 계약의 대부분은 실정노동법의 체계 하에서 체결되고 있다. 그러므로 오늘날 모든 노무의 제공 또는 이용에 관한 계약은 원칙적으로 근로계약이라고 해야 할 것이다.[34] 이것은 소송법적으로 보면, 근로계약이 아니라고 주장하는 자는 그것을 입증해야 한다는 것을 의미한다.

---

34) 근로기준법은 노동계약이라는 장을 설치하고 있지만, 그 정의를 내리고 있지 않다. 그러나 「근로자」란 직업의 종류를 불문하고, 사업 또는 사업소에 사용된 자이고, 임금을 지불받는 자라는 취지의 정의를 하고 있다. 그리고 「임금」이란 노동의 대상으로서 근로자에게 지급되는 것을 말한다고, 순환논법 식의 정의를 하고 있지만, 이것은 동법의 적용을 받는 고용계약이 근로계약이라는 것과 같다. 다만, 여기에서는 「노무를 제공한다」라는 표현 대신에 「사용된다」고 표현하고 있는 것을 주의해야 할 것이다.

Ⅳ. 근로계약의 특징

근로계약에서 널리 볼 수 있는 특징으로서 계속성과 집단성을 들 수 있다. 논리적으로 말하면, 일용에 있어서도 혹은 근로자가 한 사람밖에 없다고 하더라도 지휘명령 하에서 노무에 대한 임금이 지급되고 있다면 근로계약으로 인정될 수 있고, 이러한 의미에서 계속성도 집단성도 근로계약의 본질적인 요소는 아니다. 그러나 실제로 현대기업에 있어서 이들의 특징을 갖추지 않고 있는 근로계약은 극히 드물다.

1. 계속성

근로계약의 계속성은 노무의 제공과 그것에 대한 임금지급이라는 관계가 상당 기간동안 걸쳐서 반복된다는 것을 의미하고, 그 기간은 통상 상당하고 경우에 따라서는 수십 년에 이를 수도 있다는 것이다. 그 과정에 있어서 각 당사자의 상황이나 주위환경에 다양한 변화가 생긴다는 것은 불가피하고, 그것에 대응하여 근로계약의 내용을 어느 정도 변경하는가 또는 변경하지 않는가가 커다란 문제로 된다. 계속적 계약관계는 계약내용의 백지성 및 탄력성이라는 형태로 장기간에 거친 상황의 변화에 대응하려는 것에 그 기본적 취지가 있지만, 다른 한편, 그것은 사실의 반복·계속적으로 계약내용이 형성·변경 그리고 확정되어진다고 하는 사정이 작용하고 있다는 것을 의미한다.

그 다음, 계속성의 이면으로서 어떠한 관계가 언제 어떠한 형태로 종료하는가가 중요한 문제로 된다. 노동법의 관점에서 말하면, 근로계약의 종료는 결코 노사에 중립적인 현상이 아니라고 할 수 있다. 이것은 한편에서 근로자의 퇴직의 자유를 보장하면서, 다른 한편에서 근로자의 고용의 안정을 도모하는 것이 요청된다는 것을 의미한다. 노동보호법에 의한 사용자의 해고에 대한 법적 규제는 후자에 중심을 두고 있는 것이다.

이러한 근로계약관계가 사회적 생활에 있어서 기본적으로 계속적인 성격을 가진다는 것에서 뒤에서 언급하는 바와 같이 근로계약법리로서 「계속성의 원리」를 생각해볼 수 있는 것이다.

2. 집단성

근로계약의 집단성은 같은 사용자 하에 다수의 근로자가 사용되거나 기업조직에 편입되어서 한꺼번에 노무를 제공하고 있다는 것을 말한다. 여기에서 집단성이란 개별 근로자 측에서 보면, 근로계약의 내용에 관하여 개별적으로 형성·결정할 여지가 적고, 그래서 근로계약의 정형성·부종성이라는 형태로 발현된다. 또 근로계약관계에서는 집단적인 규율로서 복무규율이 중요하게 되고, 그것의 준수가 요구되는 것이 통상적인 현상이다. 우리나라의 경우에 사용자가 일방적으로 작성하는 취업규칙이 이들의 측면에서 대단히 중요한 역할을 하고 있다.

다른 한편, 근로계약관계에는 근로자의 집단적 존재는 예컨대 근로기준법에서와 같이 취업규칙의 작성이나 변경에 대한 근로자의 집단적 관여를 법제화하고, 근로자참여및협력증진에관한법률상의 노사협의에 의한 공동결정의 제도화 및 노동조합및노동관계조정법상의 노동조합에 의한 단체교섭 단체협약 등과 같은 집단적인 통제메커니즘을 발전시키는 요인이 된다. 이들 집단적인 통제메커니즘은 근로계약을 외부에서 둘러싸고 있다고 할 수 있다. 동시에 개개의 근로계약의 차원에 있어서도 다른 근로자와의 평등과 공평이라는 관점에서부터 사용자의 권한이 제약될 가능성도 나타나고 있다.

V. 근로계약의 법적 기능

위에서 지적했듯이 노동보호법의 적용에 있어서는 근로계약이 아니라 근로자에 그 중심이 있다고 하였지만, 그럼에도 불구하고, 근로계약은 첫째, 근로자와 사용자라는 관계의 설정, 둘째, 그 내용(근로조건이나 권리의무)의 형성이라고 하는 적어도 두 가지의 기능을 하고 있다.

법과 실태의 상관에 있어서 근로계약의 체결에 의해 사용자와 근로자 간에 근로관계(employer–employee relation 또는 employment relation)가 생긴다.[35] 법적으로도 사용

35) 노사관계가 노동조합과 사용자와의 집단관계(union–management relation 또는 최근에는 industrial

자와 근로자의 법적 관계를 모든 근로계약에 기하여 설명하기보다도, 이 중간개념을 이용하는 쪽이 간명하고 적절하게 될 수 있다.[36] 바꾸어 말하면, 근로계약은 근로관계를 창설하기 위한 계약이고, 그 근로관계가 기본적으로는 근로계약에 근거를 두면서도 노동법체계에서 아래와 같이 입법이나 관습, 단체협약이나 노동쟁의 등 널리 노사관계(industrial relation)의 전개에서 여러 가지의 영향을 받고 있다.[37]

첫째, 근로관계에는 노동관행이 성립하기 쉽고, 그러한 관행은 근로계약의 안으로 들어와 기왕의 근로관계를 형성하거나 변경하게 된다. 예컨대, 어떠한 질병이 든 그것으로 한 주간 쉬었던 자는 임금을 감액당하지 않았다고 하는 사실이 과거에 있었다고 한다면, 그것은 하나의 선례나 관행으로 승인되고, 그 후에 그러한 경우에 해당하는 자도 그 선례나 관행의 은혜를 주장할 수 있다. 이것은 신규입사자가 그 관행을 알지 못하는 경우에도, 이미 그의 계약내용으로 되어 있다고 인정해야 할 것이다. 어떠한 관행이 관습법까지 승화되지 않은 경우라도 계약체결과정에서 그 관행에 의한다고 하는 묵시적 합의가 있는 것으로 추정되는 경우가 많을 것이다. 관행은 당해 사용자의 사업장의 그것이 주체이지만, 근로자가 소속하는 집단, 특히 그것이 기업별노동조합인 경우에 조합내에 성립된 관행 혹은 특정 지방의 관행 등도 근로계약의 내용으로 되는 경우가 있을 것이다.

둘째, 공장이나 사업장 단위로 집단적인 규칙이 형성될 수 있다. 근로자를 채용하여 이것을 조직에 편입한 경우, 취업에 대한 규칙이 필요하다. 사용자의 주도에 의한 것은 당연하지만, 그 본질은 근로계약에 구속된 근로자의 취로의무를 어떻게 이행하게 하는가에 존재하는 것이다.[38] 근로계약은 근로자가 특히 유보하지 않는 한 계약의 범위 내에서 받은 노동력을 어떻게 배치하고, 어떠한 순서 내지 시간제로 취로하게 하는가의 지휘권을 사용자에 주는 것이다. 그 지휘내용을 규

---

relation)를 지시하는 것에 대해 노동관계는 employment relation 또는 employer-employee relation의 의미로 사용되고 있다.

36) 예컨대, 스트라이크에 의해 노동계약의 전개는 중지하지만, 노동관계는 존속한다. 따라서 임금채권은 발생하지 않지만, 근무연한의 계산에 있어서는 스트라이크기간을 제외하지는 않는다. 동일한 것은 노동복지관계의 여러 가지측면에서 인정되고 있다.

37) 이러한 현상은 근로계약을 부종계약(contat d'addision)이라고 하는 것으로도 어느 정도 설명할 수 있다. 그러나 말하자면, 부종되는 기본약관 자체가 변동하고, 그것에 대응하여 부종된 계약도 변동에 대응하여 변화가 일어난다는 것으로서는 충분하다고는 할 수 없다.

38) 현대 유나이티드 킹덤의 지도적 판사 Denning은 a work rule book의 법적 지위는 노동계약 그 자체의 조건 condition이 아니라, 근로자에게 어떻게 일을 해야 하는가를 알려주는 계약상의 지시라고 한다(Secretary of State for Employment v. ASLEF(No.2) [1972] ICR 1954B. Freedland p. 200에서 인용).

칙(rule)화하는 것 또 임금의 지불방법이나 시기에 대해서도 법의 범위 내에서 규칙화하는 것이 용인되고 있고, 이러한 규칙으로서 대표적인 것이 취업규칙이다. 그런데 우리 근로기준법은 근로계약의 체결에서 사용자는 근로자에 대해 노동조건을 명시해야 한다고 하고 있지만, 그 내용은 취업규칙의 기재사항으로 대체되지 않는다고 할 것이다. 그러한 한에서 근로계약과 취업규칙이 저촉되지 않는 것이 원칙이라고 할 것이다.[39)]

문제는 사용자가 취업규칙을 변경한 경우이다. 변경이 종전의 근로계약과 저촉하는 경우에, 계약내용을 변경하는 효력이 인정되는가? 인정되지 않는다고 하면, 종전의 근로자와 변경 후에 채용된 근로자에 취업규칙의 적용을 달리하게 된다. 이 점을 둘러싸고 취업규칙의 법적 성격에 대해 학설은 다지하게 나누어져 있다.[40)] 기득권(예컨대, 퇴직금규정이 근로자에게 불리하게 변경된 경우의 종전의 근로자의 권리)에 저촉하지 않는 한 같은 조직에 편입된 근로자에게는 동일한 취업규칙의 적용이 있다고 해석해야 할 것이다. 또한 근로기준법은 취업규칙의 효력에 관해 취업규칙으로 정한「기준에 미달하는 근로조건을 정한 근로계약은 그 부분에 대해서는 무효로 한다」(제97조)고 규정하고, 근로계약의 경우와 같이「근로계약에 정함이 없는 부분」에서는 언급하지 않고 있다. 이것은 취업규칙이 근로계약을 전제로 하면서 취업규칙이 사용자가 작성한 규범이라는 사실을 고려해서 취업규칙에 의해서 근로조건을 끌어올리는 것은 있어도, 끌어내리는 것은 허용되지 않는다는 취지로 이해해야 할 것이다. 그 범위에서 취업규칙의 변경이 근로계약의 변경을 가져오는 것은 의문이 없다. 물론 근로기준법은 취업규칙의 변경에 의해서 기왕의 근로조건을 끌어내리는 경우에는 특별한 절차를 거치도록 하고 있다(제94조 1항 단서 참조).

셋째, 근로관계와 노사관계(industrial relation)의 관계이다. 근로관계는 노사관계로부터 직접적인 영향을 받는 경우가 많다. 근로자가 기업과는 개별독립의 조직인 노동조합[41)]에 가입해서 그 조합이 사용자와 단체교섭에 들어간 경우 혹은 단체교섭의 결과 단체협약이 체결된 경우에는 개별근로계약이 그 집단적 관계에서 커다란 영향을 받는 것은 다언을 요하지 않을 것이다. 쟁의권의 행사로서 쟁의행위에 참가하는 경우에 개별근로자의 행위는 형식적으로는 개개의 근로계약에 위반하는

39) 취업규칙의 법원성의 문제에 대해서는 강희원, 위 같은 책, 305면 이하 참조.

40) 이에 관해서 김형배,『노동법』(신판 제5판), 박영사, 2009, 236면 이하 참조. 이곳에 소개되고 있는 학설 대부분은 일본에서 주장되고 있는 것이다.

41) 조직형태는 기능별, 산업별, 기업 내지 사업장별 등 어느 것에 있어서도 거의 마찬가지다.

것이 있어도 사용자로부터 계약위반의 책임을 추궁받지 않는다. 또 단체교섭의 타결로 새로운 단체협약이 체결되면 새로운 단체협약에 있어서 종전과 다른 근로조건은 근로자의 원용의사 없이 개별 근로계약의 내용으로 된다. 그것뿐만 아니다. 조합원이 아닌 근로자 혹은 조합이 없는 기업의 근로자의 근로계약도 일정한 요건 하에서 단체협약의 효력이 확장된다(노동조합및노동관계조정법 제34조 및 제35조 참조). 이와 같이 집단적 노사관계의 전개에서 직접으로 법적인 영향을 받는 것은 근로계약에 독자적인 것이라고 해도 좋을 것이다.

그런데 위와 같은 근로관계의 집단성 때문에 근로계약의 두 번째의 기능이 희박하게 된다고 한다. 물론 근로계약은 부합계약으로서 색채를 강하게 가지고 있는 것은 말할 필요도 없다. 근로조건의 많은 부분이 단체협약이나 취업규칙에 의해 집단적으로 결정되고 당사자 간의 순수한 합의가 이루는 역할은 작아지고 있다. 게다가 어떠한 집단적인 결정메커니즘의 테두리 내에서 개별합의가 기능할 수 있는 여지는 남아 있거나 오늘날에 있어서는 인사의 개별화의 진행에 의해서 그 의의는 오히려 높아진다는 것이 예상되고 있다.[42]

어떻든 근로계약의 내용은 당사자 간의 구체적인 의사나 합의는 반드시 일치하지 않고, 근로기준법, 단체협약, 취업규칙, 노동관행으로 있는 중층적인 구조 가운데서 결정된다. 그것은 바로 노동법시스템 전체에 펴져있는 문제이고, 당해사항의 성격도 고려하면서 각각 고유한 논리와 상호관계에 기초해서 구체적인 의미를 재차 확정할 수밖에 없다. 그러나 이들은 최종적으로 개개의 근로자에 귀속하고, 그 근로계약상의 권리의무를 구성한다. 근로계약의 내용형성기능은 노동법시스템의 전개에 의해서 이러한 권리의무의 기초로서 기능으로 형태를 변화시키고 있다.

이와 관련해서 중요한 것은 근로기준법이 규정하고 있는 최저근로기준의 사법적 효력을 정하고 있는 근로기준법 제3조, 취업규칙에 사업장의 최저기준으로서 효력을 부여하고 있는 근로기준법 제97조, 단체협약의 근로기준적 효력[43]을 정하

---

42) 그러나 노동조합의 조직율저하 등으로 집단적 노사관계가 후퇴하는 한편, 근로자유형의 다양화 및 성향의 개인주의화 등으로 근로계약의 두 번째 기능이 강화되어야 한다는 주장도 부각되고 있다. 이와 더불어 근로계약법의 제정필요성이 강조되고 있다.

43) 단체협약과 관련하여 현재 우리나라 노동법학계에 사용되고 있는 용어에 대해서 반성할 점이 있는 듯하다. 단체협약이라는 것은, 본래 근로조건의 집단적 규제를 위해서 안출된 기술(테크닉)이다. 따라서 협약의 조항 중에 임금, 근로시간, 휴일, 휴가 등등, 개개의 근로자(노동조합원)의 근로조건을 규율하는 것이 다수 포함되어 있다는 것은 본래 당연하다. 그러나 각각의 단체협약 중에는 이러한 조항 외에 또한 노동조합 그 자체의 지위 내지 노동조합 자체의 권리의무를 정하는 조항을 포함하고 있는 것이 오히려 보편이다. 예컨대, 유니온샾조항, 조합비의 체크-오프, 조합사무소, 게시판 등의 공여, 등등의 사항을

고 있는 노동조합및노동관계조정법 제33조가 어떻든 이들 기준에 하회하는 근로계약의 문제부분을 무효로 하고, 무효로 된 부분에 있어서는 취업규칙, 단체협약과 근로기준법이 각각 규정하는 기준에 의한다는 규정형식을 취하고 있는 점이다. 그러므로 이들 실정법상의 조항은 근로계약에 있어서 권리의무의 기초로서의 기능을 승인하고, 그것을 명문화하고 있다고 할 수 있다. 물론 근로계약과 이들 규범들과의 관계를 생각함에 있어 이들 규범은 근로계약을 외부에서 규율하는 것이고, 계약 중에 편입되는 것은 아니라는 입장(외부규율설)도 논리적으로 가능하다. 그러나 법률이나 협약의 기준이 소멸한 후의 합리적인 처리방법을 고려한다면, 물론 특단의 사정이 있는 경우에는 다르게 생각할 수도 있을 것이지만, 이들 규범이 규정하고 있는 근로조건은 근로계약의 내용으로 된다는 해석하는 방법이 간명하다고 할 것이다. 도이칠란트에서는 근로계약이 외부에서 근로관계라는 개념을 두고 이러한 법률관계에 있어서 권리의무를 논하는 접근방법이 취해지고 있지만, 우리나라에서는 실정법이 사용하고 있는 근로계약이라는 용어에 이미 그러한

정하는 것, 혹은 평화조항, 쟁의협정 등이 그것이다. 이들 협약조항 중 전자의 종류의 것 즉 개별근로조건에 대해서 정하고 있는 것을 단체협약의 「규범적 부분」이라고 부르고, 후자의 종류의 것 즉 조합의 지위 내지 권리의무에 대해서 정하고 있는 것을 그 채무적 부분이라고 부르는 용어법이 오래전부터 도이칠란트의 노동법학의 영향 하에 있는 일본 노동법학의 용법에 따라 아무런 고려없이 널리 행해지고 있는 것이 아닌가 생각한다. 도이칠란트의 전통적 법사고에는 국가의 고권적인 작용에 근거하고 있는 법규범과 사인간의 의사합치에 기반을 두고 있는 계약 또는 협약을 구별하는 이분법적 입장이 지배적인데, 단체협약은 노동조합과 사용자(또는 사용자단체)간의 합의에 기하여 성립된 계약의 일종임에도 불구하고, 근로조건에 관한 부분은 조합원의 개별적 동의 없이 마치 법률과 같이 개별조합원과 개별사용자 간에 체결된 근로계약에 직접적인 효력(이른바 직률적 효력)을 갖는다는 의미에서 그것을 「규범적 부분」이라고 명명하고 또 그러한 효력을 「규범적 효력」이라고 하고 있다. 또 그 외의 부분은 노동조합과 사용자(또는 사용자단체) 간에 직접적인 효력이 있다는 의미에서 「채무적 부분」이라고 부르고, 그러한 효력에 「채무적 효력」이라는 이름을 붙이고 있는 것은 같다. 그러나 우리나라의 단체협약의 법적 성격에 관한 논의와 관련해서 생각해 보면, 이러한 명칭이 적절하지 않다고 생각한다. 특히 단체협약의 법적 성격을 법규범이라고 보는 이른바 규범설의 입장에서면 보면, 단체협약상의 모든 부분은 규범적 부분에 해당하는 것이 될 것이고, 단체협약은 규범적 효력을 가진다고 할 것이다. 이것은 계약설의 경우에도 마찬가지다. 계약설 중에서 특히 규범계약설의 경우에는 규범설의 경우와 마찬가지라고 할 것이다. 그래서 필자는 규범적 또는 채무적 부분이라든가 규범적 또는 채무적 효력이라는 용어를 사용하지 않으려고 한다. 그 대신에 우리 노동조합및노동관계조정법이 사용하고 있는 용어를 그대로 사용하고자 한다. 즉 노동조합및노동관계조정법 제33조이 사용하고 있는 「기준」이라는 용어에 착안해서 전자를 「근로기준조항」 또는 단체협약의 「근로기준적 부분」이라고 부르고, 후자를 그러한 조항의 내용에 걸맞게 「노사관계조항」 혹은 협약의 「노사관계적 부분」이라고 부르는 것이 좋을 것이라고 생각한다. 그래서 필자는 이들 용어를 우리 노동법학계에 적극 제안하는 바이다.

기능이 부여되어 있다고 보는 것이 타당하지 않을까 생각한다.

이러한 관점에서 보면, 취업규칙의 구속력에 대해서도 그것이 근로계약의 내용으로 되어서 비로소 당사자를 구속한다고 생각할 수 있다. 이에 대해 취업규칙의 직접적인 구속력을 인정하기 위한 근거로서 근로기준법 제97조가 취업규칙에 법규범유사의 효력을 부여하였다고 구성하는 견해[44]도 있을 수 있지만, 동조의 문언은 최저기준으로서 효력을 정한 것에 불과하고 취업규칙에 일반적인 계약화체력(契約化体力)을 부여하는 것이라고는 해석되지는 않는다고 할 것이다. 취업규칙은 개개근로자의 동의에 의해서 계약내용으로 된다는 것이 정통적인 계약설이지만, 합리성을 조건으로서 근로계약의 내용으로 된다고 해야 할 것이다.[45] 이렇게 해석하는 것이 앞으로 근로계약에 의한 취업규칙의 통제를 정당화할 수 있는 새로운 근로계약법론을 전개할 수 있는 단초가 될 수 있을 것이다.

다른 한편, 위 첫 번째의 기능에 있어서 근로계약은 어디까지나 근로자 개인의 의사에 기초해야 하는 것이다. 그러므로 사용자와 노동조합이 단체협약에 의해서 종업원 전원의 퇴직을 정한다고 하더라도, 그러한 단체협약의 효력은 인정되지 않는다고 할 것이다. 그 의미에서 근로계약의 존재는 다른 근로조건과는 차원이 다른 문제이고, 근로기준법 제5조 및 제96조의 적용에 있어서도 각별한 고려가 필요하다고 할 것이다.

Ⅵ. 새로운 근로계약법론의 정립을 위해서

1. 근로계약론의 현재적 상황

우리나라의 근로계약법리는 기업에 있어 현실적인 고용관행과 깊이 연관되어 있다고 할 것이다. 한국적 고용관행의 중심을 이루고 있는 것은 최근까지 종신고용으로 자주 명명되었던 대기업의 정규직종업원의 장기고용시스템이다. 이러한 고용시스템에 의하면, 신규대학졸업자를 채용하고 특단의 사정이 생기지 않는 한 정년까지 고용하고 계속되는 것이 예정되었다. 근로자의 측에서 이러한 고용의

---

44) 이것이 취업규칙의 법적 성질에 관한 규범설의 입장이다.

45) 이것은 최근 대법원 판례의 입장이 아닌가 한다. 대판(전원합의체) 1995.7.11. 93다26168 등 참조.

안정을 전제로 유연한 인사이동을 받아들이면서 기업 내에서 경력을 쌓아간다. 연공임금과 퇴직금이 장기근속의 인센티브로 되는 것은 말할 필요도 없다. 이러한 장기고용은 정기채용에 의한 일괄인사에서 정년퇴직에 이르기까지 집단성을 농후하게 내포하고 있었다. 사용자는 배치전환, 승진 또는 승급에 있어 인사고과에 의한 약간의 차이는 있지만, 특단의 사정이 없는 한 채용시기가 같은 근로자들을 거의 집단적 획일적으로 취급하는 한편, 동년배의 근로자들은 입사동기(入社同期)라는 기준을 강하게 의식하고 있다. 또 직장 내에 있어서 업무의 진행방법도 팀워크와 조화가 중요시되고 개인적인 일탈의 허용도(許容度)는 거의 없었다. 특히 기업별이라는 노동조합의 조직형태도 집단성이나 계속성을 지향하게 한 요소에 넣을 수 있다. 이러한 고용관행은 근로계약을 둘러싼 다양한 판례법리에 현저하게 반영되어 있지만, 여기에는 다음의 세 가지에 주목하려고 한다.

첫째, 합리성이 없는 해고를 무효로 하는 「해고권남용」이라는 판례이론이다.[46] 이것은 법률의 흠결을 보충하는 형태로 장기고용에 법적 알맹이를 부여하고, 우리나라의 근로계약법리의 근본을 이루었다는 것은 거의 이론이 없을 것이다.

둘째, 배치전환에 있어서 사용자에게 폭넓은 권한을 인정하는 판례이다.[47] 말하자면, 장기고용이라는 계속성의 이면이지만, 그것에는 로테이션인사에 의한 집단성의 배려도 강하게 인정된다. 또 취업규칙이나 채용 시의 합의에 기초해서 사용자의 권한승인과 권리남용에 기한 제약이라는 접근방법은 우리나라의 근로계약법리에 있어서 하나의 전형을 이루고 있다.

셋째, 취업규칙의 불이익변경에 있어서도 합리적이라면 근로자에 대한 구속성을 인정하는 판례도 있다.[48] 이 법리의 목적은 근로조건의 집합적 처리 특히 그 통일적 획일적인 결정이라는 집단성에 있지만, 그것이 고용의 계속과 표리의 관계에 있다는 것은 근래의 변경해약고지를 둘러싼 논의 중에서도 선명히 부각되었다.

그렇지만, 이들에 관한 판례가 총체로서 근로계약법리라고 부를 만한 내용을 가지고 있는지의 여부는 문제라고 할 것이다. 근로자의 근로계약상의 지위에 대한 보호를 중요시하는 반면에, 계약내용의 결정에 관하여 사용자의 일방적인 결정권의 행사를 넓게 인정하고 「계약법의 원칙에서 일탈한 계약상(契約像)」이라고 평가받는 것도 이유가 없는 것은 아니다. 동시에 이러한 정규직종업원모델과 별

---

46) 대판 1990.11.23. 90다카21589; 동 2003.11.28. 2003두9335 등 참조.

47) 대판 1998.1.20 97다29417; 동 1995.10.13, 94다52928; 동 1995.8.11, 95다10778; 동 2004.2.12, 2003두13250 등 참조.

48) 대판 2001.1.5, 95다70846 참조.

도로 소위 비정규직종업원에 관하여 이미 하나의 근로계약법리가 성립되어 가고 있다는 것도 망각해서는 아니 된다. 기간의 정함이 있는 계약에 있어서 해지의 법리가 그 대표적이고 또 최근에는 정규직 종업원과의 임금격차를 둘러싼 문제가 주목을 끌지만, 그것에 있어서도 정규직종업원을 표준으로 하여 그것과의 비교로 논의가 되는 것에 그치고, 고유한 의미에서 근로계약법리가 깊게 논의되었다고는 할 수 없다.

어떻든, 오늘날에는 우리나라 고용시스템에 많은 변화가 진행되고 있으며, 특히 전통적인 정규종업원모델도 현저히 상대화되고 있다. IMF외환위기 이후 잦았던 고용조정에 의해서 고용안정이라는 전제가 동요하는 한편, 성과주의적 임금 및 인사제도, 전문직이나 근무지한정 등의 복선형고용, 소위 계약직근로자, 파견근로자 등 외부노동력의 이용의 확대 등 다양한 새로운 근로관계가 나타나고 있다. 여기에서 중요한 키워드가 「개별화」라는 것을 보아도 근로계약법리의 재구성이 필요한 것은 명백하다고 할 것이다.

2. 근로계약에 대한 규제와 규제완화론의 문제

1) 규제완화의 사상

오늘날 규제완화는 모든 법영역에서 유행(trend)처럼 휩쓸고 있다. 규제완화가 법의 이데올로기로서 등장한 것이다. 「규제완화의 사상」이 상정하고 있는 계약의 규범적 모델은 충분한 정보가 주어지면 당사자는 장기적인 계약에 있어서도 합리적 선택을 할 수 있다고 하는 것이다. 그래서 규제완화론자는 당사자의 자유로운 계약을 저해하는 규제를 철폐하는 것을 주장하는 것이다. 문제는 이러한 모델이 항상 타당하다고 말할 수 있을까라는 것이다.

해방 이후 우리나라에서 지금까지 계약자유의 원칙이 타당하지 않다고 생각되는 영역에 대해서, 복지국가사상에 기하여 국가의 적극적인 개입이 이루어져왔다. 그러한 개입은 약자보호라는 관점에서 정당화되고, 그것을 뒷받침하는 법들을 사회법이라고 불렀다. 노동법 및 임대차보호법이 그 대표적인 법이라고 할 수 있다.

그러나 사회의 변동과 더불어 근로자가 교섭력에 있어서 열등한 약자이라고 상정하는 것이 반드시 항상 현실적이지는 않게 되었다. 근로자가 다양하게 분화되어 재능이나 기술이 풍부한 전문직 근로자도 상당히 많아지고 있다. 그래서 사회법적 재분배는 정당화가 곤란하게 되고, 불공정한 재분배를 회피하고, 또 당사자에게 선택의 자유를 보장하기 위해서는 규제의 완화가 주장되게 되었던 것이다.

사회적 조건의 변화와 함께 약자가 약자상태에서 벗어나면, 그를 위한 규제가 불요로 된다고 하는 것은 옳다. 그러한 이유에 의한 규제의 완화는 예컨대, 기득권익을 해한다고 하여도 반대할 수 없을 것이다. 예컨대, 1년을 넘는 기간의 근로계약을 체결하는 것이 근로자에 대해 신분적 구속을 강요한다고 하는 사정은 거의 볼 수 없게 되었다는 것도 사실일 것이다(예컨대, 구근로기준법 제23조 참조). 이러한 점에서 우리 근로기준법상의 근로계약기간에 관한 규정을 폐지한 것은 당연한 것이다. 즉 근로계약의 기간에 관한 규제를 약자보호라는 관점에서 정당화하는 것은 더 이상 곤란하다고 생각된다. 그러나 현상은 오히려 반대로 나타나고 있다.

우리가 주목해야 할 문제는 규제를 완화한 후에 돌아갈 수 있는 상태가 무엇인가이다. 규제완화론이 상정하고 있는 계약의 「자연상태」 즉 규제가 없는 상태는 근대계약법이 상정하는 모델적인 상태에 한정되고 있는 것처럼 보인다. 그것은 신고전파경제학의 가격이론이 상정하는 완전시장에서의 계약이다. 그러나 시장메커니즘에서도 일회적인 단발적 거래의 시장과 장기적 거래의 시장이 있다. 인간의 합리적인 판단능력에는 현실에는 한계가 있기 때문에 장기적 거래에 있어서 장래 생길 수 있는 사정의 변화를 예측하여 미리 그것에 대한 대응을 합의해두는 것은 아주 곤란하고 비용도 높다. 그래서 장기적 거래에 있어서 합리적인 행위는 계약체결에 모든 조건을 합의한다고 하는 것이 아니라, 당사자 간에 신뢰관계를 형성하고, 이것을 기초로 하여 계약의 계속성에 대한 당사자의 합리적 기대를 존중하면서 재교섭에 의해 유연하게 계약의 내용을 상황의 변화에 적응하게 하는 것이라고 생각할 수 있다. 이것은 현실의 거래의 조사에서도 뒷받침되고 있다.

그리고 일정한 거래공동체의 당사자에 있어서는 이들의 행동은 규범적인 의미를 가지고 있다. 즉 단순히 어떠한 업계에서는 사실로서 그와 같이 행동하는 것이 많다고 하는 것뿐만 아니라, 그와 같이 행동해야 한다고 의식하고 있다. 거래공동체에 있어서 계속성원리는 계약의 계속성에 대한 당사자의 합리적인 기대를 보호하고, 자의적인 계약의 해소를 제한하는 규범이다. 유연성원리란 사정의 변화에 대해 유연하게 계약조건을 수정하는 것을 요구하는 규범이다. 근로계약은 계속적인 계약이다. 계속적인 계약에 있어서는 예컨대, 약자보호에 근거를 두고 있는 규제를 완화한다고 하여 그것이 곧바로 고전적 계약모델에 다시 돌아가는 것을 정당화할 수 있는 것은 아니다. 계속성원리나 유연성원리를 긍정하는 것이 오늘날 세계의 계약법에 있어서 새로운 조류로 되고 있다. 그렇지만 오늘날 우리 사회에서 주장되고 있는 규제완화론은 이러한 흐름에 역행하는 것이다.

2) 노동시장에 있어서 규제완화

노동법의 영역에서도 규제를 완화하고 시장메커니즘을 도입하고자 하는 경향이 점점 더 현저해지고 있다. 통상 근로기준법의 적용을 받는 노무공급계약을 근로계약이라고 부르고 있지만, 근로계약의 내용에 대해 근로기준법은 그 최저한을 법정함과 아울러 그 규제를 형법이라는 제재에 의해 실현한다고 하는 공법적 접근방식을 중심으로 하여왔다. 그런데 현실에는 많은 경우에는 개개의 근로자와 사용자 간에 주고받는 근로계약으로 근로조건을 정하지는 않고, 근로조건의 결정은 거의 대부분의 경우에 사용자가 일방적으로 규정하는 취업규칙에 맡겨져 있다. 다만, 취업규칙의 제정과 변경에 있어서 근로자의 권리나 이익을 보호하기 위한 제도로서 노동관서에 대한 사용자의 취업규칙의 신고의무와 그 시정명령이라는 공법적 규제가 마련되어 있으나, 이 제도에 대해서는 실질적인 역할을 기대하기 어렵다고 할 수 있다. 그래서 실질적으로는 취업규칙에 대한 단체협약적 통제에 기하여 노동조합에게 그 중요한 역할이 기대되고 있다. 물론 우리나라 노동조합의 대부분은 기업별조직의 노동조합이고, 주로 내부노동시장을 활동의 장으로서 기능하여왔다. 개별기업의 근로조건도 노동조합을 당사자로 하는 단체협약에 의해 그 기본적 내용을 결정한다고 하는 메커니즘이 존재하였다. 이상의 법적 메커니즘에 의해 우리나라의 고용시스템이 지금까지 어느 정도 지지되어 왔다. 그러나 근로조건에 대해 노동조합을 교섭의 당사자로서 상정한다고 하더라도, 현실에서는 노동조합의 조직율은 점점 저하되고 있으며, 현재 추정적인 노동조합의 조직율이 총근로자의 10% 이하로 떨어지고 있는 상황이다.

물론, 최근에는 일부이긴 하지만, 개개의 근로자는 자신의 능력을 살리기 위해 개별적으로 사용자와 근로조건을 교섭하여 근로계약을 체결하고 싶다고 하는 경향도 있는 듯하다. 그래서 이러한 경향에 대응하기 위해 노동법학 분야에서도 계약적 접근을 강조하는 사고전환을 강조하는 주장도 생기고 있다.[49] 어떻든 근로관계당사자의 진정한 자유로운 교섭의 여지를 넓히고 있고, 그것을 실질적으로 뒷받침하는 법적 지지시스템의 보강이 요청되고 있다고 할 것이다. 이와 같은 흐

49) 최근에 우리나라 노동법학계에서도 근로계약법의 제정을 주장하는 학자도 이러한 경향의 일부라고 할 수 있다.

름의 일환이라고 볼 수도 있지만, 또 다른 측면에서는 근로계약에 대한 사용자의 해소에 있어서 국가의 행정적 또는 사법적 개입을 감축해서 규제를 완화한다고 하는 움직임도 있다.

우리나라에서는 근로관계의 해소에 있어 객관적으로 합리적인 이유가 없는 해고나 객관적으로 합리적인 이유가 있어도 「사회통념상 상당하여 시인될 수 없는」 해고는 권리의 남용으로 되고, 이것을 무효로 보는 판례의 법리가 형성되어 있어 1970년대 후반부터 1990년대 중반까지 계속되어왔던 고도경제성장 하에서 장기간의 고용을 보장하여 근로자를 보호하는 기능을 수행하였다고 할 수 있다. 또 이러한 법리는 사용자 측의 고용조정에도 영향을 미쳤다고 할 수 있다. 즉 사용자가 경제변동에 의한 고용조정을 불가피하게 할 수밖에 없는 경우에도 가능한 한 내부시장에서의 조정에 대응하면서 근로자에 대한 해고를 회피해서 근로자와의 신뢰관계를 유지하고, 경영상의 위험을 근로자 측에 전가하는 도덕적 해이를 방지하는 역할을 했다고 할 수 있다.

그렇지만 상황은 더욱더 어려워지고 있는 것 같다. 1990년대 후반부터는 국제적 환경과 국내의 경제적 사회적 여건의 변화와 더불어 고용관행도 변하고 있어 근로관계의 해소에 관한 방식도 다양화할 필요가 있는 것이 제안되고 있다. 특히 IMF외환위기 이후에는 근로계약기간에 대해서는 거의 무방비상태로 되어 있다. 다만, 「기간제근로자 보호 등에 관한 법률」에 의해서 2회 2년을 초과하여 갱신되는 경우에 한해서 무기근로계약으로 간주하도록 되어 있다. 그러나 이 법률은 기간제근로자에게 근로관계의 존속을 보장해주지 못하고 있다.[50] 오히려 기간제근로자의 생활을 더욱더 어렵게 만들고 있다. 현재의 판례는 계약기간이 반복 갱신된 후의 갱신거절은 기간의 정함이 없는 고용에 있어서 해고와 실질적으로 같다고 하는 이유에서 해고권남용의 법리를 유추적용하는 법리를 확립하고 있을 뿐이다.[51] 유기계약을 새로운 고용형태로서 정면에서 인정하고 갱신을 긍정하면, 이 법리와의 조정이 문제로 될 것이다.

50) 이로 인하여, 최근에 정부 및 여당은 기간제근로자 보호 등에 관한 법률상의 계약기간을 4년으로 연장하고자하는 시도를 한 바가 있었으며, 노동계와 야당은 동법을 폐지하거나 비정규직근로자에 대한 근본적인 보호를 강구할 것을 촉구한 바 있었다.

51) 대판 1998.1.23. 97다42489; 동 2002.2.8. 2001다46365 등 참조.

3) 근로관계에 있어서 계속성의 원리

고전적 계약모델로 회귀하려고 하는 주장 즉 시장의 순기능에 대한 맹신(?)에 기초한 규제완화의 주장은 오늘날 우리나라에서는 시장에 대한 국가적 개입을 배제하였던 중립적 이론과 그 합리성에 의해 뒷받침되었던 이론이라고 할 것이다. 그러나 우리가 계속적인 계약에서는 계약체결이라는 일회적인 행위보다는 오히려 그 관계를 중심으로 파악해야 한다는 관계적 계약의 원리의 보편성을 인식한다면, 이러한 주장은 중립적인 것이 아니고, 이데올로기적 성격을 띤 주장이라는 것이 분명하다.

무엇보다 중요한 것은 계속적 계약관계에는 그것의 특유한 성질에 부합하는 법리에 의해서 파악되어야 한다는 것이다. 근대계약이론은 계약체결시에 있어 당사자의 의사에 집중되어 있다. 이러한 의사중심의 계약이론은 계속적인 관계에 있어서는 수정되어야 한다. 이것에 보완하거나 대치할 수 있는 새로운 관념으로서 관계적 계약의 원리를 새롭게 개척할 수 있는 관계적 규범의식은 사실 우리 사회에서는 이미 일찍부터 존재하고 있었다고 할 수 있다. 물론 그러한 규범의식에는 특수한 역사적 경제적 배경이 있고, 이러한 규범의식이 모든 사업장이 공유하고 있는 규범의식이라고 할 수도 없고, 설령 그렇다고 하더라도 그것이 합리적이라고 반드시 할 수 없는 경우가 있다. 그러나 근로관계를 비롯한 우리 사회의 대부분의 사업분야에는 적어도 그 관계를 지배하는 계속성원리와 유연성원리가 지금까지 우리나라의 경제성장을 지지하는 거래관행 속에 육성된 규범의식이라고 할 수 있다. 거래의 계속성의 존중과 유연성원리에 표현된 상대방에 대한 배려가 계약관계를 안정시키고 공존공영을 달성하는 관건이라고 생각한다. 그러한 규범은 심한 시장경쟁 속에서도 장기적 거래관계가 이익을 내는 한, 당사자에 의해 선택된다. 자동차메이커와 하청기업간의 부품공급계약이나 가전메이커와 산하의 판매점간의 대리상계약 등등, 우리나라의 상거래의 다수가 이들 규범의식을 전제로 하여 전개되었던 것이다. 계속적 거래에 있어서는 계약의 계속성 자체에 가치가 생기고, 당사자 특히 계약의 해소에 의해 큰 손실을 입을 당사자는 상대방의 그러한 배려를 요구할 수 있다고 하는 규범이 존재한다고 할 것이다. 구체적으로는 어쩔 수 없는 사유가 없으면, 기왕의 계속적 거래를 해소할 수 없다고 하는 법리로서 정착된다.

이러한 계속성의 원리는 근로기준법 제23조가 해고시에 있어서 사용자로 하여금 「정당한 이유」를 입증하도록 하는 것에 잘 표현되어 있다고 할 것이다. 이러한 계속성의 원리는 근로계약법의 형성에 있어서 반드시 유지되어야 한다.

3. 새로운 근로계약법론의 필요성

오늘날 적어도 법적인 차원에 있어서는 근로계약은 근로자와 사용자가 각기 독립적인 개인으로서 대향하고 있다는 것을 전제로 하고 있다. 물론 근로자는 독립하고 있지만, 아니 오히려 독립하고 있기 때문에 대등한 입장에 설 수 없고, 사용자는 독립한 인간에 의해 등장하지만 실체는 기업 법인격이기 때문에, 고전적 시민법이 예상하듯이, 독립된 대등의 개인관계로서의 실질은 처음부터 구비되어 있지 않다는 것은 되풀이하여 말할 필요조차 없을 것이다.

그렇지만, 현대의 개별적 근로관계는, 근로자와 사용자의 관계가 자유롭고 독립적인 개인들의 관계가 되어야 한다는 주장 자체도 변질시키고 있는 것처럼 생각된다. 자유롭고 독립적인 개인관계에 진정한 인간적 신뢰관계가 현실적으로 존재할 수 있는가라는 존재론적인 문제가 제기될 수는 있겠지만, 그러한 인간적 신뢰관계 그 자체를 무용하게 하는 방향으로 현대의 개별적 노사관계는 이행하고 있는 듯하다.

오늘날 노동시장을 보면, 특히, 파트타이머나 아르바이트, 일용근로자 등 비정규직근로자들의 경우에는 노동력도 슈퍼마켓에서 팩(pack)으로 포장된 상품과 같이 매매되고 있다. 사용자는 4시간, 6시간이라는 분량의 노동력을 구매하고, 노동력의 판매자인 주부의 간단한 면접조사의 결과, 노동력매매 즉 노동계약이 성립한다. 노동력은 피와 살 그리고 뼈에 담겨진 인격적 주체의 연장이 아니라, 시간단위로 포장된 추상적인 양으로서 거래되는 것이다.

물론 기업이 위와 같은 단순한 노동력만으로 성립할 수 있는 것은 아니다. 과거에는 기업에 대한 노동력의 제공은 정규직이라고 불리는 근로자들이 주축을 이루고 있었다. 이들 정규직근로자는 인적 신뢰관계를 중시하였던 독립된 개인으로서 사용자를 향하고 있는 전형적인 근로자이다. 오늘날 이들은 근로자이면서도 관리자로서, 다른 한편에서 파트타이머, 아르바이트 등 비정규직근로자와 서로 대립 또는 대항하고 있는 듯하다.

팩(pack)으로 포장된 상품과 같이 개성이 상실된 일정량으로서 거래되는 노동력과 그 포장팩을 통제·관리하는 관리직근로자 간에는 의사교환이 거의 차단되어 있는 것이나 마찬가지다. 근대법에서 주축을 이루고 있었던 의사주의는 어쩌면 이러한 근로관계에는 발붙일 곳이 없는지도 모른다. 비정규직근로자는 본인의 의사를 가지지 않을 것을 강요받고 있다. 이들의 근로관계는 의사없이 성립되는 사실상 준강제적인 근로관계라고 해도 과언이 아니다. 이들 근로자는 묵묵히 기계처럼 요구되는 분량만큼의 노동력을 제공하면 족하고, 독립된 의사를 가지고 판단하는 것은 불요하다. 오히려 이들 근로관계에 근로자의 의사를 요구하는 것은 무용하다고 할 것이다. 이러한 상태는 소외로부터 회복을 요구하는 근로자의 운동의 토대일지라도, 현재의 근로계약법에는 아무런 규범적 평가를 위한 근거가 아니다. 이러한 노동현실을 법이론으로서의 근로계약법론에 어떻게 반영할 수 있는가? 이것이 현재 근로계약법론에서 해결해야 할 과제이다. 어쩌면 우리는 의사없는 근로계약론으로 가는 길을 개척해야 되지 않는가라는 엉뚱한 생각조차 해보게 된다. 종래의 근로계약론은 정규직근로자의 노동관계를 전제로 하여 입론되어 왔고, 현대에서도 이러한 노력을 되풀이하고 있다고 해도 좋지만, 파트타이머, 아르바이트근로자, 일용근로자 등 비정규직의 노사관계는 그러한 정형적인 노동계약론에서 제대로 처리하지 못하기 때문에, 근로계약론에 문제가 제기되는 것이다. 이러한 상황변화는 계약론에서 중요한 비중을 차지하는 의사론에 대해서도 새로운 전개를 가져온다.

또 종업원이라는 지위(내지 신분)의 설정론으로서의 근로계약론에 대해서도, 현재 파트타이머, 아르바이트근로자 등 비정규직근로자의 증가는 그러한 이론의 전제 자체를 붕괴시키고 있다. 물론 실질적으로는 차별이지만, 정규직과의 구별을 강조하는 것의 반사적 결과로서 파트타이머, 아르바이트근로자 등 비정규직근로자라는 지위가 더욱더 불안하게 되고 있다. 그들은 오히려 종업원이 아니라는 것을 강조하면서, 사회보험을 적용하지 않으면서, 퇴직금을 지불하지 않고, 때로는 연차유급휴가마저 부여해주지 않는 사용자의 조치가 정당화되고 있다. 이러한 처분들이 적법한 것으로서 허용되어서는 아니 된다. 비정규직근로자들은 낮은 임금 때문에 두 곳 이상의 사업장에 근로를 제공하는 경우가 많다. 두 곳 이상의 사업장에서 파트타이머 또는 아르바이트로서 노무를 제공하고 있는 근로대중을 보호하기 위해서는 현행노동법은 너무나도 무력하고, 노동법은 사용자가 원하는 대로 그 법적 효과를 부여하여 사용자의 명령을 정당화해주고 있는 것이 현실이다. 노동현장을 돌아보면, 파트타이머, 아르바이트근로자의 시간외근로에 대해서도 할증임금을 지불하고 있는 예는 오히려 소수인 것이 아닌가? 독립된 개인으로서의 파트타이머, 아르바이트근로자가 법률로 허용된 시간을 넘어 노동하고 있다고 하는 생각 자체를 하지 않고 있는 것 같다. 왜냐하면 이들을 사용하는 것은 인간을 사용하는 것이 아니라 추상적 노동력을 마치 몇 팩(pack) 정도 사서 사업장에 채워 넣는 것에 불과한 것으로 여기기 때문이다. 이러한 현실은 인간으로서의 근로자의 존재가 극도로 소외되고 있다는 사실을 반영하고 있다.

이러한 경향은 실정노동법의 이념에 위배되는 것이지만, 계속적으로 확대되고 있다. 오늘날 기업은 소수의 정규직근로자와 다수의 파트타이머, 아르바이트 등 비정규직근로자와의 대립을 부추기는 방향으로 계속 가고 있다. 파트타이머, 아르바이트근로자 등 비정규직근로자의 상태를 더욱더 압박해가고 있는 것이 파견근로자의 문제이다. 당초 파견근로자가 사용사업주(기업)에 대해서 파트타이머 또는 아르바이트의 형태로 소속되어 있었던 경우가 많고, 또 파견사업자에 있어서 소속형태도 파트타이머근로관계 또는 아르바이트근로관계의 연장이라는 형태를 취하고 있는 경우가 적지 않기 때문이다.

모든 근로자가 인간답게 생활할 수 있도록 하는 것, 특히 정규직과 비정규직 간에 적어도 평등한 보호를 줄 수 있도록 하는 것이야말로 현대노동법학의 과제이라고 할 것이다. 이들 비정규직근로자의 근로계약 내용을 분석하고, 이것에 적합한 보호를 생각하지 않고서는 이들이 처해 있는 상황을 극복한다는 것은 거의 불가능할 것이다. 그러나 노동의 유연화라는 미명하에 현재적 상황을 정당화하기 위해 노동보호법을 후퇴시키고, 전통적인 계약법으로 회귀해야 한다는 근로계약법론은 그 자체로 문제라고 할 것이다. 적어도 근로자의 보호이념이 생생하게 살아 숨쉴 수 있는 근로계약법과 그 이론이 요청되고 있다.

종래의 근로계약론은 정규직근로자의 노동관계를 전제로 하여 논의되어 왔고, 현재에도 근로계약론은 주로 이들의 노동관계를 중심으로 해서 되풀이되고 있다. 그래서 파트타이머, 아르바이트근로, 일용근로자 등 비정규직의 근로관계는 그러한 전형적인 근로계약론에서 제대로 처리하지 못하기 때문에 근로계약론에 많은 새로운 문제로서 등장하고 있다. 이것은 지금까지의 근로계약론에서 중요한 비중을 차지하고 있는 의사중심론(意思中心論)에 문제가 있다는 것을 의미한다. 그러나 근로계약법론에는 이러한 문제의식이 없는 것 같다. 게다가 현재에 논의되고 있는 근로계약법은 행정상 및 형사적인 제재가 없이 주로 민사적 절차에 의한 사후적 통제를 목적으로 하고 있다. 그러므로 이 경우에 근로계약법은 근로기준법 등과 같은 노동보호법과는 다른 차원의 법제이라고 할 수 있다. 그러므로 이러한 근로계약법에 의하면, 근로관계의 분쟁은 오로지 다른 사법적 계약(私法的 契約)과 마찬가지로 민사법적 절차(民事司法的 節次), 무엇보다 민사소송을 통해서만 규율되고 집행되게 된다. 그 결과, 노사의 개별적 근로관계와 이를 둘러싼 당사자 간의 계약분쟁은 사실상 사회법적 내지 공법적인 규제 밖에서 놓이게 된다는 점에서 근로자보호에 상당히 많은 어려움이 발생할 수도 있다. 특히 근로계약분쟁에 관한 특별한 절차법도 없고, 또 도이칠란트의 노동법원(勞動法院, Arbeitsgericht)과 같은 특별법원이 없을 경우에 근대시민법의 전통적인 이데올로기(Ideologie)와 도그마(Dogma)에 상당히 철저한 민사법원과 민사소송절차의 특질을 감안할 때, 그 구제절차에도 차질이 야기될 수도 있을 것 같다.

제 3 장 근로계약과 근로기준법

Ⅰ. 들어가면서

1. 「노동의 법」과 「노동법」의 괴리

인류의 역사는 노동을 기초로 해서 창출되었다. 우리가 오늘날 누리고 있는 유용한 것들은 모두 노동의 결과이다. 단순히 노동하는 인간을 가리켜 '근로자'라고 부른다면, 인간은 모두 태초부터 '근로자'이었다. 그러나 오늘날 우리가 '근로자(또는 근로자)'라고 말할 때, 그것은 단순히 노동하는 인간을 통칭하는 것이 아니라 자본주의라는 특수한 사회제도가 낳은 임금을 받고 타인에게 자신의 노동력을 제공하는 사람들을 말한다. 게다가 그들 대부분은 자신의 생활을 지탱하는 유일한 근거로서 노동력을 판매하여, 그 대가로 주어지는 재화에 의존해서 살아가고 있는 인간군(人間群)이다. 이들 인간군을 우리는 '근로자'라고 부르고 있다. 오늘날 그들은 법적으로는 자유시민인 '페르소나(persona)'이지만 경제적으로 종속자인 '후마나(humana)'이다.[1] 이러한 임근로자군의 본격적인 출현은 당해사회에 자본주의가 성립했느냐 하는 것에 의해 판단되며, 또 자본주의의 성립은 '후마나(humana)'로서 임근로자의 출현 여부에 의해 판단되기도 한다.

우리나라에서 전(前)자본주의시대인 17-18세기에 이미 고공(雇工), 임용사공(賃用私工), 용민(傭民), 점민(店民), 장공(匠工) 등 임금노동형태가 있었다고 한다. 그러나 이들 임금근로자는 노임만으로 생활하지 않고 신분적으로 예속되어 있어 대체로 동일장소에서 집단적으로 일하지 않았다는 점에서 자본주의적 임금근로자와는 구

1) 고대그리스인들은 폴리스의 자유시민을 persona로 하였지만 노예, 전쟁포로 등 종속자들을 소, 말 등과 같은 짐승과 구분하기 위해 humana라고 불렀다고 한다. persona는 권력능력자(Rechtssubjekt) 즉 사람(人)이지만, humana는 류(類)적으로만 *homo sapiens*에 해당할 뿐 법적으로는 사람(人)이 아니다.

별된다. 하지만 이들은 우리나라 근대적 임(賃)노동자의 맹아라고는 말할 수 있을 것 같다. 어떻든 한국에서 자본주의적 임금근로자가 태동한 것은 대체로 19세기 말부터 20세기 초라고 한다. 이것은 먼저 광산노동자와 부두노동자의 형태로 나타났으며, 공장노동자는 상당히 늦게 탄생하였다. 공장노동자는 1910년 한일합방(韓日合邦)을 전후하여 서서히 늘기 시작하여, 일본자본이 한반도에 진출하여 식민지배 하 자본주의적 생산설비를 구축하고 적극적으로 전개하게 하였던 1920년대에 들어와 상당히 급증하였다.[2)]

법사(法史)에 볼 때 「노동의 법」의 역사와는 달리 「노동법」의 역사는 별로 길지 않다. 그것은 기껏해야 2세기 남짓하다. 노동법은 본격적인 자본주의와 그 역사를 함께하기 때문이다. 우리가 오늘날 「노동법」이라고 부르고 있는 법제도는 19세기 근대유럽에서 산업자본주의가 성립된 이후에 임금근로자가 사회적 계급으로 대두하여 이들의 이른바 "노동문제"가 사회적 정치적 문제로서 야기되면서 이에 대한 국가적 차원의 대응책이 마련되면서 태동하기 시작하였다. 우리 사회가 자본주의화 되었던 역사가 얼마 되지 않았으니 우리 노동법의 역사가 서유럽보다도 훨씬 더 짧은 것도 당연하다. 우리 노동법은 이제 겨우 환갑을 넘긴 정도다. 그러므로 우리 「노동의 법」은 태고에서 시작되었다고 말할 수 있지만, 우리 「노동법」은 한반도가 1945년 일본식민지배로부터 해방되고 1948년 북위38도선 이남에 오늘날 우리가 제헌헌법이라고 부르고 있는 대한민국헌법을 기점으로 해서 비로소 그 규범적 발단을 마련하기 시작했다. 1953년에 근로기준법, 노동조합법 및 노동쟁의조정법 등의 노동관련법률[3)]이 제정됨으로써 한국노동법은 어느 날 갑자기 그 모습을 갖추게 되었다고 말해도 과언이 아니다.

1953년의 근로기준법, 노동조합법 및 노동쟁의조정법 등은 이들 법률의 형식과 내용을 본다면, 자본제생산양식에 기초하고자 했던 신생독립국가인 대한민국이 향후에 한국자본주의의 전개과정에서 예상되었던 자본주의적 노동문제에 대한 국가적 차원의 법적 비전(vision)이자 사전준비이었다고 해야 할 것이다. 그렇지만 과연 그렇게만 말할 수 있을지는 의문이다. 왜냐하면 1953년의 정치적·경제적·사회적 상황을 생각해본다면, 1953년의 본격적인 자본주의법제인 노동입법에 대해서 의아하게 생각하지 않을 수 없다. 현재에도 거의 그대로 유지되고 있는 우리나라

---

2) 金元卿/方有成, 『韓國雇傭史』, 螢雪出版社, 1991, 139-160면 및 金潤煥/金洛中, 『韓國勞動運動史(중판)』, 一潮閣, 1993, 8면 참조.

3) 1953년 노동입법의 주요내용과 특징에 관해서 강성태, 「제정노동법의 주요내용과 특징-일본법과의 비교를 중심으로」, 『노동법학』 제48권(2013.12), 131-165 참조.

노동법률의 근간을 이루는 이들 법률이, 일본식민지배로부터 벗어난 지 겨우 8년밖에 되지 않았던 시기이고, 게다가 6.25민족상잔이 제대로 끝나지도 않은 상황에서 제정되었기 때문이다. 이러한 맥락에서 진정으로 본다면, 1953년 제정된 노동법률은 그 당시 우리 사회의 현실적 노동문제에 대한 법적 대책이 아니었다고 할 것이다. 그것은 6.25전쟁 막바지에서 전쟁물자의 생산에 필요한 노동력을 동원하기 위한 무마책(?)이었을지도 모르고, 그렇지 않다면 미래의 화려한 한국자본주의를 꿈꾸었던 지배엘리트들의 성급한 이상적인 법적 기획(?) 또는 무모한 제도적 소망(?)이었는지도 모른다.[4]

그렇다고 하지만, 여기에서 우리가 반드시 생각해보야 할 것이 있다. 1953년의 노동법률이 설령 무모한 기획 또는 소망이었다고 하더라도, 그러한 내용이 어디에서 왔는지에 대해서는 생각해보아야 할 것이다. 우리나라 노동법은 왜 그러한 모습을 가지고 있는가? 이것을 이루고 있었던 기본적 사고는 어디에서 어떻게 우리에게 왔을까? 그 제정의 동기와 과정 그리고 사회적 상황은 어떠했는가? 이와 같은 물음들에 대해서는 아직 별다른 제대로 된 정치·경제사적 연구가 없어 아쉽기 그지없다.

경제사적으로 보면, 우리가 말하는 근대화라는 것은 서유럽근대를 모델로 해서 우리의 의식과 사회구조를 서유럽식으로 바꾸는 것이고, 그것은 결국 자본주의화(資本主義化)와 일치한다고 할 것이다.[5] 그러므로 근대화란 전통적 신분질서와 토지제

---

4) 1953년 근로기준법 입법당시 의원들의 발언이나 속기록을 보면, 북한과의 대결적 상황에서 반공적 사고가 입법의도에 상당히 지배하고 있었던 것이 아닌가 추측한다. 특히 6.25전쟁 초기에 남한 대부분이 짧은 기간이었긴 하지만 북한의 지배 하에 들어갔던 적이 있었는데, 이 때 남한의 근로대중 상당수가 북한에 의해 실시했던 사회주의적 정책을 경험하게 되었다. 이러한 경험은 남한의 근로대중에게 남북 간의 체제비교를 할 수 있는 계기를 제공했을 수도 있었을 같다. 그래서 남한은 북한의 사회주의를 능가할 수 있는 노동법제의 마련으로 근로대중을 보호한다는 상징적 의미를 부각시켜서 남한의 체제가 북한체제보다 우월하다는 것을 법적으로 가시화하려고 했던 것이 아닌가 생각해본다.

5) 여기에서 필자는 「근대(modern)」와 「근대화(modernizing)」라는 용어를 구분해서 사용하려고 한다. 예컨대 「근대국가(modern state)」」라는 용어를 「근대화국가(modernizing state 또는 state for modernizing)」 와는 다른 의미에서 사용하려고 한다. 경제적 사회적 문화적 여건이 먼저 근대적 조건을 이룩하고, 그 결과로서 근대적 정치 및 법체제를 갖추었던 유나이티드 킹덤(영국)이나 프랑스와 같은 19세기 서유럽국가를 전정한 의미에 있어서 "근대국가"라고 한다면, 경제적 사회적 문화적 여건은 여전히 전(前)근대적 봉건적 상태에 있었음에도 불구하고, 외부적 강제나 지배적 정치권력에 의한 "위로부터 근대화"라는 적극적 조치에 의해 경제적 사회적 문화적 여건의 근대화가 추진되어 가고 있었던 19세기 말에서 20세기 초기의 일본 및 20세기 중반의 대한민국과 같은 후발자본주의국가를 "근대화국가"라고 부르려고 한다. 같은 맥락에서 「근대법(modern law)」라는 용어를 「근대화

도가 붕괴하고, 자본주의적 소유권관념과 제도를 구축하고, 그것을 전제로 해서 임금근로자가 창출되어 전통적인 사회적 생산구조가 상품생산구조로 전환되고 그것의 담당주체가 자본가계급과 근로자계급으로 사회적으로 분화되는 한편, 신분적 지배권력관계에 기초한 전통적인 생산관계가 자본주체와 노동주체간의 자유로운 법주체간의 계약이라는 평등한 법률관계에 기한 교환관계로 대체되는 것을 의미한다.

그런데 위와 같은 근대화로의 역사발전과정을 어떠한 태도로 관찰하는 사람이든, 이른바 근대사회에서의 수많은 문제 중에서도 그 노동문제가 압도적인 비중을 차지한다고 평가하는 데에 이론을 제기할 사람은 없다. 그렇다고 한다면, 우리는 근대사회를 무엇인가 주어진 성격과 구조를 가진 사회라고 하는 식으로 서두부터 정해서 이러하지 않고, 노동문제가 어떻게 하여 일어났고, 어떠한 반향을 불러일으키고, 또 어떠한 대책이 그것에 대해 강구되었는가를 역사적인 사실에 입각해서 파악하는 것이 근대사회의 성격과 구조를 적어도 그 핵심에 있어서 명확하게 하기 위한 필수적 전제조건이라는 식으로 생각해야 하지 않을까 한다. 또 실제로 노동문제에 대한 각 방면에서의 연구도 이러한 의미에서 다소간 근대사회 자체에 대한 해명에 기여할 수 있다. 그러나 종래의 연구 중에서 이러한 의미에서 한층 크게 기여를 하고 있는 것은 내외를 통해, 아마 경제사의 면에서의 연구가 아닐까 한다. 특히 일본에는 거의 명치(明治)유신을 단서로 하는 근대화과정에 대해서는 그 경제사의 측면이 한층 내려가 있고, 정치사의 연구가 거의 이것을 따르고 있는 정도이다. 법률사의 면에서의 연구는 우선 거의 없는 것과 같은 상태이다. 따라서 이러한 처녀지의 개척은 적어도 근대사회의 해명에 관심을 두고 있는 법학자의 모두에게 부과된 임무라고 해도 결코 과언이 아니다.

보통 소위 "노동법학"이라고 하면, 국가적인 실정노동법률을 떠올리고 그 성립을 역사필연적인 당연한 것으로 전제하면서 그 법률조문의 말씀론[6]적 해석(dogmatische

---

법(modernizing law)」과 다르게 사용한다.

6) "Dogmatik"이라는 말은 우리말로 번역하여 조어하기가 쉽지 않는 용어이다. 우리나라의 법학문헌에서 많은 사람들이 "Rechtsdogmatik"을 "법해석학", "법교의학" 등으로 번역하거나 또는 도이치어를 그대로 사용하고 있는 듯하다. 그러나 "법해석학"이라고 번역할 경우 Juristische Hermeneutik과 혼돈을 일으킬 염려가 있다. 외국어를 번역하여 우리말의 용어를 조어할 때에는 무엇보다도 당해 외국어와 우리말의 의미를 분명히 파악하고 또 언어관용을 고려해야 한다. 그 다음 언어가 의미를 전달하는 기호라는 측면을 생각하지 않으면 안된다. 의미론적 삼각관계, 즉 의미(또는 사상 : Bedeutung oder Gedanke)와 기호(또는 표현 : Symbol oder Ausdruck)와 지시물(또는 대상 : Referent oder Objekt)의 관계가 일치할 때 대화자간에 있어서 그 의미가 가장 분명하게 전달될 수 있다는 것을 생각하지 않으면 안 된다. 필자는 이러한 전제를 고려하면서, "법해석학" 또는 "법교의학"이라는 표현보다 도이

Auslegung) 및 그것에 대한 대법원판례의 끼워맞춰기에만 몰두하고 있는 것이 우리 노동법학의 기본적 경향이다. 물론 실정노동법률의 말씀적 해석론이 중요하다. 실정노동법의 결정에 영향을 미치는 주도적 해석론을 전개하는가는 노동법학자에게 정말 중요하다. 누구의 해석론이 사법권력에 의해 최종적으로 선택되는가는 법규범학에 있어 정치적 문제이다. 그러한 의미에서 노동현장에서 노동분쟁을 재정(裁定, adjudication)하기 위해 실정노동법규의 규범적 의미를 구체화하는 작업인 체계적 실정법해석론을 정립하는 것은 노동법연구자의 일차적 과제이자 치열한 학문정치적인 과제이기도 하다. 그렇다고 이러한 과제에 충실히 하는 것만으로 진정한 의미에서의 노동법연구를 다했다고는 말할 수는 없을 것이다. 과거를 돌아보고 또 미래를 전망하면서 노동법의 발전을 거시적인 안목으로 조망하는 것도 노동법연구자가 반드시 취해야 할 태도라고 생각한다. 이러한 태도를 취하기 위해서 현재를 넘어 과거로 소급해보고, 다시 그것을 통해서 미래를 조망하는 것이 절실히 요구되고 있다.

2. 피식민적 상흔(傷痕: trauma)으로서 근대법

서유럽근대법의 체계분화사(體系分化史)를 보면, 근대시민법은 시민혁명의 성공으로 중세적 봉건사회에 대한 안티테제(antithese)로서 성립된 근대시민사회를 위한 근대국가의 법적 처방으로서 성립하였다. 근대시민사회를 위한 법적 처방으로서 근대시민법의 사회적·정치적 효험(効驗)은 얼마가지 않아서 바닥이 난다. 아니 그것은 자본주의의 전개과정에서 시민혁명의 이념을 실질화하기에는 너무나 형식적인 처방이었다. 근대시민사회의 초기에는 형식적으로는 자본주체와 노동주체가

치어 "Rechtsdogmatik"의 내용과 의미 그리고 기능을 더 잘 지시할 수 있는 다른 우리말표현이 없을까 생각해보았다. Rechtsdogmatik이 「Recht + Dogmatik」의 합성어이며, Dogmatik은 Dogma에서 나온 파생어라는 사실에 착안하여, Dogma(복수형 : Dogmen)의 의미를 가장 잘 전달할 수 있는 표현이 우리말에는 어떤 것이 있을까 찾아보기로 했다. Dogma는 그리스말 dokein에서 파생된 것이다(dokei moi = es leuchtet mir ein : 나에게 분명하다). Dogmen은 철학적 또는 신학적 기본진리로서 「철학파의 최고 가르침」 또는 「형이상학에 기초되어 있는 확신」 등을 의미한다. 이렇게 볼 때 Dogma는 한자어인 敎나 순수한 우리말인 말씀과 상통한다. 그런데 말씀이란 단어는 우리의 일상생활언어이며, 또 종교인들 사이에서 실제 Dogma와 유사한 의미로 사용되고 있다. 그래서 필자는 Dogma를 말씀으로 번역하여 법학용어로 사용하고자 한다. 즉 Dogmatik은 말씀론으로, Rechtsdogma는 법말씀으로, Rechtsdogmatik은 법말씀론으로 조어하여 사용하고 있다. 그런데 본 논문에서 「법말씀론」은 법률해석론과 동의어이고, 그 내용에 있어서는 「실정법학」과 거의 같다.

공허 동일한 시민이었기 때문에 근대시민국가의 권력주체에서도 적어도 자본주체와 노동주체가 여전히 하나이었다. 그러므로 근대시민법에는 자본주체나 노동주체만 위한 특별한 독립법률이 필요하지 않았다. 그러나 상황은 급변한다. 자본주체이든 노동주체이든 누구나 형식적으로 자유롭고 평등한 존재로 전제하는 근대시민법전의 기초는 처음부터 공허한 것이었다. 자본주의생산이 활발하게 되어 근대시민사회가 고도화되면서 근대시민법은 자본주체조차도 진정한 시민으로 대우하지 못하게 된다. 그래서 근대시민법은 그 내부적으로 분화할 수밖에 없게 되었다. 모든 사람의 자유와 평등을 보장하기 위한 국가의 법적 대응책인 근대시민법전으로서 편찬되었던 민법은 자본주의가 고도화하면서 자본과 노동 양측 모두에게 불만족스런 법이 되었다. 그래서 전체사회(全體社會)로서 시민사회의 법으로서 민법에서, 한편에서는 상법이 자본측의 부분사회(部分社會)를 위한 특별법으로서 자본측을 위(爲)해서 특화되어서 분화되었고, 또 다른 한편에서는 전체사회로서 자본주의사회의 안정을 위해서 노동법이 노동측에 대(對)해 노동측의 부분사회의 법 즉 특별법으로서 분화될 수밖에 없었다. 결국 상법은 첨예화된 자본측이 더 많은 이윤을 효율적으로 신속하게 획득하고 축적할 수 있는 상거래의 안정을 확보할 수 있도록 하는 기술적 법(技術的 法)으로서 특화되고, 노동법은 자본측에 대한 노동계급의 불만을 어느 정도 완화시키면서 자본주의체제의 보호를 위한 사회적 법(社會的 法)으로서 입법화되어 서서히 전체사회로서 시민사회의 법으로서 민법으로부터 독립된 독자적인 법체계로서 분리·성립하였던 것이다.

우리 모두가 잘 알고 있듯이, 한반도에는 1953년 노동입법 그리고 1960년 민법전이 성립하였을 당시에 서유럽근대에서와 같은 시민사회가 성립되지 않았다. 한반도의 근대화과정을 보면, 20세기초기부터 1945년까지 일본파시즘에 의한 식민지배상태가 있었고, 그 후에 다시 아메리카합중국의 군정지배가 있었을 뿐이다. 그러므로 한반도에는 근대시민법의 주체가 성숙될 여지가 없었다. 그러나 이러한 상황에서 한반도에 살고 있던 사람들에게는 이미 법형식에 있어 근대시민법이 주어졌다. 불행하게 우리 사회는 자본주의적 근대화과정에서 주체적인 상황에 있지 못했다. 외부세력 즉 일본지배 하에서 식민수탈적 자본주의가 우리 사회에 강제로 이식되었다는 것은 역사적 사실이다. 그래서 한국의 자본주의적 근대화는 일본식민지배권력에 의해 주도되었고, 자본주의생산관계의 법제도로서 근대시민법도 일본의 식민지배권력에 의해서 우리 사회에 이식되었다. 이것은 20세기초 피(被)식민적인 한국근대사회의 형성과정이었고, 일본민법이 자본주의적 상품교환의 기초법으로서 강제로 한반도에 적용되어 우리에게 의식화되어 갔던 과정이기도 하다. 이러한 역사적 맥락에서 보면 우리의 근대시민법 계수는 피식민지적 근대화의 트라우마(trauma)라고 하겠다. 그리고 일본민법전의 강제이식에 진저리를 치고 있던 중 곧바로 그러한 근대시민법의 수정 또는 보완이라는 노동법제와 노동법적 사고가 일본화(日本化)된 서유럽적인 것으로서 전수되어 자본주의생산양식의 부정적 결과를 완화하면서 그것의 정치체제를 유지하는 법적 기술로서 이식되기 시작하였다. 이것이 1953년 제정된 노동법제이고 그 기초에 있는 노동법적 사고라고 할 것이다. 이러한 맥락에서 보면, 우리 노동법제와 노동법적 사고에는 근대화의 이중적인 트라우마(double traumas)가 그대로 남아 있다고 해도 과언이 아닐지도 모른다.

3. 우리 역사에 부합하는 노동법의 인식을 위해서

우리가 20세기 초에 유럽에서 자본제사회의 노동문제를 완화하기 위해 국가의 사회정책인 입법에 의해 성립되었던 새로운 입법조치들을 별도로 범주화하여 노동법이라고 부르면서 이것을 사회법이라고 하지만, 그것은 여전히 시민사법의 연장이다. 그러므로 노동법은 확대된 또는 완화된 시민사법(市民私法)이라고 하는 것이 옳을 것이다.7)

7) 시민법이라는 용어는 엄밀하게 말하면 확실하지 않은 말이다. 봉건사회에 대해 시민사회라고 하는 것인데, 이러한 맥락에서는 노동법도 역시 시민사회의 법이라고 할 것이다. 다만 시민사회를 근대시민사회와 현대시민사회를 구분한다면 노동법의 대두와 더불어 현대시민사회가 시작한다고 하겠다. 이러한 의미에서 보면 노동법은 현대시민사회의 시민법이라고 할 수 있고 근대시민사회의 시민법으로서 민법과 경계를 이루고 있다. 그런데 도이칠란트에서는 현대시민사회의 태동과 더불어 새로운 유형의 이른바 사회입법에 생긴 노동법과 같은 법을 근대시민사회의 법과 구별하기 위해 기르케(Otto von Gierke)는 "사회적 법(Soziales Recht)" 또는 "사회법(Sozialrecht)"이라는 용어를 사용해서 표기했다. 이러한 용법에 따라 라드부르흐(Gustav Radbruch), 카스켈(Walter Kaskel) 등 일군의 도이치 법학자들이 19세기말에 사회적 문제에 대한 대응입법으로 생겨났던 법률에 대해 사회법이라는 용어를 일관되게 사용하기 시작했다. 그래서 근대시민사회에서 현대시민사회의 변동과 더불어 법학의 영역에서 사회적 입법에 의해서 종래의 시민사회의 질적 변화를 상징적으로 표현하고 있는 <시민법에서 사회법으로>라는 표어가 등장했던 것이다. 근대시민법이 개인 간의 사적 자치를 표방하면서 <계약(Vertrag)>에 기한 방임적 형성이었다면, 사회법은 사회적 영역에 있어서 개인의 자유에 대한 국가의 사전적인 개입에 의해서 법주체의 새로운 <사회적 역할(Soziale Rolle)>의 적극적 형성이라고 말할 수 있다. 이러한 의미에서 필자는 근대시민법에서 현대시민법의 변동을 <시민법에서 사회법으로>이라는 표어 대신에, 잉글랜드의 법사학자 메인(Henry James Sumner Maine)의 "신분에서 계약으로"이라는 표어를 발전시켜서 "계약에서 역할로" 그리고 즉 "계약법에서 역할법으로"라

1953년 한국에 있어 노동법제의 성립은 서유럽의 선진자본주의국가에서와는 다른 의미를 가지고 있다. 그것은 서유럽국가에 있어 시민사법의 사회화 즉 사회법에 의한 시민사법의 수정과 같은 것은 아니다. 그렇다면 20세기 초반 한국자본주의의 성립기에서 국가법으로서 노동법이 어떻게 성립되었는가? 그것은 이미 성립되어 있었던 시민사법을 수정·보완하기 위한 시민사법의 보충이 아니라, 일제식민지배에 의해서 고착화된 봉건적 잔재와 사회적 적폐를 걷어내고 새로운 시민사회를 구축하기 위한 기반조성을 위한 법적 기획이었다고 하겠다. 우리나라 노동법질서가 처음으로 태동하였던 1953년의 상황에 비교하면 오늘날 우리사회의 경제규모가 그때에 비해 수백 배로 커졌다. 노동관련법률도 그 때에 비하면 그 양적으로 상당히 크고 세분화되어 질적으로도 상당히 복잡하다. 그렇지만 노동법의 기본적 구조나 개념은 거의 그대로 유지되고 있다고 말해도 과언이 아니다.

노동법이란, 형식적으로 보면, 사용자와 근로자의 근로계약관계 및 사용자 및 사용자단체와 노동단체(노동조합)와의 이른바 집단적 노동관계 및 노동조합의 조직관계라는 세 영역을 규율하는 법을 총칭하는 말이다. 이러한 의미에서의 노동법은 1953년 이전에는 없었다고 할 것이다. 우리 노동법질서는 1953년에 제정된 노동입법에 의해 비로소 구축되었다. 그 동안 개정으로 약간의 변동은 있었지만 그 기본적 골격은 현재에도 그대로 유지되고 있다. 그 중에서 노동법 중에서 가장 기저적인 법은 근로자와 사용자의 근로계약관계를 규율하는 법이다. 이 법이 바로 근로기준법이다. 이러한 의미에서 근로기준법이야말로 우리나라 노동질서의 근간법이라고 해도 과언이 아니다. 무엇보다 근로계약과 관련해서는 헌법을 정점으로 해서 1953년에 제정 발효된 근로기준법과 1958년 제정 1960년에 발효한 민법과의 관계는 그 역사적 특수성 때문에, 아니 우리 노동법학의 재구성을 위해서 우리 자신의 체험에 기초해서 다시 체계적으로 재검토할 필요가 있다고 생각한다. 오늘날 우리의 학문은 여전히 서양을 숭모한 나머지 유럽중심주의에 세뇌되어 유럽사에 근거하여 구축된 사유(思惟)의 감옥에서 탈출하지 못하고 있는 것 같다. 이 점에 있어서는 노동법학도 마찬가지이다. 그러나 모순과 같지만 세뇌교육의 결과를 새로운 성장을 위한 자기자본으로 삼지 않으면 아니 되는 것은, 마치 강간으로 태어난 자기 자식을 사랑할 수밖에 없는 여인의 기구한 운명과 같이, 우리의 운명이라고 해야겠다. 이것은 노동법의 경우에도 마찬가지로 장난이 아니

는 표제어로 표현하고자 했다. 이에 관한 자세한 것은 강희원, 『노동법의 기초이론』(3판), 법영사, 2011, 72면 이하 참조.

라 숙명이라고 할 것이다. 이것은 한국근대사회의 노동법적 사고 및 그 원리에 관한 새로운 의미부여의 작업으로서 연구가 될 것이다. 우리의 근대법사와 연관해서 생각해보면 이러한 작업은 식민지배의 법적 이중적 트라우마를 치유하기 위한 노동법학적 몸부림의 일태(一態)일 수도 있다고 해야 할 것이다.

아래에서 우리 역사에 근거한 노동법학을 구축하기 위해서 먼저 1953년 노동입법의 사적 의의를 생각해보고, 근로기준법의 구조와 내용을 분석하여 근로기준법의 법체계적 지위를 재음미한 후 근로계약법의 이론적 기초를 구축할 필요성을 부각하면서 근로기준법을 단순히 민법의 특별법으로 생각해왔던 기존의 사고방식을 반성하고자 한다.

Ⅱ. 1953년 노동입법의 사적 의의

1. 1953년 이전 한반도의 특수한 법적 상황

1) 일제식민지배기간의 상황

20세기 초 한반도의 법적 상황을 돌아보면, 한반도는 일본에 합병되었지만 일본본토에는 1946년 일본노동기준법이 제정되기 이전에도 현대노동법의 맹아적 형태인 공장법 등이 있었지만[8], 이들 법률은 한반도에는 전혀 적용되지 않았다. 다만 한반도의 지배총국이었던 조선총독부 총독의 제령(制令)[9]권에 기하여 1912년3월 제정된 조선민사령(朝鮮民事令)에 의해 일본국 민법전이 한반도에도 의용되었다. 이러한 맥락에서 형식적으로 보면 한반도에도 서양식 근대민법전은 1912년 3월에 이미 제정·시행되었다고 말할 수도 있다.[10] 그러므로 한반도의 노동시장에

8) 일본의 공장법은 제정에 관한 논의는 훨씬 이전부터 되었으나 자본측의 반대에 부딪쳐 1911년에 공포되어 1916년에 시행되었다. 그리고 1947년 노동기준법이 시행되면서 폐지되었다.

9) 조선총독이 일본황제의 칙재를 기하여 일본 본토의 법률 대신에 발했던 명령이다. 이것은 「朝鮮に施行すべき法令に関する件」(明治43年勅令第324号) 제1조가 그 근거이다. 제령의 관한 자세한 것은 김창록, "식민지 피지배기 법제의 기초", 『법제연구』, 제14호(1995) 49-78면; 이철우, "일제시대 법제의 구조와 성격", 『한국정치외교사론총』 제22집 1호, 2000, 77-111면 등 참조.

10) 이것을 어떻게 파악할 것인가는 관점에 따라 다르게 될 수도 있다. 어떻든 서유럽식

있어 노동력상품의 거래는 적어도 법형식적인 차원에서는 조선민사령에 기한 일본민법전의 고용계약에 관한 조항[11]에 의해 규율되어야 했다고 말할 수 있다. 하지만 조선민사령에 의한 일본민법전의 의용 이후 자본에 의한 노동수탈이 심각했음에도 일본민법전에 기한 개별적 고용관계에 우선하는 어떠한 입법조치도 식민지배기간 동안 일체 되지 않았던 점[12]에 비춰보면, 현실에 있어서 노동력거래는 근대법인 일본민법전에 의해서조차 이루어지도 않았을 것이다. 이러한 사정에 입각해서 추론해본다면, 일제식민지배기간중에는 고용관련법률이 전혀 없는 무법(無法)의 상태이었다고 말해도 과언이 아닐 것이다.[13] 따라서 한반도의 노동시장에는 자본의 자의(恣意)가 있었을 뿐이지 법은 없었다고 하겠다. 사용자의 뜻이 바로 법이었다. 고용관계 성립 이후에 사용자가 고용관계를 중단하는 것은 아무런 문제가 되지 않지만, 근로자가 노동력의 판매중지를 하는 것이 문제가 될 뿐만 아니라 채무불이행으로서 손해배상책임을 져야 하며, 특히 근로자가 집단적 행위로서 파업의 경우는 더욱더 그러했다.

물론 일제식민지배 전(全)기간 중 근로자의 단결 그 자체와 관련된 입법조차도 없었다. 단결 및 단결활동의 원동력으로 되는 결사·집회의 자유가 적극적으로 보장되지 않았고, 보안법(保安法)이나 치안유지법(治安維持法) 등에 의해서 금지되었다. 제1차 세계대전 후 치안경찰법(治安警察法)이 이른바 대정(大正)데모크라시라고 하는 문화정치시대에 식민종주국인 일본이 어느 정도 완화된 치안정책을 표방하면서 그와 병행해서 근로자 개인의 의지의 총화로서 단결을 방임하는 쪽으로 나타나게 되는데,[14] 이 법은 한반도에는 적용되지 않았다. 그 대신에 보안법이 통감부시대에 제정되고, 식민지시대 전기간을 통해 기축적인 치안정책으로서 기능하였던 것인데, 보안법 제6조는 노동력상품의 거래에 관한 정책을 상징하는 것이다.[15]

근대민법전이 한반도에 사실상 시행되었던 것은 이 때부터라고 할 수도 있을 것이다.

11) 일본국 민법전 제3편 채권, 제2장 계약, 제2절 고용, 제623조-제631조.

12) 1916년에 시행되어 1947년 노동기준법의 발효로 폐지된 공장법은 민법전에 기한 고용계약의 법리를 일부 수정하는 조악한 노동보호법이지만, 이 법률마저 한반도에는 적용되지 않았다.

13) 일본민법전의 고용계약은 식민지자본에 필요한 범위에서 작동했다고 할 것이다. 계약이 당사자 쌍방에 대해 상호구속적인 효력을 가질 때, 그것을 규율하는 법을 계약법이라고 말할 수 있는데, 일제식민지배시대에 일본민법전상의 고용계약법은 편면적이었기 때문에 형식에서만 고용계약법이었을 뿐이다.

14) 그 대표적인 조항이 *治安警察法* 제17조이다. 치안경찰법상의 단결정책사상에 대해서는 上井喜彦, "第一次大戰直後の勞動政策-治安法 第17條の解釋·適用問題を中心として-", 勞動運動史硏究會(편), 『黎明期日本勞動運動の再檢討』, 1979년을 참조.

그렇지만 일제식민지배기간에도 노동운동과 노동조합이 없었던 것은 아니다. 특히 1920년에 접어들면서 노동조합의 성장이 현저하였고, 단결 및 단결활동도 그 이전보다 어떠한 의미에서는 상당히 방임되었다.[16] 그러나 식민지배전기간 동안 노동조합이라는 단결이 합법화되는 것은 한 번도 없고, 일본본토에서와 같이 방임되지도 않았다.[17] 다만 단결 그 자체를 억압하기 위한 17세기 잉글랜드에서 고안되었던 「형사공모(criminal conspiracy)」의 법리[18]가 아직 도입되지 못했었던 상황에서 구태여 말하자면 경찰의 출동이 사실상 저지되어 법외에 방임되었던 현상이 발생했던 때가 일시적으로 있었던 것에 불과했다. 그 후 한반도에는 보안법, 치안유지법이 확대·적용되는 등 치안유지를 위한 특별법규와 형법의 관련조항 등에 의해 단결은 위법으로서 통제되었다. 그러므로 파업 그 자체도 민·형사적으로 불법 내지 위법이었다.[19]

이러한 역사적 사실은 일제식민지배의 전기간 동안, 유럽에서는 이미 19세기후반부터 합법화되었던 노동조합이 이른바 근대적 노동시장기구로서 인정되지 않아서 한반도에서는 전혀 정착될 기회조차 가지지 못했다는 것을 의미한다. 다만 관영의 직업소개소가 1920년대에 한반도에도 설치되어 이를 통한 취업알선이 이루어져서 한반도에서 뿐만 아니라 일본본토에서의 노동력수요를 충족하기 위한 합법적인 노동시장기구로서 기능을 하였다.[20] 이와 같은 단순한 노동력수급정책은 1930년대에 들어와서 「지역간노무조정정책」이라고도 할 수 있는 적극적인 정책으

15) 保安法 제6조, 「물재를 매매 또는 노력을 수급하는 데에 폭행 협박 또는 사기에 기한 수단으로써 그 가격을 부당하게 증감할 수 없다」. 그 외에 保安法에서는 업무방해금지(제4조)규정 등도 있었다. 이 법은 치안경찰법 제17조에 전제되어 있는 노동정책과는 이질적인 정책을 목적으로 하고 있었으며, 「團結」「同盟解雇 또는 同盟罷業」 등의 용어가 일체 사용되고 있지 않는 것을 확인할 수 있다. 「노력」 즉 노동력상품의 특수성이 전혀 인정되지 않았고 「재화」 즉 상품일반과 동일하게 취급되었다.

16) 金潤煥/金洛中, 『韓國勞動運動史(증판)』, 一潮閣 1993, 21-50면 참조.

17) 金潤煥/金洛中, 위 같은 곳은 한반도에서 노동조합이 1920년대에는 「합법」적이었지만 1930년대에 들어와 「비합법」화되었던 것처럼 기술하고 있는데, 金三洙(『韓國資本主義國家の成立過程 1945-53년: 政治體制 勞動運動 勞動政策』, 東京大學出版會, 1993, 24면, 각주 19)는 이것이 오류라고 하고 있다.

18) 오늘날 형법에서 조직적 범죄의 괴수를 정범(正犯)으로 처벌하기 위해서 자주 동원되는 공모공동정범이론은 본래 노동운동의 탄압을 위해 고안되었던 형사공모(criminal conspiracy)」의 법리에 그 기원을 두고 있다고 하겠다.

19) 위와 같은 김삼수의 주장에 의하면 한반도에서 근로자의 단결이 합법적 지위를 얻게 되었던 것은 아메리카합중국의 군정기 이후라고 보는 것이 옳을 것 같다.

20) 小林英夫, "朝鮮總督府の勞動力政策について", 東京都立大學, 『經濟と經濟學』 제34호, 1974년 2월, 56-60면.

로 전환된다. 이것은 한반도와 만주의 공업화, 특히 한반도의 북부지방에 진행되었던 공업화정책에 대응하여 지역 간의 노동력수급의 불균형을 조정하는 기능을 감당하기 위한 것이었다.[21] 그러나 중일전쟁 이후의 전시동원을 위해서는 이와 같은 부분적이고 비강제적인 노동력이동·배치정책으로는 대응할 수 없어 일본제국은 국가총동원법체제 아래 전면적 강제동원정책을 감행하게 되었다. 이와 같이 강제적인 전쟁동원체제를 가동하는 한편, 그 부작용을 어느 정도 무마하기 위해서 18세기말의 잉글랜드의 공장법과 구빈법과 유사하다고 할 수 있는 노동보호법이 제정되었던 것이다. 이들 노동보호법제는 서유럽의 노동보호법제의 맹아적인 수준이라고 할 수 있지만, 이와 같은 정책이라도 시행할 수밖에 없었던 것은 일본의 자본주의적 파시즘세력이 근로대중을 식민지전시동원체제로 통합하지 않을 수 없는 절박한 사정 때문이었다. 이러한 노동보호법제마저도 위에서 언급했듯이 한반도의 근로대중에게는 전혀 적용되지 않았다. 그렇지만 그 진정한 정책의도가 어떠했든 간에 식민지배기간 동안에 전개되었던 일본제국의 노동정책에 대한 한반도에서의 간접적 경험은 해방 이후 6.25 전쟁기간 동안 전쟁수행을 위한 국가총동원체제를 위한 1953년 노동입법의 추진에도 무시할 수 없는 역사적 영향으로서 작용하였던 것이 아닌가라고 추측해 본다. 어떻든 일본식민지배기간 동안 일본본토에서와는 대조적으로 한반도의 근로자에게 단결권도 일체 인정되지 않아서 노동운동 및 정치활동의 면에서 조직적 경험을 가지지 못한 존재였을 뿐만 아니라 국가적 노동보호법제에 의한 보호도 전혀 받은 적이 없는 그야말로 노예적 존재로서 1945년 「해방」을 맞이하였기 때문에, 1948년 대한민국정부수립 후에 줄곧 한반도의 근로대중은 당시 일본본토에서 전개된 근대적 노동입법에 의해 일본근로자가 누리고 있었던 수준정도의 근대적 노동입법을 열망했던 것은 아니었을까 생각한다.

2) 1945년부터 1953년까지의 법적 상황

한반도의 피식민적인 근대화법의 주체이었던 일본제국은 제2차 세계대전에서 패전으로 한반도에서 물러났다. 그 다음에 한반도는 승전국인 아메리카합중국과 소비에트연방에 의해서 분리·점령되었다. 그리고 한반도 북위 38도선 이남에는 아메리카합중국의 3년간 군정을 거쳐서 1948년 7월 17일 제헌헌법이 제정·공포되

21) 許粹烈, "朝鮮人勞動力强制動員의 實態", 車基壁(편), "日帝의 韓國植民統治", 正音社, 1985, 294-297면.

면서 '대한민국'이라는 이름을 내건 정치공동체인 국가가 일본식민지배와 아메리카합중국 군정의 결과의 사실적 상속자로서 성립되었다. 그러나 이 제헌헌법에 의하면 대한민국은 일본식민지배와 아메리카합중국 군정의 법적 계승자가 아니라 3.1운동으로 건립되었다고 선언하고 있다.[22] 그 동안의 역사적 사실에 입각해서 판단해 본다면, 정치적 시스템으로서 대한민국은 이미 1919년부터 규범적인 차원에서 존재하였으나, 현실적으로는 아메리카합중국 군정이 종료한 후에서야 비로소 정치적 시스템으로서, 그것도 한반도 38도선 이남에만 가능하게 되었다고 말할 수 있다. 그래서 한반도의 노동법적 상황을 개관하기 위해서 일제로부터 해방된 1945년에서 노동입법이 되었던 1953년 사이의 법적 상황의 특수성에 관해 다시 좀 더 생각해 볼 필요가 있다.

한반도는 1945년 8월 15일 일본제국의 지배에서 벗어나 동년 9월 7일부터 아메리카합중국군의 지배, 이른바 미군정기를 맞이하였다. 일본영토 점령군 총사령관 더글러스 맥아더(Douglas MacArthur, 1880-1964)는 포고1호로써「북위38도 이남의 주민은 본관 및 본관의 권한 하에서 발포된 명령에 직접 복종할 것. 이후 공포된 포고(proclamations), 정령(ordinance), 규칙(regulations), 고시(notices), 지시(directions), 조례(enactments)는 본관 및 본관의 권한 하에서 발표하고 주민이 이행해야 할 사항을 명시한다[23]」고 선포하였다. 그 후 같은 해 10월 9일, 아메리카합중국점령군 정령 제11호에 의해「종래의 법령 중 민족적 차별과 억압을 가하려고 하는 정책 내지 주의를 가진 제법령」의 폐지가 선언되고, 이른바「치안유지법」「조선보호관찰령」「출판법」등 특별법령과 이와 유사한 공법적인 법령은 폐지되었지만 민사법관계에 있어서는 별도로 변동이 없었던 것 같다.[24] 같은 해 11월 2일에는 아메리카합중국군정령 제21

---

22) 지금까지 9차례 개정된 헌법의 명시적인 표현만을 본다면, 첫째 제헌헌법 전문의 모두에는 "유구한 역사와 전통에 빛나는 우리들 대한국민은 기미 삼일운동으로 대한민국을 건립하여"로 시작하고 있다. 그러나 3.1운동으로 건립된 대한민국은 박정희 군사쿠데타로 종결된다. 즉 전문개정 1962.12.26 헌법 제6호의 전문은 "유구한 역사와 전통에 빛나는 우리 대한국민은 3·1운동의 숭고한 독립정신을 계승하고 4·19의거와 5·16혁명의 이념에 입각하여 새로운 민주공화국을 건설함에 있어서… "로 시작하고 있다. 이것은 1987년 민주화이후에도 그대로 계속되고 있다. 즉 현행헌법에서는 그 표현이 변경되어 "유구한 역사와 전통에 빛나는 우리 대한국민은 3·1운동으로 건립된 대한민국임시정부의 법통 …을 계승하고"로 되어서, 현재의 대한민국은 1962. 12. 26에 건국되었으며 3.1운동으로 건립된 것은 대한민국임시정부임을 확실히 하고 있다. 적어도 우리 헌법에 의하면, 대한민국은 5.16 군사쿠데타로 규범적 역사가 양분된다. 즉 3.1운동에 의해 건설된 대한민국 즉 구(舊)대한민국과 5.16 군사쿠데타를 기점으로 해서 새로 건립된 대한민국 즉 신(新)대한민국이 어떠한 관계에 있는가라는 것이다.

23) 金炳華,『韓國司法史: 現世編』, 一潮閣, 1982에 법령의 원문(영어)이 있다.

호가 발령되었는데 이에 의해서 「모든 법률 및 조선총독부가 발포한 법률적 효력을 가진 규칙, 명령, 고시 기타 문서」로서 1945년 8월 9일 현재 시행중의 것은 동년 11월 2일까지 이미 폐지되었던 것이 아니면, 아메리카합중국의 군정청의 특별명령으로 폐지되기까지 완전히 효력을 유지하게 되었다.[25] 그래서 이에 의해 이른바 의용민법도 아메리카합중국군 지배시기에 북위 38도선 이남의 한반도에서 그 유효성이 인정되었다고 해석되었던 것 같다. 다른 한편, 조선총독부의 제령(制令)에 의해 한반도에 적용되었던 일본의 법령이 개정되는 경우에 있어서는 원칙적으로 개정법률시행일부터 그 개정법률에 의한다고 규정하고 있었다. 그렇지만 조선총독부의 제령인 「법령에 있어 법률에 의한 규정 있는 경우에 있어 그 법률의 개정이 있었을 때의 효력에 관한 법률」(1911년 6월)은 1948년 대한민국의 독립으로 그 영토인 북위 38도선 이남의 한반도에서 당연히 폐지되었다고 할 것이다. 그런데 의용민법으로 한반도에 적용되었던 일본민법은 제2차 세계대전이 끝난 1945년에서 대한민국이 성립했던 1948년 사이에 상당히 개정되어 그 내용이 변경되었다. 그래서 만약에 한반도에 의용되었던 일본민법이 대한민국의 민법전이 발효하는 1960년 1월 1일까지는 형식적으로나마 유효하게 효력을 가지고 있었다고 한다면, 정말 아이러니컬하게도 제2차 세계대전 후에도 대한민국에 의용민법으로서 적용되었던 일본민법은 개정되지 아니한 제2차 세계대전 종전의 일본민법이라고 하겠다.

법률적 프리즘으로 본다면, 북위 38도선 이남의 한반도에는 1948년 7월 17일 헌법이 제정·공포되고 대한민국의 정부가 수립되어 국가로서 대한민국이 아메리카합중국군정의 통치권을 합법적으로 인수함으로써 비로소 군정의 입법권은 끝이 나고, 양자 간의 합법적 인수에 의해서 군정시대에 유효했던 법령은 대한민국의 법령으로서 효력을 가지게 되었다고 하겠다. 그런데 이와 관련하여 대한민국의 제헌헌법 제10장 부칙 제100조는 「현행법령은 이 헌법에 저촉되지 않는 한 효력을 가진다」고 규정하여 그 아메리카합중국군정당국이 그 유효성을 인정했던 일본총독부의 제령 및 그에 의해서 발령된 법령의 유효성까지도 대한민국 제헌헌법에 의해서 재차 판단하도록 하고 있다. 이와 같은 제헌헌법의 일반조항은 제대로 준비도 하지 못한 채 닥쳐왔던 해방이후의 규범공백을 메우기 위한 법적 궁여지책이었다. 그렇지만 제헌헌법 제10장 부칙 제100조를 구체적으로 어떻게 해석해야 할지는 의문이다. 그 당시의 법적 상황에서 형식적으로 해석해 본다면, "현행법

24) 위의 책, 265면.

25) 위의 책, 265면.

령"이란 아메리카합중국군정청에 의해서 발령되었거나 그것에 의해서 그 당시 효력을 유지하였던 일제의 법령일 것이다. 그렇지만 위에서 언급했듯이 아메리카합중국 군정청의 정령에 의해서 유효성이 유지되었던 일제의 법령은 다시 대한민국의 제헌헌법의 정신과 이념 및 원리나 원칙에 의해서 재차 규범적 효력이 평가되어 유효성이 인정되어야 하고 또 그 특정법령이 제헌헌법에 반하거나 부합하지 아니 하는 경우에 그 효력이 어떻게 되고 또 그 일부가 그러한 경우에는 그 법령 전체가 배제되는지 그렇지 않으면 그 일부만 무효로 되는지가 문제이다. 만약 그 일부가 효력이 상실하는 경우에는 그 효력상실부분은 어떻게 보충되는가? 또 성문법령 외에 관행이나 관습법은 어떻게 되는가?[26] 헌법에 저촉되지 않는지의 여부는 누가 어떠한 기준에 의해 어떻게 판단해야 하는가? 등등의 다양한 문제가 제기될 것이다.

한편 정부수립 후 얼마 되지 않아 민법전의 편찬사업이 시작되고, 1958년 2월 민법전이 제정되었다. 이 민법전은 1960년 1월 1일부터 시행되었기 때문에 형식적으로만 본다면, 1912년 3월 조선민사령에 의해 의용된 일본민법은 주로 가족법분야에 대해 아메리카합중국군정시대 및 정부수립후의 조치로 무효화되었기 때문에 가족법관련조항은 그때까지, 이를 제외한 나머지 부분은 1959년 12월 31일까지, 즉 반세기 가깝게 적용되었다가 현행 우리 민법전의 발효로 민법 부칙[27]에 의해서 폐지되었다.

위와 같이 일본민법전이 우리 민법전 시행 이전까지 이른바 의용민법으로서 형식적으로 유효하게 존속했다고 하더라도, 일본민법전 중의 고용계약조항도 우리 현행민법전이 발효하는 1959년 12월 31일까지 그대로 유효했다고 해석할 수 있는가라는 것이다. 왜냐하면 제헌헌법은 노동기본권에 관한 규정을 두고 있었고, 일

26) 제헌헌법 제100조에 의해서 「이 헌법에 저촉하지 아」니 하여 대한민국의 법으로서 유효하게 살아남을 수 있었던 일제의 「법령」이란 무엇인가? 여기에는 제헌헌법에 저촉하는 일제의 성문법은 물론이고 그 당시의 불문법(관습법 등)도 포함하는 것으로 이해되었던 것 같다. 일제시대에 일본당국에 의해 선언되었던 관습법규범 중에는 특히 내선일체라는 식민지정책에서 나온 관습, 즉 한국의 관습법과는 아무런 관계도 없는 관제관습이 관습이라는 이름 하에 들어와서 한국관습법 또는 관습의 왜곡 내지 부정이었기 때문에 해방이후에 이러한 관제관습을 일소함은 물론이고 일본관습법 또는 관습에 의해서 부정되었던 한국관습법 또는 관습을 다시 부활시킬 필요가 있었던 것이 아닌가 생각한다.

27) 1958.2.22. 제정 법률 제471호 민법 부칙 제27조가 그것이다. 그 내용은 다음과 같다.
「제27조(폐지법령) 다음 각호의 법령은 이를 폐지한다.
1. 조선민사령 제1조의 규정에 의하여 의용된 민법, 민법시행법, 연령계산에관한법률
2. 조선민사령과 동령 제1조에 의하여 의용된 법령중 본법의 규정과 저촉되는 법조
3. 군정법령중 본법의 규정과 저촉되는 법조」

본민법전상의 고용계약조항과 그것에 기초한 고용계약법리는 노동기본권을 보장하였던 제헌헌법 제17조와 제18조에 위배되거나 양립할 수 없는 것이기 때문에 적어도 그러한 부분은 제헌헌법에 저촉되어 효력을 상실했다고 해석해야 하지 않는가라는 것이다. 추상적이긴 하지만 노동영역은 이미 1948년 7월 14일 제헌헌법의 발효로 다시 말해서 제헌헌법이 규정하고 있는 노동기본권 규정에 의해서 일본민법전상의 고용계약조항이 상정하고 있는 내용과 상이하게 규범화되었다고 해석해야 할 것이다. 이러한 점은 제헌헌법 제17조의 노동권과 제18조의 노동3권을 구체화하고자 했던 1953년 노동입법의 내용을 보면 분명하다. 즉 제헌헌법상의 노동질서를 구체화하기 위해 제정되었던 1953년 노동법제는 조선민사령에 의해서 한반도에 적용되었던 일본민법전의 고용관련조항이 전제로 했던 노동질서와는 양립할 수 없다. 그러므로 제헌헌법의 노동기본권의 규범적 내용과 일치할 수 없는 조선민사령에 의해 한반도에 의용되었던 일본민법전의 고용계약조항과 그 법리는 제헌헌법 제100조에 의하면 「이 헌법에 저촉」되는 것으로 1948년 7월 14일 그 효력을 상실했다고 해석해야 하는 것이 아닌가? 그렇다면 1948년 헌법질서 하에서 근로계약에 관한 한 조선민사령에 의해 한반도에 의용되었던 일본민법을 일반법으로 보면서 1953년 제정된 근로기준법을 특별법으로 보는 견해는 처음부터 성립할 수 없지 않는가라는 것, 다시 말하면, 우리나라 헌법 하에서는 적어도 노동영역을 규율하는 일반법로서 민법과 특별법으로서 근로기준법의 관계를 상정하는 사고방식은 성립될 수 없지 않는가라는 것이다.

2. 적극적 「근대화기획법」으로서 1953년 노동입법 : 자본주의화를 위한 여건조성

앞에서 언급했듯이 우리 노동법제는 6.25민족상잔이 막바지에 이르고 있었던 즘에 성립하였다. 일제가 남겨놓았던 산업시설마저 파괴되어 거의 폐허된 상황에서 거의 공장근로자를 전제로 하는 노동법률을 제정했던 것은 정말 미스테리와 같은 사건이라고 말할 수도 있을 것이다. 그러한 상황에서 제정된 노동법률이 상당부분 개정 또는 해석을 통해서 퇴락한 부분이 있긴 하지만 기본적으로는 여전히 그대로 유지되고 있다는 것도 또한 미스테리라고 해야 할 것이다.

선진자본주의국가에 있어 노동입법은 산업자본주의의 발달로 시민사회의 내재적 모순이 외화(外化)되어 그것에 의해 야기된 사회적 병폐를 시민법에 의해서 감당할 수 없어 시민법의 수정이 불가피하게 되어 그것을 법적으로 치유하기 위한 방책으로서 시작되었다. 유럽의 선진자본주의국가에서 「노동력보존의 방법」으로서 노동보호법제는 좋든 싫든 간에 필연적으로 생성될 수밖에 없는 것이라고 하겠다. 그것은 자본이 노동주체 즉 근로자의 존재를 전제로 해서 생성발전해가고 근로자 없이는 존립기반을 상실해버리는 것임에도 근로자의 착취, 노동력의 끊임없는 이용 없이는 그 존재가치가 무의미하게 된다고 하는 모순을 가지고 있기 때문이다. 즉 근로자 없이는 자본은 존재할 수 없음에도 개별자본은 항상 끊임없이 그 이윤추구에 의한 자본증식이라는 본능적 목적을 추급해가는 과정에서 그 목적의 달성을 위해서 근로자를 열악한 노동조건 하에서 취로하게 하고자 하는 욕망을 계속해서 가지고 있다. 이러한 개별자본의 행동은 어쩔 수 없이 근로자의 질병, 사고 등 노동재해를 증가시키고 능률과 생산성의 저하를 초래함과 아울러 사회불안과 근로자의 저항을 불러와서 자본주의체제 전체를 위협하게 되는 경우도 초래하게 된다. 자본주의의 초기 단계 즉 원시적 자본축적시대의 노동조건이 얼마나 가혹하였는가는 상상을 초월할 정도이다.[28] 이러한 상태는 노동력의 마멸로 직결되고, 총(總)자본의 입장에 서서 전체사회를 관리하고 자본주의체제를 유지해야 할 국가의 이성(理性)에서 본다면 그대로 방치해서는 아니 되는 현상이었다. 그러면 개별자본의 욕망은 총자본의 전체적 이익의 극대화를 위해 국가 이성의 표현으로서 법률적 제도에 의해서 억제되어야 하는 것은 자본주의국가에 있어 필연이라고 하겠다.

위와 같은 자본주의체제의 유지 및 건강화라는 맥락에서 노동보호입법의 역사가 시작되는데, 노동보호법은 노동운동이 본격화되기 이전부터 서로 상충하는 자본측의 정치적 이해에 따라 소극적 또는 적극적 노동보호조치로서 국가권력에 의해 시작되었던 것이다. 그러므로 노동보호법제의 맹아는 국가가 노동조합운동을 승인하였던 때보다도 시대적으로는 상당히 선행하였다고 하겠다.[29] 노동보호법제

---

28) 이와 관련해서 산업자본주의초기에 있어 근로자의 사회적 경제적 상황에 관한 연구결과를 보면 알 수 있는데, 이에 관해서는 예컨대 잉글랜드의 경우에는 Friedrich Engels, *Die Lage der arbeitenden Klasse in England*, Leipzig 1845에 아주 생생하게 기술되어 있고, 일본의 경우는 黃山原之助, 『日本の下層社會』, 岩波文庫 青109-1, 岩波書店, 1985(초판 『日本之下層社会』 教文館 明治 32년); 細井和喜藏, 『女工哀史』(岩波文庫 青135-1), 岩波書店 1980(초판: 改造社 1925년)에 보고되어 있다. 그리고 한국의 경우에는 구해근 저(신광영 역), 『한국노동계급의 형성』, 창작과비평사, 2002; 전기호, 『일제시대 재일 한국인 근로자계급의 상태와 투쟁』, 지식산업사, 2003의 제1부 등을 통해서 짐작할 수 있다.

29) 예컨대, 노동보호법의 가장 오랜 역사를 가지고 있는 잉글랜드에는 이미 1802년에 공장법(Act for the Preservation of the Health and Morals of Apprentices and others, employed in

는 근로자보호 자체보다는 생산노동력의 마멸을 늦추기 위한 것에 그 목적이 있었기 때문이다. 노동보호법의 양식은 자본주의의 진행에 따른 시대적 차이가 있지만, 그것은 자본주의적 생산양식의 발전정도의 차이이고, 그에 따라 내용에 있어서 약간의 정도차가 있음에도 불문하고 초기에는 기본적으로 은혜적 성격이었던 것이 공통이다.

서유럽의 선진자본주의국가에 있어 근로자의 단결에 대한 법인(法認)의 경우도 보면, 자본주의사회가 고도화되면 노동운동이 격화된다. 자본주의국가는 노동운동이 체제 자체를 위협하는 수준에 이르게 되면 처음에는 노동단체를 소극적으로 인정했다가 자본주의가 더욱더 고도화되어 독점자본주의시대로 진입하게 되면 노동시장기구로서 적극적으로 활용하기 시작한다. 이 단계에서는 노동단체는 결사의 자유에 의해서 보호되는 것이 아니라 통상적인 결사의 자유와 다른 의미를 가지는 이른바 단결권이라는 국가의 적극적 보호를 받게 된다. 이것이 바로 노동기본권인데, 여기에는 보호의 양식으로서 그 권리행사의 방식과 한계가 국가적 입법에 의해서 조밀하게 규범화된다. 이러한 국가적 입법이 20세기 초반 유럽국가에서 성립되었던 노동단체법제이었다.

그런데 대한민국에 있어서 1953년 노동입법의 사회적·경제적 배경은 유럽의 자본주의선진국에 있어서 노동입법의 그것과 달랐다고 하겠다. 1945년 일본의 식민지배에서 벗어난 지 채 10년도 되지 않는 대한민국에 있어 노동입법은 서유럽 선진자본주의국가의 경우와는 다른 의의를 가지고 있다고 생각한다. 1953년 그 당시 농업인구가 전체인구 80%를 넘어서 근로자의 수가 근소하고 또 노동조합 조직률도 아주 낮은 상태이다.[30] 그 당시 노동입법이 노동운동의 결과라고 평가하기는 쉽지 않을 것 같다. 또 앞에서도 말했듯이 대한민국의 기본적인 노동법제는 1953년 제정·시행되었음에도 우리 노동법학에서는 우리사회의 역사적 전개과정에 기초하지 않고 서유럽이나 일본에서 역사적으로 전개되었던 법이론 내지 법적 사고를 앵무새처럼 그대로 도입하였다고 하겠다. 대한민국에는 서유럽과 같은 사회적·경제적 배경이 있었던 것도 아니었다. 대한민국에서는 노동법제가 성립했던

Cotton and other Factories)의 제정을 보았다. 다른 한편, 1800년에는 단결금지법(Combination Act)에 의해 노동운동은 심한 탄압 아래에 있었고, 그것이 1824년, 1825년에 금지해제로 되는데, 단결권이 법인(法認)되었던 것은 1871년이다. 또 19세기 초기에서 뿐만 아니라 말기에도 근로자의 조직률은 아주 낮았기 때문에 적어도 노동보호법의 단초기에 노동운동이 본격화되었다고 추정할 수 없는 것이다.

30) 이와 관련해서 金大換, "1950년대 韓國經濟의 연구－工業을 중심으로", 陳德奎/韓培浩/金學俊/韓昇洲/金大換, 『1950年代의 認識』, 한길사, 1981, 157-255면 참조.

1953년경에는 근대적인 시민법질서가 제대로 성숙되지도 않았을 뿐만 아니라 그러한 시민법에 의해 방임적으로 규율되는 자본주의적인 자유경쟁에 의해 사회경제적 병폐가 심각하게 야기되었던 것도 아니었다. 그 보다는 오히려 반(半)봉건적인 식민적 수탈과 전쟁에 의한 빈곤이 만연하고 있었다. 그럼에도 1953년에 제정되었던 노동입법이 1912년 3월 조선총독부에 의해서 제정 공포된 조선민사령에 의해 한반도에 확대되었던 일본민법 즉 산업자본주의적 시장경제질서를 자유방임적으로 규율하는 근대시민법을 수정·보완하기 위해서 제정되었다고 보아야 하는가라는 것이다. 그렇게 보는 것은 우리 사회의 역사적 사실에 부합하는 것이 아니지 않는가? 그렇지 않다는 것은 우리 노동법제가 제정될 당시 우리의 역사가 보여주고 있다. 그 당시 대한민국에는 오히려 전근대적 사회적 제도와 의식이 그대로 남아 있어 자본주의적 근대화조차 전혀 실현되지 못했다. 그러므로 대한민국에 있어서 1953년 노동입법은 해방 이후 일본식민지배세력이 그대로 남기고 떠난 노동 내지 산업부문에 그대로 상존하고 있었던 전근대적 사회적 구조를 해체하고 자본주의적 근대화를 추진하기 위한 여건조성에 그 목적이 있었다고 평가하는 것이 더 합당하지 않는가? 이러한 의미에서 1953년 노동입법은 그 사회적 내지 경제적 기능면에서 근대화의 부정적 결과로서 시민법의 폐해를 수정·보완하는 사회법이 아니라 오히려 「적극적 근대화」를 위한 법, 즉 향후에 도래할 시민사회의 경제적 기반을 마련하고 그것을 지지하는 새로운 질서를 형성하기 위한 적극적인 기획법이라고 할 수 있다.[31)]

한국사회의 자본주의적 근대화라는 측면에서 볼 때, 1953년 노동입법 중에서 근로기준법이 우리나라 노동법제에서 가지고 있는 제도적 지위는 그 법률의 명칭 중의 「기준」이라는 표현이 보여주고 있듯이 특별하다고 생각한다. 여기에서 제기하지 않을 수 없는 커다란 의문은 1953년 근로기준법을 단순히 노동(자)보호법으로만 파악해도 되는가라는 문제이다. 근로기준법에는 단순한 최저근로조건의 보장을 위한 것이 아니라 시대적 상황에 따라 미래지향적으로 형성되어야 할 우리나라의 노동정책적인 기본적 이념과 노동보호법의 정신이 표상되어 있으며 지금

31) 본래 노동법은 자본주의사회에 있어 자본에 대한 근로자의 경제내적 종속을 완화하여 자본주의체제를 안정화하는 데에 그 목적이 있다. 그렇지만 1953년 우리 노동입법은 과거의 식민지배권력 때문에 그 당시 그대로 남아 있었던 노동의 경제외적 전근대적 종속성을 어느 정도 완화하면서 향후에 한국자본주의가 전개되는 과정에서 필연적으로 생기게 될 노동의 경제내적인 종속성을 완화하기 위한 미래지향적인 법적 대책(?)이었다고 하는 것이 옳을지 않을까 생각한다.

까지 약간의 내용적 변화가 있긴 하지만 그것이 추상적으로 규율하였던 일부사항에서 대해서는 우리나라의 경제적·사회적 여건에 부응하도록 구체적으로 세분화된 개별 단행법률로서 독립하였지만 여전히 그 기본적 이념과 정신 그리고 구도가 유지되고 있다.

그러므로 위와 같은 우리의 노동입법사(史)에 기초해 민법과 근로기준법의 체계적 관계를 평가한다면, 근로기준법은 시민법 즉 민법의 수정 내지 보완이 아니라 오히려 실질적으로 동등한 주체 간의 법률관계를 규율하는 민법을 적용하기 위한 사회경제적 전제조건의 조성을 위한 법제라고 하는 것이 타당할 것이다. 이러한 의미에서 보면, 적어도 산업부분에 있어 노동관계에서는 근로기준법이 일반법이고, 근대시민법의 사적 자치를 기본원칙으로 하는 민법이 오히려 특별법 또는 보충법이라고 보는 것이 옳을 것이다. 즉 근로기준법은 사회경제적 힘의 격차를 전제로 하는 산업적 근로계약을 규율하는 일반법이고, 그렇지 않고 사회경제적 힘의 격차가 없는 예외적인 경우인 고용계약을 규율하는 특별법이 민법이라고 하겠다. 이와 같이 우리 노동법이 한국적 자본주의의 전개를 위한 기본법 또는 기초법이라고 본다면, 이러한 맥락에서 한국노동법의 근간법이라고 할 수 있는 근로기준법의 내용을 재음미하여 그것에 새로운 체계적 지위를 부여하는 작업이 필요하게 되는 것은 당연할 것이다.

Ⅲ. 근로기준법의 법체계적 지위

1. 서

오늘날 우리 노동법의 기본적 구상은, 역사적으로 볼 때, 19세기 유럽에서 자본주의사회가 고도화되는 과정에서 자본주의적 생산양식의 이점을 극대화하면서도 그 단점을 줄이기 위해서 고민했던 이른바 사회정책론자의 사상에서 비롯되었다. 노동법의 운용원리는 자본주의체제를 기반으로 하여 자본의 주체에게 영업의 자유를 인정하고 다른 원자재와 마찬가지로 영업에 필요한 노동력을 자유로이 구입할 수 있는 노동시장을 전제로 해서 영업의 주체인 사용자와 노동력의 소유자인 근로자(근로자)가 상호 자유롭고 평등한 지위에서 노동력의 거래를 할 수 있는 근로계약(노동계약)의 자유를 원칙으로 하되, 이러한 과정에서 부수적으로 초래될 수밖에 없는 부정적 효과를 감축하기 위해 국가의사와 근로자의 집단의사에 의해 노동계약자유의 원리를 사전·사후적으로 수정·보완하는 법적 기능구조(legal mechanism)가 그 핵심이다. 이것은 공동체의 관리자로서 국가권력이 근로자의 생존권보장을 위해 노사관계에 직접 개입하여 근로자의 인간다운 생활보장에 필요한 근로조건(노동조건)의 최저기준을 스스로 설정하여 그것을 하회하는 근로계약의사를 규범적으로 규제하면서, 그러한 기반 위에 노동계약의 내용인 임금, 근로시간 기타 근로조건은 기본적으로는 노동조합을 주체로 하는 단체자치(단결체, 집단적 교섭권 그리고 집단교섭을 위한 최소한의 수단으로서 쟁의권을 용인한다)에 의하여 즉 집단의사에 의해서 최종적으로 결정하도록 하고 있다. 이러한 노동법의 운영원리에 의하면 근로계약의 당사자인 근로자는 어느 정도에서 자유·평등한 법인격자로서 사용자에 대항할 수 있게 되고 노동과정 그 자체에서도 근로자의 인간회복이 상당한 수준으로 실현된다는 것이 그 사상이다. 여기에서 국가의사는 노동시장이라는 부분사회를 규율하기 위한 바로 강행적인 노동보호법 내지 노동조건법으로 나타나고, 집단의사는 노동시장이라는 부분사회에서 그 주체로서 근로자집단과 사용자(또는 사용자집단) 간에 체결된 사회적 자치 결과인 단체협약이라는 법형식으로 표현된다.

1953년 우리나라 노동입법도 바로 한국노동시장의 조절장치로서 위와 같은 국가의사와 노동단체의 집단의사에 기한 근로조건을 형성하는 법적 구조와 원리를 규범화했던 것이다. 노동시장에 대한 국가의사의 표현방식의 기본법이 바로 근로기준법이었고, 노동단체의 집단의사에 관한 법적 구현방식이 바로 (구)노동조합법이었다.[32] 그런데 해방 직후에 한반도의 정치적·사회적·경제적 상황을 감안해볼 때, 집단의사에 의해 노동조건을 형성하는 방식이 제도화되었음에도 그것이 제대로 작동될 수 있는 상황이 아니었다. 일제강점기 중에 한반도에 있었던 모든 사회적·정치적·경제적 운동은 물론이고, 노동운동과 문화적 운동까지도 일제의 타도를 위한 저항적 독립운동이었다. 그래서 한국근로자들은 노동시장에서 노동운동을 통해 그들의 집단의사를 노동조건규범으로 구현하는 방식을 제대로 수련할 기회

32) (구)노동조합법은 노동쟁의조정법과 함께 1998년에 현행 노동조합법 및 노동쟁의조정법으로 통합되었다. 이러한 통합이 잘 된 것이라고 평가해야 할지에 대해서는 약간의 의문이 있다. (구)노동조합법과 (구)노동쟁의조정법은 그 성격에 있어 단결에 대한 국가적 규제법이라는 점에서 동일하다고 평가할 수 있으나 (구)노동조합이 헌법이 보장하고 있는 단결권을 구현하는 조직법이고, (구)노동쟁의조정법은 노사 쌍방 간의 노동분쟁을 그 규제대상으로 하는 절차법이라는 점에서 그 성격이 다르다고 하겠다. 그래서 두 법을 하나의 법률로 통합했던 것이 바람직한 개정방향이었는가를 생각해보면 결코 긍정적인 평가를 하기 어렵다고 하겠다.

를 갖지 못했기 때문이다. 이러한 상황은 현재에서도 거의 변화가 없다고 해도 과언이 아닐지도 모른다. 대한민국 성립 이후부터 현재까지 노동조합이 헌법에 의해서 보장되는 합법적 노동시장기구로서 명목상으로 인정되어 왔음에도 불구하고 근로자들은 그것을 통해서 노동력거래조건을 자율적으로 결정할 수 있었던 상황이 아니었다. 근로자들도 스스로를 제대로 계몽하지 못했을 뿐만 아니라 국가권력은 여러 가지 정치적·경제적 상황을 이유로 국가적 차원에서뿐만 아니라 개별기업차원에서도 노사 쌍방에게 그러한 제도를 체험할 수 있는 기회를 제대로 제공하지 않았기 때문이다. 이것은 건국 이후부터 현재까지 노동조합 조직율의 변동현황만을 감안해보더라도 자명하게 알 수 있을 것이다. 어떻든 우리 노동법의 실질적 기능면을 본다면 국가의사의 표현으로서 노동법이 사실상 우리나라 노동법의 전부라고 해도 과언이 아니고, 노동단체의 집단의사에 기한 노사의 사회적 자치조직법으로서 노동법[33)]은 제도적 액세서리(accessory)수준에 머물고 있다. 어떻든 우리나라 노동법의 중심축은 사실상 국가의사에 의한 최저근로조건의 기준을 법정하고 그 법정기준을 하회하는 노사 쌍방의 근로계약의사를 무효로 하여 국가의사에 의한 법정기준을 계약내용으로 강제적으로 형성하고 또 법정기준의 준수의무를 위반하는 사용자에 대해 형사적 처벌을 하는 것에 있다고 하겠다.[34)]

이러한 관점에서 보면, 1953년 노동입법이 6.25전쟁 중임에서 불구하고 1948년 제헌헌법의 정신을 노동부문에 구현하여 이른바 '제3의 길'로 가려고 했던 시도이었다고 평가하기도 하지만, 무엇보다 이들 노동입법 중 노동관계의 법적 형성에 관한 핵심적인 국가의사를 제시하고 있는 근로기준법이 차지하고 있는 비중이 가장 컸으며 지금도 이것은 변하지 않고 그대로 유지되고 있다고 하겠다. 현재에도 우리 노동법은 근로기준법이 그야말로 노동법의 전부라고 해도 과언이 아니다. 여기에서 1953년 근로기준법에 대한 규범적 재의미부여가 필요하고 또 현재 상황에서 현행 근로기준법과 관련해서도 그 의미에 어떠한 변동이 있는가도 검토해보

33) 현재 우리나라의 노사의 사회적 자치조직법으로는 노동조합및노동관계조정법이 있으나 그것은 근로자의 노동기본권을 과도하게 억압하는 규제법으로서 기능하고 있는 경향이 강하다. 사회적 자치조직법의 기초이론에 관해서 강희원, 『노자의 사회적 자치조직법으로서 노사관계법』, 법영사, 2012, 특히 서편 참조.

34) 근로기준법을 위반하는 사용자에 대해 형사처벌을 하는 이른바 「노동형법으로서 근로기준법」은 현재 상당히 후퇴하고 있다. 그렇지만 여전히 노동형법은 아래에서 언급하듯이 「노동보호법으로서 근로기준법」의 핵심적인 부분이다. 여기에서 우리가 고려해야 할 것은 「노동형법으로서 근로기준법」의 해석·적용에 있어서 시민형법의 법리는 노동법의 이념과 원리에 의해 어느 정도 수정될 수밖에 없다는 것이다.

아야 할 것이다. 여기에서 우리 근로기준법이 단순한 노동보호법이 아니라는 생각에까지 이르게 된다. 근로기준법이 우리나라의 「노동기본법」이자, 「노동조건법(또는 노동보호법)」이며, 「노동계약법」이라고 해야 하지 않을까 한다.[35] 그래서 근로기준법의 내용을 다시 살펴보면서 근로기준법의 체계적 지위와 그 이념과 원리들이 실제로 어떻게 표현되어 있는지를 좀 더 살펴보고자 한다.

2. 「노동기본법」으로서 근로기준법

1) 서 설

근로기준법은 국가에 대해 헌법이 제시하고 있는 노동질서이념을 보다 더 자세하게 구체화하여 구현하고자 하는 대한민국의 「노동기본법」이라고 해야 할 것이다.[36] 여기에서 노동기본법이라 함은 근로기준법이 대한민국의 국가적 노동제도와 정책에 관한 이념이나 기본방향을 규정함과 아울러 그것에 따른 기본적 법원리와 법원칙 그리고 법제도를 강구해야 할 것을 국가적 책무로서 부과하는 기초적인 법률이라는 것을 말한다. 이러한 의미에서 노동기본법은, 법체계상에서 보면, 최고법인 헌법 보다는 하위에 있지만 다른 개별노동법률 보다는 상위에 있는 모법(母法)적 지위에 있다고 할 것이다.

노동기본법이라는 관점에서 본다면, 근로기준법은 법체계나 운영원리에 있어서 개별노동법률에 대해서 우월적 지위를 가진다고 하겠다. 그래서 근로기준법의 가치나 이념은 구체적인 노동법규범의 입법이나 해석기준 그리고 실정노동법규의 흠결시에 있어 적극적 법형성의 향도(嚮導)역할을 담당할 뿐만 아니라 다른 법률의 개별 조항의 적용 및 준용에 대한 판단기준이 되어야 할 것이다. 위와 같은 노동기본법적 사항은 현행 근로기준법 제1장 총칙에 집중적으로 편재되어 있다. 그렇다고 이러한 내용이 근로기준법 제1장에만 한정되어 있는 것은 물론 아니다.

---

35) 우리 근로기준법에서는 "근로"라는 용어가 "노동"을 포괄하는 일반개념 또는 상위개념으로 사용되고 있다(근로기준법 제2조 제1항 제3호 참조). 그렇지만 이 글에서는 "「노동」 또는 「근로」", "「근로자」 또는 「근로자」", "「노동계약」 또는 「근로계약」"라는 각각의 용어를 동일한 내포를 가진 개념으로 보면서, 가능하다면 전자를 선호하되, 특별히 우리 실정법률의 그것을 강조하고자 하는 경우에만 후자를 사용하거나 ( )안에 "노동"을 부기하여 함께 사용하기로 한다.

36) 물론 제헌헌법 제18조 2항에 보장되었던 이익균점권이 근로기준법에 의해 구체화되지 못했다. 이러한 점에서 노동기본법으로서 근로기준법은 반쪽뿐인 비전이었다.

「노동기본법」으로서 근로기준법의 특징은 제1조의 입법목적에 명확하게 규정되어 있다. 근로기준법은 "헌법에 의거하여 근로조건의 기준을 정함으로써 근로자의 기본적 생활을 보장·향상시키며 균형있는 국민경제의 발전을 기함"을 목적으로 하고 있다. 여기에서 "헌법"을 지금까지는 헌법 제32조 제3항만을 의미하는 것으로 해석해왔다. 그러나 이렇게 해석해서는 아니 된다고 할 것이다. 근로기준법 제1조에 규정되어 있는 "헌법"이란 헌법 전체 즉 우리 헌법적 질서 전체를 의미한다고 하겠다. 이것은 근로기준법의 입법목적규정인 제1조가 「헌법 제32조 제3항」이라고 한정하지 않고 "헌법에 의하여"이라고 하고 명시하고 있는 것에서 분명하다고 하겠다. 그럼에도 지금까지 우리 노동법학자들은 근로기준법을 근로조건법이라고 좁게 파악하면서 근로기준법 제1조 소정의 "헌법에 의하여"이라는 표현을 「헌법 제32조 제3항에 의하여」로 한정한다든가 또는 그렇게 해석해서 근로기준법의 법적 성격을 좁은 의미에 있어서의 「노동보호법률」로 제한하려고 했던 것이 아닌가가 생각한다. 근로기준법은 국가에 의한 근로자의 생활권과 노동권을 보장하는 것을 일차적 목적으로 하는데, 그 구체적인 방법은 근로조건의 기준을 법정하는 것이다. 그러므로 근로기준법은 노동시장에 대한 국가의사의 기본법이다. 그러므로 이것이 어떠한 실질과 내용을 가지고 있는가에 따라 노동시장의 상황이 결정된다고 할 것이다.

근로기준법은 근로조건의 최저기준을 법정하는 단순한 노동보호법을 넘어서 우리 헌법의 정신과 이념을 노동영역에 구현하고 하는 기본법 즉 노동기본법이다. 여기에서 노동기본법으로서 근로기준법의 구체적인 내용을 정리하면 크게 세 가지로 요약할 수 있다. 즉 ① 전근대적 노동악습의 폐지에 의한 근대적 노동시장 기반의 조성, ② 노동시장질서로서 근로계약제도의 확립, ③ 노동시장에 대한 근로자의 집단적 참가제도의 확립 등으로 생산체로서 사업 또는 사업장 차원에서 근로자의 집단적 참가제도의 확립이 그것이다.

2) 근대적 노동시장기반의 조성 : 전근대적 노동악습의 폐지

우리가 잘 알고 있는 바와 같이, 20세기 초 한반도에서 일본식민지배에 의해 조선왕조의 전근대적인 지배질서가 무너지고, 그 위에 일본제국에 의해 자본주의적인 수탈적 경제가 추진되었기 때문에 한반도에 있어 자본주의적 근대화는 식민적 수탈에 필요한 법형식에서만 그친 아주 표피적으로만 전개되었던 것이다. 전근대적 지배질서와 의식은 제대로 불식되지 못한 채 오히려 왜곡되었다고도 말할 수 있다. 어떠한 면에서는 식민적인 자본주의화는 그러한 전근대적 의식을 강화하고 있었는지도 모른다. 그런데 이러한 상황에서 한반도가 일본식민지배로부터 1945년 갑자기 해방되었다. 특히 산업영역에는 식민지배에 유리했던 전근대적 잔재는 불식되기는커녕 오히려 더욱더 강고하게 되어 있었다. 이러한 잔재는 근대사회로 나아가는 데에 저지적인 요인으로서 작용하고 있기 때문에, 설사 형식적 자유와 평등을 전제로 하는 자유방임적 시민법제가 도입된다고 하더라도 그것이 정상적으로 작동될 수 없다. 그래서 자본주의적 질서의 확립에는 시민법질서의 작동을 저지하는 동인으로 되어 있는 봉건적 잔재를 제거하는 것이 국가의 급선무였다. 그것은 바로 봉건적 생산양식과 거기에 기생하고 있는 전근대적 법의식을 제거하고 근대적 자본주의시장질서를 위한 여건조성이었다.

해방 직후에 우리사회의 상황에서는 사적 자치나 계약자유라는 시민법의 원칙에 기생하여 오히려 전근대적인 의식은 강화되었다. 이러한 사실은 일제시대의 자본주의적 공업화과정에 나타났던 현상에 비춰 볼 때 이미 어느 정도 분명하게 되었다고 말할 수 있다. 사실, 전근대적 봉건질서 그 자체에 그 나름대로 사회적 약자에 대한 보호기능이 있었다고 말할 수 있으나, 그러한 봉건질서가 무너져 내렸지만, 그러한 상황에 부합하는 의식이 제대로 성숙되지 않는 동안 새로이 도입된 자본제적 생산양식을 전제로 하는 근대법적 질서 하에서는 사회경제적 약자는 봉건적 보호조차 받지 못하는 무방비적 상황에 몰리게 된다. 어떠한 가혹한 경제적 착취도 근대법의 사적 자치원칙이라는 미명하에 정당화되었다.

자본주의전개사를 긴 안목에서 보았을 때, 서유럽에서는 자본제생산이 본격적인 궤도에 올라가면, 봉건적 잔재로서의 법의식은 총(總)자본의 각성에 의해 서서히 불식되어 갔다고 말할 수 있다. 그러나 적어도 이러한 총자본의 각성이 가시화되는 데는 상당한 기간이 필요했다. 물론 그러한 각성이 저절로 이루진 것은 아니다. 그러한 총자본의 각성이 있기 전까지는 봉건적 잔재는 개별자본에게 자본축적을 위한 호재이었고, 사회적으로나 법적으로 관심을 끄는 문제는 전혀 아니었다. 오히려 자본주의초기단계에는 봉건적 잔재는 시민법원리를 왜곡하고 또 시민법원리는 봉건적 잔재의 역기능을 강화하여 오히려 자본제사회의 자기모순을 심화시켰다. 특히 봉건적 신분제의 전통 속에서 농지 등 근소한 사유재산에 대한 집념을 끊기 어려운 미조직의 농민층은 자본주의적 생산폭력이 가중하는 중압에 의해 붕괴되어 도시로 몰려와 그야말로 프롤레타리아화하게 된다. 이들은 어떠한 형태로든 자신을 조직화하고 저항적 역량을 길러서 그것이 프롤레타리아의 해방

운동으로 승화되어 자본주의체제를 위협하게 된다. 이러한 상황에서도 개별자본은 시민법의 형식적 논리를 내세우면서 더 많은 이윤을 위해 여전히 봉건적 잔재를 "선량한 풍속" 즉 양속(良俗)이라는 이름하에 지키려고 한다. 여기에서 시민법은 전근대적인 봉건의식이 기생할 수 있는 법적 토양으로서 기능한다. 시민법의 형식논리와 미풍의 보수성이 결합되면 근로자에 대한 자본가의 착취를 정당화하는 방임적 법률정책적인 지향이 생기고, 그것이 봉건적 규범의식의 잔재에 의해 다시 지지되는 사태가 반복된다.

일제에 의한 식민적 근대화과정에서 봉건적 질서는 표면적으로 무너졌지만, 기업적 노사관계 속에는 봉건적 유제가 그대로 살아서 작동하고 있었다. 그것을 배제하는 것이야말로 자본주의적인 근대적 노사관계의 형성을 위해서 절실히 요청되는 것이다. 이들 요소는 오히려 노사관계의 근대화를 저해하는 소극적 요인으로서 기능하기 때문이다. 이러한 전근대적 노동악습을 제거하는 것이 정상적인 자본주의화를 위한 국가적 노동입법의 최우선적 과제이다. 본래 노동법은 노사관계의 시민법적 근대화를 이룩한 이후 그것에 의해서 야기되는 부정적인 결과를 완화하는 국가적 강행법이지만, 우리나라의 경우 노동법은 오히려 근대화의 저해요인 자체를 제거하는 작용이 먼저였다. 이러한 국가적 과제는 근로기준법의 노동기본법적 내용으로서 규정되었다. 「노동기본법」으로서 근로기준법은 우리나라의 노사관계에 있어 봉건유제의 근절에 상당히 광범한 규제를 위한 강행적 조치들을 마련하고 있다. 예컨대 ① 강제노동의 금지(근로기준법 제7조), ② 중간착취의 금지(동법 제9조)[37], ③ 국적, 신앙 또는 사회적 신분에 의한 차별적 취급의 금지(동법 제6조 후단) ④ 남녀동일노동 동일임금의 원칙의 확립(동법 재6조 전단)[38] ⑤ 공민권행사의 보장(동법 제10조) ⑥ 근로계약체결시 사용자의 우월적 지위를 이용한 부수계약의 금지(동법 제20조, 제21조 및 제22조), ⑦ 기숙사생활에 있어 자치제의 확립(동법 제10장) 등은 모두 종래 우리나라에 잔재하였던 전근대적 폐습을 배제하기 위한 것이다.

---

37) 이것은 「직업안정법」에 의해서 보다 더 구체화되어 있다. 그러나 제한적이긴 하지만 파견근로를 합법화하면서 중간착지취의 금지원칙은 상당히 희석되었다. 그래서 근로기준법과 직업안정법 및 파견근로자 보호 등에 관한 법률의 체계적 관계는 일반법과 특별법의 관계에 있다. 즉 직업안정법은 근로기준법의 특별법이고 또 파견근로자보호등에 관한 법률은 직업안정법의 특별법이라고 해야 할 것이다. 여기에서 일언을 더 해둔다면, 중간착취금지원칙은 당초 "노동은 상품이 아니다"라는 필라델피아선언을 입법화했던 것인데, 자본주의체제 하에서 중간착취의 근절은 처음부터 불가능한 것이라고 해도 과언이 아니다.

38) 이것은 현재 「남녀고용평등과 일 가정 양립지원에 관한 법률」에 의해서 더 구체화되고 있다.

근로기준법이 제정된 지 60년이 넘어갔지만 현재에도 근로기준법은 위와 같은 노동기본법적 과제가 완수했다고 말할 수 없다. 왜냐하면 우리나라의 기업에는 위와 같은 전근대적 상황이 어느 정도 계속되고 있기 때문이다. 반(半)봉건적 생산관계는 한국적 절대주의적 정치에 매개되어서 경제부문의 근저에 그대로 남아 있다. 과거의 식민주의의 기반은 한국적 경제제일주의의 기반으로 재편되었을 뿐이다. 이러한 재편입과정에서 반봉건적 규범의식에 대한 승인은 사회정책적 필요성이라는 측면에서 기대되었고, 또 해방 직후 산업화의 초기에 재벌 등 소수자에게 신속한 본원적 자본축적을 위해서도 강하게 요청되었던 것이라고 할 수 있다. 우리나라에는 농민계층이 직접적으로 임금근로자로 재편성되어 반(半)예속농체제가 전경제기구의 골조를 이루고 노예적 예종이 임금노동의 근로조건 속에 추가적으로 편성되어 있어서 근로자가 예속상태에 훈련되어 가고 있으며 봉건적 종속형태가 자본제종속형태로 전화해서 가부장적 봉건제적 예종이 임노동을 추가적으로 가중화하는 요소로 되어 나타난다. 그것이 오직 성급하게 수행된 본원적 축적과정의 사태에만 기인하는 것이 아니라는 점은 한국자본주의체제의 모순적 구조를 규정하고 있다고 하겠다. 전근대적 법의식은 임근로자에 대해서는 근대프롤레타리아로서의 계급적 자각에 눈을 감게 하고, 재벌가(財閥家)의 악덕을 미풍으로 가장하여 직장에 대한 충성을 강요하는 데에 도움이 되는 규범의식이기도 하였으며, 또 요즘과 같이 거대자본 간의 치열한 경쟁으로 인해 야기된 불경기적 상황에서는 그 형태를 바꾸어서 "공공복리" 또는 "경제살리기" 또는 "노사협력"이라는 미명하에 노동쟁의권 기타 노동기본권의 제한 및 유린에 대해 그것이 권리침해라는 사실을 의식하지 못하게 할 뿐만 아니라 오히려 가부장적 조직원리의 일반화를 통해 개인의 평등한 자유권을 무시하고 그것을 정당화하는 규범의식과 연계되는 것이다. 그래서 그러한 전근대적 규범의식은 우리 헌법이 보장하고 있는 근대적 자유권의 범주에 속하는 기본권조차도 인간 일반의 평등한 권리로서보다는 오히려 지배계급만이 누릴 수 있는 특권으로서 의식되게 만들고 있다는 것이다. 그러나 봉건적 잔재인 전근대적 규범의식은 개별자본에 있어 자본제생산을 관통하는 자본의 이기적 착취충동 즉 초과이윤의 취득과 이것에 상응하는 노동가치 이하로의 절하에도 노예적 종속성으로써 몸을 맡길 뿐, 그것에 근로자들이 감히 반발하지 못하게 하는 긍정적인 측면을 가지고 있지만, 근대적 자본제생산관계의 발전과 건전한 자본주의적 법의식의 삼투를 저해하여 전체사회로서 자본주의체제 자체를 위협하게 된다고 하는 부정적인 측면이 거시적 차원에서 파악되어야 할 것이다.

3) 노동시장질서로서 근로계약제도의 확립

근로기준법은 「노동기본법」으로서 국가에 대해 근대적 근로계약제도를 구축하도록 의무화하고 있다. 이를 통해서 근로자가 사용자와 동등한 지위에 서서 그의 자유의사에 기하여 근로계약을 체결할 수 있도록 하고 있다. 근대적 근로계약제도는 노사의 동등과 자유의 보장이 그 필수적 전제이고, 그러한 노사 양당사자가 근로계약제도를 통해 형성된 결과인 계약규범을 성실하게 준수하는 것이 기본이다. 이것은 근로기준법 제4조와 제5조에 규정되어 있다.

(1) 근로계약에 있어 노사의 「동등」과 근로자의 「자유의사」의 보장

a. 사용자에 대한 근로자의 「동등지위」의 보장

근로기준법 제4조는 "근로조건은 근로자와 사용자가 동등한 지위에서 … 결정하여야 한다"고 규정하고 있다. 여기에서 첫 번째가 근로계약의 체결과 이행에 있어서 근로자와 사용자의 「동등」의 보장이다. 근로계약의 당사자인 사용자와 근로자는 어느 쪽이든 법률상 대등한 권리능력자이고 행위능력자로서 계약한다. 법률상 형식적으로는 대등한 당사자 간의 계약이고 계약자유의 원칙에 기하여 그 계약내용은 결정된다. 양 당사자 간에 법제상의 불평등한 신분상의 차이는 없다.

근로기준법 제4조에서 노사의 「동등한 지위」라는 것을 단순히 추상적인 의미에 있어 법인격의 평등 또는 법률상의 평등한 지위를 의미하는 것으로 해석하면, 그것은 거의 의미가 없는 규정으로 되어버리고 만다. 여기에서 「동등」이란 경제적 사회적 의미에서 계약당사자로서 협상력의 동등성을 의미한다고 하겠다. 자본주의사회에서 근로자는 사용자에 비해 경제적 사회적으로 협상력이 없는 열악한 입장에 있기 때문에 계약의 체결과 이행 등 계속적인 계약인 근로계약의 전과정에 있어 「실질적 의미에서 평등」이라고 이해해야 할 것이다. 이것은 근로자가 노동조합을 결성하여 단체교섭에 의해 근로조건의 유지·향상 기타 경제적 지위의 개선을 도모할 수 있도록 국가가 적극적으로 조성하고 지원해야 한다는 것을 요청하고 있다는 것을 의미한다고 하겠다. 여기에 근로기준법이 "추상적인 자격의 같음"을 의미하는 「평등」이라는 용어나 단순한 "기회나 조건의 같음"을 의미하는 「균등」이라는 용어를 사용하지 않고, 양 당사자의 "실질적인 힘 또는 세력의 같음"을 의미하는 「동등」이라는 용어를 사용하고 있는 취지가 있다고 할 것이다.[39]

그런데 자본주의사회에 있어 근로자는 사회적으로 사용자에게 종속되어 있다. 그러므로 근로자가 사용자와 동등한 지위에서 근로계약을 체결하고 그것을 이행한다는 근로기준법 제4조의 원칙은 자본주의사회에서 현실적으로 그 자체로 모순적 규범이라고 말할 수 있다. 그렇지만 근로기준법 제4조는 근로자가 자주적·자발적으로 노동조합을 조직하여 그것의 집단력에 의해서 개별 근로자의 열악한 지위를 회복할 수 있도록 하는 사회적 자치제도를 전제로 한다면 어느 정도 보완될 수 있다고 할 것이다.

b. 근로자의 「자유의사」의 보장

근로기준법 제4조는 "근로조건은 근로자와 사용자가 … 자유의사에 의해서 결정하여야 한다"고 규정하여 노사의 자유의사에 의한 근로계약의 체결과 그 이행을 원칙으로 규정하고 있다. 그러나 여기에서 문제로 되는 것은 근로계약의 체결과 이행에 있어서 무엇보다 근로자의 자기결정권을 어떻게 확보하는가라는 것이다. 자본주의사회에 있어 근로자는 사회적으로 사용자에게 종속되어 있다. 그러므로 근로자에 있어 자유의사에 의한 근로계약의 체결과 이행을 규정하고 있는 근로기준법 제4조는 자본주의사회에서 현실적으로 그 자체로 모순적 규범이라고 말할 수 있다. 그렇지만 이것은 근로자가 자주적·자발적으로 노동조합을 조직하여 그의 집단적 결정을 통해 사용자와 단체협약을 체결한다면 간접적이긴 하지만 근로자의 자유의사를 어느 정도 확보할 수 있을 것이다.

노동법상의 근로계약이란 근로자와 사용자가 법형식적인 차원에서 대등자이긴 하지만, 사회경제적 차원에서는 대등자가 아니라는 것을 전제로 하는 계약이다. 이러한 점은 근로계약 당사자의 현실적 모습이다. 이것은 또한 근로계약이 민법상의 고용계약과 다른 점이기도 하다. 뒤에서 언급하듯이, 이것은 우리 근로기준법이 민법의 고용계약과 별도로 근로계약의 독자적인 개념을 규정하고 있는 이유

39) 「평등」, 「균등」, 「동등」은 모두 우리 실정법률상의 용어이다. 예컨대, 헌법(제11조 제1항)과 남녀고용평등과 일·가정 양립지원에 관한 법률(법률명칭과 제1조)이 「평등」을 사용하고 있고, 근로기준법 제4조는 「동등」을, 동법 제6조는 「균등」을 각각 사용하고 있다. 이들 실정법이 사용하고 있는 맥락을 분석해보면, 「평등」과 「균등」은 적어도 셋 이상의 주체를 전제로 해서 어느 한 주체의 나머지 주체들에 대한 삼면관계에서의 "같음"을 의미하고, 「동등」은 오로지 두 주체를 전제로 해서 이들 양자관계에서의 "같음"을 의미하며, 그리고 「균등」은 「평등」의 어느 일면으로서 「평등」보다는 하위개념이라고 할 수 있다. 예컨대, 헌법 제11조 제1항에 있어는 「평등」이란 "법(또는 국가)의 국민들에 대한 관계가 같다"는 것을 말하고, 근로기준법 제6조에서 「균등」이란 "사용자의 종업원인 근로자들에 대한 관계에서 그 처우가 같다"는 것을 의미한다. 그렇지만 근로기준법 제4조에서 「동등」이란 "사용자와 근로자 양자가 같다"는 것을 말한다.

이기도 하다. 자본주의사회에서 근로계약은 현실적으로 사용자와 근로자가 부동한 지위에서 부자유의사에 의해서 체결된다. 그럼에도 불구하고 근로기준법은 제4조에서 근로계약상의 "근로조건은 근로자와 사용자가 동등한 지위에서 자유의사에 의해서 결정하여야 한다"(밑줄은 필자가 한 것임)고 명시적으로 규정하여 사용자에 대한 근로자의 동등한 지위와 자유의사를 강조하고 있다. 이것이 어떻게 해서 가능할 수 있는가? 그렇다면 근로기준법 제4조의 규범적 존재의의는 어디에 있는가? 근로기준법 제4조는 노사의 개인적인 차원에 있어 사적 자치(Privatautonomie)가 아니라, 노사의 집단적 차원에 있어 사회적 자치(Soziale Autonomie)를 전제로 하고 있다. 이것은 단체로서의 노동조합에 의한 단결권, 단체교섭권 및 단체행동권이라는 헌법 제33조의 노동기본권을 통해서 비로소 실질적인 평등 즉 「동등한 지위」와 「자유의사」가 확보될 수 있다는 것을 의미하고 있는 것이다. 단결권, 단체교섭권 및 단체행동권이 근로자의 기본권으로서 보장될 때 비로소 근로자는 사용자에 대해 경제적·사회적 지위의 동등성을 확보할 수 있는데, 이들 단체적 권리가 근로계약에 의한 근로조건의 결정에 있어 가지는 기능에 대해서는 법률상 두 가지의 다른 것이 있다. 하나는 임금에 대하여 가지는 기능이고, 둘은 임금 이외의 근로조건에 대한 기능이다. 전자의 기능은 개별적 근로조건에 대한 것이지만, 후자는 집단적인 근로조건에 대한 것이다. 왜냐하면 근로계약은 뒤에서 보듯이 「사업 또는 사업장」을 전제로 하고 있는데, 임금 이외의 근로조건은 근로계약에 이미 전제되어 있는 사실상 근로계약외적인 조건이기 때문이다.

어떻든 노사동등과 자유의사에 의한 근로계약체결원칙을 규정하고 우리 근로기준법 제4조는 근로자의 자발적·자주적 단체로서 노동조합[40] 없이는 근로계약에 있어 사용자에 대한 근로자의 동등한 지위와 자유의사가 확보될 수 없다는 것을 규범적으로 인정하고 있다고 할 것이다.

(2) 근로계약규범의 확립

근로기준법 제5조 「근로자와 사용자는 단체협약, 취업규칙과 근로계약을 지키고 성실하게 이를 이행할 의무가 있다」고 규정하여 단체협약, 취업규칙[41], 근로계

40) 여기에서 가장 중요하게 부각되는 관련문제가 바로 노동조합의 결성 및 가입의 자유와 노동조합운영의 민주성 즉 조합민주주의의 확보라고 할 것이다.

41) 우리나라의 학설과 판례는 취업규칙을 근로기준법의 독자적인 제도로서 논의하지 않고 일본의 논의를 그대로 받아 들여서 사법상의 보통거래약관의 이론을 원용하여 이해하고 있는 것 같은데, 이것은 근로기준법의 노동기본법적인 과제에 대한 이해의 부족에서 비롯된 것이 아닌가 생각한다. 이와 관련해서는 강희원, "근로기준법상 '취업규칙'의 개념에

약(노동계약) 그리고 신의칙을 구속력 있는 근로계약규범으로 확립하고 있다. 이렇듯 근로기준법 제5조는 단체협약, 취업규칙, 근로계약 및 신의칙이 노동법의 중요한 법원(法源)으로서 규정하여 단체협약, 취업규칙 및 근로계약의 법적 구속력을 명시하는 한편, 근로기준법은 이들 규범의 효력을 확보하기 위한 보완제도로서 근로계약 체결시에 사용자의 근로조건명시의무(근로기준법 제17조)와 사용자의 취업규칙작성의무(근로기준법 제93조) 및 취업규칙작성변경의 절차화(근로기준법 제94조)에 관한 사항을 자세히 규정하고 있다. 다만 단체협약의 경우에는 그 성립과 효력에 관해서 별도로 노동조합및노동관계조정법에 기대하고 있다(노동조합 및 노동관계조정법 제31조 내지 제33조).

다른 한편에서 근로기준법 제4조와 제5조를 종합해서 생각해보면, 근로계약규범은 근로자와 사용자가 동등한 지위에서 자유의사에 의해 형성된 때에 비로소 노동법의 법원으로서 구속력을 가진다고 하겠다.

4) 「사업 또는 사업장」 질서의 형성에 대한 근로자의 집단적 참가제도의 확립

사용자는 소유권에 기하여 사업 또는 사업장의 질서를 스스로 형성하고, 그 정형으로 개별근로자와 각각 근로계약을 체결한다. 그 결과로서 개별근로계약의 총화가 마치 사업 또는 사업장의 질서인 것처럼 보이지만, 그 실질은 그렇지 않다. 사용자는 근로자를 징용하거나 동원하여 그 질서에 넣을 수 있는 것이 아니기 때문에 개개의 계약을 매개로 하여 실질적인 사업 또는 사업장의 질서를 형성할 수밖에 없다. 통일체로서 사업 또는 사업장의 질서를 형성하는 데에 사용했던 것이 바로 취업규칙의 일방적 작성이었다. 그러므로 근로기준법이 성립되기 전까지는 취업규칙은 사업 또는 사업장 차원에 있어 사용자의 지배권의 상징이었다. 그러나 위에서 이미 언급했듯이 근로기준법은 사업 또는 사업장 차원에 있어서 근로계약을 통한 근로자에 대한 사용자의 일방적인 지배의 상징이었던 취업규칙을 일정한 조건부로 근로계약규범으로 인정하고 있다. 그러한 조건이 바로 취업규칙의 작성과 변경에 대한 근로자의 집단적 참가이다. 근로기준법은 사용자의 권력의 상징인 취업규칙이 상호적인 근로계약규범으로서 재탄생하는 통로로서 근로자의 집단적 참가를 설계하고 있는 것이다.

1953년 근로기준법도 취업규칙의 작성 및 변경에 대한 근로자의 참가를 인정하

대한 일고찰－취업규칙법의 재정립을 위해", 『노동법학』 제42호, 2012, 73-137면 참조.

고 있었다고 볼 수 있는데(1953년 근로기준법 제9장 특히 제95조 제1항), 그 수준이 상당히 낮은 것으로서 단순한 협력적인 것에 불과했다. 그러나 현행 근로기준법에 있어 그 수준은 경영참가의 수준과 동일하다고 해야 할 것이다. 1987년 우리나라의 민주화운동이 그 정점에 도달하였을 때에 취업규칙의 작성 및 변경에 대하여는 근로자의 단순한 의견청취를 넘는 수준으로 개정되었고, 그것을 그대로 반영하고 있는 현행 근로기준법 제94조 제1항은 사용자가 취업규칙의 작성 또는 변경에 대해 당해 사업장의 과반수노동조합 내지 과반수근로자의 의견을 청취하도록 하고 또 기존의 취업규칙의 불이익변경에 대해서는 이들의 동의를 얻도록 하고 있다. 이러한 입법조치는 사용자를 위한 근로자의 단순한 협력주의의 차원을 넘는 근로자의 부분적 공동결정을 인정하는 입법적 태도라고 평가해야 할 것이다. 또 기숙사규칙의 작성과 변경에 관한 근로기준법 제99조 제2항은 "사용자는 제99조 제1항 소정 사항에 관한 기숙사규칙의 작성 또는 변경에 관하여 기숙근로자 과반수의 대표자의 동의를 받아야 한다"고 규정하고 있는데, 이것은 기숙근로자의 공동결정적인 입법참가를 인정한 것이라고 할 것이다. 이렇게 이해하는 것이 현행 헌법상의 사회국가원리 및 사회적 시장경제원칙에 부응하는 법률해석일 것이다.[42]

그뿐 아니라 현행 근로기준법은 근로시간제도의 운영에 있어서 근로자의 집단적 참가를 도입하고 있다(근로기준법 제51조 2항, 제52조 제58조 2항 참조).

이렇게 본다면 현행근로기준법은 전반적이지는 않더라도 근로자에게 민감한 사항에 대해서는 일종의 협력권(Mitwirkungsrecht)을 부여함으로써 사업 및 사업장 차원에서 근로자의 경영참가제도를 부분적이나마 조직화하고 있다고 할 것이다.

---

42) 그러나 대법원 판례와 현재의 통설은 이러한 태도를 취하는 것을 거부하고 특히 취업규칙의 제정·변경에 대해서 그 법리를 오로지 시민법적인 계약사고(契約思考)에 집착한 나머지 근로기준법상의 취업규칙제도의 정신 그 자체까지 무시하고 근로기준법이 사용자에게 일방적인 작성·변경권을 부여하고 있다고 해석하면서 근로기준법 제94조가 취업규칙에 관한 사용자의 전권(專權)을 단순히 제한하는 것이라고 이해하고 있다(예컨대, 김형배, 『노동법(제24판)』 박영사, 2015, 305면 이하, 대판[전합] 1992.12.22., 91다45165; 동 1994. 12.23., 94누3001; 동2009.5.28., 2009두2238 등 참조). 이러한 견해와 판례의 태도는 우리나라 노동헌법을 제대로 파악하지 못한 것에서 비롯된 것이라고 생각한다. 그러나 우리나라 노동헌법의 관점에서 볼 때, 근로기준법은 근로조건의 최저기준을 정하고 있는 단순한 근로조건법이 아니라, 우리나라 노동헌법의 기본적 규범기획인 "노동기본법"의 성격을 가지고 있다. 그러므로 현행 근로기준법 제94조는 선진유럽국가의 경영참가입법례를 모범하여 기업 내에서 종업원의 입법참가권을 상당한 수준에서 인정하고 있는 규정이라고 보는 것이 타당하다. 근로기준법상의 취업규칙제도 특히 동법 제94조를 어떻게 이해하는가에 따라 이른바 「취업규칙변경의 법리」에도 견해의 차이가 생기게 된다. 이에 관해서는 강희원, "근로기준법상 '취업규칙'의 개념에 대한 일고찰－취업규칙법의 재정립을 위해", 『노동법학』 제42호, 2012, 100-104면 참조.

3. 「노동(조건)보호법」으로서 근로기준법

1) 서 설

노동보호법은 근로조건을 법정하여 사용자에 대하여 근로자의 불이익을 보완하는 법이며, 일반적으로 근로계약에 수반되는 근로자의 불이익을 감축하기 위한 법이다. 다시 말해 근로자는 경제적·사회적으로 생산수단을 소유하고 있는 자본가 또는 사용자에 비해 약자임을 감안하여 이들의 제반 지위를 향상·개선시키려는 일련의 법제를 말한다. 노동보호법은 전통적인 노동법의 양식으로 그 역사가 가장 길다. 노동보호법은 자본주의 초기에는 사용자에 대한 국가의 단순한 행정적 및 형사벌적 규제를 통해 근로자에게 부여되는 은혜적인 구호적인 의미가 강했으나 자본주의가 고도화면서 사용자에 대한 근로자의 권리를 직접적으로 설정하는 방식으로 진화하였다. 따라서 노동보호법은 근로자의 생존권 확보를 위하여 사용자에게 공법상의 의무를 부과함과 아울러 사용자에 대한 근로자의 청구권과 같은 사적 권리를 설정하는 삼면적 구조를 가지고 있다.

역사적으로 보면, 처음에는 여성이나 연소근로자(年少勤勞者) 등의 특수한 노동계층을 예외적으로 보호하는 데서 출발하여, 현재는 성년남자를 포함한 근로자 전반을 보호하는 입법으로 발전하였다. 광의의 의미에 있어 노동보호법은 노동조건법 분야뿐만 아니라 실업보험·실업대책·직업지도 분야 등도 포함한다고 보고 또 모든 노동법의 규율목적이 근로자의 이익옹호에 있기 때문에 궁극적으로 노동보호법이라고 해도 과언이 아니지만 일반적으로 노동보호법이라고 하는 경우에 그것은 근로계약관계에 국가가 직접 개입하여 일정수준 이상의 근로조건을 유지하도록 강제하는 법만을 말한다. 이러한 의미에서 노동보호법에 해당하는 대표적인 법률이 바로 근로기준법이라고 해도 잘못이라고 말할 수 없다. 노동보호법으로서 근로기준법의 적용대상을 객관적으로 확정하는 것은 당해법규의 적용범위를 어떠한 사람에 미치는가라는 법적 평가의 문제이다. 여기에는 확실히 당사자의 의사는 중요하지 않다. 노동보호법으로서 근로기준법의 적용은 당사자의 합의를 어떠한 계약형식으로 분류하는가는 법적으로 별개의 문제이다. 당사자가 「근로자로서 노무를 제공한다」는 것을 약정하는 것은 당해 취업자가 근로기준법 등의 법규가 적용되는 근로자인 것을 전제로 하지 않는다. 왜냐하면 이를테면 당해취업자가 엄밀한 의미에서 근로자가 아니라도 근로계약상의 권리를 취득하고 의무를 부담하는 경우도 당연히 있을 수 있기 때문이다.

근로기준법에 대해서 노동보호법으로서의 기능을 강조하면서 임금보호, 근로시간보호 및 근로계약보호 등으로 규율내용을 설명할 수도 있겠지만, 아래에서는 노동보호법으로서 근로기준법의 내용을 근대시민사법의 원리를 수정하고 있는 계약조건의 강제와 과실책임원칙의 수정으로 나누어서 약간 더 설명하고자 한다.

2) 노동보호의 내용

(1) 근로조건의 강제

근로기준법 제3조는 근로기준법 소정의 기준은 최저기준이고 그 이상의 기준은 노사 간의 자주적 협정에 의해 결정하기를 희망하고 또 노동기준법이 빼놓고 있는 생활권보장과 노동권의 보장은 이미 단체협약에 의해 결정되기를 기대하고 있다.

근로기준법은 임금과 근로시간을 중심으로 해서 근로조건의 최저기준을 다수 정립하고 있는데, 그것과 더불어 근대적 노사관계형성을 위한 시민적 자유와 평등을 보장하는 조항도 명시하고 있다. 그것을 위해 ① 최저근로기준을 정립하는 규정이 근로기준법의 대부분을 차지하고 있지만, 그러한 규정 외에 ② 근로자의 시민적 자유와 평등의 보장에 관한 규정(근로기준법 제6조, 제7조, 제10조, 제16조 등 참조) 그리고 ③ 실효성확보에 관한 것으로서 감독기관과 제재에 관한 규정(제11장, 제12장 참조)도 있다.

최저근로기준을 정하는 부분이 임금, 근로시간 해고 안정위생 여자연소자 재해보상 등 광범위에 걸쳐 있는데, 그 중에는 명확한 최저기준으로서 기준이 정리되어 있는 것과 근로자측의 요청에 의해 근로조건보호를 현실화할 수 있는 것으로 나눌 수 있다. 예컨대 근로기준법 제60조의 휴가권이 후자에 속한다.

또한 근로기준법이 정립한 근로조건은 이중구조로 되어 있으며 여자, 연소근로자에 대해서는 성인남자근로자의 그것보다 보호수준이 높다. 어느 나라에서도 노동보호법이 여자, 연소자를 대상으로서 생성하여 그것이 일반남자에까지 확장되는 역사적 과정을 가지고 있으며, 열악한 근로조건의 악영향을 가장 강하게 받는 것이 여자, 연소자이라고 보면 그 육체적 정신적 특성에서 보아 이들을 특별히 보호하는 것은 당연하다. 법 앞의 평등원칙도 획일적이고 형식적인 것으로는 되지 않고 「차별해야 할 합리적 이유가 없이 차별하는 것을 금지」하는 것이다. 「사항의 성질에 입각하여 합리적이라고 인정되는 차별적 취급을 하는 것」을 부정하는 것은 아니다.

다음에, 근로기준법을 모법으로 하여 근로기준법의 특정조항을 보다 구체화·세분화된 단독법이 점차 제정되어 가고 있다. 최저임금법, 산업보건법, 또 근로기준법의 자매법이라고 말할 수 있는 개별노동보호법도 다수 존재한다. 산업재해보상법, 선원법 등이 그것이다. 근로기준법의 위임에 의한 각종의 시행령, 시행규칙, 지침 등이 존재하고 있는데, 이들 규칙과 기준의 해석은 근로기준법과 일체화하여 근로기준의 구체적 적용의 면에서 중요한 역할을 하고 있다.

임금 이외의 근로조건의 특별보호, 즉 근로시간, 휴식 휴일 휴가 안전 및 위생, 그리고 여자 및 연소자의 특별보호와 관련해서는 근로기준법이 상당히 정비되어 있고 이러한 점에서 세계의 문화국가의 노동보호법의 수준에 달하고 있다고 말할 수 있다.

(2) 과실책임원칙의 완화 : 사용자의 무과실책임

재해보상제도는 민법에 있어 과실책임주의의 노동법적 수정 또는 완화로 보아도 좋다. 민법의 지도원리의 하나인 과실책임의 원칙은 근로자의 생활권보장의 입장에서 무과실책임주의로 바뀌어서 무과실손해배상제도로서 재해보상제도가 생겼다. 그리고 민법에 있어 과실상계의 원칙도 수정을 받고 있다.

근로기준법은 재해보상제도로서 요양보상·휴업보상·장애보상·유족보상 및 장례비지급의 제도를 법정하고 있다. 또 지불방법으로서는 일시불보상 및 분할보상의 방법도 법정하고 있다. 그러나 재해보상제도는 생활권을 보장하기 위한 하나의 제도이며 근로자가 취업할 수 없었던 것에 대해 「받았어야 할 이익」의 손실을 무과실책임의 원칙에 의해 배상하게 하는 의미를 가지고 있기 때문에 임금의 변형으로 보아도 좋다. 그리고 이러한 위험을 분산하는 제도로서 그것은 여러 가지 사회보험법으로 발전하였다. 우리나라에서 재해보상제도는 근로자보호법으로서는 형식적으로는 일응 정리된 용태를 갖추고 있다고 해도 좋다. 그러나 기준으로 되는 임금액이 낮기 때문에 생활권보장의 질(質)을 충분히 올리고 있다고는 말할 수 없다. 또 사회보험제도에 있어서도 마찬가지이다.

3) 노동보호법의 실효성 확보제도

근로기준법이 근로자에게 보장하는 보호규정은 근로자의 최저의 권리이며 근로자가 인간으로서 존엄성이 지켜질 수 있도록 하는 최저기준에 불과한 이상, 모든 기업에서도 준수되어야 성질의 것이라면 법의 준수는 강력하게 요구되어야 한다. 이를 위해서 근로기준법은 정립된 최저기준의 준수를 사용자에 대해 강하게 요망하고 그 실효성을 확보하는 조치로서 독자의 감독기관을 설치하여 또 제정규정을 마련하고 있다.

(1) 감독행정과 감독관

감독행정도 이 점을 고려하여 고용노동부장관 관리 하에서 노동정책실→지방노동청→각 지방지청이라는 구조 하에 일선의 감독관에게 강한 권한이 부여되어 있다(근로기준법 제101조 이하). 그렇지만 감독관의 정원에 비해 적용사업장 수가 많고 한 감독관마다 담당건수가 많아 법의 실효성을 확보하기에도 상당히 부담이 되고 있다.

(2) 법위반에 대한 신고제와 점검활동

실효성과 관련하여 무시할 수 없는 제도에 근로기준법 제104조가 정하고 있는 위반사실에 대한 신고제가 있다. 위반사실의 신고권을 근로자의 권리로서 보장한 것인데, 여기에서 말하는 근로자란 당해 사업장의 근로자에 한정할 필요는 없다고 이해해야 할 것이다. 즉 이 규정이 근로기준법의 실효성확보를 위해 근로자의 협력이 필요하다고 하는 취지의 것인 이상, 「근로자」의 범위는 확대해서 해석되어야 한다. 또 범죄사실의 고발은 형사소송법상 피해자에 한정되어 있지 않는 것도 고려할 수 있을 것이다. 다만 위반사실을 조기에 수집하는 것은 당해 사업장의 근로자나 소속 노동조합이기 때문에 이들이 신고하는 사례는 타에 비해 많은 것은 당연하다.

개별근로자가 근로기준법 위반사항을 신고하는가 여부와는 별도로 노동조합에 의한 점검활동도 근로기준법의 실효성확보라는 면에서 아주 중요하다. 이것은 근로기준법이 노동조합에게 부여한 또 하나의 의무라고 할 것이다. 노동조합이 관련사항에 있어 법규나 협약의 위반 기타 취급상 불비의 점이 없는지, 부당노동행위인지 여부를 조사점검하고 당해 직장관리자와의 교섭을 통해서 그 시정개량을 요구하는 것을 목적으로 하는 것이기 때문에 그러한 한에서 헌법 제33조의 노동기본권의 내용이기도 하다.

4. 「근로계약법」으로서 근로기준법

1) 서 설

우리나라에서 독립적인 근로(또는 노동)계약법전이 존재하고 있지 않다. 그렇기 때문에 근로기준법은 노동기본법과 노동보호법 외에 근로계약법으로서의 역할을 담당하고 있으며 또 그렇게 되어야 한다고 할 것이다. 앞에서 이미 강조했듯이 한반도가 자생적 또는 자발적으로 자본주의화과정을 경험하였던 것이 아니라, 일본식민지배에 의해 강제적으로 자본주의적 원료를 제공하는 기지로 전락하고, 자본주의적 근대시민법제를 위한 경제적 사회적 및 의식적 여건이 성숙되지 않았음에도 불구하고 식민적 수탈을 위한 도구로서 근대시민법이라는 법형식이 표면적으로 강제되었던 것이 우리의 특수한 역사적 상황이었다. 게다가 일본식민지배의 갑작스런 종식과 3년간의 아메리카합중국 군정 그리고 대한민국의 성립이라는 일련의 급박한 정치적 과정을 겪으면서 서유럽의 선진자본주의국가나 일본의 경우와 달리 시민법적 규율에 의해 야기된 노동문제에 대한 수정적인 처방으로서가 아니라, 6.25전쟁 중에 한편으로 노동력동원을 위해 다른 한편에서 새로운 국가적 비전(vision)으로서 근로기준법이 제정되었던 것이다. 이로부터 8년이 지난 이후에서야 근대시민사회의 성립을 상징하는 민법전이 발효하게 되었다. 이렇듯 노동(근로)계약법으로서 근로기준법은 우리 민법전이 제정되기 이전에 이미 독자적인 근로계약개념을 가지고 있었다.[43] 이러한 점은 우리 민법전이 시행되기까지 대한민국에 효력을 가지고 있었던 이른바 의용민법(조선민사령에 의해서 한반도에 적용되었던 일본민법)과 근로기준법의 관계를 고려하더라도 규범적으로 정당화된다고 하겠다. 앞에서 언급했듯이 근로계약에 있어 의용민법이 일반법이고 근로기준법이 특별법이라는 관념은 제헌헌법 제100조에 반하는 것이고[44] 또 우리의 입법사(史)에

---

43) 1953년 근로기준법 제17조는 근로계약을 다음과 같이 정의하고 있다. 「본법에서 근로계약이라 함은 근로자가 사용자에게 근로를 제공하고 사용자는 이에 대하여 임금을 지급함을 목적으로 체결된 계약을 말한다.」

44) 이 문제에 대해서는 앞에서 이미 언급해지만 간단히 한번 더 언급한다면, 일본민법전의 고용계약조항(일본국 민법전 제3편 채권, 제2장 계약, 제2절 고용, 제623조-제631조)과 그 법리는 제헌헌법 제100조에 의하면 「이 헌법에 저촉」되는 것으로 효력을 상실했다고 할 것이고 1948년 헌법질서 하에서 근로계약에 관한 한 조선민사령에 의해 한반도에 의용되었던 일본민법을 일반법으로 보면서 1953년 제정된 근로기준법을 특별법으로 보는 견해는 처음부터 성립할 수 없다.

배치되는 것으로서 수정되어야 한다.

근로기준법은 1953년 입법 당시부터 근로계약을 규율하는 일반법이었고, 현재에도 그러하다. 1953년 근로기준법 제17조에 규정된 근로계약개념은 현행 근로기준법 제2조 제1항 4호에 거의 그대로 유지되어 있다. 근로계약법으로서 근로기준법은 근로계약의 독자적인 개념정의에서 출발한다. 근로기준법 제2조 제1항 제4호에 의하면 「근로자가 사용자에게 근로를 제공하고 사용자는 이에 대하여 임금을 지급하는 것을 목적으로 체결된 계약」라고 정의하고 있다. 또 근로기준법은 별도로 근로계약의 개념적 요소인 계약주체로서 「근로자」(근로기준법 제2조 제1항 제1호)와 「사용자」(동항 제2호) 그리고 급부내용인 「근로」(동항 제3호)와 「임금」(동항 제5호)을 독자적으로 정의하고 있다.

위와 같은 근로기준법이 정의하고 있는 근로계약의 개념적 요소를 종합해서 근로계약개념을 재정의해 본다면, 다음과 같다. 즉 근로계약이란 근로자가 사용자에게 사업 또는 사업장에서 정신노동 또는 육체노동을 할 것을 약정하고, 사용자가 이것에 대한 대가로서 임금을 주기로 약정하는 계약이다. 그러므로 근로계약은 매매 도급 등과 같이 쌍무계약이고 유상계약이지만, 그 급부내용과 이행의 용태에 있어서 매매 도급 기타 쌍무 유상계약과 현저한 차이가 있다. 여기에 근로기준법이 상정하고 있는 근로계약의 독자성이 드러난다.[45)]

위와 같은 독자적인 근로계약개념 뿐만 아니라 근로기준법에는 독자적인 근로계약법리를 시사하는 다양한 규범적 내용이 내포되어 있다(근로기준법 제2장, 제3장, 제9장 등에 있어 관련 규정). 아래에서는 근로계약법리에 관한 본격적 논의는 더 깊은 연구에 맡기기로 하고 우선 근로기준법이 전제하고 있는 근로계약에 기한 근로관계의 구조와 근로계약법론의 과제에 대해서만 간단히 언급하기로 한다.

2) 노동계약의 구조

(1) 계약의 당사자

근로계약의 당사자는 근로자와 사용자이다. 여기에서 근로자와 사용자를 법적 주체로서 추상적인 차원에서만 생각해서는 아니 된다. 이것은 자본주의적 경제구조 속에서 근로계약당사자의 실체를 보아야 한다는 것이다.

---

45) 이와 관련해서 근로계약의 개념에 관한 자세한 논의는 강희원, "근로계약의 개념에 관한 일고찰", 「경희법학」 제44권 3호(2009년), 265-312면 참조.

우선, 근로계약의 일방당사자로서 사용자에 관해 생각해보기로 하자. 법형식적으로 보면 자연인 또는 법인은 사용자로서 근로계약의 당사자적격을 가지고 있다. 근로계약에 있어 사용자는 사업 또는 사업장을 가지고 있는 자이다. 근로계약을 체결할 때 근로자는 자연인 개인으로 등장하지만, 사용자는 사업 또는 사업장을 배경으로 하는 조직 또는 조직적 권력자로 등장한다. 계약당사자인 당해 근로자를 제외한 제3의 근로자들도 사용자의 범위에 포함되어 있는 것이다. 예컨대 근로자 A와 甲 회사가 근로계약을 체결하는 경우에 근로자 A에 대해 甲회사의 종업원 전부가 사용자에 해당하는 것이다. 이러한 의미에서 근로기준법 제2조 1항 2호는 사용자를 "사업주 또는 사업경영담당자, 그 밖에 근로자에 관한 사항에 대해 사업주를 위해서 행위하는 자"라고 정의하고 있다.[46]

다음, 근로계약의 일방당사자인 근로자는 근로계약의 특성상 개별자이자 반드시 '살아 있는 육체를 가진 인간(human)'이어야 한다. 즉 법적 차원에서 본다면 근로계약에서는 당사자로서 추상화될 수 있는 「인(person)」은 '살아 있는 육체를 가진 인간(human)'이어야 한다.[47] 이것은 여러 가지의 계약유형들 중에서도 근로계약의 중요한 특징 중의 하나이다. 이 점에 있어서 근로계약은 민법상의 고용계약과 동일하다. 민법에는 고용 외에도 도급이나 위임이라는 계약유형이 있다. 도급은 건축업자에게 집을 짓도록 부탁하는 경우를, 위임은 변호사에게 소송을 제기하도록 부탁하는 경우를 상상해보면 쉽게 이해할 수 있다. 이들 두 가지의 계약유형은 고용과 같이 상대방의 사무를 대상으로 하는 것인데, 이들 계약에는 건설회사나 용역

---

46) 종래에는 통상적으로 근로기준법을 단순히 노동보호법적 차원에서만 파악했기 때문에 근로기준법 제2조 제1항 제4호의 사용자 개념을 근로계약과 관련해서 제대로 파악하지 못했다고 볼 수 있다. 그런데 「근로계약법」으로서 근로기준법의 측면에서 보면, 근로기준법상의 사용자개념은 법적으로 다르게 평가된다. 근로계약에 있어 개별근로자에 대해 당해근로자 이외에 사업 또는 사업장에 종사하는 근로자 전부는 사용자의, 정확하게 말하면, 사업주의 근로계약이행보조자에 해당한다고 보아야 할 것이다. 왜냐하면 근로계약에서 사용자는 실질적으로 「사업 또는 사업장」이라는 질서의 주체로서 등장하고 그러한 주체의 실질적 구성원이 모두 사용자 개념에 포섭해서 법적으로 평가되어야 하기 때문이다. 이러한 관점은 동료근로자의 고의·과실에 의해서 재해가 발생한 경우에 그로 인해 피해를 입은 제3의 근로자가 사용자에 대한 직접적인 민사배상책임을 강구할 수 있는 법률적 근거를 확보하는 데에 아주 중요한다. 즉 민법 제391조에 기하여 피재해근로자는 동료근로자의 고의·과실을 사용자의 고의·과실로 간주하여 사용자에 대하여 채무불이행에 의한 손해배상책임을 강구하거나, 민법 제756조에 기하여 사용자에 대하여 불법행위에 의한 손해배상책임을 청구할 수도 있을 것이다.

47) 여기에서 '인'이란 법률용어로는 "자연인"이라고 하겠다. 그 대(對)개념이 법인(法人)이다. 법인은 근로계약의 일방당사지인 근로자 또는 민법상 고용에 있어서 노무를 제공하는 고용계약의 일방당사자인 피용자가 될 수 없다.

회사 자체 또는 법무법인도 계약의 당사자로 될 수 있다. 그러나 근로계약이나 고용계약에서는 노동 또는 노무를 제공하는 측에 법인이 계약당자가 될 수 없다. 법인에게 어떠한 사무를 「도급」하거나 「위탁」할 수 있어도, 법인은 살아 있는 육체를 가지고 있지 않기 때문에 노동을 제공할 수 없어 근로자적격이 없다.

이렇듯 근로계약에는 계약의 일방당사자가 예외없이 「살아 있는 신체를 가진 자연인」이다. 그렇지 않으면 그 계약은 근로계약이 될 수 없다. 여기에 근로계약의 근본적 문제가 잠재해 있는 것이다.

(2) 근로계약의 급부내용

노동계약의 당사자는 근로자와 사용자이다. 근로계약에 의해 근로자는 「근로를 제공한다」는 것 즉 정신노동 또는 육체노동을 하는 채무를 부담하고, 사용자는 「임금을 지급한다」는 것 즉 임금, 봉급 그 밖에 어떠한 명칭으로든지 금품을 주는 채무를 부담한다. 이들 양 채무는 교환적 의존관계를 가지고 있기 때문에(즉 대가적 의미를 가지기 때문에) 근로계약은 쌍무계약이다. 또 근로자의 「노동하는 것(근로를 제공하는 것)」과 사용자의 「임금을 주는 것」이 각 당사자의 재화 또는 비재화의 출연(出捐)인 급부로서 서로 대가적 의미에서 의존관계에 있기 때문에 근로계약은 이러한 면에서 유상계약이다. 이러한 한에서는 근로계약은 유상계약의 정형인 매매계약과 거의 차이가 없다. 다만 매매계약의 경우에는 매도인이 제공하는 급부가 「물건」이지만, 근로계약의 경우에는 「노동하는 것」이라는 것에서만 차이가 있다.

(3) 근로자가 제공해야 할 「급부」의 특수성

여기에서 「근로를 제공한다」는 것은 바로 본인이 직접적으로 「노동하는 것」이다. 「노동한다」는 것은 인간이 일정시간 동안 정신적 육체적으로 행동하는 과정이다. 이러한 의미에서는 일종의 계속채무이지만 임대차와 같이 물(物)의 사용·수익의 계속적 상태가 아니라 인간의 행동과정 그 자체라는 점에서 임대차의 계속채권과는 다르다. 또 예컨대 소정시간 동안 노동한다는 것을 약정하고 있기 때문에 그러한 의미에서도 계속채권이지만 어떻든 소정시간 동안의 행동과정을 약정하는 계약이다. 그리고 인간이 「노동한다」는 것은 물(자본)과의 결합 없이는 불가능하고, 특히 현대적 생산양식에서는 다수의 근로자들이 서로 협동하면서 노동하고 또 그러한 협동은 물과의 결합으로서 통일적 조직으로서 생산체[48]를 구성하고

48) 이러한 생산체를 보통 경영 또는 경영체, 사업체, 기업체이라고 하지만 우리 근로기준법

있기 때문에 근로자가 근로계약의 내용인 「노동한다」고 하는 급부를 제공하기 위해서는 「사업 또는 사업장」질서에 따라야 하고 그것이 바로 급부를 이행하는 것이 된다. 예컨대 근로자가 사용자를 위해 1일 8시간을 노동하기로 약정했다면, 물론 중간의 휴게시간을 제외하지만, 사실상 1일 9시간 동안 사용자의 「사업 또는 사업장」의 질서 아래에서 「노동한다」는 급부를 제공해야 하는 것이다. 여기에서 사업 또는 사업장에서의 집단적 질서란 사용자가 제공하는 생산시설, 원자재 등의 물과의 결합뿐만 아니라 사용자와 그의 거래자 또 다른 동료근로자 등 제3자와 협동조직적으로 관계하는 질서이다.[49]

은 이것을 「사업 또는 사업장」으로 표현하고 있다. 이와 여기에서 일언해 두고자 하는 바는 요즘 들어와서 법학분야에서도 복합적인 개념으로서 "기업법"이라는 말이 부쩍 자주 사용되고 있다는 점이다. 그래서 우리나라 실정법에서 사용되고 있는 용어를 살펴보면, 우리나라 실정법에서는 "기업"이라는 용어보다는 오래 전부터 사업, 영업 그리고 경영이라는 말이 사용되어 왔다. 「기업」은 첫째, 우리나라 최고규범인 헌법 즉 경제헌법의 기본적 개념이다. 우리 헌법 제119조 제1항은 "대한민국의 경제질서는 개인과 기업의 경제상의 자유와 창의를 존중함을 기본으로 한다"라고 규정하여 「기업」의 헌법상 지위를 보장하고 그것이 우리나라 헌법적 경제질서를 구현하는 제도임을 선언하고 있다. 둘째, 이러한 헌법상의 제도로서 기업을 전제로 해서 경제법은 거시적인 차원에서 기업 및 시장질서를 형성·규제하여 구체화하고 있다(독점규제 및 공정거래에 관한 법률, 약관의 규제에 관한 법률, 소비자보호법, 방문판매등에 관한 법률·은행법·대외무역법·농지법·양곡관리법 등 참조). 그리고 셋째, 이와 같은 시장질서의 형성·규제법으로서 경제법과 더불어 노동법 및 상법은 그러한 기업 구성원의 대내외적 법률관계를 규제하고 조직화하는 기능을 담당하고 있다. 그러므로 이러한 시각에서 보면 기업은 노동법과 상법이 기초하고 있는 가장 기본적인 개념이다. 그러나 "기업이 무엇인가"라는 주제는 지금까지 노동법학과 상법학의 연구대상이 아닌 것처럼 다루어지고 있다. 하지만 기업과 관련해서 노동법에서는 주로 "사업(또는 사업장)"과 "경영"이라는 의미로 기업이 노동문제로 주제화되어 있고 또 상법관련분야에서는 주로 "영업"이라는 의미로 기업이 거래의 목적으로 주제화되어 있다. 노동법 분야에서 특히 근로기준법에는 "사업(또는 사업장)"(근로기준법 제2조 제1항 제1호, 제2호, 제 11조) "경영"(근로기준법 제2조 1항 제2호, 제24조)이라는 용어가 사용되고 있다. 그리고 상법 총칙편 제7장의 제목이 "영업양도"이다. 그러나 이들 실정법률에는 "사업(또는 사업장)" 및 "경영"에 대한 정의규정이 없다. 그런데 상당히 흥미로운 현상은 우리나라 노동법교재에는 "경영권", "경영참가", "경영협의회" 등과 같은 용어에서 볼 수 있듯이 본래 근로자의 관여영역이 아니지만 근로자에게 특별히 허용될 수 있는 영역이라는 것을 부각시키려고 하는 경우에 경영이라는 용어가 사용되고 있는 듯하다.

49) 이러한 「사업 또는 사업장」질서는 다수의 인간 즉 사용자와 다수근로자 간에 이루어지는 계속적 기능분업적 상호작용관계의 총체로서 나타나기 때문에 그것은 단선적인 질서라고 표현하기보다도 오히려 프랑스의 죠르슈 레나르(George Renard), 모리스 오-루(Maurice Hauriou) 등과 같이 「制度」라고 표현하는 것이 옳을지도 모르겠다. 프랑스의 제도주의법사상에 관해서 예컨대, 水波朗, "ジョルジュ·ルナールの法思想(一, 二, 三)", 『法政研究』(九州大学) 36권 2-6호, 1970.2, 373-408면; 41권 1/2호, 1974.9, 59-83면; 42권 1호, 1975. 8, 30-76면 참조.

(4) 근로계약의 「체결」의 특수성 : 「사업 또는 사업장」질서로의 편입

임금은 「노동하는 것」의 대가이기 때문에 그것은 매매에 있어 대금과 같다고 볼 수 있다. 즉 각 근로자가 「노동하는 것」과 그가 그 대가로 받는 임금이라는 근로조건과의 관계만을 보면, 근로계약은 유상계약으로서 민법상의 고용계약과 같다. 그러나 근로자가 사용자의 「사업 또는 사업장」에서 노동한다는 것은 다른 근로자와 함께 노동하는 것이고 그것은 사용자가 제공하는 생산시설과 재료와의 결합으로서 「사업 또는 사업장」의 질서에 편입·조직되는 것이다. 그러므로 사용자의 편에서 보면, 임금 외의 근로조건은 근로자에 대해 「사업 또는 사업장」질서 아래에서 노동하게 할 채권이고, 근로자에 대해서는 그러한 질서 속에서 「노동해야 할」 채무이다. 근로계약의 이행은 계약당사자인 사용자와 근로자에게 공히 위와 같은 내용의 「사업 또는 사업장」의 질서로서 나타난다. 근로자는 「사업 또는 사업장」 질서라는 일정한 질서 속에서 「노동하는 것」을 약정하고 있을 뿐이다. 근로자는 그 이행의 결과 즉 노동에 의한 일의 완성에 대한 위험을 부담하는 것은 아니다. 그러므로 근로계약에 의하더라도 근로자는 그러한 제도적 질서 속에서 「노동하는 것」을 약정하고 있을 뿐이고 「노동」 혹은 「노동력」의 양도를 약정하는 것은 아니라고 하겠다. 「노동」의 인도를 목적으로 하는 계약에서 「노동」 그 자체가 「일」의 완성을 의미하기 때문에 그것은 도급(都給)이지 근로계약은 아니다.[50] 사용자의 편에서는 근로자에 대해 일정한 질서 하에서 즉 일정한 근로조건 아래에서 「노동하게 한다」는 약정에 불과하다. 그러므로 임금이라는 근로조건을 제외하면, 근로계약은 특정의 질서 즉 이미 객관적으로 형성되어 있는 근로조건기준에 따라서 일방(근로자)은 「노동하기」로, 그 상대방(사용자)은 「노동하게 하기」로 하는 약정이다. 여기에서 그 특정의 질서란 바로 경영체로서 「사업 또는 사업장」의 질서인 것이다.

그러므로 근로기준법이 상정하고 있는 사용자와 근로자 간의 근로계약은 다음과 같은 모습으로 전개된다. 우선, 근대시민사법의 시각으로 보면, 근로계약은 단순히 근로자의 측에서는 일정한 근로조건 하에서 「노동한다」는 것을, 사용자 편에서는 그러한 일정한 근로조건 하에 근로자가 「노동한다」고 하는 급부를 수령한다고 하는 계약일 뿐이다. 근로계약은 다른 유상쌍무적 계약과 차별이 없다. 즉

---

50) 「노동력」의 양도(讓渡)는 시간단위로 제한해서 이루어진다고 하더라도 그것은 노동주체를 노예화하는 이른바 계약노예제를 허용하는 것이기 때문에 헌법 제10조가 선언하고 있는 인간의 존엄성을 침해할 가능성도 있고, 강제노력을 금지하고 있는 헌법 12조 제1항에 위배된다고 할 것이다.

사용자가 임금을 지불하고 일정한 근로조건 하에서 근로자에게 「노동하게 하는 것」을 약속하고 그 근로자가 「노동한다」고 하는 급부를 수령하는 것이고, 근로자는 일정한 근로조건 하에서 「노동하는 것」을 약정하고 그 계약의 이행으로서 그 근로조건 하에서 소정시간 동안 노동하고 그 대가로서 임금을 수령하는 것이다.

(5) 근로계약의 조건으로서 「사업 또는 사업장」 질서

근로계약과 관련하여 첫 번째로 제기되는 문제가 근로계약의 조건이 누구에 의해 어떻게 결정되는가라는 것이다. 근로조건에서 임금의 경우를 제외하면, 그 나머지는 실제로 「사업 또는 사업장」 내의 질서이다. 그래서 「사업 또는 사업장」 내의 질서와 임금의 기준을 어떻게 결정하면 좋은가가 노동법의 대상으로 된다. 그 근로조건의 기준은 개별근로계약으로 결정되는가, 그렇지 않다면 사용자가 일방적으로 결정하는가, 노동조합과 사용자 간의 단체계약으로 결정되는가 등과 같은 문제들이 제기된다. 이러한 문제에 대해서도 사용자가 「사업 또는 사업장」 질서를 일방적으로 결정하고, 노동조합의 단체교섭은 사용자가 그것을 일방적으로 결정할 때 협력하는 보조적 절차상의 것인가, 그렇지 않으면 「사업 또는 사업장」 내의 모든 구성원이 공동으로 결정해야 하는가라는 것이 노동법의 중심적 문제로 된다. 이들 문제에 관하여 우리 근로기준법은 임금 이외의 노동조건의 기준이고 그것은 「사업 또는 사업장」의 질서이기 때문에 취업규칙 및 단체협약을 통해서 그 구성원이 관여할 수 있는 길을 열어 두고 있다.

(6) 노동생산물의 귀속의 특수성 : 「사업 또는 사업장」질서에 의한 결정

근로계약과 관련하여 특히 근로계약의 이행결과와 관련해서 두 번째로 제기되는 문제는 근로자가 노동한 결과가 누구에게 어떻게 귀속되는가라는 것이다. 근로자가 제공한 「노동」은 그 결과인 「물(物)」 속에 소정의 가치분(價値分)로서 물과 불가분적으로 결합되어 있다. 「물」과 노동의 결합의 결과가 바로 새로 만들어진 생산물 즉 노동결과이다. 그래서 사업 또는 사업장 질서 하에서 근로자들의 노동에 의해 새로이 생성된 「물」의 소유관계가 새로운 법률적 문제로 제기되는 것이다. 노동이 소유의 원천이라는 것은 근대시민사회의 기본원칙이다.[51] 이러한 기본

---

51) 예컨대, John Locke, Two Treaties of Government, a critical edition with an introduction and apparatus criticius by Petter Lastet, Cambridge at the University Press, 1963(任星熙 역, 『統治論』 世界의 大思想 6, 휘문출판사 1983) 제37장 이하 참조.

원칙은 근대시민사회질서를 모델로 하고 있는 우리 민법전에도 가공에 의한 동산 소유권의 원시적 취득 원칙이 법원칙으로 규정되어 있다.[52] 그렇지만 현재까지의 근로계약론에 의하면, 근로자가 일정시간 동안 노동한 결과는 사용자가 당연히 취득한다고 하는 것이다.[53] 예컨대 동산의 경우에는 근로자가 노동한 결과는 가공물로서 새로운 물건으로 되는데 민법상의 가공법에 의하면 당연히 근로자가 그 소유권을 취득할 수 있지만 사용자가 그 「가공물」을 원시적으로 취득한다는 것이다. 그러나 근로기준법이 상정하는 근로계약개념에 의하면, 가공물의 소유권귀속은 사업 또는 사업장 질서에 의해서 결정되어야할 것이고, 「사업 또는 사업장」질서는 객관적 제도로서 다르게 전개될 수도 있다고 하겠다.[54]

---

52) 이에 관한 자세한 것은 강희원, "가공의 법리와 노동법－노동법의 갱신을 위한 시론적 검토", 『노동법학』 제56호, 2015, 111-194면 참조.

53) 근대시민법으로서 민법이 상품교환의 기초법이긴 하지만, 민법은 로마법의 체계개념에 따라 상품교환의 기점으로서 상정하고 있는 사적 소유의 대상을 물건(민법 제98조 참조) 즉 관리가능한 유체물에 한정하고 있기 때문에 민법 제2편 물권편에 상정된 소유권 취득의 원리(제259조 이하의 가공법 참조)만으로는 민법 제3편 제2장 제8절 고용계약(민법 제665조 이하) 및 근로기준법상의 근로계약에 의한 기업적 근로관계에서 새로이 생산된 노동결과물에 대한 소유권의 귀속을 수미일관적으로 결정할 수 없다. 즉 근대시민법에서 물권법의 기본적 구상과 사적 자치에 기한 계약자유의 원리를 통해서 소유물 즉 상품의 자유로운 교환을 구현하고자 했던 채권법 특히 계약법의 기본적 구상은 고용계약에서 물권법의 논리는 굴절(屈折)을 할 수밖에 없게 된다. 그 이유는 다음과 같다. 즉 고대로마에서는 노예가 물건으로서 사적 소유의 대상이었기 때문에 고용(locatio conductio opererum)의 경우 노예임차인(사용주)이 노예의 노동에 의해 새로이 생산된 물건의 소유권을 취득하는 데에 법리상 문제가 없었다. 그러나 이에 반해 노예제가 폐지된 근대사회에서는 노동력의 주체인 근로자가 사적 소유의 대상이 아니기 때문이다. 근대시민법상의 물권법의 기본적 구상에 의하면 고용계약관계 및 노동계약관계에서는 노무자 즉 근로자가 생산하는 새로운 물건 즉 가공물에 관한 소유권은 노무자 즉 근로자에 귀속되어야 한다. 그러나 이러한 결과는 근대시민법의 물권법리가 자본주의체제를 근본적으로 위협하게 된다. 근대시민법에 있어서 노동생산물에 관한 소유권귀속문제는 자본가계급에게는 시급히 해결되어야 할 뜨거운 문제로 대두한다.

54) 근로계약관계(고용계약도 포함)에 있어서 노동생산물은 가공물로서 새로이 만들어진 물(物)이기 때문에 그 소유권의 귀속문제는 근로계약 자체에 기해서가 아니라 소유권의 원시취득에 관한 물권적 법리에 의해서 결정되어야 한다. 근대시민법의 원칙에 의하면, 먼저 노동생산물에 관한 소유권귀속의 문제가 결정된 이후 그 소유자의 처분행위에 기한 양도계약을 통해 제3자 즉 사용자에게 소유권이 이전되어야 할 것이다. 이것은 상품교환법으로서 근대시민법의 출발점인 사적 소유권제도를 규율하는 강행법규인 물권법의 정언적 명령이다. 그러므로 근로계약관계에서도 민법 제259조에 의해 노동생산물의 소유권이 근로자에게 귀속한 후 이와는 별개로 근로자와 사용자의 양도계약에 의해서 그 소유권이 사용자에게 이전되는 것이 근대시민법의 원칙에 부합한다. 그렇지만 이 경우에도 지금까지는 민법 제259조는 적용이 없는 것으로 해석되고 있다. 고용계약이나 근로계약에 기한 가공의 경우에는 새로이 생긴 물의 가격이 재료의 가격을 현저히 초과하는

3) 근로계약의 근본적 문제

(1) 「노동」의 특수성

당초 「노무를 제공한다」고 하는 근로계약의 내용은 인간의 신체나 머리를 상대방의 지시에 따라 움직이는 것이다. 이와 같은 행위는 본래 살아 있는 몸을 가진 자연인만이 할 수 있는 것이다. 그런데 근로계약의 급부는 인간의 노동 그 자체이기 때문에 권리주체로서 인간이 권리객체로 전락한다. 여기에 근대시민법의 근본이념인 권리능력 평등원칙이 왜곡될 수밖에 없는 상황이 잠재하고 있다. 근대시민법은 개인의 자유와 평등 그리고 독립을 확보하기 위해 사권(私權)의 주체인 인(人)과 사권의 객체인 물(物)을 대립적으로 규정하면서 물에 대한 인의 지배를 규율하는 물권법에 의해 강행법규로 확립되어 있다. 어떠한 경우에도 인(人) 그 자체가 사권의 객체가 되는 것을 금지하는 것을 기본원리로 하고 있다. 이와 같은 근대법의 기본구조와 원리는 우리 민법에도 그대로 명문화되어 있다. 즉 우리 민법은 제3조에서 사람을 사권의 주체로, 제98조에서 사권의 대상을 물건에 한정하고 있다. 이에 의하면 어떠한 경우에도 사람 자체가 사권의 대상으로 되는 것은 허용되지 않는다. 만약 그러한 행위가 있는 경우에는 그것이 법률행위인 경우에는 반사회질서의 법률행위로서 무효이고(민법 제103조), 또 그것이 사실행위인 경우에는 불법행위가 된다(민법 제750조). 위와 같은 인(人)과 물(物)의 분리·대립구조는 우리 민법에서는 물(物)에 대한 인(人)의 물권적 관계를 규범화하고 있는 물권편에서는 노동의 인격적 주체성이 인정되고 있기 때문에 관철되고 있다고 말할

경우에도 그 물의 소유권은 재료의 소유자 즉 사용자에게 귀속하게 된다. 그것은 원시취득이고, 근로계약과는 관계가 없는 법률관계로 되어 있다. 민법 제259조는 임의규정이고 고용계약에 부수하여 암묵적으로 민법 제259조의 적용을 배제하는 별도의 약정이 되어 있는 것으로 해석되어 새로이 생긴 물은 민법 제259조 원칙에 따라 사용자가 원시적으로 그 소유권을 취득한다. 또 근로계약관계에는 민법 제259조 단서의 규정은 배제된다고 하는 관습법이 존재한다는 등과 같은 이유로 근대시민법의 원칙과는 도저히 양립될 수 없는 방향으로 해석론이 전개되고 있다. 어떻든 새로이 생긴 물의 소유권의 귀속과 근로계약과는 관계가 없는 것으로 해석되고 있다. 이 계약은 민법 제259조 단서에 의해 일단 근로자의 소유로 귀속한 물을 사용자에게 증여하는 계약도 아니고, 또 소유권의 포기도 없이 단순히 민법 제259조 단서의 규정의 배제의 계약에 불과하다. 새로이 생긴 물의 소유권의 귀속은 원시적으로 취득한다. 그러나 현재의 이러한 해석에는 의문이 제기된다. 이에 대한 자세한 것은 강희원, "가공의 법리와 노동법－노동법의 갱신을 위한 시론적 검토", 『노동법학』 제56호, 2015, 111-194면 참조.

수 있지만,[55] 인(人)과 인(人)의 채권관계를 규범화하고 있는 채권편에서 계약의 자유라는 미명하에 자본주의적 규정요소가 계약외적인 사항으로서 방기됨으로써 노동의 인격적 주체성이 부정되어 단절의 위기에 처해있다.[56] 즉 고용계약이나 근로계약에서는 자본주의적 구조요소가 법외적인 전제사항으로 전혀 법적으로 평가되지 않고 있으므로 노동의 인격적 주체성은 형식적인 계약자유에 의해서 부정된다. 자본주의체제에서 자본주(資本主)는 생산주체이고 노동주(勞動主)는 생산객체이다. 다시 말하면 노동주(勞動主)가 자본주(資本主)와 동일한 생산주체로 되는 순간 자본주의가 성립할 수 없다는 것이다. 즉 자본주의적 생산과정에는 노동이 생산시설이나 자료와 동일한 생산요소일 뿐이다. 이러한 현상은 근대시민법에서는 법내적인 것이 아니라 법외적인 것으로 평가된다. 법외적인 것으로 자본주의적 규정요소는 근대시민법이 구조적 규정요소로 하고 있는 인(人)과 물(物)의 대립구조에 기한 개인의 자유와 평등 그리고 독립을 확립하고 하는 시민법의 원칙은 실질적으로 파탄에 이를 수밖에 없게 된다. 노동 자체를 급부목적으로 하는 계약에 기하여 인(人)에 대한 인(人)의 지배관계 즉 종속적 관계가 생기고 노동의 주체는 계약의 이행과정에서 물(物)과 같은 객체로 전락한다. 이것이 바로 노동의 종속성이다. 계약관계에서 일방이 타방에게 종속된다고 하는 것은 개인의 자유와 평등

55) 예컨대, 가공에 의한 동산소유권의 원시취득을 인정하는 민법 제259조 참조. 민법 제259조의 가공법에 의하면, 가공자 즉 근로자는 노동으로 인하여 노동결과물의 가액이 원재료보다 현저히 다액인 때에는 그 결과물의 소유권을 취득한다. 그렇지 못한 경우 민법 제261조에 기하여 근로자는 부당이득에 관한 규정에 의하여 보상을 청구할 수 있다. 이 경우에도 근로자는 노동의 가치를 소유할 수 있다.

56) 민법 제655조 이하의 고용계약 및 근로기준법상의 근로계약에 있어 노무자 및 근로자는 계약에 기한 임금청구권만 취득할 뿐 그가 제공한 노동 자체에 의한 결과물 즉 노동생산물의 소유권취득이 부정되고 있다. 이로 인하여 근로계약관계(고용계약도 포함)에 기하여 생산된 노동의 잉여가치는 사용자 즉 자본가에게 귀속되어 노동의 인격적 주체성이 부정되고 있다. 이러한 결과가 근대법의 이념과 기본원리와 부합한다고 말할 수 있는가? 근로계약(고용계약도 포함)에서도 노동생산물에 관한 소유권은 민법 제259조의 가공법리에 의해 노동주체(근로자)가 취득하고, 그 다음 재료소유자인 자본가와 가공자인 근로자 사이의 이해관계의 조정은 민법 제261조에 기한 부당이득법리에 의해 해결되어야 한다. 이것은 근대시민법의 근저적인 원리이다. 또 이렇게 되는 것이 근대법의 기본이념에 부합하는 결과이다. 그렇지만 근로계약관계(고용계약도 포함)에서는 이러한 근대법의 기본이념이 차단된다. 근로계약(고용계약도 포함)에는 민법 제259조에 기한 노동생산물에 관한 소유권취득은 고사하고, 민법 제261조에 의한 사용자에 대한 부당이득반환청구권조차도 부정된다. 왜 노동생산물소유권 또는 부당이득반환청구권에 관한 근로자의 포기의사가 근로계약(고용계약도 포함)에 항상 포함되어 있다고 간주해야 하는가? 또 어떻게 근로자의 포기의사는 근로계약의 체결시에 형식적으로 인정되었던 계약자유라는 이름만으로 정당화될 수 있는가?

그리고 독립을 확보하고자 하는 시민법의 규범적 이념에 배치되는 결과이다. 이것은 바로 급부목적인 노동이 권리주체인 인간의 살과 뼈 그리고 피라는 용기에 담겨 있는 것이기 때문이다.

(2) 근로계약의 부종성

임금 기타 근로조건은 근로계약의 내용을 이루는 것이기 때문에 사용자 및 근로자 간에 근로계약에 의해 자유로이 결정되어야 한다. 그런데 현실을 보면 개별근로자의 노동조건의 기준을 사용자가 미리 일방적으로 결정하고 있고, 개별근로자가 근로계약을 체결하는 경우에는 사용자가 미리 결정해둔 그 기준에 기하여 그것이 계약내용의 정형으로서 근로자에게 강요될 뿐이다. 즉 근로자 쪽에서는 그러한 정형을 그대로 받아들이는 것이지 개별적인 협상을 할 수 있는 것이 아니라 다만 그 결정된 기준에 따라 계약할 것인가, 그렇게 하지 않을 것인가의 양자택일의 자유밖에 없게 된다. 계약내용을 당사자 일방이 미리 정형으로서 정하고 있고, 다른 상대방이 그것에 대해 협상할 수 없고 다만 그러한 조건으로 계약하는가 마는가의 자유밖에 없는 계약을 부종계약 혹은 부합계약이라고 한다. 근로계약은 그러한 의미에서 자유계약은 아니라 말하자면 부합계약 또는 부종계약의 일종이라고 해야 할 것이다. 근로계약이 이렇게 될 수밖에 없는 근본적 원인은 자본제사회에 있어 물의 소유자와 노동의 소유자 간의 비대칭성에 있다고 하겠다.

사용자가 「어떠한」 재화를 얼마나 생산하는가, 즉 근로자가 어떻게 어느 정도로 제조·가공·개조·수선·운반 등으로 재화에 자신의 노동을 결합시켜 그것을 어떠한 새로운 재화로 바꾸는가라는 것 그 자체(이하 「재화의 생산」으로 표현한다)는 근로조건이 아니라, 사용자가 그의 소유권에 기하여 자유로이 결정할 사항이다. 왜냐하면 이것은 소유권 행사의 본질적인 부분이기 때문이다. 사용자는 소유권에 기하여 「재화」에 질서를 부여한다. 그리고 이러한 「재화」의 질서에 사용자는 근로계약에 기하여 근로자의 「노동하는 것」을 결합시켜 통일적인 「재화의 생산」 질서로서 경영조직체를 창설한다. 경영조직체는 재화와 노동의 불가분적인 질서이다. 이것은 경영조직체로서 「사업 또는 사업장」 질서이지만, 역시 계약의 내용인 근로조건의 기준으로 된다.

한편 경영조직체로서 「사업 또는 사업장」 내부에서 개별 근로자 상호간에는 어떠한 계약관계도 없다. 법형식적으로 보면, 경영조직체로서 「사업 또는 사업장」에서는 개별근로자 대(對) 사용자 간의 계약이 존재할 뿐이다. 경영조직체로서 「사업 또는 사업장」 질서는 그 내부에서 근로자의 「노동한다」고 하는 인간의 용태일 따름이기 때문에 근로조건의 기준은 근로자의 행위규범으로 된다. 불특정다수인의 행위규범을 한 명의 근로자가 사용자와 하나의 계약으로 창설할 수 없다. 다른 근로자의 대리인도 아니고 대표자도 아닌 한 명의 근로자가 다수의 다른 근로자의 노동조건의 기준을 계약의 내용으로 할 수 없다. 「사업 또는 사업장」 내부에 근로자 상호간에 노동연대가 있다고 아무리 강조하더라도, 사용자와 개별근로자 간의 계약만으로는 「사업 또는 사업장」 내에서 통일적인 집단적 규범은 형성될 수 없다. 이러한 규범은 집단의 합동행위에 의해서만 창설할 수 있다. 개별 근로계약이든 단체계약으로서 단체협약이든, 그것이 사법상의 계약인 한에서는 그 본질상 사회적 조직체에 있어 불특정다수인의 행위규범을 형성할 수 없다. 왜냐하면 계약은 양 당사자 간의 특정급부의 채권과 채무를 서로 부담하는 법률관계만을 창설할 뿐이지 불특정다수인의 행위규범을 창설하는 것은 아니기 때문이다.

경영조직체로서 「사업 또는 사업장」 내부에 있어 개별 근로자 상호 간에는 어떠한 계약관계도 없고 또 어떠한 합동행위관계가 있는 것도 아니다. 법적 관점에서 보면서 이들 근로자 상호간에는 아무런 법적 관계도 없다. 이들 관계는 단순한 제3자 상호간의 관계일 뿐이다. 그러나 「사업 또는 사업장」은 하나의 경영체로서 통일적인 조직이다. 그런데 통일체의 질서로서 규범은 개별 구성원의 자유로운 계약의 총화로는 성립할 수 없다. 그러한 통일체질서는 하나의 통일적 의사결정에 의해서 성립할 수밖에 없다. 이 조직체가 공동사회이면 그 구성원의 공동의사에 의한 법률행위에 의해 결정된다. 이 때의 법률행위는 합동행위의 양태로 될 것이다. 그러한 경영조직체로서 「사업 또는 사업장」은 공동사회가 아니다. 그것은 사용자가 소유권에 기하여 일방적으로 조직한 것이다. 그 조직의 질서를 형성하고 창설하는 의사는 사용자의 의사밖에 없다. 사용자는 개개의 근로자의 경제적 사회적 지위가 약한 것을 일방적으로 이용해서 강제하고 있는 것이다. 자본주의사회에 있어 경영조직체로서 「사업 또는 사업장」 질서형성의 근본원인은 사용자가 재화에 대해 가지고 있는 사소유권의 자유로운 행사로서 재화의 질서를 창설한 것에 있다. 이러한 재화의 질서에는 이미 근로자가 「노동하는 질서」가 예정되어 있는 것이다. 그것은 근로계약내용의 정형으로서 이미 노동질서를 정립하고 있으며, 사용자는 그 정형을 개개의 근로자에게 강요하는 방법에 의해 경영조직체로서 「사업 또는 사업장」 질서를 구체화하고 있다. 알기 쉽게 말하면, 사용자는 재화에 대한 사소유권에 기하여 공장을 건설하고 기계를 설치하여 「재화의 질서」를 확립하고 있으며, 여기에는 근로자가 장래 노동하는 용태를 예정하고 있다. 이것에 기초해서 사용자는 근로자와의 근로계약을 체결하는 것이다. 근로계약의 내용인 근로조건은 그 기준이 「재화의 질서」의 정형으로서 이미 성립하고 있는 것이다.

사용자는 소유권에 기하여 경영조직체로서 「사업 또는 사업장」의 질서를 자유롭게 형성하고, 그 정형에 기하여 개개의 근로자와 계약을 각각 체결하는 것이며 그 결과로서 개개의 계약의 총화가 마치 경영조직체로서 「사업 또는 사업장」질서를 형성하는 것처럼 보이게 될 뿐이다. 물론 사용자는 근로자를 징용하거나 강제로 동원하여 그 질서에 넣을 수 있는 것은 아니기 때문에 개개의 근로계약을 매개로 하여 경영조직체로서 「사업 또는 사업장」질서를 형성할 수밖에 없다. 이러한 법률적 과정으로 통해서 경영조직체로서 「사업 또는 사업장」 질서가 창설되는 것이다. 이것이 바로 근로계약의 근본적인 문제의 근원이다.

4) 「근로계약법」으로서 근로기준법의 과제

근로기준법은 근로계약의 개념과 근로자보호를 위한 근로조건의 최저기준만 정하고 있을 뿐이고, 나머지 부분은 근로계약론에 맡기고 있어 근로계약법으로서의 면모는 아주 미흡하다. 그래서 향후에 근로계약법은 향후에 「노동기본법」 및 「노동계약법」으로서 근로기준법의 이념과 원칙에 기하여 세밀한 계약규범으로 형성되어야 한다는 것이다.[57]

근로계약은 생산수단을 소유하고 있지 않기 때문에 필연적으로 종속될 수밖에 없는 근로자의 생존과 자유의 확보를 위해서 근로자의 자유의사에 따라 형성되는 집단의사와 국가의사의 개입이 예정되어 있는 노동법의 기초개념이다. 이 점에서 민법상의 고용계약과는 차원을 달리한다.[58] 고용에 있어 자유계약의 형해화는 강자이자 지배자인 자본가의 일방적 명령의사에 기인하는 경제적 또는 사실적 상태로서 법적 문제로 평가되고 있지 않지만, 근로계약에 있어 자유계약의 형해화는 근로자의 집단의사와 국가의사에 의해서 노동법의 핵심적 문제로 부각되어 있다.

---

57) 이에 관한 자세한 것은 강희원, "근로계약법의 이론적 정초", 『노동법학』 제48호, 2013, 169-209면 참조.

58) 고용은 스스로 노무를 제공하고 이것에 대해 보수를 약정하는 쌍무계약이다. 고용은 도급과 함께 유상노무제공계약의 기본형식이고, 고용은 노무 그 자체를 노무자 스스로 제공하고 노무가 성과로 결실되는가 그렇지 않는가의 위험을 노무수령자가 부담하는 계약이다. 확실히 현대에 있어서도 노무 그 자체를 목적으로 하는 계약의 다수는 근로계약이다. 그렇지만 용차(傭車)운전수, 위탁취업자, 예능실연가, 재택워커 등의 자영의 형태(도급, 위탁 등의 근로계약 이외의 형식으로) 스스로 노무를 제공하는 취업자(위탁취업자)가 증가하고 있다. 그래서 향후에 노동법상의 근로계약과는 다른 고용계약이 활성화될 가능성이 있다.

여기에서 집단의사의 법형식은 바로 단체협약이다. 집단의사는 근로자 개인의 주관적 의사보다 우선적으로 근로계약의 내용을 규범적으로 형성한다. 그러므로 근로계약당사자의 개별적 의사를 집단의사에 위반하는 한도에서 억제되고 집단의사가 근로계약의 내용을 형성한다. 국가의사에 의한 최저근로조건의 기준을 법정하는 경우는 법정기준을 하회하는 각 근로계약의사를 무효로 하여 국가의사에 의한 법정기준대응의 계약내용의 형성을 매개하지 않고 직접으로 법정기준의 준수의무를 사용자에 부담케 하는 것이다. 물론 법정기준을 하회하는 단체협약조항, 취업규칙규정, 근로계약조항을 정한 경우에도 사용자는 법정근로기준의 준수의무를 부담하고 이러한 준수의무에 위반하는 사용자에게는 형사적 처벌이 가해진다. 즉 국가의사에 의한 법정기준의 설정은 국가권력의 직접개입에 의한 노동법적 관계의 형성을 의미하고, 집단의사에 의한 근로관계의 형성과는 달리한다. 그러나 관계당사자의 개별의사와 별개로 (억제 내지 보충하여) 근로관계를 형성한다고 하는 기능에는 양자는 다르지 않다. 이와 같이 근로계약의 내용이 당사자의 개별의사와 무관하게 형성되거나 노동법적 노동관계가 직접 국가의사에 의해 형성되어 간다는 것을 생각하면 근로계약은 내용의 자유합의라는 종래의 계약의 본질을 잃고 근로자라는 지위설정계약인 것처럼 보인다. 그러나 근로계약은 의연하게 자유계약인 고용의 성격을 견지하고 다만 계약당사자인 노무자의 파악과 내용형성에 대해 노동법의 기본이념에서 안내되는 노동법적 변혁을 받고 있는 것에 불과하다.

그래서 근로계약법리 일반을 얼마나 어떻게 구축하는가는 문제는 실질적으로 근로계약법으로 근로기준법의 과제이고 이것은 근로계약법학에 맡겨져 있다고 하겠다.

5. 정리 : 상호융합적 구조

위에서 살펴본 바와 우리 근로기준법은 노동기본법, 노동(조건)보호법 및 노동계약법으로서의 지위를 동시에 가지고 있다. 그리고 이들 지위는 그 규범적 작용에 있어서는 상호융합적인 관계에 있다. 근로기준법은 근로자의 보호에 있어 은혜적 성격을 넘어서 권리성을 명확하게 하고 있다. 이 점은 근로기준법의 목적이 「헌법에 따라 근로조건의 기준을 정」하고 「근로자의 기본적 생활을 보장 향상시키며 균형있는 국민경제의 발전을 꾀하는 것」(근로기준법 제1조)에 분명하게 표명되어 있다. 근로기준법이 헌법이 보장하는 근로자의 권리를 보증하려고 하는 이상 근로조건의 권리성의 명확화 및 그 준수를 사용자에게 강하게 요구하는 것은 당연하고 법구조의 특색도 여기에 존재한다. 근로기준법에 규정된 근로조건은 당연히 근로계약의 내용으로 되어서 근로계약 당사자의 의사에 관계없이 근로자가 사용자에 대하여 권리로 인정된다. 좀 더 부언하면, 개별적 근로계약 당사자는 노동기본법에 의해 설계된 노동시장질서 내에서 노동보호법이 설정하는 최저근로기준을 하한선으로서 근로계약을 통해서 개별적 근로관계를 형성할 수 있으며, 또 노동기본법으로서 근로기준법이 단체협약과 취업규칙을 개별적 근로계약보다 우선하는 근로계약규범으로서 승인하고 있어 단체협약과 취업규칙은 개별근로계약을 규제하는 규범으로 기능하고 있다.

근로기준법은 사용종속관계에서 노무를 제공하는 근로자의 보호를 목적으로 하지만, 위와 같이 실효성확보를 위해서 상당히 다층적인 구조로 근로계약관계를 제도화하고 하고 있다. 첫째, 근로조건보호를 위해 최저기준을 상세하게 정하고 둘째, 기준에 위반하는 사용자에 벌칙을 과하고, 셋째, 위반하는 계약을 무효로 하고 무효로 된 부분을 근로기준법이 정한 기준으로 대체한다. 근로기준법은 말하자면 공법과 사법의 양 영역에 걸쳐 있으며 단순한 통제법 또는 규제법은 아니다.

이러한 구조는 반드시 근로기준법만이 그런 것은 아니다. 다른 개별적 보호입법에서 위와 같은 삼면적 구조를 취하고 있다. 그러나 노동보호법의 내용, 수준, 적용대상 및 감독제도 등등에 있어 큰 차이가 있는 것도 사실이다. 또 이러한 양적 차이뿐만 아니라 질적 차이의 수준은 당해 국가에 있어 근로자들의 자각에 의한 노동운동의 전개수준에 따라 상이하고 그것이 어느 정도의 권리성을 획득했는가에 있어서도 명확히 커다란 차이가 있다. 이것은 바로 노동권 또는 근로자권의 발전사라고 할 것이다.

근로기준법을 포함해서 노동법은 현재적 상황에서는 지배종속관계에 처해있는 「근로자」를 대상으로 하는 법이다. 그것은 적어도 법이념적으로는 말할 필요도 없이 지배종속관계의 강화를 목적으로 하는 것은 아니고, 그 역을 지향하는 법체계이다. 우리나라에서는 헌법 제32조와 제33조를 비롯한 노동헌법질서에 기하여 근로기준법은 한편에서 국가적 의사로서 계약의 자유를 수정하고 최저근로조건 이하의 계약을 무효로 하면서 근대시민법상의 계약법리를 수정하고, 또 다른 한편에서 개별 사업 또는 사업장에서 근로자의 집단적 의사나 노동조합의 단체적 의사에 기하여 노사의 대등성을 실현하여 근로계약관계에 개입할 수 있도록 하는 제도적 장치를 열어두고 있다.

그런데 현실적으로 단체협약은 노동조합과 사용자 간에 체결되는 집단적 규범이지만, 또한 취업규칙은 국가가 행정적으로 통제하고 또 사업 또는 사업장 단위에서 근로자의 집단적 참가가 열려 있긴 하지만, 그것이 거의 이루어지지 않고 있으며 게다가 노동조합조직률이 현저히 낮아서 단체협약을 통해서 취업규칙을 통제한다고 하는 노동법적 구상도 사실상 그림의 떡이다.59) 그래서 사용자가 취업규칙에 의한 「사업 또는 사업장」질서를 거의 일방적으로 정하는 것이 현실이기 때문에 취업규칙은 사용자가 근로자를 일방적으로 지배하는 가장 강력한 근로계약규범으로서 기능하고 있다. 이와 같은 사정을 감안하여 근로기준법이 노동기본법, 근로(노동)조건보호법 및 근로계약법으로서 상정하고 있는 우리나라 노동질서의 규범적 구조와 기능적 상호관계를 도식화해본다면 아래 [표]의 근로기준법의 질서구상과 같은 다층적인 구조로 될 것이다.

[표] 근로기준법의 질서구상

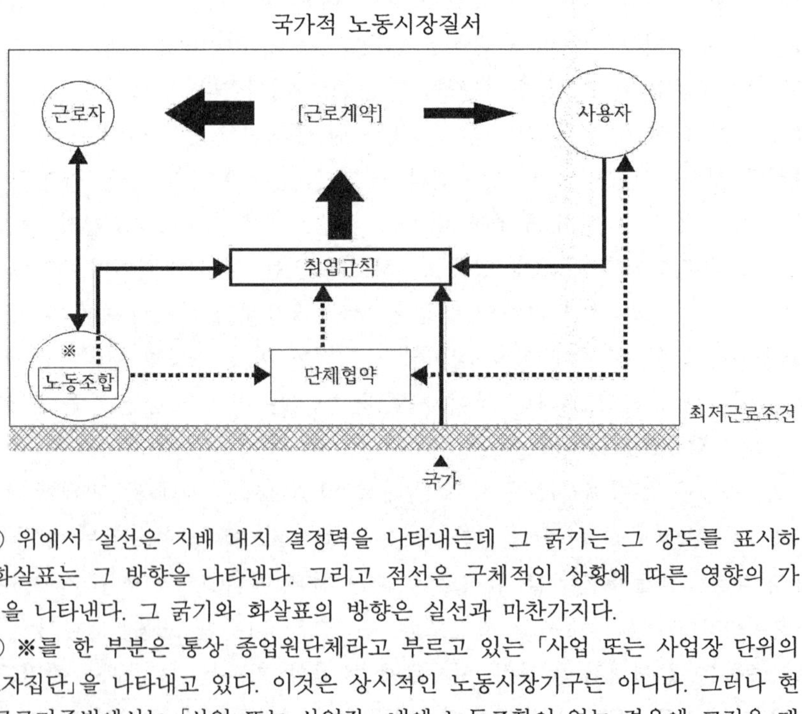

① 위에서 실선은 지배 내지 결정력을 나타내는데 그 굵기는 그 강도를 표시하고 화살표는 그 방향을 나타낸다. 그리고 점선은 구체적인 상황에 따른 영향의 가능성을 나타낸다. 그 굵기와 화살표의 방향은 실선과 마찬가지다.

② ※를 한 부분은 통상 종업원단체라고 부르고 있는 「사업 또는 사업장 단위의 근로자집단」을 나타내고 있다. 이것은 상시적인 노동시장기구는 아니다. 그러나 현행 근로기준법에서는 「사업 또는 사업장」 내에 노동조합이 없는 경우에 그것을 대신하는 기구로 제도화하고 있다.

59) 근로기준법의 측면에서 보면, 근로기준법이 상정하는 「사업 또는 사업장」 단위의 집단적 노동관계제도는 노동조합의 조직률이 적어도 50%를 상회할 때 비로소 제대로 작동할 수 있다. 그런데 개별 「사업 또는 사업장」의 근로자의 집단적 의사는 외부적 조직으로서 노동조합이 없다면 현실적으로 제대로 관철되기 어렵다. 그래서 근로기준법상의 「사업 또는 사업장」의 제도는 사용자의 지배력을 사실상 정당화하는 구실밖에 하지 못한다.

위에 같이 근로기준법이 노동기본법 및 노동조건보호법으로서 최소한의 기능은 하고 있다고 말할 수 있지만, 앞에서 수차 언급했듯이 근로계약법으로서 기능은 거의 공백이나 마찬가지다. 그래서 기업적 노사관계에 있어 노동정의(勞動正義, labor justice)가 구현되기 위해서 우리나라의 노동헌법의 기본적 이념과 근로기준법의 질서원칙에 입각해서 현재와 같이 한쪽으로 기울어진 교섭력의 균형을 회복하도록 하는 근로계약법리를 형성하여 그 규범적 공백을 보완하는 것이 요청되고 있다. 이러한 과제는 우리 노동법학에 맡겨져 있다고 하겠다. 이에 관해서는 아래에서 약간 변죽만 울리고 글을 맺고자 한다.

Ⅳ. 결어 – 우리 노동법학의 또 하나의 과제

위와 같이 필자는 독자적인 근로계약법론의 전개를 위해서 이른바 "탈식민화"이라는 문제의식 하에 피식민적 근대화과정이라는 우리 근대사에 입각해서 우리나라 근대법의 정치경제적 의의를 평가하면서 1953년 노동입법을 근대시민법의 부정적인 결과를 수정·보완하는 서유럽적인 맥락에서의 현대적 사회입법이 아니라, 국가가 주도적으로 기업적 노동부문의 전근대적 잔재와 피식민적 유재를 제거하여 기업적 노사관계의 한국적 자본주의의 정초를 확보하기 위해 제정되었던 미래지향적인 근대화입법, 말하자면 '적극적인 근대화'법제로 자리매김하고자 했다. 그 중에서 1953년 노동입법이 실질적 근간을 이루고 있는 근로기준법이 차지하고 있는 법체계적 위상을 우리 노동헌법질서와 관련해서 규범적으로 재음미해 보았다. 우선, 노사관계의 적극적 근대화기획이라는 국가의사를 표현하고 있는 기본법이라는 의미에서 「노동기본법」, 그리고 자본주의사회에 있어서 노동력의 보호와 재생산을 위한 「노동(조건)보호법」 그리고 상품으로서 노동력거래를 위한 「근로계약법」으로서 근로기준법의 위상을 재(再)파악했다. 이러한 관점에서 우리나라 실정노동법률의 체계를 재구성해본다면 「노동기본법으로서 근로기준법」은 우리 헌법의 이념과 원칙을 노동영역에 법적으로 구현하고자 하는 법제로서 다른 어떠한 개별노동관계법률 보다 상위에 있다고 할 것이다. 그래서 이 점에서 입법론적으로 「근로기준법」이라고 명명하기보다는 오히려 「노동기본법」이라고 했었더라면 훨씬 더 좋지 않았을까 생각한다. 우리나라 노동법제는 최고법인 헌법을 정점으로 하여 「노동기본법으로서 근로기준법」 → 「노동(조건)보호법으로 근로기준법」 →

「노동계약법으로서 근로기준법」이라는 서열로 체계화될 것이다. 그리고 현재 다지하게 세분화되어 있는 개별 노동보호법률은 「노동기본법으로서 근로기준법」의 하위법으로서 「노동보호법으로서 근로기준법」의 특별법으로 자리매김한다면, 우리나라 노동법제의 통일적인 체계를 구축할 수 있는 이론적 기초를 마련할 수 있을 것이다. 그뿐만 아니라 특별법률로서 독립된 근로계약법을 제정하고자 하는 경우에 그 입법의 방향과 기본적인 내용을 정합적으로 마련할 수 있는 법이론적 기초도 확정할 수 있을 것이다.

그런데 이른바 자본주의적 세계화가 극에 달하여 이제 자유무역협정(FTA) 등과 같은 국제적 자본연대에 의해 지역적 개별국가는 이른바 세계자본에 포섭되어 개별국가의 의사로서의 노동법은 그 규범적 의미가 점점 후퇴하고 있음에도 장래에 대한 충격과 과거에 대한 미련으로 인해 노동주체들은 방향을 잃고 지리멸렬하여 후퇴하는 국가의사를 보완할 수 있는 집단의사로서의 새로운 노동법을 창출해내지 못하고 있는 듯하다. 이러한 현상이 우리나라에서는 다른 어떠한 자본주의국가보다 심각한 것 같다. 이러한 상황에도 불구하고 독립적인 근로계약법을 제정하려고 한다면 이른바 「현대적 신(新)시민법」으로서 노동계약법은 어떠한 모습이 되어야 할까?

근로계약은 노동법이 적용되는 노무공급계약이고, 노동법의 적용이 객관적으로 결정되는 한에서 당사자의사는 여기에는 중요한 역할을 하지 못한다. 그러나 당해 합의가 객관적으로 어떠한 계약으로서 성질이 결정되는가라는 것과 특정의 목적을 달성하기 위해 계약당사자가 여러 가지의 계약유형[60] 중에서 하나를 선택한다는 것은 법적으로 다른 차원의 문제이라고 할 것이다. 근로계약이 근로자라는 객관적 지위에 부여되는 법률관계를 설정하는 계약이라고 하는 특질이야말로 당사자가 근로계약을 선택하는 경우의 본질적 요소이라고 말할 수 있다. 근로계약인 경우 취업자가 의도하고 있었던 것은 「근로자로서 노무를 공급하는 것」이다. 그것은 그 반대의 측면에서 말하면, 즉 자기의 위험부담과 책임에 있어서 노동에 종사하는 자를 「사업자」라고 하면, 근로계약은 「사업자로서의 계약」과 배치된다.

---

60) 노무공급을 목적으로 하는 계약이란 "근로"라고 하든, "노무"라고 하든, "용역(서비스)" 또는 "일(事)"이라고 하든, 인간의 노동 그 자체를 급부의 목적으로 하는 계약을 말하며, 이러한 계약유형으로서 우리 실정법은 근로기준법상의 근로계약(파견근로계약을 포함)과 민법상의 고용(민법 제655조 이하), 도급(민법 제664조 이하), 위임(민법 제680조 이하)(그리고 민법상의 전형계약으로서 현상광고[민법 제675조 이하], 임치[민법 제693조 이하]도 노무공급계약의 유형에 포함될 수 있으나, 이는 특별한 경우에 해당하므로 여기에서 제외하더라도)을 상정하고 있다.

바로 취업자가 근로자로서 취업하는가, 사업자로서 취업하는가가 계약형식을 선택하는 핵심으로 된다.

「근로자로서 노무를 공급한다」고 하는 법적 의미는 본질적으로 근로자라는 개념에 의해 규정된다. 그렇지만 근로자성은 당사자의 의사를 고려하지 않고 객관적으로 판단해야 한다. 여기에서 당사자의 의도와 법적 성질의 괴리가 생긴다. 당사자는 근로자로서 취업하기로 약정하려고 했던 의도가 있었다고 하더라도 경우에 따라서는 그의 의사와 달리 객관적인 여건이 그렇지 않은 경우에는 그가 독립적인 사업자라고 평가될 수도 있다. 문제는 당사자가 근로자 또는 사업자로서 취업하는 것을 약정하였음에도 법원(法院)에 의해 그 의도가 부정된 경우 이것과는 다른 당사자의 의사는 어떠한 법적 의의를 가지는가이다. 만약 어떤 계약이 근로계약인가 아닌가는 당사자가 선택하였던 계약형식의 여하에도 불구하고 객관적으로 판단해야 하고, 그 결과 당사자가 법률이 준비하고 있는 법형식과는 다른 형식을 선택한 경우에 법질서가 당해 합의를 법률이 인정하고 있는 법형식(계약형식)에 편입되도록 강제하고 있다는 하면 이것은 이중적 의미에서 당사자의 의사를 고려하지 않는 것이 된다.

좀 더 자세히 말하자면, 그 첫 번째가 당사자가 근로계약형식을 선택하는 경우에 일정한 범위에서 당사자의 의사와 관계없이 일정한 형식이 강제된다고 하는 것이고, 그 두 번째는 근로계약의 내용에 있어 당사자가 의도하지 않은 법적 효과가 강제된다는 의미에 있어 당사자의 의사는 고려되지 않는 것이다. 이와 같이 이중적으로 당사자 의사를 고려하지 하는 것은 근로자에 대한 보호필요성에서 요청되는 것이었다고 하여도, 민법의 대원칙인 사적 자치의 원칙 또는 계약자유의 원칙(계약형식선택의 자유)의 프리즘으로 본다면 현저히 배치되는 것으로서 도저히 정당화될 수 없는 것일지도 모른다.

노동법제를 위와 같이 체계화하는 것은 노동법을 이론적으로 정치하게 정리하는 데에 있지만 그 가장 큰 실익은 현대기업적 근로관계에 부응하는 근로계약론을 법이론상 수미일관적으로 구축하는 데에 있다. 앞에서 이미 언급했듯이, 근로계약법으로서 근로기준법은 거의 대부분이 흠결되어 있기 때문에 구체적인 사건에 있어서 역동적인 현대기업의 내에서 전개되는 근로관계에서 개인으로서 근로자의 자유로운 자기결정권을 확보하고 그의 이익을 적정하게 규율할 수 있는 구체적인 규범을 어떻게 형성해야 하는가가 중요한 문제로 제기된다. 이 문제의 해결이 바로 근로계약법학의 과제이다. 현대기업적인 근로관계의 특수성에 기초해서 역동적이고 집단적으로 전개되는 계약의 체결, 이행 및 변동 그리고 종료에서 공정성을 확보할 수 있는 근로계약법리의 기초를 어디에서 어떻게 발견하고 그것을 어떻게 정당화할 것인가? 그래서 여기에서 제기되는 문제가 「근로계약법으로서 근로기준법」의 흠결을 상품교환의 기초법인 민법상의 계약법리로 기계적으로 메워야 하는가라는 것이다.

지금까지 우리의 법적 사고는 근로기준법을 단순히 노동보호법으로 보면서, 근로기준법에는 근로계약에 대하여 근로기준법의 규정이 없는 경우 민법규정을 적용한다는 준용규정을 두고 있지 않음에도 불구하고, 노동보호법으로서 근로기준법에 명시적인 규정이 없는 경우에는 민법은 일반법이고, 근로기준법은 민법의 특별법이기 때문에 곧바로 상품교환의 기초법인 민법의 임의규정을 적용해야 한다는 식으로 전개되어 왔다. 이러한 사고방식이 어떤 경우에는 합당할 수도 있지만, 그렇지 못한 경우도 있다.[61] 우리나라 근대법사에서 근로기준법이 민법과 어떠한 관계에 있는가? 개별적 근로관계는 근로계약을 기초로 해서 성립되는데, 근로계약은 근로기준법상의 독자적인 계약유형으로 보아야 하는가? 근로계약은 몰역사적으로 민법상의 계약 중 특별한 고용계약으로 파악하면서 상품교환의 기초법인 민법의 계약법리를 통째로 근로관계로 끌어들여 노사관계를 상품교환관계로 재단하는 것인 타당한가? 이것은 근로계약법리의 발전과 관련해서 등장하는 중요한 문제로서 법률, 관습법 등 전통적인 법원(法源)의 저편에서 법의 부족 또는 법률의 흠결을 메우기 위해 실제로 구속력을 가지고 있는 판례법 또는 법관법(Richterrecht)[62] 및 학식법(學識法)[63]을 형성해 가는 경우에 제기되는 근본적인 문제

61) 예컨대, 근로기준법 제23조를 민법 제660조의 특별조항으로 보아야 한다는 사고방식, 부당해고 기간중에 근로자가 제3자로부터 얻은 노동수익을 민법 제538조 제2항 소정의 이익으로 보아 공제하여야 한다는 사고방식, 근로계약관계에 있어서 급부불능으로 인한 위험부담을 해결하는 데에 민법상의 계약논리를 그대로 적용하고자 하는 사고방식 등이 그것이다.

62) 판례법이 다른 어떠한 법령보다 개별사안에서 실질적인 구체적 효력을 가지고 있다는 것에 대하여 오늘날 논란의 여지가 없다. 또 입법자가 사회법적 입법을 계속해서 사회적 영역을 재구성하려고 해도, 오늘날 입법부가 기조 있는 것은 구조적 한계 때문에 그 구체적 타당성의 면에서 제한이 있을 수밖에 없다는 것에 대해서도 논란의 여지가 없을 것이다. 그래서 다원적인 산업사회에 있어서 개별사안의 특성에 신축적으로 대응하여 개혁적인 사회형성을 효과적으로 할 수 있는 판례의 규범형성이 필요하다. 그러므로 판례법의 문제가 법학적 논의대상으로 취급되는 것은 자명하다. 법관의 계속적 법형성에 대한 일반적 허용과 그 정당성의 문제는 법정책적인 측면에서 논의되지만, 사법의 지위와 한계의 문제는 헌법상의 권력분립의 구조와 관련해서 입법부와 사법부의 권한법적 측면에서 다루어질 것이다.

이기도 하다. 법관에 의한 새로운 근로계약법규범의 형성은 노동법의 특성상 중요한 문제이고, 근로계약법에 있어서 법관의 규범형성범위는 노동법의 체계적 지위와 밀접하게 연관되어 있다. 이처럼 근로계약법의 체계적인 위상에 관한 문제는 현재와 같이 독자적이고 구체적인 근로계약법이 제정되어 있지 않는 경우 특히 법관의 법형성권능과 관련해서 근본적인 의미를 가지게 된다.

근로계약은 근로자가 사용자의 「사업 또는 사업장」질서 아래에서 「노동하는 것」 자체를 약정하는 계약으로서 우리 근로기준법이 「사업 또는 사업장」 질서의 주체인 사용자에 대한 근로자의 동등한 지위와 자유의사에 기한 자기결정권을 보장·전개하기 위해 민법상의 고용계약과는 별도로 설계한 독자적인 규범적 제도이다. 그러므로 근로기준법이 명시적으로 규정하고 있지 않더라도 근로계약규범은 노동기본법으로서 근로기준법이 상정하고 있는 제도적 이념과 목적에 부합되도록 형성되어야 하고, 고용계약의 법리도 이러한 이념과 목적에 부합하는 경우에만 비로소 근로계약규범으로서 적용되어야 할 것이다. 결론컨대, 근로기준법상의 근로계약을 민법상의 계약 중 고용계약의 특별한 경우로 보면서 또 근로기준법상 근로계약에 관한 특별한 규정이 없는 경우에는 당연히 계약 일반에 관한 민법상의 임의규정이 적용된다고 해석해서는 아니 된다고 할 것이다. 근로계약의 노동법적 새로운 과제란 당사자가 근로계약을 선택한 의사의 법적 의의를 해명하는 것에 있다. 이 과제를 성공적으로 수행하기 위해서는 근로계약관계의 본질적인 요소로서 계약적 요소와 비계약적 요소를 어떻게 분리·규정해야 할 것인지를 면밀하게 다시 물어보아야 할 것이다.

---

63) 이것은 법학자 또는 법학교수들이 자기 나름으로 이론적 해석을 통해 구체적으로 발견 또는 형성하여 제안하는 규범을 총칭한다.

제4장 근로계약과 기업

Ⅰ. 들어가면서

여기에서 주목하고자 하는 것은 근로계약의 조직법적 성질과 관련하여 조직체로서「기업」과 근로계약과의 관계이다. 우리가 근로계약을 사용자와 근로자의 순수한 채권적 계약으로 파악한다면, 그것은 사용자와 근로자가 속해 있는 기업조직을 도외시하는 것이기 때문에 근로계약법의 형성을 제대로 할 수 없다. 그러므로 이미 살펴보았듯이 근로계약은 반드시 그것이 터를 잡고 있는 「기업」그 자체와도 연관해서 파악되어야 하고, 근로계약법은 기업의 경영기능적인 측면에서뿐만 아니라 사회제도적 및 사회역할적인 관점에서도 고찰되어야 한다.

「기업」의 개념은 기업법의 발전에서 이미 볼 수 있듯이 그것을 경제활동 혹은 기업관계의 독자적 주체와 지위, 법적 실체로서 법률학의 속에 끌어들인 의론이 이미 정착되고 있다. 선진자본주의국가에서는 기업 및 경영의 분석이 노동법학에서 기본문제로서 중요한 지위를 차지하고 있다. 특히 근로계약법 분야에는 기업의 법리를 전제로 하여 의론이 진행되어 왔으며, 우리나라 근로기준법에도 실제로는 기업의 관념이 깊숙이 들어와 있다. 그렇지만 우리나라의 노동법학은 일반적으로 기업이론에 대해 천착하는 데에 적극적이지 않으며 근로계약법의 차원이나 노사관계법의 차원에서도 기업론적인 접근에 경계(警戒)적 태도를 보여 왔다. 이러한 태도가 「기업」에 기초를 둔 노동법리의 발전에 제동을 걸고 있다는 것은 부정할 수 없을 것 같다. 그렇지만 입법의 차원에서 지주회사나 회사분할 등의 제도에 의해 기업의 조직구조에 주목하는 실정법의 정비가 향후 보다 적극적으로 진행되어야 하는 것은 주지하고 있는 바라고 하겠다. 현대사회에서 대부분의 구성원이 그의 생활재료를 제공받고 있는 인적·물적·복합적인 조직체이자 공동체적 생활의 터전으로서 사회적 존재인 기업의 실체를 도외시하고 그것의 조직법으로 근로계약법리를 구성한다는 것은 불가능하다고 할 것이다.

우선 「기업」과 관련하여 우리나라 실정법에서 사용되고 있는 용어를 살펴보면, 요즘 들어와서 이를테면 "기업법"이라는 말이 부쩍 자주 사용되고 있다. 지금도 그것이 무엇을 의미하는지를 정확히 알지 못하지만 "기업법무"를 자신의 특화영역으로 내세우고 있는 법학전문대학원도 있다.[1] 사실,「기업」은 근대 이후의 자본주의적 산업시스템에 있어 주도적인 위치를 차지하고 있다. 기업은 자본주의의 심장이라고 해도 과언이 아니다. 그렇지만 실정법에서는 "기업"이라는 용어보다는 사업, 영업 그리고 경영이라는 말이 오래 전부터 사용되어 왔다. 그렇지만 「기업」은 우리나라 실정법상의 용어이다. 첫째, 우리나라 헌법은 "사업"과 "영업" 또는 "경영"이라는 용어 대신에 특별히 「기업」이라는 용어를 사용하고 있다. 자본주의를 표방하고 있는 대한민국은 그의 최고규범인 헌법에서 「기업의 경제상의 자유와 창의」를 천명하고 있다. 즉 우리 헌법 제119조 제1항은 "대한민국의 경제질서는 개인과 기업의 경제상의 자유와 창의를 존중함을 기본으로 한다"라고 규정하여 「기업」의 헌법상 지위를 보장하고 그것이 우리나라의 헌법적 경제질서를 구현하는 제도임을 선언하고 있다. 이렇듯이 기업은 우리나라 경제헌법의 기본적 개념이다.[2] 둘째, 이러한 헌법상의 제도로서 기업을 전제로 하여 경제법은 거시적인 차원에서 기업 및 시장질서를 형성·규제하여 구체화하고 있다(독점규제 및 공정거래에 관한 법률, 약관의 규제에 관한 법률, 소비자보호법, 방문판매 등에 관한 법률, 은행법, 대외무역법, 농지법, 양곡관리법 등 참조). 그리고 셋째, 이와 같은 시장질서의 형성·규제법으로서 경제법과 더불어 노동법 및 상법은 그러한 기업 구성원의 대내외적 법률관계를 규제하고 조직화하는 기능을 담당하고 있다.

그러므로 이러한 시각에서 보면,「기업」은 노동법과 상법의 상위 규범인 헌법의 기본개념이므로 노동법과 상법을 규범적으로 통합하는 관념이다. 그래서 기업은 노동법과 상법이 법적 실체로서 당연히 전제로 해야 할 가장 기본적인 개념인 것은 틀림없다. 그러나 "기업이 무엇인가"라는 주제는 지금까지 노동법학과 상법학의 연구대상이 아닌 것처럼 다루어지고 있다. 하지만 기업과 관련해서 노동법에서는 주로 "사업(또는 사업장)"과 "경영"이라는 용어가 사용되고 있고, 또 상법관련 분야에서는 주로 "영업"이라는 말이 사용되고 있다. 노동법 분야에서 특히 근로기준법에는 "사업(또는 사업장)"(근로기준법 제2조 제1항 제1호, 제2호, 제11조) "경영"(근로기

---

1) 예컨대, 경희법학전문대학원은 "글로벌 기업법무"를 법률가양성교육의 특화분야로 내세우고 있다. 그렇지만 현행 변호사시험제도를 감안할 때 그것이 가능할 수 있을지는 의문이다.

2) 이와 관련해서 노동헌법과 기업에 관해서 강희원, 『노동헌법론』, 법영사, 2011, 43면 이하 참조.

준법 제2조 1항 제2호, 제24조)이라는 용어가 사용되고 있다. 그리고 상법 총칙편 제7장의 제목이 "영업양도"이다. 그러나 이들 실정법률에는 "사업(또는 사업장)" 및 "경영"에 대한 정의규정이 없다. 그 외에도 우리나라 노동법교재에는 "경영참가", "경영참여", "경영협의회" 등과 같은 용어에서 볼 수 있듯이 경영이라는 용어가 자주 사용된다.

국어사전을 찾아보면, 「사업」이란 "어떤 일을 일정한 목적과 계획을 가지고 짜임새 있게 지속적으로 경영함 또는 그 일"이라고 정의되고 있으며, 「경영」은 "기업을 관리하고 운영함"을 의미하며, 「영업」은 "영리를 목적으로 하는 기업 또는 그런 행위"라고 풀이되어 있다. 그런데 실정법률에 있어 「사업」, 「영업」 및 「경영」이라는 용어는 당해 법률의 입법목적에 따라 「기업」을 바라보는 관점을 드러내고 있다고 말할 수 있다. 노동법 특히 근로기준법상의 「사업(또는 사업장)」이라는 말은 생산노동을 제공하는 자(또는 단순히 노동)의 측면에서 기업을 규정하는 용어이다. 그러므로「사업」이라는 개념은 노동력을 사용하는 자의 의도(대부분의 경우에는 「영리」가 될 것이다)와 관계없이 생산근로자를 보호하기 위한 법적 개념이라고 말할 수 있다. 「영업」이라는 말은 (물적) 자본을 투자하는 자(또는 단순히 자본)의 측면에서 기업을 규정하는 용어이다. 그러므로 영업이라는 개념은 자본을 투자하는 자의 목적 즉 영리를 보호하기 위해 기업을 규정하는 법적 개념이라고 할 것이다. 「경영」이라는 말은 노동을 제공하는 자와 자본을 투자하는 자를 아우르는 기능적 조직적 측면에서 기업을 규정하는 개념이다. 어떻든 경영의 개념은 기업의 기능적·조직적 개념이다. 그러므로 기업에 노동을 제공하든 또는 자본을 제공하든 관계없이 기업의 조직의사결정에 관여하는 자가 경영의 주체가 되는 것이다. 근로기준법 제2조 제1항 제2호에 정의되어 있는 「사용자」는 바로 경영의 주체를 말한다.

기업의 관점에서 보면 근로계약에 의해 노동과 자본이 결합되어서 비로소 기업으로 된다. 그러므로 근로계약은 「기업의 시작」이고 또 「기업의 유지·변동」이다. 근로계약은 기업에서 그 구성원의 「행동」으로서 노동력을 자본과 결합하고 일체화시키고 발전시키는 유인(誘引)인 것이다. 우리나라의 근로기준법 제1장에는 근로계약을 규정하고 하고 있다. 근로자는 기업에 대해 「근로」를 제공하고 그 대가로서 임금을 취득하는 것인데, 그 임금의 액은 그가 제공하는 「근로」의 여하와 수급의 관계에 의해 정해진다.

그러면 우리나라 실정법률은 사업, 영업, 경영이라는 3차원에서 기업을 규정하고 있다. 그러면 기업이란 무엇인가? 그런데 기업에 관해 법적으로 의론하는 경우에는 노동을 제공하는 자(근로자), 자본을 제공하는 자(자본투자자), 그리고 운영을 담당하는 자(경영담당자)의 차원에서만 논의해서는 아니 된다. 여기에 반드시 또 하나의 차원이 고려되어야 한다. 즉 기업이 창출하는 재화(서비스도 포함)를 구매·사용하는 자(소비자)의 차원에서 기업의 문제가 논의될 수 있도록 기업의 법적 개념이 구성되어야 할 것이다. 아래에서 자세히 살펴보듯이 기업을 사회적 제도로서 파악하는 것은 바로 이러한 연유에 그 근거를 두고 있다.[3)]

위에서 언급했듯이 「기업」은 인간의 존엄과 가치를 최고의 가치이념으로 지향하고 있는 우리 헌법이 그것을 국가공동체 내에 실현하기 위한 물적 기초를 창출하는 사회경제적인 조직체이다. 그런데 기존의 근로계약법리는 이와 같은 헌법적 이념과 상관없이 그러한 기업을 전제로 하지 않는 시민법적인 시각에 입각해서 형성되었다. 이에 대해 이론적 반성·비판에 입각해서 헌법적 실체로서 기업의 가치와 역할을 법이론적으로 구현하는 새로운 근로계약법론을 구축하는 것이 요청되고 있다. 그래서 우선 비교법적 관심에서 도이칠란트와 프랑스의 노동법학에 있어서 「기업」에 관한 논의를 주목하면서 거기에서 약간의 시사점를 얻어서 본 논의의 실마리로 삼으려고 한다.

Ⅱ. 도이칠란트와 프랑스의 노동법학에 있어 「기업」

1. 도이칠란트 노동법에서 「기업」과 「경영」의 개념적 분리

도이치 노동법학계에 있어서는 제1차 세계대전 후부터 지금까지 기업과 경영의 개념을 분리하고 있다. 제1차 세계대전 후 도이칠란트에서는 1920년의 경영협의회법(Betriebsrätegesetz)이 제정되었다. 이 법 제50조 이하는 하나의 기업 중에 다수의 경영이 포함된 경우에 있어 경영협의회의 존재방식도 규정하고 있었다. 그래서 1920년 경영협의회법을 경영참가의 법이라고 주장되었던 것이다. 도이칠란트에는 직업별 혹은 직능별 노동조합의 연합체가 주요한 노동조합의 조직방식이었고 경영협의회의 구성원은 종업원에 한정되었기 때문에 경영협의회의 결정은 이른바

3) 최근에 우리나라에서도 기업의 문제를 사회철학적 측면에서 새롭게 보려고 하는 흥미로운 시도가 있다. 김상봉, 『기업은 누구의 것인가』(꾸리에북스, 2012)가 그것이다. 저자는 평등하고 자유로운 시민의 공동체인 고대그리스 도시국가 polis에서 그 기본적인 발상을 얻어서 기업을 말하자면 노동과 자본의 폴리스로 보려고 한다. 이러한 폴리스적 발상은 기업에 대한 근로자의 경영참가권을 인정하기 위한 철학적 기초이라고 하겠다.

경영협정에 불과하고 단체협약과는 별개의 오히려 취업규칙의 성격을 가지는 것이었다. 이들 법률의 등장에 의해 도이치 노동법학계에서는 기업과 경영의 개념의 정립과 그 관계가 문제로 되었던 것이다.

나치스정권에 의해 도이치 노동입법은 커다란 변혁을 받았는데, 경영참가의 사상은 나치스시대에도 그 저류를 이루고 있었다. 신임자협의회(Vertrauensrat)도 그 변형으로 보아도 좋다. 제2차 세계대전 후인 1951년에 공동결정법(Gesetz über die Mitbestimmung)의 제정 및 1952년의 경영조직법(Betriebsverfassungsgesetz)의 제정이 있었다. 공동결정법은 광업 및 제철제강업의 기업에 한해서 적용되었다. 동법 제1조에 의하면 기업의 감사회 및 법정대표기관에 있어서 피용자는 공동결정권을 가지는 것으로 규정하였다. 경영조직법은 일반기업에 적용되는데, 동법 제4장에 있어서는 ① 노동조건 기타 복지시설, ② 채용·배치전환·해고 등의 인사, ③ 제조 및 작업방식·생산계획·기업의 경제적 상황·생산상황 및 판매상황 등에 대한 피용자측의 협력 및 공동결정을 정하였다. 또 동법 제76조는 기업의 감사회에 3분의 1이긴 하지만 피용자의 대표의 참가를 인정하였다.

이들 법률은 1920년의 경영협의회법과 달리 기업의 감사회에 피용자대표의 참가를 인정하는 점에서 현저한 진전이 있었는데, 이들 3법에 있어서 어느 것도 기업과 경영을 분리한다는 관념 하에서 규정되어 있다. 예컨대 공동결정법 제6조, 경영조직법 제1조, 제3조, 제46조 등에 있어서는 명문으로써 기업과 경영의 개념을 분리하여 규정하고 있다.

위에서 기술 한 바와 같이 이들 입법에서는 기업과 경영의 개념을 분리하고 있기 때문에 1920년의 도이치 노동법학자는 이들 두 개의 개념규정을 논하였다. 진쯔하이머(H. Sinzheimer)의 다소 다른 표현방식도 있기 하지만, 카스켈(W. Kaskel), 후엑(Alfred Hueck), 니퍼다이(H.C. Nipperdey) 등의 의견이 대표적이었다고 하겠다.[4] 제2차 대전 후에도 후엑 등의 의견은 전전과 거의 다르지 않다. 그리고 니키쉬(A. Nikisch)의 견해는 제2차 세계대전 이전의 그의 주장과는 다소 다르지만,「노동력을 타인에게 처분한다」고 하는 본질적인 점에서는 변하지 않았다.[5] 어떻든 도이치 노동법학자들은 기업과 경영의 개념을 구별하였다는 점에 있어서 특별히 다르지 않다.

이들 도이치 노동법학자의 의견에 의하면, 경영은 물질적·비물질적(발명 기술 고객관계 공급자관계) 노동력의 3요소로 이루어진 단순한 기술적 목표(technische Zweck)

---

4) A. Hueck/H.C.Nipperdey, Lehrbuch des Arbeitsrechts, Bd.,I, 5. Aufl. S. 78

5) A. Nikisch, Arbeitsrecht 3. Aufl. 1961. S. 158ff.

에 의한 통일체인데, 기업은 물적·비물적 노동력을 경제적 수요를 만족시키기 위한 영리적 목적 즉 경제적 목적에 의해 결합된 통일체이다. 이러한 목적달성을 위해서는 여러 가지의 기술적 목적을 가진 행동이 기여하는데 순수한 기술적 목적에 의해 통제된 조직체인 경영과는 달리 기업은 영리목적에 의한 경제적 통일체이다. 그리고 기업은 상법 기타 경제법상의 개념이고 노동법상은 경영이 문제로 될 뿐이라고 하고 있다. 그리고 경영은 법적으로는 객체이고 주체는 아니다. 다만 경영협의회법과 같이 경영참가 및 기업참가의 법이 생성 발전해가면 경영은 점차 주체성을 확보할 수 있을 것이라고 주장한다.

1951년의 공동결정법 및 1952년의 경영조직법 등에 있어서도 앞에서 든 각 조항에 있어서 기업과 경영을 구별하여 규정하고 있기 때문에 오늘날 도이치노동법학계에 있어서도 표현의 방식은 어느 정도 달라졌더라도 본질적으로는 1920년의 경영협의회법에 대한 노동법학자의 의견이 답습되고 있다고 할 수 있다.

하지만 도이칠란트에서 노동법학자의 기업과 경영에 대한 개념화는 법규범해석상의 기술적 필요성에서 생긴 것이고 기업과 경영의 실체와 본질을 천착하여 고찰한 것은 아니라고 하겠다. 도이칠란트에 있어 1920년의 경영협의회법, 1951년의 공동결정법, 1952년의 경영조직법이 어떠한 성립과정을 거쳐서 등장하였는가라는 사회적·경제적·사상적 기반의 분석을 할 필요가 있고 그리고 이들의 입법에 있어서 왜 기업과 경영의 개념을 분리해서 정립하여야 했는가라는 입법정책상의 근거를 고찰할 필요가 있다. 한 마디로 말하면 도이칠란트에서 있어 노동조합운동은 아메리카합중국의 그것과 달리 사회혁명적인 사상의 저류가 강하고, 그 평화적 실현의 수단으로서 「기업참가」의 운동방침이 주류로 되었다. 이러한 사회혁명적인 운동을 완화하기 위한 입법이 이들 경영참가법의 등장으로 되었던 것이다.

노동법학자는 기술적인 법규해석학을 수립하는 역할을 담당하였기 때문에 노동입법이 기업과 경영을 분리하여 규정하였던 이상, 노동법학자도 기업과 경영을 구별하여 개념화하는 개념법학의 수립에 노력할 수밖에 없었던 것은 어쩔 수 없다.

2. 프랑스 노동법학에 있어 「기업」

1) 「기업양도」와 근로계약승계

프랑스노동법학 특히 해고법제와 해고법리의 발전에는 기업 또는 조직의 논리가 깊게 침투하고 있다고 하겠다. 첫째로 지적해야 할 입법은 프랑스에서 1928년

7월 18일에 제정된 법률 중 「기업이전(transfert d'entreprise)」에 있어 근로계약승계에 관한 규정이다(이 규정은 현행법의 규정으로서 유지되고 있다. 노동법전 L. 122조의 12 제2항). 이 규정은 상속, 매각, 합병, 영업재산의 이전, 회사설립 등에 의해 사용자의 법적 지위에 변동이 생긴 때에도 그 시점에서 효력을 가지는 노동계약은 모두 새로운 사용자와의 간에 존속한다고 정하는 것이다. 이러한 기업이전에 기한 계약승계는 바로 기업의 관념에 의해 비로소 가능한 사고방식이다. 이 규정은 근로관계에 있어 전통적인 개념－근로관계는 개별 근로자와 개별사용 간에 체결되는 근로계약을 기초로 하여 존재한다고 하는 사고방식－을 뒤집고, 근로관계는 근로자를 사용자 개인에 결합시키는 것이 아니고 기업 그 자체에 결합시키고자 하는 사상을 구체화하였던 것이다. 이 규정은 피용자에게 고용의 안정을 보장하는 것을 목적으로 한다. 따라서 여기에서 상정되는 『기업의 동일성』의 개념은 법률적인 것 이상으로 경제적 및 기술적인 것이었다. 프랑스 노동법에 있어서 기업의 이념은 그 후에 근로자의 기업에 대한 이익참가나 도이칠란트와 같이 종업원대표제도의 발족과 발전에 의해 착실하게 정착해간다.

그런데 프랑스 해고법과 관련해서는 판례의 발전에 눈을 돌려보면, 해고법제나 법리의 형성에 기업조직이나 종업원대표의 존재를 적극적으로 감안하는 태도 자체에 있어서는 프랑스가 도이칠란트보다 늦었다. 도이칠란트와 프랑스의 해고법에 관한 한 비교법적 연구6)에 의하면, 프랑스에서는 법원은 근로자가 기업공동체의 일부라는 것, 또 기업공동체의 성원인 의미로 사회적으로 계층화되고 따라서 어떠한 자의 고용이 다른 자의 그것보다도 강하게 유지될 수 있는 것을 고려하지 않는다. 또 종업원이 그 지위를 사용자에 의해 자의적으로 변경당하지 않는다는 것에 진정한 권리를 가진다고 하는 이념은 프랑스의 판례체계에는 관계없는 것이다.

2) 프랑스 판례의 상황과 기업이익론

프랑스의 학설이 그러한 판례이론에 대항하는 법리의 근거로 하였던 것은 바로 「기업」이다. 기업이란 개념은 처음에 근로자에 대한 사용자의 해고권행사가 남용되었다는 것, 즉 해고권남용의 해당요건으로서 해악 등과 같은 종래의 주관적 지표에서 넘어서 「기업이익」이라는 보다 더 객관적인 지표를 정립하고 했던 것에서 나타났다. 여기에서 기업이익이란 「회사소유자 혹은 회사경영자의 이익」에서 구

6) Jean VINCENT, La dissolution du contrat de travail, Etude comprarative du droit allemand et du droit franÇais, 1953, p. 478.

별되는 기업 그 자체의 이익을 말한다. 거기에는 기업은 종업원을 포함하는 전구성원의 「공동이익」을 보장해야 하고 사기업에 있어서도 공적 기능 및 공적 성격이 강조된다(공역무의 개념). 그리고 이러한 기업이익에 합치한 해고인가 여부를 해고권남용의 성부를 결정하는 지표로 하는 것이다. 요컨대 이러한 사고방식은 기업제도론을 해고권남용이론에 주입하고자 하는 의론인데 기업이익의 개념을 사용해서 해고권남용이 성립하는 범위를 확장하고자 한다.

이러한 법리는 1940년대부터 1950년대의 다수 학설의 지지를 받아서 판례도 이것을 점차 받아들이려고 하는 경향이 나타났다. 그리고 해고의 자유를 제한하는 판례의 확립이 전망되었던 것이다. 그렇지만 그 시금석으로서 주목되었던 1956년의 파기원(Cour de cassation) 판결에서 이러한 가능성은 근저에서 부정되고 판례변경의 기대는 무산되고 말았다.

3) 해고제한입법과 신분규정론(「유인적」 행위로서의 해고)

다음에 근로계약의 신분규정적인 이해(conception statutaire)를 해고법리에 결부시켜서 해고 자체의 개념을 재구성하는 법리가 전개되었다. 이에 의하면 해고란 「자유로운 계약당사자의 개별적 행위가 아니고 기업 그 자체의 테두리 내에서 기업의 적정운영을 확보하기 위해 사용자가 취할 수 있는 조치라는 것이다. 따라서 이 경우에는 직업법규가 중요하게 된다. 여기에 말하는 직업법규란 기업에 적용되는 관행·취업규칙·단체협약·법률로 구성되는 규범의 전체를 말한다. 그리고 「해고란 기업에 적용되는 직업법규에 내재하고 그것에 기초를 둔 행위이며 이러한 직업법규에 기해 기업의 장(長)이 행사하는 직무(function)로 구성된다. 이때 해고는 법규에 의해 「테두리가 정해져 있는(encadré)」 즉 해고는 근로계약의 해약이라는 민법학적 이해에서 분리되어 직업법규에 의해 근거가 부여되고 그 테두리 내에서만 행사될 수 있는 권한으로 이해된다.7)

이러한 이론구성은 프랑스에서 1973년에 해고 전체의 제한입법이 1975년에 경제적 사유에 의한 해고의 제한입법이 제정되었을 때 가장 광채를 발산하게 된다. 해고에는 「진정하고 중대한 사유」(cause reélle et sérieuse)가 존재하는 것이 요건으로 되고 또 경제적 사유에 의한 해고에 있어서는 종업원대표의 절차적 개입이 정해

---

7) 프랑스에서 이러한 논의와 관련해서 선구적 지위를 가지는 것이 카멜란크(C.H. Cammerlynck)의 논문이다. C.H. Cammerlynck, De la conception civilste du droit résiliation unilatéle á la statutaire de licenciement, J.C.P. 1958 I, p. 1425.

져 해고는 바로 법에 그 범위가 부여된 행위라는 이해가 현실적 의미를 증가시켰기 때문이다.

그것은 해고에 대한 법제상의 개혁뿐만 아니라 해고권개념 그 자체에 대한 근원적인 변혁이기도 하였다. 즉 기간의 정함이 없는 노동계약의 해약은 「무인(無因)적 권리(droit non causé)」이었지만 해고권은 「유인(有因)적 권리(droit causé)」이다. 왜냐하면 사용자는 「진실하고 중대한 이유」 없이는 해고권의 행사 그 자체를 할 수 없기 때문이다. 그러므로 이들 이유가 없는 해고는 이미 권리의 남용적인 것이 아니고 권리의 부존재(부적법한[irrégulier] 해고)에 불과하다.[8] 이리하여 프랑스에서도 해고의 자유를 기반으로 한 해고권남용법리는 종언을 맞았다.

Ⅲ. 「기업」의 본질과 사회적 기능 및 책임

1. 「기업」의 목적과 본질

기업의 목적은 기업의 존속·성장에 있다. 영리목적은 그 수단에 불과하다. 기업의 구체적인 목적 즉 구두를 만든다든가, 면포를 제조하든가 하는 사업목적을 「설정」하는 책임은 이사회에 있고 궁극적으로는 주주에 있다. 그러한 사업목적이 사회봉사적 기능을 가지지 않으면 기업은 존속 성장할 수 없다.[9]

기업(경영)은 다수의 인간의 행동을 이 기업목적에 총괄하는 조직체이다. 이들

---

8) Jean Pelissier, Alain Supiot, et Antoine Jeammaud, Droit du travail, 20e. éd. 2000. p. 454 á455.

9) 이 점에 있어서 도이치노동법학자의 견해와는 역전되어 있다고 말할 수 있다. 경영이 주체로 되는가, 객체로 되는가의 논의는 기업을 영리목적의 조직체이고 경영을 기술목적의 조직체이라고 하는 입장에서 기업과 경영의 실체와 본질을 분리하기 때문이다. 이 양자는 동일한 실체이고 기업이 사회적 조직체로서 존속·성장할 수 있다는 것은 구두를 만든다든가 면모를 제조하는 것이 사회봉사적인 기능을 하고 있기 때문이다. 영리목적은 그 수단에 불과한 것이다.
예컨대 우리 민법 제34조는 법인의 권리능력에 관한 규정인데, 이것이 또한 행위능력의 규정이라는 보는 행동학파의 논의에서 본다면, 민법 제34조는 당연히 법인의 행위능력에 관한 규정이다. 여기에서 「법인의 목적의 범위내」라는 규정의 의미에 대해서도 그것은 정관 또는 기부행위의 「기재사항」에 한하는가 「법인의 목적달성을 위해 필요 또는 상당한 범위내」에 한정되는가라는 문제도 「사업목적」의 달성이라는 면에서 보면 후자의 입장이 타당하다고 해야 할 것이다. 기업의 존속·성장의 기초는 그 「사업목적」의 사회적 서비스의 점에 있고 사유재산제도 하에서는 영리목적은 그 수단으로 되는 것에 불과하다.

조직에 대한 참가자는 그 조직활동에 참가하는 개인적 동기를 가지고 있다. 그 동기는 투자자에 있어서는 이익이고, 종업원에서는 임금이며, 고객에 있어서는 양질의 제품을 염가로 구하는 것이다. 이들과의 사이의 계약이 기업의 존속 성장의 수단인 영리목적에 공헌하면 그 조직은 존속·성장할 수 있다.

조직에 참가하는 참가자의 개인적 동기여부에 관계없이 조직 자체의 목적이 존재한다. 이 조직 목적은 참가자 개인을 초월한 조직체의 목적의 존재를 인정하게 되는데, 이 조직 목적은 간접적으로는 모든 참가자의 개인적 목적인 것이다. 조직 목적은 참가자 자신의 여러 가지 개인적 동기를 만족시키기 위해서 조직활동에 통일을 부여하는 수단으로도 된다.

조직체는 그 구성원의 행동의 시스템이고 인간의 행동은 사회적 역할을 인정하는 것이기 때문에 어떠한 조직 속에서 그 행동은 조직화되고 제도화되어 있다.

그러나 실행하는 것은 「개개인의 행동」이고 조직체의 행동은 개인의 협동적 활동의 조직화에 불과하다. 개인은 조직 속에서의 행동이 조직의 목적에 직접 또는 간접으로 기여할 때에 그 조직에 참가한다.

조직에 대한 참가는 개인의 행동의 조직에 대한 「일원화 또는 동일시」(identification)이다. 개인적 동기에 의해 참가한 것도 조직에 대한 일원화에 의해 조직 속에서 그의 행동은 비개인적인 조직을 위한 의사결정에 기하여 행동한다. 이러한 일원화가 이루어지면 기업의 목적이 참가자의 행동의 지표로 된다.

협동적 행동에는 모든 구성원에 의해 같은 결정이 채용되는 것이 필요하다. 이 같은 결정을 사용해서 협동적 행동이 성립한다. 그것을 가능하게 하는 것은 「권위」에 의한 각인의 행동조정에 의한다.[10] 조정된 인간행동의 체계는 이를테면 행동의

---

10) 이와 관련해서 권위와 지배의 관계와 관련해서 약간의 언급을 한다면, 예컨대, 도이치 노동법의 아버지라고 할 수 있는 진츠하이머에 의하면, 종속관계의 원천은 소유와 노동의 관계 속에 있다. 소유란 단지 유체물, 수익뿐만 아니라 소유의 사회적 기능 즉 사회적 힘에 관한 사실상의 실천 속에서 찾아야 한다. 소유자에 속하는 물은 추상적인 물이 아니라 노동하는 사람의 노동수단으로서의 생산수단이다. 이러한 생산수단이 노동하는 사람의 수중에 없고 타인의 수중에 존재하는 경우에는 소유는 그것 자체는 아무런 의미도 없고 그것은 노동력의 이용을 필요로 한다. 소유자가 그 소유를 이용하기 위해서 타인의 「노동력」을 고용하게 되면 소유의 이용은 동시에 「노동력의 처분」이다. 소유는 물에 대한 지배로서의 물권법적일 뿐만 아니라 인간의 지배로서 인법(人法)적인 것이다. 이러한 견지에서 진츠하이머는 소유자의 근로자에 대한 지배권을 파악하고 있다. 즉 진츠하이머는 상급자의 하급자에 대한 권위적 지배력를 인정한다(H. Sinzheimer, Grundzüge des Arbeitsrechts, Jena 1927, S. 22ff.). 그리고 아메리카합중국의 E. Petersen과 G. Plowman도 기업에 있어 근로자에 대한 지배권을 인정하고 있다. 이들의 의견에 의하면, 자본주의사회에서 사유재산제가 그 지배권의 원천으로 되어 있다고 주장한다. 사유재산제에 기하여 소유권은 단순히 물에 대

담당자는 각 개인이라도 그 행동은 협동체계에서 보면 개인적인 것은 아니다. 환언하면 기업에 참가하는가 여부의 결정은 개인적 결정에 의하지만 다시 조직에 참가하는 것을 결정한 후에 조직에 있어 그의 행동의 내용을 결정하는 것은 개인적인 것은 아니다. 이와 같은 결정행위는 개인에 의해 이루어지지만 그 의도와 효과에 있어서는 개인적인 것이 아니며 또 조직적 내지 공동체적인 것이라는 것에 중요한 의미가 있다. 즉 그 결정행위는 조직 자체의 행위의 일부라고 할 수 있다. 환언하면 조직의 구성원의 개인적 동기에 기하여 조직에 참가한 후의 그의 행동은 개인적 동기(임금의 수취)에 의해서가 아니라 조직의 목적에 의해 결정된다.

권위는 조직의 구성원에게 수용(acceptance)되어야 한다. 사기업의 경우에도 국가의 경우도 마찬가지이다. 권위는 그것을 만드는 구성원에 의해 설정된 규율에 개인의 행동을 강제하는 기능을 한다. 예컨대 국회에서 제정된 법률은 모든 국민에게 권위로서 수용된다. 그것에 반항하는 구성원에 대해서는 제재가 부과된다. 사기업의 경우에도 마찬가지이며 기업이 하나의 사회적 제도이라는 것은 이러한 권위의 시스템과 그것을 강제하는 「징계제도」를 중핵으로 하여 구성되어 있다. 물론 징계제도는 권위의 측면에서 제재에 대한 두려움보다도 사회적인 윤리적 요소가 권위의 중핵으로 된다.

기업은 사회적 제도이기 때문에 그 내부적인 인간의 행동적 행동의 체계는 「민

한 지배권에 그치지 않는다. 1880년대부터 「영업」도 재산으로서 인정되었다. 1820년대 이후 아메리카합중국 법원은 재산의 범위를 확장하여 상품시장 및 노동시장에 있어 자유로이 거래되는 권리 및 이미 체결된 계약 및 계약체결에 대한 제3자로부터 방해받지 않을 권리도 하나의 재산권으로서 인정되기에 이른다. 즉 「영업권」은 커다란 재산권으로 되었다. 그리고 이 영업권은 기업이 사용가치뿐만 아니라 교환가치도 갖게 되고 기업경영권도 하나의 재산으로 보게 된다. 기업경영권은 궁극에서 주주권에 포섭된다. 이러한 주주권은 기업에 투입하는 근로자를 지배하는 관계를 만들었다. 이에 반하여 C.I. Barnard는 기업에 있어 「권위」는 위에서가 아니라 아래에서부터 발생한다고 보았다. 권위는 명령받는 자의 수용(acceptance)을 기반으로 하고 있으며 「인간의 행동」은 의사의 결정을 전제로 하고 있기 때문에 ① 수령자에게 이해할 수 없는 전달내용, ② 수령자가 이해하고 있는 조직목적과 양립할 수 없다고 생각되는 전달내용, ③ 자기의 개인적 이해 전체와 양립하지 않는다고 생각되는 전달내용, ④ 정신적으로나 육체적으로 불가능하다고 생각되는 전달내용은 권위로서 확립될 수 없다. 「인간의 행동」은 의사결정을 전제로 하여 수령자의 수용을 필요로 하기 때문에 하나의 명령이 「권위」를 가지는가 여부의 결정은 수령자의 측에 있고 「권위자」 즉 발령자의 측에는 없다. 그러므로 권위는 위에서부터 아래로가 아니라 아래에서 위로 발생한다(C. I. Barnard, The function of the executive, Harvard University Press 1974, pp. 160-171). 그러나 생각건대, 권위는 위에서도 아니고, 아래로부터도 나오는 것이 아니라고 할 것이다. 권위란 위에서 아래로 그리고 아래에서 위로의 순환과정 속에서 확립될 수 있다고 보는 것이 타당하지 않을까?

주화」되어야 하는데, 그 민주화의 방법으로서는 앞에서 기술한 구조[11]로 조직화 된다.

이러한 경우의 조직체는 상술한 바에서 분명하게 되었듯이 협동체계(co-operative system)이고 나치스에 있어 경영공동체(Betriebsgemeinschaft)와는 근본적으로 사고방식이 다르다. 나치스에 있어 경영공동체의 파악방법은 경영을 국가의 하부조직의

11) 아메리카합중국에서 경영체의 민주주의적 구조는 다음과 같이 체계화되어 있다. 즉 경영체의 구성원은 상부에서 현장에 이르기까지 모든 「종업원」(employee)으로서 파악하고 이 종업원을 크게 두 개의 집단(group)으로 나눈다. 하나는 관리자(executive)로서 경영자(manager)집단이고, 다른 하나는 경영자 이외의 종업원이다. 양자를 managerial workers와 operating workers로 나누는 자도 있다.
경영자집단을 다시 ① 상위(top), ② 중위(middle), ③ 저위(low)의 3그룹으로 나눈다. 그리고 위에서 아래로의 의사의 전달(communication)뿐만 아니라 아래에서 위로의 의사의 전달을 중요시하는 민주주의적인 배려가 된다. 즉 경영자는 계획설정(planning), 조정(co-ordination), 집행(actuating), 통제(control)의 계층적 순환적 관리활동을 수행하고 그 과정(process)에서 위에서 아래로의 의사의 전달과 동시에 아래에서 위로의 의사의 전달도 중요시된다.
계획설정은 주로 general staff(총참모)를 포함하는 top management(최고경영자 또는 중역)의 팀워크에 의해 행해지고 오늘날에는 계획설정에 관한 의사결정은 상무회에서 실질적으로 되는 경우가 많다. 상법상의 대표기관인 이사회는 그 사후적 승인을 하게 된다.
조정은 주로 총회의 예산편성에서 볼 수 있듯이 경영조직에 있어 각 부문을 기업목적에 비춰서 통일적으로 조정하는 것을 의미하고 있으며 경영조직의 모든 계층에서 고려된 문제인데, 특히 top management(최고경영자 또는 중역)에 의한 조정이 기업의 양호한 협동활동에 큰 영향을 준다.
집행은 라인(line)의 각 관리자에 의한 계획실현을 위한 실시활동을 수행하는 관리자(주로 중위와 하위의 경영자)와 라인에 있어서 현장의 종업원 간의 인간관계(human relation)가 중시된다.
통제는 설정된 계획이 집행활동을 통해서 실현되는가 여부를 확인하기 위해 행해진다. 통제활동의 중요한 담당자는 제1선의 관리자, 즉 저위 경영자인데, 이 경우 단순히 계획과 실적을 비교할 뿐만 아니라 거기에 나타난 차이의 원인을 분석하고 좋지않은 사태를 교정하기 위한 조치가 신속하게 채용된다. 게다가 통제활동에서 얻어진 정보는 새로운 계획설정을 위한 기초자료로 되는 것이고 그래서 계획설정 조정 집행 통제의 기능은 경영 순환(management cycle)로서 P→ C→ A→C→P …의 과정으로써 순환한다.
또 경영자 이외의 종업원에 대한 위에서 아래로의 의사의 전달은 집행권한에 의해, 아래에서 위로의 의사의 전달은 예를 들면 제안상자 등의 이용에 의한 제안제도(suggestion system), 상담제도(couseling) 및 근무의욕조사(morale survey) 등을 통해서 행해진다. 아래에서 위로의 의사전달은 경영자에 있어 통상 고려를 요하는 중요한 과제로 되어 있다. 그것은 민주주의적 관리의 중요한 요소(factor)로 되기 때문이다.
이와 같이 경영조직에 있어서는 최상부에서 말단에 이르는 모든 종업원이 각각의 직능에 따라 협동체계인 조직체를 운영하는 데에 책임을 분담하고 있으며 또 그 경우 명령계통에 따라 위에서 아래로의 의사전달뿐만 아니라 아래에서 위로의 의사전달이 강조되고 있다. 거기에서 바로 각각 다른 「개성과 욕망」을 가진 인간의 집단을 일정목적을 지향하는 협동체답게 하는 가능성이 잠재하고 있으며 환언하면 이것은 아메리카적인 민주주의의 이념의 발로라고 할 수 있을 것이다.

하나로 보고 있으며 전체주의적 국가경제관에서 공동체적으로 본 경영에 불과하고 경영에 있어 「각 개인의 의사결정」을 무시한 사고방식이었다. 그러나 아메리카합중국에서는 「협동체계」로서의 조직의 파악방법은 조직체에 있어 「개인」에 의한 일정목적에 의해 결정이 되는 협동적 활동(co-operative activity)을 수용하고 있다. 환언하면 「개인의 행동」에 있어서 사회성을 채용하고 있는 것이다.

2. "기업구성원의 행동"의 조직으로서 「경영」

「경영」(management organization)이란 관리자로서의 경영자와 그 외의 종업원(employee)의 협동적 활동(co-operative activity or behavior)을 기업의 존속·성장을 목적으로 조직하는 행위이다. 그러므로 사회적 제도로서의 기업을 내부에서 파악한 것이다. 기업과 경영은 동일의 실체와 본질의 것을 외부적으로 보는가, 내부적으로 보는가의 차이에 불과하다. 즉 「사회적 제도로서의 기업」은 외부적으로 보면 기업을 둘러싼 사회경제적인 환경을 통해서 파악된 경제활동의 단위이다. 기업을 내부적으로 보면 관리자로서의 경영자와 그 이외의 종업원의 협동적 활동(co-operative activity or behavior)을 목적으로 향해서 통합하고 있는 조직체이다. 이 경우에 조직체를 향도하는 일정한 목적은 궁극적으로는 「사회적 제도로서의 기업」의 존속 성장이다.

피용자(employee)라는 용어는 위에는 사장에서 아래에는 여급(女給)에 이르기까지의 기업=경영의 구성원을 포섭한 개념으로서 사용되고 있다. 예컨대, 신발을 제조하는 기업의 경우를 보면, 원료공급자나 고객(customer)나 노동조합 등을 무시하고서 기업을 생각할 수 없다. 기업을 외부적으로 보면 이러한 각 이해관계집단의 종합적인 조정기능을 하는 사회적 제도인데, 그 기능은 최고경영자(top manager)인 사장만의 「행동」에 의존하고 있는 것은 아니다. 위는 사장에서 자재부, 경리부, 제조부, 총무부, 영업부 등등의 기업참가자의 「협동」에 의해서 되고 있다. 이러한 「협동체제」로서 조직체가 경영이다.

기업과 경영은 동일한 실체와 본질을 가진 「인간행동」의 「협동체계」를 외부에서 파악하는가, 내부에서 파악하는가의 차이에 불과하다. 도이치노동법학계에는 경영은 경영소유자의 객체에 지나지 않고 주체로 될 수 없다고 보는데, 그것을 기업과 경영을 별개의 실체로서 파악하기 때문이다.

3. "사회적 제도"로서 「기업」: 사회공동체의 생산기구

기업과 경영의 실체와 본질은 특히 별개의 것은 아니지만 같은 실체와 본질을 가진 것을 외부적으로 파악하는가, 내부적으로 파악하는가의 차이에 불과하다.[12] 강하게 이들 두 개를 구별하여 표현한다면, 다음과 같이 정의할 수 있다. 「기업」(business enterprise)이란 기업을 둘러싼 각종의 이해관계자 그룹의 이해의 대립 속에서 이들을 조정(co-ordinate)하는 기능을 영위하고 그 존속 성장을 목적으로 한 경제적 활동의 단위로서의 사회적 제도(business enterprise as a social institution)이다.[13]

「경영」(management organization)이란 기업내부의 구성원으로서의 종업원(employee)-관리자로서의 경영자와 그것 이외의 종업원을 포함한다-의 협동적 활동(co-operative activity or behavior)을 하나의 목적에 의해 조정하고 있는 조직체(organization)이다.[14] 이를 분설해보면 다음과 같다.

첫째, 기업은 경제적 활동 「단위」이다. 기업이 사유재산제도를 사회적 경제적 기반으로 하는 근대자본주의사회에서는 독립채산제와 자유경쟁을 기본원칙으로 하고 있기 때문에 하나의 경제적 활동단위(unit)로 되는 것이다. 법률적으로 보면, 기업은 권리능력 및 행위능력의 법주체이다. 기업은 개인기업의 경우를 제외하면

12) 우리나라에서도 기업의 다각경영이라는 말이 사용되고 있고 노동조합의 조직론으로서 기업별조직과 경영별조직과 직업별 혹은 직능별조직의 우열이 논해지고 있다. 기업과 경영을 나누어서 사용하고 있다. 도이칠란트의 Jaccobi의 견해를 여기에서 차용하면 기업의 다각경영이라고 하는 경우에는 「경영한다」라는 동시적으로 사용되고 있는 것이다. 야코비는 그것을 「주관적 의미에 있어서 경영」의 개념이고, 주관적 의미에서는 「기업한다」 혹은 「경영한다」라는 것은 같은 개념이라고 보고 있다(E. Jacobi, Betrieb u. Unternehmen als Rechtsbegriff, Leipzig 1926), 노동조합의 기업별조직 혹은 경영별조직이라고 하는 경우의 기업과 경영의 분리사용은 본질적으로는 이 경우의 경영은 기업의 한 부분에 불과하다.

13) 「사회적 제도로서의 기업」이라는 표현은 J.G. March와 H.A. Simon에서 차용한 것이다 (J.G. March/H.A. Simon, Oragnizations, John Wiley & Sons, 1964, p. 2). 필자는 기업과 경영의 개념의 정립에 있어서는 물적 요소를 제외하고 인간의 협동시스템으로서의 면만을 파악하고자 한다. 기업에 있어서는 인간의 노동과정은 물과의 결합을 요구하는데 물적 질서를 사상하고 인간의 「협동체계」를 조직체로 보는 것이다. 그렇다고 「인간으로서의 하나의 집단」(group)으로서 기업 혹은 경영을 구성하고 있다고 하는 의미는 아니다. 위에는 사장에서 아래는 현장근로자까지의 전종업원의 「협동체계」가 여러 그룹의 이해를 조정하는 기능을 영위하고 있다고 하는 의미에서 기업이 인간의 협동시스템이라는 것이다 (C.I. Barnard, *The functions of the executive*, Harvard University Press, 1974, p. 69).

14) 제도와 조직체를 특히 구별하여 사용하는 학자도 있다. J.G. March/H.A. Simon, Oragnizations, John Wiley & Sons, 1964; Simon, Administrative behavior, New York 1961.

대부분이 법인(corporation) 혹은 조합(partnership)이다. 그리고 기업의 물적 구성물로서 토지·건물 기타 부동산 및 동산과 함께 무체재산의 소유의 주체는 바로 법인이나 조합 그 자체이다.

그렇지만 「인간(구성원)의 행동」의 조정기능을 영위한다고 하는 면에서 기업을 파악하는 경우에는 그 사회적 경제적 기능에 착안하여 기업의 본질과 실체를 파악하는 것이기 때문에 물(物)의 소유의 면에서는 그것만큼 구애될 필요는 없다. 법적으로 보면 기업이 물의 소유주체라는 것은 논할 필요도 없는 문제라고 할 것이다.[15)]

둘째, 기업은 그 자체의 존속·성장(conservation and growth)을 목적으로 하는 사회적 제도이다. 기업의 목적(object)은 그 존속·성장(conservation and growth)에 있다. 보통 사기업에서는 그 목적은 영리목적에 있는가, 또는 사회적 서비스에 있는가라는 문제가 논의되고 있다. 사회적 서비스의 기능을 충족하지 못하는 기업은 존속·성장할 수 없다. 사유재산제도와 독립채산제 아래에서는 사기업은 영리목적을 달성하지 못하면 기업으로서의 존속·성장이 불가능하게 된다. 그러므로 기업의 목적은 그 존속·성장에 있는 것이며, 영리목적은 그 수단에 불과하다고 할 것이다. 또 기업은 하나의 사회적 제도이기 때문에 어떠한 사회적 봉사의 역할을 담당하는 것은 당연한 것이다.

여기에서 하나의 목적은 그 보다 높은 다른 목적을 위한 수단으로 되어 수단→목적→수단의 순환 연쇄의 과정을 나타내기 때문에 사기업의 목적을 영리목적으로 하는 것은 반드시 잘못되었다고 할 수 없지만 기업의 궁극적 목적은 기업의 존속·성장에 있다. 특히 법인기업의 독립채산제를 인정하는 현행법에서는 이러한 이치는 당연한 것으로 인정되어야 한다.

영리란 모든 지출과 수입(그 어느 것도 화폐로 평가될 수 있다)의 차(差)이다. 대표적인 사기업인 주식회사에서는 개개 주주에 대한 배당을 영리로 보는 사고방식이 있는데, 기업을 중심으로 하여 그 지출과 수입의 차를 영리로 보는 쪽이 좋다. 이와 같이 영리는 기업의 존속 성장을 위한 수단에 불과하고 기업의 궁극적 목적은

---

15) 물(物)의 질서의 면에서 보면, 기업은 법적으로는 소유의 주체이다. 보통으로 「기업권」이라고 하는 경우에는 물의 면에서 본 재산권의 일종이다. 물의 면에서 보면 기업내부의 물은 하나의 질서를 가진 재단으로 되고 사용가지뿐만 아니라 교환가치도 가진 하나의 재산권의 객체로 되어 있다. 이것이 이른바 기업권이다(J. R. Commons, Legal foundation of captalism, The University of Wisconsin Press 1939, pp. 11-12). 그러나 본서의 기본적 입장은 기업을 물적인 측면을 제외한 「협동체계」로 보고자 한다. 특히 노동조합과의 관계에서 기업을 「공정한 거래」와 「법의 평등한 보호」 즉 「공공복지의 원칙」에 적합하게 조정적 기능을 영위하는 하나의 사회적 제도로서 규정하고자 하는 것이 목적이다.

그 존속·성장에 있다. 이러한 사고방식은 과거 도이칠란트에 있어「기업 자체」(Unternehmen an Sich)의 사고방식과 통하는 점이 있다. 아메리카합중국에서도「기업 그 자체」(business enterprise entity itself)라는 것이 강조되고 있다. 그러나 기업의 실체와 본질의 파악방법에 있어서는 그 간에 뉘앙스의 차이가 있다.

셋째, 기업은「경제적 활동」의 단위이다. 여기에서 경제활동이라는 용어는 넓은 의미로 사용한다. 즉 널리 물(物)의 구매, 자금의 차입 혹은 대부, 근로계약의 체결, 제품의 제조·운반·가공, 서비스, 제품의 판매 등의 경제적 활동을 포섭한 개념이다. 이들 경제적 활동이「인간의 집단행동」의 시스템으로 제도화된 것이 바로 기업이다.

또 법률적으로 본다면, 이들 개개의 경제적 활동은 각종의 법률행위, 준법률행위 및 사실행위로서 표현된다. 즉 매매·교환·소비대차 기타 채권계약 및 노동계약 등의 계약체결과 그 이행뿐만 아니라 사실행위로서의 가공 제조 운반 등의 행위를 포함한다.

넷째, 기업은 그것을 둘러싸고 있는 각종 이해관계자집단(group)의 이해의 대립 속에 있으며 이들의 폭주하는 이해를 종합적으로 조정하는 기능을 영위하는 사회적 제도이다. 각종의 이해관계자집단의 폭주한 이해를 종합적으로 조정하는 기능을 한다고 하는 것은 투자자로서의 주주집단은 많은 배당과 주가의 상승을 욕구하고, 대부금융기관은 원본과 이자의 지불과 보전을 욕구하며, 사채권자도 같은 욕구를 가지고 있다. 노동조합은 임금 기타의 노동조건의 향상을 욕구하고, 원료 및 동력 기타의 공급자집단은 기업이 될 수 있는 한 높은 가격으로 구입해 줄 것을 욕구하고, 소비자집단은 될 수 있는 한 양질의 제품을 싸게 공급해줄 것을 욕구하고, 징세당국은 세금의 납입의 확보를 욕구하고 있다. 기업을 둘러싼 각종의 이해관계자 집단에 단순히 노자의 대립이 있는 것이 아니라 아주 복잡다양한 계층적 집단이 있다.

기업은 이들 각종의 이해관계자집단 간에 폭주하는 이해를 조정하는 기능을 하는 장이다. 이러한 기업의 사회경제적 기능을 수용하는 것은 기업은 투자자만의 것이 아니고 기업을 둘러싸고 있는 이들 각종 이해관계자집단의 이해관계에 주목하여 이들의 조정기능을 영위하는 면에서 기업의 실체와 본질을 파악하는 것이다. 이러한 기업의 실체와 본질에 착안하면 기업은 투자자인 주주만의 것은 결코 될 수 없고 또 그렇게 되어서도 아니 되는 것이다. 환언하면 과거 지배력을 행사하였던 투자자는 이미 지배의 자리에서 후퇴하고 앞에서 기술한 바와 같은 각종의 이해관계자집단의 일원에 불과하다고 할 것이다.

이러한 현상은 기업의 목적이 단순히 투자자인 주주의 배당에만 그치지 않고, 환언하면 기업은 주주의 영리목적달성을 위한 수단적 존재가 아니고 기업의 존속 성장을 궁극적 목적으로 하고 있는 것, 즉 「기업 자체」라는 사고방식이 대두하였던 것과 「소유(자본)과 경영의 분리」라는 현상이 생겨났던 것에 기인하고 있다. 「소유와 경영의 분리」의 현상은 아메리카합중국에는 이미 1930년대부터 문제로 되었던 현상인데, 오늘날 이러한 현상은 우리나라에서도 특히 법인기업에서는 점점 현저한 것으로 되고 있다.

주주는 자익권과 공익권을 가지고 있다. 자익권은 개인적인 것인데, 공익권은 주식평등의 원칙(공익권이 부여되어 있지 않는 주식을 별도로 하고)과 다수결원리에 의해 민주주의적인 기업관리의 시스템에 의해 그것은 개인적인 것이 아니라 공동적 행정적인 것이다.

그리고 기업경영에 대해서는 관리자 측에 전문적 지식이 필요로 되고 있는 「현대적 기업」에 있어서는 기업 자체의 존속 성장에 대한 주주의 공익권은 그 대강에 있어서만 행사되고 그 대부분은 톱매니저(top manager)에 대해 기업의 존속·성장이라는 목적달성을 위한 역할(role)로서 위임되고 있다. 그러므로 주주에 있어서는 자익권의 행사만이 큰 의미를 가지게 된다. 자익권은 배당청구권과 잔여재산의 분배청구권을 주된 내용으로 하고 있지만 주주는 평균이윤율에 의해 형성되기 때문에 주식과 사채의 구별이 약화되는 경향을 낳는다. 이러한 현상을 경영학에서는 「주식의 사채화」의 현상이라고 부르고 있다.

「기업 자체」의 이념과 「소유와 경영의 분리」의 현상과 「주식의 사채화」의 현상 등에 의해 투자자는 지배의 자리에서 후퇴하고 앞에서 언급했듯이 각종의 이해관계자집단의 하나에 불과하다고 하는 현상이 생기게 되었다.

다섯째, 기업은 기업을 둘러싼 각종의 이해관계자집단의 이해의 조정기능을 하는 사회적 제도인데, 기업과 개개 관여자를 관계하게 하는 유인(incentive)은 법률적으로는 법률행위 특히 각종의 계약이다. 그러나 이해관계에서 보면 각종의 계층집단으로서 수용될 수 있다.

여섯째, 기업 차원에서 각종 이해관계자 집단 간의 이해의 조정을 하는(co-ordinate) 기능을 한다고 하는 것은 이들 각 계층의 「세력관계」의 조화를 취한다고 하는 의미는 아니다. 즉 세력의 균형(balance of power)라는 것은 아니고 각 계층에게 속하는 「인간의 행동」을 「기업의 존속·성장」이라는 목적에 의해 향도한다(motivate)는 것을 의미한다.

일곱째, 기업은 사회적 「제도」이다. 제도(institution)와 조직체(organization)를 특히 구별하지 않고 사용하는 학자도 있지만 물론 그것은 같은 실체의 것을 보는 관점에서의 차이이다. 조직체는 「인간의 행동」을 하나의 목적에 의해 통일체로 향도하는 「동적」인 면에서 파악한 것이고, 제도는 「인간의 행동」으로 구성된 「정적」인 측면에서 파악된 하나의 체계(system)이다. 인간의 행동이 이러한 시스템을 구성하기 위해서는 인간의 노력이 조정되어야 하지만 그 노력의 방법·정도·시간은 어느 것도 체계에 의해 정해진다. 이 체계는 규칙이라든가, 규정이라든가, 규율이든가, 구조라든가, 유형이라든가 하는 말로 표현되는데, 그것은 인간의 행동의 정형으로서 나타나는 것이다. 이러한 「정적」인 면에서 파악된 것이 「제도」이다.

여덟째, 기업은 「사회적」 제도이다. 여기에서 「사회적」이라는 의미를 단순히 기업이 영위하는 「기능」의 측면만을 파악하고자 하는 것이 아니라 법적인 차원에서 사회적 제도로 파악하고자 하는 것이다. 이것은 법적 의미에서 말하는 「소유의 사회화」 혹은 「기업의 사회화」라는 의미이다. 전자로 파악하는 경우 「사회적」이라는 의미는 기업이 영위하는 사회경제적 기능에서 보면 기업은 「인간의 행동」을 조정하는 사회적 시스템 = 제도라는 것을 의미하나, 후자는 법적인 소유권 = 기업경영권의 사회화로까지 전개될 수 있는 길을 열어두고 있다.

Ⅳ. 「기업조직계약」으로서 근로계약

기업참가자의 행동을 협동체계로서의 조직체인 기업(경영)에 참가시키는 용태(容態)가 법적(legal)으로는 근로계약이다. 기업의 경우에는 사장 및 이사는 선임이고, 기타 종업원은 근로계약이다. 근로계약은 기업과 고객(customer)을 관계하는 매매계약과 그 종류와 본질을 근본적으로 달리한다.

근로계약은 계약이기 때문에 계약주체인 종업원 간에는 물론 의사합의가 있어야 한다. 여기에 종업원(employee)이라는 개념에는 사장이나 이사도 포함된다고 할 것이다. 이러한 의미에서 근로계약이란 계약당사자들 즉 기업구성원의 행동을 기업이라는 협동체에 참가시키는 계약이라고 정의할 수 있다. 종업원은 기업의 목적달성을 위해 서비스를 제공하고 기업은 참가자의 기업에 대한 서비스의 대가로서 급료 혹은 임금을 지불한다. 그러나 서비스와 임금이란 협동체계로서의 기업체를 성립케하는 유인(inducement or incentive)에 불과하다. 종업원의 행동을 조직체에 참가시키는 유인(incentive)으로는 임금이 가장 주요한 인자인데, 그 외에 기업내부에 있어 지위(position)가 부여되는 직계(status)와 위신(prestige) 기타의 요소도 그 유인으로 된다.

그리고 근로계약의 다음의 특징은 권위(authority)관계 속에 서비스를 제공하는 것이다. 조직에 있어서 「권위」(authority)라는 것은 개인의 행동의 기초로 되어 있는 「의사결정」이 그에게 전달받는 타인의 행동(업무명령이나 지시 등)에 기하여 결정되고 조직 안에서 조정된 행동이 확보된다고 하는 것이다.16)

근로계약의 특징은 종업원이 조직에 있어서 이러한 권위를 수용(acceptance)하는 것에 있다. 환언하면 시간이 정해져 있지만 그의 무차별의 시간과 노력(undifferentiated time and effort)을 기업에 제공하는 것이다. 특정의 서비스가 아니고 일관적인 시간급의 「인간행동」의 제공의 계약이 근로계약의 특징이다.17)

조직은 개인의 행동을 조직의 체계에 넣는 것인데, 그것은 개인에 의해 되는 의사결정과 조직의 「권위」에 의해서이다. 권위에 의해 개인의 행동을 조직적인 것으로 한다고 하는 것은 조직에 의해 개인의 의사결정이 된다고 하는 것이 아니라 그 개인의 의사결정의 기초로 되어 있는 전제들이 조직에 의해 부여되어 있다는 것이다.18)

---

16) 인간의 행동을 중핵적인 개념으로 하는 입장에는 인간의 행동은 「목적의식적」 행동이고 그 의사결정이 어떠한 전제 하에서 되는가가 기본적인 문제로 된다. 인간의 의사결정은 선택적이기 때문에 구체적으로 결정된 전제조건을 문제로 하게 된다.

17) 도이칠란트에서 H. Hoeniger는 노동계약의 성격을 타인결정노동의 점에서 찾아 개개의 노동급부는 사용자가 지정권을 가진 일종의 「종류채권」이라고 주장하였다(H. Hoeniger/D. Wehrle, *Arbeitsrecht*, Sammlung der r. V. zum Arv. 6. Aufl., S.XX). 아메리카합중국의 H. A. Simon도 경영내의 종업원은 조직을 지휘하는 관리자의 관리 하에 있고 관리자가 적당하다고 생각하는 직무와 직계에서 그의 행동을 제공하는 점을 지적하고 있는데, H. Hoeniger는 민법적인 채권계약의 면에서 파악한 것에 불과하다. 다음에 고찰하듯이 조직의 면을 간과하고 있는 점에서 양자는 다르다(H. A. Simons, *dministrative behavior*, 1961, pp. 115-116).

18) 도이칠란트의 조직학파에 속하는 노동법학자는 각각 몇몇 표현상의 뉘앙스의 차이가 있지만 대개 다음과 같은 사고방식을 하고 있다. ① 채권계약으로서의 노동계약 ② 준물권계약으로서의 가입 또는 편입계약 및 이행상태로서의 복무 ③ 인법적 협동체적 노동관계의 발생 이러한 도이치 노동법학자의 사고방식은 필자의 견해와 완전히 다르다. 「인간의 노동」을 중핵으로 하여 조직관계를 파악하지 않기 때문이다. 또 진쯔하이머나 라드부르흐와 같이 「법인격」으로서가 아니라 「인간」으로서의 「인간관계」를 파악해도 그것은 민법상의 「법주체」가 추상적인 「인격」이라는 것을 지적하고 있을 뿐이다. 인간관계는 「인간의 행동」의 관계이다. 그들의 사고방식은 근본적으로 다른 것이다.

V. 근로계약법의 형성과 기업

1. 서 설

근로계약은 복합적인 계약이다. 그러므로 근로계약의 쌍무적인 채권계약이라는 측면 즉 그러한 한에서만 교환이념을 전제로 하는 민법의 법리는 적용된다. 그러나 신분적인 조직계약이라는 측면 즉 그러한 한에서는 민법의 법리는 수정되어야 한다. 즉 기업의 사회적 역할에는 측면에서 민법의 법리는 변경된다. 즉 근로계약법은 민법상 계약법리의 한계를 기업의 조직법적 원리에 의해 극복 또는 변경하면서 형성되어야 한다.

근로계약법은 기업법(business law)로서의 의의도 가지고 있다. 기업법이라고 하면, 민상법, 회사법, 금융상품거래법, 독점규제 및 공정거래에 관한 법률, 파산 및 기업회생와 관련된 다양한 법률분야가 주역을 이루고 있지만, 기업법이 이들 회사관련 물적인 법분야의 전매특허는 아니다. 근로계약법이 기업의 인적인 법으로서 가지고 있는 기업법적 의의를 아래의 세 가지의 관점에 입각해서 살펴보고자 한다. 위에서 논의된 것을 종합해서 정리하면 근로계약법은 기업법적 측면에서는 아래와 같이 형성되어야 할 것이다.

2. 기업법·기업법무와 근로계약법

근로계약법은 기업의 적정한 운영을 촉진하는 법으로서 기능하면서 기업법의 일환을 형성한다. 근로계약법은 기업인사의 적정한 운영을 촉진하는 법으로서 기능하는 것을 전제하지만, 이것은 동시에 근로계약법이 기업법의 일환을 형성하고, 기업법무의 대상으로 되는 것을 보여주고 있다. 일반적으로 기업법무는 예방법무(계약교섭, 법률준수, 법적 리스크관리), 전략법무(기업전략의 법무적 지지), 정책법무(기업의 경영정책, 방침의 지지), 공적 정책에 대한 이의(appeal)로 구성된다. 이러한 점, 노동법(근로계약법)은 이하와 같이, 널리 기업법무의 일익을 담당하고, 기업경영을 감시하면서 지지하는 역할을 담당한다고 이해할 수 있다.

먼저, 근로계약법은 기업의 법률준수(legal compliance)의 주요한 영역을 구성하고, 기업가치에 크게 영향을 미칠 수 있다. 전기와 같이, 근로계약법은 법률준수의 결여가 내부고발이나 공익통보를 통해 외부화하고, 기업가치에 영향을 미치는 예는 아주 많다. 따라서 근로계약법에 대해 이러한 법률준수시스템(법령 등의 철저한 주지, 연수, 모니터링, 내부정보시스템)을 확립하고, 법적 위험(risk)관리를 실행하는 것은 기업 내에서의 인사뿐만 아니라, 예방법무의 역할로서 중요하다. 분쟁처리의 관점에서는 노동위원회와 법원에 의한 기업외 분쟁처리가 급속히 정비되어 있어, 공정하고 효율적인 기업내부분쟁처리시스템을 정비해서 분쟁의 외부화를 방지하는 것이 시급한 과제이다. 이러한 의미에서 근로계약법은 이것 자체가 기업법무의 일익을 담당하는 법이다.

다음에, 종업원의 경력(career)지원, 일과 생활의 균형(work life balance)지원, 남녀의 고용평등의 촉진 등등의 시책을 진행하는 것은 기업의 사회적 책임(CSR, corporate social responsibility)의 실행을 의미하는 것과 아울러, 회사에 대한 매력을 높이는 전략이다. 따라서 이들 시책에 관한 노동법정보를 제공하는 것은 기업가치의 향상을 지향하는 법적 지원을 의미하고, 전략법무·정책법무로 자리매김된다.

그리고 근로계약법은 기업법무의 고유한 과제에 있어서도 중요한 이의를 가진다. 예컨대 기업조직의 변동(합병, 사업양도, 회사분할 등)과 사업재편, 경영의 인수와 합병(M&A)에 있어서는 회사법과 독점규제 및 공정거래에 관한 법률이 주역이지만, 인력의 이동의 관리(인사관리)는 노동법의 주된 영역이다. 인사관리를 적절하게 하기 위해서는 근로계약법이 필수로 된다. 또 지재법무(비밀과 정보관리, 경쟁관리, 직무발명 등)에 있어서는 지적 재산법과 더불어, 종업원의 인사관리가 중요하게 되고(비밀관리규정, 수비계약, 경업피지계약, 노사협의 등), 근로계약법의 올바른 이해가 필수로 된다. 그리고 컴플라이언스에 관해서는 법준수(legal compliance)체제와 내부통보제도에 의해 법적 리스크관리를 착실하게 실행할 필요가 있지만, 그것을 위해서는 근로계약법(공익통보자보호법)의 이해가 불가결하게 된다. 요컨대, 기업이 직면하는 법적 과제를 적절히 해결하기 위해서는 근로계약법의 올바른 이해가 불가결하다. 「모든 제도를 지지하는 것은 사람이다」이라고 하는 이상, 이것은 당연한 것이다.

3. 기업조직법으로서 근로계약법

근로계약법은 기업조직을 규율하는 법(기업조직법)으로서의 의의를 가진다. 기업조직법을 중심을 구성하는 것은 회사법이지만, 회사와 종업원간의 관계에 대해서는 침묵하고 있다. 노동법에 맡겨져 있다. 그리고 그 노동법(근로계약법)은 사용자(기업)와 근로자(종업원) 간의 법률관계인 근로계약을 대상으로 하고 있으면서, 그것을 통해서 노동조직과 기업질서를 계약적으로 규율하고, 기업의 각층에 있어서 권리의무의 배분을 하고(예컨대, 인사권), 이익의 조정을 한다(예컨대, 임금재원의 배분). 또 합병, 사업양도, 회사분할, 주식회사 등의 기업조직의 변동에 수반하는 인사이동은 모두 근로계약법의 규범이 규율한다. 회사법만큼 명확하게 객관적인 법규범은 아니지만, 이러한 사실적 기능에 비추면, 근로계약법은 기업조직법임에 틀림없다. 그리고 집단적 노동법의 담당자인 노동조합은 협의의 회사조직법(회사법)상의 기관과는 이질적 존재이지만 노사협의, 단체교섭을 매개로 기업운영에 실질적 영향을 미친다고 하는 의미에서는 실질적인 「기관」이고, 근로기준법상의 과반수대표제와 노사위원회는 관리직층도 포함하는 보다 광범한 종업원층의 이익대표기관이고 역시 기업조직법상의 「기관」으로 자리매김될 수 있다.

4. 기업관리(corporate governance)와 근로계약법

근로계약법은 기업관리(corporate governance[19]))와도 밀접한 관련성이 있다. 기업관리(corporate governance)란 협의로는 회사경영을 적법하고 합리적으로 행해지도록 하는 구조(경영감시의 구조)를 말하지만, 광의로는 회사를 관리하는 자(주권자)는 누구인가라는 문제를 의미한다. 우리나라에는 종업원의 발언력이 상대적으로 강하고, 기업경영도 종업원이익을 중시하여 이루어져왔다. 즉 1980년대 후반의 고도경제성장기에 있어 주식의 법인소유와 상호지분을 추진하기 위해 주주의 통제가 약화하는 한편, 경영자의 내부승진시스템이 정착되었기 때문에, 기업은 경영자와 근로자가 가치를 공유하는 공동체(이른바 "기업커뮤니티")로서의 성격을 띠고, 장기안정고

19) 요즘 "governace"라는 말이 자주 사용되고 있다. 그런데 이 외래어를 어떻게 우리말로 번역·조어할 것인가 문제이다. governance는 통치, 지배, 관리를 뜻을 가지고 있다. 여기에서는 관리 또는 관리체제로 번역하기로 한다.

용과 안정적 노사관계가 형성되었다. 이와 같은 우리식의 기업관리체제는 고용보장을 기조로 하는 우리 근로계약법(해고규제, 안정적 임금의 보장, 구조조정에 있어서 유연한 노동조건변경)의 형성을 촉진하면서, 그 영향을 받아 확립되었다고 생각된다.

그러나 1990년대 이래의 글로벌화(globalization)에 따라, 종래의 한국형 기업관리는 여지없이 수정되었다. 그 모델로 되었던 것은 아메리카합중국형의 주주중시의 관리체제(주주가치모델=shareholders modell)이다. 우리나라도 그 영향을 받아 아메리카합중국법을 모범으로 한 기업조직법(회사법)의 정비가 진행되고 있다. 그렇지만 기업은 종업원을 포함한 다양한 이해관계자의 이익을 고려한 경영행위의 중요성을 인식하고 있다. 이러한 관점에서 종업원과 노동조합을 보면, 그들은 기업경영의 지지자(stakeholder)인 동시에, 기업관리의 중요한 구성원이다. 그리고 노동법은 기업과 노동조합의 대화(노사협의)를 촉진하면서(노조법상의 단체교섭의무, 노조법 및 근로기준법상의 과반수대표제), 조합을 경시한 기업행동에 페널티(예컨대, 부당노동행위)를 과해서, 종업원 노동조합을 기업관리의 구성원으로서 존중하도록 촉진하는 법제도로 자리매김될 수 있다. 또 노동조합의 조직률이 계속해서 떨어지고 있는 것을 생각하면, 앞으로는 미조직 기업을 중심으로, 노동조합을 보완하는 종업원대표제와 노사협의기관의 제도화에 대해, 노조법뿐만 아니라, 근로계약법의 영역에서 검토할 필요가 있다. 이러한 의미에서, 광의의 의미에서의 기업관리방식도 근로계약법에 있어서 중요한 테마로 자리매김되어야 할 것이다.

Ⅵ. 결어 : 근로계약법은 사회적 계약법으로서 기업조직법이다.

1. 「사회적 사법(社會的 私法, Soziales Privatrecht)」으로서 근로계약법

우선 근로계약법의 이념과 목적이 다양하지만, 「계약법」인 이상, 이것은 자명한 이치이지만, 기업에 있어서 일상적으로 생기는 것은 이와 같은 최저기준규제를 넘는 노동조건과 인사처분의 결정, 변경, 조정과정이고, 그것은 문자 그대로 기업과 근로자라는 사인간의 교섭관계(계약관계)를 의미한다. 그렇지만 노동법의 중핵을 담당하는 근로계약법이 순수한 계약법(사법)과 동일시될 수 없는 것은 당연하다. 우선, 근로계약법은 기업에 있어서 계속적 조직적 계약(근로계약)의 법으로서 고전적 계약법에는 없는 다양한 규제와 테두리를 준비하고 있어야 한다. 그 중에는 사법적 제재(sanction)뿐만 아니라, 공법적 제재도 포함하고 있다(노동보호법에 있어서 형벌의 활용 외에도 행정기관의 활용이 현저하다. 근로기준법에 있어서 근로감독행정, 기간제근로자보호법률에 있어 차별시정위원회 등). 그러나 이와 같은 사법과 공법의 융합현상은 다수의 현대법영역에 있어서 법의 실효성확보를 위해 자주 많이 사용되는 수법이고, 사법으로서의 기본적 성격을 훼손하는 것은 아니다. 또 고전적 계약법이 오로지 계약자유의 원칙(국가의 불개입)을 이념으로 하는 법이었다고 하면, 현대의 계약법은 계약당사자간의 사실상의 교섭력 정보의 격차를 메우고, 당사자의 실질적 대등관계를 수립하기 위한 다양한 규제를 설정하고 있다(소비자계약이 전형이다). 근로계약은 사용자의 재량권을 전제로 그것이 대등교섭을 전제로 하는 계약내용을 일탈하지 않도록 체크하기 위한 규제(절차적 규제, 실체적 규제)를 내용으로 하고 있다. 이러한 의미에서 근로계약법은 근로자를 위하여 사용자에 대하여 수정된 현대계약법으로 자리매김될 수 있다. 물론 수정적 현대계약법으로서 근로계약법은 기업조직에 있어서 노동력의 거래(근로계약)를 취급하기 때문에, 교섭력격차를 시정하기 위한 실체적 규제가 더욱 중요하게 된다. 또 집단적 노동법시스템을 끌어넣고 있는 점에서 다른 계약법과는 질적으로 다른 면이 있다. 그러나 그것은 동시에 다른 현대계약법이 진행해가는 방향성을 시사하고 있는 것이라고 할 수 있다.

2. 「사회적 계약법」으로서 근로계약법의 규제방식

그러면 사회적 사법(Soziales Privatrecht)으로서 근로계약법의 규제수법은 어떠해야 하는가? 우선, 근로자의 생명, 건강과 고용보장이라는 중요한 법익의 보호를 목적으로 하는 룰은 사법적 강행법규범으로서 이해해야 한다(안전배려의무, 해고권남용규제). 그러나 노사자치에 의한 교섭에 맡겨지는 것에 적절한 사항에 대해서는 사법적 임의법적 규제를 기본으로 생각해야 할 것이다. 그것은 근로계약에 관한 사법적 기본적 룰을 설정하면서, 노사자치에 의한 적절한 이익조정과 일탈의 여지를 인정한다는 것을 의미한다. 근로계약의 적정한 운영의 촉진이라는 근로계약법의 목적을 실현하는데 적합하다.

실제, 판례법상의 근로계약법리의 다수는 이와 같은 사법적 임의법적 규제의 성질을 가지고 있다. 채용내정, 시용기간에 대한 근로계약의 성립을 인정하면서, 특약(개별적 노사자치)에 의한 일탈을 인정하는 판례법(해약권유보부 근로계약성립설)이 전형적이다. 전출의무의 근거에 대해서 근로자의 동의를 원칙으로 하면서, 노동협약, 취업규칙에 있어서 전출이 제도화되어 있으면, 「동의」에 해당한다고 하는 견해는 집단적 노사자치에 의한 일탈을 허용하는 룰이라고 할 수 있다. 그리고 취업규칙에 의한 노동조건의 불이익변경에 관해서는 집단적 노사자치에 기한 노사간의 이익조정의 존부가 「변경의 합리성」이라는 실체적 판단을 좌우하는 중요한 요소로 되고 있다. 앞으로는 이와 같이 노사자치의 다면적 기능(집단적 노사자치, 개별적 계약자치)을 적절히 편성한 규제를 기본으로 생각해야 할 것이다.

제 5 장 근로계약법의 이론적 기초

Ⅰ. 들어가면서

우리가 익히 잘 알고 있듯이, 자본주의산업사회는 생산수단소유자와 노동력소유자의 법적 결합인 기업적 생산관계에 기초하고 있다. 생산수단의 소유자는 기업을 주도적으로 조직하여 사용자가 되는 한편, 기업의 생산활동에 절대적으로 필요한 타인의 노동(노무) 즉 노동력상품을 임금과의 시장경제적 교환을 통해 조달한다. 이러한 교환관계에서 생산요소인 인간의 노동력은 시장에서 임금이라는 화폐를 대가로 매매되는 일종의 상품으로 거래된다. 기업의 입장에서 임금은 노동력의 구입비로서 필요비에 해당하지만, 그것은 노동력소유자와 그의 가족에게는 그들의 생계에 필요한 다른 모든 소비재를 구입할 수 있도록 하는 원천이 된다. 그러므로 노동력상품교환관계는 자본주의사회에 있어서 제2차, 제3차 등 여러 차로 이어지는 파생상품의 교환관계의 기반이 된다. 이러한 의미에서 노동력상품교환관계는 자본주의산업사회에서 근원적 기능을 담당하고 있다고 말할 수 있다.

한편, 이러한 자본주의적 사회에 연쇄적으로 이어져 있는 상품교환관계를 법적 프리즘으로 관찰해보면, 각 상품주체 간에 이루어지는 온갖 상품교환관계를 합법적으로 정당화하는 기능을 담당하고 있는 것이 바로 「계약(契約, contract; Vertrag)」[1] 이다. 다양한 유형의 계약관계들 중에서 노동력을 그 급부로 하고 있는 계약은 생산수단소유자와 노동력상품소유자의 「사적 소유」관계를 전제로 하는 「결합」이라고 할 수 있는데, 이 「계약」이야말로 자본주의생산의 기저적 구조를 형성하고 자본주의사회의 모든 경제활동(자본의 운동)의 기반이자 기점이다. 그러므로 상품생산노동력을 그 목적으로 하는 계약관계야말로 자본주의사회의 운동을 매개하고 지지

1) 계약에 관한 철학적 의의에 대해서는 강희원, 「"계약"에 대한 법철학적 일고찰」, 『법철학연구』(한국법철학회) 제11권 1호(2008), 137-164쪽 참조.

하는 기능으로서 그 결정적 의의를 담당하는 본원적인 계약관계라고 하겠다. 이와 같은 사회적 경제적인 의의를 가지고 있는 계약을 오늘날 우리는 이를테면 넓은 의미에서 '근로계약'(Arbeitsvertrag 또는 근로계약)이라는 이름으로 총칭하고 있다.

근로계약의 핵심은 근본적으로 노동력상품과 임금의 지속적인 교환관계이다. 물론 매매가 모든 교환관계의 원형적 모습이라고 한다면, 모든 근로계약도 분명히 노동력의 매매관계에 속한다고 말할 수 있다. 그래서 경제학에서는 노동계약이 노동력상품교환관계로서의 「매매」로서 파악되고 있다.[2] 그런데 이와 같은 본원적 또는 경제학적인 파악을 법적 영역으로 그대로 도입하여 「매매」라고 구성한다고 하더라도, 그것은 실정법상의 「매매」와 일치하는 것은 아니다. 그래서 노동력상품교환관계에 대한 경제학적 파악과는 달리 법형식적으로는 「임대차」로 구성해서 노동력의 주체성을 강조하는 입장도 있었다.[3] 어떻든 노동계약이란 자본주의적 생산관계에서 임금을 목적으로 노무를 제공하는 임노동관계의 법적 형식이며, 이러한 법적 형식의 계약적 내용을 총칭하여 우리는 그것에 근로계약법이라는 명칭을 붙인다. 그러므로 근로계약법이란 바로 임노동관계에 관한 계약적 규범(contractual rules)이다.

우리나라 실정법률에서 보면, 실정사법(私法)질서의 기반이라고 할 수 있는 민법전은 노무를 목적으로 하는 근로계약과 관련하여 「매매」 또는 「임대차」와는 다른 별도의 계약유형으로서 「고용(雇傭[4], Dienstvertrag)」(민법 제655조-제663조), 「도급(都給, Akkordvertrag)」(제664-제674조), 「위임(委任, Auftragsvertrag)」(제680조-제692조)을 규정하고 있다.[5] 그리고 1953년 6·25전쟁이 아직 종료되지도 않았는데 제정되어 여

2) 이와 관련해서는 K. Marx(김수행 옮김), 『資本論』 제1권, 비봉출판사, 1989. 그리고 隅谷三喜男(남춘호 역), 『勞働經濟論』(形成新書17), 形成社, 1982 등 참조.

3) 대표적인 학자로서 일본의 민법학자 三宅正男을 들 수 있을 것 같은데, 그는 취업규칙의 법률적 문제를 논의하면서 그 이론적 기초로서 고용계약의 본질을 Marx의 자본론에 입각하면서도 계약형식에서는 매매가 아니라 임대차에 기하여 법적 구성을 시도하고 있다. 三宅正男, 『就業規則』, 日本評論社, 1952, 제1장(11-64쪽). 특히, 59-64쪽 참조.

4) 한자말 "雇傭"은 품을 산다는 고(雇)와 품을 판다는 용(傭)의 합성어이다. 그러므로 어의상으로만 보면, 고용계약은 품(노동력 또는 노무)을 사고파는 것 즉 매매라는 의미를 이미 그 용어에 포함하고 있다고 보아도 좋을 것 같다. 다만 고용계약에서는 매매의 목적물이 인간의 노동이라는 점에서 일반 매매계약과 다르다고 말할 수 있다. 이러한 의미에서 고용계약은 매매계약의 특수한 유형이라고 볼 수도 있다. 그렇지만 노동력의 그릇이라고 볼 수 있는 근로자(근로자) 자체에 관한 소유권(또는 처분권)이 고용계약의 이행으로 사용자(자본가)에게 양도되는 것은 아니기 때문에 근로자의 신체 및 인격 그 자체에 무게를 두려고 하는 입장에서는 고용계약을 근로자 자신에 관한 임대차계약으로 파악하고자 하는 시도도 등장하였다.

러 차례 개정되었지만, 그 골격을 거의 그대로 유지하고 있고[6] 여전히 우리나라 노동법의 근간법이라고 할 수 있는 근로기준법은 적어도 명칭에 있어서는 민법전의 「하는 채무에 관한 계약」 유형인 「도급」, 「위임」 및 「고용」과는 별도로 「근로계약(勤勞契約)」이라는 노동계약유형을 상정하고 있다(단기 4281년 5월 10일 법률 제286호 근로기준법 제17조 및 제2장 그리고 현행 근로기준법 제2조 제1항 4호 및 제2장).[7]

우리나라에서는 근로기준법은 현재 민법과는 다른 규범적 목적을 가지고 있는 한편, 그 제정시기에 있어서도, 일본 민법전이 시간상으로 일본 노동기준법보다 훨씬 이전에 제정되었던 것[8]과 달리, 우리 민법전보다 훨씬 이전에 노동계약을 규제하기 위한 입법으로 성립되었다.[9] 이러한 의미에서 근로기준법이 한국자본

---

5) 민법전의 전형계약유형 중 「현상광고」와 「임치」도 최광의의 노동계약유형에 포함시킬 수 있다. 민법전이 규정하고 있는 상품교환에 관한 이른바 전형계약은 「유형」적으로 두 가지로 대별할 수 있다. 「주는 채무」에 관한 계약과 「하는 채무」에 관한 계약이 그것이다. 전자에 있어서는 다시 매매계약, 임대차 및 소비대차가 있으며, 그 구별의 논거를 「상품이 될 수 있는 자격이 인정된 객체」로서의 「물건(物件)」의 「사용가치」와 「교환가치」라는 구별에 있다고 하겠다. 매매계약은 물의 「사용가치와 교환가치의 통일물로서의 전부」를 「금전을 대가로서 파는 계약」이고, 임대차는 「물건」이 가지고 있는 「사용가치의 이용권을 기간을 정하여 임료를 대가로 하여 파는 계약」이고, 소비대차는 소비물을 대상으로 하여 「이자를 대가로 하여 파는 계약」이다. 「하는 채무」에 관한 계약은 「노동」과 「노동력」 「노동의 성과」라는 관점에서 구분되고 있다. 이러한 구분의 논거는 「하는 채무」에 관한 여러 가지의 상품교환계약을 노동의 관점에서 구별이 된다. 이러한 구별은 「구체적 현실을 추상한 순수이론만의 견지」에서뿐만 아니라 「구체적 현실을 관찰하는」 것에 의해 되었던 것이다. 세 가지의 유형적 구별이 위임, 고용 및 도급이다. 위임은 일정한 사무처리를 위해 노동을 파는 계약이고, 고용은 노동력의 처분권을 시간(또는 기간)을 정하여 파는 계약이고, 도급은 주문한 것과 같은 노동의 성과를 매매한다는 점에 각기 차이가 있다고 할 수 있다.

6) 2013년 한국노동법학회는 환갑(60주년)을 맞이하는 근로기준법을 위해 특별한 학회를 준비했었다. 100년이 지나가면 근로기준법이 어떻게 될까? 갈기갈기 찢긴 근로기준법의 이념과 그 슬픈 모습을 상상해본다. 어쩌면 노동보호법으로서 근로기준법은 어떠한 점에서 우리나라 노동운동의 억제하여 노동세력의 자립을 막았는지도 모른다.

7) 근로계약개념에 관해서는 강희원, 「근로계약의 개념에 관한 일고찰」, 『경희법학』, 제44권 제3호(2009) 265-312면 참조.

8) 일본의 민법과 노동기준법은 1898년(明治31년)과 1947년(昭和22년)에 각각 시행되었다.

9) 입법사적으로 생각해보면, 근로기준법(1953년 제정)은 민법전(1960년 제정)보다 거의 7년이나 앞선다. 이러한 시간적 간극에서 본다면, 유럽자본주의국가나 일본의 경우와는 달리 적어도 우리나라에서는 근로기준법이 민법을 수정·변경하는 것이 아니라, 민법이 제정되어서 그것에 선재하고 있었던 근로기준법이 규범적으로 변질되었거나 후퇴했다고 보는 것이 옳을 것이다. 뒤에서 또 언급하지만, 근로기준법이 민법이 전제하고 있는 임노동질서를 수정·보완하였다고 하는 현재 우리나라 노동법학계의 인식(예컨대, 임종률, 『노동법(제10판)』 박영사 2012, 322쪽; 하갑래, 『근로기준법』 중앙경제사 2007, 59쪽 등)은 우리나라의 법적 상황에 근거하지 않은 무비판적인 수입노동법학의 잔재라고 할 것이다.

주의산업사회를 위한 임노동관계의 근간법이라고 할 수 있다. 그뿐 아니라 이것은 대부분의 개별노동법률[10]이 근로기준법의 기본개념을 그대로 적용 내지 준용하고 있다는 사실에 의해서도 반증되고 있다.

근로기준법은 타인(즉 용자)에게 임금을 목적으로 노무를 제공하는 계약을 「근로계약(勤勞契約)」[11]이라고 명명하여 특히 현실적 의미에서의 임노동(賃勞動)을 그 목적으로 하는 계약유형 일체를 근로계약에 포함시켜 규율하고 있다. 그러므로 우리나라에서는 기업적 상품생산관계(사업 또는 사업장)에서 임금을 목적으로 근로를 제공하는 임노동관계의 법적 형식은 근로기준법상의 근로계약이고, 민법전의 고용계약과는 상이하다는 결론에 이르게 된다. 다시 말하면, 1953년 처음으로 제정되었던 근로기준법의 취지에 의하면, 근로계약이란 임금을 목적으로 타인의 사업(또는 사업장)에 노동을 제공하고자 체결된 계약 일체 즉 임노동계약을 말한다고 하겠다. 이렇게 본다면, 임노동관계에 관한 계약법 즉 임노동계약법이 근로계약법으로 될 것이다. 즉 근로기준법이 상정하는, 말하자면 자매법(sisterhood law)으로서 「근로계약법」이란 임노동관계를 규율하기 위한 계약법적 규범(contractual-legal rules)이라고 말할 수 있겠다. 그러므로 근로계약법은 임노동계약관계에 관(關)한 법이

이러한 맥락에서 좀 극단적으로 평가한다면, '근로'를 급부목적으로 하는 근로기준법상의 근로계약과 '노무'를 급부목적으로 하는 민법상의 고용계약은 그 법적 성질결정의 준거를 서로 달리하고 있으며 그 법적 효과에 있어서도 상이하여, 양자는 우리나라 법제에서 규범개념상 오히려 그 역(逆)관계에 있거나 또는 아무런 상관이 없다고 해도 과언이 아닐 것이다.

10) 예컨대, 근로자퇴직급여보장법 제2조, 임금채권보장법 제2조, 최저임금법 제2조, 산업재해보상보험법 제5조, 근로자참여 및 협력증진에 관한 법률 제2조 등

11) '근로계약'은 우리나라의 실정법적 용어다. 이는 'Arbeitsvertrag' 또는 'labour contract'의 번역어로서 그 의미가 현재 원어보다도 넓게 사용될 수도 있어 새삼 바꿀 필요는 없지만, 그 연혁에서 본다면, '노동계약'이라는 번역하였던 것이 보다 타당하지 않았을까 생각한다. 어떻든 노동계약이란 역사적 개념이다. 그것은 자본주의사회의 성립과 더불어 확립된 개념이고, 이 개념은 단순한 관념적 소산으로서가 아니라 자본주의사회에서는 제도적 지원을 받는 것으로서 존재한다. 제도적 지원이란 첫째는 경제제도상의 것이고, 다른 하나는 법률제도상의 것이다. 이들 두 가지는 상호 밀접하게 교착하여 양자의 결합으로서 근로계약은 그 충분한 의의와 사회적 기능(경제적 및 법적인 것을 포함한다)을 부여받고 있다. 따라서 노동계약의 검토(근로계약론=근로계약의 사회학적 규명)가 경제적인 것과 법률적인 것의 종합적인 파악 위에 정립되지 않으면, 근로계약이 가진 사회적 의의는 일면적으로밖에 파악할 수밖에 없으며 비판을 받지 않을 수 없을 것이다. 노동계약이라는 관념은 반드시 법률학상의 독점물은 아니고, 오히려 그 기원은 경제학상의 것이며, 근로계약의 연구는 이들 두 연구분야의 성과를 섭취해서 이루어져야 할 것이다. 그렇지만 여기에서는 우리나라 실정노동법률학 즉 노동법말씀론적 분야에 있어서 노동계약 즉 근로계약을 중심으로 파악한다.

자 임노동관계에 대(對)한 법이다.

우리가 근로계약법이라고 하는 경우에 그것은 근로계약의 성립, 전개 그리고 종료에 관련된 법적 규범(legal rules)[12]과 그 법리 일체를 포함해야 할 것이다. 이러한 계약법적 규범은 자본주의기업사회의 조화로운 질서를 위해 필수불가결하다. 물론 현실적으로 근로계약관계가 한국자본주의기업사회 도처에 성립되어 있고 그것을 규율하는 규범이 사실적으로 존재하고 있다는 것은 사실이지만, 그것이 '있어야 할 근로계약법'으로서 명시적 규정형태로 체계화되어 있다고는 말할 수 없다. 우리나라 노동법의 근간법이라고 평가할 수 있는 근로기준법에조차 근로계약에 관한 기본적인 규정조차 제대로 되어 있지 않다. 그래서 판례에 의해서 실정법률의 간극을 매우면서 근로계약법리라고 하는 일련의 법리가 형성되어 가고 있는 중이라고 말할 수 있다. 그러나 판례에 의한 근로계약법리의 형성은 아직 미흡하기 그지없고 또 구체적인 개별사건에 기한 것이기 때문에 판례법리에는 명확성과 예측가능성이 없으며, 사회경제의 큰 변화에 수반하여 생긴 고용형태나 근로조건의 다양화 복잡화, 노동력의 유동화, 근로조건의 개별화 등 근로자의 직업생활에 관한 현대적 문제들에 반드시 유효하게 대처할 수 있다고 말할 수 없을 것 같다.

근래에 들어와 기술발전과 자본주의적 세계화와 더불어 취업형태의 다양화, 근로자의 개별화 등과 같은 노동시장의 변화에 따라 우리나라에서도 행정적 및 형사적 규제에 터잡고 있는 노동보호규범과 다른 차원에서 단행법률(또는 개별법전)로서의 「근로계약법」의 제정필요성에 관한 언급이 되고 있다. 그렇지만 근로계약법제정에 관한 본격적이고 체계적인 논의는 아직 전개되고 있지 않는 것 같다. 지금까지 구체적인 노동사건에서 근로계약의 문제가 판례법으로서 부분적으로 형성되어 가고 있긴 하지만 그것은 아주 불충분하고 또 비체계적인 수준이고, 그것도 주로 민법에 터잡고 있는 순수계약법적 사고의 아류적인 변형에 그치고 있어 근로계약의 특질이나 근로자의 사회경제적인 상황을 계약법적 정의로서 구체화해 내지 못하고 있다는 것도 사실인 것 같다. 실체법으로서 「근로계약법」의 제정필요성이 점점 강하게 요구되는 상황이 현실적으로 전개되고 있음에도 이에 관한

12) 이것은 광의의 근로계약법(Arbeitsvertragsrecht)을 의미한다. 즉 근로계약의 성립, 전개 그리고 종료에 관련된 법적 규범(rule) 일체를 근로계약법이라고 통칭하고, "근로계약법"이라는 명칭을 가진 단행실정법률 또는 근로계약법전을 의미하는 경우에는 「근로계약법」이라고 한다. 아래에서 「 」를 붙여 구별하는 경우 등을 제외하고 근로계약법이라는 용어는 위와 같은 광의의 의미로 사용한다.

논의조차 본격적으로 전개되지 않고 있으며, 우리나라 근로계약법의 독자적인 기본이념과 원리가 있는지, 또 무엇이 그것으로 되어야 하는지에 대해 명확하게 그 근거가 제시되지 않고 있는 것 같다.

그래서 근로계약법리의 근본적이고 원리적인 문제에 대한 심도있는 검토가 제대로 되지 않아 체계적인 근로계약법리가 정립되지 못함은 물론이고, 실체법으로서 「근로계약법」의 제정필요성에 대해서는 절감하고 있지만, 어떠한 「근로계약법」을 제정해야 하는가라는 기본적인 문제에 대한 논의조차 이루어지지 못하고 있는 것이 우리나라 노동법학계의 실정이 아닌가 생각한다.[13] 그렇다면 「근로계약법」의 제정을 논의한다고 할 때, 그 근로계약법의 기본이념, 원리 및 기초적 개념은 어떻게 되어야 할까? 근로계약법도 우리나라 최고규범인 헌법에서 시작되어야 할 것이다. 그렇지만 우리나라 노동법학자들조차도 민법을 일반사법으로 전제하면서 그것에서 곧바로 근로계약법리를 도출·구축하려고 하지 않았나 생각한다. 근로계약법리나 그 입법론을 포함하는 근로계약법에 관한 논의가 전개하고자 하는 경우에 근로계약법 및 그 법리의 헌법과의 관계가 거의 언급되지 않았던 것 같다. 왜 그랬을까? 이러한 점은 근로기준법 등의 노동보호법에 관한 법적 논의가 헌법 제32조 제3항의 관점에서, 그리고 노동조합 및 노동관계조정법 등의 노동단체법에 관한 법적 논의가 헌법 제33조과 연계해서, 또한 고용보장이나 노동시장의 정비를 도모하는 노동시장법(또는 고용정책법)에 관한 법적 논의가 헌법 제32조 제1항과의 밀접한 관계에서 전개되었고 또 전개되고 있는 것과 비교해보면, 너무나도 기묘하고 또 법이론적으로도 큰 문제라고 하겠다.

현재 우리나라에는 실체법으로서 「근로계약법」이 별도 존재하고 있지 않기 때문에 근로기준법의 규정들을 변화된 상황에 바로 응할 수 있도록 계약론적으로 재해석 또는 재구성한다면, 이들 규정들은 근로계약관계의 이익을 조정하고 규율하는 근로계약법으로도 활용할 수 있을 것이다. 그래서 우리는 근로계약법에 관한 기본문제의 해결을 시도하고 근로계약법과 헌법규정의 관계 및 근로계약법의

---

13) 근로계약의 법적 성격과 구조를 일본의 종래학설을 중심으로 한 논의는 이영희, 『근로계약론』, 인하대학교 출판부, 1988. 그리고 2007년 일본의 근로계약법의 제정에 즈음하여 우리나라의 근로약법제의 상황에 대한 정리에 대해서 김재훈, 「한국의 근로계약법제의 현황과 과제」, 『노동법학』 제32호(2009년), 145-191쪽; 이종현, 「근로계약법제정에 대한 비판적 연구」, 경희대학교 대학원 2010년 박사학위논문. 그리고 그 외에 일본의 노동계약법의 제정 및 우리나라에 대한 시점에 관해서 관해서는 임서정, 「일본의 근로계약법에 관한 연구」, 중앙대학교 2013년 박사학위논문(같은 저자의 「근로계약법에 관한 연구: 일본의 사례를 중심으로」, 한국노동연구원 2013 거의 동일)도 참조.

기본이념과 원리 및 원칙을 분명히 해서 구체적인 개별적 근로관계의 계약적 규율을 위한 근로계약법말씀론(Arbietsvertragrechtsdogmatik)을 구축해야 할 뿐만 아니라 향후 우리나라 「근로계약법」의 제정시에 그것이 기초해야 할 기본구조를 정초해 두는 것이 필요하다고 생각한다.

Ⅱ. 근로계약법의 헌법적 기초

1. 헌법 제32조와 「근로관계의 기본법」으로서 근로기준법

근로기준법 제1조는 법의 목적을 "이 법은 헌법에 따라 근로조건의 기준을 정함으로써 근로자의 기본적 생활을 보장, 향상시키며 … "라고 규정하고 있다. 여기에서 "헌법"이라 함은 우리 헌법 전체를 지칭하기도 하지만, 직접적으로는 "모든 국민은 근로의 권리를 가진다"라는 헌법 제32조 제1항, "근로조건의 기준은 인간의 존엄성을 보장하도록 법률로 정한다"라고 천명하고 있는 동조 제3항, "여자의 근로는 특별한 보호를 받으며, 고용 임금 및 근로조건에 있어서 부당한 차별을 받지 아니 한다"라는 동조 제4항 및 "연소자의 근로는 특별한 보호를 받는다"라는 동조 제5항을 말한다.[14] 위와 같은 헌법의 취지를 구현하기 위해 제정된 법률이 근로「기준법」이므로 현행 근로기준법은 명실상부하게 개별적 근로관계(이하 「근로관계」라고 한다)의 「기본법」이라고 하겠다.

한편, 근로기준법은 그 입법연혁에서 보면, 근로조건의 최저기준을 정하고 형벌과 행정감독에 의해 그것을 사용자에게 강제하는 노동보호법(Arbeitsschutzrecht)으로서의 측면이 강한 것은 확실하다.[15] 그렇지만 근로기준법의 개별조항들을 더욱 세밀하게 정사(精査)해보면, 그 규범적 의미가 상당히 상이하여 근로기준법을 획일적으로 노동보호법의 범주에 포섭하는 경우에 그 조항들을 체계적으로 수미일관되게 파악할 수 없는 성격을 가진 조항도 있는 것 같다. 이를테면 근로기준법 제7조 내지 제10조는 근로자인권보호법, 제2조 1항 4호, 제3조, 제4조, 제5조, 제6조, 제15조 내지 제27조, 제43조, 제93조는 근로계약법, 제24조 제3항, 제51조 제3항,

---

14) 金亨培, 『勤勞基準法(新訂第五版)』, 博英社, 1995, 4쪽 참조.

15) 근로기준법의 성격에 관한 기존입장에 대해서는 朴洪圭, 『勞動法論』, 三英社, 1995, 316-325쪽; 김형배, 『노동법(제22판)』, 박영사, 2013, 207-208쪽 등 참조.

제52조, 제58조 제2항과 제3항, 제94조 및 제99조 제2항은 종업원대표법으로 자리매김할 수 있을 것 같다. 이렇듯 근로기준법은 근로자를 행정적 및 형사적 방법으로 근로자를 보호하려는 단순한 노동보호법적인 것에 그치는 것이 아니라 상당히 복합적인 성격을 가진 우리나라의, 말하자면 「근로관계의 기본법(das Rahmengesetz für Arbeitsverhältnisse)」이라고 하겠다.[16)]

그래서 우리는 근로기준법을 오로지 노동보호법적 견지에서만 그 성격을 파악하는 기존의 사고방식이나 경향에서 벗어나서, 근로기준법이란 도대체 어떠한 법률이며, 이들 근로기준법의 관련규정에서 그 제정근거가 무엇이고, 또 그것이 근로조건법정의 원칙을 정한 헌법 제32조 제3항과 어떠한 관계에 있는가에 대해 문제를 새롭게 제기하면서 근로계약법, 종업원대표법 등의 측면에서 근로기준법의 각 조항을 재분석하고 다시 종합하여 파악할 필요가 있다. 이렇게 하는 경우에 「노동보호법으로서 근로기준법」, 「근로자인권보호법으로서 근로기준법」, 「근로계약법으로서 근로기준법」, 「종업원대표법으로서 근로기준법」 등의 기본적 이념과 원칙이 무엇인가라는 근본적인 문제가 제기되고, 또 이들 개별적인 관련법에 속하는 근로기준법의 각 조항들이 어떠한 체계 하에 규범적으로 체계화되어야 하는가라는 새로운 이론적 문제에 직면하게 된다. 이러한 문제들을 천착해보면, 우선 제2차 세계대전 후에 일본에서 형성되어 우리나라에 수입되었던 근로자의 생존권보장이념에 기반을 둔 노동법관(勞動法觀)에 입각해서 전개하고 있는 노동법론에서 벗어날 필요가 있다는 것을 감지하게 된다. 그렇게 하면, 우리는 근로기준법의 체계적 파악에 있어서 단순히 노동보호법적 차원을 넘어서 새로운 시각을 얻을 수 있다.

여기에서 우리가 현대자본주의국가의 노동법을 체계적으로 파악하기 위해 자본주의사회에 있어 기업의 사회경제적 역할에 눈을 돌린다면[17)], 노동법적 규제의 수익자인 근로자 측에만 국한되지 않고 그 반대당사자인 사용자의 사회경제적 권력을 재인식할 수 있는 기능론적 접근을 할 수 있는 단초를 마련할 수 있다. 이

---

16) 근로기준법이 개별적 근로관계의 기본법으로서 상이한 성격을 가지고 있고 또 기본적 원칙을 내용으로 하고 있는 경우가 많기 때문에 경제적 사회적 상황의 변화에 따라 그것을 보충하고 구체화기 위해서는 별도의 개별법을 추후 제정하는 것이 요청된다. 향후 개별법을 제정하는 경우에도 그것은 근로기준법의 부속법률이기 때문에 기본법인 근로기준법의 원칙에 위배되어서는 아니 될 것이다. 그것은 개별법으로서 「근로계약법」을 제정하는 경우에도 마찬가지라고 할 것이다.

17) 노동법은 근로자를 위한 사용자에 대한 법, 즉 사용자, 기업의 사회적 역할을 규정하는 법으로서 기업적 현대산업사회의 근로계약체결 및 이행과정에 있어 근로자의 인간으로서 존엄성을 확보하기 위해 기업의 사회적 권력의 부당한 행사 및 남용을 규제하기 위한 법이라고 하겠다. 강희원, 『노동법기초이론』 법영사, 2011, 제1장 제3절 및 제2장 제4절 참조.

러한 기능론적 접근에서는 자본주의사회에서 사회적 약자로서 근로자의 지위에 착안한 생존권보장이라는 이념에 기초한 노동법에 대한 이념론적 파악보다는 오히려 그러한 근로자를 상대하는 사용자의 사회경제적 지위와 권력적 속성에 주목하고 특히 개별적 근로관계에서 기업의 사회적 권력의 제한 및 통제라는 노동법의 새로운 규범적 차원으로 귀착할 수 있다. 사용자는 경제력을 가지고 인적·물적 자원을 결합하여 기업경영을 하고 이러한 기업은 단순히 교섭력이나 정보의 격차에는 환원될 수 없는 조직적 힘 등을 가진 일종의 사회적 권력 즉 사적 권력이다. 이러한 사용자는 근로자에게 계속적으로 절대적인 영향을 미치고 종속적인 상태에 두며, 나아가서 가혹한 근로조건을 초래하여 근로자의 생존을 위태롭게 할 뿐만 아니라 그의 자기결정·자립·자율인격·인권·자유 등에 대하여 단순히 「계약당사자 간의 대등성 결여」를 넘는 「권력적 개인」의 구도의 존재와 그것에 수반하는 실질상의 권력에 의한 개인의 착취 내지 억압의 위험성[18]을 야기하기도 한다. 거기에서 이러한 기업의 사회적 권력이 야기하는 중대하고 심각한 폐해 및 악폐를 제거·경감·완화하여 사실로서의 사회적 권력을 법적 관점에서 통제하여 그 행사를 적정한 계약관계의 범위 내에 정서(整序)하기 위한 장치가 필요하게 되는데, 그 기본법이 각종의 법률규정을 갖춘 근로기준법이며, 따라서 그 제정근거인 헌법 제32조 제3항도 이러한 취지를 함의하면서 근로조건법정의 원칙을 제시하고 있다고 이해한다.

2. 근로계약법의 헌법적 근거로서 헌법 제32조 제3항

현대사회에서 근로관계란 기본적으로 근로자와 사용자간에 체결되는 계약에 기한 관계 즉 근로계약관계이다. 그러므로 근로관계법은 이러한 근로계약관계를 규제대상으로 하는 법적 규범(legal rules)이다. 우리 헌법은 제32조 제3항에서 국가가 법률로 정하여 근로계약관계를 규제해야 한다는 취지를 천명하고 있다. 그러므로 개별적 근로관계에 관한 법률 일체는 적어도 헌법 제32조 제3항이 규정하고 있는

---

18) 이와 관련하여 오늘날 헌법학에서 이른바 기본권의 제3자적 효력과 관련하여 현대사회에 있어서 기업을 사회적 권력으로 파악하고, 이에 대해 헌법상의 기본권의 효력을 확장하여 개인이나 그의 자유를 옹호해야 한다는 논의가 전개되고 있다. 우리나라 다수의 헌법학자들은 간접적용설을 취하고 있는 것 같다. 이에 관한 자세한 것은 許營, 『憲法理論과 憲法(中)』, 博英社, 1988, 83-104쪽; 최대권, 「기본권의 제3자적효력에 관한 한 연구」, 『법학』(서울대학교 법학연구소), Vol.22, No.1(1981년), 37-62쪽 등 참조.

헌법적 이념에 위배되어서는 아니 된다. 이것이 바로 헌법적 근로조건법정원칙이다. 그런데 헌법 제32조 제3항이 법정을 시사하고 있는 “근로조건에 관한 기준”에는 구체적인 근로조건기준뿐만 아니라 근로조건결정을 위한 합의 및 그것의 실행과정에 관한 기준 즉 근로조건을 결정 및 변경하는 근로계약에 관한 규범 자체도 포함된다고 널리 이해하는 것이 헌법적 이념에 부합한다고 할 것이다. 근로기준법은 헌법 제32조 제3항에 직접 그 제정근거를 두고 있으며 이러한 헌법상의 근로조건법정원칙에 기하여 제정된 개별적 근로관계법의 기본법이라고 하겠다. 그러므로 개별적 근로관계의 기본으로서 근로기준법에 최저근로기준에 관한 구체적인 사항뿐만 아니라 근로조건을 결정하는 근로계약에 관한 규범 자체 즉 근로계약법적 조항이 포함되는 것은 어쩌면 당연하다고 말할 수 있고, 또 앞으로 근로기준법을 보완하는 별도의 「근로계약법」이 제정되는 경우에도 그것은 헌법 제32조 제3항에 근거해야 하는 것은 법체계상 당연하다고 하겠다. 그러므로 헌법 제32조 제3항은 근로자보호법뿐만 아니라 개별적 근로관계법의 일부를 이루는 근로계약법의 헌법적 근거라고 할 것이다.

위와 같이 이해할 수 있는 근로조건법정원칙의 헌법적 취지에서 본다면, 개별적 근로관계에 관한 실정법률의 상황은 상당히 미흡하다. 특히 근로계약관계가 사용자의 지휘 하에서 근로자가 노무를 제공하는 계속적인 관계라는 특수성에 비춰 볼 때 이러한 특수성에 부합하는 계약적 규범의 미비로 인해 헌법 제32조 제3항의 기본적 취지를 구현하고 있는지는 심히 의심된다. 근로계약의 성립, 전개 및 종료에 관해서는 그 중요성에도 불구하고 근로기준법 등의 실정법률에 몇몇 규정밖에 없거나 혹은 거의 규정이 존재하지 않는다고 평가할 수 있다. 그뿐만 아니라 이것은 근로계약의 성립, 전개 및 종료에 대해서는 법외적인 사실로서의 기업의 사회적 권력 및 그 행사를 그대로 법적으로 승인해버리거나 그것을 법외적인 현상으로 방치(방임)해버릴 위험성이 있다는 것을 의미할 것이다. 특히 오늘날 우리나라의 사회경제적 상황 특히 근로관계의 개별화·다양화라는 새로운 현상의 대두와 더불어 이러한 규범적 미비를 보완하기 위해서는 현행 근로기준법과는 별도로 근로계약을 규율하는 제정법 즉 독립적인 근로계약법의 제정이 요청되고 있다. 그러나 급속하게 변모해가는 사회경제적 현실에 부응하여 근로계약법을 제정한다는 것도 그렇게 만만하지는 않다.

그래서 헌법 제32조 제3항의 규범적 취지와 주로 근대사법적인 순수계약법리에 의존한 판례에 기해 형성된 근로계약법리와의 괴리 및 간극 그리고 제정법으로서의 「근로계약법」의 결여 등이 현상황에서 중요한 문제로 대두된다. 제정법으로서의 「근로계약법」의 결여는 입법에 의해서 보충되어야 하는 것이기 때문에 그것은 일차적으로 정치적인 과제이지 노동법말씀론(Arbeitsrechtsdogmatik)적인 과제는 아니라고 할 수 있다. 그렇지만 근로관계에 관한 헌법적 이념과 근로계약법리 간의 괴리와 간극은 노동법학이 비판적 기능을 통해 어느 정도 대안을 제시하고 보충내지 극복될 수 있는 것이다. 이러한 작업을 위해서는 우선, 개별적 근로관계법의 기본법인 근로기준법에서 근로계약법으로서의 가능성을 탐구하고, 현행 근로기준법 총칙 편에 있는 이념이나 원칙규정들을 우리나라 근로계약법의 이념과 원칙으로서 재파악하고 거기에서 근로계약관계의 특성에 맞는 구체적인 계약규범으로 형성해내는 세밀한 법이론적 작업을 하는 것이 요청되고 있다. 그러나 위에서 이미 기술하였듯이 근로기준법은 다양한 법적 성격의 규정을 포함하고 있긴 하지만, 기본적으로는 노동보호법으로서의 성격이 강하기 때문에 그 근로계약법적으로 그대로 적용하기에는 한계가 있다. 그래서 근로기준법이 가지고 있는 근로계약법으로서의 내용을 적극적으로 파악하고 그 이념과 원칙 그리고 거기에서 파생되는 법리에 기해 법말씀론적인 조작을 통해서 우리나라 근로계약법을 구축해야 한다는 기본적인 문제의식에 입각해서, 한편에서는 될 수 있는 한 이러한 방향을 직접으로 추구해서 근로기준법상의 개별 조항에서 구체적인 근로계약법적 규범을 도출하고, 다른 한편에서 근로기준법의 이념에 비춰서 법말씀론적 작업을 통해 이른바 계약법의 일반원리를 규정하고 있다고 할 수 있는 민법상의 규정을 근로계약관계의 성격에 적합한 형태로 변용 그리고 정서(整序)하여 근로계약법으로서 재구성하여 그것을 활용하는 방안을 생각해야 할 것이다.

Ⅲ. 근로계약법의 질서이념 및 기본원칙

1. 근로계약법의 질서이념 : 근로계약법에 있어 「사회질서」

1) 근로자의 기본적 생활보장 및 향상의 이념(근로기준법 제1조)

앞에서 언급했듯이 개별적 근로관계는 근로계약관계이고, 근로조건은 근로자와 사용자간 합의에 기한 근로계약에 의해 결정되는 것이므로 근로기준법이 전제하고 있는 헌법적 이념은 근로조건을 결정에 관한 근로계약을 규율하는 근로계약법의 이념에 해당한다고 할 것이다. 특히 헌법 제32조 제3항은 근로자의 성별이나 연령에 관계없이 근로조건결정 일반에 관한 것이기 때문에 개별적 근로관계법의 기본적 이념이라고 하겠다. 이러한 의미에서 헌법 제32조 제3항이 천명하는 근로조건결정에 있어 인간으로서 근로자의 존엄성 확보는 개별적 근로관계법이 추구해야 할 기본적 이념이자 가치이고, 이러한 이념과 가치는 사용자와 근로자가 근로계약을 통해 자율적으로 형성할 수 있는 근로관계 및 기업질서의 한계적 테두리 즉 근로계약의 법적 테두리로서 사회질서(Sozialordnung als rechtlicher Rahmen des Arbeitsvertrags)를 의미한다.

또 근로기준법 제3조는 동법 제1조에 규정된 헌법 제32조 제3항의 인간의 존엄성의 이념을 받아 "이 법에서 정하는 근로조건은 최저기준이므로 근로관계 당사자는 이 기준을 이유로 근로조건을 낮출 수 없다"라고 규정하여 근로관계의 당사자가 근로기준법의 최저기준에 입각하여 근로조건의 향상에 노력해야 할 것을 기술하고 있는데, 이것은 바로 근로기준법이 규정하는 근로조건이 우리나라 기업에 있어서 인간존엄성의 기본선으로서 그것을 상회하는 수준으로 당사자가 근로계약에 의해 근로조건을 결정해야 한다는 뜻도 포함되어 있다고 할 것이다. 근로기준법이 정하는 근로조건은 바로 근로계약의 형성, 전개 및 종료에 있어서 선량한 풍속 기타 사회질서(민법 제103조 참조, 이하 "사회질서"로 약한다)에 해당하는 것을 의미한다고 하겠다. 그렇다면 제1조는 근로계약법의 측면에서, 이를테면 이러한 근로기준법을 상회하는 근로조건결정이라도, 다시 그것이 적어도 근로자의 기본적 생활을 보장하는 것이 되어야 한다는 것을 기술하는 것이다. 환언하면, 근로자의 기본적 생활을 보장할 수 없는 근로조건은 기업의 사회적 권력의 부당한 행사의 결과이고 사회질서에 반하는 것을 의미한다고 하겠다. 또한 근로계약법을 문제로 하는 이상 근로기준법 제1조에서 말하고 있는 「근로자의 기본적 생활보장」이란 생존권적 견지에서뿐만 아니라 「인간의 존엄성 확보 즉 계약의 일방당사자로서의 주체성」의 확보의 면에서도 파악할 필요가 있다.

덧붙이건대, 기업의 사회적 권력의 부당한 행사의 결과가 사회질서에 반하다고 하여도, 이러한 사회질서위반을 제외하고 사회질서를 현실화하기 위한 방법은 근로기준법 제1조 그 자체나 민법 제103조를 활용하는 이외에도 다양한 것을 생각할 수 있다. 예컨대 권리남용의 금지, 신의칙을 통해서도 사회질서의 확보 및 실현을 꾀하는 것이 가능하다고 할 것이다.

2) 최저근로기준법정주의(근로기준법 제3조)

근로기준법 제3조는 "이 법에서 정하는 근로조건은 최저기준이므로 근로관계당사자는 이 기준을 이유로 근로조건을 낮출 수 없다"라고 정하고 있다. 이 규정은 헌법 제32조 제3조의 인간존엄성이념의 실현에 입각하고 있다. 노동력이라는 유일한 상품밖에 가지고 있지 않은 근로자가 자신과 그 가족의 생활을 유지해가기 위해서는 자신의 노동력상품을 매도하고 그 대가로서 얻는 임금에 의존해야 한다. 따라서 여기에서 임금액이 적정하지 않는다면, 근로자 및 그 가족의 생활이 인간답지 못하게 된다. 또 임금이 아무리 높다고 하더라도 다른 근로조건이 열악하다면(예컨대, 장시간노동), 직장에서 하루의 상당부분을 보내는 근로자가 건강하고 문화적인 생활을 할 수 없을 것이다. 그래서 근로관계에서 근로자의 인간의 존엄이 보장되기 위해서는 무엇보다 임금 기타 근로조건이 인간다운 생활을 영위하기 위한 필요를 충족할 수 있어야 하는 내용을 가지고 있어야 하는 것은 말할 필요도 없다. 이것이 바로 헌법 제32조 제3항이 천명하고 있는 근로조건의 법정원칙이다.

헌법 제32조 제3항에 규정된 인간의 존엄성의 보장은 근로자의 인간다운 생활의 보장이다. 여기에서 인간다운 생활이란 위와 같은 취지에서 본다면 단순한 동물적인 존재를 유지하는 생활을 의미하는 것이 아니라, 인간으로서 건강하고 문화적인 생활 즉 육체적으로도 정신적으로도 인간다운 생활을 의미하는 것이다. 그러므로 여기에서 근로조건의 기준은 추상적인 것이 아니고, 인간다운 생활을 충족하기에 족한 구체성을 가지는 것이어야 한다. 그리고 그 구체적 내용은 4인 가구를 기준으로 하는 이를테면 보건복지부장관이 고시하는 평균생계비가 하나의 기준으로 될 수도 있을 것 같다. 물론 그렇다고 하여도, 그 구체적인 내용은 고정된 것이 아니라, 시대의 변천에 따라 변화할 수 있을 것이다. 인간다운 생활은 무엇보다 시대적 사회적 문화수준에 따라 결정되는 것이기 때문이다. 우리나라 근로기준법은 위와 같은 의미에서 인간의 존엄이념에 기하여 인간다운 생활을 영위하는 데에 어느 정도 족한 최저기준을 구체적으로 정해야 한다는 것이다.[19)]

19) 이러한 내용을 의미하는 근로조건의 범위에 대해서는 근로기준법 전체를 살펴보아도 근로조건에 대한 정의 규정이 없다. 근로조건의 범위와 관련하여 사용자의 근로조건명시의무를 규정하고 있는 근로기준법 제17조가 「1. 임금, 2. 소정근로기간, 3. 제55조에 따른 휴일, 4. 제60조에 따른 연차유급휴가, 5. 그 밖에 대통령으로 정하는 근로조건」을 명시해야 할 근로조건으로 규정하고 있다. 그런데 노동법상 특히 근로조건의 범위가 문제로 되

근로기준법이 정하는 근로조건이 최저기준이라는 점에서 보면, 그 때문에 당연히 근로관계의 당사자(특히 실태에서 말해서 사용자)는 「이 기준을 이유로 근로조건을 저하해서는 아니 된다」고 할 것이고, 구체적으로 명시하고 있지는 않지만, 그 향상을 꾀하도록 노력해야 할 것이다. 그런데 이 규정이 의도하고자 했던 바는 직접적으로 근로기준법 소정의 기준보다 높은 기준에 있었던 근로조건을 근로기준법 소정의 기준까지 저하시키는 행위를 금지하려고 하였던 것인데, 이 규정을 위반하는 근로기준법 적용대상사업 또는 사업장은 현재 아마 거의 없을 터이고, 주로 근로기준법 제정 직후의 상당기간에 해당하는 과도기에 일어날 수 있는 경우를 예정하였던 것 같다. 따라서 근로조건의 저하금지의무에 위반하는 약정이 현재 당연히 무효라고 할 것이고, 근로기준법이 정하는 기준이 사실상 최고기준이었던 과거 암울했던 시절에 근로기준법 제3조가 강행규정인가 훈시규정인가를 주장하면서 전개되었던 유효설과 무효설의 대립에 대해서는 현재에는 논의할 실익이 없다고 하겠다.[20] 그렇지만 오늘날에도 근로조건의 저하가 문제되는 경우가 나타날 수 있다는 점을 간과해서는 아니 된다. 종래부터 근로계약으로 약정되어 있었던 근로조건을 단체협약의 개정 혹은 취업규칙의 변경을 통해서 저하시키는 경우가 그것이다. 이러한 문제가 현실적으로 존재하기 때문에 법이론적으로 해결할 필요가 있다고 생각한다. 그렇지만 이 문제는 단체협약 혹은 취업규칙의 법적 성질론 내지 효력론과 관련해서 논해야 하기 때문에 여기에서는 더 이상 언급하지는 않는다.

는 것은 집단적 노동관계의 측면에서 단체교섭의 대상사항 및 단체협약의 기준효력(규범적 효력)에 관해서이다. 여기에는 그 범위를 논하는 법적 의미는 거의 없다고 해도 좋다. 따라서 여기에서 근로조건이란 근로관계에서 근로자가 인간다운 생활을 실현하는 데에 직접으로 관련되는 일체의 근로조건 즉 무엇보다 임금, 휴게, 휴일, 휴가 등 근로기준법에 거론되어 있는 근로조건에 한정되지 않고, 채용, 해고에 관한 조건 등도 포함하는 광의의 근로조건을 의미한다고 해석하는 것이 타당할 것이다.

20) 그런데 근로조건저하금지를 규정하는 근로기준법 제3조를 위반하여 근로조건을 저하시킨 경우의 변경의 효력을 어떻게 이해하는가에 견해가 나누어졌을 것 같다. 노동보호법이라는 관점에 사로 잡혀 근로기준법을 이해하는 경우에 이 규정위반에 대해 처벌규정이 없기 때문에 근로기준법 제3조를 훈시규정으로 이해하면서 이를 위반하는 사용자의 일방적 행위 내지 노사 간의 합의가 사법상 유효하다고 하는 견해 즉 근로기준법 소정의 기준 이하가 되어 무효로 되지 않는 한 하향행위가 유효하다는 견해와 인간의 존엄이념의 실현이라는 근로기준법의 취지 및 「낮출 수 없다」라는 규정형식에서 이 규정을 강행규정이라고 파악하여 이 규정에 반하여 근로조건을 낮춘 경우에는 이러한 사용자의 일방적 행위 및 노사 간의 합의는 무효가 된다고 하는 견해가 그것이다. 하지만 근로기준법을 근로계약법으로 이해하면서 제3조가 근로계약법의 기본질서라고 이해하면 근로조건을 저하시키는 합의는 당연히 무효로 보아야 할 것이다.

3) 사용자의 균등처우의무(근로기준법 제6조)

근로기준법 제6조는 "사용자는 근로자에 대하여 남녀의 차별적 대우를 하지 못하며, 국적, 신앙 또는 사회적 신분을 이유로 근로자조건에 대한 차별적 처우를 하지 못한다고 규정하고 있다.[21] 이것이 바로 사업 및 사업장에 있어서 근로자에 대한 사용자의 균등처우의무이다. 헌법 제11조 제1항이 규정하고 있는 법앞의 평등은 근대법의 기본적 이념인데, 근로기준법 제6조는 이러한 헌법적 평등이념을 사회적 권력으로서 기업 즉 사업 또는 사업장에서 개별적 근로관계를 형성하는 데에 있어 사용자의 질서의무로서 구체화한 것이라고 하겠다. 그러므로 이것이 사용자와 근로자의 개별적인 근로관계로서 근로계약관계의 설정, 전개 및 종료를 규율하는 근로계약법의 이념이 되어야 하는 것은 당연하다고 하겠다. 이것은 사용자의 계약형성의 한계이다. 즉 근로자에 대한 사용자의 균등처우는 사용자가 사업 및 사업장에서 근로계약에 기해 형성할 수 있는 기업질서의 한계라고 하겠다.

사용자가 사업 또는 사업장에서 근로계약을 형성함에 있어서 합리적인 근거없이 근로자를 차별적 대우 또는 처우하는 경우에 그 계약형성을 무효로 판단하는 법적 이론구성은 헌법 제11조 제1항, 근로기준법 제6조 그리고 민법 제103조라는 3단계를 거쳐 처리하는 것도 가능하지만, 직접적으로 근로기준법 제6조에 의해 당해 근로계약이 무효가 된다고 하는 것이 타당할 것이다. 이러한 경우에도 근로계약 전부가 무효가 되는 것이 아니라 즉 민법 제137조가 규정하고 있는 전부무효의 법리가 아니라 근로기준법 제15조 제2항이 규정하고 있는 일부무효의 법리가 적용된다고 할 것이다.

그리고 사용자가 근로계약의 형성, 전개 및 종료에 있어서 근로자간에 합리적인 차별취급을 인정해야 할 것인데, 근로계약에 기한 차별적 취급의 합리성을 어느 정도까지 인정할 수 있는가가 문제이다. 이 경우에도 근로기준법 제6조의 이

---

21) 이와 유사한 규정이 직업안정법에도 있다. "누구든지 성별 종교 사회적 신분 또는 혼인 여부 등을 이유로 직업소개 직업지도 또는 고용관계의 결정에 있어서 차별대우를 받지 않는다"(직업안정법 제2조). 여기에서 우선 문제가 되는 것은 <대우>라는 말과 <처우>라는 말에 어떠한 차이가 있는가? 국어사전을 보면, 대 : 우(待遇) [명사]에 대해서는 "1. [하다형 타동사]예(禮)로써 남을 대함./2. 어떤 사회적 관계나 태도로 대하는 일./3. 직위를 나타내는 말 뒤에 붙어, 그에 준하는 대접을 받는 직위임을 나타내는 말./4. (직장 따위에서 받는) 보수의 수준이나 직위 등"라고 풀이하고 있는데 비해, 처우(處遇) [명사]에 대해서는 [하다형 타동사] (사람을 평가해서) 거기에 맞추어 대우함, 또는 그 대우라고 풀이하고 있다. 그러나 대우와 처우를 동일한 의미로 파악하는 것이 타당하다고 생각한다.

념과 그 취지 및 근로관계의 기본적 특질에 부합하는 구체적인 판단기준을 마련하는 것이 필요하다.

2. 근로계약법의 기본원칙

1) 근로조건노사대등결정의 원칙(근로기준법 제4조)

근로기준법 제4조는 "근로조건은 근로자와 사용자가 동등한 지위에서 자유의사에 따라 결정하여야 한다"라고 규정하고 있다. 이것은 기업의 사회적 권력성이나 노사의 비대칭성을 염두에 두고 있으며, 이러한 상황이 초래할 수 있는 귀결을 시정하고 교정하여 노사의 실질적 평등을 확립하는 것이 중요하다는 관점에서 근로관계에 관한 사항은 노사가 「대등한 입장」에서 「계약」에 의해 결정해야 한다는 이념을 규정하고 있는 것이라고 이해할 수 있다. 환언하면, 이것은 근로관계에서는 근로자의 대등한 계약주체성이 확보되어 계약자유와 사적 자치 내지는 근로자의 자기결정의 실질화의 실현이 필요하고 또 중요하다는 것을 시사하고 있는데, 그것을 위해서는 근로계약의 성립, 전개, 종료에 관해서 기업의 사회적 권력을 제한·억제하기 위한 법적 장치 즉 근로계약법이 필요하게 된다. 이러한 의미에서 근로기준법 제4조는 근로계약법의 근본규범(근본적 이념규정)을 구성한다고 해도 좋을 것이다.

다만 근로계약법의 구상 및 그 제도적 설계에 있어서는 그 전체적인 모습을 보다 명확화하기 위해서 위에서 언급된 이념을 다시 구체화하기 위한 방향성이나 방책을 제시할 필요가 있을 것이다. 그래서 근로기준법 제4조의 규범적 취지에 입각해서 우리나라 기업의 구체적인 여건과 상황에 부합하도록 ① 근로계약체결시에 근로자의 대등계약주체성을 확보할 수 있는 조건과 방안, ② 노사의 실질적 교섭을 위한 교섭과정 및 절차에 관한 제도를 정비하는 방안, ③ 근로자가 근로계약이행과정 및 근로조건변경에서 자기결정을 할 수 있도록 하는 지원제도를 정비하는 방안, ④ 근로계약의 체결 및 변경에 있어 노사대등성을 검증하기 위한 기준과 절차를 확립하는 방안, ⑤ 근로계약이행과정에 있어 노사의 행위 및 이익조정을 위한 표준적인 규범을 정립하는 방안 등이 구체적 방향에서 세부적으로 도출될 수 있을 것이다.

2) 신의성실의 원칙(근로기준법 제5조)

근로기준법 제5조는 "근로자와 사용자는 각자가 단체협약, 취업규칙과 근로계약을 지키고 성실하게 이행할 의무가 있다"라고 규정하고 있다. 그러므로 근로기준법 제5조는 제4조의 이념과 기업의 사회적 권력제한의 필요성에 입각해서 생각할 때, 그 규정의 양식에 따라 근로계약상의 신의칙을 규정한 것으로 이해해야 할 것이다. 게다가 근로기준법 제5조는 민법 제2조 제1항과는 별개로 근로계약상의 신의칙을 규정하고 있다고 해석해야 할 것이다.[22] 그렇다면 곧바로 헌법 제32조 제3항의 취지에 입각한 근로계약법의 이념과 요청에 준거하여 근로계약법 독자적인 관점에서 노사의 권리행사와 의무이행과정의 조정, 근로계약의 해석, 부수의무 등의 다양한 의무론적 구성 등에서 신의칙을 보다 유연하게 활용하는 것도 기도할 수 있을 것이다. 예컨대, 기업의 사회적 권력을 억제·제한하여 근로기준법 제4조가 규정하고 있는 근로조건노사대등결정원칙을 실현하기 위해서 혹은 그 조건 및 기반 내지 환경을 정비하고 확보하기 위해서 구체적 상황에서 규범적 필요가 요청된다면, 취로청구권(노무수령의무), 직장환경배려의무 안전배려의무, 공정평가의무, 정보제공의무 등의 각종 의무가 도출될 수 있고, 이를테면 이들이 부수의무라고 하여도 근로자에게 이행청구권을 인정할 수 있다고 해석할 수 있을 것이다.

3. 중간정리 : 「근로계약의 기본법」으로서 근로기준법

근로기준법은 제2조 제1항 제4호에서 「근로계약」의 개념을 정의하고 그러한 근로계약의 개념요소로서 「근로자」(동항 제1호), 「사용자」(제2호), 「근로」(제3호), 「임금」(제5호)에 대해서도 정의하고 있다. 위에서 언급했듯이 불충분하긴 하여도 근로기준법은 근로계약법으로서의 기초적인 면모를 어느 정도 갖추고 있다고 평가할 수 있다. 근로관계가 자본주의사회에서 임금을 위해 근로자가 자신의 노동력을 실질적으로 사회적 권력을 가진 기업적 조직에 편입하여 사용자의 처분에 맡기는 계속적인 계약관계라는 점을 감안할 때, 근로기준법 총칙편에 규정된 기본이념 내

---

22) 아래에서 기술하듯이 민법을 근로기준법의 보완적 법규로서 이해해서 민법 제2조 제1항의 신의칙을 이용해서도 거의 동일한 법적 결과가 도출될 수 있을 것이다. 그러나 이러한 경우에는 사법적 법리에서 구속될 것이다. 이를테면 부수의무론 등을 포함하여 민법의 신의칙의 이론구조의 테두리 내에 그 활용이 기도될 것이다.

지 기본원칙은 기업적 조직의 주체인 사용자의 사회적 권력의 억제와 통제를 목적으로 하는 근로관계를 규율하는 근간규정이라고 보아도 손색이 없을 것 같다. 그러므로 근로기준법 제1조 및 제3조 내지 제6조는 근로계약에 관한 기본이념과 원리 및 기본원칙이 되어야 할 것이다. 이들 기본이념과 원리의 적극적 기능과 소극적 기능을 일응 구분해서 좀 더 부언하면, 근로자가 사용자 즉 기업에게 근로를 제공하고 사용자가 이에 대하여 임금을 지급하는 것을 목적으로 체결된 근로계약과 그 계약의 이행과정에서 근로기준법 제4조 및 제5조는 권력제한을 통해서 근로자의 자기결정의 실현이라는 적극적인 방향의 기능을, 동법 제1조와 제3조는 부당한 권력행사의 효과를 부정한다는 소극적인 방향의 기능을 가지는 것이라고 하겠다.

그러나 이들 규정만으로는 근로계약의 성립, 전개 및 종료를 전체적으로 관할할 수 있는 근로계약법으로서는 아직 불충분하고, 이들 이념에 비춰 민법규정을 근로계약법으로서 노동법체계 내에 정리하고 정비하여 근로계약상의 여러 가지 문제들에 대해 종합적으로 재해석하여 구축하는 것이 필요할 것이다. 헌법 제32조 제3항은 근로조건의 「법정」의 원칙(요컨대, 이미 기술했듯이 근로계약법의 룰을 정한 법률을 제정해야 할 원칙)을 제시하고 있는데, 현재까지 법정된 제정법은 미비하다. 엄밀하게 보면 이러한 현상은 위헌적 상황이라고도 평가할 수 있다. 그러므로 현재의 입법이 헌법 제32조 제3항의 이념에 필요·충분한 실정법적 상황이 아니더라도, 즉 이러한 이념에 기해 직접적으로 마련된 법률로서 「근로계약법」이 존재하고 있지 않다고 하더라도, 이미 존재하고 있는 근로관계의 기본법을 재해석하여 그것을 보충 또는 보완할 수 있는 구체적인 근로계약규범을 정립하는 것이 「근로조건법정」이라는 헌법이념에 부합할 것이다. 또 오늘날과 같이 경제적 사회적 상황이 급변하고 있는 경우에 헌법 제32조 제3항의 기본이념을 지도적 원리로 하여 구체적인 개별근로계약관계에 즉응하기 위해 기존의 「제정법」의 기본원칙조항을 적극적으로 활용 및 재해석하여 구체적인 계약규범을 형성하는 것이 시급히 요청되고 있다.

또한 근로계약법으로서 재구축 및 재해석해야 할 대상은 헌법 제32조와 근로기준법 총칙편의 기본이념과 원칙을 포함하는 여러 규정뿐 아니라, 헌법 제32조 제3항의 기본적 이념과 근로기준법 총칙에 규정되어 있는 기본이념과 원칙 및 그 취지 그리고 임노동에 관한 근로계약관계의 특질 등이 허용하는 한에서 민법 제1조, 제2조, 제103조, 제104조, 제750조와 같은 민법상의 일반조항에 한하지 않고, 그 외 총칙편과 채권편에 산재하고 있는 다수의 규정들이 그 대상이 될 수 있을 것이다.

Ⅳ. 근로계약법으로서의 근로기준법과 민법의 관계

1. 근로계약법으로서 근로기준법

위에서 수차 언급했듯이, 개별적 근로관계법의 기본법인 근로기준법은 근로조건의 최저기준을 정하고 이것을 행정감독과 형벌로써 공법적 측면에서 강제적으로 사용자에게 준수하게 하려고 하는 노동보호법(Arbeitsschutzrecht)로서 성격이 강하고, 근로계약의 성립과 전개, 종료를 그 직접적인 규율대상으로 하는 근로계약법(Arbeitssvertragsrecht)로서의 성격은 박약하다. 특히 근로계약의 체결과정(예컨대, 모집광고·채용시험 및 채용내정, 시용 등)과 근로계약관계의 전개 및 변동(예컨대, 배치전환, 전출, 전근, 전적, 승진·승격·강격·성과의 공정한 평가 및 인사사정 등), 그리고 근로계약관계의 종료(예컨대, 사직, 합의해지, 해고 및 이에 준하는 사용자의 일방적인 근로관계종료 등)에 관한 구체적 규정은 거의 존재하고 있지 않다. 그러나 위와 같은 근로계약의 성립·전개·종료에 관한 사항은 근로자와 그의 가족의 일상적인 생활에 큰 영향을 미치는 중대한 것이고 또 근로관계의 근간을 이루고 있는 일련의 중요한 과정이다. 그래서 이러한 일련의 사건을 둘러싼 노사 간에 분쟁도 많이 생기고 있다. 그럼에도 불구하고 근로기준법에는 이들 문제를 규율하고 또 그것의 당부를 판단하는 기준인 구체적인 규범이 결여되어 있다. 그래서 우리는 근로기준법에 근로계약의 기본법으로서 커다란 흠결이 있다고 평가할 수 있다.[23)]

그러나 현재와 같은 상황에서 근로계약관계를 규율하는 근로계약법의 필요성을 고려한다면, 근로기준법 제1조 내지 제6조 및 이미 존재하고 있는 근로계약법적 규정(예컨대, 제20조, 제22조) 그리고 그 외에 근로기준법상의 규정도 그것이 근로계약법으로서 규범적 의미를 가질 수 있는 경우에는, 그것이 아무리 노동보호법적 성격이 강하다고 하여도, 그 취지를 적극적으로 살려서 근로계약법으로서 활용될 수 있도록 하는 규범론적 작업을 적극적으로 시도할 필요가 있다고 하겠다. 이러

23) 그렇지만 모집·채용에서 해고·퇴직에 이르는 고용에 있어 중요사항에 대해 여성차별을 금지하는 남녀고용기회균등법 등은 근로계약법으로 자리매김하는 것이 가능하다고 생각되는데, 대상사항과 범위, 룰의 규제내용이 아주 한정된 부분적인 것에 그치고, 게다가 개별적 근로관계법의 기본법인 근로기준법과의 접합 및 관련성도 명확하지 않다고 하겠다.

한 점에서 주목되는 것이 근로기준법상의 같은 조항이라도 형벌법규로서의 해석과 사법규정으로서의 해석을 구별하여, 엄격해석이 요청되는 경우는 전자로의 해석을, 후자에 대해서는 사법적 관점에서 유연하게 근로기준법규정의 보다 광범한 해석을 기도하려고 하는 근로기준법 규정의 이른바 이면적(二面的) 해석론을 전개하는 것도 그 나름의 방법이라고 할 수 있을 것 같다. 그러나 이러한 해석적 방법론은 기본적으로 끝까지 근로기준법상의 규정 그 자체를 강행규정 또는 보충규정으로서 해석하는 것에 그치기 때문에 근로기준법의 근로계약법적 활용이라는 관점에서 아직 불충분하다고 할 것이다. 따라서 반드시 강행규정 및 보충규정적인 측면에 사로잡힐 것이 아니라, 보다 유연하게 공정한 근로계약의 규범이라는 측면에서도 근로기준법을 재해석할 필요가 있겠다. 예컨대, 근로기준법 제5조와 제6조에서는 근로자에 대한 평등취급의무가 도출되는데, 동일한 사업 또는 사업장의 동일업무에 정규직과 비정규직의 채용을 허용하는 근로계약이나 취업규칙은 무효일 가능성이 높으며, 근로기준법 제51조 제3항, 제53조 제3항 및 제110조 제1호에 따르면 시간외근로명령은 근로기준법의 취지에 반하는 위법성을 띠는 경우가 있고, 자율적 자립적인 근무방식을 전제로 하는 근로기준법 제53조의 취지에서 볼 때, 전문업무형 재량근로시간제를 근로자에 적용하기 위해서는 노사협정의 체결과 취업규칙의 규정으로는 불충분하고 다시 개개의 근로자의 자기결정 즉 개별적 구체적인 동의가 필요하다는 등의 해석이 가능하다고 하겠다.

2. 근로계약에 있어 근로기준법과 민법의 관계

1) 문제의 소재

노동시장에서 노동력과 임금의 교환관계는 당사자의 물질적 이해관계를 반영하면서도 상호의 공통적인 의지에 매개된 계약으로서 규범화된다. 그것은 노동시장에서 교환과정의 관계를 직접적으로 파악하는 것이라고 하지만, 거기에서 상품교환은 자본주의적 생산관계를 매개하는 것으로서 간접적으로는 생산과정도 포섭하였던 것으로서의 내용을 가진 것이었다. 그와 같은 관계를 포섭할 수 있는 노동력상품(노무)교환계약은 법적으로 어떻게 자리매김되어 있을까? 또 일반상품의 매매와는 다른 특수한 상품인 노동력(노무)에 대해 법의 세계에서는 얼마만큼 의식되고 규범화되어 있을까? 이러한 문제에 대하여 근대사법으로서 민법과 노동법으로서 근로기준법의 규율방식은 확연하게 다르다. 이것은 우리나라 계약규범질서에서 근로계약과 관련하여 민법과 노동법을 체계적으로 자리매김하는 데에 결정적인 의미를 가진다.

2) 민법과 노동법의 규제방식의 차이

민법은 시민혁명을 통한 근대시민사회의 사상적 기반 위에 성립된 법이고, 민법은 상품교환법의 원형으로서 근대시민법의 기초적인 법으로서의 역할을 담당하는 것으로서 등장한다. 민법에서 소유권, 계약, 법적 인격이라는 기본적 카테고리는 자본주의생산 및 재생산을 매개하는 것으로서의 상품교환관계에서 그 현실적 기반을 가진다. 따라서 민법은 자본제상품교환관계를 법적으로 규정하는 것으로서 자본주의적 생산 및 재생산을 보증하는 법으로서 의미를 가진다.[24] 자본제상품교환, 상품생산에 입각하는 근대사회에서는 생산수단을 가지지 않은 근로자도 노동력상품에서 소유자로서 상품교환의 자유를 인정받은 자유로운 근로자로서 등장하였다. 이와 같이 근대시민사회에서 모든 사람은 자유의지의 주체로서 평등한 존재 즉 추상적인 「시민」이 되어 「법적 인격자」가 된다. 근대시민법에서는 모든 사람은 자유, 평등, 독립의 인격자이고, 법적 인격자 상호의 법률행위는 자유로운 의지의 소산인 계약을 통해서 된다. 이러한 근대시민법에 의해 파악된 노동력교환계약이 「고용계약」이다. 여기에서는 고용계약도 또한 다른 계약과 같이 추상적인 인격 상호 간의 계약, 자유의지주체의 계약관계로서 구성되고, 계약자유의 원칙 아래에 놓여 있다.

고용계약에 대한 민법의 법률적 구성은 유통과정인 노동시장에서의 상품교환관계를 파악하는 것이고, 노동과정은 법률적 구성에서 그러한 것으로서 나타나지 않는다. 노동과정은 상품교환과정에 있어서 구매한 상품(노동력)을 이용한 상품의 생산과정이고, 노동시장에 있어 성립된 근로계약의 이행과정이라고 하겠다. 그러나 민법은 고용계약의 실현인 이행과정 그 자체를 직접적으로 법률관계의 대상으로 하고 있다고 판단할 수 없다. 이것은 노동력상품교환의 특수성에서 보았듯이 고용계약은 교환과정에서의 노동력의 「형식적 양도」의 과정만을 대상으로 하고, 제2의 과정인 노동력의 「현실적 인도」의 과정은 직접 대상으로 하지 않는 것을 의미한다.

노동력의 사용권을 행사하는 노동력의 소비과정은 근로자가 노동력상품의 구매

---

24) 민법이 자본제상품교환관계를 법적으로 규율하는 법이라는 것에 대해서는 渡辺洋三, 「近代市民法の變動と問題」, 『現代法 1: 現代法の展開』, 岩波書店, 1965, 81쪽 참조.

자인 자본가 즉 사용자(기업) 지배 아래에서 노동하는 것이고, 거기에는 사용자의 통제, 지휘 및 감독 하에서 노동이 되고, 지배종속의 관계를 필연적으로 낳는 것이었다. 근대시민법체계에 있어서 고용계약은 이러한 지배종속의 관계를 전혀 예상조차 하지 않았을까? 그렇지는 않다. 고용계약에서는 이미 근로자가 사용자의 지배 아래에서 노동하는 것이 당연한 전제가 되고, 노동과정에서 종속적 관계를 낳는 것은 계약실현의 결과로서 논리적으로도 전제로 하고 있는 것이다. 그것은 유통과정에서 자유의지에 따라 성립한 계약의 실현과정이며, 계약의 실현이 방해되지 않는 한 민법이 관여할 바가 아닌 「사실의 세계」로서 방치하고 있다고 할 수 있다.

그러나 이러한 「사실세계」는 시민법의 밖에 있다고는 하지만, 그것은 노동시장에서의 자유로운 계약의 내용이라는 의미에서는 「법의 세계」에 들어와 있다고 하겠다. 그러한 의미에서 고용계약은 노동과정에서 사용자(자본가)와 근로자의 지배·복종의 관계를 논리적으로도 전제하고, 그것은 계약의 내용인 동시에 그 효과(이행)로서 당연히 예상하고 있다. 시민법은 노동과정에서 종속관계를 자유의지로 체결된 계약의 내용 혹은 결과로서 당연한 것으로 파악하고, 어떻게도 그것을 규제하려고 하지 않았다.

근대시민법의 핵심인 민법이 상품교환이라는 유통적인 측면만을 규율하고, 자본제생산관계는 그러한 것으로서 법의 시야에는 넣지 않았다고 하는 의미는 이상과 같이 파악될 것이다. 따라서 노동과정은 자본가 즉 사용자가 근로자로부터 산 상품으로서 노동력을 생산원자재에 투입하여 또 다른 상품인 재화나 서비스를 생산하는 과정이므로 개념적으로는 물(物, 또는 물건)과 물(物 또는 물건)의 관계로 나타나는 것이지 사람과 사람의 의사적인 관계는 아니라고 할 수 있다. 하지만 시민법에서도 노동과정이 노사가 합의에 기하여 성립된 계약의 이행과정으로서 단순한 물적 과정에 불과하기 때문에 법적 관계로서 나타나지 아니 한다고 하는 것은 아니다. 사실, 노동과정은 구매된 노동력이라는 물(物)의 소비과정이고, 물화(物化)된 과정으로서 나타나지만, 노동과정에서 근로자가 의지주체인 것은 부정할 수 없다. 노동과정에 있어 사용자 즉 자본가는 의지주체인 근로자의 의지에 작용하고 노동을 하게 하는 것이다. 따라서 노동과정에서의 의지관계는 유통과정에서의 의사관계(자유로운 의사)와는 다른 의사(자유의사에 기한 부자유한 의사 즉 복종할 의사)로서 파악할 수 있다. 하지만 의지관계인 것에는 변화가 없다. 다만, 노동과정에서의 의지관계가 노동시장에서 법의 대상이 되는 의지관계와는 다른 것이고, 법의 세계 밖의 영역에 놓여있고, 법의 대상으로 되지 않는다. 고용계약에 있어서 자유는 상품교환의 자유이며, 그것은 근로자에게는 노동력상품교환의 자유이고,

이러한 자유는 자본주의사회에서 근로자의 사회경제적 지위를 전혀 고려하지 않은 채 부여되는 추상적·형식적 자유라고 할 것이다.[25] 이와 같이 민법이 보장하는 자유[26]가 현실과 괴리된 추상적 형식적인 것에 불과한 이상 고용의 법형식도 또한 그러한 것으로서 현실과는 괴리되어 추상적인 성격을 가진다.

근로계약은 노동력상품의 거래에 관한 계약이며, 다른 일반상품의 거래와 비교해서 현저한 특색을 보임에도 불구하고, 민법상의 고용계약은 어디까지나 자본제 상품교환일반과 같은 독립 대등한 주체 상호간의 자유를 상품교환으로서 파악하는 것이었다. 민법의 규정은 노동력상품의 특수한 성격을 별도로 문제 삼고 있지 않다고 하겠다.[27]

그러나 노동력상품이 가진 특수성과 그 교환이 가진 특수성은 이러한 규제방법의 문제점을 현재화하게 하고, 그것이 가진 한계를 노동시킬 수밖에 없다. 노동력상품교환계약으로서의 고용계약이 자본제상품교환의 보편적 전개를 가능하게 하는 계약이면, 마치 그것이 다른 상품과 아무런 다른 점이 없는 것처럼 규제하고 있는 민법의 규정은 계급적 성격과 허위적 성격이 있다고 하겠다.[28)]

25) 자유로운 의사의 허구성에 대해서 沼田稻次郎, 『勞働法論序說』, 勁草書房, 1950, 215쪽 이하 참조.

26) 민법에 있어 인격·소유권·계약의 자유에 대해 주의해야 할 것은 그것이 실질적인 자유―경제적 실력에 의한 통제로부터의 자유―를 의미하는 것이 아니라, 다만 형식적인 자유, 즉 어떠한 내용도 받아들일 수 있다고 하는 일반적인 가능성을 의미하는 것에 불과하다는 것과 또 본래 그것을 목적으로 하였던 것이라는 점이다. 이와 같은 형식적인 자유이기 때문에 경제법칙의 모든 타당이 보장되고, 경제적 강제력에 의한 질서의 유지가 존재할 수 있었던 것이다.

27) 우리 민법은 제2차 세계대전이 종료한 후 상당한 기간이 지난 20세기의 후반인 1960년에 제정·시행되었음에도 노무를 목적으로 하는 고용계약에 대한 규율의 내용에 그 당시 지배적인 조류이었던 사회사상의 세례를 받아들이지 아니 한 채 자유방임주의에 입각해서 19세기말 내지 20세기 초기에 성립되었던 유럽근대시민법의 기본적 법리에 상당히 투철했던 것 같다. 정확한 것은 역사적 연구에 의해 향후 밝혀야 할 부분이지만, 민법을 제정했던 입법자의 이러한 태도는 오히려 사회사상에 어느 정도 투철했던 근로기준법이 이미 시행되고 있었다는 것을 전제로 하였거나 그렇지 않았다면 근로기준법상의 근로계약과는 다른 차원에서 민법상의 고용계약을 고려하고 있었던 것이 아닌가라는 추측을 해본다. 물론 고용계약에 관한 민법전의 규정이 전혀 노동력상품의 특수성을 고려하지 않은 것은 아니다. 근대시민법적인 사상에 투철했던 민법이라고 하여도 고용관계가 인간의 계속적 급부관계라는 것을 고려하여 다소 정책적 고려를 하고 있다. 예컨대, 민법 제659조 제1항 및 제662조가 그것이다.

28) 민법에서는 근대사회에 있어서 가장 기초적인 관계인 계급관계는 사상되고 또 초기자본주의 내지 단순상품교환의 법과 구별도 또한 이러한 추상성 보편성 속에 해소·매몰되어 버린다.

노동력상품의 소유자이지만 생산수단을 갖지 못한 근로자의 현실은 이러한 민법적인 규제의 추상성을 질곡으로 느끼고 그 규제방식의 수정을 압박하였다. 민법적인 규제의 논리에 의한 고용계약을 정책입법으로서 구체화하고 노동력상품교환에 붙어 있는 실질적 폐해를 완화하려고 하는 것에 노동입법의 의의가 인정된다. 노동법의 등장에 의해 노동력상품의 거래조건(노동조건)이 규제되고 노동과정에서 필연적으로 생기는 현상(종속성, 산업재해 등)의 폐해를 규제하려고 한다. 노동법은 노동력상품이 가진 특수성을 어느 정도는 고려하여 상품교환 일반으로 해소될 수 없는 근로자가 구체적인 인간이라는 측면을 고려한 다양한 규제를 하고자 하는 점에서 민법적인 규제와의 차이가 있다고 하겠다.

근로계약의 실현(이행) 그 자체인 노동과정에서 근로자를 「어느 정도로 보호해야 하는가」라는 문제는 국가의 정책의지에 관계되는 문제이고 거기에서 법의 규제의 양식에 변화가 나타나게 된다.[29] 노동력상품교환이라는 같은 대상을 규제하여도 그 규제의 양식에 따라 법의 성격이 변화한다는 경우에 그것은 어디까지나 법규범차원에서의 변화라고 하겠다. 노동력상품의 거래에 대한 노동법의 규제는 민법이 「합의」라는 형식적 측면만을 파악하여 자유의 이념을 관철시키는 것에 대해 「합의」의 배경에 있는 당사자의 사회경제력의 격차를 직시하고, 그 「합의」가 실현되는 장(場)인 노동과정에서 필연적으로 생기게 되는 폐해를 규제하려고 하는 것이다.

이와 같이 노동법은 시민법의 원리인 자유와 평등의 이념의 「형식성」을 극복하고 양자의 힘의 불균형을 조정하려고 하지만, 노동법에 있어서 노동력상품교환에 대한 규제는 노동과정에서 생기는 폐해에 대한 배려를 포함하면서 거래조건에 일정한 기준을 설정하는 것에 그친다.

3) 근로기준법에 대한 보충적인 법규로서 민법

이러한 관점에서 선다면, 우리는 현행법 하에서 근로계약법의 법말씀론적 재구성을 시도할 수 있을 뿐만 아니라 이러한 시도는 동시에 향후에 제정될 지도 모를 우리나라의 「근로계약법」에 대한 새로운 입법론적 관점도 제시할 수 있을 것이다. 이러한 시도를 하는 경우에 특히 근로기준법의 입법목적, 기본이념과 원칙

---

29) 민법에 대한 근로기준법의 특질은 민법이 노자의 결합을 오로지 상품(노동력)교환의 측면에서만 규정하였던 것에 대해 근로기준법은 같은 노자의 결합을 상품생산의 장에까지 확장하여 파악하고, 나아가 그러한 시각으로써 다시 상품교환의 장에 있어 양자의 관계에도 새로운 규제를 가하려고 하는 데에 있다.

을 규정하는 근로기준법 제1조 내지 제6조에 주목하는 것이 중요하다고 하겠다. 이렇게 말하는 까닭은 근로기준법의 이들 규정이 헌법 제32조 제3항의 취지와 이념을 구체화하는 것이며, 근로계약법의 규범적 정비와 민법규정을 근로계약법적으로 변용 또는 재해석하기 위한 지침 및 지도이념으로서도 활용되어야 한다고 생각하기 때문이다.

그리고 상품교환에 관한 계약을 규율하는 민법적 계약법리를 활용하여 근로계약법리를 구축하는 경우,[30] 민법전의 규정들은 헌법 제32조 제3항의 이념과 취지 및 이러한 헌법적 이념과 취지를 보다 구체화하고 있는 근로기준법의 입법목적, 기본이념 및 기본원칙을 전제로 해서 이것에 배치되지 않는 한에서 적용 또는 준용하는 것이 가능할 것이고, 그렇지 않은 경우에는 헌법과 근로기준법의 이념과 취지를 기본으로 하여 그것이 구현될 수 있도록 민법 규정은 수정 또는 보완되어야 할 것이다.[31]

Ⅴ. 향후 근로계약법 형성의 기본방향

지금까지 헌법 제32조 제3항과 근로계약법으로서 근로기준법의 기본이념과 원리 및 원칙을 추출하여 우리나라 근로계약법의 실정법적 기초와 구조를 이론적으

30) 앞에서 이미 언급했듯이, 근로관계를 규율하는 계약규범으로서 근로기준법과 민법의 체계적 관계에 관한 논의는 우리나라의 특수한 입법적 상황 때문에 일본의 경우에는 판이하게 다를 것 같다. 일본의 경우에는 일본민법과 일본 노동기준법의 입법의 시기와 형식에 있어서 근로계약을 규율하는 노동기준법상의 규정이 없는 경우에는 일본민법상의 고용계약에 관한 규정이 적용된다고 말할 수 있으나, 우리나라의 경우에 근로기준법(1953년 발효)이 민법(1960년 발효)보다 선재(先在)하였기 때문에 일본식의 논의는 불가능하다고 할 것이다. 물론 현행 민법이 발효하기 전에 일본식민지배권력에 의해 제정된 조선민사령에 의해 일본민법전이 조선반도에 의용되었으며 1948.7.17. 발효한 제헌헌법 부칙 제100조에 의해 이른바 의용민법이 그대로 효력을 가지고 있었기 때문에 고용계약을 전형계약유형으로 규정하고 있었던 의용민법이 있었으며 1953년 대한민국 국회가 제정하여 정부에 의해 공식적으로 공포되어 발효된 근로기준법은 의용민법전의 고용계약에 관한 규정을 수정·보완하는 것이라고 주장할 수도 있다. 그러나 일본어로 표기되었던 의용민법전은 대한민국 정부에 의해 입법적 조치로서 우리 민법전 발효 이전에 우리말로 번역·공포되었던 적도 없었기 때문에 제헌헌법 제100조 소정의 현행법령에 포함될 수 있다고 말할 수도 없다고 할 것이다. 요약하면, 현행민법전이 발표하기 전까지 대한민국에는 일본어로 된 의용민법이 사실상의 규범으로 존재하고 있었지만, 그것이 대한민국의 법률이었다고 말할 수는 없다고 하겠다.

31) 우리나라에서 근로계약에 대한 근로기준법과 민법의 관계에 대한 체계적인 논의에 대해서는 강희원, 『노동법 기초이론(제3판)』, 법영사, 2011, 246-262쪽 참조.

로 정립해보려고 시도하였다. 이러한 실정법적 기초와 구조에 입각해서 현실의 구체적인 근로계약관계를 규율하는 보다 정치한 계약규범을 발견할 수 있을 것으로 생각한다. 그뿐만 아니라 향후 「근로계약법」을 제정하고자 하는 경우에도 그 입법론적 논의도 이러한 이론적 기초와 구조를 벗어나서는 아니 될 것이다.

도이칠란트는 100년이 넘게 논의해왔지만 아직 독립적인 근로계약법전을 마련하는데 성공하지 못했으나,[32] 일본은 상당히 압축적인 논의[33] 끝에 2008년 현행 일본노동기준법을 전제로 하여 축적된 판례법리를 어느 정도 취합해서 좀 왜소하지만 그 나름으로 일본답다고 할 수 있는 독립적인 「노동계약법」을 제정하여 시행하고 있다.[34] 지금까지 거의 그랬듯이 어쩌면 우리나라도 일본을 닮아가지 않을까 생각한다. 우리 근로계약법리는 아직 일본수준 만큼 축적되지 못했지만 정부 주도의 이른바 "깜짝"입법을 통해 일본을 추월하려고 하는 과도한 유혹도 있을지도 모른다. 어떻든 일본의 노동계약법을 모방하는 차원을 넘어 우리 헌법과 근로기준법의 기본적 가치이념과 원칙을 전제로 해서 우리나라의 노동문제를 해결하는데 기여할 수 있고 우리 노동실정에 부합할 수 있는 근로계약법이 제정되어야 할 것이다.[35] 여기에서 향후 근로계약법에 관한 법말씀론 및 입법론을 전개

32) 도이칠란트에서는 바이마르공화국 시절부터 노동계약법의 제정에 관한 논의가 시작되었다. 그것이 현실적인 법전(法典)으로서 현실화되지는 못했다. 도이칠란트의 근로계약법제정에 관한 논의역사와 그 성과에 관해서는 Enrico Iannone, Die Kodifizierung des Arbeitsvertragsrechts – eine Jahrhundertprojekt ohne Erfolgsaussucht? Eine Untersuchung vorangegangener Bemühungen um eine Arbeitsveertragsgesetz und Analyse möglicher Erfolgsausichten ded Reformprojekts, Frankfurt a.M 2009(프랑크푸르트대학 2009년 박사학위논문) 참조.

33) 일본에서는 1970년대 이른바 「노동계약논쟁」을 거쳐서 노동계약론은 취업규칙의 불이익 변경 등의 해석이론의 구축에 관심이 집중되었다가, 1990년대에 들어와 노동계약법의 제정에 관한 논의가 본격화되기 시작하였던 것 같다. 특히, 제2차 세계대전 후 일본에서 노동계약에 관한 논의에 대해서는 石田眞, 「勞働契約論」, 籾井常喜(編著), 『戰後勞働法學說史』, 勞働旬報社, 1996, 615쪽 이하, 그리고 노동계약법제의 입법론적 논의에 대해서 일본노동법학지 제82호(1993년) 각 참조.

34) 2008년 발효된 일본의 노동계약법의 내용에 대해서는 荒木尙志/菅野和夫/山川隆一, 『勞働契約法』, 弘文堂, 2008 및 임서정의 위 학위논문(각주10) 등 참조.

35) 우리나라 노동법의 발전은 남북대립이라는 정치적 상황, 국가주도적인 경제개발 등과 같은 명분하에 근로자의 일방적인 희생을 강요하는 자본편향적인 노동정책이 일관되어 노동해방입법의 결여와 근로자보호법의 미성숙을 그 특징으로 규정할 수 있다. 그 결과 우리 사회에는 이른바 조선시대의 봉건적 신분질서는 붕괴되었으나 재벌 등 대자본에 의해 이른바 새로운 금권(金權)적인 신분질서가 형성되었다. 이러한 상황에서 근로계약법이 '계약법'이라는 미명하에 경제적 강자의 계약자유를 법적으로 확장하는 방향으로 제정된다면, 그것은 또다시 근로계약이라는 이름으로 노동에 대한 자본의 횡포를 허용하는 정말 역사적인 후퇴가 될 것이다.

할 경우에 반드시 고려해야 할 다음과 같은 몇 가지의 사항을 지적하면서 글을 마무리하고자 한다.

무엇보다 먼저 강조되어야 할 것은 근로계약법에 관한 해석론 및 입법론을 전개하고자 하는 경우에는 재차 언급하지만 헌법 제32조 제3항 및 현행 근로기준법 제1조 내지 6조의 기본이념과 원칙에 입각하여 그것을 세밀한 계약규범으로 형성할 수 있는 규범이론적인 논의가 되어야 한다는 것이다.

둘째, 근로계약법의 기본원칙인 근로조건노사대등결정원칙이 실질적으로 실현되기 위해서는 우리나라에 비(非)민주적·반(半)봉건적 잔재와 최근에 팽배한 황금만능주의풍조에 힘입어 더욱더 막강해진 기업의 사회적 권력을 어떻게 제한할 것인가라는 문제와 아울러 살벌한 자본주의시장경제체제 하에서 서구적인 계약의식[36]을 제대로 갖추지 못하고 있는 근로자에게 어떻게 계약주체성을 확보할 수 있도록 할 것인가라는 문제도 중요한 관점으로 고려해야 한다. 이와 관련해서 우선, 근로계약과 취업규칙의 관계에 대한 현행 근로기준법의 태도는 전향적으로 변경되어야 한다.[37] 그뿐만 아니라 근로계약질서를 형성하고 있는 판례법은 그 수가 너무나 적고 또 독자적인 근로계약법리라고 부르기에는 아직 정치하지도 아니하고 너무나 미흡하다. 특히 판례는 사용자의 일방적 의사라고 할 수 있는 취업규칙에 대해 사업(장)의 최고규범성을 너무나 안이하게 인정하고 있는 경향이다. 취업규칙의 근로조건의 결정과 변경기능이 너무나 비대해져 근로자의 개별의사는 고사하고 사업(또는 사업장)의 집단적 의사조차 경시되고 있다. 그 결과 실정 근로기준법이 정하는 수준마저 후퇴되고 있는 것 같아 더욱더 문제라고 하겠다. 특히 취업규칙의 불이익변경에 관한 대법원 판례[38]의 법리는 우리 근로기준법 제

---

36) 이와 관련하여 한국인의 계약관념과 계약의식에 대해서는 강희원, 「한국인의 정서와 계약관념」, 『비교사법』(한국비교사법학회) 제16권 4호(2009년), 167-199쪽 참조.

37) 기업현장에서 이루어지고 있는 취업규칙의 작성 및 신고의 실태에 비춰보면, 취업규칙기재사항을 규정하고 있는 근로기준법 제93조는 근로조건 전반에 대한 사용자의 일방적인 결정을 실질적으로 인정하고 있다는 것과 같다. 이것은 근로조건노사대등결정원칙에 정면으로 배치된다. 그래서 근로기준법상의 취업규칙제도를 폐지하고 그 대안으로서 사업장 또는 사업장 단위로 근로조건을 노사공동으로 결정하는 제도를 도입하거나 그것이 시기상조라고 판단되면 취업규칙으로 사용자가 일방적으로 정할 수 있는 사항을 업무처리방식이나 기업질서와 같이 직접적인 근로조건에 해당하지 아니하는 것으로 제한하는 한편, 취업규칙으로 규정해서는 아니 되는 이른바 금지사항도 법정하는 것이 요청된다고 하겠다. 그리고 근로기준법 제94조가 규정하고 있는 취업규칙의 작성과 변경절차가 준수되도록 근로기준법 제96조 제2항에 기한 철저한 행정지도를 하는 것도 필요하다고 하겠다.

38) 대판 1989.5.9, 88다카4277; 동1990.3.13, 89다카24780; 동1994.5.24, 93다14493; 동2001.1.5, 99다79846; 동2004.7.22, 2002다57362; 동2005.11.10, 2005다21494 등

94조 제1항과는 문언뿐만 아니라 그 제정배경이 다른 일본노동기준법 제90조 제1항에 기한 일본판례를 그대로 수용하고 있다는 점에서 문제일 뿐만 아니라[39] 우리 근로기준법상의 근로조건노사대등결정원칙과도 정면에서 배치된다고 할 것이다. 이러한 판례는 수정되어야 하고 그것을 그대로 추인하여 입법적 근거로 삼으려는 태도는 심각하게 고려해 볼 필요가 있다.

셋째, 노동시장의 유동화가 점점 심해지고 성과주의 또는 능력주의임금제도의 보급이 확대되어 가고 있는 등 고용상황이 종전과는 다르게 변하고 있다. 그래서 종래의 고용관행을 기초로 한 판례의 근로계약법리의 타당성이 상실될 가능성이 있기 때문에, 특히 근로계약법의 기초나 기본원리를 전제로 해서 현상의 변화에 적합한 새로운 근로계약규범을 구성하는 것이 절실히 요청되고 있다.

넷째, 입법론적 차원에서 보면 기업의 사회적 권력을 제한하여 노사대등을 실현하기 위해서는 다양한 성격의 규정을 조합하여 규제를 할 필요가 있으며, 기업의 구체적인 사항이나 당사자의 상황에 맞게 강행규정, 적용제외(contract-out)규정, 노사협정이나 노사협의회결정에 의한 강행을 해제할 수 있는 강행규정, 노사의 이익균형을 고려하여 일정한 표준모델을 상정하여 당사자의 의사추정을 함과 아울러 당사자가 합의에 의해 그것에서 벗어나는 경우에는 그것을 정당화하는 객관적·합리적 이유를 반드시 필요로 한다는 취지의 규정 및 노사의 이익조정모델로서 임의규정 및 개별노사의 이익을 조정할 수 있는 절차에 관한 규정이나 그러한 절차를 갖추도록 하는 규정 등의 적절한 조합이 요청된다.

다섯째, 근로계약의 체결·이행·종료 등 근로계약관계의 전반에서 사회경제적

---

39) 현행 근로기준법 제94조 제1항 단서 규정의 적용과 관련하여 대법원이 취업규칙의 불이익변경시에 일본 판례(最大判 昭和43.12.25 民集22巻 13號 3459면)와 같이 사회통념상 합리성이 인정되는 경우 집단적 동의가 없더라도 불이익변경이 유효하다는 이른바 합리성론에 의해 근로자 집단의 참여절차를 배제하면서 취업규칙의 사용자의 일방적 변경을 정당화하는 것은 문제가 아닐 수 없다. 게다가 사회통념상 합리성이 인정되는 경우 집단적 동의가 없더라도 불이익변경이 유효하다는 종래의 판례(대판 1978.9.12, 78다카1046; 동 1988.5.10, 87다카2853 등)를 1989.3.29 법률 제4099호로 개정된 근로기준법 제95조 제1항 단서가 신설된 후에도 그대로 유지하고 위 대법원 판례(대판 1989.5.9, 88다카4277; 동 1990.3.13, 89다카24780; 동1994.5.24, 93다14493; 동2001.1.5, 99다79846; 동2004.7.22, 2002다57362; 동2005.11.10, 2005다21494 등)는 현행 근로기준법 제4조 소정의 근로조건노사대등결정원칙에 위배될 뿐만 아니라 동법 제94조 제1항 단서의 문언에 반한다고 할 것이다. 이와 관해서는 취업규칙법에 관한 자세한 논의와 관련해서는 강희원, 「근로기준법상 취업규칙의 개념에 대한 일고찰—취업규칙법론이 재정립을 위해」, 『노동법학』 제42호(2012년), 73-137쪽. 그리고 강희원/선미란, 「취업규칙의 본질에 관한 일고찰—우리 근로기준법 제·개정사와 관련하여」, 『외법논집』(한국외국어대학교 법학연구소) 제37권 제2호(2013년), 233-252쪽 참조.

강자인 사용자에 대해 근로자의 교섭력을 확보하여 근로자의 부당한 불이익을 조정하기 위해 향후 제정될 근로계약법에는 상당한 부분에 강행규정을 둘 수밖에 없을 터인데, 이 경우에는 사용자 즉 기업의 부당한 권력행사를 저지하고 억제하기 위한 절대적 강행규정과 당사자의 대등성을 확보하기 위해 상대적 강행규정을 구별하여 이들 규정을 차별적으로 해석·적용하는 사고도 요청된다.

현재 우리나라 노동시장의 상황에서 인간으로서 근로자의 존엄성을 보장하도록 근조조건을 법정하도록 하고 있는 헌법 제32조 제3항의 기본적 이념을 감안해 본다면, 실체법 및 절차법적 측면에서 근로계약의 체결, 전개 및 종료에 대한 법적 규범(legal rules)을 종합적 체계적으로 규정하는 「근로계약법」을 조속히 제정하는 것이 바람직하다고 할 수 있다. 그러나 종합적이고 체계적인 「근로계약법」을 제정한다는 것은 그렇게 쉽지 않을 것 같다. 정말 근로계약에 관한 제정법의 상황이 '있어야 할 근로계약법'과는 먼 상태에 있는 우리나라의 현상황에서는 근로기준법 제1조 및 제3조 내지 제6조의 질서이념과 기본원칙에 입각해서 민법규정을 수정·보완하는 한편, 근로기준법상의 관련 조항에 대한 해석을 통해 근로계약법적으로 재구성하여 대처할 수밖에 없을 것 같다. 지금까지 우리나라의 입법논의가 늘 그러했듯이 특별한 이론적 논의과정도 거치지 않은 채 선진제도를 도입한다고 하는 명분하에 단순히 외국의 근로계약법제를 직수입하고자 하는 태도를 취할 수 있겠는데, 이러한 태도를 지양해야 할 것이다. 외국법제가 아무리 훌륭하다고 하더라도 그것은 하나의 예시는 될 수 있을지언정 그것이 우리에게 꼭 맞는 것은 아닐 것이다. 외국법과 그 법리에 입각해서 우리나라 「근로계약법」을 제정하고자 하는 경우에 우리나라의 사회적 현실과 법적 상황에 터 잡은 심층적이고 면밀한 논의와 체계적인 이론적 검토가 필요하다. 그래서 앞에서 지적한 전략과 방향성에 기하여 기존의 제정법의 문제점을 교정 내지 보정함과 아울러 불충분성이나 흠결을 메울 필요도 절실하다고 하겠다. 더욱이 시간적 여유를 가지면서 우리나라에서 향후 '있어야 할 근로계약법'을 위한 이론적 논의와 건설적인 비판을 끊임없이 계속하는 것도 당연히 요청되고 있다.

제 6 장 취업규칙론

I. 들어가면서

우리 노동생활영역은 이제 국가적 법률에 의해 상당히 조밀하게 규범화되어 있다. 그래서 이들 법률들의 수와 내용을 본다면, 한국자본주의도 이제 1960년 내지 1980년대까지와는 달리 그 나름으로 인간다운 면모를 갖추었다고 말할 수 있다. 그러나 기업현실을 보면 과연 그렇다고 말할 수 있을지는 의문이다. 법률의 규정은 거의 추상적인 차원의 것에 불과하고, 개별기업에 있어서 근로자 개개인이 현실적으로 접촉하는 노동생활은 거의 전적으로 사용자가 일방적으로 만든 취업규칙이라는 규범이 지배하고 있기 때문이다. 이러한 사정은 구체적인 노동사건을 보면 더욱더 확실하게 나타난다. 사용자가 일방적으로 만든 취업규칙과 관련된 사건이 재판사건으로 비화된 노동분쟁 중 상당한 부분을 차지하고 있다. 근로계약법 및 노동보호법 관련영역뿐만 아니라 노동단체관련법영역에서 취업규칙의 위반문제가 법적 문제로 등장하지 않는 예가 오히려 소수이라고 할 것이다. 이러한 사건에서 법원(法院)도 취업규칙을 당연히 법원(法源)으로서 전제하고 이에 기하여 그 사건의 당부를 판단하고 있다. 이것은 우리나라 노동관계에서 실정노동법률이 구체적으로 규율하고 있지 않는 영역은 사용자가 취업규칙을 정하기만 하면 그것이 기업 내에서 근로관계의 내용을 결정하는 실질적인 실정노동법으로 된다는 것을 의미한다. 이것이 오늘날 우리나라 기업 내에 일반화되어 있는 취업규칙만능현상이다. 취업규칙은 마치 사업 또는 사업장의 최고법, 이를테면 「기업노동헌법」과 같이 군림하고 있다.[1)]

우리 기업에서 취업규칙이 노동헌법화하고 있는 역사적인 원인을 생각해보면,

---

1) 이와 관련해서 우리나라 취업규칙의 운영실태에 대한 실증적 연구에 관해서는, 김성환/이상덕/김정한, 『취업규칙의 분석』, 한국노동연구원, 1993 참조.

우리나라가 일본을 모델로 해서 경제사회를 근대화하면서 생긴 결과라고 단언할 수 있을 것 같다. 일본에 있어 취업규칙법의 역사적인 전개상황을 보면, 19세기 말에서 20세기 초반 일본의 명치(明治)시대(1868-1912)와 대정(大正)시대(1912-1926)에 걸친 근대산업화과정에서 취업규칙제도가 도입되었는데, 취업규칙만능화현상은 고용주가 취업규칙을 단독으로 제정하도록 한 것에서 시작되었다. 그 당시의 일본에서 취업규칙은 근로자의 노동과 생활 전반을 지배했고, 근로자가 취업규칙을 위반하는 경우에는 과대한 징벌금과 체벌을 포함하는 제재조치, 그리고 해고 및 블랙리스트배포와 같은 근로자의 인격을 부정하고 생존까지 위협하는 지경에 이르렀다. 1926년 시작되는 소화(昭和)시대(1926-1989)에 이르면, 한편에서는 국제사회에 있어서 일본의 국가적 위신을 감안하고, 다른 한편에서는 노동운동이 확대되어서 공장법시행령에 의한 감독이 시작되어서 명치시대와 대정시대에서와 같은 취업규칙에 기한 근로자에 대한 사용자의 전제적 지배는 약간 희석화되는 듯했다. 제2차 세계대전 중 외국인 포로를 포함하는 강제노동에 있어서 사용자의 만행은 일시적으로 부활하였지만, 일본파시즘체제가 제2차 세계대전에서 패배하여 아메리카합중국의 점령 하에 민주주의의 신헌법체제가 성립하고 전쟁으로 억압되었던 노동운동이 고양되면서 제2차 세계대전 이전과의 달리 취업규칙의 만능적인 지배현상은 일시적으로 약화되었다. 그러나 아메리카합중국 점령군의 압박도 있었고, 그것을 등에 업은 일본 자본세력이 개인주의적인 아메리카합중국식 협약체제를 지지하면서 노동운동에 대한 반격하기 시작하였던 1950년대 초부터 아메리카합중국식 협약체제가 새로이 과거의 일본적 취업규칙체제와 합체하여 일본 노동기준법에는 사용자가 일방적으로 작성하는 취업규칙에 대한 형식적인 행정적 감독만을 인정하는 취업규칙법제가 도입되는 등 우여곡절을 낳았다. 노동조합의 기업별조직형태에 기반으로 하는 노동조합법상 단체협약체제와 사용자의 단독작성을 인정하는 노동기준법상 취업규칙제도가 기업내 노사관계의 기반으로 되면서, 취업규칙은 단체협약보다도 더 현실감을 띤 기업(사업장)내 헌법이라고 할 수 있는 지위를 차지하게 되었다. 이러한 일본의 상황은 오늘날에 거의 그대로 유지되고 있으며, 취업규칙의 법적 지위는 1980년대 신자유주의가 등장하면서 더욱더 강화되어 가고 있다고 말할 수 있을지도 모르겠다.[2)]

---

2) 이와 관련한 일본 근대 및 현대노동법제의 형성 및 변화과정에 관해서는 矢野達雄, 『近代日本の勞働法と國家』, 成文堂, 1993; 藤本武, 『勞働運動と勞働立法』, 新日本出版社, 1988; 田村讓, 『日本勞働法史論』, 御茶の水書房, 1984 등 참조. 그 외 일본노동운동사에 관해서는 元井久夫(편저), 『新版 日本勞働運動史』, 勞務行政硏究所, 1983 참조.

1945년 한반도는 일본식민지지배에서 벗어났지만, 우리나라의 제도나 법률의 운영에 있어서는 일본으로부터 완전히 벗어났다고 말하기 어려울 것 같다. 우리나라 거의 모든 법제에서와 같이 노동법분야도 일본법제를 거의 그대로 복제하고 있다고 해도 과언이 아닐 것이다. 특히 1960년대 이후 수십년간 지속되었던 군사독재 하에서 경제개발이라는 국가지상적인 과제를 달성하기 위해 경제적 효율성을 앞세운 자본 측과 노동행정관료들의 협력(또는 협착)에 의해 노동운동이 억압되었고, 기업 단위에서 취업규칙의 노동헌법화현상은 극에 달하게 되었다. 이것은 제헌헌법이 예상했던 우리나라의 노동법체제를 완전히 붕괴시키는 결과를 초래했다.[3] 1980년대 후반부터 정치적으로 민주화가 진행되었지만, 경제민주화의 원동력인 노동운동이 활성화되지 못하여 취업규칙의 기업헌법화현상은 거의 제어되지 못했다. 그 후에 수차 노동법의 개정이 있었지만, 그것은 경제효율화를 위한 것이었고, 취업규칙의 만능화에 대한 제어방법으로서 근로자의 경영참가 등의 요구는 1990년 후반에는 세계화의 급류 속에 휘말리면서 거의 좌절되고 말았다. 또 한국사회 전체가 지난 반세기 동안 경제제일주의를 내세우면서 국가권력의 비호 하에 성장한 재벌 등 자본세력에 의해 완전히 포위되어 있는 현상황에서 장래의 상황이 어떻게 변화될 수 있을지 예단할 수 없지만, 취업규칙의 노동헌법화를 억제하기에는 근로기준법상의 취업규칙법제가 너무나 애매하고 노동운동에 대한 노동조합및노동관계조정법에 의한 과도한 규제로 말미암아 노동세력이 정치적으로 조직되지 못해서 작금의 정치적 상황에서 노동관계법령의 개정을 요구하고 있지만 그 파급효과는 거의 미미할 것 같다. 그래서 향후 우리나라 노동법제는 현재 거의 확립되어 있다시피 한 취업규칙의 노동헌법화경향을 억제하기보다는 오히려 더욱 더 촉진할 기미마저 보인다.

그런데 우리나라에 있어 취업규칙의 「기업노동헌법화」의 보다 직접적인 원인에는 집단적 근로관계의 실태와 근로기준법상의 취업규칙제도에 대한 기본적 인식 및 그 해석·운용에 있어서 다음과 같은 두 개의 근원적인 오해가 깊게 연관되어 있다고 말할 수 있을 것 같다.

첫째, 취업규칙의 기업노동헌법화는 노동조합의 조직, 운동방향 등과 밀접한 관계가 있다. 그것은 우리나라 개별기업 차원의 집단적 노사관계가 국가권력에 의해 노동조합의 조직이 기업내 조직형태로 강제되어서 그것이 현재 거의 고착되어

3) 이와 관련하여 근로자의 단결자유와 이익균점권을 보장하였던 제헌헌법 제18조를 상기하라. 그리고 한국노동헌법에 관한 자세한 내용은 강희원, 『노동헌법론』, 법영사, 2011, 281면 이하 참조.

버렸기 때문에 근로자들이 단결에 의한 성과로서의 단체협약을 곧바로 사용자에 대해 취업규칙으로 인정하게 하거나 그렇지 않으면 단체협약을 전제로 해서 이것을 구체화하는 취업규칙을 마련하게 하기보다는 오히려 사용자가 일방적으로 만든 취업규칙을 현실적인 기준으로 해서 단체협약을 체결하고자 하는 개별기업 정규직근로자의 「노동조합」운동에서 비롯되었다고 하겠다. 우리나라 근로자들은 단체협약이 산별 또는 전국적인 노동조합운동의 「성과」가 아니라 개별기업의 노무대책의 테두리 내에서만 이루어질 수 있다고 인식하고, 개별기업차원에 국한시켜 단체협약을 체결하고자 진력하고자 하는 잘못된 인식을 가지고 있다.

둘째, 취업규칙이 기업헌법 또는 노동헌법으로 군림하게 된 것에 위 첫째의 사정 외에 지금까지의 노동법이론도 기여하였다는 비판을 면치 못할 것이다. 경제개발에 동원된 행정, 사법이 사용자가 일방적으로 만든 취업규칙을 기업노동헌법으로 묵인하는 것은 수긍이 간다고 할 수 있지만, 노동행정과 사법을 비판하고 감시해야 할 노동법이론조차 이것을 묵인하고 방조했다는 것은 이해할 수 없다. 취업규칙에 관한 학설은 노동보호의 근간법인 근로기준법이 노동보호를 위한 제도로서 취업규칙제도를 입법화했음에도 이러한 제도적 취지를 무시한 채, 취업규칙이 성립되는 과정 및 개별계약에 대한 취업규칙의 효력(개별근로자에 대한 구속성), 특히 취업규칙상의 징계위원회의 구성, 그 운영과 절차 및 징계사유의 신설 및 변경 그리고 그 해석·적용 등의 취업규칙내용에 대해 근로자의 집단적인 반대가 있어도 특별히 단체협약에서 취업규칙내용과 다른 정함을 확립하지 않는 한 취업규칙내용이 근로계약내용으로 화체된다는 것을 인정하는 것 같다.

위 두 가지의 원인 중에서 첫째가 노동현장의 행태적인 원인이라고 말한다면, 둘째는 위 첫째의 행태적인 원인을 당연한 귀결로 보면서 그것을 노동법이론적으로 정당화해주고 있다고 말할 수 있다. 그런데 취업규칙법이론이 실정노동법률과 정합적일 수 있는가를 생각해볼 때, 의아한 생각을 하지 않을 수 없다. 사실 취업규칙제도는 우리나라 노동보호법의 근간(根幹)인 근로기준법의 딜레마이다. 하지만 근로기준법상의 취업규칙에 관한 지금까지의 논의상황을 보면, 그것에 대한 이론적 논의결과는 "노동법학의 스캔달(ein Arbeitsrechtsdogmatische Skandal)"이라고도 말하더라도 결코 지나치지 않을 정도로 노동보호법의 이념과는 거리가 멀다. 왜냐하면 지금까지의 학설 및 판례는 현행 근로기준법상의 취업규칙제도를 사업주가 거래의 편의를 위해서 일방적으로 만드는 보통거래약관과 동렬에 놓으면서 노동보호제도가 아니라 이를테면 자본보호제도로 변질시켜놓았기 때문이다. 무슨 말인

고 하니, 현재의 학설과 판례에 따르면, 현행 근로기준법이 사용자가 일방적으로 취업규칙을 제정할 수 있는 권한을 가지고 있다는 것을 공인하고 있는 것이 되기 때문이다. 이러한 현재의 논의결과가 과연 타당한가라는 것이다. 과연 우리 근로기준법이 근로계약의 일방당사자에 불과한 사용자에게 그 타방당사자를 구속하는 취업규칙의 제정권을 부여하고 있다고 말할 수 있는가? 근로기준법이 사용자에게 취업규칙작성권을 부여하였다고 하면서 취업규칙의 법규적 효력의 근거를 근로기준법 제97조에서 찾으려고 하는 이른바 근로기준법수권설과 같은 주장이 노동보호법인 근로기준법의 성격과 부합할 수 있는가? 더 근본적으로 나아가서, 이른바 계약설과 법규범설이라고 하는 학설이 취업규칙의 법적 성질에 관한 논의로서 올바르게 설정되어 있다고 말할 수 있는가? 이들 학설은 어떠한 규범적 목적에 기여하려고 하는지?

이렇듯 근로기준법이 상정하고 있는 취업규칙법제에 대한 논의에 대해서는 근본적인 의문이 제기된다. 근로기준법상 취업규칙제도가 근로기준법 제정 이전부터 존재해왔던 사용자의 취업규칙제정권을 법인(法認)하고 그것에 대한 약간의 규제를 가하는 제도인가, 그렇지 않으면 과거부터 취업규칙이라는 것이 있었다고 하더라도 그것을 그대로 법인하는 것이 아니라 근로기준법에 의해서 비로소 창설되는 새로운 제도인가라는 것이다. 근로기준법이 노동보호법으로서 가지고 있는 사회법적 성격에 입각해서 생각할 때, 아래에서 논증하게 되겠지만 우선 결론부터 말하면, 취업규칙제도는 근로기준법에 의해서 비로소 창설되는 새로운 제도라고 보아야 할 것이다. 그렇다면 취업규칙의 개념, 내용, 효력 등도 근로기준법의 성격에 부합되게 새롭게 재구성되어야 할 것이다. 그럼에도 불구하고 학설과 판례는 마치 근로기준법이 기업 내에서 사용자지배의 상징이었던 취업규칙을 그대로 법인(法認)하고 있다는 듯이 취업규칙제도를 이해하고 그것을 전제로 해서 논의를 전개하고 있다. 근로기준법의 입법자에게도 문제가 있다. 근로기준법에는 근로기준법 자체의 취업규칙이 무엇인지에 대해서는 최소한의 정의규정은 마련해야 했었다. 그런데 근로기준법은 취업규칙에 대한 구체적인 정의규정을 두고 있지 않다. 다른 한편에서 생각해볼 때, 어쩌면 취업규칙에 대한 정의규정을 두지 않았던 것은 취업규칙에 관한 법리형성을 개방해두려고 했는지도 모른다. 오히려 이러한 태도가 더 현명하다고 말할 수 있겠다.

그렇지만 현행 근로기준법상 취업규칙법제를 어떻게 이해해야 하고, 어떻게 취업규칙의 개념을 규정하는 것이 노동보호법인 현행 근로기준법에 부합하며, 그리고 이들 문제에 올바르게 답하기 위해서 어디에서 이론적 실마리를 찾아야 하는가는 취업규칙법론의 정립에 있어 가장 기본적인 문제이다. 바로 여기에서 취업규칙법에 관한 논의가 출발해야 한다고 생각한다. 위와 같은 기본적인 인식 하에 필자는 취업규칙법론을 재구성하기 위한 단초로서 우선 취업규칙의 개념에 대한 논의를 시작하고, 이것을 단초로 해서 취업규칙법론의 새로운 전개방향을 제시하려고 한다.

Ⅱ. 「취업 "규칙"」이라는 용어

1. 1953년 근로기준법에서 처음으로 등장했던 용어 「취업규칙」

우리나라에서 "취업규칙"이라는 용어가 언제부터 사용되었는지에 관해서 단언할 수는 없다. 법률용어사(史)를 면밀하게 검토하면 정확하게 밝혀낼 수도 있지만, 아마 우리나라에서 1953년 근로기준법을 제정하면서 정식으로 법률용어로서 도입된 것이 아닌가 추측해 본다. 1953년 5월 10일 법률 제286호로 제정된 근로기준법은 근로자(제14조), 사용자(제15조), 근로(제16조), 근로계약(제17조), 임금(제18조), 평균임금(제19조) 등에 관해서는 개별적인 정의규정을 두었으며, 이들 정의규정은 현행 근로기준법에서도 조문의 형식이나 위치만 바뀌었을 뿐 그 정의내용은 거의 그대로 유지 계승되어 있다(현행 근로기준법 제2조 제1항 제1호 내지 제6호). 그런데 노동보호법인 근로기준법은 다른 어떠한 법률에서도 정의규정이 없는 취업규칙이라는 용어를 처음으로 사용하였고, 그것도 근로기준법의 입법목적을 구체화하기 위해 "취업규칙"이라는 제목의 제9장(章)을 별도로 두면서 노동보호제도로서 취업규칙제도를 신설하였는데, 어찌된 영문인지는 구체적으로 알 수 없지만, 지금까지 기업사회에서 사실상 존재하고 있었던 취업규칙의 개념을 그대로 수용한다면 근로기준법의 입법목적을 달성할 수 없음에도 불구하고, 그것을 그대로 법인이라도 하듯이 취업규칙이 무엇인가에 대해 아무런 정의규정을 두고 있지 않았다.

우리 근로기준법에 취업규칙에 관한 정의규정을 별도로 두지 않았던 이유는 아마 일본노동기준법에 취업규칙에 관한 정의규정이 없었기 때문이 아닌가 생각해 본다. 역사적으로 볼 때, 일본에서는 19세기 말 산업화과정 초기에 유럽법제 특히 프로이센제국을 모방하여 초보적인 노동관련법령이 입법화되기 시작하였는데, 그러한 입법과정의 초기에는 "직공규칙", "직공규정" 및 "취업규칙"이라는 용어가 혼용되었다. 특히 이러한 법제들을 총결산하는 일본공장법이 20세기 중반에 시행되었고, 여기에 취업규칙이라는 용어가 단일 법률용어로 채택되었다. 그리고 제2차 대전 후인 1947년 제정된 일본노동기준법이 그 이전의 공장법에서 사용되었던 "취업규칙"이라는 용어를 그대로 계수하여 사용하였다. 1953년 우리 근로기준법은 1947년 일본노동기준법을 거의 그대로 수입하다 보니, "취업규칙"이라는 용어를 우리 근로기준법에도 그대로 사용하게 된 것이라고 추측한다. 일본노동기준법에 취업규칙이라는 용어에 대한 정의규정이 없듯이 우리 근로기준법에도 없다. 아니, 일본노동기준법에 취업규칙에 관한 용어정의규정이 없었기 때문에 우리 근로기준법에도 두지 않았다고 보는 것이 옳을 것 같다.

2. 「취업규칙」에 해당하는 외국의 용어

취업규칙의 개념문제에 들어가기에 앞서, 근로기준법상의 취업규칙에 해당하는 용어가 자본주의선진국인 유럽제국에서 어떻게 표현되었는지는 살펴보기로 한다. 유나이티드 킹덤에서는 우리말 취업규칙에 해당하는 용어가 code of factory discipline,[4] rule(s) of employment, conditions of employment, work rule 등 다양하게 나타나며, 개별사례의 처리를 둘러싼 분쟁은 많지만 입법상 및 이론상의 체계화는 되어 있지 않은 것 같다.

취업규칙에 해당하는 도이치어표현은 시대의 추이에 따라 법제도상의 차이도 있고, 다른 국가의 용어들보다 한층 더 다양했던 것 같다. 스위스, 오스트리아, 도이칠란트에 있어서 Hausordnung, Fabrikordnung, Werkstättenordnung, Arbeitsordnung,[5] Dienstordnung, Disziplinarordnung 외, Dienstvorschrift(사업장내 전종업원평의회법 BRG 1920년 제78조 등)나 Betriebsordnung(나치스노동법)이 있다. 그래서 잉글랜드 공장법의

4) 이것을 마르크스는 Fabrikcodex라고 표현했던 것 같고, 엥겔스는 Fabrikregulation로 사용했던 것 같다.

5) 스위스의 1877년 공장법은 근로자의 행태(Verhalten des Arbeiter während der Arbeit)에 관한 규정을 Arbeitsordnung이라고 하였는데, 이 용어는 Fabrikordnung, Dienstordnung, Werkstättenordnung, Hausordnung 등이라는 것을 강조하는 것으로서 계약설이 아직 무너지지 않았던 때이다. 그러므로 Arbeitsordnung이란 취로질서규정(就勞秩序規程, Disziplinarordnung)을 의미한다. 그래서 K. Lärmer와 같은 동부도이칠란트(DDR)의 노동법사가들은 우리가 통상 사용하는 취업규칙이나 취업규정이라는 규범 자체보다 국가가 제정하는 노동법률을 포함해서 노동관련 규범 전체를 지칭하는 의미로 Arbeitsordnung라는 말을 사용하고 있다. K. Lärmer, Vom Arbeitszwang zur Zwangsarbeit, Berlin, 1961 참조.

code of factory discipline에 대한 도이취어의 번역도 한결 같지 않았던 것 같다.

프랑스[6]에서 취업규칙에 해당하는 표현은 réglement d'atelier, d'usine 등이 있다. 1789년 프랑스 혁명시에 일편의 말조차 없었지만, 취업규칙법제와 무관하지 않다고 볼 수 있는 공장감독에 관한 공장법안이 1801년에 작성되었는데, 자본측 즉 부르조아지의 자유의 분위기에서 빛을 보지 못하고 문자 그대로 법안으로 끝나고 말았다. 이러한 종류의 보호법적 「통일공장법」이라고 할 수 있는 입법은 오스트리아, 벨기에뿐만 아니라 도이칠란트보다도 뒤처져있었으며, 1892년이 되어서야 비로소 등장했는데, 취업규칙에 대한 법적 평가는 시민적 계약의 대량처리를 위한 계약조건으로 보고 계약법리를 기반으로 한 부합계약(Contrat d'adhésion)론에 의해서 취업규칙의 문제가 해결되고 있는 듯하다.[7]

3. 왜 취업 "규칙"인가?

「취업규칙」의 법적 개념을 본격적으로 논의하기에 앞서서「취업규칙」이라는 용어에 있어서 "규칙"이라는 표현이 이미 예사롭지 않게 보인다. 오늘날 우리가 사용하고 있는 대부분의 서양법률용어는 19세기말에 일본의 관료법학자들이 번역·조어하였던 것이라고 할 수 있는데, 취업규칙이라는 용어도 그 중의 하나라고 하겠다. 일본사람들이 19세기 말 내지 20세기 중후반에 걸쳐 특히 도이칠란트의 노동법제를 계수하면서 도이치어 "Arbeitsordnung"을 번역·조어한 것으로 추정된다.[8] 도이치어 "Ordnung"은 "규칙" 또는 "법규"를 의미하는데 Arbeitsordnung을 "작업규

---

6) 프랑스혁명 직후의 르 샤프리에(Loi de Le Chapelier)법 및 그 후의 프랑스 형법전에 전형적으로 표현되어 있듯이 프랑스혁명은 부르조아지를 위한 혁명이었다. 그 성과로서 시민법학자들이 격상해 마지않은 프랑스민법전(Code civil)은 로마법에 충실하게 노동계약에 대해서는 임대차라는 규정뿐이었고, 여성 및 연소자보호에 관한 법은 잉글랜드를 모델로 하였지만 잉글랜드보다 훨씬 뒤처졌다.

7) 부합계약은 프랑스민법 상법학과 판례에 의해 창설된 것이고 지배적인 것으로 받아들여지는, 프랑스적인, 말하자면 묘한 용법이라고 할 수 있다. 다만 이 발상의 도이치 학설상에 대한 영향은 크다고 말하기 어렵다. 19세기에 도이치 판례에는 이것과 유사한 이론구성이 등장한다. 이 현상이 위의 프랑스의 영향인가, 그렇지 않으면 프랑스이론과 같은 발상과 기법으로써 판단한 결과를 보여주었던 것인가는 단정할 수 없다.

8) 명치 31(1898)년 10월 일본공장법안에는 "취업규칙"이라는 용어가 등장하지 않으나, 그 후 대정 15년 6월에 제정되어 동년 7월 1일 시행되었던 일본공장법 시행령 제27조의 제4항에는 "취업규칙"이라는 용어가 등장한다. 위 공장법 시행령은 프로이센 1891년 개정 영업법(Gewerbeordnung für Deutsche Reich) 제134조a~h를 모델로 삼았던 것 같다. 1891년 개정 영업법 제134조a는 "Arbeitsordnung"이라는 용어를 사용하고 있다.

칙"이나 "노동규칙"으로 번역하지 않고 "취업규칙(就業規則)"으로 번역하였다. 취업규칙이라는 용어에서 중요한 것은 "취업"이 아니라 "규칙"이라는 표현이라고 하겠다.

"규칙"이라는 말을 우리말사전에서 찾아보면 "다 함께 지키기로 정한 사항이나 법칙", "경계하여 타이름"이라고 정의하고 있고,[9] 법률용어사전을 찾아보면 "명령의 일종", 즉 "헌법이나 법률에 근거하여 정립되는 성문법의 한 형식"이라고 정의하고 있다.[10] 헌법에 의해 그 제정이 인정되는 규칙으로서는 국회규칙·대법원규칙·헌법재판소규칙·중앙선거관리위원회규칙 등이 있고, 법률에 의해 그 제정이 인정되는 규칙으로서는 감사원규칙·자치규칙·교육규칙·노동위원회규칙·공정거래위원회규칙 등이 있다. 그리고 헌법 또는 법률의 근거가 없더라도 행정기관이 행정목적의 달성을 위해 필요한 한도 내에서 직권으로 제정할 수 있는 행정입법(行政立法)으로서의 행정규칙이 있다. 그리고 법률용어사전은 "규칙은 헌법과 법률의 하위규범이므로 헌법과 법률에 위반되는 내용을 규율할 수 없으며, 자치규칙이나 교육규칙은 당해 자치단체 조례(條例)의 범위 내에서 제정되어야 하고, 행정규칙은 일반 국민의 권리·의무에 관한 법규사항(法規事項)을 포함할 수 없다"는 취지도 분명히 하고 있다.

취업규칙이라는 용어에서 "규칙"이라는 말에 대한 사전적 정의(辭典的 定義)가 시사하는 바가 매우 크다. 즉 "규칙"에 대한 위와 같은 일반국어사전적 개념정의나 법률학용어사전적 용어정의에 의하면, 특정 사인(私人)이 일방적으로 "규칙"을 작성할 수는 없다는 것이 분명하다. 그럼에도 불구하고 어떻게 해서 노동보호의 근간법인 근로기준법은 사용자가 취업에 관해서 일방적으로 만든 사항에 대해 취업"규칙"이라는 말을 사용하면서 그 법적 의미를 부여하게 되었을까? 여기에서부터 의문을 풀기 위한 실마리가 시작된다.

---

9) 신기철/신용철(편저), 『새우리말 큰사전(상)』 제6차 수정증보 제1판, 삼성출판사, 1985, 454면: 표제어 "규칙"

10) 김증한(책임편집위원), 『신판 법률학사전』, 법문사, 1973, 196면 및 김려수 외 7인(편집), 『신법률학사전』, 국민서관, 1976, 348쪽: 표제어 "규칙"

Ⅲ. 근로기준법과 「취업규칙」

1. 근로기준법의 용례

위에서 언급했듯이 취업규칙이라는 용어는 우리나라 노동법제의 기둥이라고 할 수 있는 근로기준법이 1953년에 제정될 때부터 핵심적인 법률용어로서 등장하였고, 그 때부터 현재까지 근로기준법에 있어서 취업규칙제도는 노동보호를 위한 근간적인 제도로서 기능하고 있다. 여기에서 현행 근로기준법상 취업규칙이라는 용어가 어떻게 사용되고 있는지를 살펴보면(근로기준법 부칙, 동법시행령 및 근로기준법의 특별법에 해당하는 개별노동보호법령들은 제외하기로 한다), 근로기준법은 제9장의 "취업규칙"이라는 제목 하에 5개 조항을 두고 있는 것 외에, 제5조와 제14조 등에서도 "취업규칙"이라는 용어를 사용하고 있다. 그러므로 취업규칙이라는 말이 우리 근로기준법에서는 모두 11개 조항에서 사용되고 있다. 이를 보다 세밀히 살펴보면, 근로기준법은 제5조, 제14조, 제17조, 제60조, 제93조 및 제95조에서 각 1회, 제51조, 제52호, 제96조 및 제97조에 각2회, 제94조에서 3회, 그리고 제9장의 제목으로서 1회까지 합한다면 취업규칙이라는 용어를 18회 사용하고 있다. 다만 근로기준법 제51조와 제52조에는 괄호 속에 "취업규칙에 준하는 것을 포함한다"라고 하여 근로기준법은 「취업규칙」과 별도로 「취업규칙에 준하는 것」 즉 "준(準)취업규칙"이 존재하고 있는 것처럼 표현하고 있다. 여기에서 무엇이 준취업규칙에 해당하는지는 의문이다. 이에 대한 논의는 뒤로 미루기로 하고, 우선 취업규칙이라는 용어를 사용하고 있는 근로기준법의 개별조항을 적시하면 다음과 같다(이하에서 밑줄은 필자가 부각을 위해 친 것임).

> 제5조(근로조건의 준수) 근로자와 사용자는 각자가 단체협약, <u>취업규칙</u>과 근로계약을 지키고 성실하게 이행할 의무가 있다.
>
> 제14조(법령 요지 등의 게시) ① 사용자는 이 법과 이 법에 따른 대통령령의 요지(要旨)와 <u>취업규칙</u>을 근로자가 자유롭게 열람할 수 있는 장소에 항상 게시하거나 갖추어 두어 근로자에게 널리 알려야 한다.
>
> 제17조(근로조건의 명시) ② 사용자는 제1항 제1호와 관련한 임금의 구성항목·계산방법·지급방법 및 제2호부터 제4호까지의 사항이 명시된 서면을 근로자에게 교

부하여야 한다. 다만, 본문에 따른 사항이 단체협약 또는 취업규칙의 변경 등 대통령령으로 정하는 사유로 인하여 변경되는 경우에는 근로자의 요구가 있으면 그 근로자에게 교부하여야 한다.

제51조(탄력적 근로시간제) ① 사용자는 취업규칙(취업규칙에 준하는 것을 포함한다)에서 정하는 바에 따라 2주 이내의 일정한 단위기간을 평균하여 1주간의 근로시간이 제50조제1항의 근로시간을 초과하지 아니하는 범위에서 특정한 주에 제50조제1항의 근로시간을, 특정한 날에 제50조제2항의 근로시간을 초과하여 근로하게 할 수 있다. 다만, 특정한 주의 근로시간은 48시간을 초과할 수 없다.

제52조(선택적 근로시간제) 사용자는 취업규칙(취업규칙에 준하는 것을 포함한다)에 따라 업무의 시작 및 종료 시각을 근로자의 결정에 맡기기로 한 근로자에 대하여 근로자대표와의 서면 합의에 따라 다음 각 호의 사항을 정하면 1개월 이내의 정산기간을 평균하여 1주 간의 근로시간이 제50조제1항의 근로시간을 초과하지 아니하는 범위에서 1주 간에 제50조제1항의 근로시간을, 1일에 제50조제2항의 근로시간을 초과하여 근로하게 할 수 있다.

1. 대상 근로자의 범위(15세 이상 18세 미만의 근로자는 제외한다)
2. 정산기간(1개월 이내의 일정한 기간으로 정하여야 한다)
3. 정산기간의 총 근로시간
4. 반드시 근로하여야 할 시간대를 정하는 경우에는 그 시작 및 종료 시각
5. 근로자가 그의 결정에 따라 근로할 수 있는 시간대를 정하는 경우에는 그 시작 및 종료 시각
6. 그 밖에 대통령령으로 정하는 사항

제60조(연차 유급휴가) ⑤ 사용자는 제1항부터 제4항까지의 규정에 따른 휴가를 근로자가 청구한 시기에 주어야 하고, 그 기간에 대하여는 취업규칙 등에서 정하는 통상임금 또는 평균임금을 지급하여야 한다. 다만, 근로자가 청구한 시기에 휴가를 주는 것이 사업 운영에 막대한 지장이 있는 경우에는 그 시기를 변경할 수 있다.

제93조 (취업규칙의 작성·신고) 상시 10명 이상의 근로자를 사용하는 사용자는 다음 각 호의 사항에 관한 취업규칙을 작성하여 고용노동부장관에게 신고하여야 한다. 이를 변경하는 경우에도 또한 같다.

1. 업무의 시작과 종료 시각, 휴게시간, 휴일, 휴가 및 교대 근로에 관한 사항
2. 임금의 결정·계산·지급 방법, 임금의 산정기간·지급시기 및 승급(昇給)에 관한 사항
3. 가족수당의 계산·지급 방법에 관한 사항
4. 퇴직에 관한 사항
5. 「근로자퇴직급여 보장법」제4조에 따라 설정된 퇴직급여, 상여 및 최저임금에 관한 사항
6. 근로자의 식비, 작업 용품 등의 부담에 관한 사항

7. 근로자를 위한 교육시설에 관한 사항
8. 출산전후휴가·육아휴직 등 근로자의 모성 보호 및 일·가정 양립 지원에 관한 사항
9. 안전과 보건에 관한 사항
9의2. 근로자의 성별·연령 또는 신체적 조건 등의 특성에 따른 사업장 환경의 개선에 관한 사항
10. 업무상과 업무 외의 재해부조(災害扶助)에 관한 사항
11. 표창과 제재에 관한 사항
12. 그 밖에 해당 사업 또는 사업장의 근로자 전체에 적용될 사항

제94조(규칙의 작성, 변경 절차) ① 사용자는 취업규칙의 작성 또는 변경에 관하여 해당 사업 또는 사업장에 근로자의 과반수로 조직된 노동조합이 있는 경우에는 그 노동조합, 근로자의 과반수로 조직된 노동조합이 없는 경우에는 근로자의 과반수의 의견을 들어야 한다. 다만, 취업규칙을 근로자에게 불리하게 변경하는 경우에는 그 동의를 받아야 한다.

② 사용자는 제93조에 따라 취업규칙을 신고할 때에는 제1항의 의견을 적은 서면을 첨부하여야 한다.

제95조(제재 규정의 제한) 취업규칙에서 근로자에 대하여 감급(減給)의 제재를 정할 경우에 그 감액은 1회의 금액이 평균임금의 1일분의 2분의 1을, 총액이 1임금지급기의 임금 총액의 10분의 1을 초과하지 못한다.

제96조(단체협약의 준수) ① 취업규칙은 법령이나 해당 사업 또는 사업장에 대하여 적용되는 단체협약과 어긋나서는 아니 된다.

② 고용노동부장관은 법령이나 단체협약에 어긋나는 취업규칙의 변경을 명할 수 있다.

제97조(위반의 효력) 취업규칙에서 정한 기준에 미달하는 근로조건을 정한 근로계약은 그 부분에 관하여는 무효로 한다. 이 경우 무효로 된 부분은 취업규칙에 정한 기준에 따른다.

2. 「취업규칙」과 「취업규칙안(案)」의 개념

1) 문제의 제기

우리나라 노동법해설서에서 근로기준법상의 취업규칙법제에 관한 부분을 보면, 그 첫머리에서 먼저 취업규칙의 개념에 대한 정의로 해설을 시작한다. 예컨대, “사용자가 다수의 개별적 근로관계를 규율함에 있어서 그 편의를 위하여 근로계약의

내용이 되는 그 법률상의 복무규정 및 직장서열에 관한 사항을 일방적으로 정해 놓은 것"[11] 또는 "사용자가 다수 근로자에 획일적으로 적용하기 위하여 그 근로조건에 관하여 설정한 준칙"[12] 또는 "사업장에서 근로자에게 적용되는 근로조건 또는 당사자가 준수하여야 할 경영규범에 관하여 사용자가 일방적으로 정한 통일적이고 획일적인 규칙"[13] 또는 "사업장내에서 직장질서와 근로조건을 집단적 획일적으로 처리하기 위하여 사용자가 일방적으로 정한 규범"[14] 또는 "사용자가 일방적으로 작성하는 규칙으로서 기업의 경영을 원활하게 운영하기 위하여 사업장의 규율을 정하고 그곳에 취업하는 근로자의 근로조건 및 대우 등을 정한 규칙의 총체"[15] 또는 "사업장 내 근로자의 복무규율에 관해 사용자가 작성한 규범"[16]이라고 정의하면서 사용자가 취업규칙을 작성하고, 취업규칙의 제정(작성)권이 사용자에게 있다는 것을 당연한 전제로 하고 있다. 이러한 사정은 일본의 경우도 동일한 것 같다.[17] 어쩌면 일본의 논의방식을 우리 학계가 그대로 받아 들였기 때문인지도 모른다.

그런데 이와 같이 근로기준법상의 취업규칙의 개념을 정의하는 것이 과연 타당한가? 다시 말하면, 취업규칙의 작성권이 사용자에게 있다는 것을 당연한 전제로 한 취업규칙의 개념정의가 과연 타당하다고 할 수 있는지? 나아가서 이른바 수권설이라는 이름으로 근로기준법이 취업규칙의 작성 (제정)권을 사용자에게 수권하였다고 하는 주장[18]과 판례[19]가 성립될 수 있는지 의문이다.[20]

또 다른 문제도 있다. 근로관계에서 근로조건의 결정과 관련하여 근로계약, 취

---

11) 김형배, 『노동법』 제21판 전면개정판, 박영사, 2012, 280면.

12) 임종률, 『노동법』 제10판, 박영사, 2012, 342면.

13) 이상윤, 『노동법』 제6판, 법문사, 2011, 348면.

14) 이병태, 『최신노동법』 제6전정판, 중앙경제사, 2005, 1020면.

15) 박홍규, 『노동법론』, 삼영사, 1995, 329면.

16) 대판 1994.5.10, 93다30181.

17) 일본 학계에 있어서 취업규칙의 개념에 관해서는 예컨대, 管野和夫, 勞動法 제7판보정판, 成文堂, 2006, 95면(이정[역], 『일본노동법』, 법문사, 2007, 107면); 片岡昪, 新版 勞動法(2)－續勞動團體法·勞動者保護法, 有斐閣, 1983, 537면; 外尾健一, 勞動法入門 제3판, 有斐閣, 1994, 216면 등 참조. 취업규칙의 성질 및 효력에 관한 학설의 정리에 관해서는 예컨대, 下井隆史, "就業規則の法的 性質", 現代勞動法講座 10: 勞動契約·就業規則, 總合勞動研究所, 1986, 274-304면; 川崎武夫, "就業規則の效力", 앞과 같은 책, 325-355면 참조.

18) 이병태, 위 같은 책, 1025면; 임종률, 위 같은 책, 344면; 심태식, 『노동법개론』, 법문사, 1989, 396면 등.

19) 대판 1977.7.26, 77다355 등.

20) 게다가 우리나라 학설이나 판례와 같이 현행 근로기준법상의 취업규칙제도를 이해하는 것이 우리 노동헌법과 정합적일 수 있는가라는 문제도 제기된다.

업규칙 및 단체협약이 실질적으로 중요한 기능을 하고 있는데, 이들 3자가 개념적으로 구별될 수 있지만, 특히 노동조합이 기업별 조직형태를 취하고 있는 기업에서는 3자가 사실상 중첩 또는 교착되어 구분할 수 없게 되는 때도 있을 수 있다. 첫째, 사용자가 근로자를 채용하는 경우에는 근로조건 등을 정한 정형적인 근로계약서를 작성해두고, 이것에 사용자와 근로자가 서명·날인하여 근로계약을 체결하는 경우에 정형근로계약서는 사실상 취업규칙과 같은 기능을 하고 있다. 그래서 위 학설과 판례와 같이 사용자의 일방적인 작성에 중점을 두면서 취업규칙의 개념을 파악한다면, 이러한 정형근로계약서는 취업규칙으로 보아야 하지 않는가라는 의문이 제기된다.[21] 둘째, 단체협약은 임금, 근로시간, 기타 근로자의 대우, 조합원의 범위, 노동조합활동을 위한 절차와 요건, 단체교섭의 절차, 쟁의행위에 관한 사항 등에 관하여 노동조합과 사용자가 체결하는 서면상의 계약형식을 말하는데, 만약 이러한 사항에 관해서 사용자와 노동조합이 합의해서 취업규칙을 만든다고 한다면 그것은 취업규칙으로 보아야 하는가, 그렇지 않으면 단체협약으로 보아야 하는가라는 문제도 있다. 이러한 규범을 취업규칙으로 보는가, 그렇지 않으면 단체협약으로 보는가는 요건, 효력 등 관련법규가 다르기 때문에 법적으로 아주 중요하다.

2) 취업규칙과 취업규칙안의 개념적 구별필요성

물론 학설과 판례에 있어서 취업규칙의 개념이 이와 같은 지경에 이르게 된 것에는 우리나라 근로기준법이, 위의 용례에서 보았듯이, "취업규칙"이라는 용어를 일률적으로 사용하고 있기 때문이다. 그러나 근로기준법의 위 각 조항이 사용하고 있는 "취업규칙"이라는 용어의 규범적인 개념내포가 동일할지는 의문이다. 노동법해설서상의 개념정의에 나타나 있듯이 취업규칙의 개념적 징표를 그 작성에 있어서 사용자의 일방성에서 찾는다면, 이러한 취업규칙 개념정의가, 첫째, 근로기준법이 기본원칙으로서 전제하고 있는 근로조건의 노사대등결정원칙(근로기준법 제4조)과 부합할 수 있는지, 둘째, 이러한 취업규칙제도가 근로기준법의 입법목적(근로기준법 제1조)을 어떻게 실현할 수 있는가라는 문제적 인식 하에 재점검되어야 한다. 좀 더 구체적으로 말한다면, 이러한 취업규칙의 개념에 의할 경우에, 사

---

21) 근로기준법에 제96조에서 말하는 취업규칙이란 반드시 취업규칙이라는 명칭을 사용할 필요도 없다고 할 것이다. 그러므로 경우에 따라서는 전형근로계약서도 근로기준법상의 취업규칙으로 취급해야 할 것이다. 대판 1997.11.28. 97다24511 참조.

용자가 작성권한을 남용하여 취업규칙을 작성한 경우에 그러한 취업규칙의 효력은 어떻게 되는가, 과연 이러한 개념정의에서 출발하는 논의방식이 노동보호법인 근로기준법의 입법취지에 어떻게 수미일관되게 정당화할 수 있는가라는 것이다. 나아가서 지금까지 우리나라 노동법학계와 판례의 이론과 같이 사용자가 자기 경영에 노무를 제공하고자 하는 근로자에게 적용될 근로조건을 일방적으로 명령하는 사용자의 지시를 취업규칙이라고 개념정의하면서, 그러한 사용자의 일방적인 행위를 노동법규범으로 승화시켜서 정당화하고 하는 취업규칙법리를 전개하고 있는 현재의 노동법적 사고가 우리 헌법 제32조 근로자의 인간으로서의 존엄성을 확보하기 위해 그 하위 법률로서 제정된 노동보호법인 근로기준법의 기본적인 취지와 부합할 수 있는지가 근본적인 의문이 제기되는 것이다. 근로기준법이 하나의 장(章)을 할애하여 취업규칙제도를 둔 것은 사용자에게 취업규칙의 일방적인 작성권한을 수권하기 위한 것이 아니다. 그것은 사업 또는 사업장에서 사용자의 일방적 작성에 의해서 근로자에 대한 사용자의 지배권의 상징이었던 종래의 취업규칙을 근로기준법상의 노동보호제도로 전환하려는데 있다. 즉 근로기준법이 근로자의 보호를 목적으로 구체적인 근로조건을 감독하기 위해 사용자에 대해 구체적인 근로조건이 될 취업규칙안(案)을 작성하여 신고하도록 한 것이다. 근로기준법 제93조는 사용자에 대해 취업규칙입안의무를 부과한 것이지, 취업규칙작성권한을 부여한 것은 아니라고 할 것이다. 그러므로 근로기준법에 있어서 취업규칙안(案)작성의무와 취업규칙안작성권한 및 취업규칙작성(제정)권은 그 규범적 의미에 있어서 분명히 다르다. 즉 취업규칙안작성의무와 취업규칙안작성권한이 구별되어야 함은 물론이고, 이들 양 개념과 취업규칙작성(제정)권은 차원을 달리하는 것이기 때문에 더더욱 명확히 구분되어야 한다. 사용자에 의해 일방적으로 작성된 취업규칙안은 근로기준법상의 소정의 절차를 거쳐 비로소 근로자보호규범인 취업규칙이 되는 것이다. 따라서 사용자가 작성하기만 하면 그것이 바로 근로기준법상의 취업규칙이 되는 것은 아니다. 사용자작성의 취업규칙안이 바로 취업규칙인 것은 아니다. 그럼에도 불구하고, 취업규칙법제에 관한 지금까지의 논의를 보면, 취업규칙안작성의무(취업규칙입안의무)와 취업규칙작성(제정)권을 혼동하였는데, 근로기준법상의 노동보호규범인 취업규칙의 개념과 사용자작성의 취업규칙안의 개념은 명백히 구별되어야 한다.

뒤에서 자세히 살펴보듯이, 근로기준법은 노동보호법이고, 노동보호법으로서 근로기준법이 일정수 이상의 근로자를 사용하는 사업 또는 사업장에 사용자에 대해 그의 발의에 기하여 노동보호규범으로서 취업규칙을 정비한 것이다. 그러므로 근로기준법의 입법취지에 부합할 수 있도록 취업규칙의 개념이 새로이 정의되어야 하고, 또 그에 맞추어 근로기준법의 관련조항도 해석·운용되어야 하는 것이 당연한 요청이라고 하겠다.

Ⅳ. 취업규칙제도에 관한 근로기준법의 기본적 구상

1. 우리나라 취업규칙법제의 연원

우리나라 취업규칙법제는 우리의 독창적인 발상인가? 그렇지 않으면 어딘가에서 수입된 것일까? 수입된 것이라면, 어디에서 왔을까? 이러한 물음과 관련해서 근로기준법상의 취업규칙관련규정을 법제도적 차원에서 제대로 평가하기 위해서 근로기준법상의 취업규칙제도를 취업규칙에 대한 단순한 행정감독법제에 한정하여 논하는 것은 타당하지 않고, 근로기준법상의 취업규칙제도의 연원으로 거슬러 올라가 비교법적 차원에서 간략하게나마 취업규칙(관련)법제를 고찰하는 것도 필요하다.[22)]

본래 취업규칙제도는 유럽에서 계약자유가 풍미했던 산업자본주의 초기에 노동현장에 등장하였다. 이것은 고용주가 임의로 다수의 근로자를 동일공간에 사용하고자 하는 경우를 위한 것으로서 고용주가 원하는 바에 따라 최대한의 생산 및 영업 효과를 올릴 수 있도록 근로조건이나 노동직제를 만들어 계속적으로 노동하도록 하는 데에 반드시 필요하고 또 근로자에 대해 고용주의 명령이나 원망을 사전에 체계적으로 규범화할 수 있는 방식이기도 하다. 16, 17세기 유럽에서 해외무역 그리고 18세기 이후부터 기술축적에 의한 산업혁명에 힘입어 부(富)를 축적한 시민계급의 혁명에 의해 신분질서가 무너지자, 토지에 신분적으로 구속되어 있던

---

22) 아래의 개설적인 내용은 Frank Deppe u.a.(Hrsg.), Geschichte der Deutschen Gewerkschaftsbewegung, Köln, 1977; Volker Hentschel, Geschichte der deutschen Sozialpolitik, 1880-1980; Soziale Sicherung und kollektives Arbeitsrecht, Frankfurt a.M. 1983; Thilo Ramm(Hrsg.), Arbeitsrecht und Politik 1918-1933, Neuwied/Berlin, 1966; Wihlm Ebel, Quellen zur Geschte des deutschen Arbeitsrechts, Göttingen/Berlin/Frankfurt, 1964 및 西谷敏, トイツ勞働法思想史論－集團的 勞動法における 個人 團體 國家－, 日本評論社, 1987; 片岡曻, 英國勞働法理史 재판, 有斐閣, 1969 등을 참조해서 썼다.

농노들은 해방되어「이중적으로 자유로운 근로자」가 되었다. 잉글랜드를 비롯해서 유럽각국의 산업도시를 중심으로 공업화가 시작되면서 공장이나 작업장에서는 근로자를 모집·수용하여 노동력을 집단적으로 이용했기 때문에 잉글랜드에서는 물론이고, 도이칠란트에서도 자본측은 근로조건을 획정하는 등 노무관리를 위해 현실적으로 취업규칙을 제정할 필요성에 직면하였다.

공장근로자에 대한 근대적 의미에 있어서 취업규칙은 18세기 중엽 잉글랜드 방적 산업분야에서 등장했다고 하는데,[23] 근대적 의미에 있어서 「자유로운 근로자」는 취업규칙의 내용(당초 제정의 내용 및 변경내용)을 때로는 그 존재조차 알지 못한 채 근로계약관계에 들어가 직무를 할당받아서 그것이 근로계약의 내용이 되었다는 이유로 엄청나게 혹사당하였다. 취로(노동)과정에서의 어떠한 실태에 대해서는 사용자의 이익을 위협하는 근로자의 반항이나 정치적·사회적 집단행동을 시도하거나 이러한 행동을 지지하는 사상·신조에 어떻게든 연관되기만 하면, 취업규칙에 정해져 있지 않더라도, 경우에 따라서는 사용자는 징계(기업 사업장에서 배제되게 하는 것이면 「징계해고」) 조치를 하고, 「비용감축」이 당면적인 목표인 경우에는 감급(「벌금」)조치가 취해졌다. 그렇지만 사용자의 이러한 조치는 자본주의의 국가와 법으로서는 또는 개인의 자유·독립의 이데올로기로서는 용인·방치되어야 했다. 그러므로 취업규칙은 형식적으로는 국가의 법과 행정으로부터 독립한 기업 또는 사업장이라는 소(小)사회 내에서의 사용자의 「자주법」이었다.

고용주가 사전에 취업규칙을 갖추고 있는 경우에는 노사 간에 분쟁이 생겨 재판으로 비화되더라도, 근로자는 스스로 자유의사에 기하여 근로계약을 체결했기 때문에 고용주가 제시한 취업규칙을 「준수해야 한다」는 것으로 결론이 날 수 있다. 근로자가 취업규칙을 준수하지 않을 경우에 고용주가 취업규칙에 정하고 있는 제재(징계)를 한다면, 그것은 근로계약상 당연한 귀결이다. 이러한 경우에 취업규칙은 근로자가 고용주에게 노동력을 제공할 때 준수해야 하는 구체적인 사항을 사전에 규정해 놓았다고 하기보다는 대개는 고용주의 지시에 따르지 않을 경우 등과 같이 추상적으로 규정하기 때문에 고용주에게 이익이 되는 방향으로만 기능한다. 그래서 취업규칙에 대한 법적 규제가 있다고 하더라도 법원도 사용자의 그러한 조치가 합법적이라고 판단할 수밖에 없다.

그러나 이러한 종류의 자본주의 자의가 다음 세대를 담당하는 자본에 봉사하도

23) 방적기계의 발명자인 리처드 아크라이트(Richard Arkwright, 1732-1792)가 생산성 향상을 목적으로 공장근로자를 조직화하기 위해서 취업규칙을 처음으로 제정하여 사용했다는 보고가 있다.

록 예정되어 있는 연소자와 여성의 신체를 훼손하기 시작했던 19세기 중엽에 이르면서, 다양한 사회적 동인(動因)들로부터 국가 즉 총(總)자본의 입장에서 보더라도 개별자본(기업 사업장)에 대해 다음세대의 노동력마멸을 제한할 수밖에 없었다. 그렇지 않으면 다음세대의 자본이 마음대로 처분할 수 있는 미래의 노동력이 고갈되기 때문이다. 그래서 그 당시 미래를 생각하는 총자본측의 선각적인 지배권력은 장래에 노동력의 고갈을 방지하기 위해서, 마치 오늘날 장래에도 계속적으로 생선을 먹기 위해 새끼물고기와 어린 어패류를 법적으로 보호해서 포획을 제한하듯이, 그 당시 광산법, 공장법 그리고 총자본, 즉 국가권력의 지배하의 제한된 범위 내에서 노무관리에 대한 근로자참가를 인정하여 개별 자본을 규제하려는 입법적인 시도가 등장하게 되었다. 이러한 시도는 공장보다도 광산업이 선행하였던 경우나 국가나 지방에서 가장 먼저 있었다. 왜냐하면 광산업은 국가의 관리 하에서 특권을 부여받은 산속의 폐쇄사회였기 때문에 이러한 특별한 상황 속에서 연소자나 여성을 혹사하여 그 폐해가 극에 달하였기 때문이다. 잉글랜드에 있어서 연소자나 여성에 대한 자본의 착취가 방치 또는 용인되고 있었던 상황에 대해 엥겔스(Friedrich Engels)는 그의 저서 『잉글랜드 근로자 계급의 상태(Die Lage der arbeitenden Klasse in England, 1845)』에서 신랄하게 비판하고 있다.[24] 기업 내에서 취업규칙에 의한 사용자의 지배에 대한 규제는 18세기 초기 잉글랜드에서와 같이 방치 및 용인하는 방식에서 서서히 유럽대륙국가에서와 같이 법 및 행정에 의한 국가적 개입 및 규제의 방식으로 전환되었는데, 이러한 국가적 규제방식은 프로이센 1834년·1835년 공장아동노동법 및 1845년 일반영업법,[25] 바이에른 1840년·1854년의 영업법(GWO: Gewerbeordnung) 및 오스트리아제국의 광산에 대한 1854년의 일반광산법을 효시로 한 광업 또는 영업 일반에 대한 1859년 영업법, 그리고 오스트리아제국 1885년 및 1894년 개정 영업법에 의해 집대성되었다.

---

24) Friedrich Engels, Lage der arbeitenden Klasse in England. Leipzig 1845, MEW. Dietz, Berlin 1972. Band 2. S. 225-506.

25) Allgemeine Gewerbeordnung, vom 17. Januar 1945, Gesetz-Sammelung für die Königlichen Preußischen Staaten, 1845, S. 41ff. 그의 제정작업은 1826년에 시작하여 10년간 계속되었는데, 모든 쭌프트제를 폐지하고, 영업의 자유를 프로이센 전영토에 확립하고자 하려는 것이 목적이었으나 현실은 그렇지 못했다. 그것은 한편에 있어서는 낡은 쭌프트제도의 폐지와 영업의 자유·계약의 자유를 전제로 하였으나 절대주의적 경찰국가사상을 전제로 하고 있다. 그래서 그것은 문자 그대로 근로자의 모든 단결을 전면적·일률적으로 금지하였을 뿐만 아니라 Koalition의 금지·집회·결사의 제한, 무단휴업(계약위반)의 처벌이라는 기능적으로 중복될 수 있는 3종류의 규정에 의해 논리정합성을 희생하면서까지 주도한 억압체제를 구축하였던 점에 그 특징이 있다.

우리나라 근로기준법상의 취업규칙법제는 일본의 1949년 노동기준법상의 그것을 거의 그대로 계수했다. 그 역사적 연원을 거슬러 올라가면, 일본노동기준법 그리고 일본공장법을 지나서 도이칠란트의 영업법, 정확히 말하면 1891년 프로이센 개정영업법[26]에 도달한다.[27] 일본노동기준법상의 취업규칙법제는 일본공장법에 그 전신(前身)이 있다고 말할 수 있는데, 일본공장법의 취업규칙제도는 1891년 개정 프로이센 영업법 제134조a~h의 취업규칙제도[28]를 모델로 하였다.[29]

---

26) 프로이센 일반 영업법에 근로자의 보호를 목적으로 하는 취업규칙제도가 처음으로 도입되었던 1891년은 비스마르크체제가 붕괴하여 이른바 사회주의자진압법(Sozialistengesetz, 즉 Gesetz gegen die gemeingefährlichen Bestrebung der Sozialdemokratie, vom 19. 10. 1878, Reichsgesetzblatt Nr. 34, 1878, S. 351ff.)이 폐지되고 노동운동이 상당한 단계에 이르러 근로자계급의 요구를 어느 정도 수용하여 친근로자정책을 시행했던 도이치 제2제정(帝政)이 시작된 직후이다.

27) 한반도가 사실상 반세기 정도 일본의 지배하에 있었고, 해방된 이후에도 일본에 의해 이식된 법체제가 그대로 계속되고 있는 현재의 상황과 일본에 있어서 노동법과 그것에 관한 이론적 전개를 함께 생각하는 한편, 일본노동법 및 노동법학이 도이치노동법 및 노동법학으로부터 많은 영향을 받았다는 점을 생각할 때, 도이치노동법 및 노동법학의 발전과정 전체의 객관적인 분석 그 자체가 우리나라 노동법제의 본래적인 규범적 의미를 음미하는 데에도 귀중한 시사를 얻을 수 있을 것이라는 것은 부정할 수 없다. 이것은 취업규칙법론에 있어서도 마찬가지라고 생각한다.

28) 프로이센 제국(reich) 1891년 개정 영업법의 제134조a~h의 도이치어 원문은 다음과 같고, 번역은 필자가 직접 했으며, 일부는 요지만 적었다.

[원문]

§. 134a. Für jede Fabrik, in welcher in der Regel mindestens zwanzig Arbeiter beschäftigt werden, ist innerhalb vier Wochen nach Inkrafttreten dieses Gesetzes oder nach der Eröffnung des Betriebes eine Arbeitsordnung zu erlassen. Für die einzelnen Abtheilungen des Betriebes oder für die einzelnen Gruppen der Arbeiter können besondere Arbeitsordnungen erlassen werden. Der Erlaß erfolgt durch Aushang (§. 134e Absatz 2).

Die Arbeitsordnung muß den Zeitpunkt, mit welchem sie in Wirksamkeit treten soll, angeben und von demjenigen, welcher sie erläßt, unter Angabe des Datums unterzeichnet sein.

Abänderungen ihres Inhalts können nur durch den Erlaß von Nachträgen oder in der Weise erfolgen, daß an Stelle der bestehenden eine neue Arbeitsordnung erlassen wird. Die Arbeitsordnungen und Nachträge zu denselben treten frühestens zwei Wochen nach ihrem Erlaß in Geltung.

§. 134b. Die Arbeitsordnung muß Bestimmungen enthalten:

1. über Anfang und Ende der regelmäßigen täglichen Arbeitszeit, sowie der für die erwachsenen Arbeiter vorgesehenen Pausen;
2. über Zeit und Art der Abrechnung und Lohnzahlung;
3. sofern es nicht bei den gesetzlichen Bestimmungen bewenden soll, über die Frist der zulässigen Aufkündigung, sowie über die Gründe, aus welchen die Entlassung und der Austritt aus der Arbeit ohne Aufkündigung erfolgen darf;
4. sofern Strafen vorgesehen werden, über die Art und Höhe derselben, über die Art ihrer Festsetzung und, wenn sie in Geld bestehen, über deren Einziehung und über den Zweck, für

welchen sie verwendet werden sollen;

5. sofern die Verwirkung von Lohnbeträgen nach Maßgabe der Bestimmung des §. 134 Absatz 2 durch Arbeitsordnung oder Arbeitsvertrag ausbedungen wird, über die Verwendung der verwirkten Beträge.

Strafbestimmungen, welche das Ehrgefühl oder die guten Sitten verletzen, dürfen in die Arbeitsordnung nicht aufgenommen werden. Geldstrafen dürfen die Hälfte des durchschnittlichen Tagesarbeitsverdienstes nicht übersteigen; jedoch können Thätlichkeiten gegen Mitarbeiter, erhebliche Verstöße gegen die guten Sitten, sowie gegen die zur Aufrechthaltung der Ordnung des Betriebes, zur Sicherung eines gefahrlosen Betriebes oder zur Durchführung der Bestimmungen der Gewerbeordnung erlassenen Vorschriften mit Geldstrafen bis zum vollen Betrage des durchschnittlichen Tagesarbeitsverdienstes belegt werden. Alle Strafgelder müssen zum Besten der Arbeiter der Fabrik verwendet werden. Das Recht des Arbeitgebers, Schadensersatz zu fordern, wird durch diese Bestimmung nicht berührt.

Dem Besitzer der Fabrik bleibt überlassen, neben den im Absatz 1 unter 1 bis 5 bezeichneten, noch weitere die Ordnung des Betriebes und das Verhalten der Arbeiter im Betriebe betreffende Bestimmungen in die Arbeitsordnung [280] aufzunehmen. Mit Zustimmung eines ständigen Arbeiterausschusses können in die Arbeitsordnung Vorschriften über das Verhalten der Arbeiter bei Benutzung der zu ihrem Besten getroffenen mit der Fabrik verbundenen Einrichtungen, sowie Vorschriften über das Verhalten der minderjährigen Arbeiter außerhalb des Betriebes aufgenommen werden.

§.134c. Der Inhalt der Arbeitsordnung ist, soweit er den Gesetzen nicht zuwiderläuft, für die Arbeitgeber und Arbeiter rechtsverbindlich.

Andere als die in der Arbeitsordnung oder in den §§. 123 und 124 vorgesehenen Gründe der Entlassung und des Austritts aus der Arbeit dürfen im Arbeitsvertrage nicht vereinbart werden. Andere als die in der Arbeitsordnung vorgesehenen Strafen dürfen über den Arbeiter nicht verhängt werden. Die Strafen müssen ohne Verzug festgesetzt und dem Arbeiter zur Kenntniß gebracht werden.

Die verhängten Geldstrafen sind in ein Verzeichniß einzutragen, welches den Namen des Bestraften, den Tag der Bestrafung, sowie den Grund und die Höhe der Strafe ergeben und auf Erfordern dem im §. 139b bezeichneten Beamten jederzeit zur Einsicht vorgelegt werden muß.

§.134d. Vor dem Erlaß der Arbeitsordnung oder eines Nachtrags zu derselben ist den in der Fabrik oder in den betreffenden Abtheilungen des Betriebes beschäftigten großjährigen Arbeitern Gelegenheit zu geben, sich über den Inhalt derselben zu äußern.

Für Fabriken, für welche ein ständiger Arbeiterausschuß besteht, wird dieser Vorschrift durch Anhörung des Ausschusses über den Inhalt der Arbeitsordnung genügt.

§.134e. Die Arbeitsordnung, sowie jeder Nachtrag zu derselben ist unter Mittheilung der seitens der Arbeiter geäußerten Bedenken, soweit die Aeußerungen schriftlich oder zu Protokoll erfolgt sind, binnen drei Tagen nach dem Erlaß in zwei Ausfertigungen unter Beifügung der Erklärung, daß und in welcher Weise der Vorschrift des §. 134d genügt ist, der unteren Verwaltungsbehörde einzureichen.

Die Arbeitsordnung ist an geeigneter, allen betheiligten Arbeitern zugänglicher Stelle auszuhängen. Der Aushang muß stets in lesbarem Zustande erhalten werden. Die Arbeitsordnung ist jedem Arbeiter bei seinem Eintritt in die Beschäftigung zu behändigen.

§.134f. Arbeitsordnungen und Nachträge zu denselben, welche nicht vorschriftsmäßig erlassen

sind, oder deren Inhalt den gesetzlichen Bestimmungen zuwiderläuft, sind auf Anordnung der unteren Verwaltungsbehörde durch gesetzmäßige Arbeitsordnungen zu ersetzen oder den gesetzlichen Vorschriften entsprechend abzuändern.
Gegen diese Anordnung findet binnen zwei Wochen die Beschwerde an die höhere Verwaltungsbehörde statt.
§.134g. Arbeitsordnungen, welche vor dem Inkrafttreten dieses Gesetzes erlassen worden sind, unterliegen den Bestimmungen der §§. 134a bis 134c, 134e Absatz 2, 134f und sind binnen vier Wochen der unteren Verwaltungsbehörde in zwei Ausfertigungen einzureichen. Auf spätere Abänderungen dieser Arbeitsordnungen und auf die seit dem 1. Januar 1891 erstmalig erlassenen Arbeitsordnungen finden die §§. 134d und 134e Absatz 1 Anwendung.
§.134h.Als ständige Arbeiterausschüsse im Sinne der §§. 134b Absatz 3 und 134d gelten nur:
1. diejenigen Vorstände der Betriebs- (Fabrik-) Krankenkassen oder anderer für die Arbeiter der Fabrik bestehender Kasseneinrichtungen, deren Mitglieder in ihrer Mehrheit von den Arbeitern aus ihrer Mitte zu wählen sind, sofern sie als ständige Arbeiterausschüsse bestellt werden;
2. die Knappschaftsältesten von Knappschaftsvereinen, welche die nicht den Bestimmungen der Berggesetze unterstehenden Betriebe eines Unternehmers umfassen, sofern sie als ständige Arbeiterausschüsse bestellt werden;
3. die bereits vor dem 1. Januar 1891 errichteten ständigen Arbeiterausschüsse, deren Mitglieder in ihrer Mehrzahl von den Arbeitern aus ihrer Mitte gewählt werden;
4. solche Vertretungen, deren Mitglieder in ihrer Mehrzahl von den volljährigen Arbeitern der Fabrik oder der betreffenden Betriebsabtheilung aus ihrer Mitte in unmittelbarer und geheimer Wahl gewählt werden. Die Wahl der Vertreter kann auch nach Arbeiterklassen oder nach besonderen Abtheilungen des Betriebes erfolgen.

[번역]
제134조a ① 20인 이상의 근로자를 사용하는 공장은 본법 시행후 또는 사업장 개설후 4주 이내에 취업규칙을 제정하여야 한다. 사업장의 각 부문 또는 근로자의 각 그룹에 대해 특별한 취업규칙을 작성할 수 있다. 작성된 취업규칙은 게시하여야 한다.
② 작성자는 발효일을 명시하고 그 일자의 표시 아래에 서명해야 한다.
③ 취업규칙의 변경은 제정에 준한다.
④ 취업규칙 및 변경부분은 그 제정 후 2주간 이상 경과하여야 발효한다.
제134조b ① 취업규칙은 다음의 사항을 포함해야 한다.
1. 시업, 종업의 시각 및 성인근로자의 휴게에 관한 것
2. 임금계산 및 지불의 시기와 방법에 관한 사항
3. 법률에 정함이 있는 경우를 제외하고, 해약신청기간 및 즉시해고 또는 퇴직의 사유에 관한 사항
4. 제재의 정함을 하는 경우에는 종류와 정도, 그것을 결정하는 방식 그리고 제재가 금전으로 하는 경우 그 징수와 징수금의 사용
5. 제134조 2항 소정의 기준에 의해 임금의 실효를 정하는 경우에 그 임금실효에 관한 것
② 명예감정 또는 선량한 풍속을 해치는 제재규정은 인정되지 않는다. 제재금액은 임금의 1일분의 반액을 초과해서는 아니지만, 제재되어야 할 행위가 동료에 대한 폭행, 선량한 풍속 또는 사업장의 질서를 현저히 침해하는 경우 혹은 사업장의 안전이나 영업법 소정 조항의 시행의 확보상의 필요가 있는 경우에는 평균임금의 1일분까지 과할 수 있다. 제재금은 모두 공장근로자의 복지에 사용되어야 한다. 사용주로부터의 손해배상청구는 이와는 무관하다.

③ 공장은 제1항의 제1호 내지 제5호까지에 정한 사항 이외에도 사업장의 질서 또는 사업장내근로자의 처우에 관한 규정을 취업규칙에 정할 수 있다. 상설의 근로자위원회의 동의가 있으면, 공장과 관련된 복리후생시설에 관한 근로자의 동의나 사업장 이외의 미성년근로자의 처우에 관한 규정을 공장주는 취업규칙에 넣을 수 있다.

제134조c ① 취업규칙의 내용은 법률에 반하지 않는 한, 사용자 및 근로자에 대해 법적 구속력을 가진다.

② 취업규칙 또는 (본법) 제123조 및 제124조에 정한 해고 및 퇴직의 사유로 되는 사유가 근로계약에서 정해지지 않는다. 제재의 처치는 지체없이 근로자에게 알려야 한다.

③ 부과된 제재금은 피제재자의 성명, 제재일, 제재의 사유와 정도를 표시하는 장부목록에 기재하고, 필요하면(본법) 제139조b 소정의 관리열람에 제공되어야 한다.

제134조d ① 취업규칙 및 그 변경부분의 제정에 있어서는 사업 또는 사업장의 당해부분에 있어서 취업하는 성인근로자에게 사전에 그 내용을 보여주는 기회가 부여되어야 한다.

② 상설근로자위원회가 존재하는 사업장에서는 본조는 취업규칙의 내용에 대해 동 위원회의 의견을 들으면 족하다.

제134조e ① 취업규칙 및 그 변경은 2통 근로자 측의 의견이 문서 또는 의사록으로 된 경우에 그 의견서를, 본법 제134조d 소정내용의 준수와 그 방법에 관한 설명서를 첨부하여 제정 후 3일 이내에 행정관청의 담당기관에 제출하여야 한다.

② 취업규칙은 모든 관계당사근로자가 보기 쉬운 장소에 게시해야 한다. 이 게시는 항상 읽기에 편리한 상태에 있어야 한다. 취업규칙은 채용시에 모든 신규채용자에게도 교부되어야 한다.

제134조f 행정관청은 서면에 의하지 않은 취업규칙 내지 그 변경사항을 법정의 것으로 바꾸거나 법령위반 내지 그 변경조항은 법령에 기한 규정으로 수정변경 하여야 한다.

제134조g 이 법의 발효 전에 제정된 취업규칙은 제134조a 내지 제134조c, 제134조e 제2항, 제134조f의 규정에 적용을 받으며, 4주 이내에 관항관청에 정본 2부를 제출하여야 한다. 당해 취업규칙의 추후변경과 1891.1.1.이후 제정된 취업규칙에는 제134조d 및 제134조e 제1항을 적용한다.

제134조h. 제134조b 다음 각호는 제3항 및 제134조 소정 상시근로자위원회로서 간주한다.

1. 그 구성원이 당해 사업장 근로자 중에서 과반수로써 선출되고 상설근로자위원회로 예정된 사업장의료공재조합 또는 기존 공장근로자공제조합의 이사회
2. 상설근로자위원회로 예정되고 광산법이 적용되지 않는 사업장을 포함하고 광부협회의 원로퇴직회
3. 그 구성원이 당해 사업장 근로자 중에서 과반수로써 선출되는 1891.1.1. 이전에 이미 성립되어 있는 상설근로자위원회
4. 공장 또는 당해사업장의 성인근로자 중에서 그 과반수로써 직접 비밀투표로 그 구성원이 선출된 대표단. 대표자의 선거는 당해 사업장의 근로자 직급 또는 특별한 일부에 의해서도 가능하다.

29) 현행 근로기준법에서와 같은 취업규칙법제는 근로자의 보호를 위해서 사용자에 대한 행정적 감시·감독·통제의 입법으로서, 다른 한편에서 시민법상의 기본원칙(명문화되었다고는 할 수 없다)으로서 계약자유원칙의 노동법적인 수정이라는 두 측면에서 성립하였다. 이러한 법제의 모델이라고 할 수 있는 국가가 반드시 어느 특정 국가뿐이라고 한정할 수는 없지만, 도이칠란트(스위스·오스트리아)를 그 모델의 하나로 하여 1891년 개정 영업법(Gewerbeordnung), 계약이론에 있어서는 도이치민법전(제1초안)을 들 수 있다. 일본의 공장법은 그 초안(1898년)에서 도이치 1891년 영업법을 충실히 따랐고, 근로조건에 대해 규정한 직공규칙에 대해서 벌칙을 붙인 작성의 공법상의 의무를 규정하는 동시에, 이 직

그런데 프로이센제국에서 바이마르 도이칠란트 그리고 제2차 대전 후 서부도이칠란트 및 통일도이칠란트로 전개되었던 도이치 취업규칙법제의 역사적 전개과정을 보면,[30] 4단계로 전개되어 오늘날에 이르고 있다. 즉 프로이센 영업법 제정 이전에 계약자유라는 미명하에 사용자에 의한 취업규칙의 일방적인 제정(작성) → 사용자의 일방적 작성과 이에 대한 행정적 통제 → 사용자의 일방적 작성과 이에 대한 근로자의 (보조적인) 집단적 참여 및 행정적 통제 → 사업장 단위에서 노사대등결정(즉 공동결정)이 그것이다. 이러한 의미에서 도이칠란트 취업규칙법제의 전개사(史)는 사업장 단위에서 노사대등결정을 이념으로 하는 취업규칙의 노사협정화 즉 공동결정으로 나아가는 과정이었다고 말할 수 있다.

현재 도이칠란트에서와 같이 취업규칙제도가 개별기업차원의 노사협정제도[31]로 진화하는 경우에는 사업장(또는 기업) 단위에서 근로자의 집단적인 의사의 반영이 취업규칙의 성립요건이 되기 때문에 취업규칙은 사용자의 일방적 결정되는 것이 아니고, 노사가 합의에 이르지 못하여 교섭이 결렬된 경우에는 조정위원회의 조정이 가능하고, 조정위원회의 재결이 있으면 비로소 그것이 노사 양당사자를 구속한다고 하는 노사대등결정과 조정이 예정되어 있는 것이다. 여기에서는 제1차 세계대전 전의 도이칠란트에서나 현재 일본 및 한국에서와 같은 취업규칙에 의한 사용자의 일방적 지배[32]는 원칙상 존재하지 않는다. 물론 현재 도이칠란트에서도 사용자의 일방적 지배라는 과거의 잔재가 완전히 불식되었다고 말할 수는 없다.[33]

공규칙이 노동계약당사자인 공업주와 직공에게 구속성을 부여한다고 하였다. 이러한 「구속성」조항이 공장법(1911년, 명치44년)에 존재하지 않았던 것은 이러한 구속성을 공장주측이 반대하고 스스로 작성한 취업규칙(내용)에 대해서까지 공장법 소정의 규제와 같이 고용주가 의무를 부담하는 것에 대한 혐오를 염려했기 때문인 것 같다

30) 파시즘적인 나치시대에 도이치 노동법은 몰락했다. 자유와 평등을 지향하였던 도이치 노동법은 나치즘체제에서 잠시 중단되었다고 하겠다.

31) 여기에서 말하는 협정화된 취업규칙을 도이칠란트에서는 "Betriebsvereinbarung"(경영협정)이라고 한다.

32) 그 역사가 보여주고 있듯이, 협정화되지 못한 취업규칙의 경우에 그 내용의 대부분은 근로자에 대한 의무규정과 그것을 위반하는 근로자 행위에 대한 제제규정이다. 이에 반해 사용자에게 특히 의무를 부과하는 규정은 기껏해야 임금에 관한 추상적인 규정과 표창 정도가 고작이다. 근로자의 의무에 상응하는 근로자의 권리, 즉 사용자의 의무는 어디까지나 예외적인 것이거나 사용자가 어쩔 수 없이 인정할 수밖에 없는 객관적 구체적인 것뿐이다. 이와 같은 사정은 과거나 현재에도 변하지 않고 그대로라고 할 수 있다.

33) 취업규칙의 작성에 있어서 취업규칙의 노사협정화나 근로자 단체의 동의가 법정되어 있다고 하더라도, 근로자집단의 교섭력이 없거나 약한 사업장(기업)의 경우에는 최종적으로는 사용자가 당초 제안한 내용이 취업규칙으로서 유효하게 성립하게 될 터이고, 또 교섭력이 있다고 하더라도 쟁의능력이 없는 경우에는 제3의 조정기관에 의한 중재적 판단에

위에서 언급했듯이 본래 취업규칙제도는 산업자본주의초기에 고용주의 영업자유가 절대적인 권리로서 인정되었던 유럽국가에서 성립했던 제도이다. 그런데 유럽국가에서는 이러한 제도가 이미 오래 전에 폐기되었는데, 어째서 우리나라에서는 아직도 그러한 제도를 유지해야 하는가라는 의문이 제기된다. 물론 산업자본주의 초기에도 국가가 고용주의 취업규칙에 일정한 형태로 개입을 하였다. 다만 그 개입은 사정에 따라 한결같지는 않았다. 그렇지만 감히 공통적인 부분을 이끌어내어 본다면, 그것은 고용주의 영업의 자유를 법인(法認)하는 것을 대전제로 하여 그 자유가 시민 개인의 생명, 신체를 위태롭게 하는 경우에만 일정한 규제를 가하는 것이다. 전자의 자유방임과 후자의 규제는 양날의 칼이라고 할 수 있는데, 이들 양날의 칼이 가지고 있는 장단점은 각국의 상황에 따라 정도의 차이가 있었다. 근대통일국가와 그 통일법제형성에 있어서 후진국으로 있으면서도 현대의 국가와 법 일반에 관해서는 선진국인 도이칠란트 및 도이칠란트와 질적으로 혹은 양적으로 훨씬 더 후진국인 일본에서 후자의 규제가 왕년의 국가 및 법체제의 형성과 거의 동시 평행적으로 진행되었던 것이다. 근로자에게 시민적 자유는 실업(직업없음)의 자유 외에 고용주의 자유(자의)에 몸을 맡길 자유(불채용, 해고 및 징계에 위협당할 자유)를 의미하고, 규제는 국가권력(기관)과 고용주가 일체화되어서 근로자에 대해 국가와 기업의 질서를 강요하는 것이다. 이것을 한마디로 말한다면, 시민의 계약자유를 전제로 하는 취업규칙법제는 고용주에 대한 규제의 형식을 취하고 있다고 하더라도 개별기업에서 기능뿐만 아니라 제도상의 원칙으로도 근로자에게 권리를 설정하기보다는 사용자가 일방적으로 제정한 취업규칙에 복종하도록 하는 의무를 부과하는 것에 불과했다. 이러한 취업규칙법제가 바이마르 도이칠란트, 제2차 대전 후 서부도이칠란트 그리고 현재 통일도이칠란트에서는 근본적인 변화가 있었음에도 불구하고, 사회국가와 경제민주주의를 지향하고 노동권과 노동단체권을 근로자의 기본적 권리로서 보장하고 있는 헌법을 가진 우리나라에서는 산업자본주의 초기의 취업규칙법제가 거의 변화 없이 유지되고 있다.[34)]

의해 결정되기 때문에 경우에 따라서는 사용자의 일방적 지배가 그대로 통하게 될 수도 있다.

34) 19세기말 프로이센제국이 유럽에서 후진국이었던 점을 생각해보면, 우리나라 현행 근로기준법의 수준이 얼마나 후진적인지를 상상할 수 있을 것이다. 이와 관련해서 박홍규, 위 같은 책, 329면 참조.

2. 근로기준법상 취업규칙제도의 성격

그렇다면 취업규칙의 개념을 규정하기에 앞서 근로기준법상 취업규칙제도를 어떻게 이해해야 하는가라는 문제가 가장 먼저 제기된다. 이것은 바로 근로기준법상 취업규칙제도를 어떻게 보아야 하는가의 문제이다. 근로기준법이 어떠한 입법목적을 위해 취업규칙제도를 입법화하고 있는가?

긴 역사적인 안목으로 인류의 법제도를 본다면, 앞에서 언급한 바와 같이 도이칠란트에서 취업규칙제도의 전개사가 보여주고 있듯이, 그 전개과정에 굴곡이 있었지만, 인간의 실질적 자유와 평등을 실현하는 방향으로 진보해 왔다고 평가할 수 있다. 그 중에서 노동법은 자본주의적인 노동문제의 완화를 위한 법제로서 자본주의적 임금근로자의 생존을 확보하고 그들의 실질적 자유와 평등을 실현하여 최소한에 있어서 자본주의경제체제의 인간성과 건강성을 확보하는 데에 그 목적이 있다고 하겠다. 우리나라 노동법제는 1948년 제헌헌법이 발효한 후 1953년 근로기준법, 노동조합법, 노동쟁의조정법 및 노동위원회법 등 이른바 노동4법이 제정되면서 우리나라 노동법제가 본격적으로 전개되기 시작하였다. 이들 노동4법 중 근로기준법은 근로자의 생존을 확보하고 그들의 실질적 자유와 평등을 실현하기 위해 국가가 직접 사용자에 대해 작위(作爲) 또는 부작위(不作爲)의 노동보호적인 의무를 부과할 수 있도록 하는 법적 근거를 마련하는 우리나라 노동보호법의 근간(根幹)이다. 노동보호법으로서 근로기준법에 의한 기업적 근로관계의 법화는 사용자의 자유에 대한 부분적 부정을 매개로 해서 기본적으로는 근로자의 자유·권리의 실질적 보장이라는 진보적 기능을 하고 있다. 1953년 근로기준법이 제정되기 전까지는 취업규칙은 계약자유라는 이름 하에서 나타났던 기업 내의 지배현상이었다. 그러나 근로기준법이 제정되면서 취업규칙은 더 이상 사용자의 일방적 지배의 상징이 아니고, 그것은 법화(Verrechtlichung, legalization)[35]되어서 노동보호제도

35) 「법화」라는 개념은 다양한 의미에서 사용되는데, 일반적으로는 「다른 거의 모든 사회관계의 부담 하에서 법에 의해 규범화된 영역의 지속적인 확대」라는 사태를 말한다. 단순한 사회적 정치적 현상으로서 파악되었던 것에 불과했던 영역에 서서히 법적 현상으로서 파악되어 가는 과정을 가리킨다. 「법화」 일반에 관해서는 Voigt, Verrechtlichung in Staat und Gesellschaft, in: Rüdiger Voigt(Hrsg.), Verrechtlichung, Königstein/Ts 1980, S. 15ff. 참조. 그리고 근로관계의 법화에 관해서 Sprios Simitis, Zur Verrechtlichung der Arbeitsbeziehungen, in: Kühbler(Hrsg.) Verrechtlichung von Wirtschaft, Arbeit und sozialen Solidarität, Baden-Baden, 1984, S. 73ff. 또 법화의 부정적 측면에 대해서는 Hee-Won Kang, Gesetzesflut und Rechtsfreier Raum, Freiburg, 1990 참조.

로서 변경되었다고 말할 수 있다. 이것은 "이 법은 헌법에 따라 근로조건의 기준을 정함으로써 근로자의 기본적 생활을 보장·향상시키며 … "라는 제1조와 "근로조건은 근로자와 사용자가 동등한 지위에서 자유의사에 따라 결정하여야 한다"라는 제4조에 명시적으로 표현되어 있다.

이와 같은 근로기준법의 기본적 취지는 현행 근로기준법상 취업규칙제도의 운용에 시사하는 바가 크다. 물론 선진자본주의국가에 있어서 취업규칙제도의 과거를 돌아보면, 그것은 개별사업장에서의 근로자에 대한 사용자의 지배를 제도화하는 기능과 역할을 담당하였다. 그렇지만 현단계에서 우리나라 근로기준법은 취업규칙제도의 부정적 과거를 일소하고 취업규칙을 노동보호라는 새로운 차원에서 근로자를 위해서 사용자를 감시·감독·통제하기 위한 제도로써 활용하고 있는 것이다. 이러한 맥락에서 근로기준법상의 취업규칙제도를 보면, 취업규칙제도는 이러한 근로기준법의 기본적 취지를 실현하기 위한 제도라고 할 것이다. 그렇다면 현단계에 있어서 근로기준법의 취업규칙관련규정은 근로기준법의 위와 같은 입법목적과 취지에 부합하도록 해석·적용되어야 하고 또 근로기준법이 지향하고 있는 역사적 전개방향에 부합도록 취업규칙제도를 재구성하는 것이 요청된다고 할 것이다.

그럼에도 현재의 학설과 판례는 취업규칙의 작성(제정)권이 사용자에게 있다는 것을 당연한 전제로 하고, 그것을 어떻게 법이론적으로 정당화하는 것이 타당한가라는 것으로부터 출발하고 있는 것 같다. 즉 현재의 학설과 판례에 의하면, 근로기준법이 취업규칙의 작성권을 사용자에게 법인하고 있기 때문에 사용자는 취업규칙에 의하면 근로조건을 일방적으로 결정할 수도 있다고 하는 결론에 이르게 된다. 그렇지만 근로기준법상의 취업규칙제도를 이렇게 보아도 되는지 근본적인 물음이 제기된다.

현행근로기준법이 사용자가 주도하는 종래의 취업규칙제도를 완전히 폐지하지 않았기 때문에 개별 사업장(기업)에서 근로자의 실질적 자유와 평등의 구현을 지향하는 노사대등결정의 이념을 법적으로 완전히 실현하고 있다고 말할 수는 없지만, 그래도 근로자의 집단적 참가의 보장과 행정적 감독을 통해서 개별사업장 단위에 있어서 근로조건의 노사대등결정으로 가는 과도기에 있다고 할 것이다. 즉 우리나라 취업규칙제도가 도이칠란트와 같은 노사공동결정제도에는 이르지 못했다고 하더라도 적어도 사업장(기업)에서 근로조건에 대한 노사대등결정의 방향으로 나아가고 있는 과도기적 제도이다.

취업규칙제도는 일정수 이상의 근로자를 사용하거나 사용하고자 하는 사용자에 대해 당해 사업 또는 사업장에서 일정수준 이상의 근로조건을 획일적 일률적으로 사전에 제정하도록 의무화하여 개별사업 또는 사업장에서 노동보호라는 입법목적을 실현하고자 하는 근로기준법상의 제도라고 해야 할 것이다.

3. 취업규칙제도의 내용

1) 개 설

위에서 이미 언급했듯이 취업규칙제도는 중요한 노동보호제도이기 때문에 우리나라 근로기준법은 "제9장 취업규칙"이라는 하나의 독립적인 장을 할애하고 있다. 즉 근로기준법은 제93조부터 제97조까지 근로기준법의 입법목적인 노동보호제도로서 취업규칙제도의 내용을 규정하고 있다. 이들 조항을 정리하면, 제93조, 제94조는 취업규칙의 입안절차 즉 취업규칙의 성립(변경)요건에 관한 것이고, 제95조는 임금이 근로자의 생활재원으로서 특히 중요하다는 점을 감안하여 근로자에 대한 제재로서 임금을 삭감하는 내용을 취업규칙에 두는 경우에 그 최고한도를 규정하고 있으며, 제96조는 법령 및 단체협약과의 효력관계, 제97조는 근로계약과의 효력관계를 규정하고 있다.

그렇지만 취업규칙제도에 관한 근로기준법의 규정은 "근로기준"법이라는 법의 이름에 걸맞지 않을 정도로 엉성하고 미흡하기 그지없다. 현행 근로기준법상 취업규칙제도는 지금으로부터 110년 전에 제정되었던 프로이센 1891년 개정 영업법의 수준에도 미치지 못할 정도로 보잘것없다. 이렇게 된 이유는 우리나라 근로기준법이 일본의 취업규칙제도에 관한 프로이센 1891년 개정 영업법의 정신과 실질을 제대로 도입하지 않고 그 형식만 흉내 내었던 일본공장법 및 일본노동기준법을 별생각 없이 그대로 수용했기 때문이라고 생각한다. 사실, 19세기 말에서 20세기 중반에 일본이 프로이센의 취업규칙제도를 수입하고자 할 때 그 당시 일본 자본세력은 프로이센의 취업규칙제도가 자본축적에 방해가 되기 때문에 일본제국의 강성부국화를 해친다는 이유로 강하게 반발하였다. 일본의 경우에 비춰서 우리나라 노동법제의 수준을 생각해볼 때, 어쩌면 현행 근로기준법상 취업규칙제도가 왜 이렇게 부실한 지를 유추할 수 있을 것이다.

2) 취업규칙의 요건

근로기준법은 취업규칙에 대해 명시적인 정의규정을 두고 있지 않지만, 근로기준법은 노동보호규범으로서 취업규칙이 최소한 갖춰야 할 기본적인 사항에 관해서 규정하는 한편, 그러한 기본적 사항을 구비한 취업규칙의 경우에도 사용자가 그것을 사업장에 게시 또는 열람·비치하도록 하고 또 일정한 경우에는 그것을 교부하도록 의무화하고 있다. 즉 근로기준법 제17조는 근로계약체결시 근로조건을 규정하고 있는 서면으로서 취업규칙을 근로자에게 교부하도록 사용자에게 의무화하는 한편, 근로기준법 제93조 내지 제94조는 취업규칙의 입안제출자(작성의무자), 입안내용, 근로자의 집단적 참여절차와 방식 및 공적 인증제도로서 신고를 노동보호규범으로서 취업규칙의 성립요건으로 규정하고 있다. 그러므로 서 근로기준법 제14조 제1항 및 제17조이 취업규칙이 근로계약의 내용으로 편입되기 위한 형식적·절차적 조건을 규정한 것으로 보아야 할 것이다. 즉 취업규칙의 게시 및 명시는 취업규칙의 구체적인 효력발생요건이라고 할 것이다. 이에 관해서 좀 더 자세히 분설하면 다음과 같다.

(1) 성립요건

a. 취업규칙안의 작성의무자

근로기준법 제93조는 "상시 10명 이상의 근로자를 사용하는 사용자는 … 취업규칙을 작성하여 … 야 한다. 이를 변경하는 경우에도 또한 같다"라고 규정하여 상시 10인 이상의 근로자를 사용하는 사용자에게 취업규칙안의 작성의무를 부과하고 있다. 그러므로 상시 10인 이상의 근로자를 사용하는 사용자가 작성의무자이다.

위 근로기준법 제93조의 규정 형식과 내용과 관련해서는 적어도 두 개의 기본적인 물음이 제기된다. 첫째, 사용자가 작성한 것이 바로 취업규칙인가라는 것이다. 다시 말하면 근로기준법 제93조 소정의 "취업규칙"이라는 것이 근로기준법이 상정하고 있는 노동보호규범으로서 취업규칙 그 자체일까라는 것이다. 앞에서 이미 언급했듯이, 사용자가 작성해야 할 것은 취업규칙 그 자체가 아니라 취업규칙으로서 사용될 취업규칙안(案)이라고 보아야 할 것이다. 왜냐하면 사용자가 일방적으로 작성하기만 하면 그것이 곧바로 근로기준법상의 취업규칙이 되는 것은 아니기 때문이다.

둘째, 근로기준법 제93조 소정의 "작성"이라는 것이 무엇인가? 즉 작성의 법적 개념이 무엇인가라는 것이다. 여기에서 작성이라는 것은 그 자체로 규범적 의미가 있는 형성적인 법률행위가 아니라 근로기준법이 요구하는 신고 및 그것에 대한 감시·감독 등 실질적 심사(근로기준법 제96조 제2항) 등 노동행정적인 필요를 위해 취업규칙안의 내용을 문서화하는 사실적 행위로 이해해야 할 것이다.[36)]

근로기준법은 상시 10인 이상의 근로자를 사용하는 사용자에 대해 취업규칙안을 작성·신고하도록 의무를 지우고 있기 때문에 그러한 요건을 갖춘 사용자에 의해 작성신고된 것이어야 근로기준법상의 취업규칙이다. 상시 10인 미만의 근로자를 사용하는 사용자가 임의로 작성한 것으로서 설령 취업규칙이라는 명칭을 가지고 있다고 하더라도 그것이 근로기준법상의 취업규칙이 되는 것은 아니라고 할 것이다.

b. 필요적 기재사항

근로기준법 제93조는 "1. 업무의 시작과 종료 시각, 휴게시간, 휴일, 휴가 및 교대 근로에 관한 사항, 2. 임금의 결정·계산·지급 방법, 임금의 산정기간·지급시기 및 승급(昇給)에 관한 사항, 3. 가족수당의 계산·지급 방법에 관한 사항, 4. 퇴직에 관한 사항, 5. 「근로자퇴직급여 보장법」제4조에 따라 설정된 퇴직급여, 상여 및 최저임금에 관한 사항, 6. 근로자의 식비, 작업 용품 등의 부담에 관한 사항, 7. 근로자를 위한 교육시설에 관한 사항, 8. 출산전후휴가·육아휴직 등 근로자의 모성 보호 및 일·가정 양립 지원에 관한 사항, 9. 안전과 보건에 관한 사항, 9의2. 근로자의 성별·연령 또는 신체적 조건 등의 특성에 따른 사업장 환경의 개선에 관한 사항, 10. 업무상과 업무 외의 재해부조(災害扶助)에 관한 사항, 11. 표창과 제재에 관한 사항, 12. 그 밖에 해당 사업 또는 사업장의 근로자 전체에 적용될 사항" 등 13가지를 취업규칙의 기재사항으로 정하고 있다. 이들 각 사항에 대해 아무런 준별 없이 나열하고 있는 법규정의 형식을 보면, 13가지 사항 모두가 취업규칙안의 필요적 기재사항이라고 해야 할 것 같다.

---

36) 취업규칙안의 작성에 관한 근로기준법의 입법기술은, 회사의 정관의 작성에 관한 상법상의 규정(상법 제178조, 제179조, 269조, 제270조, 제287조의2·3, 제288조, 제289조)과 비교해보아도, 졸렬하기 그지없다. 그리고 단체협약의 작성에 관한 노동조합 및 노동관계조정법 제31조는 "… 서면으로 작성하여 당사자 쌍방의 서명 또는 날인을 하여야 한다"고 하고 있는데, 취업규칙안의 작성요령에 관해 근로기준법은 아무런 규정을 두고 있지 않다. 사실적 행위의 결과로 생긴 취업규칙안에 사용자의 서명·기명날인이 있어야 하는지 여부조차 법정화되어 있지 않아 문제라고 할 것이다.

그러나 이들 사항 전부가 취업규칙의 필요적 기재사항인가에 대해서는 의문이 제기될 수 있다. 이들 사항 중 일부가 사업 또는 사업장의 근로자 전체에 적용되지 않는 경우에도 취업규칙안에 반드시 기재해야 사항인가 그리고 이들 사항에 대해서는 모두 신고의무가 있는가도 문제이다.[37] 생각건대, "그 밖에 해당 사업 또는 사업장의 근로자 전체에 적용될 사항"을 취업규칙의 필요적 기재사항으로 하고 있는 동조 제12호의 취지에 비춰 볼 때, "가족수당의 계산·지급 방법에 관한 사항", "근로자의 식비, 작업용품 등의 부담에 관한 사항", "근로자를 위한 교육시설에 관한 사항", "안전과 보건에 관한 사항", "근로자의 성별·연령 또는 신체적 조건 등의 특성에 따른 사업장 환경의 개선에 관한 사항" "업무상과 업무외의 재해부조(災害扶助)에 관한 사항", "표창과 제재에 관한 사항" 등은 사업 또는 사업장의 근로자 전체에 적용되지 않는 경우에는 필요적 기재사항이라고 하기보다는 임의적 기재사항이라고 보아야 할 것이다.[38]

c. 근로자의 집단적 참여 : 의견청취와 동의

사기업을 위한 취업규칙안의 작성 및 취업규칙의 변경은 사용자에 맡길 수밖에 없다. 그렇지만 이것은 근로자의 보호를 위해서는 치명적이다. 그래서 근로기준법은 "사용자는 취업규칙의 작성 또는 변경에 관하여 해당 사업 또는 사업장에 근로자의 과반수로 조직된 노동조합이 있는 경우에는 그 노동조합, 근로자의 과반수로 조직된 노동조합이 없는 경우에는 근로자의 과반수의 의견을 들어야 한다. 다만, 취업규칙을 근로자에게 불리하게 변경하는 경우에는 그 동의를 받아야 한다"(제94조 제1항), 그리고 "사용자는 제93조에 따라 취업규칙을 신고할 때에는 제1항의 의견을 적은 서면을 첨부하여야 한다"(동조 제2항)라고 규정하여 사용자가 기업적 이윤을 극대화하려는 속성을 가지고 있는 사회적 강자이고 근로자는 열악한 사회력을 가지고 있는 사회적 약자라는 기업적인 근로관계의 특성을 감안하여 취업규칙안을 입안하고 이미 성립해 있는 취업규칙을 변경하는 절차에 근로자의 집단적 참여를 제도화하고 이를 보장하도록 사용자에게 의무화하는 한편, 이를 행

---

37) 근로계약이 체결된 후에 계약내용과 상이한 내용의 취업규칙이 작성된 경우 근로계약상 정함은 취업규칙에 위반하여 무효로 되는가, 그렇지 아니면 후에 작성된 취업규칙이 근로계약에 반하기 때문에 무효로 되는가라는 문제도 있다.

38) 전체에의 적용이라고 하는 것에서 인적 적용, 시간적 적용, 내용적 적용 등의 범위가 전 사업장이라도, 그 범위 가운데에서 극단적 경우에 직종이나 연령, 학력이나 경험연수에 의한 구별 이상으로 1인1인 다르게 정하는 것조차 전체에의 적용이라는 법개념과 모순되는 것은 아니다.

정적으로 감독·통제하기 위해서 사용자가 취업규칙안을 신고할 때에는 근로자들의 참여결과를 서면화하여 이를 부속서류로 첨부하도록 의무하고 있다.

근로기준법 제94조 제1항에 의한 근로자의 집단적 참가[39]는 "근로조건은 근로자와 사용자가 동등한 지위에서 자유의사에 따라 결정하여야 한다"(근로기준법 제4조)라고 정하고 있는 근로기준법의 기본이념인 근로조건대등결정의 원칙을 확보하기 위한 제도이다. 이러한 의미에서 근로자의 집단적 참여를 보장하는 근로기준법 제94조 제1항이 근로자에 대한 사용자의 일방적 지배를 상징하였던 과거의 취업규칙제도를 근로조건의 노사대등결정을 보장하는 근로기준법상의 새로운 취업규칙제도로서 재탄생시키고 있다고 할 수 있다. 근로기준법 제94조 제1항은 취업규칙제도의 가장 중요한 핵심적 부분이다.[40]

근로기준법 제4조는 근로계약의 체결에 있어 노사 간에는 현저한 교섭력 및 정보의 격차로 인하여 사용자가 사실상 우월적 지위에 서서 근로조건을 강요하는 상황이 존재하기 때문에 이것을 시정하기 위해 노사가 대등한 입장에서 근로조건을 결정해야 한다는 것을 선언한 규정이다. 따라서 본조는 근대시민법이 선언했

---

39) 근로기준법상 취업규칙제도의 기본적 단위가 사업 또는 사업장이기 때문에 취업규칙제정에 있어서 근로자측의 참여주체는 원칙적으로 당해 취업규칙의 적용을 받게 될 당해 사업 또는 사업장의 근로자 전체라고 할 것이다. 물론 근로기준법은 취업규칙제정과정에 있어서 근로자측의 의견참여 주체가 해당 사업 또는 사업장에 근로자의 과반수로 조직된 노동조합이 있는 경우에는 그 노동조합이고, 그러한 노동조합이 없는 경우에는 당해 사업 또는 사업장 소속 근로자의 과반수라고 규정하고 있지만, 전자를 근로자측 의견참여의 주체로서 우선적으로 인정한 것은 우리나라 노동조합이 사업장 또는 사업 단위의 조직형태를 취하고 있는 상황을 특별히 감안한 것이라고 할 것이다. 그래서 취업규칙제정과정에 있어서 노동조합이 초기업적 조직형태일 때에는 설령 그 노동조합의 조합원이 당해 사업 또는 사업장 소속 근로자의 과반수를 넘는다고 하더라도, 또 당해 사업 또는 사업장에 기업별조직의 노동조합이 복수로 존재하지만 그 중 어느 하나의 노동조합의 조합원수가 당해 취업규칙의 적용을 받는 당해 사업 또는 사업장의 근로자 과반수에 해당하지 아니할 경우에는 당해 취업규칙의 적용을 받는 그 사업 또는 사업장 소속 근로자 전체가 의견참여의 주체가 된다고 해야 할 것이다.

40) 그러나 다수의 학설과 판례는 근로기준법 제94조 제1항 본문을 이른바 단속규정 또는 훈시규정으로 분류하고, 동항 단서 소정의 불이익변경의 개념을 아주 좁게 해석하여 동항 소정의 절차를 위반하면서 사용자에 의해 일방적으로 작성 또는 변경된 취업규칙의 규범적 효력을 가능한 한 인정해주려고 한다(김형배, 위 같은 책, 291면, 임종률, 위 같은 책, 350면 및 대판 1992.12.22, 91다45165; 동 1993.1.15, 92다3578; 동 1993.3.19, 92다9494; 동 2000.9.29, 99다45376; 동 2004.7.22, 2002다57362 등). 그러나 취업규칙의 제정 및 변경에 있어서 불이익의 여부는 당해 취업규칙의 적용을 받는 근로자 측이 판단할 사항이지, 사용자 또는 제3자가 판단할 사항이 아니다. 임금인상이나 근로시간의 단축 등과 같은 특별한 경우가 아닌 한, 대부분의 경우에 기존의 취업규칙을 변경하는 것 자체가 근로자에게는 노동생활안정을 해치는 것이기 때문에 불이익으로 된다고 할 것이다.

던 형식적인 법인격의 자유·평등 즉 법주체로서 근로자가 사용자와 동등하다는 것을 확인하는 것에 그치지 않고, 근로계약의 체결과 그 이행과정에서 근로자가 사용자와 실질적으로 대등한 입장에서 근로조건을 결정해야 한다는 노동보호법인 근로기준법의 원칙을 정한 규정이다.

뿐만 아니라 근로조건대등결정의 원칙은 근로기준법상의 제도를 운용하는 데에도 중요한 역할을 하고 있다. 근로기준법 제4조는 선언적인 의미에서 단순한 근로조건결정의 방식을 규정한 것에 그치지 않고, 근로자와 사용자가 법적으로는 대등한 입장에 서서 실질적으로 근로조건을 결정할 수 있도록 한 근로기준법 개별조항의 해석·적용의 지침이기도 하다. 즉 그것은 노사 간의 교섭력·정보격차를 전제로 해서 근로조건의 결정이 당사자의 대등결정에서 멀어지지 않도록 규제하고, 근로계약의 적정한 운용을 촉진하는 규범으로서 기능한다. 국가는 근로조건의 결정을 형식적인 의미의 계약자유(사적 자치)에 맡기지 않고, 근로조건의 대등결정 원칙이 실현될 수 있도록 행정적·사법적으로 근로관계에 개입하여야 할 것이다. 즉 국가적 개입은 구체적으로는 근로자가 근로조건결정에 대등한 입장에서 관여·교섭하는 것을 보장하는 기능(절차적 규제)과 아울러 사용자에 의한 근로조건의 결정이 대등교섭에 의한 결정으로부터 현저하게 괴리되지 않도록 점검하고 제어하는 기능(실체적 규제)으로서 나타난다.

위에서 이미 수차 언급했듯이 역사적으로 보면, 종래의 취업규칙제도는 근로자에 대한 사용자의 지배를 상징하는 제도였다. 그러나 제94조에 의해서 취업규칙제도는 노동보호법인 근로기준법의 제도로서 재탄생하는 것이다. 근로자의 집단적 참여제도는 노동보호법으로서 근로기준법상 취업규칙제도에 있어서 가장 핵심적인 부분이라고 해야 할 것이다. 그러나 다수의 학설[41]과 판례[42]는 근로기준법 제94조 제1항 소정의 절차를 밟지 않더라도 취업규칙안의 내용이 적법한 이상 취업규칙의 효력에는 아무런 영향이 없다고 하면서 동항의 문언에도 미치지 못할 정도로 해석하여 노동보호제도로서 취업규칙제도의 근로자의 집단적 참여절차를 형해화하고 있다. 이것은 근로기준법의 입법취지를 몰각한 것이라고 비판하지 않을 수 없다.

취업규칙의 작성·변경과정에서 근로자집단의 의견청취와 동의(근로기준법 제94조)의 대상은 취업규칙안(案)이라고 할 것이다. 그리고 근로자집단의 의견청취와 동의의

41) 김형배, 위 같은 책, 289; 임종률, 위 같은 책, 348면.

42) 대판 1989.5.9, 89다카4277; 동 1999.6.22, 98두6647 등.

방법은 개별 사업장에서의 근로자의 종속적인 지위를 생각할 때 직접, 비밀, 무기명에 의한 다수결의 회의방식이 가장 이상적이라고 할 수 있다. 그렇지만 사용자측의 개입이나 간섭이 배제된 상태에서 근로자 상호간의 의견을 교환하여 찬반의견을 집약할 수 있는 회의방식에 상당하는 방식이라면 위법은 아니라고 할 것이다.43)

다시 한 번 더 분명히 강조하면, 우리나라 근로기준법상 취업규칙제도는 일본 노동기준법상의 취업규칙제도와는 규범적 차원이 다른 수준으로 변화되었다고 말할 수 있다.44) 물론 사업 또는 사업장 단위의 근로조건결정제도가 도이칠란트와 같은 공동결정제도의 수준으로 완전히 나아갔다고는 볼 수 없지만, 현행 취업규칙제도는 노사의 집단적 협정화의 단계로 거의 접근했다고 평가할 수 있다. 그럼에도 불구하고, 사용자가 일방적으로 취업규칙을 변경하더라도, 불이익변경이 아닌 한 의견청취는 작성·변경의 효력이 아니기 때문에 작성·변경이 무효라고 볼 수 없다고 하면서 일부의 학설45)과 판례46)는 근로기준법상 취업규칙제도의 수준을 일본의 수준으로 후퇴시키려고 하고 있다.47) 이에 대해 우리는 엄중한 비판을

43) 대판 1992.2.25, 91다25055; 동 1003.1.15, 92다39778; 동 2010.1.28, 2009다32362 등 참조.

44) 취업규칙의 작성변경의 절차에 관한 우리나라 근로기준법의 규정은 1989.3.29 법률 제4099호로 개정되기 전까지는 "사용자는 취업규칙의 작성 또는 변경에 관하여 당해사업장에 근로자의 과반수로 조직된 노동조합이 있는 경우에는 그 노동조합, 근로자의 과반수로 조직된 노동조합이 없는 경우에는 근로자의 과반수를 대표하는 자의 의견을 들어야 한다"라고 규정하고 있는 일본노동기준법 제90조 제1항과 동일했다. 그러나 1989.3.29 법률 제4099호로 개정된 근로기준법은 취업규칙의 작성·변경에 대한 근로자집단의 참여를 훨씬 강화했다. 취업규칙의 작성변경 (구)근로기준법 제95조 제1항(현행 제94조 제1항과 동일)은 "사용자는 취업규칙의 작성 또는 변경에 관하여 당해사업장에 근로자의 과반수로 조직된 노동조합이 있는 경우에는 그 노동조합, 근로자의 과반수로 조직된 노동조합이 없는 경우에는 근로자의 과반수의 의견을 들어야 한다. 다만, 취업규칙을 근로자에게 불이익하게 변경하는 경우에는 그 동의를 얻어야 한다"라고 규정하여 의견참여의 주체를 당해사업장 근로자집단의 대표자에서 근로자집단 자체로 전환하였으므로 당해사업장 근로자들의 집단적 의사결정방식에 의한 찬반의 의사표시를 그 요건으로 하고 있다.

45) 김형배, 위 같은 책, 291면; 임종률, 위 같은 책, 348면; 이상윤, 위 같은 책, 357면 등.

46) 대판 1989.5.9, 99다카4277; 동 1991.4.9, 90다16245; 동 1994.12.23, 94누3001; 1999.6.22, 98두6647 등.

47) 특히 현행 근로기준법에서 우리나라 대법원이 취업규칙의 불이익변경의 경우에도 일본 판례(最大判 昭和43.12.25 民集22卷 13號 3459면)와 같이 사회통념상 합리성이 인정되는 경우 집단적 동의가 없더라도 불이익변경이 유효하다는 이른바 합리성론에 의해 근로자 집단의 참여절차를 배제하면서 취업규칙의 사용자의 일방적 변경을 정당화하는 것은 문제가 아닐 수 없다. 게다가 사회통념상 합리성이 인정되는 경우 집단적 동의가 없더라도 불이익변경이 유효하다는 종래의 판례(대판 1978.9.12, 78다카1046; 동 1988.5.10, 87다카2853 등)를 1989.3.29 법률 제4099호로 개정된 근로기준법 제95조 제1항 단서가 신설된 후에도 그대로 유지하는 것(대판 1989.5.9, 88다카4277; 동 1990.3.13, 89다카24780; 동 1994.5.24, 93

해야 할 것이다.

d. 고용노동부장관에 대한 신고

근로기준법 제93조 제1항은 "상시 10명 이상의 근로자를 사용하는 사용자는 다음 각 호의 사항에 관한 취업규칙을 작성하여 고용노동부장관에게 신고하여야 한다. 이를 변경하는 경우에도 또한 같다"라고 규정하고 있다. 또 근로기준법 제93조를 위반하는 사용자에 대해서는 근로기준법 제116조 제1항 제2호에 의거하여 과태료 500만원에 처하고, 또 취업규칙의 변경시에 근로기준법 제94조를 위반하는 경우에 근로기준법 제114조 제1호에 기하여 벌금 500만원에 처하고 있다.

사용자는 제93조 각호에 해당하는 사항에 관해 취업규칙안을 입안하고 이에 대해 제94조 제1항 소정의 근로자의 집단적 참가절차를 근로자들의 의견을 수렴하여 그 결과를 확인하는 서면자료를 첨부하여 신고하여야 한다. 근로기준법상 취업규칙제도의 성격에 비춰 볼 때, 사용자와 근로자집단 간의 이해관계조정자로서 노동행정관청의 적극적인 역할이 전제가 되어 있다고 할 것이다. 그렇지 않다면, 근로기준법상의 취업규칙제도는 노동보호법제로서 기능할 수 없기 때문이다. 근로자에 대한 의견청취(동의) 및 고용노동부장관에 대한 신고 및 수리라는 근로기준법상의 절차는 노동보호정책을 구현하기 위해서 필수적인 부분이라고 보아야 할 것이다. 근로기준법 제93조의 신고는 고용노동부장관이 개별사업 또는 사업장 내에서 근로자보호를 위해 제96조 제2항에 기하여 사용자에 대한 행정적 감독을 하기 위한 선결적인 제도이기 때문이다. 그러므로 사용자의 신고는 노동부장관의 실질적인 심사를 전제로 해서 그 수리 여부가 결정된다고 할 것이다. 그렇다면 신고의무를 정하고 있는 근로기준법 제93조가 단순한 행정단속적인 규정으로 파악되어서는 아니 된다고 할 것이다.

위와 같이 신고제도를 이해한다면, 신고의 법적 의미를 어떻게 파악할 것인가가 문제이다. 근로기준법이 사용자의 신고의무를 부과한 것은 취업규칙제도가 근로자보호라는 근로기준법의 입법목적을 구현하기 위한 제도로서 제대로 운용되는지 여부를 행정관청이 감시·감독할 수 있도록 하기 위한 행정절차이다. 이러한 맥락에서 보면, 신고는 이른바 사인의 공법행위에 해당한다. 그렇다면 이 신고는 사용자가 고용노동부장관에 대하여 취업규칙안을 작성하고 이에 대한 근로자들의

다14493; 동 2001.1.5, 99다79846; 동 2004.7.22, 2002다57362; 동 2005.11.10, 2005다21494 등)은 분명히 실정법률을 왜곡하는 후퇴라고 할 것이다.

집단적 참여를 거쳐서 근로기준법 소정의 절차를 완료했다는 것을 통지하고 고용노동부장관이 이를 수리함으로써 근로조건규범인 취업규칙의 성립이라는 법적 효과를 발생케 하는 근로기준법상 노동행정요건적 신고라고 할 것이다.[48] 그러나 취업규칙의 경우에는 사용자의 신고의무의 이행이 취업규칙의 효력이 아니라는 견해가 지배적이고,[49] 이에 판례도 동조하고 있다.[50] 이러한 견해와 학설에는 근로기준법상 취업규칙제도가 근로자보호제도라는 점을 간과하고 있다는 비판을 하지 않을 수 없다.

여기에서 제기되는 또 다른 문제는 근로기준법 제93조 제1항의 신고가 법적 성격에 있어서 노동조합 및 노동관계조정법 제10조 소정의 신고와는 어떠한 차이가 있는가라는 것이다. 근로기준법 제93조 제1항 소정의 취업규칙에 관한 사용자의 신고는 법적 의미에 있어서 노동조합 및 노동관계조정법 제10조 제1항 소정의 노동조합설립신고와 동일하다고 볼 수 있다. 노동조합 및 노동관계조정법 제10조 제1항은 "노동조합을 설립하고자 하는 자는 다음 각호의 사항을 기재한 신고서에 제11조의 규정에 의한 규약을 첨부하여 연합단체인 노동조합과 2 이상의 특별시·광역시·도·특별자치도에 걸치는 단위노동조합은 고용노동부장관에게, 2 이상의 시·군·구(자치구를 말한다)에 걸치는 단위노동조합은 특별시장·광역시장·도지사에게, 그 외의 노동조합은 특별자치도지사·시장·군수·구청장(자치구의 구청장을 말한다. 이하 제12조 제1항에서 같다)에게 제출하여야 한다"라고 하여, 전자의 경우에는 고용노동부장관에 대한 사용자의 신고를 의무화하고, 후자는 고용노동부장관 등 행정관청에 대한 노동조합을 설립하고 하는 자의 신고 즉 근로자집단의 신고를 의무화하고 있다. 그러나 노동조합 및 노동관계조정법 제10조를 위반하는 근로자에 대해서는 아무런 처벌규정이 없고, 다만 해석상 노동조합 및 노동관계조정법 제7조 제1항 소정의 보호요건을 갖추지 못하였다는 것을 이유로 노동위원회에 노동쟁의 조정 및 부당노동행위의 구제를 신청할 수 없는 것으로 보고 있다. 다른 한편, 노동조합의 경우에는 "(설립)신고증을 교부받은 경우에는 설립신고서가 접수된 때에 설립된 것으로 본다"는 규정이 노동조합 및 노동관계조정법에 있으나(동법 제12조), 취업규칙의 경우에는 이러한 규정이 근로기준법에 없다. 그래서 다수

48) 이와 관련해서 행정법상 사인의 공법행위로서의 신고에 대해서는 정하중, 『행정법개론』 제5판, 법문사, 2011, 113면 이하 참조.

49) 김형배, 위 같은 책, 287면; 임종률, 위 같은 책, 354; 박상필, 『한국노동법』 전정판, 대왕사, 1990, 354면 등.

50) 대판 2004.2.12, 2001다63599 참조.

의 학설이 근로기준법 제93조 소정의 신고를 취업규칙의 성립요건으로 파악하지 않는 듯한데, 노동조합 및 노동관계조정법 제10조의 설립신고에 대해서는 별 의심도 하지 않고 노동조합의 성립요건으로 파악하고 있는 것[51]과는 상당히 대조적이다. 그렇지만 근로기준법 제93조의 신고와 노동조합 및 노동관계조정법 제10조의 신고의 법적 성격 및 효력을 다르게 보아야 하는 근거가 무엇인가? 취업규칙에 있어서 사용자의 신고의무의 이행도 노동조합에 있어서 근로자의 설립신고의무의 이행과 동일하게 보아야 하지 않을까? 이러한 의미에서 근로기준법 제93조 소정의 신고는 취업규칙의 성립요건으로 보는 것이 타당하지 않을까?

위에서 언급했듯이 근로기준법은 취업규칙안의 작성신고에 있어서 그 기한에 대해 아무런 규정을 두고 있지 않은데, 노동보호법으로서 근로기준법은 너무나 미흡하고, 이것은 입법적인 미비라고 할 것이다.

(2) 효력발생의 요건

근로기준법은 사업 또는 사업장 차원에서 취업규칙이 노동보호규범으로서의 기능을 제대로 수행할 수 있도록 하기 위해 사용자가 취업규칙의 내용을 근로자에게 주지케 하거나, 일정한 경우에는 취업규칙 자체를 근로자에게 교부하도록 하는 의무를 부과하도록 하여 근로자가 권리의무의 상황을 명확히 인지할 수 있도록 하고 있다. 이것은 사용자의 주지의무와 교부의무의 이행여부는 노동보호규범으로서 취업규칙의 성립에는 영향을 미친다고는 할 수 없으나, 근로자가 취업규칙상의 권리를 주장하거나 그 의무를 이행하는 데에 있어서는 매우 중요하다.

사용자는 취업규칙을 근로자들이 자유롭게 열람할 수 있는 장소에 항상 게시하거나 갖추어 두어 근로자에게 널리 알려야 한다(근로기준법 제14조 제1항). 사용자는 근로계약을 체결할 때, 임금, 소정근로시간, 제55조에 따른 휴일, 제60조에 따른 연차유급휴가 및 대통령령으로 정하는 근로조건을 반드시 명시해야 하는데(근로기준법 제17조 제1항), 취업규칙의 변경으로 인하여 이들 사항이 변경되는 경우에는 근로자의 요구가 있으면, 그 근로자에게 취업규칙을 교부해야 한다(근로기준법 제17조 제2항 단서). 그러나 사용자의 주지 및 교부의무의 이행 여부가 노동보호규범

51) 노동조합의 성립시기와 관련하여 신고서접수시설, 신고수리시설 및 신고증교부시설이 있는데, 노동조합 및 노동관계조정법의 기본태도가 자유설립주의를 취하고 있는 노동조합 및 노동관계조정법의 취지와 행정관청의 심사가 형식적 심사에 그치지 않는다는 점을 고려하여 신고서교부를 정지조건으로 신고서 접수시에 성립한다는 견해가 유력하다. 김형배, 위 같은 책, 784면; 임종률, 위 같은 책, 55면 등.

으로서 취업규칙의 성립에는 영향을 미치지 않으나 그 효력의 발생에는 영향을 미친다고 할 것이다.[52)]

3) 취업규칙의 효력

취업규칙은 사업 또는 사업장 내의 노동보호규범으로서 개별 근로계약에 우선하며, 개별근로자의 의사 여부와 관계없이 근로계약의 내용으로 된다고 하는 소위 직률적 강행적 효력을 가진다(근로기준법 제97조).[53)] 그러나 취업규칙은 법령이나 단체협약에는 우선하지 못하다. 즉 법령이나 단체협약에 어긋나는 취업규칙은 효력이 없다(근로기준법 제96조). 여기에서 법령이라 함은 근로기준법과 그 시행령은 물론이고, 기간제 및 단시간근로자 보호에 관한 법률, 근로자퇴직급여보장법, 산업재해보상보험법 등 노동관련 법령뿐만 아니라 민법 제2조, 민법 제103조 등과 같은 강행적 효력을 가진 일체의 법령을 말한다. 위에서 언급했듯이 근로기준법 제94조 제1항은 노동보호법인 근로기준법상 취업규칙제도에서 핵심적인 강행규정이므로 이에 위배되는 취업규칙이 효력이 없음은 당연하다고 할 것이다. 우리나라 노동법 체제에 유리한 근로조건이 우선한다는 이른바 유리조건우선원칙(Günstigkeitsprinzip)[54)] 이 인정되는가에 대해서 논란이 있을 수 있겠지만, 취업규칙, 단체협약이 노동보호규범이라는 점에 비춰 볼 때, 근로계약, 취업규칙 및 단체협약이 이 원칙을 긍정하는 것이 타당하다고 생각된다.

4) 취업규칙에 대한 행정적 감독

근로기준법 제96조 제2항은 "고용노동부장관은 법령이나 단체협약에 어긋나는 취업규칙의 변경을 명할 수 있다"고 규정하고 있는데, 이것은 취업규칙제도의 운영 전반에 대한 고용노동부장관의 실질적 심사권을 규정한 것이라고 할 것이다. 그러므로 사용자가 작성한 취업규칙안(案)의 내용뿐만 아니라 그 입안과정에 대한

52) 김형배, 위 같은 책, 289면은 취업규칙의 성질에 대해 계약설을 취하는 경우에 중요하다고 주장하나, 근로자에 대한 주지 및 교부의무가 근로기준법이 근로자를 위해 사용자에 대해 부과하는 작위의무라는 점에서 볼 때, 취업규칙의 법적 성질에 관계없이 취업규칙의 효력발생의 요건이라고 할 것이다. 김유성, 『노동법 I』, 법문사, 2005, 213면 참조.

53) 근로기준법 제97조의 규범적 구조는 근로기법 제15조와 동일하다. 즉 취업규칙과 근로계약과의 관계는 근로기준법과 근로계약의 관계와 같다.

54) 유리조건우선원칙에 관해서 박종희, "유리한 조건 우선의 원칙에 대한 법이론적 검토와 체계상 재구성 시론", 노동법학 제8호, 1998, 479면 이하 참조.

근로자의 집단적 참여 여부와 관련하여 근로기준법 등 관련법령의 위반이 있는지의 여부 특히 근로기준법 제94조 제1항은 근로기준법상의 취업규칙제도의 핵심이므로 이에 대한 위반의 여부가 의심되는 경우에는 고용노동부장관은 이를 조사하여 신고접수를 거부하거나 근로자의 집단적 의견이 반영될 수 있도록 시정을 조건으로 수리하거나 절차하자의 보완을 명령해야 할 것이다. 취업규칙안에 대한 고용노동부장관의 실질적 심사권은 특히 신설기업의 경우에 장래에 취업할 근로자의 근로조건의 보호를 위해서 아주 중요하다. 그러나 취업규칙에 대한 고용노동부의 감독실태는 그렇지 않은 것 같다.

근로기준법은 취업규칙의 입안절차에 대한 근로자들의 집단적 참가와 이에 대한 행정적 감독을 전제로 근로자에 대한 사용자의 명령과 지배의 상징이었던 취업규칙을 노동보호규범으로 도입하려고 했으나, 그 현실은 오히려 반대로 되어 버렸다. 취업규칙에 대한 노동행정지도와 감독은 시늉에 불과하고, 사용자의 자의를 사실상 공인하는 수준에 그치고 있다고 하겠다. 그래서 현행 취업규칙법은 취업규칙의 과거를 인정하고 그것을 양성화해주는 수준에 그치고 있다고 평가할 수 있다.[55)]

55) 근로기준법 제94조 제1항에 기하여 취업규칙에 대한 근로자의 집단적 참여가 어느 정도 인정되고 있다고 하더라도 협정화의 단계에는 도달하지 못했다. 게다가 취업규칙에 대한 근로자참여제도를 운용하는 행정 및 사법의 실태를 보면, 근로기준법 제94조 제1항의 규범적 의의를 가능한 한 최소화하려는 방향으로 경도되고 있다. 협정화되지 못한 취업규칙에는 사용자가 일방적으로 근로자에게 의무를 부과하는 조항들로 구성되어 있는데, 이러한 취업규칙에 의해서는 노사대등결정을 통해서 근로자의 권리를 서면화하여 근로자의 이익을 옹호하게 만든다고 하는 것은 원천적으로 용이하지 않다. 이와 같은 사태, 즉 취업규칙이 계약자유라는 미명하에 근로자에 의무를 과하는 것이 그 당초의 역할이라는 것은 과거 유럽에도 존재하였고 우리나라에도 현재 존재하고 있다. 그러므로 사용자에 대하여 행정 및 사법에 의한 사전 및 사후의 적극적인 감시·감독·통제가 절실히 필요한 것이다. 그러므로 근로기준법과 같은 보호입법에 의한 취업규칙제도의 변용은 사전적인 감시 감독 및 통제로서 행정적 규제는 사용자에 대하여 작위 또는 부작위의 의무를 부과하는 한편, 사후적인 감시 감독 및 통제로서 사법적 규제는 개별근로자의 근로계약 또는 개별합의내용이 취업규칙조항 소정의 수준보다 하회하는 것을 인정하지 않는 것으로 구성하여 사용자와 근로자간의 개별계약이나 합의를 보호하기 위한 감독체제를 구축하는 것을 의미한다. 이러한 감독체제가 감독의 실을 거두지 못하는 경우에는 취업규칙의 작성이라는 사용자의 의무는 없는 것이나 같기 때문에 사용자가 취업규칙에 기하여 기업(사업장)내에서 근로자에 대해 실질적으로 지배 군림하는 것을 합법화해주는 것밖에 되지 않는다. 그렇게 된다면, 근로자는 취업규칙에 의해 통제받는 입장에 내몰리게 되어 취업규칙을 무조건 준수해야 한다는 부정적인 규범의식이 형성되어 근로조건노사대등결정의 구현을 통해 인간존엄을 확보하려는 근로기준법의 최고이념과는 멀어지게 된다.

4. 규범으로서 취업규칙

오늘날 한국자본주의법제는 한반도를 지배했던 일본인들이 전수해주고 간 서양 법제를 기반으로 하여 성립되었다. 한국자본주의가 본격적으로 전개되면서 그러한 법제에 대한 해석론은 이념도 체계도 없이 갈기갈기 찢겨져 분파적으로 전개되고 있는 듯하다. 이러한 현상은 노동세력은 부정할 수 없는 한국자본주의체제의 파트너이지만 미숙하고 또 지리멸렬하게 분파되어 법의 형성에 자신들의 의사를 반영하지 못하고 겨우 생존에 허덕이고 있는데 반해, 한국법이 경제개발이라는 미명하에 자본집중을 통해 재벌이라는 거대한 괴물로 커진 한국자본세력에 의해 포섭된 지배엘리트들이 만들어내고 있다. 이러한 현상은 노동법에서 극명하게 나타나고 있다. 게다가 한국법학의 역사적 빈곤 또는 몰(沒)역사적인 규범해석론은 법학의 옷을 입은 권력공학으로 전락할 우려가 있다.[56)]

위에서 예시한 근로기준법 각 조항은 모두 취업규칙이라는 용어를 일률적으로 사용하고 있지만, 관련조항의 문맥과 규범적 의미를 세밀히 검토해보면, 근로기준법 제5조, 제14조, 제17조, 제60조, 제96조, 제97조에서의 취업규칙이라는 용어 및 근로기준법 제9장의 제목으로 사용된 취업규칙이라는 용어는 제93조, 제94조 및 제95조에서의 취업규칙이라는 용어와는 그 개념적 내포가 다른 것을 알 수 있다.

---

56) 자의적이든 타의적이든 외국법제를 계수하여 현재 운영하고 있는 우리나라에서 법제도에 관한 논의상황을 보면 19세기 초·중엽에 등장하였던 사비니(Friedrich Karl von Savigny, 1779-1861), 푸흐타(Georg Friedrich Puchta, 1798-1846) 등을 비롯한 유럽의 소위 역사법학파의 고민을 이해할 수 있을 것만 같다. 우리가 잘 알고 있듯이, 자본주의가 태동하여 본격화되기 시작하면서 유럽의 제국 특히 도이칠란트는 게르만법의 빈곤으로 인하여 고대로마법의 계수를 통해 성문법전을 집대성하였다. 그러나 로마법의 계수가 어느 정도 마무리되어 제정법이 조밀하게 마련되면서 법학이론은 그 제정법이 뿌리를 두고 있었던 역사적 배경에서 멀어갔다. 이어서 개념법학이 등장하였고, 역사적 상황에 대한 인식 없이 현실에 기초한 정책적인 해석론이 득세하였고, 그러한 해석론은 권력의 정책적 명령을 법으로 포장하였다. 드디어 법은 힘에 기초한 일방적인 명령으로 되었다. 구체적인 사건에 적용된 실정법을 발견하는 것을 제일목적으로 하고 있는 실정법학이 민주적 절차에 의해 제정된 실정법률의 문언에 기초하지 않고 사법정책론 또는 입법정책론이라는 미명하에 정책론으로 변질된다면, 그것은 소수자의 보호가 아니라 소수자의 지배를 정당화하는 도구로 전락할 위험이 있다. 정책론이란 무엇인가? 누가 그 정책론을 수행하는가? 그것은 현재의 주도권을 잡고 있는 힘이다. 결국 노동법정책론으로서 법학은 자본이 결정하는 사항을 정당화해주는 쪽으로 경도될 우려가 있다. 여기에 정책론적 법학의 위험이 도사라고 있다.

근로기준법 제93조와 제94조는 노동보호규범이 될 취업규칙의 내용과 그 성립의 절차를 규정한 조항이다. 즉 제93조는 근로자의 보호를 위해서 사용자가 그의 사업을 위해 사용할 근로자의 근로조건을 선(先)파악하기 위해 근로조건을 제시하라는 의미에서 취업규칙안(案)을 발의하도록 하고, 근로기준법 발효시 이전부터 이미 사업을 하고 있는 사용자는 근로기준법에 의해서 취업규칙을 작성·변경해야 하는 경우에 제94조 소정의 절차를 거치도록 한 것이므로 제94조에서의 취업규칙이라는 말은 사용자가 일방적으로 작성한 「취업규칙안(案)」을 의미한다고 하겠다. 물론 사용자의 취업규칙안이 고용노동부장관에 신고되고, 근로기준법 제96조에 의해 변경되지 않는 한 취업규칙으로 확정되겠지만, 제93조와 제94조의 각 절차를 완료하지 아니 한 경우에는 근로기준법이 상정하고 있는 취업규칙은 아니라고 할 것이다.

이렇게 본다면, 우리나라 학설 및 판례는 취업규칙안의 작성의무 또는 취업규칙안의 작성권한을 취업규칙의 제정권으로 오인하고 있다고 할 것이다. 그리고 취업규칙의 법적 성질에 관해서 그것이 법규범인가? 계약인가? 라고 하면서 이를테면 전자의 입장을 법규범설이라고 하고 후자의 입장을 계약설이라고 하는데 이러한 논의 자체도 근로기준법상의 취업규칙제도에 대한 오인에서 비롯된 것이 아닌가 생각한다.

근로기준법 제5조, 제14조, 제17조, 제60조, 제96조, 제97조 소정의 취업규칙이 되기 위해서는 어떠한 조건을 갖춰야 하는가? 사용자에 의해 작성된 취업규칙안이 취업"규칙"이 되기 위해서는 최소한 근로기준법 제93조와 제94조 소정의 절차를 거쳐야 한다. 즉 노동보호법인 근로기준법 제93조가 사용자에게 부과하는 노동보호의무에 기하여 사용자가 작성한 취업규칙(안)이 동법 제94조 제1항 소정의 근로자의 집단적 참여절차를 거쳐서 고용노동부장관에게 신고되어 수리된 경우에 비로소 근로기준법상의 취업규칙이 되는 것이다.

결국, 위에서 언급했듯이 근로기준법은 취업규칙에 대한 정의규정을 두고 있지 않지만(근로기준법 제2조 제1항 참조), 근로기준법에 있어서 무엇이 취업규칙인가는 취업규칙에 관한 근로기준법상의 관련규정에 기하여 구체적으로 정의할 수밖에 없다. 근로기준법에 있어서 취업규칙(즉 "법적 개념으로서 취업규칙")이라 함은 상시 10인 이상의 근로자를 사용하는 사용자가 근로기준법 제93조 소정 사항에 관해서 그 안(案)을 작성하여 동법 제94조 소정의 절차를 거쳐 고용노동부장관에 대한 신고를 필(必)한 것으로서 사업 또는 사업장 단위에서 사용자와 근로자가 준수해야 할 노동보호규범이라고 정의되어야 할 것이다.[57] 이러한 취업규칙은 근로자보호를 위하여 근로기준법 제93조에 기하여 사용자가 그 안을 작성하고 제94조 제1항에 기하여 사업 또는 사업장 소속 근로자들의 집단적 참여절차를 거쳐서 그 공적 확인과정인 신고절차를 마친 사업 또는 사업장의 집단적 규범으로서 근로계약에 대해 직률적·강행적 효력을 가진다. 그러므로 근로기준법 제97조는 이와 같은 집단적 규범인 취업규칙의 효력을 확인하는 규정이라고 할 것이다.

V. 판례이론에 대해

1. 판례의 기조

위에서 이미 취업규칙에 관한 판례에 대해 언급했지만, 여기에서 사용자에 의해 일방적으로 이루어진 취업규칙의 불이익변경의 효력에 관한 판례이론에 대해 약간 더 자세히 언급해 두고자 한다.

대법원은 현행 근로기준법 제94조 1항 단서와 같은 규정이 없었던 (구)근로기준법에 기한 대판 1978.9.12., 78다1046[58]을 기점으로 해서 사용자가 일방적으로 한 취업규칙 불이익변경의 유효성의 정당화근거에 관한 이른바 사회통념상 합리성이론이라는 일본 최고재판소의 판례이론[59]을 추수한 이래 1989.3.29. 근로기준법 제

57) 재미있는 것은 우리나라 일부의 노동법해설서는 근로기준법상의 취업규칙이 노동보호규범이라는 것에 대해 전혀 인식이 없이, 마치 취업규칙이 근로자가 준수하여야 하는 사용자의 명령인 것처럼 정의하고 있다. 예컨대 "취업규칙이라 함은 공장 사업장 등에 있어서 근로자가 준수하여야 할 규율을 정한 규칙"(김치선, 『노동법강의』 제2전정증정판, 박영사, 1990, 249면) 또는 "사업장에서 근로자가 취업상 지켜야 할 규율 또는 임금 근로시간 등의 근로조건에 관한 세목을 정한 규칙"(박상필, 위 같은 책, 346면)이라고 정의하고 있다.

58) 이 판결의 요지는 "조합이 근로자의 정년규정이 없던 종전 취업규칙을 변경하여 그 정년을 만 55세까지로 정한 것은 사회의 일반통례에서 벗어난 불합리한 제도라고 볼 수 없는 것이므로 근로자의 동의없이 하여도 그 변경은 유효하다"는 것이다.

59) 취업규칙에 관한 일본 최고재판소의 입장이 확립된 것은 ≪秋北バス事件≫으로 칭해지고 있는 昭和43年12月25日, 日本 最高裁判所 大法廷 判決(民集22卷 13號 3459면)이다. 이 판결 이전에는 「취업규칙은 본래 사용자의 경영권의 작용으로서 일방적으로 정할 수 있다」고 판시하였던 최고재판례가 있었는데 하급심판례의 입장은 다양하고 <법적 성질>에 관해서 어떤가하면 경영권론에 의한 법규설이 많았지만, <일방적 변경의 효력>문제에 관해서는 천차만별이었다. 이 판결은 요컨대 근로조건은 취업규칙에 의한다고 하는

95조 제1항 단서로서 현행 근로기준법 제94조 1항 단서와 같은 규정이 신설되어 우리나라 근로기준법이 일본 노동기준법과는 상이하게 변경되었음에도 그러한 태도를 그대로 유지하고 있다.[60]

2. 대법원의 태도와 약관이론

대법원이 일본 최고재판소의 취업규칙이론을 거의 그대로 추수하여 사회통념상의 합리성이라는 상당히 자의적이고 추상적인 기준을 근거로 하여 근로자의 집단적 방식에 의한 동의 없이 근로자의 기득권리나 이득의 침해를 금지하고 있는 근로기준법 제94조 제1항 단서를 정면으로 부정하는 것은 사법권의 한계를 벗어난 것이라는 비판을 면하기 어려울 것이다.[61] 그러나 여기에는 대법원이 이러한 비판을 받아야 한다는 점은 당연하다고 보면서 일본 최고재판소의 판례이론을 추수하는 우리나라 대법원의 태도에는 근로기준법상의 취업규칙을 노동력의 집단적 거래를 위한 사용자의 이른바 보통거래약관과 동종으로 취급하고 있지 않는가하는 점[62]을 엿보면서 특히 뒤에서 언급하는 이른바 법외취업규칙의 문제 즉 요건

사실인 관습의 성립이 취업규칙에 법적 규범성을 부여한다고 하는 <법적 성질>론을 기술하면서, 취업규칙의 변경에 의해 기득의 권리를 박탈하고 불이익한 근로조건을 부과하는 것은 원칙적으로 허용되지 않지만 합리적인 조항인 한 개개의 근로자가 그것에 동의하지 않았다는 것을 이유로 적용을 거부할 수 없고 하는 <일방적 변경의 효력>론을 전개하여 취업규칙을 개정하여 신설된 55세정년제에 기한 해고의 효력을 긍정하였다.

60) 대판 2001.1.5., 99다700846; 동 2002.6.11., 2001다16722; 동 2005.11.10., 2005다21494; 동 2009.6.11., 2007도3037 등. 최근에 기본적인 기조는 동일하지만 이러한 기조에 약간 변화의 기미가 있는 것 같기도 하다. 대판 2010.1.28., 2009다32362은 "사용자가 일방적으로 새로운 취업규칙의 작성·변경을 통하여 근로자가 가지고 있는 기득의 권리나 이익을 박탈하여 불이익한 근로조건을 부과하는 것은 원칙적으로 허용되지 아니하지만, 당해 취업규칙의 작성 또는 변경이 그 필요성 및 내용의 양면에서 보아 그에 의하여 근로자가 입게 될 불이익의 정도를 고려하더라도 여전히 당해 조항의 법적 규범성을 시인할 수 있을 정도로 사회통념상 합리성이 있다고 인정되는 경우에는 종전 근로조건 또는 취업규칙의 적용을 받고 있던 근로자의 집단적 의사결정방법에 의한 동의가 없다는 이유만으로 그의 적용을 부정할 수는 없다. 한편, 여기에서 말하는 사회통념상 합리성의 유무는 취업규칙의 변경에 의하여 근로자가 입게 되는 불이익의 정도, 사용자측의 변경 필요성의 내용과 정도, 변경 후의 취업규칙 내용의 상당성, 대상조치 등을 포함한 다른 근로조건의 개선상황, 노동조합 등과의 교섭 경위 및 노동조합이나 다른 근로자의 대응, 동종 사항에 관한 국내의 일반적인 상황 등을 종합적으로 고려하여 판단하여야 한다. 다만, 취업규칙을 근로자에게 불리하게 변경하는 경우에는 그 동의를 받도록 한 근로기준법을 사실상 배제하는 것이므로 제한적으로 엄격하게 해석하여야 한다."고 한다.

61) 동지 : 김형배, 노동법(23판), 박영사, 2014, 313면.

흠결의 취업규칙과 사실상의 취업규칙의 문제를 해결할 수 있는 새로운 이론적 가능성을 시사점으로 얻을 수 있지 않을까하는 생각을 해본다.

대법원이 보통거래약관의 법적 성질에 관한 이론을 취업규칙론에 적용했다고 이해해야 하지 않을까라는 것이다. 약관의 법적 구속력은 지금까지 자주 문제로 되었는데, 오늘날에는 그 근거를 묻는 논의는 아마 되지 않고 대량거래의 합리적 신속한 처리라는 실무의 요청에 대한 배려에서 그 구속력은 자명한 것으로 이해되고 있는 것 같다. 그리고 구체적으로는 지금까지 주로 계약자의 지 또는 부지에 관계없이 약관이 구속력을 가지는지 여부가 문제로 되었는데, 판례는 보험계약이나 운송계약이 내용을 알지 못하고 약관에 의해 체결되는 <세간의 일반사정> 등을 이유로 들면서 일관하여 문제를 긍정해 왔다. 또 종래의 학설에 있어서 통설적인 지위를 차지하는 것은 어떠한 종류의 기업거래에 있어서는 일반적으로 약관에 의한다고 하는 사실인 관습이 성립하고 있기 때문에 개개의 계약체결시에는 당연히 약관에 의한다고 하는 의사의 존재가 추론된다고 하는 이론이었다. 그리고 최근은 약관은 계약자가 그 존재를 알고 있지 않아도 구속력을 가진다고 해석해서 지장이 없지만 일반공중의 보호를 위해서는 <약관의 사전개시>와 <내용의 합리성>이 필요불가결하다고 하는 사고방식이 일반화하고 있는 것 같다.

대법원 판결은 다수근로자를 사용하는 근대기업에는 경영상의 요청에 기하여 근로조건은 통일적 획일적으로 결정되고 근로자는 사용자가 정하는 계약내용의 정형에 따라 부종(附從)적으로 계약을 체결할 수밖에 없는 입장에 있고, 취업규칙은 그것이 합리적인 근로조건을 정하고 있는 한 근로조건은 취업규칙에 의한다고 하는 사실인 관습이 성립하고 있다고 해서 법적 규범성이 인정된다. 그러므로 근로자는 취업규칙의 존재와 내용을 알았는지 여부 또 개별적으로 동의를 하였는가 여부를 불문하고 그 적용을 받는다고 하고 있다. 그것은 결국 근대기업의 노사관계에 있어서는 근로조건은 취업규칙에 의해 통일적 획일적으로 결정되는 것이 일반적이기 때문에 <합리적>인 내용의 것인 한 취업규칙에 의해 근로조건이 결정된다고 하는 사실인 관습이 성립하고 그러므로 개개의 근로자의 지(知)·부지(不知) 및 구체적 합의의 유무와 관계없이 취업규칙이 근로계약의 내용으로 되어 근

62) 대법원은 자본주의적 기업사회에 있어 사회적 약자로서 근로자와 소비자 개개인을 보호하는 이른바 호보법이라는 차원에서 근로자보호법과 소비자보호법은 동일하고 근로자보호법인 근로기준법상의 취업규칙과 소비자보호법인 약관의 규제에 관한 법률상의 보통거래약관을 기업이 일방적으로 작성 및 변경한다는 점에서 동일하게 파악하면서 취업규칙론에 약관이론을 도입하고자 하는 것이 아닌가 생각한다.

로자를 법적으로 구속하는 효력을 가진다고 하여, 앞에서 언급했듯이 현재 경제법 분야의 약관이론을 취업규칙에 관한 근로계약법으로 끌어와 적용하려고 시도하고 있다고 평가할 수 있을 수 같다. 이러한 의미에서도 대법원판례의 입론은 종래의 취업규칙론과는 이론적 계보를 달리하는 독자적 견해에서는 <법적 성질> 론이라고 말해야 한다.

취업규칙이 근로자집단에 대해 통일적으로 적용되고 인간이 타인의 지휘 아래에서 노동한다고 하는 사회관계를 대상으로 한다는 특성을 가지는 것을 생각하면, 약관이론을 그대로 취업규칙에 적용하는 것은 비판되어야 할 것이다. 좀 더 부언한다면 취업규칙이 보통거래약관과 공통적인 성격을 가지고 있으므로 근로계약을 불특정다수의 소비자를 대상자로 해서 체결하는 보험계약 등과 같은 부합계약 정도로만 보면서 약관 일반에 관한 규범통제의 방식으로 규율하면 충분하다고 할 것은 아니다. 여기에서는 약관에 관한 경제법적 이론에 눈을 돌려서, 말하자면 앞으로 취업규칙론의 시야를 더 넓힐 필요가 있다고 생각하면서도, 아래에서 이른바 법외취업규칙의 효력문제에 대해 필자의 독자적인 견해를 결론으로서 우선 간단히 정리해 두고자한다.

Ⅵ. 결론 : 취업규칙법론의 재정립을 위하여

1. 법이론적 기초

1) 문제의 소재

위에서 언급한 바와 같이, 근로기준법상의 취업규칙이 상시 10인 이상의 근로자를 사용하는 사용자가 근로기준법 제93조 소정 사항에 관해서 그 안(案)을 작성하여 동법 제94조 소정의 절차를 거쳐 고용노동부장관에 대한 신고를 필(必)한 것으로서 사업 또는 사업장 단위에서 사용자와 근로자가 준수해야 할 노동보호규범이라고 정의하고, 이러한 취업규칙만이 사업 또는 사업장 단위의 집단적 노동보호규범으로서 근로계약에 대해 직률적·강행적 효력을 가진다고 하면, 그 다음에 제기되는 문제는 첫째, 근로기준법 소정의 요건을 법적으로 어떻게 평가해야 하는가라는 것 즉 법적 요건을 갖추지 못한 취업규칙을 어떻게 처리할 것인가라는 문제와 둘째, 개별사업 또는 사업장에서 취업규칙이라는 명칭을 사용하고 있지 않지만, 사실상 취업규칙과 같은 기능을 하고 있는 사실상의 취업규칙을 어떻게 처리할 것인가라는 것이다. 구체적인 경우에 있어서 이들 두 가지의 문제를 해결하기 위해서 취업규칙법이론이 필요하게 된다.

그러므로 취업규칙법론의 연구과제는 첫째, 기업현장에서 사회적으로 취업규칙으로서 인정되는 것 즉 사회적 개념으로서 취업규칙이 어떠한 것인가? 둘째, 근로기준법이 취업규칙으로서 상정하고 있는 것 즉 법적 개념으로서 취업규칙은 어떠한 것인가? 셋째, 사회적 개념으로서 취업규칙의 법적 기능과 법적 개념으로서 취업규칙의 사회적 기능이 일치하는가? 즉 이들 기능은 어떠한 관계에 있는가? 넷째, 만약 양자의 기능이 다른 경우에 이들을 어떻게 자리매김해야 하는가에 있다. 우리나라 노동법의 수준이 사업장 단위에서 노사대등결정을 실현할 수 있는 단계에 와 있지 않고 여전히 사용자의 주도권을 전제로 한 취업규칙법제의 단계에 있으므로, 통상 근대법원리, 노동법원리 및 현대법원리라는 세 가지의 각도에서 우리나라의 사회경제적 요인을 포함해서 근로기준법상의 취업규칙제도의 구체적인 법구조와 그 변동상황을 분석해서 취업규칙법리를 재구성하는 것이 요청된다고 할 것이다.

2) 두 가지의 법적 관념 : 법규범과 계약

법규범과 계약이라는 이분법적 사고는 유럽근대법학(私法學)에 전제된 기본적 사고라고 할 수 있다. 근대법학은 이론적으로 상당히 정치하게 국가적 작용의 결과인 법규범에 관한 이론 즉 법률적 말씀론(Gesetzliche Dogmatik)과 개인과 개인 간의 합의에 관한 의사주의적 이론 즉 계약적 말씀론(Kontraktliche Dogmatik)을 정식화하고 있다. 이러한 이론에 맞춰서 국가기구도 입법, 행정 및 사법으로 분권화되어 실무적으로 조직화되어 있다. 그래서 법적 판단에 있어 어떠한 규범적 사항이 법규범에 해당하는가, 그렇지 않으면 계약에 해당하는가에 대한 논의 즉 법적 성질 또는 법적 성격에 관한 논쟁은 당해 사항을 이미 정식화되어 있는 이들 양자 중 어느 한쪽으로 포섭하는 것이 더 타당한가에 관한 논의라고 말할 수 있다.[63)]

유럽의 고전적인 법사고에서는 법이란 본래 관습(관행)이었으나, 근대시민국가가

63) 이러한 논의는 특히 연역적인 방법론이 지배적인 유럽대륙계법학 특히 도이치법학에서 전형적으로 볼 수 있는 이론적 현상이다. 이에 관해서는 강희원, 「독일적 법사유와 한국법학의 반성」, 『경희법학』 第35권(2000년) 第1호, 15-33면 참조.

성립된 이후에는 사회계약적 사고가 풍미하면서 "법은 관습(관행)이다"라는 사고 대신에 "법은 합의다"라고 하는 사고가 지배적 위치를 차지하게 되면서, "법은 관습(관행)이다"라는 사고는 부차적인 것이 된다. 법이 합의라는 사고는 명시적인 집단적 합의 즉 제정법만을 법원(法源)으로 보는 법실증주의(legal positivism)라는 법사상으로 전개된다. 그렇지만 관습도 그 근본에 있어서는 합의라고 할 수 있다. 왜냐하면 관행은 공동생활에 있어서 세대 간의 합의 또는 묵시적 합의이기 때문이다.

한편, 합의에는 사실 다양한 스펙트럼이 있다. 물론 그 양극단(兩極端)의 한쪽에는 국가적 차원의 합의(치자와 피치자간의 약속)가 있고, 다른 한쪽에는 개인적 차원의 합의(개인과 개인 간의 약속)가 있다. 전자가 국가적 작용에 관한 법률이고,[64] 후자는 사인간의 약속에 관한 계약이다. 그런데 이들 양극단 사이에는 협정 또는 협약 등과 같은 다양한 형태의 집단적인 합의가 있다. 이들 중간적 합의를 어떻게 파악할 것인가가 문제이다.

이러한 중간적 합의에 대해서 국가적 작용인 법규범에 관한 이론 즉 법률적 말씀론(Gesetzliche Dogmatik)을 기준으로 파악할 것인가, 그렇지 않으면 개인과 개인 간의 합의에 관한 의사주의적 이론 즉 계약적 말씀론(Kontraktliche Dogmatik)을 기준으로 파악할 것인가가 문제이다. 취업규칙의 성질과 관련된 계약설과 법규범설의 차이는 위와 같은 두 가지 부류의 취업규칙 문제를 법률적 말씀론에 기하여 해결하는가, 그렇지 않으면 계약적 말씀론에 기하여 해결하는가에 관한 것이라고 말할 수 있다.

취업규칙법에 관한 현재의 논의를 보면, 취업규칙의 개념에 대해서 두 가지의 차원을 달리하는 의론이 혼재하고 있는 것 같다. 즉 근로기준법이 상정하고 있는 취업규칙과 기업현실에서 일반적으로 통용되고 있는 취업규칙이 그것이다. 양자는 법적 평가에 있어서 구별되어야 한다. 왜냐하면 전자는 근로기준법에 의해서 법인된 노동보호규범인데 반해서 후자는 그렇지 않기 때문이다. 그래서 우리는 전자를 "법적 개념으로서 취업규칙" 또는 "법적 취업규칙"이라고 말할 수 있다면, 후자는 "사회적 개념으로서 취업규칙" 또는 "사실적 취업규칙"이라고 말할 수 있을 것 같다. 법적 개념으로서 취업규칙은 근로기준법 제93조 및 제94조 소정의 요건을 갖춘 규범을 말하는데, 사실적 취업규칙에는 취업규칙이라는 명칭을 가지고 있더라도 근로기준법 소정의 요건을 갖추지 못한 경우와 사업 또는 사업장에서

64) 물론 근대국가의 법영역은 다시 시민의 개인적 자유를 확보하기 위해 국가와 사회의 이분화를 전제로 해서 국가조직, 작용 및 국가와 개인 간의 관계를 규율하는 공법과 사인 간의 관계를 규율하는 사법으로 이원화된다.

취업규칙이라는 명칭을 가지고 있지 않지만 사실상 취업규칙과 같은 기능을 하고 있는 경우가 그것이다. 이에 대해 근로기준법은 취업규칙에 준하는 것이라는 표현을 사용하고 있다(근로기준법 제51조 제1항 및 제52조). 사회적 개념으로서 취업규칙은 사용자가 일방적으로 작성하여 사업장을 현실적으로 지배하고 있는 규칙으로서 예컨대 임금규정, 안정·위생규정, 안전·위생위원회규정, 퇴직연금 등 단체보험가입에 관한 규정, 상벌규정, 사내저축 및 복리후생에 관한 규정, 교육훈련규정, 종업원지주규정 등으로 지칭되는 것은 물론이고, 직급·직무분장규정, 문서취급규정, 경리규정 등도 이것에 해당한다. 이들 양자 규칙은 서로 충돌할 수도 있지만, 어느 것이나 근로자의 집단력이 약한 경우에 개별근로자에 대해서는 사용자의 강제로 나타난다.

근로기준법상의 제도로서 취업규칙의 사회적 기능은 규범적 차원에 있어서 적어도 다음과 같은 3가지의 점과 관련해서 분석되어야 한다.

첫째, 취업규칙이 있고 또 그것을 준수하고 있다는 것은 근로자 개개인에 대해서는 사용자로서 임금 기타 근로조건에 대해 어느 정도 장기적·계속적·고정적 근로조건을 가지고 노동하게 하는 것을 확약해서 이익 또는 불이익의 대우의 「예측가능성」을 주는 것이고, 근로자 상호간에 관해서는 통일된 조건으로 노동하게 하는 「균등처우」, 즉 「근대적 노동·사업장(기업)환경」을 의미한다. 그러나 사업장(기업)의 역학관계 여부에 따라 취업규칙이 있는 사업장(기업)의 경우에 그것이 없는 사업장(기업)과 같게 되기 쉽고, 역으로 취업규칙이 없는 것과 동일한 사업장(기업)도 사항에 따라서는 취업규칙이 있는 경우보다도 낮게 되기도 쉽다. 환언하면, 취업규칙의 기업적 및 사회적 기능은 일의적이 아니고, 오로지 사업장(기업)의 사정이나 세력관계에 따라 쉽게 변동한다.

둘째, 근대시민법원리와 취업규칙의 관련성은 취업규칙의 작성과정 내지 작성절차와의 관련에서 그 계약, 법률 등에 대한 위치에 따라서 효력이 고찰되어야 한다.

셋째, 취업규칙은 그 「적용범위」가 사업장에 한정되어 있다는 점에서 국가법과 차이가 있다. 그렇다고 하지만 사업장 내에서 국가법과 같이 적용되어야 하는가, 그렇지 않으면 국가법과는 달리 구체적인 상황이나 사람에 따라 다르게 적용될 수 있는가가 문제이다. 어떠한 경우에 하나의 사업장에는 수개의 취업규칙이 공존할 수 있는가? 예컨대 직무지위에 따른 「신분적 차별적 처우」(예컨대 파트타이머, 아르바이트)가 별도로 정해진 취업규칙이 있을 경우 그것의 적용을 받는 근로자가 사용자에게 채용되어 기업조직으로 편입되는 경우에는, 특히 어떠한 사업장에 있는 어떠한 직무에 취임하고 또 구체적으로 어떠한 취로를 하기 때문에 그렇게 될 수밖에 없고, 또 그 적용범위가 한정되며 그리고 다른 근로자의 고입(雇入), 배치전환, 전출 등과 관련하여 이들 취업규칙의 상호관계가 어떠한지도 검토되어야 한다.

위와 같은 세 가지의 과제 중 어느 것을 중시하는가에 따라 논의의 중점이 다르게 될 것이다. 법규설은 기존 취업규칙의 변경의 경우보다도 신규제정의 경우에 특히 취업규칙의 사용자에 의한 일방적 작성에 의한 계약내용의 형성을 근로기준법 제93조, 제94조 내지 제97조를 근거로 설명한다. 그러나 이 일방적 결정력이 시민법상의 단독행위 또는 형성권과 어떠한 법구조적 관련에 있는가에 대하여 언급하는 것은 하나도 존재하지 않는다. 계약설에서는 이들 세 가지 과제가 모두 위 2)와의 관련에서 중시된다.[65]

2. 요건흠결의 취업규칙의 문제

근로기준법에 의하면, 사용자에 의한 취업규칙안의 작성(변경) → 근로자에 대한 의견청취(동의) → 고용노동부장관에 대한 신고 및 수리라는 일련의 절차 또는 과정을 거쳐서 취업규칙은 규범으로서 정립된다. 이러한 일련의 절차에 하자가 있는 경우에 그것을 어떻게 처리할 것인가가 문제이다. 사용자가 근로자에 대한 의견청취(동의)의무를 제대로 이행하지 않았거나 고용노동부장관에 대한 신고를 하지 않는 경우에는 근로기준법상 근로조건결정규범으로서 취업규칙 자체의 성립을 원칙적으로 부정해야 할 것이다.

그렇지만 근로기준법상의 요건절차의 전부 또는 일부를 사용자가 이행한 경우와 이행하지 않은 경우나 이행할 의사는 있었지만 이행하는 것이 불가능하였던 경우에 개별근로계약에 대한 영향이 어떻게 되는가는 또 다른 차원에서 결정되어

---

65) 여기에서 우리가 우선 알아야 할 것은 도이칠란트에서는 1891년의 개정 영업법(근로자보호법) 특히 행정감독에 의한 취업규칙의 개별노사구속성에 관한 새로운 입법이 된 이후부터 계약자유의 원칙에 기하여 사용자의 취업규칙의 작성 및 그러한 취업규칙의 구속력을 설명하는 학설이나 이론은 쇠퇴하였고, 이러한 이론을 대신하여 국가법적 각도에서 취업규칙의 타당성을 설명하는 학설이 우세하였다. 이러한 상황은 일본의 경우에도 공장법안(案)을 입안하는 초기단계에는 그러했다. 그렇지만 그 후에 일본에서 취업규칙의 법적 성질과 관련해서 노동법학설에는 없는 민법학설로서 단순 소박한 계약적 사고에 머물게 되었던 것은 이러한 취업규칙의 구속성조항이 빠지게 되는 공장법의 입법과정에서 비롯된 것이라고 생각된다.

야 할 것이다. 예컨대, 첫째, 사용자가 근로자들에 대한 의견청취의 과정을 거치지 않았음에도 그러한 절차를 거친 것처럼 허위로 결과를 현출하거나 제대로 의견청취를 하지 아니한 채 취업규칙안을 신고하여 수리된 경우에 그러한 취업규칙의 효력은 어떠한가라는 것이다. 특히, 취업규칙의 변경에 있어서 불이익변경의 여부에 대해 사용자와 근로자간에 의견의 차이가 있는 경우 사용자가 단순히 근로자들의 의견청취절차만 거쳐서 변경신고를 하여 그것이 수리된 경우에 그 변경의 효력은 어떠한가? 둘째, 취업규칙 작성(변경)시에 제출된 「취업규칙안에 첨부된 근로자집단의 의견서」에 나타나 있는 근로자들의 의견의 법적 성질을 어떻게 보아야 하는가라는 문제를 차치하고라도, 예컨대 사용자의 취업규칙안에 대한 근로자집단의 의견이 절대반대라고 할지라도,[66] 고용노동부장관은 사용자에게 근로자들의 의견을 재고하라고 사실상 촉구할 수 있다고 하여도 종국적으로는 사용자의 신고를 수리할 의무가 있고, 또 이러한 신고절차를 경료하면 근로기준법상 취업규칙으로서 유효하게 성립하여 근로자에 대한 취업규칙으로서 효력을 가지는가라는 것이다.

위 첫째의 문제 대해서는 우선, 사용자의 취업규칙안에 대한 근로자의 집단적인 의견표명에 의한 노사 쌍방의 「합의」상태의 법적 성질[67]에 대한 다음과 같은

66) 근로자들의 의견이 상당한 기간 안에 나오지 않는다는 경우도 많이 있는 예이다. 사업장의 근로자가 복수, 특히 3개 이상의 노동조합으로 분산소속하고 있거나 이 외에도 미조직의 근로자가 있는 경우, 혹은 정규직근로자와 파트타임근로자가 다른 처우를 받는 경우 대표자선출의 기반을 어떻게 생각해야 하는가의 이론적 과제가 얽혀 있는 경우에 특히 그러하다. 찬부의 간단한 의견조차 나오지 않는다고 하면, 나오지 않은 채로 신고하여도 행정관청은 그것을 수리하지 말아야 하며 찬부의 분명한 의견이 나올 때까지 기다려야 하지만, 현실에 있어서는 찬부의 여부를 나누지도 아니할 뿐만 아니라 그 취합도 하지 않는 정도의 보고가 되고 있는 것 같다. 다만 어디까지나 근로자집단 측이 의견서의 서명을 거부한 경우는 그 취지의 보고를 사용자가 감독행정관청(고용노동부장관)에 하고, 감독행정관청은 다시 상당한 기간을 두고 보완할 것을 조건으로 하여 일응 수리해야 할 것이다.

67) 우리나라 취업규칙작성신고의 실무를 살펴보면, 의견서(근로기준법 제94조 제2항)에는 노동조합이 없는 사업장의 경우에는 「의견없음」이라고 간단히 기재하는 경우가 압도적으로 많고, 노동조합의 세력이 강한 곳이라도 그 정도에 따라 축조적으로 찬부 또는 새로운 제안의 의견을 표시하고 있는 것이 현실이다. 이 「의견없음」에서의 신고수리는 변칙적이지만, 이것은 「동의라고 간주될 수 있다」고 할 것이다. 동의상태형성의 주도권이 노사 어느 일방에 있다면 동의상태에 변화가 없는 것이다. 임금인상타결은 협약화되지 않고 구두약속이 적지 않는데, 이 상태는 노동조합 및 노동관계조정법상의 협약은 아니지만 광의의 협약이라는 집단규범의 존재를 의미하는 것에는 다툼이 없다. 이것에 반하여 노동시간 등 사용자가 주도권을 가진 동의상태를, 판례·통설과 같이, 임금인상의 경우와 달리 단체협약이 없는 상태이므로 일방적인 것이라고 한다면, 동의상태의 주도권이

5가지(정확하게 6가지)의 법적 의미 중 어느 것을 선택할 것인가에 따라 근로자의 집단적 참여에 하자가 있는 취업규칙의 성립 또는 그 효력에 대한 법적 판단이 다르게 될 것이다.

첫째, 노사 쌍방이 합의해서 취업규칙안을 입안한다고 하더라도, 이 경우에 노사합의는 법적으로 아무런 의미가 없고 근로기준법상 취업규칙은 사용자가 일방적으로 작성(제정)하는 것이라는 점에는 아무런 차이가 없다고 볼 것인지 여부.

이 문제와 관련해서 ① 노사합의는 법적으로 아무런 의미가 없기 때문에 취업규칙의 변경은 언제나 사용자의 일방적 변경이고, 노사합의에 기한 변경은 고려하지 아니하더라도 법적으로 아무런 문제가 없는지, ② 노사합의는 노사의 집단적 규범합의이기 때문에 취업규칙은 단체협약과 동일한 규범이며 「규범에 관한 집단적 합의」로서 취업규칙의 변경은 합의상대방의 동의 없이는 이루어질 수 없다고 해야 하는 것이 아닌가라는 문제가 다시 제기된다.

둘째, 근로기준법 제94조 제1항의 근로자의 집단적 참여를 근로기준법상의 기숙사규칙(제99조 제2항)과 동일시해야 하는 것이 아닌지 여부.

셋째, 현행 근로기준법에는 제51조 2항, 제58조 제2항, 제3항과 같은 사용자면책협정(서면합의)이 있는데, 근로기준법 제94조 제1항의 근로자의 집단적 참여가 근로자에 대한 구속성에 있어서 이들 면책협정과 동일시해야 하는 것이 아닌지 여부.

넷째, 근로기준법 제94조 제1항 소정의 근로자의 집단적 참여가 노동조합 및 노동관계조정법 제31조 소정의 단체협약의 체결과 동일시해야 하는 것이 아닌지 여부.

다섯째, 근로자집단의 의견청취 및 동의가 민법상의 계약체결 이를테면 일종의 무명계약과 같은 성질을 가지는지 여부.

그런데 근로자 집단이 사용자가 일방적으로 작성한 취업규칙안의 전부 또는 일부에 대해 동의 또는 부동의의 의견을 표명한 경우에 법규범설이나 계약설의 입장 양자는 모두 근로자 집단의 그것의 법적 의미를 고의적으로 폄하하거나 무시하고 있는 것 같다. 우리나라 근로기준법은 1989.3.29 법률 제4099호로 신설된 제95조 제1항 단서(현행 근로기준법 제94조 제1항 단서)에 의해 취업규칙의 작성(변경)에 대한 근로자의 집단적 참여에 더욱 중요한 법적 의의를 부여하고 있다고 할 것이다. 그래서 적어도 사업장내 근로자들의 근로조건을 불이익하게 변경하는 경우에

근로자에 있으면 협약이지만, 주도권이 사용자에게 있다면 일방적 취업규칙이라고 하는 모순을 말하는 것과 같다.

는 당해 사업장 내의 근로자의 동의는 위 셋째와 넷째와 같은 수준의 것이라고 하지 않을 수 없다.[68]

위 두 번째의 문제와 관련해서 중요하게 부각되는 것이 취업규칙제도에 있어서 노동행정관청(고용노동부장관)의 역할의 문제이다. 즉 취업규칙제도에서 고용노동부장관(행정관청)이 취업규칙의 성립과정에 얼마나 적극적으로 관여할 수 있는가라는 것이다. 만약 고용노동부장관이 취업규칙에 대한 형식적인 심사권만을 가지고 있고, 실질적인 심사권이 없다고 본다면, 고용노동부장관은 사용자에게 근로자들의 의견을 재고하라고 사실상 촉구할 수 있다고 하여도 종국적으로는 사용자의 신고를 수리할 의무가 있다고 할 것이다. 그렇지만 이미 앞에서 언급했듯이, 근로기준법 제96조 제2항이 취업규칙의 내용뿐만 아니라 성립과정 일체에 대한 실질적인 심사를 노동행정관청에 의무화하고 있다고 해석해야 할 것이다. 근로기준법 제96조 제2항은 "… 할 수 있다"라고 하는 임의규정적인 형식을 취하고 있으나, 오히려 동항에 기하여 근로자는 행정관청에 대해 위법한 취업규칙의 변경명령을 하도록 요구할 수 있다고 하겠다. 이렇게 본다면, 고용노동부장관이 사용자가 취업규칙안의 작성시 또는 기존의 취업규칙을 불이익하게 변경하는 취업규칙개정안의 작성시에 근로기준법 제94조 제1항 소정에 기한 근로자집단의 의견청취나 동의 없이 신고하는 것을 그대로 수리하는 것은 위법이라고 할 것이고, 또 신고된 취업규칙안 또는 개정안에 첨부된 근로자집단의 의견서에 근로자 과반수의 반대의견이 기재되어 있음에도 노동행정관청이 근로기준법상의 노동보호의무자로서 사용자와 근로자집단 간의 이해관계를 조정하여 시정하지 않은 채 그대로 신고를 수리하는 것은 근로기준법상의 노동보호의무를 부당하게 이행하지 않는 것으로서 위법이라고 할 것이다.

3. "사실적 취업규칙"의 효력의 문제

1) 문제의 소재

근로기준법상의 요건을 구비하지 못한 사실적 취업규칙의 경우 근로기준법이 전체로서 가지고 있는 최저기준성(근로기준법 제3조 및 제15조에 기한 종합적 고찰)

68) 물론 계약설의 입장은 근로기준법 제94조 제1항 단서 소정의 동의를 다섯째와 같은 수준의 합의로 볼 것이다.

때문에 기본적으로 법규범적인 효력을 부정하는 방향에서 고찰해야 할 것이다. 여기에서 부정적 방향이라 함은 근로기준법상의 요건을 충족하지 않은 취업규칙은 취업규칙으로서의 존재 자체가 인정되지 않기 때문에 그 규범으로서 직률적인 효력이 인정되지 않는다(근로기준법 제4조, 제5조, 제17조, 제96조, 제97조 등이 기능할 수 없다)는 것이다. 그렇지만 존재하는 사실적 취업규칙의 직률적인 효력을 인정하지 않는다는 것 자체는 법적인 의미에 있어서 무효와는 다르다. 예컨대 근로기준법 소정의 요건 전부를 충족하는 취업규칙과 같은 기능을 하는 규범이 상시 10인 미만의 근로자를 사용하는 사업 및 사업장에 존재한다고 하더라도 사용자의 작성의무라는 맥락에서 보면 그 의무가 부존재하기 때문에 근로기준법상의 취업규칙은 존재하지 않는다고 할 것이다.

2) "사실적 취업규칙"과 근로계약

사용자가 일방적으로 작성한 규범이 근로기준법상 취업규칙으로서의 요건을 갖추지 못한 경우 즉 사실적 취업규칙에 불과한 경우에 있어 개별근로자에 대한 그것의 구속성은 개별적으로 검토해야 할 것이다. 사실적 취업규칙의 효력에 관한 문제는 근로기준법상의 취업규칙법리와는 다른 차원의 문제이다. 즉 사실적 취업규칙의 문제에 근로기준법상의 취업규칙법리를 그대로 적용 또는 준용할 것인가는 다른 차원에서 검토되어야 한다.

노동법은 집단적 노사관계와 개별적 근로관계라는 차원을 달리하는 두 개의 장(場)에서 「의견청취」, 「동의」 또는 「합의」라는 집단주의적 또는 개인주의적인 절차나 방법에 기하여 노사 양 당사자에 대한 구속력을 가지는 규범의 형성을 인정하고 있다. 근로자 집단 및 개인 어느 쪽에 대해서든 구속력을 가지는 규범이 성립하기 위해서는 실정노동법률이 정하고 있는 「의견청취」, 「동의」 또는 「합의」가 있어야 한다는 것은 필요적 요건이다. 이것은 취업규칙의 경우에도 마찬가지다. 취업규칙은 근로기준법 소정의 절차와 방법에 의해서 성립해야 비로소 사업장내에 구속력 있는 규범이 된다. 그러나 취업규칙의 실무에서는 사뭇 다른 현상이 야기되고 있다. 취업규칙의 경우에는 단체협약과 달리 그 주도권이 사용자에게 있기 때문에 동의의 법정조항을 준수하지 않은 동의 없는 취업규칙이 횡횡하는 현실은 소멸하지 않을 것이다. 그래서 이러한 법정의 동의없는 취업규칙의 효력 또는 구속력에 대해서는 현행법과 같은 평가가 아닌 방법으로 평가해서는 아니된다. 하지만 현실을 보면 근로자 집단의 의견청취 또는 동의는 의제적인 것으로 인정되기 쉽기 때문에 현행 근로기준법상의 체제와는 커다란 차이가 있는 결과가 생기고 있다.

여기에서 사실적 취업규칙이 개별근로자의 근로계약에 어떠한 규범적 효력을 가지는가는 우리나라 법질서 전체의 차원에서 특히 헌법(제32조 제3항 및 제33조), 노동조합 및 노동관계조정법, 근로기준법의 차원에서 판단되어야 할 것이다. 이 문제는 다음과 같은 방향에서 생각할 수 있을 것이다.

첫째, 근로기준법 소정의 요건을 구비하지 못한 취업규칙은 노동보호규범으로서 존재하지 않는 경우에 해당하기 때문에 근로기준법상의 취업규칙으로서는 부정되지만, 이러한 사실적 취업규칙에 대해서는 근로자집단(노동조합) 또는 개인이 그 효력 여부에 대해서 결정적인 권리를 가질 것이다. 이와 같은 취업규칙은 구속력을 원용하는 차원(level)에서 사실상 존재하는 규범으로서 그 구속력에 차이가 생길 수 있다. 이 경우에 취업규칙의 효력은 사실의 규범력 또는 사실상의 구속력이라고 할 수도 있다.

둘째, 근로자집단 및 개인의 동의 있는 사실상의 취업규칙안이나 동의 없는 사실상의 취업규칙도 그 개별근로자에 대한 구속성은 규칙 자체의 유효적 존재성과는 별도로 일반적으로는 개별계약조항(규범), 노사관행, 명시 또는 묵시의 승인 또는 거절(의사표시)에 의한다. 개별근로계약상 공백인 부분에 취업규칙내용이 들어가는가 여부에 대해서는 개별근로계약상 이것에 대한 정함의 유무가 우선 검토되어야 할 것인데, 이것이 명확하지 않든가 포괄적 또는 백지인 경우에는 계약이라는 「규범」차원(level)에는 없는 원용성의 영역인 것이다.

셋째, 법규설을 취하는 입장에는 근로기준법 제97조를 근거로 취업규칙은 계약에 대해 우위성을 가지는 상위규범이라는 사고방식이 특히 강하다. 그러나 동조는 취업규칙을 하회하는 계약소정의 조항내용에 대해서는 취업규칙이, 반대로 취업규칙 소정의 조항내용을 상회하는 계약은 계약소정의 내용이 상위한다고 하는 두 가지의 것을 법정한 것이다. 환언하면, 근로기준법 제97조는 취업규칙 소정의 내용을 하회하는 계약소정의 조항내용에 대해서는 한편에서 계약내용의 하한에 없음으로 근로기준법 위반에 대한 감독의 필요에서, 다른 한편에서 동의 즉 결과적으로는 개별노사간의 합의를 다른 다수자와의 비교에 있어서 불이익한 차별적 대우를 회피하는 정책을 취하였던 것에서 당연한 배려로서 이것을 규정하였던 것에 그친다.

4. 문제해결의 기본방향

근로기준법이 제정된 이래 반세기가 지났다. 그 동안에 취업규칙관련조항은 딱 한번 개정이 있었다. 최근 국회의원선거에서 경제민주주의의 문제가 부각되었지만, 기업에 있어서 노동과 자본의 관계를 민주화하는 것이 경제민주주의의 핵심임에도 불구하고,[69] 그저 말만 무성할 뿐, 입법에 의해 하룻밤 사이에 기업차원에서 노동보호제도로서의 후진적인 취업규칙제도가 폐기되고 노사공동결정과 같은 새로운 노사관계가 도래한다는 것은 재벌자본주의에 의해 국가 및 사회 전체가 포위되어 있는 현상황에서 기대하기는 어려울 것 같다. 그나마 존재하고 있는 근로기준법상의 제도라도 본래의 입법취지에 맞게 운영될 수 있었으면 한다. 그렇지만 현행 근로기준법상의 취업규칙제도는 노동보호법이라는 근로기준법의 성격에는 부합하지 않는 제도이고, 취업규칙을 규제하기에는 제도적으로 너무나 부실하고, 근로기준법상 노동보호의 최고책임기관으로 상정되어 있는 (고용)노동부장관이 그것에 상응하는 행정적 역할도 하고 있지 않아서 현행 취업규칙제도는 노동보호제도라고 말할 수 없다.[70] 기업차원에서 현행 취업규칙제도를 존치하면서 근로기준법의 기본원칙인 근로조건노사대결정원칙이 어느 정도 실현되게 하기 위해서는 취업규칙에 관련된 현행 근로기준법 규정에 시급한 보완이 요청된다.[71]

현행 근로기준법상의 취업규칙제도는 그 조문의 규정내용만 본다면, 지금으로부터 1세기보다 더 이전에 시행되었던 프로이센 1891년 개정 영업법의 그것보다도 후진적이라고 말할 수 있다. 근로기준법은 취업규칙의 작성(변경) 그 자체 및 그 절차에 있어서 그리고 그것의 신고 및 명시 등에 있어서 사용자의 의무 이행

69) 이에 관해서는 강희원, 『노동법 기초이론』 제3판, 법영사, 2011, 제5장 참조.

70) 개별사업장에 취업규칙을 상회하는 별도의 정함이 있는 경우에 그것과 취업규칙의 병존이 법인될 수 있는지, 사용자가 취업규칙에 위반하는 사실이 있는지, 변경신고가 된 경우에 변경된 신취업규칙이 아니라 변경되기 전의 구취업규칙이 그대로 시행되고 있는 경우에 그 효력이 어떻게 되는지에 대해서조차 근로기준법에는 아무런 규정이 없다. 이러한 경우에도 노동부장관의 감독은 미치지 않는다. 더욱이 중첩적 취업규칙이나 적용범위가 복잡한 취업규칙에 대해선 더욱더 그러하다.

71) 약간의 입법적 보완을 전제로 해서 근로기준법상의 취업규칙제도에 대체하는 제도로서 근로자참여및협력증진에 관한 법률상의 노사협의회제를 활용하자는 견해도 있다. 박종희, 『개별적 근로조건에 대한 집단적 결정시스템의 개선방안의 연구』, 노동부학술연구용역결과물, 2005년. 그러나 노동조합의 조직률이 낮아 집단적 노사관계가 제 기능을 하지 못하는 상황에서 노사협의제도가 제대로 작동될 수 있을지 의문이다.

및 법령이나 협약에 위반하는 내용의 경우 사용자에 대한 행정처분 내지 형사사법처벌 등과 같은 규정을 두고 있지 않고, 사용자에 대한 단순한 사실상의 행정지도에 기대고 있다. 사용자가 근로기준법상의 의무로 규정되어 있는 취업규칙을 작성하지 않거나 작성하고 그 작성 후의 준수요건들을 이행하지 않은 취업규칙에 대해서는 국가가 간접적이라고 할 수 있는 각종 조치에 의해서 근로기준법의 절차를 준수하도록 해야 함에도 불구하고 이를 실천하도록 하기 위한 강제적 수단에 대한 규정은 현행근로기준법에 없다. 그래서 현행 근로기준법 및 그것에 기한 부실한 노동행정실무가 사용자에 의해 일방적으로 작성된 취업규칙이 기업헌법으로 군림하는 것을 실질적으로 부채질하고 있다고 해도 과언이 아니다.

이러한 상황에서 근로기준법상 취업규칙제도가 새로운 입법에 의해 개선이 되기 전까지는 실정법상 미비한 부분은 법이론적으로 보완될 수밖에 없다. 판례가 구체적인 사건에 대한 재판의 결과라는 점에서 판례이론에 취업규칙법의 획기적인 개선을 기대하기도 어렵고, 그래서 판례를 선도하는 학설의 역할이 무엇보다 중요하다. 취업규칙에 관한 학설에 대해 우리 헌법의 기본이념인 사회국가원리와 근로기준법의 기본원칙에 투철한 집단주의적 및 개인주의적 법리에 입각해서 취업규칙법을 재정립하는 것이 요청되고 있다. 이에 관한 자세한 연구는 다음 기회로 넘기기로 한다.

제 7 장 근로계약의 기간

Ⅰ. 들어가면서

근로계약[1]에 있어서 「기간」의 문제는 계약당사자간에 있어서 현실적으로 중요한 문제이다. 특히 근로관계의 유연화 등으로 비정규근로자가 양산되고 있는 오늘날과 같은 상황에서는 더욱더 그러하다. 비정규직이란 기본적으로 유기근로계약을 체결한 근로자들이기 때문에 이들 비정규직근로자에 있어서 고용불안정의 문제는 근본적으로 근로계약의 기간의 문제와 맞닿아 있다.

고용노동에 관한 계약(근로계약)의 「기간」의 문제는 한편에서는 근로자의 신분적 종속화 문제와 접해 있고, 다른 한편에서는 사용자가 일방적으로 근로계약의 기간을 정하기 때문에 사실상 일방적인 해고에 의한 근로자의 실업자화 문제와 연결되어 있다. 즉 계약기간의 약정을 당사자에게 일임하는 경우에는 근로자의 퇴직·이직의 자유를 부인하여 근로자의 신분적 종속을 초래할 수도 있고, 당사자간에 있어서의 자유로운 기간약정이라는 미명하에 노동법상의 해고제한을 회피할 수 있는 합법적 통로를 마련해 주는 것이 되기 때문에 노동법적 해고제한제도를 무력화시키는 결과로 된다. 그러므로 이들 문제에 대한 법적 규제는 상충하는 국면이 있기 때문에 양자를 어떻게 조화시킬 것인가는 노동입법정책적으로 아주 중요하다. 전자는 근로자의 고용증진이라는 맥락에서 산업노동의 발전과 변화와 깊게 관련되어 있는 문제이고, 후자는 법률해석론으로서 해고법리의 전개와 관련해서 중요한 의미를 가지고 있다. 근로자와 사용자 간의 사회적 세력차이 때문에 근로계약의 내용이 사용자에 의해서 거의 일방적으로 결정되는데, 사용자가 일방적으로 설정하는 기간의 경과라는 사실 그 자체만으로 근로관계를 자동적으로 종

1) 근로계약의 개념에 대해서는 강희원, "근로계약의 개념에 관한 일고찰", 「경희법학」 44권 제3호, 2009, 265-312면 참조.

료케 하는 것을 법적으로 어떻게 정당화할 것인가의 문제는 근로자보호를 이념으로 하고 있는 해고법(解雇法)에 있어서 핵심적인 문제들 중의 하나이다.

근로관계의 현실이 이러함에도 불구하고 지금까지 근로계약의 「기간의 문제」는 우리 근로계약법이론 또는 근로계약법리에 있어서 그다지 강한 관심을 끌지 못하여 해고법적인 쟁점으로 부각되지 않고 있는 것 같다. 주위에서 현실적으로 다투어지고 있는 노동사건에서도 근로계약의 「기간」 자체를 쟁점적인 문제로 삼고 있는 것은 거의 없는 듯하고, 그래서 근로계약의 기간 그 자체의 의의 및 효력에 관한 문제가 법이론(legal theory)적인 차원에서 화두로 대두되지 못하였던 것이 아닌가 생각해 본다.[2] 근로계약의 기간이 쟁점으로 되었던 몇몇 노동사건에서 유기근로계약의 갱신거절 특히 유기근로계약이 반복해서 갱신되어 왔던 경우에 그 갱신의 거부에 의한 계속고용의 종료 여부가 다툼의 대상이었던 것이 사실이다.[3]

1953년에 근로기준법(이하 "근로기준법"이라고 한다)이 제정된 이래로 상당히 여러 차례 개정되었지만, 근로계약에 관한 제2장은 그 조문의 기본적 구조나 내용이 근로기준법의 다른 장의 것과 비교해 볼 때 상대적으로 변경이 거의 없이 유지되어 왔다고 말할 수 있다.[4] 근로계약의 기간에 관한 조항은 근로기준법 제2장에서 두 번째에 위치하고 있는데, 이 조항은 1953년 제정시 근로기준법 제21조였는데, 그 후에 조문의 번호만 수차례 바뀌었을 뿐 그 순서와 내용은 2006.12.21. 법률 제8074호 「기간제 및 단시간 근로자 보호 등에 관한 법률」(이하 "기간제법"이라고 약한다)이 제정되면서 그 당시 근로기준법 부칙 제3조에 의해 2007.6.30.까지로 그 효력이 제한되었던 근로기준법 제16조에서 볼 수 있듯이 자구 하나도 바뀌지 않고 그대로 유지되었다. 어떻든 근로계약의 기간을 규제하고 있었던 근로기

2) 상대적으로 일찍이 고시잡지의 한 「논단」란에 김형배 교수께서 이 문제에 대해서 당시에는 미래지향적으로 일본과 독일의 판례와 학설을 간략히 소개한 바 있다. 김형배, "연쇄적 근로계약관계와 해고제한", 「월간고시」, 1976, 94-102면.

3) 이러한 사건에서 근로자가 반복적으로 계속된 기간계약에서의 고용계속을 실질적으로 기간의 정함이 없는 고용과 동일상태에 있다는 것을 주장하는 것에 대해 사용자는 갱신거절을 해고와 동렬에서 논하는 것이 어렵지 않는가라는 주장을 한다.

4) 근로기준법의 제·개정사를 보면, 1953년 최초로 제정된 근로기준법은 「제2장 근로계약」에서 사용자에 대해 근로조건의 명시의무(제22조)와 정당한 이유없는 해고의 제한(제27조)을 노동(근로자)보호적 의무로서 부과하고, 해고자에 대한 30일분이상의 평균임금지급, 그리고 2년 이상 계속근로자에 대해서는 계속근로연수 1년에 대하여 30일분씩, 계속근로연수 10년 이상인 경우 때에는 10년을 넘는 1년에 대해서 60일분의 평균임금을 가산하여 지급하도록 할 뿐(제28조) 1953년 근로기준법에는 현행 근로기준법상의 해고예고제도를 두지 않았다. 해고예고제도는 1961.12.4. 법률 제791호로 개정된 근로기준법 제27조의2에 신설·도입되었다.

준법상의 규정은 2007.6.30.이후부터 실효하였고, 2007.7.1.부터 기간제법이 시행됨으로써, 그 입법의 형식과 내용에 상당히 많은 변화가 생겨 그 자체로 규범적 의미가 달라졌을 뿐만 아니라 기간제법 제4조는 근로계약의 기간에 적용 또는 준용될 수 있는 근로기준법 및 민법상의 관련규정들과 체계적인 해석을 하는 데에 있어 상당한 문제가 될 소지가 생기게 되었다.

기간제법이 시행되기 전에도 이미 근로계약의 기간에 관한 근로기준법상의 규정을 근로기준법의 법적 성격과 해고법과 관련해서 어떻게 이해해야 하고, 민법상의 관련규정과 어떻게 체계적으로 파악해야 하는가에 대해 논란이 있을 수 있었는데, 여기에 다시 기간제법이 시행됨으로써 문제는 더욱더 복잡하게 되었다. 게다가 기간제법 제4조 자체를 규범적으로 어떻게 이해해야 하는 것이 타당한가라는 문제도 있다. 그래서 기간제법 제4조에 대한 이해는 근로자에 대한 사용자의 해고의 요건과 절차를 규정하고 있는 근로기준법상의 규정과 관련해서 근로기준법 제16조의 경우보다 더 복잡하게 되었다. 보다 근본적으로 제기되는 의문은 기간제법이 근로기준법 제16조의 대체입법에 해당한다고 볼 수 있는데, 이 법률이 과연 그 법명에 상응하게 기간제근로자를 더 두텁게 보호한다고 평가할 수 있는가라는 것이다. 오히려 해고의 요건과 절차를 규정하고 있는 근로기준법상의 해고제도를 어떻게 파악하는가에 따라서는 기간제법 자체가 근로기준법에서보다도 기간제근로자의 지위를 실질적으로 더욱더 불안정하게 만들고 있는 것이 아닌가라는 의문이 제기되기도 한다.

사실, 우리나라에서 법률해석론적인 문제로서 「근로계약의 기간」은 단순히 기간제법 제4조의 해석문제인 것만이 아니라, 해고의 요건과 절차에 관한 근로기준법상의 규정과 고용계약의 기간과 해지 및 묵시적인 갱신에 관한 민법의 관련규정들과 어떻게 체계적으로 파악해야 하는가라는 문제이다. 이 문제는 결국 고용노동에 관한 계약을 둘러싼 근로기준법, 기간제법 및 민법이 법체계상 서로 어떠한 관계에 있다고 보아야 하는가라는 우리나라 노동법의 근간이라고 할 수 있는 근로기준법의 법체계적 지위와 관련되어 있다. 고용노동에 관한 계약의 기간에 대한 민법, 근로기준법 및 기간제법의 각 조항에 전제되어 있는 법정책(legal policy)적 입장에 대하여 검토해야 하고, 이러한 검토를 통해서 이들 조항들을 서로 모순되지 않도록 해석하는 것이 요구된다.

위에서 제기되었던 문제를 해결하기 위해서 첫째, 고용노동에 관한 계약의 기간의 법적 규제에 대한 예비적인 지식을 얻기 위해서 산업사회의 변화와 관련해서 산업사회의 변화 속에서 고용노동에 관한 계약의 기간의 경제적 사회적 의미를 간단히 음미하고(Ⅱ), 둘째, 법이론적인 차원에서 고용노동에 관한 계약에 있어서 민법과 노동법의 법체계적 관계를 간단히 논급하기로 한다(Ⅲ). 셋째, 고용노동에 관한 계약의 기간에 대하여 민법, 근로기준법 및 기간제법이 기본적으로 어떠한 구상을 하고 있는지를 살펴보고(Ⅳ), 넷째, 위의 고찰에서 얻은 결론을 전제로 해서 우리나라에서 근로계약의 기간과 관련하여 노동보호법의 역할을 하고 있는 기간제법의 문제점을 검토하고, 다섯째, 근로계약의 기간과 근로관계라는 제목 하에 고용노동에 관한 계약의 기간에 관한 법 이른바 근로계약의 기간법(期間法)에 대해 언급한 다음(Ⅵ), 마지막으로 근로계약기간법에 관한 입법론적인 제언과 함께 향후를 전망하는 것으로써 모든 논의를 정리하고자 한다(Ⅶ).

Ⅱ. 근로계약기간제의 역사적·사회적·경제적 의의

1. 역사적 진보로서 고용계약의 「기간」

먼저, 우리나라 실정노동법률의 해석론을 전개하기 전에 그 올바른 방향을 잡기 위해 근대자본주의사회에서 노무제공을 목적으로 하는 계약에 있어서 「기간」이라는 것이 역사적으로 어떠한 의미를 가지고 있었는지를 살펴본다. 유럽에서 16세기부터 17세기에 진행되었던 시민혁명으로 봉건신분사회체제가 무너지고 근대시민사회가 성립하여 사회적 관계는 자유로운 계약에 의해서 형성되는, 말하자면, 자유계약사회로 되었다.[5] 봉건신분사회에서 노무급부를 제공하는 주체가 노예나 농노이기 때문에 처음부터 통상적인 의미에 있어서 기간이라는 것은 상정할 필요도 없이 고용관계는 종신이고 세습이었다. 노무제공을 목적으로 하는 신분관계가 당사자 간에 있어서 의사의 합치에 의한 고용계약관계로 발전했다는 것 그 자체가 역사적 진보였고, 게다가 그러한 고용계약에 있어서 근로자가 법이념적으로 그 기간을 사용자와 합의해서 정할 수 있다는 것은 엄청난 역사적 사건이라고 평가할 수 있다.

이러한 역사적 상황을 법이념적인 차원에서 보면, 고용계약은 고용노동의 주체

5) 이에 관해서 강희원, 「노동헌법론」, 법영사, 2010, 115면 이하 참조.

가 봉건적인 신분적 속박에서 벗어나게 하는 계기를 만들었다. 하지만 실질적으로 노동력밖에 없는 무산계급들은 경제적 이유 때문에 자유계약에 의해서 합법적으로 유산계급에 종속되었다. 이 경우에는 자유계약은 종신계약으로 되거나 반봉건적 종속관계를 정당화하는 법적 도구로 된다. 그러므로 고용계약의 기간은 계약적 구속에서 벗어나 거주이전의 자유, 직업선택의 자유, 신체의 자유를 실질적으로 향수할 수 있는 이직 및 퇴직의 자유를 확보할 수 있는 기회를 주기 때문에 적어도 법형식상으로는 근로자의 이익이라고 말할 수 있다. 그러나 현실은 이러한 법이념과 형식과는 정반대였다.

2. 초기자본주의에 있어서 고용노동에 관한 「계약의 기간」의 실태

오늘날 상품교환을 목적으로 하는 계약 일반에서 계약의 기간이라고 함은 통상 당해 계약의 유효기간 혹은 존속기간을 의미한다는 것은 말할 필요도 없을 것이다. 이것은 노무공급을 계약목적으로 하는 계약의 계약기간에서도 마찬가지일 것이다. 그렇지만 이것이 곧바로 계약기간 중의 간단없는 노무급부의 지속을 의미하는 것이 되는 것은 아니다. 노무의 급부를 목적으로 하는 계약에서는 계약의 기간 중에는 특별한 사정이 없는 한 노무급부의 의무가 있고 그 의무의 이행이 확실하게 계속 유지된다고 하는 것이 가장 간명한 이해라고 할 수 있다. 그렇지만, 목적이 된 노무의 성질이나 형태 때문이든, 또 그것이 이행되는 계절 등과 같은 상황이나 환경 때문이든 노무급부를 받아 실현되는 사업이 불안정해지기도 하고, 기간 중에 간헐적으로 정지가 예정되어 있는 경우도 있을 수 있다.[6] 이러한 취업실태를 전제로서 생각해보면, 장기간에 걸쳐 노무를 목적으로 하는 계약이 체결되어져 있는 경우에는 당해 계약의 기간이 그대로 노무급부의 대상기간으로 된다고 말할 수 없는 경우도 많을 것이다. 계약기간 중에는 불취로(不就勞)가 예정되는 기간도 포함되지만, 경우에 따라서는 그 기간 동안에도 원칙적으로 해지통지를 하지 않은 이상 형식적으로 고용은 안정적으로 확보되어 있다고 생각하거나 불취업의 예정기간이 계약의 기간에 포함되어 있다고 보기 때문에 노무제공자 즉 근로자가 퇴직 및 이동의 자유를 실질적으로 향유할 수 없는 경우도 있었을 것이다.

역사적으로 보면, 과거에 장기에 걸친 기간계약(이를 테면 年을 계약의 단위기간으

6) 이러한 사회적 사실은 현행 근로기준법에도 그대로 반영되어 있다. 해고예고의 예외를 인정하고 있는 근로기준법 제35조가 그것이다.

로 하는 이른바 年期雇用[7])은 1년 내내 상시 취업이 계속되었던 것은 거의 없었다. 농업노동 및 농산물가공노동 등은 계절성을 띠는 것이 불가피하고, 계약의 기간과 취업기간이 일치하지 않는 것이 통상이었다. 휴한기(休閑期)에 취업기회가 존재하고 있지 않아도 계약의 구속력은 지속되고, 계약기간 동안 당사자 간에 특정의 인적 관계가 지속하기 때문에 인신구속적인 성격을 가지는 일종의 신분관계라고도 할 수 있었을 것이다. 그 신분적 성격을 불식하기 위해 근대사법은 이것에 제한을 가하고 있다. 다른 한편, 기간의 정함이 없는 계약에는 당사자 쌍방이 해지통보의 자유를 가지는 이상 취업기회가 존재하지 않는 계절에는 근로자도 역시 계약을 유지할 의미는 없다. 그래서 고용주는 취업기회의 유무에 따라 채용과 해고를 반복하는 것으로 되고, 노무자에게는 퇴직·이동의 자유가 있는 반면, 고용안정은 전혀 기대할 수 없다고 하는 것이 기본적인 형태였다.[8])

3. 자본주의사회에 있어서 고용계약의 「기간」의 사회적·경제적 의의

역사적으로 보면, 법적으로는 기간의 정함이 없는 계약을 전형으로 하면서, 계속적인 취업이 유지되는 상태가 고용관계의 전형(全形)으로 되었던 것은 그다지 오래되지 않았다. 안정적으로 계속되는 공업생산체제가 성립하여 산업경제활동이 계속될 수 있어야 비로소 안정적인 계속적 고용관계의 유지가 가능할 것이다. 그러므로 공업생산시설과 산업경제체제의 확립이야말로 계속적인 고용관계의 기반이다. 이러한 여건은 각국의 경제적·사회적 여건이나 산업 및 업종에 따라 다른 것은 말할 필요도 없지만, 아주 대체적으로 말하면, 이러한 고용관계의 기초를 이루는 것은 오늘날 우리가 포디즘(fordism)이라고 일컫는 대량생산기술체제이고, 이것에 의해 지지가 되고 있는 대량생산체제의 현대적 산업사회라고 하겠다. 안정된 전일적(full-time)인 장기계속취업을 전형으로 하는 고용관(雇傭觀)은 대량생산-대량소비의 산업사회를 기반으로 해서 계속적으로 성장하는 자본주의경제체제에서 비로소 정착되었던 것이라고 해도 좋을 것이다. 그리고 이러한 고용관(雇傭觀)

7) 유럽근대에서 농업노동은 농업의 특성상 고용기간을 연단위로 하는 연기고용이 통상적이었다고 한다.

8) 이와 관련해서 근대유럽에서 농업노동의 상황과 고용노동에 관한 법제들을 보면 시사하는 바가 크다. 湯村武人, 「16-19世紀の英佛農村における農業年雇の硏究」, 九州大學出判會, 1984 및 石田眞, 「近代雇用契約法의 形成」, 日本評論社, 1994 참조. 이 외에 金元卿/方有成, 「韓國雇傭史」, 형설출판사, 1991도 참조.

을 이상으로 추구하고 현실적으로 지지하였던 것은 완전고용을 표방하는 선진자본주의국가들의 고용정책이었다고 생각한다. 제2차 대전 후의 세계에 있어서는 선진자본주의국가들이 복지사회 또는 사회국가의 이념을 표방하고 그것을 구현해야 할 과제로서 내걸면서, 취업의사와 능력이 있는 사람들에게 고용기회를 보장하는 것을 국가정책적인 최고중요과제로서 삼았다. 위와 같은 국가정책을 배경으로 해서 기간의 정함이 없는 고용계약의 의미가 반전하였다. 본래 기간의 정함이 없는 고용계약은 「어느 때라도 해지할 수 있다」고 하는 아주 불안정한 고용유형이었는데(민법 제660조 제1항 참조), 이것이 사회국가 또는 복지국가에서 장기계속고용을 유지하는 근로계약의 전형으로 되었다(근로기준법 제23조 제1항 참조).[9)]

위와 같은 시대적 배경지식을 전제로 하면서 고용노동을 목적으로 하는 계약에서 「기간」이 자본주의사회에서 어떠한 기능을 하고 있으며 그 사회경제적 의의가 무엇인지, 그리고 기간을 법정하는 노동보호법이 과연 근로자보호에 기여할 수 있는지를 생각해 보기로 한다. 이미 언급했듯이, 근대에는 고용노동을 사용하는 관계가 연기계약(indentured labor contract)에 의해 신분적 성격이 희박해짐에 따라 고용노동을 사용하는 계약형태는 오히려 1년도 채우지 않는 단기의 기간제계약 혹은 기간의 정함이 없는 계약으로 되었다. 공장제생산이 본격화되기 이전인 초기자본주의시대에 자본가들은 이윤획득을 위해서 농업이나 목축업을 기업적으로 운영하였는데, 이러한 농업생산에는 계절적 번한(繁閑)이 있을 수밖에 없기 때문에 1년 중에 겨울과 같은 농한기(農閑期)를 제외하고 기간계약을 체결한다든가, 해지가 자유로운 기간의 정함이 없는 계약을 체결하여 농한기에서 불필요한 노동력을 수시로 조정하는 것이 일반적이었다.[10)] 또 공업적 생산이라고 하더라도 그 대부분

9) 기간의 정함이 없는 계약이 계속고용을 의미하는 것으로 되는 것은 본격적인 산업자본주의의 성립이라는 사회적 실태변화의 결과이다. 오늘날 해고제한법은 그것이 제정법이든, 판례법에 의한 것이든, 세계적으로 사용자의 해고의 자유를 대폭적으로 제한하는 경향인데, 우리나라에는 사용자의 해고가 유효하기 위해서 정당한 이유가 있어야 한다고 하는 취지의 규정이 1953년 처음으로 제정된 근로기준법에 이미 있었다. 1953년 근로기준법 제27조 제1항은 현행 근로기준법 제23조 제1항과 동일하다.

10) 우리나라의 농업은 소농형태가 지배적이고 원칙적으로 가족단위노동에 의해 경작되고 차인(差人)의 노동을 착취하는 일은 거의 없었다고 한다. 그렇지만 소농은 자기경영으로 자신의 가족을 양육해야 하기 때문에 때때로 소농이 머슴으로 전락하는 경우가 있었는데, 머슴은 통상 몇 해 동안 계속하여 동일한 주인에게 고용되는 것이 많았다. 이른바 연고(年雇)이다. 1년에 2회 새경을 받았다고 한다. 그리고 자기농사도 병행하는 반머슴의 경우에는 겨울과 같은 농한기에는 해고되든가 혹은 농한기를 제외한 기간제계약을 맺었던 것으로 추측된다. 金元卿/方有成, 앞의 책, 171-176면 참조. 오늘날에도 남미나 동남아 등지에서 성행하는 커피, 사탕수수, 고무 등의 작물을 재배하는 이른바 플랜테이션노동

이 수주받은 제품만을 생산하는 규모가 크지 않는 공장제수공업(manufacture)의 경우에는 수주량의 변동에 따라 필요한 노동력이 크게 변동하기 때문에 이것에 따른 고용량의 조정이 요청되었다. 물론 근로자가 숙련된 기능을 가지고 있어야 하기 때문에 대체근로자를 용이하게 구하기 어려운 고용주는 그 확보에 부심하여 숙련노동력을 확보해두기 위해 가능한 한 고용계약의 기간을 장기적으로 하려고 하지만, 이와 반대로 수요의 증감에 따라 용이하게 대체노동력을 시장에서 찾을 수 있는 비숙련근로자의 경우에는 사용자가 필요한 기간을 위해서 가능한 한 단기로 계약을 체결하기 때문에 전혀 고용안정을 기대할 수 없게 된다. 그 극단에 있는 것이 일용근로자라고 하겠다. 비숙련근로자들의 취업이 연중 계속 유지되었던 것이 일반적인 형태로 되어 그들이 고용불안정에서 벗어날 수 있는 게 되었던 것은 계절변동 등에 좌우되지 않는 공업생산이 중추적인 산업으로 성장하면서 산업자본주의가 본격적인 궤도에 올라 기계공장에 의한 계획적인 양산체제가 확립된 이후라고 하겠다.

산업자본주의시대에서 고용노동을 목적으로 하는 계약의 기간은, 물론 주기적인 경기변동이 있어 그때그때의 사회적 경제적 상황에 따라 정도의 차이는 있겠지만, 거의 항상 사용자에게 유리하게 전개될 가능성이 크다. 즉 고용계약에서 통상 법률학에서 말하는 기한이익은 사용자의 편에 있다고 하겠다. 무엇보다 자본주의 성립기부터 그 부흥기인 산업자본주의가 본격화되기까지는 근로자들의 계약의식이 박약했고 또 계약기간을 규제하는 법제도 제대로 작동하지 않았기 때문에 무기근로계약이 사용자에게 유리하게 작용했다. 그렇지만 산업자본주의가 본격화되어 노동력의 수요가 급증하면서, 또 근로자들이 노동조합을 조직하여 사회력을 획득하는 한편 근로자의 계약의식이 점차 강화되면서 특히 노동력이 부족하게 되는 호경기에는 근로자가 근로조건이 더 좋은 사업장으로 이직할 수 있는 기회가 있기 때문에 무기고용계약이 근로자에게 불리하게만 작용하지 않는다. 이러한 경우에는 유기근로계약이 적어도 그 기간 내에서 노동력을 확보할 수 있기 때문에 사용자가 기한이익을 갖게 된다.

에는 일일고용 혹은 계절고용이다.

Ⅲ. 고용노동의 계약에 있어서 민법과 노동법

1. 고용노동의 계약에 관한 민법적 규범상(規範像)과 사회적 실상(實狀)

1) 민법적 규범상(規範像)

자유롭고 평등한 시민으로 구성되는 시민사회는 누구나 그가 자유로운 의사와 능력을 갖추고 있는 한 다른 사람과 급부를 거래하려면 원칙적으로 그 사람과의 합의 즉 계약을 체결해야 하며, 계약관계에 들어가고자 하는 자는 그 상대방이 누구이든 평등한 입장에서 계약을 체결할 수 있다고 하는 것을 사적 질서형성의 출발점으로 하고 있다. 그래서 성인이라면 누구라도 자유로운 의사결정을 할 수 있고 주체적으로 자신이 선택한 상대방과의 사이에서 평등한 입장에서 계약을 체결한다는 것이 기본적인 테제(These)이고, 그러한 테제를 존중하는 것이 사회적 관계형성의 전제이다. 이와 같은 사적 자치 및 계약체결의 자유를 규범화한 것이 바로 민법(civil law, Bürgerliches Recht)전이다. 이러한 의미에서 민법은 시민사회에 있어서 사인간의 질서형성에 관한 법적 이상상(法的 理想像) 또는 법적 이념형(法的 理念形)이다. 그래서 민법전에는 누구나 이러한 시민사회에 부합하도록 「합리적인 인간」이 행동한다고 하는 관점에서 다양한 룰(rule)이 정해져 있다.[11]

이러한 테제는 민법에서 고용노동에 관한 계약에 대해서도 거의 그대로 관철되어 있다. 그러므로 민법전의 고용(雇傭)[12]계약에서는 생신(生身)을 제공하고 임금을

---

11) 현재에는 순수하게 민법만 적용되는 영역은 의외로 적다. 그렇지만 위와 같은 전제가 완전히 붕괴하고 있다고 하는 것은 물론 아니다. 민법전에 전제되고 있는 규범은 사회적 관계의 이념 또는 정형으로서 존재하고 있다고 할 수 있다. 그러므로 현실적 사회관계를 분류하거나 유형화하는 기준은 될 수 있어도, 이것에 부합하는 현실적인 관계는 존재하지 않는다고 해도 과언이 아니다.

12) "雇用"과 "雇傭"은 둘 다 우리말로 "고용"이라고 읽지만, 전자는 "삯을 주고 사람을 부림"이라는 의미로서 사용자 편의 행위를 지칭하는 것이고, 후자는 "품삯을 받고 남의 일을 해 줌"이라는 피용자편의 행위를 말한다. 우리 민법전상의 고용은 후자의 의미로 사용되고 있다. 우리 민법전이 "雇傭"이라는 용어를 사용하는 것은 아마 의용민법인 과거의 일본민법전의 용어를 그대로 이어받았기 때문이라고 생각한다. 현재 일본민법전은 雇用이라는 용어를 사용하고 있다. 하지만, 민법전이 청구권을 중심으로 하는 판덱텐시스템(Pandektensystem)이라는 점을 감안할 때, "雇用"이라는 용어는 기본적 청구권자로서 사

받아 그것으로 살아가고 있는 자는 그 사용자가 개인사업주든 거대한 자본단체인 법인이든 그 상대방과 동등한 것으로 간주된다. 고용계약에서 그 약속의 내용은 노무자가 사용자에 대해서 "당신의 업무를, 당신의 지휘명령에 따라 수행한다"라는 취지의 약속을 하고 있다. 이것은 근로자가 사용자에 대해 "당신의 지시에 따라 노무를 제공한다"라는 것을 의미한다. 여기에서 「노무를 제공한다」는 것은 근로자가 사용자의 지시에 따른다고 하는 것을 의미하고, 사용자의 지시를 따르는 반대급부는 사용자가 근로자에게 지급하는 보수를 말한다. 이와 같이 민법은 「고용계약관계」가 성립하는 것을 「고용은 당사자 일방이 상대방에 대하여 노무를 제공할 것을 약정하고, 상대방이 이에 대하여 보수를 지급할 것을 약정함으로써 그 효력이 생긴다」(민법 제655조)라고 표현하고 있다.

2) 고용계약의 사회적 실상

이와 같은 민법의 출발점과 현실의 경제사회가 실제로 완전히 다르다는 것은 우리가 모두 잘 알고 있는 바이다. 현실사회에서는 사회적·경제적으로 자유롭고 평등하지 못하다. 경제력이 강한 자가 있는가 하면, 약한 자도 있다. 능력이나 지혜가 있는 자가 있는가 하면, 언제라도 속임을 당하고 어쩔 수 없이 싫어하는 것을 할 수밖에 없는 사람도 있다. 거대재벌기업과 일용직근로자는 본래적 의미에서 평등하다고 말할 수 없다. 요컨대, 모든 사람이 평등하고 합리적인 판단을 할 수 있는 세계를 전제로 하는 민법의 선언적 내지 방임적인 규제의 방식은 현실의 사회적 경제적 조건을 감안한다고 하면 상당한 수정이 불가피하게 요청된다는 것이 당연하다. 특히 고용노동에 관한 계약에 있어서 계약을 체결하는 당사자의 세력관계의 차이가 가장 여실하게 나타난다는 것은 누구라도 무리 없이 긍정할 것이다. 이렇듯 민법에서는 근로자와 사용자의 자유롭고 평등한 관계가 상정되어 있지만, 근로자는 사용자에 비해 사회적 경제적 지위가 열악하기 때문에 근로계약관계는 대부분의 경우에 현실적으로 부자유스럽고 비대칭적인 불평등한 상태에 있다.

거대회사와 거기에서 일하고 있는 종업원 사이에는 커다란 경제적 격차가 있는 것이 보통이다. 근로자 개개인이 옛날에 비하면 풍요롭게 된 오늘날에도 근무하는 회사와 자신이 경제적으로 대등하다고 생각하는 노무자는 아주 예외를 제외하고는 존재하지 않을 것이다. 이미 설명하였듯이 민법이라는 법률이 정하는 고용

용자를 상정하고 있다는 것을 의미하고, "雇傭"이라는 용어는 기본적 청구권자로서 노무자를 상정하고 있다고 할 수 있다.

계약에는 어느 시민이 자유로운 의사에 의해 평등한 입장의 다른 사람과 계약을 체결한다고 하는 기본적인 전제가 있다. 그러나 통상은 노동력을 팔아서 생활할 수밖에 없는 자연인인 근로자가 거대한 부와 사회력을 소유하고 있는 기업과 고용계약을 체결하게 되면, 그 계약내용은 후자의 유리로 되는 것은 필연일 것이다. 그렇게 되면, 때로 건강을 해치는 가혹한 근로조건이 「계약으로 동의하였다」고 하는 이유로 근로자에게 강제될 수밖에 없다.

2. 고용계약에 대한 노동법적 대응

1) 사회적 부자유와 실질적 불평등의 법인(法認)

(1) 노동력상품의 축적불가능성

고용계약에서 근로자가 「노무를 제공한다」는 것은, 약간 적나라한 표현을 사용하면, 자신의 노동력을 임금이라는 대가와 교환으로 사용자에게 파는 행위라고 말할 수 있다. 그렇지만 이 「노동력」이라는 상품은 팔지 않고 모아 둘 수 없다고 하는 성질을 가지고 있다. 이를테면 사용자가 근로자에게 그가 승복하기 어려운 계약조건을 제시한다고 하더라도, 근로자는 「그렇다면 팔지 않겠다」고 거부한다고 하여도 노동력을 저축해 둘 수 있는 것이 아니다. 노동력은 팔지 않고 두면 그대로 소멸해버린다. 노동력은 팔지 않고 모아 둘 수 없기 때문에, 거래상대방인 사용자의 양보를 끌어내기가 어렵다. 그래서 근로자로서는 어쨌든 자신의 노동력을 사간다고 하는 상대방과 이를테면 근로조건이 좋지 않더라도 계약을 체결할 수밖에 없다.

(2) 정신적·육체적 종속으로서 노무제공

노무제공을 목적으로 하는 여러 가지의 계약유형들[13] 중에서도 고용계약에서만 볼 수 있는 특징이 있다. 그것은 고용계약에서 계약의 일방당사자는 예외없이 「살아 있는 신체(生身)를 가진 개인」이라는 것이다. 민법에는 노무급부를 목적으로 하는 계약유형 중에는 고용계약 외에도, 도급계약이나 위임계약이 있다. 이들 두 가지의 계약유형은 고용과 같이 상대방의 노무를 그 대상으로 하는 것인데, 이들 계

13) 우리 민법은 타인의 노무를 이용하는 것을 목적으로 하는 계약으로서, 고용(민법 제655조 이하), 도급(민법 제664조 이하), 현상광고(민법 제675조), 위임(민법 제680조 이하)의 4가지를 전형계약으로서 상정하고 있다.

약에서는 회사 등 법인체가 노무를 제공하는 주체인 계약당사자로 될 수 있다. 그러나 고용계약에서는 법인(法人)은 노무를 제공하는 자 즉 노무자가 될 수 없다. 법인에게는 어떠한 사무를 「도급」하거나 「위탁」할 수 있지만, 법인을 고용할 수는 없는 것이다.

당초 「노무를 제공한다」고 하는 고용계약의 내용은 인간의 신체나 머리를 상대방의 지시에 따라 움직이는 것을 의미하는데, 이와 같은 동작이나 행위는 본래 살아 있는 몸(生身)을 가진 개인[14]밖에 할 수 없기 때문이다. 그렇지만 계약의 상대방 당사자인 사용자측을 생각해보면, 물론 대학교수가 비서를 고용하는 경우 등은 사용자 측도 자연인이지만, 경제사회에서 사업과 결부되어 있는 고용계약의 대부분에서 사용자는 법인인 회사 및 조직이다. 살아 있는 몸뚱어리를 가진 자연인이 법인체 및 조직체로서의 사용자를 상대로 해서 노동시장에서 고용조건인 계약내용에 관해 자유로이 협상하여 계약을 체결하도록 방임해 둔다고 하면, 특별한 사정이 없는 한, 사용자가 유리한 위치에 서게 되는 것은 당연할 것이다.[15]

이상과 같이 고용계약을 생각해보면, 현실에서는 계약당사자가 대등하지도 평등하지 않을 뿐만 아니라 그 목적인 노동력은 계약당사자 일방의 육체와 결코 분리할 수 없는 것이다. 그러므로 고용계약에서 노동력을 제공하는 당사자의 타방 당사자에 대한 정신적·신체적 종속이 필연적이다. 그러한 고용계약의 특징은 그대로 현실사회에서 사회적 문제점으로서 인식될 수밖에 없는 것이다.

2) 노동법의 대응양식 : 사용자에 대한 노동(근로자)보호적 의무의 부과/단결권에 의한 사회적 자치의 조직화

위에서 언급했듯이, 고용계약은 본질적으로 불균형적 계약이다. 왜냐하면 노무를 제공해야 하는 자는 원천적으로 불이익한 입장에 설 수밖에 없기 때문이다.

---

14) 여기에서 개인이란 법률용어로는 "자연인"이라고 하겠다. 그 대(對)개념이 법인(法人)이다. 법인은 근로계약의 일방당사자인 근로자 또는 민법상 고용에 있어서 노무를 제공하는 고용계약의 일방당사자인 피용자가 될 수 없다.

15) 물론 이 경우, 마치 스포츠선수의 경우와 같이 「그렇기 때문에 개인의 쪽은 대리인을 세워 교섭에 임하면 좋지 않을까」라는 이를테면 대리인(agency)제도를 생각해 볼 수도 있다. 그러나 아주 잘 알듯이, 이것은 비현실적인 생각이라고 할 것이다. 회사에 취직하는 데에 대리인을 세워 취직활동을 한다고 하면, 그것만으로 상대방이 계약교섭 자체를 하지 않으려고 할 것이 통상일 것이다. 본래 근로자 쪽에서 대리인을 세우지 않으면 상대와 대등하게 될 수 없다고 하는 사실 자체가 고용계약에 있어서 양당사자간의 불균형을 나타낸다고 할 것이다.

그래서 근로자의 권리나 이익이 침해될 우려가 발생하는 것은 물론이고, 고용계약에 대한 민법적인 규율만으로는 건전한 「시장메커니즘」이 건전하게 작동할 수 없어 사회정의가 구현되기 어렵게 된다는 문제가 생긴다. 자유로운 경제활동에 의해 수요와 공급이 자연스럽게 균형점을 찾아 안정된다고 하는 시장메커니즘의 사고방식[16]의 배경에는 계약에 의해 경제관계를 맺는 거래주체가 경제적 합리성에 따라 행동한다고 하는 전제가 있다. 그런데 거래당사자 간에 본질적인 세력관계의 격차나 신분적인 차이가 있으면, 경제적 합리성은 처음부터 기대할 수 없고 단순한 힘에 의해 계약내용이 결정되는 것이다.

그래서 고용계약에 있어서 계약당사자의 불균형에 의한 문제를 극복하기 위해 자본주의선진국에서는 어디에서나 공통적으로 두 가지의 방법을 채용하고 있다. 그 하나가 국가가 사용자에게 직접 의무를 부과하여 근로자를 보호하거나 일정한 요건 하에 근로자 개개인에게 소정의 급부를 직접적으로 제공하는 방식이고, 또 다른 하나가 근로자가 노동시장에서 집단적으로 사용자에 대응할 수 있도록 하기 위해 사용자에 대한 근로자의 기본적인 권리로서 단결권을 보장하여 그 자조적 조직(自助的 組織)으로서 노동조합을 조직케 하고 그것에 의한 노동력공급카르텔을 인정하는 방식이다. 우리나라에도 이들 두 가지의 방식이 헌법 및 그 하위법률에 의해서 공인되고 있다. 국가가 직접 사용자에 대해 작위(作爲) 또는 부작위(不作爲)의 노동보호적인 의무를 부과하는 방식은 주로 노동보호입법이라는 일종의 사회법적 형태로, 근로자 개개인에게 소정의 급부를 직접적으로 제공할 수 있는 방식은 사회보장제도로 구현된다.[17] 헌법 제32조에 기한 근로기준법, 최저임금법 등이 전자에 해당하는 법이고, 후자에는 고용보험법, 산업재해보상보험법이 있다. 우리나라에는 근로자의 집단적 권리가 우리 헌법 제33조에 의해 일종의 자유권[18]으로서 공인되어 있는데,[19] 그 권리 자체에 내포되어 있는 자본주의 체제에 대한 적

---

16) 이것이 스코틀랜드의 고전경제학자인 아담 스미스(Adam Smith, 1723-1790)가 말하였던 「보이지 않는 손(invisible hand)」이다.

17) 사회보장제도가 사회적 약자인 근로자를 지원하기 때문에 근로계약에 있어서 계약당사자의 불균형을 시정하기 위해 국가가 고용계약에 직접적으로 개입하는 것은 아니라고 할 수 있다. 그러나 넓은 의미에서 보면 사회보장제도도 계약당사자의 불균형을 시정하기 위한 것이라고 말할 수 있다.

18) 노동단체권의 법적 성격에 대한 논의는 강희원, 앞의 책(주5), 444면 이하 참조.

19) 우리나라에서는 노동조합조직율이 실질적으로 근로자 전체수의 10% 내외로 아주 저조하고, 그것도 정규직근로자 위주로 되어 있으며 또 조직형태도 기업별 조합이기 때문에 노동시장에서 현실적으로 노동조합이 노동력공급카르텔의 역할을 잘 수행하여 근로조건을 향상시키는 데에는 한계가 있다. 이러한 점을 감안해보면 우리 헌법 제33조에 터잡고 있

대성(敵對性) 내지 파열성(破裂性) 때문에 다른 사회구성원의 권리와 조정 내지 조화되도록 하기 위해 권리의 구체적인 행사요건과 절차를 법정하고 있다. 노동조합 및 노동관계조정법이 그것이다. 위와 같은 노동법적 대응방식을 도식적으로 표현해보면 아래와 같은 도표로 정리할 수 있다.

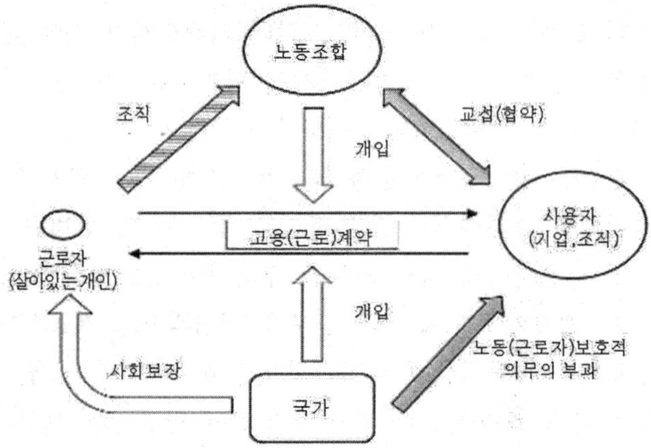

여기에서는 고용노동에 관한 계약의 기간문제가 주안점이기 때문에 국가가 사용자에게 노동(자)보호적인 의무를 부과하는 방식으로 고용관계에 개입하는 경우에 대해 좀 더 언급하기로 한다.

위에서 고용노동에 관한 계약에서는 계약당사자간의 사회적 세력의 차이가 너무나 크기 때문에 당사자의 자율에 맡겨두면, 거의 항상 계약내용은 사용자 측의 뜻에 따라 결정되어버린다. 그래서 국가가 강행적인 법률에 의해 사용자에 대해 일정한 의무를 부과한다. 이것은 계약의 자유를 원칙으로서 인정하면서도, 근로자에 있어 너무나도 불이익한 계약내용에 대해서는 최저기준을 정해서 그것 이하로 되지 않도록 법률로 강제하는 방법으로 나타난다.[20] 노동보호법은 근로자를 위해 사용자에게 노동(근로자)보호적 의무를 부과하는 방식을 취하고 있다. 즉 노동보호법은 근로자와 사용자의 계약관계에 있어서 근로자를 "위(爲)"한 사용자에 "대(對)"한 법적 개입이다. 그 결과, 계약에 대한 노동보호법의 개입형태는 항상 편면

는 집단적 노동법제의 본래적 기능은 실질적으로 상당히 공허하다고 말할 수 있다. 게다가 헌법 하위법률인 노동조합 및 노동관계조정법은 헌법 제33조의 노동3권을 적실하게 구현하고 있다고 하기 보다는 너무나 과도하게 규제하고 제한하고 있는 것이 사실이다.

20) 이것을 계약적 사고로 표현하면, 계약의 결과가 노동보호법령에 의해 당사자의 의사와 관계없이 수정된다고 말할 수 있다.

적이다. 이러한 편면적인 방식 때문에 근로자는 노동보호법이 사용자에게 노동(근로자)보호적 의무를 부과하는 범위에서 즉 사용자의 자유가 노동보호법에 의해 제한된 범위만큼 대(對)사용자적 관계에서 이른바 사회법적 권리를 획득하는 것이다.[21] 예컨대, 근로기준법의 경우에 그것은 사용자에 대하여 노동(근로자)보호적 의무를 부과(설정)하는 법이다. 그러므로 단순히 근로기준법이 사용자에 대하 노동(근로자)보호적 의무를 부과하고 있는 경우에 사용자는 한편으로 국가에 대하여 그러한 의무를 실행할 책임을 부담하고, 그것에 기하여 근로자는 대(對)사용자적 관계에서 사회법적 권리를 취득한다고 할 것이다.[22]

이렇게 해서 지금까지 사적 자치에 맡겨져 있던 고용계약관계는 노동보호법에 의해 사회법적 관계로 편입된다. 비로소 민법상의 고용계약(Dienstvertrag)은 사회법으로서 근로기준법에서 말하는 근로계약(Arbeitsvertrag)으로 변한다. 사회법적 관계에 있어서 국가는 근대적인 의미에서 소극적 기능의 국가가 아니라 사회국가로서 적극적인 역할을 한다. 국가는 사용자가 근로기준법 등에 의해서 부과된 작위 또는 부작위의 노동(근로자)보호적 의무를 현실적으로 수행하고 있는지를 행정적으로 직접 감독하고, 사용자와 근로자간의 근로계약형성에 있어서 사전 또는 사후의 법적 개입은 두 가지의 형태로 나타난다. 첫째는 사용자에 대해 노동(근로자)보호적 의무를 부과하는 등 개별적 근로관계의 최저 근로조건을 설정하여 근로자와 사용자의 의사에 관계없이 개별 근로계약의 내용으로 되도록 하고(직률적 효력),

21) 그래서 필자는 사회법적 관계에서 공법적 요소와 사법적 요소를 석출(析出)해서 그것을 각각 공법적 또는 사법적으로 환원시켜 파악하지 않고 사회법 독자의 관점에서 통일적으로 파악하고자 한다. 본래 사회법은 그 성질상 대(對)국가적 관계와 대(對)사회적 관계에서 동시에 효력을 가질 수밖에 없다. 대국가적 관계에 있어서 사회법의 효력은 종래 공사법의 이분법적 관점에서 보면, 공법적 효력과 같은 구조를 가지고 있고, 대사회적 관계에 있어서 사회법의 효력은 사법적 효력과 같은 구조를 가지고 있다. 왜냐하면 국가가 사회적 입법을 통해서 사회적 자치관계에 있는 일방 당사자를 위해 타방당사자에 대해 일정한 의무를 부과하는 동시에 일방당사자에게 법적 지위 내지 이익을 보장하기 때문이다. 그러나 사회법적 관계를 항상 종래의 공·사법의 법률관계로 환언해서 파악하는 것은 문제가 있다. 왜냐하면 공법적 관계는 수직적 내지 권력적 관계이고, 사법적 관계는 수평적 내지 계약적 관계, 특히 사법적 관계에 있어서는 당사자의 의사(意思) 또는 그 합치가 가장 중요한 요소이기 때문이다. 물론 사회법의 효력을 공사법의 이분법(二分法)적 관점에서 분리해서 파악한다면, 사회법의 사법적 효력과 공법적 효력으로 나눌 수 있다. 그러나 사회법은 사회적 당사자 일방에게 직접적으로 법적 권리를 설정하거나 상대방보호의무를 부과하여 사회적 관계에 개입하는 법적 구조를 취하고 있다. 이 경우에 전자는 국가에 대한 급부청구권이고, 후자에는 사회법적인 대(對)당사자적 의무에 기하여 당해 보호대상자가 보호의무자에 대해 권리를 취득한다. 근로기준법은 후자의 방식을 취하고 있다.

22) 이 문제에 관해서는 강희원, 「노동법 기초이론」(3판), 법영사, 2010, 188면 이하 참조.

둘째, 사용자가 노동보호법에 의해서 수정된 근로계약내용을 이행하지 아니할 때에는 노동보호법에 의해 수정된 근로계약에 기하여 대(對)사용자적 관계에서 사회법적 권리를 소구하여 실현할 수 있다. 이 경우에 국가는 소정의 절차를 거쳐 그것을 확인하고 이행하도록 재정(裁定)한다.

근로계약의 기간에 대한 노동보호법에 의한 규제의 경우에도 그 구조는 기본적으로 위에서 언급한 바와 동일하다. 즉 노동보호법령은 지금까지 사법적으로 허용되었던 사용자의 근로계약기간결정권에 직접적인 제한을 가한다. 그 결과로 사용자는 근로자와의 사이에서는 제한된 범위 내에서 그의 근로계약기간결정권을 행사할 수 있다. 그러나 근로자의 자유에는 규범적으로는 어떠한 규제를 가하지 않고 그대로 유지하는 것을 전제로 하고 있다. 그러므로 근로자는 단축된 기간 내에서만 계약의 법적 구속을 받고, 그 기간이 경과하면 근로자가 계약의 구속력에서 벗어날 수 있는 것이다.

3. 근로계약에 있어 근로기준법과 민법

주지하고 있듯이, 근로기준법은 우리나라 노동보호법의 근간이다. 근로기준법은 노동보호법으로서 그 입법목적을 실현하기 위해서 고용노동의 계약 중에서 보호의 필요가 있는 일정한 유형을 근로계약으로서 규정하고 있다. 그러므로 근로계약은 자연인이 계약당사자 일방으로 되어 그 자신이 자신의 노무의 제공을 직접적인 계약목적으로 하는 유형의 계약이지만, 이것은 민법이 상정하고 있는 동일한 이념형적인 계약유형과는 다르다고 할 수 있다. 왜냐하면 근로계약은 근로기준법이 사회적 행위주체 또는 경제적 행위주체의 정형으로 상정하고 있는 근로자를 보호하기 위해서 특별히 상정하고 있는 계약유형이기 때문이다.

그래서 우리나라 근로계약법을 정립하는 데에는 자연인이 사회경제적으로 대등하고 자유로운 계약의 일방당사자로서 타방당사자인 사용자와의 관계에서 그 자신의 노무의 제공을 직접적인 계약목적으로 하는 유형인 고용계약에 관한 민법(민법 제1편 총칙, 제3편 제1장 총칙, 제2장 제1절 총칙 및 제8절에 있는 계약관련규정들)과 근로계약에 관한 근로기준법의 관계를 어떻게 설정하고 각 법률의 세부규칙을 어떻게 파악해야 하는가가 중요한 문제로 제기된다. 이 문제를 여기에서 본격으로 취급할 수 없기 때문에 그 결론만 간단히 말한다면, 근로계약이 「계약」이기 때문에 특별히 배제하는 다른 법률이 없는 경우에는 계약 등 법률관계 일반에 적용되는 민법

제1편 총칙, 제3편 제1장 총칙 및 동편 제2장 제1절 총칙 하에 있는 개별조항도 원칙적으로 근로「계약」에 적용된다고 할 것이다.[23] 그렇지만 민법 제3편 제2장 제8절에 규정되어 있는 고용계약에 관한 조항들이 근로계약에 그대로 적용되어야 하는지는 의문이다. 왜냐하면 민법이 전형계약의 한 유형으로서 특별히 규제하고 있는 사회적 행위정형 또는 경제적 행위정형으로서 「고용」계약과 근로기준법이 규제하고자 하는 사회적 행위정형 또는 경제적 행위정형으로서 「근로」계약이 동일하다고 할 수 없기 때문이다. 이 경우에 근로기준법이 규제대상으로 하고 있는 행위정형이 민법의 그것과 양립하는 경우에 민법의 규율방식이 적용된다고 할 것이고, 오히려 이렇게 되어야 근로기준법의 규율목적이 달성된다고 할 것이다.

여기에서 주제인 근로계약의 기간문제에 대해서 생각해보면, 근로기준법 제16조나 제23조는 국가가 사용자에 대해 직접적으로 노동(근로자)보호적 의무를 부과하는 규정이다. 제16조는 계약적 구속력에 의해 근로자의 자유가 과도하게 제한되는 것을 방지하기 위해서 근로계약의 기간을 약정하는 사용자의 자유를 제한하는 한편, 계약상 약정된 기간에도 불구하고 그 법정기간의 종료 후에 근로자에 대해 근로계약의 해지권을 설정하고 있다. 근로기준법은 제16조에서 근로계약에는 기간을 정하지 아니한 것(무기근로계약)과 사업의 완료에 필요한 기간을 정한 것(사업완료기간근로계약) 및 기타 기간을 정한 것(일반유기근로계약)으로 구분하지만 사용자가 근로자와 유기근로계약체결을 하는 것 자체를 금지하고 있는 것이 아니다. 다만 뒤에서 언급하듯이 일반유기근로계약의 경우 그 최장기간이 1년을 초과하는 근로자를 위해서 그 유기근로계약의 기간이 최장 1년으로 단축된다는 것이다. 그리고 근로기준법은 제23조 이하에서 근로관계에 있어서 사용자의 근로계약해지권 즉 해고권을 실체적 및 절차적으로 제한하고 있다. 무기근로계약의 경우는 물론이고, 사업완료기간근로계약과 일반유기근로계약의 경우에 사용자는 그 약정기간 중에는 근로기준법 제23조에 의하여 근로계약해지권의 행사가 제한되고, 다만 사업완료기간근로계약과 일반유기근로계약의 경우에는 그 기간이 경과한 경우에 사용자는 계약의 구속력에서 벗어나서 근로관계를 종료시킬 수 있다. 그렇지만 근로자가 계속하여 그 노무를 제공하는 경우에 사용자가 상당한 기간 내에 이의를 명시적으로 제기하는 등 근로관계를 종료시키지 않을 때에는 근로관계가 갱신되고(민법 제662조), 이들 근로관계는 무기근로계약으로 전환되고, 그 이후에는 근로기준법 제23조에 의해서 사용자의 근로계약해지권은 제한된다고 할 것이다.

---

23) 이 문제에 관한 자세한 것은 강희원, 위의 책(주22), 246면 이하 참조.

Ⅳ. 고용노동에 관한 계약의 기간에 대한 민법, 근로기준법 및 기간제법의 기본적 구상

1. 서

현대적 계약론 일반에 의하면, 계약관계가 그 기간이 정해져 있는 경우에 기간의 의의는 그 기간 중에 당사자 쌍방은 각기 상대방에 대해 당해 계약의 존속유지의 의무를 부담하고, 당사자 일방의 임의적인 해지통보는 원칙적으로 허용되지 않는다는 데에 있다. 이러한 계약의 기간은 계약의 구속력이 유지되는 기간이고,[24] 다른 한편에서는 그 기간이 종료하는 경우에 계약관계가 자동으로 소멸한다고 말할 수 있다. 이렇게 본다면 계약기간의 만료에 의해 당해 계약의 목적이 달성되거나 소멸되는 것으로 이해되고, 계약관계의 종료를 의미하는 당사자 쌍방 간 별도의 의사합의를 필요하지 않으므로 계약의 기간은 그 계약이 종료에 이르는 계약 자체의 존속기간이라고 보아야 할 것이다.

이러한 계약의 기간에 관한 위와 같은 이해를 전제로 할 때, 우리 민법, 근로기준법 및 기간제법은 고용노동에 관한 계약의 「기간」에 대해 어떠한 구상을 하고 있을까? 이들 세 개의 법률 간에 고용노동에 관한 계약의 「기간」에 대한 기본적 구상이 동일할까 그렇지 않으면 어떠한 차이가 있을까? 먼저 고용노동에 관한 계약의 「기간」에 관한 민법의 구상을 살펴보고, 근로기준법 및 기간제법의 구상을 보기로 한다.

2. 민법의 구상

우리 민법이 고용노동에 관한 계약의 「기간」에 대하여 어떠한 태도를 취하고 있을까? 고용계약의 기간에 관한 민법의 관련규정의 해석을 통해서 전제된 규범

---

24) 물론 계약이 당사자 간의 합의이기 때문에 당사자 간의 특약으로써 계약의 기간 중에 있어서 합의의 구속력을 배제하는 것은 있을 수 있다. 이 경우에 합의는 또다른 계약이라고 하겠다.

상을 생각해보자. 민법이 대원칙인 사적 자치에서 출발하고 있다는 점은 당연하다. 계약당사자는 자유로이 계약기간을 약정할 수 있다. 다만, 계약자유에 기하여 계약당사자가 기간에 대하여 특별한 약정을 하고 있는 경우(민법 제659조)와 그렇지 않는 경우(동 제660조)로 나누어서 당사자의 해지권의 행사기간과 그 효력발생시기를 규제하는 방식으로 고용계약관계의 존속기간을 간접적으로 규율하고 있다.

그렇지만 민법은 계약기간의 경과를 계약관계의 존속과 어떠한 관계에 있는지 명시적으로 규정하고 있지는 않다. 그런데도 고용노동에 있어서 노무자의 현실적인 노무계속제공에 대해 법적 의미를 부여하고 있다. 이것은 고용노동의 현실을 감안한 사회적 고려라고 평가할 수 있다. 이러한 의미에서 우리 민법도 오로지 근대계약법의 형식논리를 관철하고 있다고만은 평가할 수 없을 것 같다. 우리 민법전상의 고용계약법에도 극히 소량이긴 하지만 이른바 "사회적 기름(Soziales Öl)"이 흐르고 있다. 아래에서 민법이 규정하고 있는 방식에 따라 고용당사자간에 기간약정이 있는 경우와 그렇지 않은 경우를 나누어서 고용관계에 있어 계약기간과 계약의 구속력의 기간이 어떠한 관련을 가지는지를 고찰해보기로 한다.

1) 기간약정이 있는 경우

(1) 약정기간 내에 있어서 계약의 구속력 : 민법 제659조와 관련하여

고용계약의 기간에 관하여 계약당사자가 명시적으로 약정하고 있는 경우에 그 약정기간 내에 있어서 계약의 구속력에 대해서 우리 민법 제659조는 「3년 이상의 경과 해지통고권」이라는 표제 하에 제1항에는 "고용의 약정기간이 3년을 넘거나 당사자의 일방 또는 제삼자의 종신까지로 된 때에는 각 당사자는 3년을 경과한 후 언제든지 계약해지의 통고를 할 수 있다"라고, 제2항에는 "전항의 경우에는 상대방이 해지의 통고를 받은 날로부터 3월이 경과하면 해지의 효력이 생긴다"라고 각 규정하고 있다.

우선, 민법은 계약당사자의 합의에 제한을 가하여 계약기간을 한정하고 있는 것처럼 보이지만, 3년을 초과였거나 종신동안 계속되는 계약이라도 그 계약 자체를 당초부터 무효화하는 것이 아니다. 그뿐만 아니라 3년의 기간경과 후에 당연히 종료되는 것으로도 하지 않고 있다. 다만, 3년의 경과 후에는 당사자 일방이 의사를 표시하여 언제든지 해지할 수 있다고 하는 것에 그치고 있다. 이러한 우리 민법의 기본적 구상에서 보면, 민법이 정하는 3년이라는 「기간제한」은 고용계약의 구속력의 한계를 정하는 것에 불과하고, 고용계약의 존속 자체에 대해서까지 제한을 가하는 것은 아니라고 할 것이다. 3년을 초과하는 장기고용계약이든 종신고용계약이든 관계없이 유효하지만 3년이라는 법소정의 기간이 도과한 후에는 그 때부터 그 고용은 기간의 정함이 없는 계약과 같이 취급하고, 그 이유 여하를 불문하고 계약당사자가 일방적으로 해지할 수 있는 것으로 된다.[25] 다만 3년 이후에 해지하는 경우에는 즉시 기간의 정함이 없는 계약으로 전환되는 것도 아니고 그 해지에는 3개월의 고지기간을 예정하여 장기고용계약에 대한 당사자 합의를 배려하고 있다(민법 제659조 제2항). 즉 민법 제659조는 3년이라는 법정기간이 경과하면, 그 기간의 경과 자체로 고용계약이 종료하는 것이 아니라 계약당사자 쌍방이 자유로이 계약의 구속력에서 벗어날 수 있는 권리, 즉 해지권을 부여하여 계약의 구속력에서 벗어나서 계약관계를 종료시킬 것인가의 여부를 계약당사자의 의사에 맡겨두고 있다.

그러므로 민법 제659조가 전제로 하고 있는 「고용계약의 기간」이란 계약합의의 구속력을 그 기간만료까지는 고용을 「계속 유지할 수 있다」는 취지의 기간이고, 그렇다고 그 기간의 만료 자체에 의해 고용관계가 자동으로 종료하는 계약존속기간을 의미하는 것은 아니다. 다만, 고용노동에 관한 계약의 기간에 관한 민법의 입법정책 또는 입법목적은 계약당사자가 아무리 장기로 약정하였다고 하여도 약정일로부터 3년이 경과하면 그 약정에 의한 법적 구속력을 해제하여 어느 일방당사자라도 자유로이 계약의 강제력을 배제할 수 있도록 하고 있다.

(2) 약정기간의 종료 후에 계약의 구속력 : 민법 제662조와 관련하여

위에서 언급했듯이, 민법 제659조가 전제로 하고 있는 「고용계약의 기간」이란 계약합의의 구속력을 그 기간만료까지는 특별한 사정이 없는 한 일단 그 고용을 「계속 유지하겠다」는 취지의 기간이지, 그 기간의 만료 때문에 계약적 관계가 자동으로 종료하는 고용관계 자체의 존속기간을 의미하는 것은 아니라고 한다면, 약정기간이 경과한 후에 고용계약은 어떠한 법적 상태에 있는가? 이 문제와 관련하여 민법 제662조 제1항은 "고용기간이 만료한 후 노무자가 계속하여 그 노무를 제공하는 경우에 사용자가 상당한 기간 내에 이의를 하지 아니한 때에는 전고용

25) 구속력제한에 관한 규정은 강행법규라고 하겠다. 이것을 해제하는 특약은 무효라고 이해하는 것이 통설이다. 3년을 초과하는 것은 해약사유를 제한하는 특약도 무효라고 해야 할 것이다.

과 동일한 조건으로 다시 고용한 것으로 본다. 그러나 당사자는 제660조의 규정에 의하여 해지의 통고를 할 수 있다."라고 규정하여 묵시의 갱신을 인정하고 있는데, 여기에서 고용계약의 기간에 관한 또 다른 규율태도를 볼 수 있다.

민법 제662조의 규정은 기간만료 후에 취업상태가 계속되고, 사용자가 이것에 대해 상당한 기간 동안 이의를 제기하지 아니한 때에는 동일조건으로의 묵시의 계약갱신을 간주한다. 이 때, 계약 「기간」에 대해서는 기간의 정함이 없는 계약으로서 취급하는 취지를 정하고 있다. 계약관계가 기간의 도과에 의해 당연히 종료하는 것이라고 한다면, 본래 기간만료 후에 대해서는 법은 어떠한 언급을 할 필요가 없다. 왜냐하면, 당사자의 약정 그대로 법적 효력을 인정한다는 것이 민법이 전제로 하고 있는 사적 자치의 원칙에서 너무나 당연하기 때문이다. 이러한 당연한 전제를 변경하거나 수정하는 경우에 민법은 특별한 예외적인 규정을 두고 있다. 묵시의 갱신은 이러한 당사자의 명시적인 약정을 수정하거나 변경하는 것이다. 이렇듯 당사자의 명시적인 약정이 있음에도 불구하고, 민법이 약정기간의 도과 후의 고용관계에 대해 언급하는 것은 기간의 도과에 의해도 자동적으로 취업관계가 종료하는 것으로는 되지 않는 고용근로자의 현실을 예견하면서 이러한 현실에 법적 효력을 부여하려는 것이 틀림없다. "고용기간이 만료한 후 노무자가 계속하여 그 노무를 제공하는 경우에 사용자가 상당한 기간 내에 이의를 하지 아니한 때에는 전고용과 동일한 조건으로 다시 고용한 것으로 본다"라는 간주규정을 두어 고용계약의 묵시적 갱신을 인정하는 우리 민법은 적어도 고용노동의 사용관계에서는 계약체결 시의 명시적인 약정보다는 그 약정기간 종료 후의 현실적인 취업계속상태를 중시하고 있다고 하겠다. 즉 우리 민법은 아무리 기간계약이라도 기간의 도과에 의해 당사자의 관계가 자동으로 종료하는 것은 없고, 확정적인 종료에는 그것에 상응하는 또 다른 의사표시를 하여 고용관계의 실질적인 정리를 하는 것이 고용노동의 현실이라는 것을 암묵적으로 전제하고 있다고 하겠다. 다른 한편에서 보면, 묵시의 갱신을 인정하는 것은 고용계약에 있어서 노무자를 보호하기 위한 민법 나름의 최소한의 조치라고도 말할 수 있다. 사적 자치에 기하여 당사자의 명시적인 의사를 최우선 순위의 법적 효력요건으로 하고 있는 민법에서도 고용노동에 관한 계약의 「기간」이 다시 해지의 의사표시를 요하지 않고서 당연히 종료에 이르는 계약의 존속기간이라고는 생각하고 있지 않다고 할 것이다. 물론 이 경우에 사용자의 이의의 표시는 고용관계종료에 관한 확인적 의사표시이고, 여기에는 해지통고에 필요한 예고의무를 부담하지는 않는다고 할 것이다.

2) 기간에 대한 약정이 없는 계약의 경우 : 민법 제661조와 관련하여

고용노동에 관한 계약에 기간약정이 없는 경우에 기간과 관련해서 계약의 구속력은 어떻게 되는가? 이에 관해서 민법은 제660조 제1항에서 "고용기간의 약정이 없는 때에는 당사자는 언제든지 계약해지의 통고를 할 수 있다"라고 규정하고, 제2항에서 "전항의 경우에는 상대방이 해지의 통고를 받은 날로부터 1월이 경과하면 해지의 효력이 생긴다"고, 그리고 제3항에서 "기간으로 보수를 정한 때에는 상대방이 해지의 통고를 받은 당기후의 일기를 경과함으로써 해지의 효력이 생긴다"라고 규정하여 1개월 또는 1보수단위기간이라는 유예기간을 두고 당사자 쌍방이 언제든지 계약의 구속에서 벗어날 수 있도록 해지권을 부여하고 있다. 즉 고용노동에 관한 계약에서 기간의 약정이 없는 경우에는 일방이 상대방에게 해지의 의사를 표시하면, 그 통고로부터 1개월이 경과한 날부터 계약의 구속력에서 벗어날 수 있도록 하고 있다.

여기에서 문제는 해지의 통고의 효력기간이다. 예컨대 사용자가 고용계약의 해지를 근로자에 통고하고 1개월 또는 1보수단위기간이 경과한 후에도 상당한 기간 동안 노무자가 계속하여 그 노무를 제공하고 사용자가 아무런 조건 없이 그 노무를 수령하고 그것에 대한 보수를 지급하는 경우에 계약의 효력은 어떻게 되는가이다. 즉 노무자는 노무를 제공하고 사용자는 보수를 지급하는 상태가 상당기간 계속되면, 기간의 약정이 없는 고용의 경우에도 묵시의 갱신에 관한 민법 제662조는 적용된다고 할 것이므로 민법 제662조 제1항에 의해 계약은 갱신되는 것이고, 그 갱신된 고용계약관계를 종료시키려면 다시 해지통보를 해야 할 것이다. 이렇게 해석하는 것이 고용노동의 사용관계에 있어서는 계약체결시의 명시적인 약정보다는 그 약정기간 종료 후의 현실적인 취업계속상태를 중요시하는 민법의 기본적 구상에 부합한다고 할 것이다.

3. 근로기준법(2007.7.1. 이전)의 구상

1) 문제의 소재

근로기준법 제16조는 "근로계약은 기간을 정하지 아니한 것과 일정한 사업의 완료에 필요한 기간을 정한 것 외에는 그 기간은 1년을 초과하지 못한다."라고 규정하고, 이를 위반하는 경우에는 500만원 이하의 벌금에 처하도록 하고 있다(근로기준법 제16조, 제114조 1호).

이 규정이 정하고 있는 근로계약의 기간을 기준으로 해서 근로계약의 유형을 구분한다면, ① 기간을 정하지 아니한 것("무기계약유형"), ② 일정한 사업의 완료에 필요한 기간을 정한 것("사업완료기간제계약유형"), ③ 최장1년으로 하는 유기근로계약("1년제계약유형")이 있을 수 있다.

그런데 첫째, 이 규정의 규범적 취지를 어떻게 이해해야 하는가? 둘째, 고용계약의 기간에 관한 민법상의 규정과 관련하여 이 규정을 어떻게 정합적으로 이해할 것인가? 셋째, 근로기준법 제23조 이하에 제도화되어 있는 해고법제와 관련해서 어떻게 이해하는 것이 타당한가? 등의 문제가 제기된다.

2) 근로기준법 제16의 규범적 취지

(1) 문제의 제기

근로기준법 제16조의 규범적 취지와 관련하여 먼저, 「근로계약은 … 그 기간을 1년을 초과하지 못한다」라는 선언적 문언 때문에 근로계약 당사자 쌍방을 수규자(受規者)로 보아야 하는가? 그리고 이 규정을 위반하여 근로계약을 체결한 경우에 그 처벌대상은 어떻게 되는가? 이 규정을 위반하여 체결된 계약기간의 약정은 어떻게 되는가? 특히 1년을 초과하는 기간을 정한 근로계약의 효력은 어떻게 되는지 등의 문제와 관련하여 견해가 갈릴 수 있다. 이들 주제에 관한 논의의 출발점은 법의 형성자와 집행자로서 국가의 작용에 따라 법분야를 공법과 사법으로 이분(二分)하거나 공법, 사회법 및 사법으로 삼분(三分)하는 이른바 법학적 체계론(Juristische Systematik)에서 출발한다.[26)]

---

26) 우리나라의 법학입문서는 법영역 또는 법체계를 분류함에 있어서 「사회법」이라는 새로운 법영역 또는 법체계를 사회국가적 법제화의 산물로서 소개하고 있지만(예컨대, 김찬규/이영준, 「법학원론」, 법문사, 1990, 49면 이하; 최종고, 「법학통론」, 박영사, 1991, 108면 이하; 김부찬, 「법학의 기초이론」, 대웅출판사, 1994, 369면 이하; 조천수 외 8인 공저, 「법학개론」, 법원사, 2002, 93면 이하 등 참조), 구체적인 사건에 대한 실정사회법을 해석·적용하는 통일적인 법학방법론으로서의 말씀론적 해석이론(rechtsdogmatische Auslegugnslehre)은 거의 구축되어 있지 않는 것이 현재 실정법률학의 실정이다. 그래서 총론적인 부분에서 사회법의 독자적인 성질이나 구조를 긍정하지만, 각론적인 부분에서 즉 구체적인 사건과 관련하여 사회적 법률의 해석론을 전개하는 경우 특히 사회법의 일원적인 구조나 효력을 통일적으로 파악하지 아니하고 공법 또는 사법이라는 이분법적 사고로 환원시켜서 공법적 효력 또는 사법적 효력으로 나누어서 이해하고 있는 듯하다. 만약 법영역의

(2) 공·사법의 이분론적 입장

전통적 공사법이분법적 관점에서 보면, 근로기준법을 사용자에 대한 공법적 규제법으로만 파악하는 입장이 있을 수 있고, 공·사법적 요소가 혼재하고 있는 법으로 파악하는 입장이 있을 수 있을 것 같다. 어느 견해에 따르든 공법 또는 사법적 효력을 분리해서 파악할 것이다.

첫째, 전자의 입장인데, 이에 의하면, 근로기준법 제16조를 사용자에 대한 순수한 공법적 규제로 이해하고, 사법상의 문제는 민법으로 돌아가서 고용계약과 동일한 차원에서 파악하고자 하는 견해다. 이것에 의하면, 근로자와 사용자는 민법 제659조 제1항에 의해 최장 3년까지는 계약의 구속력을 주장할 수 있을 것이다.[27]

둘째, 후자의 입장에서는 다시 근로자와 사용자의 계약관계에 대한 공법적 규제의 효력에는 2가지의 이해가능성이 있을 수 있다. 즉 근로기준법을 사용자에 대한 공법적 규제라고 보지만 ① 계약당사자간 합의에 대한 그 공법적 규제의 사법적 효력을 절대적으로 보는 견해가 있을 수 있고, ② 계약당사자간 합의에 대한 그것의 사법적 효력을 상대적으로 보는 견해도 있을 수 있다. ①의 견해는 근로기준법의 사법적 규제력 때문에 1년을 초과하는 계약기간에는 사법적 효력도 인정하기 어렵고, 1년을 초과하는 기간을 정한 계약은 계약기간 1년을 정한 것으로 간주된다고 할 것이다.[28] 이에 의하면, 1년을 초과하는 기간을 약속한 계약이 벌칙으로써 금지되고 있는 이상 사법상 효력도 문제로 삼을 여지가 없고, 근로기준법이 정하는 근로조건의 직률적·강행적 효력(근로기준법 제15조)에 의해 계약기간이 1년으로 단축되고 그 이후에는 기간의 약정이 없는 것으로 된다고 볼 것이다.[29] ②의

분류에 있어서 공법, 사회법 및 사법이라는 삼분론적 방법을 취한다면, 사회법의 영역에서는 그것에 부응하는 독자적인 법말씀론 즉 사회법말씀론을 정립하는 것이 요청된다고 할 것이다. 필자는 공법, 사회법 및 사법의 3분법적 입장을 법률해석론에까지 관철하여 사회법말씀론(Sozialrechtsdogmatik)을 구축하고자 한다. 이에 관한 보다 자세한 것은 강희원, 앞의 책(주22), 248면 이하 참조.

27) 우리나라에서 이 견해를 취하는 학자는 없을 것 같다.

28) 근로기준법 제16조는 일본노동기준법 제14조와 동일한데, 이 견해가 일본노동기준법 제14조의 해석에 있어서 다수견해다.

29) 2007.7.1.전까지 우리나라의 통설이었다고 볼 수 있다. 계약기간이 1년으로 단축되는 것은 아니고, 단순히 무효로 될 뿐이고, 결과로서 계약은 기간의 정함이 없는 것으로 된다고 한다. 기간의 제한 자체는 법정의 「근로조건」의 기준에 해당하지 않는다고 이해할 것이다. 과거에 이 견해에 따른 대법원 판례도 있었다. 대법원 1989.7.11. 선고 88다카21296 판결 참조.

견해는 민법 제659조 제1항이 3년을 초과하는 계약에 대해서는 합의의 구속력을 배제하는 것에 그치고, 계약을 종료할 것인지의 여부는 당사자의 의사에 달려 있다는 것을 전제로 해서 근로자의 이직·퇴직의 자유를 확보하기 위해서 민법 제569조 제1항이 규정하고 있는 3년을 다시 1년으로 단축하는 것에 근로기준법 제16조의 의의가 있다고 하는 견해이다.[30] 계약적 구속을 푼 다음에 당사자가 임의로 관계를 계속하는 것까지 금지하는 것은 아니라고 하는 법의에 첨부하면, 1년을 초과하는 약정기간에 대해 취업을 계속하는가, 그렇지 않은가는 근로자의 선택에 맡기고 있다고 해석하는 것은 가능하다. 그렇지만 그렇다고 하여도, 근로자의 취업계속을 바라지 않는 사용자는 해고예고로써 고용을 종료시킬 수 있다. 해고예고의무가 준수되는 한 근로자는 취업계속을 소구할 수 없을 것이다.[31]

(3) 공·사법 및 사회법의 삼분론적 입장

공·사법 및 사회법의 삼분론적 입장은 근로기준법을 사회법으로 분류하고, 사회법의 독자적인 논리에 의해 근로계약에 대한 근로기준법의 규제구조를 파악하고자 한다. 사회법으로서 근로기준법은 사용자에 대해 노동(근로자)보호적 의무를 부과하여 근로계약에 직접적으로 개입하는 법으로 통일적으로 이해한다. 근로기준법이 이러한 사회적 노동보호법이라는 점에 비춰 볼 때, 동법 제16조는 직접적으로 사용자에게 노동(근로자)보호적 의무를 부과하고 있으며, 이러한 노동(근로자)보호적 의무에 기하여 사용자가 근로계약을 체결하는 경우에는 그것이 근로계약의 내용으로 되어 당해계약의 상대방인 근로자는 사용자에 대해 직접적인 권리를 취득한다고 본다.[32]

---

30) 김형배, 「노동법」(신판 보정판), 박영사, 2005, 256면이 이러한 견해를 취하고 있지 않았는가 생각한다. 여기에서 김 교수는 "예컨대 1년을 초과하여 3년의 기간을 정해서 근로자를 고용한 경우에 1년을 초과한 후 근로자는 언제라도 근로관계를 해지할 수 있으나 사용자는 3년이 경과할 때까지는 근로자를 해고할 수 없다고 해석해야 한다"라고 하고 있다. 대법원[전원합의체] 1996.8.29. 선고 95다5783 판결 참조. 그렇지만 이 경우에는 근로기준법 제15조와의 관계가 문제로 된다. 계약의 「기간」은 임금 근로시간 등의 근로기준법 제15조에서 「근로조건」에는 해당하지 않고, 동조의 직률강행성의 대상으로는 되지 않는다고 이해할 수 있을지는 의문이다. 일본에서 이러한 견해를 취하고 있는 학자로서 예컨대, 菅野和夫, 「勞動法」(제8판), 弘問堂, 2000, 182면 등 참조.

31) 다만 이와 같이 이해하면, 사용자가 하는 해고예고기간은 문제로 될 것이다. 근로기준법 제26조는 해고예고기간을 30일로 규정하지만, 민법 제659조에 따르면, 3개월의 해고예고를 요하는 것으로 된다.

32) 사회법에 의한 노동(근로자)보호적 의무에 의하여 근로계약을 통해 근로자가 사용자에

이러한 입장에 서면, 사용자는 1년을 초과하는 약정기간의 효력을 주장할 수 없지만, 근로자 측은 1년을 초과하는 것이어도 약정기간중의 고용계속을 주장할 수 있다고 하면서 1년을 초과하는 약정기간에 대해서 합의의 편면적인 구속력을 인정하게 된다.[33] 즉 근로자의 퇴직 이동의 자유를 제약하는 면에서는 근로자에게 불이익한 장기에 걸치는 계약기간도 고용의 안정계속이라는 점에서는 근로자에 있어서 이익이라고 하는 실태인식에서 출발한 해석으로서, 이에 의하면, 사용자에 대한 공법적 규제로써 근로자의 퇴직 및 이직의 자유를 확보하고 근로자의 신체자유의 확보라는 목적이 달성되면 사적 자치에 대하여 그 이상으로 개입·규제하는 것은 필요하지 않다.

또 노동(근로자)보호적 의무를 부과하는 규정 위반에 대해 처벌규정을 두고 있다면, 그 처벌대상자가 사용자인 것은 규범의 구조상 당연하고, 타방당사자인 근로자는 아니라는 것은 자명하다. 그러므로 근로기준법 제16조 위반을 처벌하는 제114조 제1호의 처벌대상자는 사용자뿐이다.

(4) 근로기준법 제16조의 법적 의의

공법, 사법 및 사회법의 삼분론적인 입장이 필자의 견해이다. 앞에서 이미 언급했듯이, 근로기준법은 노동보호법으로서 근로기준법상의 근로계약에서 사용자에게 노동(근로자)보호적 의무를 부과하여 그것이 근로자와 사용자의 개별근로계약에 개입하는 규제방식을 취하고 있다. 이 경우에 사용자가 근로기준법에 의해 부과되는 노동(근로자)보호적 의무는 대(對)국가적 의무이고, 또 다른 한편에서 근로자는 당해 근로계약을 통해서 직접적으로 사용자에 대해 노동(근로자)보호적 의무의 내용을 근로계약상의 권리로서 주장할 수 있다(근로기준법 제15조 참조).

이와 같이 「근로계약은 … 그 기간을 1년을 초과하지 못한다」라는 근로기준법 제16조가 사용자에 대한 편면적인 규제적 효력을 가지고 있다면, 근로계약에는 ① 기간의 정함이 없는 근로계약, ② 기간의 정함이 있는 근로계약이 있고, 후자의 경우는 ⓐ 사업의 완료에 필요한 기간을 정한 근로계약[34]과 ⓑ 계약당사자가

대하여 취득하는 직접적인 권리는 노동(근로자)보호적 의무의 법적 성격에 따라 청구권일 수도 있고 형성권일 수도 있다.

33) 이것은 결론에 있어서 공사법이분론의 입장 중 두 번째의 ②의 견해와 같다. 그렇지만 사고의 출발점이 다르다는 점이다.

34) 사업의 완료에 필요한 기간을 예정하고, 그 기간을 다시 여러 개의 기간으로 나누어서 근로계약을 체결하는 것도 가능한가? 또 이 경우에 예정된 기간의 범위 내에서 일정한

사업의 완료에 필요한 기간 여부와 관계없이 임의로 기간을 정한 유기계약(이러한 의미에서 "일반유기계약"이라고도 할 수 있겠다)로 구분된다. 결국, 근로기준법은 무기근로계약과 유기근로계약이라는 두 가지의 유형을 전제로 하고 있다고 할 것이다. 예컨대, 근로자와 사용자가 계약기간을 5년으로 정하여 근로계약을 체결하더라도 그 계약 자체가 절대무효로 되는 것은 아니고 유효하고, 다만 근로자의 보호를 위해서만 편면적으로 무효로 되는 것에 불과하다. 그래서 근로기준법 제16조에 기하여 계약기간 1년이 경과하면, 근로자는 노무제공을 중단하고 계약적 구속에서 벗어날 수 있다.[35] 그러나 사용자는 근로기준법 제16조의 적용을 주장할 수 없고, 근로자를 위해서는 5년의 기간약정은 유효한 것으로 남는다.

3) 근로기준법 제16조와 동법 제23조의 관계

근로기준법 제16조에서 근로기준법 제23조 이하의 해고법과 관련해서 두 개의 문제가 다시 제기된다. 첫째, 근로기준법은 무기근로계약과 유기근로계약 중 어느 것을 기본적인 근로계약유형으로 보는가? 어떠한 경우에 근로자와 사용자는 유기근로계약을 체결할 수 있는가? 이것은 결국 근로계약당사자의 결정에 맡겨져 있다고 볼 수밖에 없고, 실질적으로 사용자의 일방적인 의사에 따라 결정된다고 할 것이다.

그러므로 근로기준법상의 해고제도는 유기근로계약에서 사용자가 기간약정을 어떻게 운영하는가에 따라서는 구멍이 뚫릴 가능성이 있다. 유기근로계약의 경우에 그 계약기간 중에는 사용자의 일방적인 해고권은 근로기준법 제23조 이하의 규정에 의해 제한되지만, 그 기간의 경과 자체를 이유로 근로관계를 종료시킬 수 있으므로 그러한 한에서 노동법적 해고제한제도는 사실상 무력화된다. 그래서 판례[36]는 기간의 정함이 있는 근로계약이 수차례 갱신되어 기간의 약정이 형해화된 경우에는 기간의 정함이 없는 근로계약으로 보면서 형식적으로 갱신되었던 계

조건을 붙여 근로계약을 갱신하는 경우에는 근로기준법 제16조의 적용이 어떻게 되는가가 문제이다.

35) 이 경우에 민법 제659조 제2항이 적용되는가가 문제이다. 만약 적용된다고 보면, 근로자의 해지의 효력은 사용자가 해지의 통고를 받은 날로부터 3개월이 경과해야 생긴다. 그렇게 되면, 근로기준법 제16조가 규정하고 있는 최장기가 실질적으로 1년3개월이 되게 된다. 그래서 민법 제659조 제2항은 적용되지 않는 것으로 보는 것이 타당하다.

36) 대법원 1994.1.11. 선고 93다17843 판결; 대법원 1998.1.23. 선고 97다42489 판결; 대법원 2006.2.24. 선고 2005두5673 판결; 대법원 2007.9.7. 선고 2005두16901 판결 등.

약기간의 경과만을 이유로 근로관계를 종료하는 것을 부당해고로 보고 있다.[37)]

4) 정 리

근로기준법도 민법에서와 같이 기간의 약정이 없는 근로계약과 기간의 약정이 있는 근로계약을 두 개의 유형으로 상정하고, 그 선택을 당사자의 합의에 의해서 결정하도록 하고 있다. 기간의 약정이 없는 근로계약에서는 근로자에게 언제든지 계약관계를 종료할 수 있도록 하는 한편, 유기근로계약이라도 그 기간이 장기에 해당한다고 하더라도 그러한 약정이 당연히 절대적 무효가 되는 것이 아니라, 근로자의 이직 또는 퇴직의 자유를 확보하기 위해 1년이 경과하는 때부터 근로자에게 근로계약을 종료할 수 있는 권리를 부여하고 있다는 것은 고용계약에 관한 민법의 구상과 그 법적구조가 동일하다고 할 것이다.

사용자 측에서 근로기준법 제16조의 규범적 취지를 보면, 사업의 완료에 필요한 기간을 정한 것이 아닌 유기근로계약의 경우에 근로기준법 제16조에 의한 제한 때문에 사용자는 본래의 약정기간과 관계없이 근로자에 대해서 계약의 구속력을 법적으로 1년밖에 관철할 수 없다. 즉 사용자는 약정된 기간이 경과해야 비로소 계약의 구속력으로부터 벗어날 수 있다. 그래서 근로계약의 기간을 규율하는 근로기준법의 구상과 민법의 구상을 비교해보면 결국 민법 제569조 제1항이 장기 또는 종신고용계약의 경우 약정기간 중 3년이 경과한 후에 쌍방당사자에게 계약해지권을 부여하여 계약의 구속력에서 벗어날 수 있도록 하고 있는데, 근로기준법은 근로자의 즉시해지권행사의 시기를 2년 앞당기고 있을 뿐이다.

4. 기간제법의 구상

1) 기간제법 제4조의 문언

기간제법 제4조는 제1항에서 "사용자는 2년을 초과하지 아니하는 범위 안에서 (기간제 근로계약의 반복갱신 등의 경우에는 계속 근로한 총기간이 2년을 초과하지 아니하는 범위 안에서) 기간제근로자를 사용할 수 있다. 다만, 다음 각 호의 어느 하나에 해당하는 경우에는 2년을 초과하여 기간제근로자로 사용할 수 있다.

---

37) 이에 관련된 자세한 대법원 판례분석에 관해서는 신권철, "기간제근로계약의 무기근로계약으로의 전환", 「노동법연구」 제30호, 서울대노동법연구회, 2011, 197-249면 참조.

1. 사업의 완료 또는 특정한 업무의 완성에 필요한 기간을 정한 경우
2. 휴직·파견 등으로 결원이 발생하여 당해 근로자가 복귀할 때까지 그 업무를 대신할 필요가 있는 경우
3. 근로자가 학업, 직업훈련 등을 이수함에 따라 그 이수에 필요한 기간을 정한 경우
4. 「고령자고용촉진법」 제2조 제1호의 고령자와 근로계약을 체결하는 경우
5. 전문적 지식·기술의 활용이 필요한 경우와 정부의 복지정책·실업대책 등에 따라 일자리를 제공하는 경우로서 대통령령이 정하는 경우
6. 그 밖에 제1호 내지 제5호에 준하는 합리적인 사유가 있는 경우로서 대통령령이 정하는 경우“ 라고 규정하고,

제2항에서는 “사용자가 제1항 단서의 사유가 없거나 소멸되었음에도 불구하고 2년을 초과하여 기간제근로자로 사용하는 경우에는 그 기간제근로자는 기간의 정함이 없는 근로계약을 체결한 근로자로 본다.”라고 규정하고 있다.

2) 규범적 취지

근로계약의 기간에 대한 규제법으로서 기간제법 제4조의 취지를 어떻게 이해해야 할까? 이 문제는 한편에서는 근로자의 이직 및 퇴직의 자유보장이라는 관점에서, 다른 한편에서는 근로자의 고용안정이라는 관점에서 근로기준법(제16조 및 제23조 이하)과 관련해서 이해되어야 한다.

(1) 기간제법 제4조 제1항 본문

제4조 제1항 본문은 사용자가 2년을 초과하지 아니하는 범위 안에서(기간제 근로계약의 반복갱신 등의 경우에는 그 계속근로한 총기간이 2년을 초과하지 아니하는 범위 안에서) 기간제근로자를 사용할 수 있다고 규정하고 있는데, 이것이 근로자보호를 위해서 지금까지는 없었던 새로운 규범적 상태를 창설하는 것처럼 보이지만, 그 실질은 거의 전무하다고 해도 과언이 아니다.

근로기준법은 무기근로계약과 유기근로계약이라는 두 가지의 유형을 전제로 하면서 다만 사업의 완성에 필요한 기간을 정한 근로계약 외의 유기근로계약의 경우에 근로계약의 기간이 1년을 초과하는 경우에는 1년을 초과하지 못하도록 금지하고 근로자의 보호를 위해 이것을 편면적으로 무효로 하는 것에 불과하다. 그렇

다면 근로기준법에서는 기간의 정함이 있는 근로계약을 체결한 경우에 사용자가 근로자에 대해 1년 이내의 범위에서만 그 계약의 구속력을 강제할 수 있도록 한 것에 비추어 기간제법 제4조 제1항 본문은 근로자에 대해 2년까지 계약의 구속력의 기간을 확장할 수 있다는 취지라고 이해해야 할 것이다.

(2) 기간제법 제4조 제1항 단서

제4조 제1항 단서는 사용자가 사업의 완료 또는 특정한 업무의 완성에 필요한 기간을 정한 경우, 휴직·파견 등으로 결원이 발생하여 당해 근로자가 복귀할 때까지 그 업무를 대신할 필요가 있는 경우, 근로자가 학업, 직업훈련 등을 이수함에 따라 그 이수에 필요한 기간을 정한 경우, 「고령자고용촉진법」 제2조 제1호의 고령자와 근로계약을 체결하는 경우, 전문적 지식·기술의 활용이 필요한 경우와 정부의 복지정책·실업대책 등에 따라 일자리를 제공하는 경우로서 대통령령이 정하는 경우 및 그 밖에 제1호 내지 제5호에 준하는 합리적인 사유가 있는 경우로서 대통령령이 정하는 경우에는 2년을 초과해서 기간제근로자를 사용할 수 있다는 취지이다.

여기에서 문제는 2년을 초과하여 사용할 수 있는 기간이 단순히 계약기간을 의미하는가, 그렇지 않으면 기간제 근로계약의 반복갱신 여부와 관계없이 그 계속근로한 총기간을 의미하는가가 문제이다. 만약 전자로 이해하면, 근로기준법에서는 기간의 정함이 있는 근로계약을 체결한 경우에 사용자가 근로자에 대해 1년 이내의 범위에서만 그 계약의 구속력을 강제할 수 있도록 하였는데, 기간제법 제4조 제1항 단서는 근로자에 대해 계약의 구속력의 기간을 2년을 초과하도록 확장할 수 있다는 정도로 밖에 이해할 수 없다. 그렇지만 후자로 이해한다면, 기간제법 제4조 제1항 단서는 기간제 근로계약의 반복갱신에 관한 위 판례[38]의 법리를 배제하는 것으로 이해된다.

어느 쪽으로 이해하는 것이 타당한지가 문제다. 만약 후자로 본다면, 기간제법 제4조 제1항 단서가 사용자가 기간제근로자의 계약갱신을 수차례 반복하는 것이 적법하게 되기 때문에 계약갱신만 계속된다면 사실상 고용안정에 도움이 되는 점이 없지 않다. 그러나 기간제근로자의 계약갱신은 실질적으로 사용자의 재량에 맡겨져 있기 때문에 규범적으로 기간제근로자의 계약갱신을 확보할 수 없다. 결국 기간제법 제4조 제1항은 기간제근로자를 보호하기 위한 법이 아니라 사용자의

38) 위 주36)와 같은 판례.

보다 큰 권리를 합법화하는데 기여할 뿐이라고 평가할 수 있다. 그러므로 기간제법 제4조 제1항 단서에서 「2년을 초과하여 기간제근로자를 사용할 수 있다」라는 것에 기간의 정함이 있는 근로계약의 계속적인 반복 갱신까지 포함되는 것은 아니라고 보아야 할 것이다.

(3) 기간제법 제4조 제2항

기간제법 제4조 제2항은 제4조 제1항 단서의 사유가 없거나 소멸되었음에도 불구하고 2년을 초과하여 기간제근로자로 사용하는 경우에는 그 기간제근로자는 기간의 정함이 없는 근로계약을 체결한 근로자로 본다고 규정하고 있다.

그러나 이 규정의 규범적 의미가 상당히 불분명하다. 왜냐하면 여기에서 「기간제근로자를 사용하는 경우」라 함이 현실적으로 사용하는 경우만을 의미하는지, 그렇지 않으면 계약하는 것 그 자체만으로 충분하다는 것인지 예컨대 2년을 초과하는 기간제 근로계약을 체결하였지만 현실적으로 2년을 사용하지 아니한 경우도 포함되는지가 분명하지 않기 때문이다. 기간제법 제4조 제1항이 기간제근로자를 사용하는 사용자의 행위 자체를 규제대상으로 하고 있다고 할 것이므로 기간의 정함이 있는 근로계약을 체결한 근로자가 기간의 정함이 없는 근로계약을 체결한 근로자로 간주되기 위한 경우로서 ① 기간제법 제4조 제1항 단서의 사유가 없거나 소멸되었음에도 그 후에 계속해서 2년을 사용하는 경우와 ② 약정된 기간이 어떠한가에 관계없이 기간제근로자를 2년을 초과하여 사용한 경우로 파악해야 할 것이다.

그렇다고 한다면, 단순히 2년을 초과하는 기간제 근로계약을 체결하였다고 해서 기간제법 제4조 제2항에 의해 그 계약이 기간의 정함이 없는 계약으로 간주된다고는 할 수 없을 것이다.

3) 정 리

기간제법 제4조에 의하면 근로계약의 형태가 ① 무기근로계약, ② 기간제법 제4조 제1항 본문에 의한 최장 2년의 유기근로계약, ③ 기간제법 제4조 제1항 단서에 의한 유기근로계약, ④ 기간제법 제4조 제2항에 의한 기간의 정함이 없는 것으로 간주되는 근로계약으로 구분되는 것처럼 보이지만, 그 실상은 그렇지 않다. 왜냐하면 위에서 언급했듯이 기간제법 제4조가 기간제 근로계약 자체를 규제대상으로 하는 것이 아니라 사용자가 기간제근로자를 사용하는 행위 자체를 규제대상으로 하고 있기 때문이다. 그러므로 기간제법에도 역시 근로계약은 근로기준법에서와 마찬가지로 기간을 정하지 아니한 것과 기간을 정한 것이 있다고 할 것이다.

그리고 만약 기간제법이 진정으로 노동(근로자)보호법이라고 한다면, 기간제법 제4조의 이해에서도 근로기준법 제16조의 규범적 취지에서 보았던 공·사법이분론적 입장과 공·사·사회법삼분론적 입장에서 보는 바와 같은 논의가 전개될 수 있다.

V. 노동보호법으로서 기간제법의 문제점

1. 기간제법과 근로기준법

1) 근로기준법과 기간제법의 관계

근로계약의 기간에 대한 규제는 근로기준법 개정으로 근로기준법 제16조가 2007.6.30. 효력을 상실하여, 2007.7.1.부터 기간제법에 의하게 되었다. 기간제법의 적용범위가 사기업의 경우에는 근로기준법의 적용범위와 동일하나(근로기준법 제10조 제1항 및 제2항 참조), 국가 및 지방자치단체의 기관의 경우에는 상시 사용하는 근로자의 수에 관계없이 이 법을 적용한다고 하여 근로기준법과는 상이하다.[39] 그럼에도 근로기준법에 근로계약의 기간에 관한 규정이 없으므로 법률의 제정형식을 보면, 기간제법이 근로기준법의 부속법령이고 기간제법 제4조 및 제5조가 근로기준법 제16조를 대체하고 있다. 결국 내용적으로 보면 2007.7.1. 근로기준법 제16조가 기간제법 제4조와 제5조로 개정·시행된 것으로 보아야 할 것이다.

그리고 근로기준법은 기간제근로자의 개념정의에 관한 규정을 별도로 두고 있지 않았으나 기간제법은 그것을 두고 있다(제2조 제1호). 즉 기간의 정함이 있는

---

39) 그러나 기간제법 제3조 제3항이 구체적으로 무엇을 의미하는지는 불분명하다. 국가 및 지방자체단체의 기관이 무엇을 의미하는지? 그리고 국가 및 지방자체단체의 기관이 사용하는 근로자가 무엇을 의미하는지, 국가공무원법 및 지방공무원법의 적용을 받는 자를 제외한 임시직 또는 특정직 기타 계약직원을 말하는지 그렇지 않으면 기간제법에 있어서는 모든 공무원을 근로자로 본다는 취지인지? 등등. 생각컨대, 입법의 취지는 국가공무원법 및 지방공무원법의 적용을 받는 자를 제외한 임시직 또는 특정직 기타 계약직원만을 가리키는 것 같다.

근로계약을 “기간제근로계약”이라고 하고, 이러한 근로계약을 체결한 근로자를 기간제근로자로 정의하고 있다.

2) 입법양식의 비교

근로기준법 제16조와 비교해보면, 기간제법 제4조 제1항은 법문의 표현형식에 있어서 근로기준법 제16조와는 상당히 다르다. 근로기준법 제16조은「근로계약은 … 못한다」라고 하면서 누구에게나 부정 내지 금지하는 형식으로 규정하였으나, 기간제법 제4조 제1항 본문 및 단서는「사용자는 … 사용할 수 있다」「다음 각호의 어느 하나에 해당하는 경우에는 … 사용할 수 있다.」라고 규정하여 양자간에는 다음과 같은 두 가지의 근본적인 차이가 있다.

첫째, 근로기준법 제16조는 규범적 차원에서 규제하고 있으나, 기간제법 제4조 제1항은 사실적 차원에서 규제하고 있다 즉 근로기준법 제16조는 근로계약의 구속력 또는 규범력을 규제의 대상으로 하고 있는데 반해, 기간제법 제4조는 사용자의 사실적 행위를 규제의 대상으로 하고 있다.

둘째, 근로기준법 제16조는 근로계약 자체를 규제의 대상으로 하고 있는데, 기간제법 제4조 제1항은 본문에서 사용자의 사실적 행위를 규제의 대상으로 하고 있다.

2. 기간제법이 노동보호법인가?

1) 입법양식의 문제점

위에서 이미 언급했듯이 기간제법 제4조 제1항의 문언을 보면, 기간제법은 기간을 정하여 근로자를 사용하는 것이 사용자에게는 지금까지 원천적으로 금지되어 있는데, 그러한 금지를 일정한 범위 내에서 해제해서 사용자의 자유를 회복하는 법인 것처럼 규정되어 있다. 이러한 법률양식은 우리나라 법질서와 전혀 정합적이지 않다. 왜냐하면 사용자가 기간제근로계약을 체결하는 것을 금지하거나 기간을 정해서 근로자를 사용하는 것을 금지하는 법제는 우리나라에 존재하지도 않을 뿐만 아니라 존재한 적도 없기 때문이다.[40)]

40) 근로기준법이 무기계약을 근로계약의 기본적 유형으로 보고 있는 듯하지만, 위에서 보았듯이 근로기준법은 근로계약을 무기로 할 것인지 또는 유기로 할 것인지는 당사자에

2) 기간제근로자개념의 문제점

단기계약직근로자들이 사회문제로서 이슈화되고 있다고 해서 이들을 특별히 보호하겠다는 뜻에서 사회적 정형으로서 기간제근로자를 법적 개념으로 정의하고(기간제법 제2조 제1호), 이들의 보호를 위한 특별법을 제정하였던 것은 정치적 행위로서 가상하다고 높이 평가할 수 있겠으나 그 실질은 초라하기 그지없다.[41] 이렇듯 「기간제 및 단시간근로자 등 보호에 관한 법률」은 기간제근로자의 특별보호라는 명분하에 제정된 법이다. 그러나 이러한 법률 자체를 단행법률로서 제정할 필요가 있었는가에 대해서 생각해보지 않을 수 없다. 「기간제 및 단시간근로자 등 보호에 관한 법률」은 노동(근로자)보호법의 입법양식이라는 관점에서 볼 때 엽기적이다 못해 실질적으로는 기만적이라는 비난을 가하지 않을 수 없다.[42]

사회학적으로 볼 때, 기간제근로자라는 사회적 집단을 상정하는 것은 가능하고 또 유의미하다. 그러나 법적 특별보호의 대상으로 특화하여 특별법을 제정하는 것이 유의미한가는 회의적이다. 기간제근로자는 근로계약에 그 존속의 시간적 한계가 정해짐으로써 생긴다. 그렇다면 입법기술상으로 볼 때 근로계약 자체 또는 근로계약의 기간 자체를 직접적으로 규제하는 방식이 옳다고 하겠다. 사회적 유형으로서 기간제근로자를 굳이 근로자의 아류(亞類)개념으로서 설정하여 특별한 법적 보호대상유형으로 특화할 필요는 없다고 생각한다.

게 맡기고, 다만 근로자의 이직 및 퇴직의 자유를 확보하기 위해 사용자에 대해 약정기간을 1년으로 단축하고 있을 뿐이다. 그렇다면, 기간제법 제4조 제1항 본문이 사용자에 대해 유기근로계약을 체결하는 것을 원칙적으로 금지하면서 이를 2년 범위 내에서만 예외로서 허용하는 것이라고 보아야 하는가? 기간제법 제4조 1항은 제2항과 관련해서 그렇게 해석할 수 있는 여지도 있지만, 어려울 것 같다. 기간제법 제4조는 사용기간이 그 규제대상이지 근로계약의 기간은 그 규제대상이 아니다. 근로계약의 기간과 근로자의 사용기간은 다를 수 있다.

41) 이것은 기간제법의 시행 이후에 오히려 비정규직근로자의 수가 더 증가하고 있은 현실이 증명해주고 있다.

42) 최근에 근로관계의 유연화라는 신자유주의적 기치 하에 단기의 비정규직근로자들이 양산되면서 종래에 정년이 보장된 무기의 정규직근로자와 구별하기 위해서 「계약근로」 또는 「계약직근로자」라고 하는 용어가 노동시장에서 통용되면서, 실제로 모든 근로자가 계약직근로자임에도 불구하고, 마치 「계약직」 이외의 종업원은 회사와 계약관계에 있지 않다고 하는듯한 오해를 불러일으키고 있다. 이렇듯, 기간제근로자라는 용어 「계약직근로자」라는 용어와 같은 맥락에서 항간에 상용되고 있는 말이라고 볼 수 있다. 그렇지만 계약직근로자라는 통용어가 특별한 규범적인 의미를 가지는 법률용어화로 특화하는 것이 무리이듯이, 기간제근로자의 경우도 법률용어화하는 것은 무리라고 생각한다.

어떠한 계약이든 최소한 2 당사자의 존재를 전제로 한다. 근로계약도 계약이므로 양당사자가 있다. 만약 기간의 정함이 있는 근로계약을 체결한 근로자가 기간제근로자라고 한다면, 그 상대방은 기간제사용자인가? 기간제법의 규제대상인 사용자는 기간제사용자인가? 기간제법이 기간의 정함이 있는 근로계약을 체결한 근로자를 기간제근로자라고 규정한 것은 동어반복적이고 당연한 것이다. 기간제근로자 자체가 문제인 것이 아니라 그 기간의 장단이 문제이다. 기간제법이 보호목적으로 하고자 하는 사회적 정형은 단기의 근로계약에 의해서 불안정한 고용상태에 있는 근로자들이다. 그렇다면, 법적으로 볼 때, 근로계약의 기간을 규제해서 근로자를 보호하면 충분하다고 할 것이다. 즉 근로계약의 기간 자제를 규정하는 것으로 충분하다.

3) 제4조 제1항의 문제점

사용자는 기간제법이 제정·발효되기 전에도 기간제근로자를 사용할 수 있는 자유를 가지고 있었고, 기간제법이 발효한 후에도 그러하다. 우리 법제 어디에도 사용자가 기간제 근로계약을 체결하지 못하도록 금지하는 법률은 없다. 근로기준법이 사용자로 하여금 기간제 근로계약을 체결하지 못하도록 금지하는 것이 아니라 기간제 근로계약에서 민법 제661조 소정의 부득이한 사유가 없음에도 그 약정기간 내에 그리고 약정기간이 3년 이상인 경우에 3년의 경과를 이유로 고용(근로)관계를 종료케 하는 사용자의 해지권을 제한할 뿐이었다. 그러므로 기간제법 제4조 제1항은 당연한 규정이다. 다만 동조 제2항과 관련해서만 규범적 의미를 가진다고 할 것이다. 다시 말하면, 기간제법 제4조 제1항은 규범적 의미가 없고, 제2항만이 실질적인 규범적 의미가 있다.

마치 현행 노동관계법이 사용자가 기간의 정함이 있는 근로계약을 체결해서는 아니 된다는 일반적 금지가 전제되어 있었던 것처럼 또는 기간제법의 입법으로써 사용자가 기간의 정함이 있는 근로계약을 체결하는 것을 향후 원칙적으로 금지하겠다는 것을 전제로 설정하고 있듯이, 기간제법 제4조에 의해 예외적으로 기간제 계약체결의 금지를 허용하는 규범형식을 취하고 있다.

기간제법이 국가가 사용자에 대해 노동(근로자)보호적 의무를 부과하는 노동보호법이라는 점을 감안할 때, 사용자의 행위를 허용하고 있는 기간제법 제4조 1항의 규제양식은 더욱더 문제이다. 그래서 기간제법 제4조는 사용자에게 노동(근로자)보호적 의무를 부과하는 방식이나 기간제근로계약 자체의 효력을 규제하는 방식으로 개정되어야 할 것이다.[43] 예컨대 제1항 본문을 "사용자는 2년을 초과해서 기간제근로자를 사용해서는 아니 된다."라고 하든가, 또는 제1항과 제2항을 하나의 항으로 합쳐서 "2년을 초과하는 기간제 근로계약은 기간의 정함이 없는 근로계약으로 본다. 다만 다음 각 호의 어느 하나에 해당하는 경우에는 그러하지 아니하다.

1. 사업의 완료 또는 특정한 업무의 완성에 필요한 기간을 정한 경우
2. 휴직·파견 등으로 결원이 발생하여 당해 근로자가 복귀할 때까지 그 업무를 대신할 필요가 있는 경우
3. 근로자가 학업, 직업훈련 등을 이수함에 따라 그 이수에 필요한 기간을 정한 경우
4. 「고령자고용촉진법」 제2조 제1호의 고령자와 근로계약을 체결하는 경우
5. 전문적 지식·기술의 활용이 필요한 경우와 정부의 복지정책·실업대책 등에 따라 일자리를 제공하는 경우로서 대통령령이 정하는 경우
6. 그 밖에 제1호 내지 제5호에 준하는 합리적인 사유가 있는 경우로서 대통령령이 정하는 경우"라고 하는 정도가 좋지 않을까 한다.

어떻든 법문의 표현이나 규범형식만 보면, 기간제법이 근로계약의 존속보장에서 근로기준법보다 더 철저한 것처럼 보이지만 그 입법방식 때문에 그 실질은 전혀 그렇지 않다.

4) 제4조 제2항의 문제점

계약에는 항상 대응하는 2 당사자가 있다. 기간제법 제4조 제1항 및 제2항이 사용자에 대해 규범력을 가진다는 것은 명백한데, 문제는 근로자에 대해서 어떠한 효력을 가지는가라는 것이다. 이 문제는 기간제법이 기간제근로자의 근로관계 존속을 확보하는 것이 목적이기 때문에 현실적으로는 공허한 논의가 될지는 모르지만, 근로계약법의 이론적 차원에서 논의할 필요가 있다고 생각한다. 또 이 문제는 기간제법의 규범적 성격과도 관련이 있다.

예컨대, 근로자와 사용자가 기간을 5년으로 정하여 근로계약을 체결한 경우에 기간제법 제4조 제1항 단서 소정의 예외적인 사항에 해당하지 아니하는 때에는

---

43) 그 외에도 기간제법 제4조 제1항 본문 그 자체가 규범적 의미를 가지려면, 그 법문은 "사용자는 2년을 초과하지 아니하는 범위 안에서만 … 사용할 수 있다"라고 표현되어야 할 것이다.

사용자에 대해서 제4조 제1항 본문의 위반으로 되어 동조 제2항에 의해서 기간의 정함이 없는 근로계약을 체결한 것으로 간주되는가? 그렇지 않으면 사용자가 2년을 초과하여 근로자를 실질적으로 사용한 경우에 비로소 기간의 정함이 없는 근로계약을 체결한 것으로 간주되는가?[44] 이 경우에 사용자가 근로자를 위해서 사용자에 대해 사용자에 대해서는 기간의 정함이 없는 근로계약을 체결한 것으로 간주된다고 하는 것이 옳지 않을까 한다. 다른 한편, 근로자에 대해서 어떠한가? 즉 이 경우에 근로자는 사용자에 대해 5년의 유기계약을 주장할 수 있는가? 그렇지 않으면 근로자에 대해서도 무기계약을 체결한 것으로 간주되는가? 근로자에 있어서도 공히 기간의 정함이 없는 근로계약이 된다면, 그 다음에, 근로자는 아무런 제한 없이 근로관계를 종료할 수 있는가라는 문제가 제기된다. 그리고 여기에 민법 제660조 제2항 내지 제3항이 적용되는지도 문제이다.

만약 기간제법이 노동보호법이기 때문에 사용자에 대해서만 편면적으로 적용되고 근로자에게는 적용되지 않는다고 이해한다면, 이것은 어떠한 이유에서 타당하지 않는가? 위에 든 사례에서 근로자에게는 5년의 유기근로계약을 체결했다는 것을 주장하는 것이 허용되지 않는가라는 것이다. 종전에 근로기준법 제16조의 효력은 근로계약의 일방당사자인 사용자에 대해서 편면적으로 이해했는데, 기간제법 제4조 제2항은 근로계약 양당사자에 대해서 양면적으로 이해해야 하는가라는 이론적인 문제도 제기된다.

Ⅵ. 근로계약의 「기간」과 근로관계

1. 근로계약의 「기간」의 규범적 의미

앞에서 살펴보았듯이, 우리 민법은 적어도 고용노동의 사용관계에서는 계약체결시의 명시적인 약정보다는 그 약정기간 종료 후의 현실적인 취업계속상태를 중요시하고 약정기간이 도과했다고 하더라도 계약관계가 자동으로 종료되는 것으로 보지 않고, 확정적인 종료에는 그것에 상응하여 고용관계를 사실적으로 정리하는 것을 전제로 하면서, 그러한 조치를 취할 수 있음에도 불구하고 상당한 기간 내

44) 이것은 기간제법이 근로계약의 기간 자체를 규제하지 아니고 기간제근로자를 사실상 사용하는 기간을 규제하고 있기 때문에 야기되는 문제이다.

에 하지 아니하는 경우에는 그러한 사실과 부합하는 계약관계가 계속되는 것으로 간주하고 있다. 고용계약에서 약정기간의 종료에도 불구하고 노무자가 계속적으로 노무를 제공하고 있는 사실 자체를 중시하는 민법의 태도는 극히 타당하고, 이것은 우리나라 고용노동에 관한 계약을 규율하고 있는 법질서 저변을 관통하고 있는 기본적인 입장이라고 할 것이다.

근로기준법도 위와 같은 기본적 태도를 가지고 있음은 말할 것도 없다. 그러므로 근로계약의 기간이 경과했다고 해서 근로계약관계가 당연히 종료되는 것이 아니라 그 기간의 경과 이후부터 당사자가 근로관계를 사실적으로 종료케 할 수 있고, 그러한 사실적인 조치를 취해야 근로관계가 종료한다. 이렇게 본다면 근로계약의 기간 중에는 근로계약당사자가 계약관계 자체를 일방적으로 종료케 할 수 없고 기간이 경과해야 그것을 이유로 근로관계를 종료할 수 있다. 이러한 의미에서 근로계약의 기간이란 근로관계를 종료할 수 없는, 말하자면, 계약의 구속력의 기간이라고 하겠다.[45] 그리고 계약의 기간이 경과한 후에도 계약당사자가 그러한 조치를 하지 않고 그 상태가 계속되면 당사자는 그러한 조치를 할 수 있는 지위 또는 권리를 상실하고, 그러한 지위나 권리를 회복하려면 새로운 당사자 간의 합

45) 그런데 우리 대법원 판례는 이렇게 해석하고 있지 않다. 대법원(전원합의체) 1996.8.29. 선고 95다5783 판결(한국케이디케이 사건)은 「근로기준법 제21조(2007.7.1. 실효된 근로기준법 제16조)는 "근로계약은 기간의 정함이 없는 것과 일정한 사업완료에 필요한 기간을 정한 것을 제외하고는 그 기간은 1년을 초과하지 못한다."고 규정하고 있는바, 그 입법취지는 장기의 근로기간을 정함으로 인하여 근로자가 퇴직의 자유를 제한당하게 됨으로써 장기간 근로의 계속을 강요당하는 것을 방지할 목적으로 근로자 보호를 위하여 1년을 초과하는 근로계약기간 부분의 근로관계에 있어서 근로자에게 퇴직의 자유를 보장하려는 것에 있고, 근로계약기간은 단지 근로계약의 존속기간에 불과할 뿐 '근로관계에 있어서 임금·근로시간·후생·해고 등 근로자의 대우에 관하여 정한 조건'을 의미하는 근로기준법 제20조 소정의 근로조건에 해당하지 아니하므로 근로계약 당사자는 원칙적으로 이를 임의로 정할 수 있으며, 따라서 1년을 초과하는 근로계약기간을 정하여 근로계약을 체결하였다 하더라도 그 계약기간의 정함 자체는 유효하므로 약정기간 범위 내에서는 사용자는 근로기준법 제21조를 근거로 단순히 근로자에게 1년의 기간이 경과하였음을 이유로 근로관계의 종료를 주장할 수 없고 다만 근로자로서는 1년이 경과한 후에는 언제든지 당해 근로계약을 해지할 수 있다 할 것이며, 한편 근로계약기간을 정한 경우에 있어서 근로계약 당사자 사이의 근로관계는 특별한 사정이 없는 한 그 기간이 만료함에 따라 사용자의 해고 등 별도의 조처를 기다릴 것 없이 당연히 종료된다」고 판시하였고, 이와 같은 취지의 판례가 계속되고 있다. 대법원 2007.1.15. 선고 2006두7945 판결 참조. 그러한 이러한 판례는 고용노동에 관한 계약의 기간에 대한 근로기준법(2007.7.1. 이전) 제16조의 규범적 취지를 제대로 이해하지 못함은 물론이고, 우리 민법의 규정조차 제대로 이해하지 못한 데에서 비롯된 것이라고 할 것이다. 이러한 판례는 법리의 오류이기 때문에 변경되어야 한다고 생각한다. 하지만 이러한 판례의 태도에 동조하는 학자도 있다. 예컨대, 김형배, 「노동법」(제20판), 박영사, 2012, 1159면.

의 또는 사실관계가 있어야 한다. 이것은 계약의 기간에 관한 근로계약법의 근간이라고 하겠다.

2. 계약기간 중의 해고

기간의 정함이 있는 근로계약의 경우에 소정기간 동안에는 계약을 유지하는 것이 원칙이다. 그러므로 계약의 기간 중의 해고가 문제로 되는 것은 기간의 만료까지 계약을 유지하는 것을 기대할 수 없는 특단의 사정이 있는 경우에 한한다.[46] 근로자의 사·상·병(死傷病)에 의한 취업불능, 근로자의 능력부족이나 근무불량, 혹은 사업의 계속불능에 이르지 않지만 영업부진에 빠진 사용자에 의한 인원정리 등은 기간의 정함이 없는 계약의 경우보다도 해고의 자유가 한층 제약되는 것은 당연하다. 그러나 사용자는 근로자가 상병(傷病)에서 회복될 수 있을지 예견할 수 없고 그러한 상병에 기인하는 휴업을 이유로 당해 근로자를 해고하고자 하는 경우에 계약기간 중이라면 해고의 예고를 해야 할 것이다.

민법과 근로기준법은 계약의 기간 중에 예외적으로 당사자 일방이 일방적으로 계약의 구속력을 배제할 수 있는 경우를 규정하고 있다. 민법 제661조는 기간의 약정의 유무를 불문하고, 「부득이한 사유가 있는 때」 당사자에 의한 고용계약의 즉시해지를 인정하고 있다. 여기에서는 「부득이한 사유」가 어떠한 것인가는 해석에 맡겨져 있는데, 근로기준법은 사용자측의 즉시해고를 민법의 경우보다 더 제한하고 있다. 즉 근로기준법 제26조 단서의 규정은 그 대상으로 된 유기 또는 무기근로계약 여부를 한정하지 않고 천재·사변 그 밖의 부득이한 사유로 사업을 계속하는 것이 불가능한 경우 또는 근로자가 고의로 사업에 막대한 지장을 초래하거나 재산상 손해를 끼친 경우로서 고용노동부령으로 정하는 사유에 해당하는 경우에」 해고하는 경우를 제외하고는 사용자에 의한 해고에 대해는 30일 전에 예고를 하도록 하고 이를 위반하는 경우에는 30일분의 통상임금을 지급하도록 하고 있다. 그러므로 민법 제661조는 근로기준법 제26조에 의해 대폭적으로 수정되었다고 하겠다.

한편 「기간의 정함이 없는 계약」의 경우에는 근로기준법 제23조 이하 소정의

46) 민법 규정과 달리, 근로기준법은 강행규정이고, 또 오늘날의 고용사회의 실태에서 보더라도 특약으로써 해지권을 유보하는 것은 인정하기 어렵고, 사용자의 예고의무를 경감할 수 없다고 해석해야 한다.

정당한 이유가 있어야 사용자의 해고가 정당화되기 때문에 사용자의 해고권은 현저히 제약받는다. 이와 관련해서 제기되는 문제는 기간의 정함이 있는 근로계약이 수차례 갱신되어 기간의 약정이 사실상 형해화된 경우에는 기간의 정함이 없는 근로계약으로 간주되는 경우에 계약갱신의 거부를 사용자의 해고권남용으로 보아 근로기준법 제23조 위반으로 보고 있는 판례법리의 이론적 근거이다. 물론 판례에 의하면, 사용자가 고용노동의 사용관계를 유기계약의 반복갱신에 의해 계속하는 것 자체는 권리남용으로 되지 않지만, 갱신의 거부를 하는 경우에는 권리남용으로 된다는 것인데, 오히려 유기계약의 반복 갱신 자체가 권리남용으로 되는 것은 아닌지?[47] 또 기간의 정함이 있는 근로계약이 반복갱신된 경우에는 당해 근로계약이 「기간의 정함이 없는 계약」으로 전환된다거나 「기간의 정함이 없는 계약」과 다름이 없는 것으로 된다는 것인데, 이것은 근로자를 위해서 사용자에 대해서만 그렇다는 것인가, 사용자가 근로자에 대해서 「기간의 정함이 없는 계약」으로 전환되었다든가 「기간의 정함이 없는 계약」과 다름이 없다는 것을 주장하는 것도 가능한가? 다시 말하면 기간의 정함이 있는 근로계약이 반복갱신된 경우에는 근로자와 사용자 당사자 쌍방에 대해서 「기간의 정함이 없는 계약」으로 전환된다는 것인지가 불분명하다. 구체적 상황에 따라서 기간제법 제4조 제1항 단서에 해당하는 근로자인 경우에는 기간의 정함이 있는 근로계약의 계속적인 갱신이 유리할 수도 있기 때문이다.

3. 근로계약의 「기간」과 해고의 예고

근로기준법은 기간계약의 기간만료에 관해 특단의 규정을 두고 있지 않다. 그런데 민법과 기간제법은 기간의 만료와 관련하여 특별한 규정을 두고 있다. 위에서 이미 언급했듯이 민법 제662조와 기간제법 제4조 제2항이 그것이다. 기간제법 제4조 제2항은 소정의 요건 하에 사용기간이 2년을 초과하는 경우에 기간의 정함이 없는 근로계약을 체결한 것으로 간주하여 민법 제662조에 의한 묵시의 추인에 의해 근로계약이 갱신되는 것과 같은 결과를 인정하고 있다. 기간만료 후에도 취업이 계속되는 경우가 적지 않은 것이 기간제고용의 현실이다. 위에서 언급했

47) 따라서 본래 이 문제는 계약기간의 문제가 아니고, 권리남용법리의 문제이다. 반복갱신된 기간계약의 갱신거부에 예고의 의무를 인정하는 것과 그 적법성판단에 권리남용법리가 어디까지 미치는가라는 문제는 구별되어야 한다.

듯이 기간계약의 확정적 종료에 사용자의 명시적인 의사표시를 요하는 것은 근로기준법 하에서 마찬가지다. 명시의 의사표시가 없는 채로 취업이 계속되는 경우에 이것을 기간의 정함이 없는 계약으로 취급하는 것이 민법 제662조에도 합치하는 것이고, 그 종료에 예고를 요하는 것에는 이론이 없을 것 같다.

현실에서 장기기간 계속취업하고 있는 자의 고용을 종료시키려는 것이라면, 유기근로계약의 갱신거절의 경우에도 그것이 부당해고에 해당하는지의 여부를 떠나서 사용자가 근로기준법 제26조 소정의 예고의무를 부담한다고 해석하는 것이 타당하다고 생각한다.[48)]

한편, 근로기준법은 일부유형의 근로자들을 해고예고제도의 보호 밖에 두고 있다. 즉 근로기준법 제35조는 일용근로자로서 3개월을 계속 근무하지 아닌 자, 2개월 이내의 기간을 정하여 사용된 자, 월급근로자로서 6개월이 되지 못한 자[49)], 계절적 업무에 6개월 이내의 기간을 정하여 사용된 자, 수습사용 중인 근로자에 대해서는 근로기준법 제26조의 적용 제외를 규정하고 있다. 이 경우에 근로기준법은 사용자에게 30일의 예고를 기대할 수 없다고 간주하고 있다. 이들 이외는 해고예고제에서 기간의 정함이 있는 것이나 기간의 정함이 없는 것이나 동일하게 취급된다고 할 것이다.

그러나 근로기준법 제35조 소정유형의 근로자의 경우에도 그 소정의 기간이 초과하는 경우는 적용제외의 대상으로 되지 않는다는 것은 당연하다. 단기간계약에 있어서도 기간만료에 수반하는 사용자로부터의 의사표시가 없는 채로 2년 이상 「계속해서 사용되었다면」 기간의 정함이 없는 계약으로 된다고 할 것이므로 해고에

48) 사용자가 계약기간이 만료된 경우에 사용자가 근로관계의 종료를 원한다면, 그것을 확인하는 의미에서 기간만료에 의한 근로관계의 종료를 근로자에게 통지해야 한다(민법 제662조 참조). 왜냐하면 유기근로계약의 경우에도 대다수의 근로자들은 그 기간 만료 후에도 취업계속을 기대하는 것이 오늘날의 사회실태이기 때문이다. 물론 이 경우에 근로계약종료의 통지는 해고와 다르기 때문에 해고예고의 의무는 없다고 이해되지만, 이 경우에도 서면통지에 관한 근로기준법 제27조는 준용되어야 한다고 생각한다. 당해기간계약이 반복 갱신된 경우는 물론이고, 그렇지 않은 경우라도, 객관적으로 보아 근로자가 취업계속을 기대하는 것이 무리가 없는 경우에는 사용자에게는 기간종료의 예고를 해야 할 신의칙상의 의무가 있다고 생각된다. 장기간 취업이 계속되었다고 하여도 기간계약의 반복갱신인 이상, 새로운 갱신이 없는 한 고용종료에 특단의 의사표시는 필요로 하지 않고 기간만료 자체에 의해 근로관계는 종료한다는 주장은 사회실태에 비춰볼 때 설득력이 부족한 것은 분명하다.

49) 지금까지 월급근로자로서 6개월이 되지 못한 자를 해고예고의 예외대상자로 규정하고 있었던 근로기준법 제35조 3호는 위헌으로 폐기되었다. 헌법재판소 2015.12.23. 2014헌바53 결정 참조.

는 근로기준법 제26조 소정의 예고를 해야 하는 것으로 된다. 그리고 근로기준법 제35조 제2호에 해고예고의 예외로 규정되어 있는 2개월 이내의 기간을 정해서 사용된 근로자의 경우에 그것이 반복계속된 경우에 어떻게 되는가에 대해서는 다툼이 있을 수 있겠다. 2개월 이내의 기간을 정해서 사용된 자도 총사용기간이 2년을 초과하면 기간의 정함이 없는 계약으로 됨은 당연하나(기간제법 제4조 제2항), 그 이전이라고 하더라도 반복계속되어 기간의 정함이 형해화된 경우에는 판례법리에 의하면 무기계약으로 전환된다고 할 것이고 해고에는 예고가 필요하다고 보는 것이 타당할 것이다.[50)]

4. 파견근로자의 경우

파견근로자보호 등에 관한 법률(이하 파견법이라고 한다)은 근로계약의 기간과는 다른 차원에서 파견기간을 규제하고 있다. 파견근로자의 경우에는 파견기간이 실질적으로 노무를 제공하는 기간이므로 그것이 일반근로자에 있어서 근로계약의 기간과 같다. 그래서 파견법은 사용사업주가 각 특정 사업장마다 동일업무에 대해서 1년을 초과하는 기간으로 계속해서 파견근로에 의한 노무제공을 받는 것을 금지하고 있다(파견법 제6조 제1항). 이것은 파견사업자가 파견대상근로자(파견근로자)의 고입(雇入)에 있어 근로기준법 제16조 소정의 기간규제를 그대로 받은 규정이라고 생각된다. 하지만 기간제법의 시행으로 근로기준법 제16조가 실효되었음에도 파견법 제6조 제1항은 그대로 유지하면서 다만 2년을 초과하지 않는 범위에서 연장할 수 있도록 하여 기간제법 제4조 제1항 본문과 맞추고 있다. 그러나 기간제법 제4조 제1항 단서 소정의 예외는 파견법에서는 인정하지 않는다. 사용사업주가 파견법 제5조 제2항을 위반하여 2년을 초과하여 계속적으로 파견근로자를 사용하는 경우 직접고용의무를 부과하고 있다. 그 외에 파견근로자의 계약기간에 대해선 입법상 특단의 정함이 없다. 그래서 파견근로자의 근로계약에서도 그 계약기간은 근로기준법과 기간제법에 의해서 규율된다.

기간계약에 있어 약정기간 중에는 서로에게 계약유지의 의무를 부담하기 때문

---

50) 기간계약의 갱신에 특단의 규제가 없는 우리나라에는 수회 반복하려고 하는 것도 명시적인 기간계약으로서 당사자의사를 배제해야 할 이유는 없다고 하는 주장도 있을 수 있겠지만, 단기기간계약의 반복갱신에 의해 근로기준법 제26조를 잠탈하는 것은 허용되지 않는다고 할 것이다.

에 파견사업주가 체결하는 계약도 기간 중의 해지는 원칙적으로 허용되지 않는다. 그러나 기간을 정한 근로자파견계약에 의해 파견된 근로자에 대해 기대하는 능력에 달하지 않는 등의 이유로 사용사업주로부터 계약기간 중에 교체를 요구받는 경우에 파견사업주는 파견근로자의 교체요구에 따르는 것이 실정이다. 근로자를 교체해서 사용사업주와 파견사업주간의 근로자파견계약 자체는 유지된다고 하여도 교체된 근로자와 파견사업주 간에 여전히 계약은 존속하는 것이고, 사용사업주가 기대하는 능력에 달하지 않는다고 하여도 그 자체가 「근로자의 책임으로 돌릴 수 있는 것」이라고 말하기 어려운 이상 이러한 경우에 파견사업주에게 즉시해고가 인정되지 않는 것은 물론이다. 파견사업주는 채용 시에 상응한 능력을 가지고 있다고 판단하여 채용한 것으로 생각되고, 채용된 파견근로자에게는 취업기회를 약속한 것이라고 해야 할 것이다. 사용사업주의 요청을 받아들여 당해근로자를 교체한 경우에도 위험부담론에 따라 이후의 임금채무를 면할 수 없다고 생각된다.

현실의 파견근로계약에는 파견사업주 기업의 책임으로 돌아가야 할 사유로 발생한 사용사업주로부터의 취업단절에 대해 파견사업주 기업은 책임을 부담하지 않는다는 취지의 특약이 널리 이루어지고 있는 것이 실정이다. 이것에 의해도 교체에 의한 취업단절이 파견근로계약의 즉시종료를 의미하지 않는다. 파견사업주가 계속고용을 거부하기 위해서는 근로기준법 제26조 소정의 예고를 해야 한다. 그러나 실제로 사용사업주의 업무를 위한 모집형파견의 경우에 특약에 의해 이를 사실상 배제하는 경우가 많다. 이러한 특약을 그대로 시인하는가가 문제이다. 이것을 시인하는 것으로 파견근로에 있어서는 해고에 관한 규제의 탈법적인 회피를 인용하게 된다. 예고수당을 지불하는 해고에 있어서도 역시 부당해고에 의한 임금상당액을 손해배상으로 지급할 책임을 면할 수 없다고 할 것이다.

그런데 문제는 기간제법 제4조 제2항과 파견법 제6조의2의 관계이다. 전자에 의하면 사용자가 2년을 초과하여 기간제근로자를 사용하는 경우에는 기간의 정함이 없는 근로계약을 체결한 것으로 간주되는데, 후자는 사용사업주가 파견근로자를 2년을 초과하여 사용하는 경우에 동조 제3항이 규정하는 근로조건으로 직접고용할 의무를 부담할 뿐이고, 이 경우에 기간의 정함이 있는 근로계약을 체결하는가, 기간의 정함이 없는 근로계약을 체결해야 하는가에 대해서 언급하고 있지 않다. 그러나 기간제법 제4조 제2항의 취지를 적극적으로 반영하여 파견법 제6조의2에 의해 사용자가 파견근로자를 직접 고용해야 하는 경우에는 기간의 정함이 없는 근로계약을 체결하는 것으로 보는 것이 타당하다고 할 것이다.

Ⅶ. 결 어

지금까지 고용노동에 관한 계약의 「기간」에 관하여 역사적·경제적·사회적 맥락에서 개략적으로 살피고, 고용노동의 계약에 관계하는 우리 실정법률이 그 계약의 기간을 어떻게 규제하고 있는지를 음미했다. 이미 결론에 해당하는 언급을 했기 때문에 또 다시 그것을 반복할 필요는 없지만, 결론을 대신해서 위에서 논의한 바를 정리하고, 약간의 부언을 첨가하고자 한다.

첫째, 근로계약의 기간의 법적 의의를 재음미할 필요가 있다고 생각한다. 당사자 쌍방이 합의에 의해서 정하는 약정기간과 실정법률에 의해 정해진 법정기간이 있는데, 고용노동의 계약을 규율하는 우리나라 현행법제의 기본적인 구상에 의하면, 고용노동을 목적으로 하는 계약의 기간은 그 기간의 만료로 자동적으로 계약관계 자체가 종료되는 것이 아니라 계약의 기간이 종료한 때부터 당사자가 계약의 법적 구속력으로부터 벗어날 수 있는 상태에 있다고 할 것이다. 즉 근로계약의 기간이란 근로관계의 존속기간이 아니라 계약의 법적 구속력의 기간이다. 만약 계약당사자가 약정기간의 경과를 이유로 근로관계를 종료케 하려면, 특히 사용자는 그것을 확인하는 의미에 있어서 어떠한 조치, 이를테면 근로관계의 종지에 관한 통지를 하는 등 일정한 조치를 취하여야 할 것이다.[51] 이것을 뒤집어서 말하면, 근로계약의 기간이란 일종의 임의적인 해지권행사의 제한기간이라고도 할 수 있다. 그렇다면 근로관계가 근로계약의 기간이 만료함에 따라 사용자의 해고 등 별도의 조처를 기다릴 것 없이 당연히 종료된다고 하면서 근로계약의 기간을 근로관계의 존속기간으로 보고 있는 판례의 법리는 수정되어야 한다고 생각한다.

둘째, 「기간제 및 단시간근로자 등 보호에 관한 법률」의 근로계약의 기간에 관한 규정에 대한 재고를 요청하고자 한다. 근로계약기간에 대한 규율에 있어 기간제법상의 제4조 및 제5조가 근로기준법 제16조를 대체하는 입법이므로 이들 조

51) 2년을 초과하지 아니하는 기간의 정함이 있는 근로계약의 경우에도 그 기간의 경과 자체로 당연히 근로관계가 종료하는 것이 아니며, 기간의 경과를 이유로 근로관계를 종료하기 위해서는 사용자가 그 기간 경과 전에 사실상 근로관계를 종지하는 조치를 취하여야 하고, 그렇지 아니하고 그 기간이 경과한 후에 근로관계가 사실상 계속되는 경우에는 기간제법 제4조 2항에 의해 기간의 정함이 없는 근로계약을 체결한 것으로 간주된다고 할 것이다.

항이 2007.7.1.부터 근로계약의 기간을 규율하는 기본법이라고 할 수 있다. 그런데 과연 기간제법이 근로계약의 기간에 관한 기본법이 될 수 있는 품격을 갖추고 있는지는 심히 의심된다.

근로계약의 기간은 근로관계의 존속에 관한 것이기 때문에 노동(근로자)보호에 있어서 근로조건 못지않게 중요하다. 그러므로 근로계약의 기간에 대한 규제는 특별법이라는 형식을 취할 것이 아니라 노동보호법의 모법인 근로기준법 자체에 두는 것이 옳다고 생각한다. 요컨대, 기간제법은 근로계약의 기간 자체를 규제하는 것이 아니라 사용자의 사용기간을 규제하는 방식을 취하고 있는데, 이와 같이 특별법에 의한 사실상의 사용기간을 규제하는 방식을 폐지하고, 그 모법인 근로기준법에 의한 근로계약의 기간을 규제하는 것이 타당하다. 즉 종전의 근로기준법 제16조를 개정하여 근로기준법과 같은 규율방식으로 하는 것이 옳다고 생각한다.

셋째, 근로계약의 「기간」의 법적 의의에 대해 거시적 차원에서 생각해보면, 시대적 상황에 따라 근로계약의 「기간」에 대한 법적 규제가 사회적으로 다른 의미를 가질 수 있다는 것을 재인식해야 한다. 사실, 기간의 정함이 없는 계약에 기하여 정년까지의 장기고용안정을 유지하는 것이 가장 이상적인 모습이다. 장기계속적인 취업관계가 사회의 중요한 부분을 담당하고 있는 것은 오늘날 선진공업국에 공통적인 현상이고, 기간의 정함이 없는 계약에 기한 장기계속고용이야말로 현대적 고용노동사회의 기간(基幹)적인 모습이다. 오늘날 단시간(part time)노동계약이나 기간계약은 간접고용과 더불어 불안정고용(precarious work)으로 연결되는 것이 작금의 사태이고 이들은 비전형노동(atypical work)라고 지칭되면서 이러한 형태의 노동이 증대하고 있는 것이 선진자본주의국가들에 있어 공통현상이다. 이것은 다른 한편에서 보면 전일고용(full time)으로서 기간의 정함이 없이 취업하는 자야말로 고용노동의 전형이라고 보는 관념이 세계적인 차원에서 공유되어 있는 것을 보여주는 징표라고 하겠다.

경제가 성장해 가는 과정에서는 사람들은 계속적인 안정고용을 고용의 기간적 형태로 생각할 뿐 아니라 단기의 불안정한 고용은 일시적인 현상으로 쉽게 극복될 수 있는 것으로 본다. 그래서 우리나라의 경제가 급속도로 성장했던 1980년대 초반부터 1990년대 중반까지 안정적인 장기고용이 당연한 일상으로 진행되어 왔던 것 같다. 그렇지만, 이제 현실은 이러한 진행과 다르게 전개되어 가는 양상이다.[52] 우리나라뿐만 아니라 전세계적인 차원에서 비전형고용, 불안정고용이 증대

52) 현재 우리나라에서는 기간제고용이나 간접고용도 산업발전에 수반하는 어쩔 수 없는 것

하고 이것이 새로운 현상으로서 주목되고 있다. 이러한 변화는 근본적으로 기술발전에 의한 경제구조의 변동에서 비롯되었다고 할 수 있지만, 그 결과로 생긴 이차적 결과도 변화의 또 다른 요인이다. 즉 노동하는 사람들의 변화가 그것이다. 그 중에서 괄목해야 하는 것이 노동관의 변화이다. 노동관(勞動觀)은 장기에 걸친 고용의 안정적 계속을 최우선시하는 것에서 노동내용을 쉽게 전환하고 노동의 장소를 이동하고자 하는 쪽으로 변하고 있다. 피상적인 주장에 의하면, 이러한 경향을 강하게 추진하고 있는 요인의 하나에는 고용노동시장에 대한 여성의 진출이라는 것은 의심할 여지가 없지만,[53] 그 보다 기저에 계속안정고용을 가능하게 하여 왔던 산업경제기반에 생긴 커다란 변동이라고 하겠다. 비용의 삭감, 고정비용인 인건비의 억제, 산업구조변화에 대응하는 신속하고 유연한 노동력조정, 경영조직의 재구성이라는 변동하는 기업경영환경에 대응하려고 하는 사용자 측의 의사가 비전형고용과 불안정고용을 야기했다고 보는 것이 옳을 것이다.[54]

컴퓨터 등 첨단기술혁명에 수반하는 산업경제구조의 변환, 세계화, 자본주의경제의 둔화 등과 같은 최근 20~30년 사이에 전개된 변동을 보면, 앞으로 전개될 사회구조가 종래의 대량상품생산형의 산업사회와는 다른 모습으로 진행될 것이 분명하다. 그렇다면 장기의 계속안정고용을 전형으로 하는 고용노동의 존재방식 자체가 향후 그 존립기초에서부터 문제가 될 것 같다. 경제·사회·문화·정치 등 거의 모든 부문에서 국경을 초월하는 현상이 가속적으로 심화되어 감에 따라 한 나라를 단위로 하는 고용노동정책의 유효성도 그 기반이 현저하게 좁아지고 있

으로 생각되고 있는 듯하다. 그렇지만 파트타임노동의 증대, 자동차산업에 있어서 기간제근로자 나아가서는 제3차 산업의 확대와 더불어 외무사원 등과 같이 다른 종류의 계약사원이 증대하고 있다.

53) 세계적 차원에서 볼 때 불안정고용의 주요한 부분을 차지하는 것은 여성이다. 고용에 있어서 남녀평등의 관점에서는 그 극복이 커다란 과제이다. 그렇지만 파트타임노동이 반드시 고용상 열위의 것이라고 말하기는 어렵다. 1960년대 아메리카합중국에 시작하는 여성의 사회진출은 노동관뿐만 아니라 가족·가정관의 변화도 수반하면서 이제 선진산업국가에 있어 사회적·문화적 현상으로 되었다. 오늘날 선진산업사회에는 임금소득의 확보를 목적으로 오로지 고용상의 지위를 지키고, 안정적인 고용계속을 가장 중요시하는 노동관과는 다른 것이 태동하고 있다.

54) 역사를 거슬러 보면, 자본주의노동법은 경제의 종속변수라고 할 수 있다. 최근에 종래의 전형으로서 상용고용자의 해고에 대한 법률상의 규제를 회피하는 사용자 측의 전략에 의해 기간제고용은 확대되어 갔다. 이것에 따라 노동법적 규제도 변할 수밖에 없었다. 즉 적어도 현재의 노동법의 현재적 상황을 보면, 노동법은 비전형고용을 환영하여 그것을 적극적으로 활성화하고자 하는 데에 그 입법적 및 법이론적인 비중이 있는 것은 아니라고 하더라도, 이것을 원만하게 기능하게 하는 것을 그 주요기능으로 하는 쪽으로 변질되어 가고 있는 것은 확실하다.

다.[55] 이와 같은 변화 속에서 지금까지의 근로계약법리가 앞으로도 지속될 수 있을 것인지가 문제이다. 안정적인 장기고용이 계속될 것이라고 생각하면서 기간의 정함이 없는 계약을 규범적 모델로 해서 사용자의 해고권을 크게 제약하는 해고법리를 유지하는 것이 현실적으로 곤란하게 된다고 하면, 지금까지 인간역사에서 모든 사회제도의 명암이 항상 그랬듯이, 「근로계약의 기간」의 법적 문제와 그 의의도 앞으로 상당히 변화될 것이 확실하다.

55) 국경을 넘는 산업이동과 노동이동, 정보산업과 금융의 세계화는 국가를 단위로 하는 정책을 현저하게 곤란하게 한다. 제3차 산업혁명이라고 하는 변화가 현재 시작되고 있고, 그 결과가 미지수인 이상 고용노동에 대한 영향의 크기도 헤아리기 어렵다. 다른 한편, 이 변화는 공급 측에도 커다란 변화를 만든다. 사람들이 품고 있는 노동관의 변화에 따르는 것은 정책상의 중요과제인 동시에 법가치에도 적지 않게 영향을 미칠 것이다. 다만 취업형태에 커다란 변화가 있다고 하여도, 여전히 다수인은 고용노동에 종사하는 자이고, 이들의 취업안정이야말로 사회경제정책의 근간을 이루는 것임에는 변화가 없다.

제 8 장 근로계약과 노동생산물의 소유권

Ⅰ. 들어가면서

1. 노동의 역설?

프랑스의 젊은 경제학자 피케티(Thomas Piketty, 1971-)의 『21세기 자본론』[1]은 자본주의사회에 있어 마르크스가 거의 2세기 전에 제기했던 이른바 노동계급의 빈곤화라는 케케묵은 화두를 21세기에 통계적으로 새롭게 제기한 책이다. 그의 책은 짧은 기간 내에 수개국어로 번역되었고 피케티는 약관(弱冠)에 일약 세계적인 학자의 반열에 올랐다. 새로운 관점에서 되살아난 '오래된 화두' 덕분에 여느 때와 같이 우리나라의 지식계도 지난해에 잠시 양은냄비처럼 달아올랐으며 그의 책은 우리말로도 금방 번역되어 쉽게 접할 수 있게 되었다. 이 책에서 피케티가 내린 결론을 빌어 필자의 목소리를 낸다면, 19세기 이후 자본주의의 전개과정에서 특히 21세기를 넘어가면서부터 총노동생산물에 대한 총노동지분과 총자본지분 간의 괴리가 가파르게 확대되고 있다. 대한민국에서와 같이 이른바 재벌주의적 봉건구조가 지배하고 있는 신흥자본주의국가에서 그 괴리는 더욱더 증폭될 수밖에 없을 것 같다. 그런데 그 지분비율은 무엇에 의해 어떻게 결정되는가? 필자의 생각으로는 그것은 자본을 옹호하는 국가권력과 그 권력에 기반하고 있는 법제도가 결정한다고 할 것이다.

과거에는 사회구성원들이 국가적 법제도를 그들의 운명이나 팔자처럼 받아들였다. 고대의 노예제나 중세의 농노제는 그 대상자에게는 어쩔 수 없는 운명이었다. 그렇지만 인류역사는 자신의 운명을 개척하려는 사람들에 의해 항상 써졌던 것이

1) Thomas Piketty, *Capital in the Twenty-First Century*, Editiobs du Seuil 2013(장경덕 외 옮김/이강국 감수, 『21세기 자본』, 글항아리 2014).

다. 모든 사회적 제도는 그것이 운명으로 받아들여지는 한 공고하다. 그러나 그것이 운명이 아니라 누구에 의해서 만들어지는 것 또는 조작되는 것이라는 것을 각성하는 순간 그것은 운명이 아니다. 그것은 바뀔 수 있는 조건으로 된다. 근로자들의 운명과 팔자도 그러하다. 무지한 근로자들에게 법과 제도는 운명이다. 그러한 한에서 근로자들은 자본의 은총에 기대할 수밖에 없다. 이렇듯이 피지배를 운명으로 받아들이면서 지배자의 동정심에 호소하여 구걸하는 순종적인 근로자들은 많이 있지만, 단결하여 자신의 운명을 과감히 쟁취하려는 근로자들은 그렇게 많지 않았던 것이 우리의 역사이었던 것 같다. 이것은 어쩌면 자신의 운명을 변화시키는 데에 성공하지 못한 사람들이 가지고 있는 트라우마(trauma)일 지도 모른다. 한 번도 성공해보지 못한 자가 실패를 두려워하면서 숙주에 기생해서라도 살아남는 것이 '남는 장사'라는 역사적 체험에서 얻은 이기적인 지혜일 것이다. 한국에도 근로자계급은 엄연히 존재하고 있다. 그러나 그들은 즉자적(卽自的) 사회계급으로 존재하고 있긴 하지만 아직 대자적(對自的) 사회계급으로는 성장하지 못했다고 할 것이다. 노동생산물이 커지면 커질수록 상대적으로 총노동의 지분이 작아진다는 결과는 즉자적 사회계급으로서 근로자들이 받아들여야 하는 경제적 역설이다.

역사를 돌이켜보면 19세기의 프랑스시민혁명에서 근로자들은 그 당시 새로운 시대에 대한 소박한 희망에 이끌려 봉건신분제도를 타파하는 데에 동참했었다.[2] 중세봉건질서가 무너지자 그들은 새로운 질서의 도래를 고대하면서 환호했지만, 그 다음에 "자유"와 "평등"라는 황홀한 이념적 기치 하에 전개될 생존조차 위협하는 새로운 가혹한 신분질서의 도래를 예상하지 못했다. 그 당시 근로자들에게는 새로운 상황에서 자신들과 이해관계의 기반을 달리하는 유산시민계급에 대해 자신들의 이익을 구체화하여 그것을 실질적으로 작동될 수 있는 정치경제적 법제도로 관철할만한 대자적(對自的) 능력이 없었기 때문에 그들의 봉기는 봉건적 신분질서의 부자유와 불평등을 단순히 형식적 자유와 평등으로 전환하여 유산계급의 세상을 만들었을 뿐[3] 그 혁명의 성과를 자기화하는 데까지 이르지 못했던 것은 그 다음에 전개되었던 역사적 사실이 이를 증명해주고 있다.[4] 시민혁명 1세기 이후에서야 노동계급은 혁명의 동지였던 유산시민계급에 다시 저항하여 엄청난

---

2) 프랑스혁명의 주도세력이었던 제3신분의 구성에 관해서는 Francois Furet/Denis Richet, *Penser la Révolution française*, Éditions Gallimard, coll. «Bibliothèque des histoires», Paris, 1978: 김응종(옮김), 『프랑스혁명사』(프랑스혁명 200주년 기념총서 5), 일원서각, 1990, 32-38면 참조.

3) 육영수, 『혁명의 배반, 저항의 기억』 돌베개, 2013, 65면 참조.

4) 이 점과 관련해서는 杉原泰雄, 『憲法と資本主義』, 勁草書房, 2008, 22면 이하 참조.

희생을 치르고서 그들과 타협하는 선에서 새로운 신분질서를 약간 수정하여 겨우 생존을 확보하는 데에 그쳤다. 이것이 우리 한국법학도들이 법의 사회화, 사회법, 사회적 기본권 그리고 사회국가 또는 복지국가라는 개념을 통해 간접적으로 전해 들었던 19세기 후반에서 20세기 초반에 걸쳐서 진행되었던 유럽의 정치적·경제적·사회적 상황의 변화이다. 그러한 상황에서 근로자계급은 대자본의 진영논리에 포섭돼 두 차례의 대(大)전쟁에 행동대원으로 동원되어 19세기의 시민혁명의 들러리 역할과 달리 상대방진영의 근로자들을 살상하기에 이른다. 이와 같은 전쟁동원의 대가가 이룩되었던 것이 바로 20세기 중반의 복지국가체계이다. 그러나 어느 정도 안정적으로 확보되었다고 생각되었던 복지국가적인 기반도 그 전쟁으로부터 반세기가 지난 21세기에 들어와서는 기술의 과잉발전에 기해 흔들리고 있다. 근로자들은 그들이 서 있던 일자리를 첨단기계설비에게 빼앗기면서 제러미 리프킨(Jeremy Rifkin, 1945-)이 예언했듯이 『노동의 종말』[5]에서 또다시 생존 그 자체마저 위협받는 상황에 이르고 있다. 첨단기술은 마치 17~18세기 산업화 초기에 발명된 동력기계들이 그랬듯이, 다시 일자리를 빼앗고 있기 때문에 근로자들의 생존을 위협하고 있는 것이다. 이제 근로자들은 자본주의 초기단계에 그 당시의 동력직물기계시스템의 도입에 대하여 소박한 기계파괴로 저항하고자 했던 러다이트운동(Luddite Movement)처럼 21세기의 첨단기술체계에 대한 새로운 저항운동을 전개하여야 할지도 모른다. 그렇지만 근로자계급 자신도 그 기술발명자이자 향수자이니 그것은 어려운 상황이고, 첨단기술의 발전에 저항하는 일은 결코 성공하지 못할 것이다. 생존을 위해 발명된 첨단기술이 생존을 위협하고 있다. 이것은 발전의 역설이 아닐 수 없다. 인간이 사회생활에서 휴식을 유지하고 어느 정도 쾌적함을 향유하면서 생활해가기 위해서는 당연한 것이지만 어느 정도의 물질적 수단이 필요로 된다. 그 물질적 수단에는 식량이나 의류를 비롯하여 생존이나 생활에 필요한 물품들(소비재)이 당연히 포함되는데, 더 중요한 것은 이들을 계속적으로 조달하는 수단(생산수단)의 확보이다. 우리는 노동을 통해서 일상의 생활에 필요한 물건을 만들어 조달하는데, 그것을 위해서는 노동을 제공받고 그 대가를 지불해주는 직장이나 노동을 직접 투여하여 생산을 할 수 있는 대상이 확보되어야 한다.

---

5) Jeremy Riffkin, *The End of Work*, Putnam Publishing Group 1995: 이영호(옮김), 『노동의 종말』, 민음사, 2005.

2. 소유의 원천으로서 노동

토지, 동식물, 지하자원 등 자연자원은 태초에 누구의 소유도 아니었다. 태어나면서부터 자연에 대한 우선권을 가지는 자는 존재할 수 없다. 그러한 의미에서 모든 생명은 태초에 평등했다고 말할 수 있다. 이것은 인간들 사이에서도 마찬가지다. 과거든 현재든 인간은 자연과의 관계에서 모두 평등하게 살아갈 권리를 가지고 있으며 그 권리를 실현하기 위한 물질적 수단으로서 자연자원을 이용할 권리를 동일하게 가지고 있다. 그런데 그 동등한 권리 때문에 역설적으로 분쟁이 야기되는 것이다. 평등한 자들이 한정된 자연자원을 어떻게 이용하여 그것을 나누어서 전유할 것인가가 분쟁의 발단이고 또 소유권은 그 분쟁의 결과이다. 소유권을 정당화하기 위한 주장과 논리가 사상과 정치 그리고 제도와 법이라는 이름으로 등장한다. 여기에 소유의 근원적인 문제가 있는 것이다. 결국 「소유」권에 관한 문제는 인간에 있어 가장 원초적인 문제 중의 하나라고 말할 수 있다.

노동이 소유의 원천이라는 생각은 아주 오래된 소박한 체험적 상식이다.[6] 원시시대부터 인간은 자신의 노동에 의해 자연을 자신의 것으로 만들어왔기 때문이다. 인간에게 유용하게 된 토지조차 결국 그 유용함은 노동의 결과라고 말할 수 있을 것이다. 하물며 인간이 만든 것은 물어볼 필요도 없다. 이집트의 거대한 피라미드, 중국의 만리장성, 서울에 즐비해 있는 화려한 현대식 건물 등 이 모든 것들이 이름 모를 근로자의 피와 땀 즉 노동의 산물이다. 그러나 그들의 이름은 역사에 남지 않고 이집트의 피라미드는 어느 왕의 무덤이고, 만리장성은 진시황제의 업적이고, 서울에 즐비해 있는 화려한 대형빌딩들은 S, H, K재벌 등등의 총수인 L씨, K씨, C씨 등의 소유로 등재되어 있다. 뼈가 부서지도록 손발과 온 몸뚱아리를 움직여 개미처럼 일했던 자들은 그들의 뒤로 사라지고 노동생산물은 거대한 권력가와 자본가들의 소유로 되어 있다. 과거나 현재 그리고 앞으로도 이러한 상황은 변하지 않을 것 같다.

현대사회에서 노동문제[7]도, 근본적으로 생각해보면, 대규모적인 자본과 다수인의 노동의 결합체로서 기업이 창출하는 기업생산결과를 둘러싼 소유권확보의 문제라고 말할 수 있다. 오늘날 첨단기술에 기초해서 새롭게 도입된 기업적 생산양

---

6) 이와 관련해서 강희원, 『노동법 기초이론』(제3판), 법영사, 2011, 19면 이하 참조.

7) 현대사회의 노동문제에 관해서는 강희원, 위 같은 책, 37면 이하 참조.

식과 생산관계에 점점 치열하게 부각되고 있는 사회문제들도 노동문제의 이면으로서 결국 소유권문제의 다른 이름일 뿐이다.

인간의 역사는 사소유권을 둘러싸고서 누가 주(主)이고 누가 종(從)인가를 결정하는 방식으로 전개되어 왔다. 시대마다 노동생산물에 관하여 사소유권을 확보하지 못한 자는 종으로 전락한다. 오늘날 기업이 창출해내는 새로운 가치는 모두 노동결과이지만 자본주의체제 하에서는 늘 자본소유자가 주이고 노동소유자는 종이다. 그런데 좀 더 생각해보면 자본도 노동의 가치가 축적된 것에 불과하다. 문제는 그것이 누구의 노동인가라는 것이다. 그것조차도 결국 주(主)가 결정한다. 그 원인은 주종(主從)의 관계이다. 이러한 주종의 관계를 없앨 수는 없는가? 소유문제는 시대마다 다른 모습과 다양한 양상으로 전개되어 왔다. 소유권의 원천은 어디에 있고 무엇이 결정하는가? 과거부터 상당수의 철학자와 경제학자들이 노동이 소유의 원천이라고 주장해왔으며 실정법에도 그렇게 규정되어 있는데도 그것은 한낱 주장에 불과했고 소유는 노동에 의해서가 아니라 권력과 자본에 의해 결정된 것이 아닌가 생각한다.

하지만 소유문제를 둘러싸고 각축이 치열해지고 있는 첨단자본주의시대에도 노동이 소유의 원천이어야 한다는 「노동에 의한 소유」라는 요청은 여전히 소당연(所當然, Sollen)[8]적으로 유효하지 않는가라는 의문이 끊이지 않고 제기된다. 현대사회에서 「노동소유권론」은 이미 폐기된 지 오래되었기 때문에 더 이상 무의미한 것인가? 노동소유권론은 워킹푸어, 비정규직, 청년실업, 열정페이, 교육격차, 빈부의 양극화 등의 우리 사회의 현안문제들 앞에서 현재의 소유권문제를 재음미하게 만든다. 이러한 사회문제를 해결할 수 있는 열쇳말이 이른바 '자기 노동에 상응하는 물질적인 향유' 즉 노동소유관념일 것이다. 이러한 소박한 노동소유관념에 의하더라도 노동의 성과는 그 노동을 한 자에게 귀속해야 한다는 노동소유권론이 우리의 자연스런 직관에 맞는 것이 아닌가라는 결론에 이르게 된다. 우리 사회에

---

8) 도이치어인 "sein"과 "sollen"이라는 조동사는 주로 철학분야에서 특히 신칸트학파에 의해 "das Sein"과 "das Sollen"이라는 명사적인 형태로 사용된 것으로서 일본에서는 일찍이 이를 "존재(存在)"와 "당위(當爲)"로 번역하여 사용하였는데, 우리나라에서도 이를 그대로 받아들여 사용해오고 있다. 그런데 저자는 고봉 기대승(高峯 奇大升, 1527-1572) 선생과의 논쟁에서 퇴계 이황(退溪 李滉, 1501-1570) 선생이 사용하였던 어법을 "das Sein"과 "das Sollen"을 번역·조어하는 데에 살리고자 한다. 그래서 das Sein은 「소재연(所在然, 그렇게 있는 바)」으로, das Sollen은 「소당연(所當然, 당연히 그러한 바)」으로 번역하고자 한다. 그리고 도이치어 können이나 müssen이라는 동사를 명사적으로 사용하는 경우에도 「소능연(所能然, 그럴 수 있는 바)」 그리고 「소필연(所必然, 반드시 그렇게 되어야 하는 바)」으로 번역·조어하고자 한다.

서 대기업의 소유자들은 그들이 가진 모든 소유가 자신의 노동에 기한 것이라고 주장할 지도 모르겠지만, 「노동에 의한 소유」란 주제는 누구라도 자신의 노동에 의해 자신의 생활을 개척해갈 수 있는 그러한 사회가 가장 바람직한 사회라는 소박한 바람을 의제화하는 것이 아닌가 생각한다. 이것은 다른 사람들의 희생 위에 자신의 번영을 쌓는 것을 능력으로 인정하라고 하는 주장은 결코 아니다. 노동에 의한 소유란 「자신의 노동에 의해 자신의 생활을 꾸려나간다」라는 의미이다. 그렇다고 이 주제가 의미하는 바는 노동에 의해 자신의 생활을 점차 개선해 갈 수 있어야 한다고 하는 것이지, 노동에 의해 겨우 그날그날의 공복을 채우고 생존을 영위하기 어려운 그러한 수준을 유지하는 정도가 가장 바람직하다는 것은 아니다. 우리가 살아가는 데에 필요한 요구나 결핍을 그때그때 충족해서 겨우 삶을 영위할 수 있다면, 그러한 삶은 인간의 존엄에 맞는 생활은 아니다. 무엇이 자신의 장래의 행복에 도움이 되는가를 숙려하여 그 숙려의 결과에 기하여 노동에 근면하여 자신의 생활을 개량해가는 것, 이것이야말로 인간의 존엄에 어울리는 「노동에 의한 소유」의 소당연적 모습이다. 「노동에 의한 소유」란 자신의 노동과 재량에 의해 자신의 생활을 쌓아가는 활동이지만, 이와 동시에 거기에는 타자의 권리에 대한 배려가 수반되어야 한다. 자기뿐만 아니라 타자도 마찬가지로 자신의 노동에 의해 자신의 생활을 영위해야 하는 존재이고 노동의 결과를 소유로 서로 인정하는 것에서 소유권이 성립하는 것이고, 그러한 범위 내에서 소유권이 사회적 정당성을 가지는 것이다.

3. 새로운 노동법의 오디세이[9]를 위해

우리사회에서 주요한 현안으로 되어 있는 일자리의 창출문제는 「노동에 의한 소유」의 주체로서 자신의 장래를 자기 손으로 개척하는 것이 곤란하게 된 사람들 혹은 그렇게 되고 있는 사람들의 문제이다. 그래서 노동소유권론은 이들 문제의

---

9) 오디세이(Odyssey)는 고대그리스 시인 호메로스(Homeros)의 작품으로서 주인공 오디세우스(Odusseus)가 트로이 전쟁에서 공을 세우고 고향 이타가로 돌아가는 과정에서 올림푸스 신들이 결정한 운명인 고난과 역경을 만나지만 그것을 극복하면서 천신만고 끝에 귀향하는 역정을 그린 서사시다. 여기에서 필자는 노동을 오디세우스에, 종속노동을 강제하고 있는 노동법적 사고를 올림푸스 신들이 결정한 운명에 비유에 본다. 가공법리의 부활은 어쩌면 귀향의 성공에 비유될 수 있을지도 모른다. 그러나 우리나라의 현재상황에서는 귀향의 성공은 기대하기 어려울 것 같다.

근본적인 원인이 어디에 있는가를 새삼 각성하게 만드는 오래되었으면서도 새로운 주제임에 틀림없다.[10] 이들 문제의 배후에 있는 것은 확대되고 있는 경제적 격차이다. 노동소유권론은 경제적 격차를 산출하고 있는 오늘날의 소유제도와 그 것에 뿌리를 두고 있는 경제제도의 본질 및 이들의 운영방식에 대한 재검을 요구한다. 만약 오늘날의 소유권제도와 그것에 기한 경제제도 그리고 이러한 제도의 운영방식이 자신이나 타자의 권리를 침해하고 생존마저 위협하고 있다고 한다면 우리는 자기와 타자의 공존을 향해서 이들 제도의 뿌리까지 거슬러 올라가서 다시 생각해보고 또 개선해야 할 것이다.

우리가 도시의 대형건물들 사이를 통과하다 보면, 임금을 받지 못한 공사판노동자들이 자신들의 노동결과인 구조물에 대해 유치권을 행사하고 있다는 취지의 현수막을 가끔 볼 수 있다. 이러한 유치권은 근로자들이 체불된 임금을 받기 위한 합법적인 일시적 수단이다. 우리의 실정법은 근로자들에게는 자신의 노동결과물에 대해 그 정도의 권리밖에는 보장하고 있지 않다. 이렇듯이 기업적 근로관계에서 근로자는 임금을 받을 수 있는 권리를 가지고 있을 뿐이고, 자신의 노동결과물 또는 노동생산물 자체에 관한 본원적인 권리 즉 소유권에 대해서는 아무런 주장을 할 수 없다는 것은 오늘날 너무나 자명한 것처럼 인식되고 있다. 우리 사회에서 상품으로서 유통되고 있는 대부분의 물건들은, 설령 그 재료 자체는 근로자들의 소유가 아니라고 하더라도, 그들 자신의 노동에 의해서 만들어진 가공물이다. 근로자들이 노동력을 가하여 만들기 전에는 그 물건들은 이 세상에 그러한 상품으로서 존재하지 않았던 것이다. 여기에까지 생각이 이르니 그것은 또다른 생각으로 전환된다. 생각이 도달한 곳은 근대유럽에서 시민혁명의 성공과 더불어 풍미했던 자유와 평등 그리고 소유의 정치철학에서 화두와 같았던 노동소유권론 그리고 그 정치적 최종결론으로서 근대국가의 기본법인 시민법이 소유권의 원천으로서 천명했던 가공(加工, Spezifikation, Verarbeitung)이라는 주제이다.

근대시민법이 규정하였던 가공에 의한 소유권취득의 법리는 근대 이전부터 논

10) 소유권의 근거를 노동에서 찾으려고 하는 사상 자체는 결코 새로운 것이 아니고 그렇다고 근대유럽적 사유에서만 비롯된 것은 아니다. 쇼펜하우어에 의하면, 이러한 사유는 이미 고대인도 마누법전에서 볼 수 있다고 한다. Arthur Schopenhauer, *Die Welt als Wille und Vorstellung*(Ungekürzte Ausgabe) Köln: Atlas Verlag, 1960, S. 374(Vietes Buch, Kap. 62) (郭福錄 역, 『意志와 表象으로서의 世界』, 乙酉文化社, 1983, 409-410. 마누법전 9장 44절은 「옛날을 알고 있는 현자들은, 경작된 토지는 그 땅의 나무를 뿌리체 뽑아 없애버리고 정지 경작한 자의 소유이니라. 마치 羚羊이 이에 치명상을 준 최초의 사냥꾼의 소유로 돌아가는 것과 같다」고 기재하고 있다.

의되었던 것이기 때문에 근대정치철학의 노동소유권론과는 별로 관계가 없는 듯이 보이지만, 그렇지 않다. 양자는 아주 밀접한 관계가 있다. 후자가 오히려 전자의 형성에 영향을 미쳤는지도 모른다. 노동생산물의 소유권을 둘러싼 논쟁은 지금으로부터 2000여 년 전인 고대유대사회[11]와 고대로마시대[12]부터 이미 문제가 되었다. 어떻든 가공법에 있어 재료주의원칙(Substantiaprinzip)보다는 가공주의원칙(Arbeitsprinzip)이 우리의 원초적인 소유관념과 근대적 노동소유권론에 더 잘 부합하

11) 유대법에서는 힐레스파(Hilles)와 샤마이파(Schammais)라는 랍비들 간의 논쟁에서 가공의 문제가 등장하였다고 한다. Felix Goldmann, Eigentumserwerb durch Spezifikation im jüdischen Rechts, *Zeitschrift für vergleichende Rechtswissenchaft*, Bd. 32(1914/15), S, 234ff.

12) 로마법에서는 법학파(Scholae)인 사비누스파(Sabiani)와 프로클레루스(Proceliani)의 논쟁에서 등장한다. 로마시대에는 Prokulian학파와 Sabinian학파가 AD 2세기 초기에 로마법을 규정하여 로마법문화의 전성기를 이룩하였다. 전자는 주로 논리와 창의로서 법률문제를 해결하려고 노력하였는데 반해, 후자는 과거의 전통을 고수하면서 기존질서를 유지하는 것에 지향했다. Marcus Antistius Labelo가 Prokulian학파의 창설자인데 그 후 Nerva, Proculus(사실, Prokulian은 Proculus의 이름에서 명명되었다). Pegasus, Neraz와 Celsus 등 유명한 로마법률가이 나왔다. Sabinian 학파는 Ateius Capito와 Masurius Sabinus가 그 시조이고 그 학파의 이름은 Masurius Sabinus의 이름에서 비롯되었다. 이들은 그 후 Cassius, Javolen과 Julian에 영향을 주었다. 프로쿨루스파의 기본적 태도는 근본적인 원리에 입각한 분석적 해석규칙을 존중하기 때문에 법률텍스트의 엄격한 해석, 모든 사안에서 동일한 문장과 단어의 일관된 해석을 하고 성문법의 논리적 체계의 흠결에 대해 불문법의 보충적 기능을 인정한다. 이에 반해 사비누스학파의 태도는 전래적인 실무와 이전의 법률가의 권위를 고려하여 평가를 시도하며 논리나 합리성을 희생하더라도 구체적인 개별사안에 구체적인 타당성을 찾으려고 노력했다고 한다.
가공법에서도 사비누스학파와 플로크레누스파 사이의 견해대립이 있었다. 사비니언 학파는 스토아학파(Stoizismus, Stoics)의 견해에 따라 동산소유권은 재료가 비중을 그대로 유지하고 있다면 세공 후에도 계속 존속한다고 생각했다. 그렇지만 프로쿨리언 학파는 새로운 물건이 소요학파(Peripatetiker, 아리스토텔레스학파 소요학파(Peripatotic-School)의 견해에 따라 질료의 형상을 만들기 때문에 그 소유권은 새로운 물건을 만든 제작자에게 귀속한다고 했다. Paulus는 새로운 물건이 다시 과거의 상태로 돌아갈 수 있다면(금속을 녹여 만든 조상(彫像)이 녹일 수 있다면) 동산소유권은 그대로 유지되고, 그렇지 않다면(빵은 더 이상 밀가루로 돌아가지 못한다) 가공자가 소유권을 취득한다고 하는 중도적 견해를 제시하였는데 이러한 견해는 유스티니아누스에 의해 계승되었다. 예컨대 남의 깔게에 그림을 그리거나 글씨를 쓰거나 재료를 염색하더라도 고대적 견지에서 보면 종이나 양피지, 나무판의 소유자가 가공된 생산물의 소유자이다. 왜냐하면 깔게 없는 글, 그림, 염색은 있을 수 없기 때문이다. 로마인들은 글쓰기나 그림그리기를 가공(加工, Verarbeitung)으로 보지 않고 부합(附合, Verbindung)으로 보았는데, 이 경우에는 받침이 주물로 간주되었다. 여기에서 그들은 과거의 철학적 관점을 추종하였다. 특히 경제적 합목적성은 명시적으로 그들에게 거의 감명을 주지 못했던 것 같다. Max Kaser, Das Römische Privatrecht, Erster Abschnit: Das Alterrömische, Das Vorklassische und Klassische Recht, 2. neubearbeiter Aufl., München 1971, S. 431; Hans Josef Wieling, Sachenrecht Bd. 1, Berlin/Heidelberg/New York/London/Paris/Tokyo/Hong Kong, 1990, S. 425f. 참조.

는 것은 아닌가 생각한다. 그래서 필자의 문제의식은 가공의 법리를 통해서 오늘날의 노동문제를 재음미해보려고 하는 데에 있다. 지금까지 법이론 부문에서 거의 모든 법률이론가들은 가공법리가 노동관계에는 적용되지 않고 또 적용되어서는 아니 된다는 점을 정당화하는 이론을 개발하는 데에 고심했다. 그리고 노동법학자들은 이러한 정당화이론을 전제로 해서 가공법의 대안으로서 종속노동을 긍정하고 고착화하고자 하는 노동법의 불가피성을 공고히 하는 것에 집중되어 있었다. 왜 그들은 그렇게 했을까? 그렇게 할 수밖에 없었는가라는 근본적인 의문이 필자에게 제기되었다. 그래서 필자는 이러한 현재의 논의를 뒤집어서 오히려 가공의 법리가 노동관계에도 적용되어야 하고 그렇게 되는 것이 근대시민법의 가치와 이념에도 부합하는 것이 아닌가라고 의문을 제기하면서 노동소유권론에 기하여 가공의 법리에서 노동계약의 법적 구성, 종속노동을 전제로 하는 기존노동법의 규범원리 등을 재검토하여 상품생산을 목적으로 하는 기업에 있어 노사관계에 관한 새로운 법률적 및 법이론적 구성을 모색해보려고 한다.

그래서 아래에서는 먼저 가공에 관한 우리 실정법의 상황을 정리한 다음(II), 가공에 의한 소유권취득을 정당화하는 철학적 근거와 근대시민법질서에 있어 가공법의 법규범적 구조와 성격을 살펴보고(III, IV), 이를 기초해서 지금까지 자본주의사회의 노동문제에 대한 사회정책법으로서 현대노동법의 이론적 기초를 이루고 있는 노동계약(근로계약)론과 종속노동론을 비판적으로 검토하고 기존의 노동법이 가진 역기능을 부각하면서 가공법에 기한 새로운 노동법의 구성을 시도한다(V). 그리고 끝으로 가공법의 정신과 이념에 입각해서 근대사회가 이상화했던 시민법의 이념을 기업적 상품생산관계에 구현할 수 있는 새로운 노동법의 법적 또는 법이론적 가능성을 타진해 보면서 마무리한다(VI).

II. 실정법의 현황

1. 일반적 상황

기업적 노동관계에 생기는 새로운 노동결과물이 기업주의 사유재산권의 연장으로서 기업주에게 귀속한다는 것은 너무나 당연한 전제적 사실로서 역사적으로 인정되어 왔고 또 이러한 사실은 우리 헌법이 보장하고 있는 재산권(헌법 제23조 제

1항 참조)의 규범적 연장선(延長線)과도 수미일관되는 귀결이라고 생각하고 있기 때문인지는 몰라도, 기업적 노동관계의 노동생산물에 관하여 사용자와 근로자 중 누구에게 그 소유권이 귀속하는가를 결정하는 기준을 명시적으로 규정하는 실정법적 원칙은 없는 듯이 보인다.

현재적 통념에 의하면 근로자(근로자)[13]가 사용자와의 노동계약(근로계약) 등에 의한 노동관계에 기하여 공급하는 노동에 기하여 생기는 결과를 노동생산물(Arbeitsprodukt)이라고 한다. 노동생산물은 정신적인 것과 물질적인 것으로 구별하여 취급되고 있는 것이 또한 오늘날의 실태이다.[14] 양자 간의 차별적인 취급은 물질적 생산물을 제작하는 데에 사용되는 육체적 노고에 비해 정신적 생산물을 완성하는 데에 투여하는 정신적 노력이 특별한 성질을 가지고 있다는 점에서 그 근거를 찾고 있는 듯하다. 즉 정신적 창조활동, 예컨대 발명 등의 창조활동나 특정주제에 관한 저작물의 경우에, 그것을 실행하는 창조활동이나 창작활동이 육체적 노동 일반에 대해 가지는 특이한 성질은 그 실행방법이 다른 사람으로부터 발명자나 저작자에게 지정되는 것도 아니고, 물론 사안에 따라 정도의 차이는 있지만, 근로자가 그것을 실행하는 데에 반드시 사용자의 협력이 필요하지도 않으며, 그 발명활동이나 저작활동의 본질적 부분을 이루는 직관, 창조적 아이디어 등 발명자나 저작자의 독창적인 정신적 급부는 사용자의 지시나 명령 등에 의해 달성될 수 없는 독자적인 활동이고, 그것의 특별한 직관적 성질 때문에 사용자로부터 영향을 받지 않는다는 점에서 사용자의 직접적인 영향 하에 있는 일반적 생산활동이나 서비스활동과 같은 육체적 활동으로서의 노동과는 다르다는 것이다. 그래서 발명, 저작 등과 같은 노동생산물에 대해서만 현행법은 인격의 분신 즉 인격적 부산물로 분류하여 근로자의 지적 재산권과 저작권으로서 특별취급하고 있을 뿐이다.[15]

---

13) 우리 실정노동법은 예컨대 "근로기준법"의 「근로」와 "노동조합 및 노동관계조정법"의 「노동」이 보여주고 있듯이 「근로」와 「노동」이라는 용어를 혼용해서 사용하고 있다.

14) 그런데 우리의 통념과는 달리 우리 실정노동법은 노동 자체를 「육체노동」과 「정신노동」으로 구분하고 이 양자를 「근로」라고는 용어로 표현하고 있다(근로기준법 제2조 1항 3호 참조). 그러므로 노동법에서는 근로의 결과물이 정신적인 것인가 물질적인 것인가는 법적으로 의미가 없고, 아래에서 언급하듯이 전자인 경우에는 그것이 특허권과 저작권과 관련되어 문제로 되는 때에 특허권 및 저작권 관련 법률에 의해 규율될 뿐이고 또 물질적인 것인 경우에는 민법 제259조가 적용되는가 여부가 문제로 될 수 있을 뿐이다.

15) 직무발명에 대해서는 발명진흥법에, 직무저작에 대해서는 저작권법에, 가공에 관한 민법 제259조와는 별도로 규정되어 있으며, 특히 직무발명의 경우 과거에는 특허법과 발명진흥법에 산발적으로 규정되어 있었으나 2006년 이를 정리하여 발명진흥법에 통합되었다. 발명이나 저작과 같은 노동의 결과가 정신적인 것인 경우에는 그것을 특별하게 취

어떻게 보면 노동생산물에 관한 소유권귀속문제가 정작 근로자의 보호를 최고 이념으로 표방하고 있는 노동법의 핵심적 규율영역일 것도 같은데, 오히려 현대적 노동법은 이 문제보다 부수적이라고 할 수 있는 임금, 노동시간 등의 문제만 규율하고 있을 뿐이다. 그런데 노동관계에 있어 직무발명이나 직무저작 외의 노동생산물의 소유권귀속을 규율하려는 특별규정이 노동법에 존재하고 있지 않다고 하지만, 이러한 문제와 연관되어 있는 규범적 흔적을 굳이 찾아본다면 현대적 노동입법이 싹터 나와서 너무 많이 자라서 그 출생 자체를 부정하려고 하는 애쓰고 있는 원뿌리(根源)라고 할 수 있는 민법전에서 발견할 수도 있다. 어쩌면 사용자가 주로 공급하는 여러 가지 종류의 재료(동산)에 육체적 및 정신적 집중력(노동)을 투하하여 새로이 만들어진 유형적인 물건(가공물)에 대해서는 가공에 관한 민법 제259조에 기하여 가공자로서 근로자가 그의 노동생산물인 물건에 관하여 소유권취득을 주장할 수도 있지 않을까 생각해본다.[16] 뒤에 자세히 논의하겠지만, 어떠한 입각점에서 어떻게 빛을 비추는가에 따라 모든 사물은 자신의 상을 다르게 보여준다.

2. 민법 제259조

대부분의 유럽근대국가의 민법전에는 약간의 차이는 있지만, 가공에 의해 생긴 새로운 물건에 대하여 가공자가 그 소유권을 취득한다는 취지의 규정이 있었다.[17] 우리가 잘 알고 있듯이 우리나라는 일본을 통해서 근대민법전을 받아들였

급하는 것은 그것이 인간의 독자적 창조적 이념에 기한 것이고 물질적인 노동생산물보다도 밀접하게 인간의 도덕적 인격과 결합되어 있다는 것이 그 이유로 설명되고 있다. 그러나 직무발명이나 직무저작을 특별하게 취급하는 데에는 그것이 가지는 사회적 경제적 효과 때문에 그것을 진작하려고 하는 진흥정책적인 이유가 지배하고 있는 것이 아닌가 생각된다. 발명진흥법은 기업의 종업원 또는 공무원이 그 직무에 관하여 발명한 것이 성질상 사용자 또는 국가나 지방자치단체의 업무범위에 속하고 그 발명을 하게 된 행위가 종업원 또는 공무원의 현재 또는 과거의 직무에 속하는 경우 이를 직무발명이라고 하여 직무발명에 관한 특허권의 구속 등과 관련해서 사용주와 이해관계를 상당한 수준으로 조정하고 있다.

16) 이와 관련해서 생각해 볼 수 있는 또 다른 점은 우리 민법 제259조의 가공법은 유럽 근대시민법전에 그 기원을 두고 있는데, 가공법이 근대시민법에 명문화될 수 있었던 것은 근대자연법론자들이 주창했던 노동소유론을 전제로 하고 있는 것이 아닌가라는 것이다. 필자가 근대시민법전상 가공법리의 사상적 및 철학적 연원을 본격적으로 깊게 연구해 본 것은 아니긴 하지만, 추정하건대 근대시민법전상의 가공법사상이 노동소유권론에 맞닿아 있는 것은 틀림없을 것 같다.

17) 예컨대 프랑스민법 제570조-제572조, 도이치민법 제950조, 스위스민법 제726조, 오스트리

는데, 일본민법전[18]에 프랑스민법전과 유사한 규정이 있다.[19]

우리 민법전은 『제1편 총칙』에 주로 권리주체(Rechtssubjekt)와 권리객체(Rechtsobjekt)에 관한 기본적인 사항을 규정하고, 『제2편 물권』에 법률 또는 관습법에 의하는 외에는 임의로 물권을 창설하지 못한다는 물권의 성립에 관한 가장 기초적 물권법정주의를 선명하게 규정한(민법 제185조) 다음, 소유권에 관한 제3장에는 소유권

아민법 제414조와 제415조 등이 그것이다. 근대국가에서 가공법의 추세는 재료주의보다 가공주의로 발전이라고 말할 수 있다. 오스트리아민법이 비교적 순수하게 재료주의를 유지하고 있는 것에 반해 프랑스민법은 재료주의를 원칙으로 하면서도(제570조) 가공노동이 그 가치에서 재료를 현저히 능가하면 가공자가 신물(新物)의 소유권을 취득하는 것으로 하고 있기 때문에(571조) 가공주의를 무시하는 것은 아니다. 도이치민법과 스위스민법은 확실하게 가공주의를 원칙으로 하고 있다. 특히 도이치민법(BGB)은 가공자의 선의 또는 악의를 구별하지 않기 때문에 훨씬 철저한 가공주의라고 말할 수 있다. 도이치민법 제950조는 다음과 같다. 민법 제950조(가공) ① 하나 또는 다수의 재료를 가공 또는 변경하여 새로운 동산을 제작하는 자는 그 가공 또는 변경의 가치가 재료의 가치 보다 현저히 적지 않는 한 새로운 동산에 관한 소유권을 취득한다. 문서·도식·그림·인쇄·조각 또는 이와 유사한 표면작업도 가공이다. ② 재료 상에 존재하는 권리는 새로운 물건에 대한 소유권의 취득으로 소멸한다. §950 BGB(Verarbeitung) (1) Wer durch Verarbeitung oder Umbildung eines oder mehrerer Stoffe eine neue bewegliche Sache herstellt, erwirbt das Eigentum an der neuen Sache, sofern nicht der Wert der Verarbeitung oder der Umbildung erheblich geringer ist als der Wert des Stoffes. Als Verarbeitung gilt auch das Schreiben, Zeichen, Malen, Drucken, Gravieren oder eine ähnliche Bearbeitung der Oberfläche. (2) Mit dem Erwerb des Eigentums an der neuen Sache erlöschen die an dem Stoffe bestehenden Rechte.

18) 일본민법 제246조 ① 타인의 동상에 공작을 가한 자가 있을 때는 그 가공물의 소유권은 재료의 소유자에 속하고 단 가공으로 인해 생긴 가격이 현저하게 재료의 가격을 능가하는 하는 때는 가공자가 그 물의 소유권을 취득한다. ② 가공자가 재료의 일부를 제공한 때는 그 가격에 공작에 인해 생긴 가격을 더한 것이 타인의 재료의 가격을 능가하는 때에 한해 그 가공자가 그 물의 소유권을 취득한다.
民法第246条(加工) 1. 他人の動産に工作を加えた者(以下この条において「加工者」という)があるときは, その加工物の所有権は, 材料の所有者に帰属する. ただし, 工作によって生じた価格が材料の価格を著しく超えるときは, 加工者がその加工物の所有権を取得する. 2. 前項に規定する場合において, 加工者が材料の一部を供したときは, その価格に工作によって生じた価格を加えたものが他人の材料の価格を超えるときに限り, 加工者がその加工物の所有権を取得する.

19) 일본 구민법전에도 프랑스민법을 모방했던 가공규정이 이미 있었는데 현행 일본민법전도 그것을 거의 그대로 답습하고 있다. 다만 일본구민법전은 「製作」이라는 용어를 사용했는데, 신민법전에서 그것이 「加工」으로 바뀌었을 뿐이다. 일본민법전 기초위원 도미이 마사아키라(富井政章)는 프랑스민법의 재료주의원칙을 채용했던 이유에 대해 가공주의는 공작을 가해서 새로운 물(物)이 생긴다고 하는 입장을 전제로 하고 있지만 항상 새로운 물건이라고 할 수 있는 지는 의문이다. 가공에 의한 소유권취득이 특히 선의 또는 악의를 불문하고 가공자가 타인의 재료에 공작을 가한 경우이기 때문에 가공주의원칙에 기하여 재료의 소유자에게 소유권을 잃게 하는 것이 아무래도 원칙으로서 너무 과하다고 생각하였다고 하는 기록이 있다. 學術振興會(編), 『法典調査會民法議事速記錄』 9권, 189, 190면.

의 내용과 취득의 원인 등을 규정하고 있다. 그 중에 바로 동산소유권의 원시적 취득원인인 첨부의 하나로서 가공을 규정하고(민법 제259조) 또 그 가공(Verarbeitung)의 부수적인 법적 효과를 부합(附合, Verbindung) 및 혼화(混和, Vermischung)의 그것과 함께 "첨부(添附, Akzession)의 효과"라는 표제 하에 일괄 규정하고 있다(민법 제260조). 민법 제259조는 제1항에서 "타인의 동산에 가공한 때에는 그 물건의 소유권은 원재료의 소유자에게 속한다. 그러나 가공으로 인한 가액의 증가가 원재료의 가액보다 현저히 다액인 때에는 가공자의 소유로 한다"라고, 제2항에서 "가공자가 재료의 일부를 제공하였을 때에는 그 가액은 전항의 증가액에 가산한다"라고 규정하여 가공에 의한 물권변동에 있어 재료주의를 원칙으로 인정하되 가공 전후에 있어 가액변동에 의해서 물권변동을 인정하고 있다. 즉 가공으로 인한 가액증가가 원재료의 가액보다 현저히 다액인 때에는 가공자의 소유로 하고 있다. 우리 민법도 규정상으로는 재료주의를 원칙으로 하고 있다고 하지만, 가공이 그 가치에서 재료를 현저하게 능가하면 선의 또는 악의를 불문하고 가공자가 가공물의 소유권을 취득하는 것으로 하고, 가공이 부가가치가 높은 제품생산인 경우가 대부분인 현실을 감안할 때 그 실질에서는 가공주의를 원칙으로 한다고 해도 과언이 아니다. 그리고 민법 제260조 제1항은 가공에 의하여 가공자가 소유권을 취득하는 경우에는 그 동산을 목적으로 하는 그 이전의 다른 권리도 소멸하여 가공자의 완전한 소유권을 보장하는 한편, 동조 제2항은 가공되기 전의 재료의 소유권자가 그 가공물의 소유권을 다시 단독 또는 공유로 취득하는 경우에는 가공되기 전의 동산인 재료를 목적으로 권리가 그 가공물에 단독 또는 공유지분에 존속할 수 있도록 하여 가공 이전의 재료의 소유자와의 관계에서 가공 이전의 재료에 관한 제3자의 권리를 보호하고 있다.

물론 여기에서 가공이란 자신의 노력 즉 노동을 물건에 혼합하는 행위이다. 그 행위의 대상인 물건이 타인의 것인 경우에는 그러한 가공행위를 할 수 있는 지위가 선량한 풍속 기타 사회질서에 반하지 않아야 하므로 일정한 법적인 권원에 기한 것이어야 할 것이다. 이와 같이 타인의 물건에 대한 적법한 가공행위를 할 수 있는 지위가 예상되는 경우가 있는데, 우리 법제에서는 노동 또는 노동력을 목적으로 하는 법률관계가 이에 해당한다. 그러므로 가공법리와 관련해서 노동생산물에 관한 소유권 귀속의 문제가 현실적으로 제기될 수 있는 법형식으로는 민법상 도급계약관계와 고용계약관계 그리고 노동법상 근로계약관계를 예상할 수 있으며, 그 중심은 주로 상품생산을 목적으로 하는 기업영역이 될 것이다.

가공에 관한 규정과 관련해서 타인의 노동을 사용하는 계약유형으로서 우리 실정법에서 문제로 되는 것은 도급과 고용 그리고 근로계약이다. 도급계약, 고용계약관계 그리고 근로계약관계에서 도급인과 수급인, 사용자와 노무자, 그리고 사용자와 근로자 간에서 수급인, 노무자 그리고 근로자의 가공 즉 노동에 의해서 생겨난 새로운 물건 즉 노동생산물이 어느 쪽 당사자에게 소유권이 귀속되는가를 결정하는 것이 바로 민법 제259조이다.[20]

이들 규정은 너무나 간단하나 그 의의는 정말 크다. 게다가 민법 제259조와 제260조의 적용에서 복잡한 문제가 야기될 수도 있다. 특히 집단주의적 관점에서 보면 이들 조항의 파급효력은 규범적으로 상당히 크다. 예컨대 가공자가 수인인 경우 이를테면 甲, 乙, 丙, 丁이 동시에 또는 순차적으로 가공한 때에도 민법 제259조 제1항에 의하면 가공 후의 가액의 증가가 원재료의 가액보다 현저히 다액인 때에는 이들 4인이 가공에 기여한 비율에 따라 공동소유로 되는가라는 의문이 제기된다. 적어도 민법 제259조 제1항에 의하면 그렇게 된다고 해야 할 것이다.[21] 여기에서는 민법 규정 자체의 해석론에 관한 논의는 다음 기회로 미루기로 하고[22], 우리 민법이 법률규정형식에 있어서는 재료주의를 원칙으로 하고(제259조 제1항 본문), 가공주의를 보조적으로 규정하고 있듯이 보이지만(동항 단서), 오늘날과

20) 민법 제259조가 강행규정인가 임의규정인가가 과거에도 논의되었고 또 현재에 민법학자들 사이에서는 아마 임의규정으로 보는 데에 의견일치가 이루어져 있는 것 같다. 특히 일본에서는 민법상 가공조항을 임의조항으로 폄하해서 가공조항을 임의규정으로 해석하고 있다. 이해하기 어렵다. 취득한 소유권을 포기하거나 양도할 수 있지만, 그러한 소유권이 성립하기 전에 그것을 포기하도록 하는 약정하는 것은 사권의 한계를 규정하는 민법 제103조에 반하는 것으로서 불법으로서 무효하고 해야 할 것이다. 이것은 사법의 기본질서다.

21) 우리 민법은 개인주의적 소유권관념을 전제로 하기 때문에 민법 제259조의 형식론적 해석론에 의하면, 甲, 乙, 丙, 丁이 의사의 연락 없이 또는 서로 협력하지 않은 채 순차적으로 가공한 경우, 각각의 가공행위에 의해 증가된 가치가 현저한 때 최후의 가공자만이 새로운 물건에 관한 소유권을 취득할 것이다. 그러나 각각의 가공행위의 가치가 현저하지 않을 때에는 그 합은 현저한 경우라도 어느 누구도 새로운 물건에 관한 소유권을 취득하지 못할 것이다. 그렇지만 甲, 乙, 丙, 丁이 서로 의사연락을 하여 협업했거나 공동으로 하나의 노동생산물이 만들었을 때에는 새로이 만들어진 노동생산물의 소유권은 이들에게 공동으로 귀속한다고 하겠다. 이 경우에 소유형태는 집합적 소유권이라고 할 수 있지만 현행법질서에서는 그 본질상은 의연히 개인소유권의 한 형태인 공유(共有)라고 보아야 할 것이다.

22) 그런데 우리나라 주요 물권법 교과서는 가공에 관해 너무나 간단히 기술하고 있다. 예컨대 이영준, 『물권법』, 박영사, 1990은 5면(472-6)을, 김용한, 『물권법론』(전정판), 박영사, 1990은 2면(306-7)을 각 사용하고 있으나, 곽윤직, 『물권법』(재전정판), 박영사, 1990은 1면(18행)조차도 할애하지 않고 있다.

같은 자본주의사회에서 재료의 가공으로 상품을 생산하여 그 수십 배의 부가가치를 창출하고 있는 현실을 감안할 때 우리 민법이 규정하고 있는 재료주의원칙은 사실상 아주 예외적인 경우에 국한될 것이고, 가공주의가 적용되는 경우가 대부분일 것이다. 이러한 의미에서 생각해보면 우리 민법에서 가공주의가 실질적인 원칙이라고 할 것이다. 어떻든 우리 민법이 노동에 의한 가공을 소유권의 원시적 취득의 원인으로 규정하고 있는데, 그 기본적 법이념 및 법정신을 재각인하면서 이 규정과 관련해서 필자가 원초적으로 의도하고 있는 목적으로 돌아간다.

Ⅲ. 가공법의 철학적 기초

1. 서 설

왜 가공이 소유권취득의 원인일까? 왜 인류역사에서 일찍부터 가공법이 논의되어왔을까? 그리고 근대국가의 기본법인 시민법이 가공법에서 가공주의원칙을 채택했던 그 근거는 무엇일까? 무엇 때문에 근대시민사회의 기본법인 시민법이 가공을 소유권취득의 원시적 원인으로 규정하였을까? 가공법의 제도적 의의는 어디에 있는가? 형식적으로 생각하면 법의 기능이 분쟁해결에 있기 때문에 가공법도 재료제공자와 가공자 간의 분쟁해결을 위한 사전적인 기획이라고 할 수 있을 것이다. 한 사회의 정치적 결과물로서 법률제도를 생각하는 경우 법률이란 그 사회의 지배적 가치 또는 지배권력의 의사를 실현하는 역할을 하고 그것에 기하여 지배질서를 안정화하는 사회적 기능을 한다. 이러한 관점에서 보면 근대시민법은 근대시민사회의 가치 또는 근대시민의 지배력을 현실적인 삶의 질서로서 정서화했다고 하겠다. 시민법이 원재료의 소유권을 배제하고 가공자를 새로운 소유권자로 규정하였던 것은 시민사회에 있어 가공의 가치창조를 인정하고 가공에 의해 생긴 상품의 거래를 전제로 해서 가공물의 귀속관계를 분명히 하기 위해서였다고 말할 수 있다.

가공에 의한 소유권취득의 문제는 근대시민사회에서만 제기되었던 것은 아니다. 자연적 재료 또는 그것을 이용한 이차적 인공적인 재료를 이용해서 삶의 욕구를 충족하기 위해 새로운 물건을 만들거나 개선해야 하는 것이 인간사회의 물질적 생산과정이기 때문에 어느 시대에서나 가공에 의해 새로운 물건이 생길 경우에 그 물건의 소유권을 둘러싸고 그 물건이 누구에게 속하는가를 결정하는 것은 사회적·정치적 그리고 법적 문제이었을 것이다. 그래서 새로운 물건이 생기는 경우 그 신물(新物)의 탄생에 재료를 제공한 자와 노동을 제공하는 자 간에는 긴장이 있을 수밖에 없고 그것은 법률문제로 제도화되어 일반화된다. 앞에서 언급했듯이 가공에 의한 신물에 대한 소유권의 귀속문제는 고대유대와 고대로마에서 이미 제기되었다.[23] 오늘날 가공의 문제가 정치적 경제적 문제로서 법정책적 차원의 문제로 취급되는 것에 법철학적 문제와도 닿아있다.

그래서 법제도에 관한 형식적인 논의를 넘어서 그 밑바닥까지 내려가서 가공의 본질을 생각해본다. 가공에 기한 소유권취득의 법적 문제를 고찰하기 전에 가공이 왜 문제로 되는가라는 보다 더 근본적인 생각을 해본다. 가공의 어떠한 점이 소유권의 성립과 연결되는가를 생각해본다. 이러한 소유권취득의 문제는 여전히 노동철학과 그 뿌리를 같이 하고 있다. 가공은 가치창조활동이다. 가공이란 가공자가 자신의 존재, 영혼과 육신을 노동의 형태로 그 가공대상인 물건의 회로 안에 집어넣어 새로운 물건을 만드는 것이다. 그리하여 가공자는 그 물건이 가공전에 가지고 있는 상태와 그 후에 변화된 다른 상태 사이의 중개자가 되고 도구가 되는 것이다. 그러므로 여기에서 가공이란 결국 새로운 물건을 만드는 노동이다. 이러한 가공행위로서 노동과 관련하여 존 로크(John Locke)는 그의 유명한 저작 『통치론—시민정부의 참된 기원과 범위 및 목적에 관한 소론』[24]에서 노동의 가치창조적 측면을 잘 묘사하고 있다.[25] 때문에 우리는 로크를 노동소유권론자라고 말하고 그의 주장을 로크의 노동소유권론[26]이라고 한다.

---

23) Max Kaser, *Das Römische Privatrecht*, Erster Abschnit: Das Alterrömische, Das Vorklassische und Klassische Recht, 2. neubearbeiter Aufl., München 1971, S. 431.

24) John Locke, Two Treaties of Government, a critical edition with an introduction and apparatus criticius by Petter Lastet, Cambridge at the University Press, 1963(任星熙 역, 『統治論』, 世界의 大思想 6, 휘문출판사, 1983, 이하 『통치론』이라고 한다).

25) 노동은 가치나 부의 원천이라는 로크의 주장은 물론 새로운 것은 아니다. 홉스도 이미 「풍요로움은 (신의 은총 다음에) 오로지 인간의 노동과 근면에 의존하고 있다」고 기술하고 있다. Thomas Hobbes, *Leviathan*, J.C.A. Gaskin(ed), Oxford U.P. 1996, p. 163.

26) 로크의 노동소유권에 관해서는 많은 수의 연구결과물이 있다. 여기에는 지지론과 비판론이 있다. 지지론자로는 예컨대 레비나스(Emmanuel Levinas) 등을 들 수 있고, 비판론자로는 노직(Robert Nozick) 등이 있다.

2. 노동소유권론

1) 가치의 창조로서 「노동」

로크는 가치가 노동에 의해 창조되고, 노동이야말로 가치창출의 원천이라고 주장한다.[27] "자신의 노동에 의해 토지를 전유하는 자는 인류의 공유의 축적을 감소시키지 않고 오히려 이것을 증가시킨다"[28]고 설명한다. 로크에 의하면, 토지에서 가치의 대부분을 산출해내는 것은 신이 인간에게 공유물로서 준 토지 그 자체가 아니라 인간이 토지에 투여하는 노동이라고 한다. 이 점에 관해서 로크는 『통치론』에서 다음과 같이 기술하고 있다.

> "또 노동에 의한 소유권이 토지의 공유보다 우월할 수 있다는 것은 잘 고찰해보지 않으면 혹은 이상하게 (생각)될지 모르나 실은 그처럼 이상한 것은 아니다. 그 이유는 모든 사물에 가치의 차를 설정하는 것은 실제에 있어 노동이기 때문이다. 담배나 설탕 무를 심고 밀이나 보리를 심은 1에이커의 토지와 아무 경영도 하지 않고 있는 1에이커 토지와의 사이에 어떤 차이가 있는가를 생각해보라. 그러면 노동에 의한 개량이 그 가치의 대부분을 만들어내고 있다는 것을 알 수 있을 것이다. 인간생활에 유용한 대지의 산물 중 10분의 9는 노동의 성과라고 할지라도 그것은 심히 겸손한 평가라고 나는 생각한다. 그렇기는커녕 만일 우리들이 우리 필요에 공여된 사물을 정당하게 평가하고 그에 필요한 여러 지출을 합산하여 그 중 얼마만큼을 노동에 돌릴 것인가를 생각해 보면 대개 그 1백분의 99까지가 죄다 노동에 의거한다고 보지 않으면 안 된다는 것을 알 것이다."[29]

이와 같이 로크는 경지의 가치는 그곳에서 산출되는 농산물에 의해 평가되어야 하지만 그 농산물의 생산에 대한 기여율을 토지 1%에 대해 노동 99%라고 평가하고 있다. 여기에서 로크가 우리에게 강조하고자 하는 것은 우리가 이 세계에서

---

27) 로크는 이러한 노동가치설을 처음부터 품고 있었던 것은 아니었던 것 같다. 그의 초기 저작인 *Essays on the Law of Nature*(자연법론)에는 노동에 의한 가치의 창조에 대한 언급은 인정하지 않는다. 『자연법론』에서 로크는 신이 인류에게 준 자연자원의 총량은 일정하다고 생각하고 있으며 인류에 의한 전유를 일정량의 자연자원을 서로 취하는 제로섬게임으로서 묘사하고 있다. John Locke, *Essays on the Law of Nature*, Oxford U.P. Von Leyden, W.(ed.) 1954, 211.

28) 『통치론』 제2장 제37절.

29) 『통치론』 제2장 제40절.

향수하는 사물의 가치가 노동에 의해 창출되고 있다는 점일 것이다.[30] 노동을 한 자에게 노동결과물에 관한 소유권을 부여하는 것은 그가 노동에 의해 한 가치 창조라는 공적에 근거해서 정당화된다는 것이다. 어떠한 물건에 대한 소유권 취득의 권원은 가치창조를 하였다고 하는 사실 그 자체인데, 창조자가 바로 소유권자이다. 노동이 가치창조의 원인이고 그 노동의 주체라는 사실에 근로자가 소유권취득의 권원을 가지고 있다는 것이다.[31]

인간은 과학적 발명과 기술발전에 의해 자신의 생존을 더 확실한 것으로 만들고 생활을 더 쾌적하게 하였는데, 그때에 인간이 사용하였던 것은 타인과의 공유물인 자연의 것들이 아니고 자기자신의 소유물인 인격이나 행위와 노동이고 그것들이 소유권의 기초로 된다는 것이다. 어떠한 자가 애초 자신의 소유물인 인격이나 행위와 노동을 이용하여 생활필수품이나 생활을 쾌적하게 하는 것을 만들어낸 경우 그 자가 이들을 소유하는 것은 정당하다는 것이다. 이 점에 관해서는 데이비드 흄(David Hume)도 긍정하고 있다.[32]

2) 「인격의 확장」으로서 「노동」

모든 인간은 자기자신의 인격에 대한 소유권을 가지고 있으며 각인은 공유물인 자연물에 노동을 혼합하여 그것에 자기자신의 것인 무엇인가를 부가해서 그 자연물에 대한 소유권을 획득한다. 이러한 혼합의 비유는 노동이 바로 인격소유권의 확장이라는 것이다. 인간은 각자 태어나면서 자기보존의 권리를 가진다. 그리고 자기보존권은 자기보존을 실현하기 위해 생활에 도움이 되는 외물을 배타적으로 사용할 권리로 확장되어야 한다.[33]

---

30) 『통치론』 제2장 제42절.

31) 『통치론』 제2장 제44절.

32) 「첨부」란 어떠한 대상이 이미 어떠한 자의 소유물인 별개의 대상과 밀접하게 결부되어 있고 또 그 별개의 대상보다 적은 경우－전자가 후자의 결과인 경우가 그 전형이다.－에는 그 자기가 그 적은 대상의 소유권도 획득한다고 하는 규칙이다. 예컨대 정원 소유자는 정원에 맺힌 과실을, 가축의 소유자는 가축의 새끼를, 주인은 노예의 노동을, 각각 첨부에 의해 소유권을 취득한다. David Hume, *A Treatise of Human Nature*, Norton, D.F. and Norton M.J.(eds), Oxford U.P. 2000, p. 327.

33) 외물에 대한 소유권이 인격소유권을 통해서 생긴다고 하는 착상이나 라틴어 "sum"이 자신을 유지하기 위해 필요한 사물을 취입한다고 하는 사고방식은 17세기후반의 정치학자들의 저작에도 볼 수 있기 때문에 인격소유권에 관한 로크의 말씀론은 당시 자연법학자들 간에 중심적 말씀론이었다고 버클은 말한다. S. Buckle, *Natural law and the Theory of Property*, Oxford U.P. 1991l, p. 173.

만약 누구라도 자기자신의 신체에 대한 권리를 가지고 있고 만약 그가 살기 위해 자연적인 물질적인 대상을 사용하여 변형하였다면 그는 자신의 에너지와 노력에 의해 진정한 자신의 인격의 연장으로 만들어 낸 그 생산물을 소유할 권리를 가지고 있다.[34] 예컨대 조각가가 점토에 소상을 제작한 경우 그는 그 소상에 자신의 인격을 각인하였기 때문에 그 소상에 대한 소유권을 획득한다. 마찬가지로 소재를 제품으로 가공한 제작자는 그의 제품에 가지의 인격을 각인하였기 때문에 그도 또한 그 제품에 대한 소유권을 획득한다.

우선 각인은 자기보존권 및 생명과 자유에 대한 소유권을 내실로 하는 인격소유권을 가지고 있다고 전제한다. 각인이 자기자신의 인격소유권을 실현하기 위해서는 즉 자기의 생명을 유지하고 자유를 향수하기 위해서는 그것에 기여하는 것을 소유할 필요가 있다. 즉 인격소유권을 보전하도록 자기보존권은 외물에 대한 소유권으로 확장될 것을 요구한다.

이상과 같이 인격의 확장은 인격에 의한 자기보존실현의 과정이고 노동에 의한 외물의 소유는 자기보존실현의 수단인 것이다. 노동이나 소유권은 단순히 생존을 보증하기 위해서뿐만 아니라 노동과 그 산물은 세계를 향한 자신의 대상화이기도 하다. 이와 같이 노동이란 바로 노동주체에 있어 인격의 자기확장과정이다. 각인이 자기자신의 인격 및 그 노동을 소유하고 있는 것, 인격 및 그 노동이야말로 가치의 대부분을 생산해내는 주요한 원인이라고 하기 때문에 노동에 의해 새로이 산출된 가치는 그 노동을 한 자의 자기인격의 확장으로서 그의 소유로 귀속한다.

3. 가공의 본질로서 「노동」

로크에 의하면 각인은 공유 그대로 방치된 자연의 산물에 노동을 혼합하고 그것에 자기자신의 것인 그 무엇인가를 부가해서 그 자연의 생산물에 대한 소유권을 획득한다는 것이다.[35] 이러한 로크의 주장은 무주물(無主物)에 대한 것이지만, 이러한 논리는 무주물 여부와 관계없이 즉 가공에 의한 가공자의 소유권취득에도 확대할 수 있을 것 같다. 로크의 주장은 가공자가 재료에 가공노동을 혼합하여 이 세상에 없었던 새로운 물건을 만든 경우에 그 새로운 물건에 대해 가공자가 소유권을 취득하는 것을 정당화하는 근거가 될 수 있을 것이다.

34) M.N. Rothbard, *The Ethics of Liberty*, New York U.P. 1998, p. 48.

35) 『통치론』 제5장 제27절.

가공이란 가공자가 자신의 존재, 영혼과 육신을 노동이라는 형태로 그 가공대상인 물건의 회로 안에 집어넣어 그것을 변화시켜 새로운 물건을 만드는 가치창조활동이고, 가공자는 그 물건에 대해 그것이 가공 전에 가지고 있는 상태와 그 후에 변화된 다른 상태 사이의 중개자가 되고 도구가 된다. 가공자가 중개 및 도구적 행위자로서 가공물에 대한 새로운 소유권자로 등장한다.

인간은 외계의 대상에 대해 자신자신의 노동을 혼합시켜 물건을 그의 「목적적 활동」 안으로 가지고 들어온다. 그러한 목적적 활동이 바로 노동이다. 노동이란 인간이 그의 「목적적 활동」으로서 그 대상인 외계의 사물에 대해 자기자신을 구체화하고 객관화하는 과정이다. 그러한 과정에서 외계의 사물이 노동주체의 생활과 계획안으로 들어와서 변화되고 노동주체의 일부가 된다. 노동을 통해 그 주체가 외적 사물에 부가하는 변형 또는 제작의 결과는 「목적인 행위」에 의한 자기인식의 결과이다. 가공과정은 노동과정이고 그 과정에서 가공대상에 대해 가공자는 근로자로서 존재한다. 대상에 대한 「목적인 활동」인 노동의 성질과 범위에 따라 그 대상에 관하여 근로자인 가공자가 취득하는 소유권의 자연적 범위가 정해지는 것이다.[36]

Ⅳ. 가공법의 법규범적 구조와 성격

1. 가공법의 규범구조

1) 가공법의 규범원리 : 재료주의와 가공주의

가공(specificatio, Spezifikation, specification[37])은 타인의 재료에 노동을 투하하여 변경을 가하여 새로운 물건을 제작하는 행위이다. 가공의 결과물을 어떻게 처리하는 것이 타당한가라는 문제는 유럽과 중동에서 2천년에 걸쳐 법률학자에게 마치 풀기 어려운 수수께끼와 같이 흥미를 야기하였고 그리고 사회적으로도 아주 큰 중

36) A. J. Simmons, The Lockean Theory of Rights, Princeton U.P. 1992, pp. 271-9 참조.

37) specificatio라는 말은 어원적으로는 타인의 재료로 어떠한 물을 제작하는 것(ex aliena materia speciem aliquam facere)에서 유래하며(Bernhard Windseid, *Lehrbuch des Pandektenrechts*, 8, Aufl., Bd. 1, Düsseldorf, 1900. S. 857 Anm. 1) speciem facere를 명사형으로 하였던 것이다. 船田享二,『羅馬法』第2卷(私法第一分冊<総論, 物権>), 岩波書店, 1943, 369면.

요성을 가진 문제이었다.[38)]

여기에서 우선 어떠한 경우를 가공으로 인정할 것인가도 문제이다. 근대에서 가공에 관한 학설은 가공을 신물(新物)의 창작행위라고 본다. 가공에 의해 구물은 사멸하고 신물은 탄생하고 따라서 구물상의 소유권은 소멸하고 신물(舊物) 위에는 신소유권이 성립한다고 보았다. 그래서 이것은 타인의 동산에 공작을 가한 경우와 자기의 동산에 공작을 가한 경우에 그 결과가 다르지 않다. 예컨대 A가 그 자신 소유의 고기로 비프스테이크(beefsteak)를 만든 경우나 소시지(sausage)를 만든 경우에도 고기에 관한 소유권은 소멸하고 비프스테이크와 소시지에 관한 새로운 소유권이 성립하는 것이다.[39)] 그렇지만 가공의 개념규정도 그렇게 간단하지 않다. 그래서 어떠한 경우에 새로운 물건으로 보아야 하는가에 대해서도 상당히 논쟁이 있다.[40)] 어떠한 새로운 물을 생기게 하는 것이 가공의 요건이라는 것은 도이칠란트에서는 정설이지만,[41)] 우리민법 제259조는 명문상 이러한 자구 없이 「가공한 때」라고 규정하고 있는 것에 불과하기 때문에 타인의 동산에 노동을 투입하여 그것이 변경된 경우에는 일단 가공이라고 할 수 있어 반드시 신물이 생기는 것이 가공의 성립요건은 아니라고 말할 수도 있다.[42)]

가공법에서는 재료의 가공에 의해 제작된 가공물(Arbeitsergebnis) 즉 새로운 물건을 원재료의 소유자에게 귀속케 하는가 또는 노동을 하여 새로운 물건을 만든 가공자에 귀속케 하는가, 가공물의 소유권취득에 관하여 재료의 측면에서 결정하는가 또는 재료를 가공한 노동의 측면에서 결정하는가라는 것이 그 문제의 핵심이다. 이 문제를 결정하는 기준을 둘러싸고 어느 쪽을 그 기준으로 선택하는가에 따라 재료주의(Substantialprinzip)인가, 가공주의(Erzeugungsprinzip, Arbeitsprinzip, Kreationslehre)[43)]인

---

38) Justus Wilhelm Hedemann, *Sachenrecht des Bürgerlichen Besetzbuches*, 2. umgeartbeitete Auf., Berlin 1950, S. 156ff.

39) 빈트사이트는 본인이 자기 소유의 물건에 공작을 가한 경우에도 새로운 물건이 생기는 것과 동시에 그것에 관하여 새로운 소유권이 성립한다고 하였다. Windscheid, a.a.O., S. 968, Anm. 2.

40) G. A. Emge, Das Moment der Neuheit im §950 BGB, *Archiv für die civilistische Praxis*(AcP), Bd. 114(1916), S. 23-90; Vgl. Ludwig Ennecceys/Theodor Kipp/Martin Wolff, *Lehrbuch des Bürgerlichen Rechts*, Bd. 2, 1. Teil, Tübingen 1925, S. 210 Anm. 2.

41) 이것은 도이치민법 제950조가 명문으로서 「새로운 동산이 만들어지는 것」(neue bewegliche Sache herstellt)을 가공의 요건으로서 말하고 있기 때문이다.

42) 그러나 우리 민법 제259조의 해석과 관련해서 신물을 생기게 하는 것이 가공의 요건이라고 하는 것이 통설인 것 같다. 곽윤직, 위 같은 곳; 김용한, 위 같은 책, 360면; 이영준, 위 같은 책, 473면 등 참조.

가라는 가공법의 규범원리가 결정된다.[44] 재료주의가 옳은가 그렇지 않으면 가공주의가 옳은가를 결정하는 것은 그렇게 단순한 문제가 아니다. 재료주의 또는 가공주의 중 어느 한쪽을 선택하는 것도 그렇게 간단하지 않다. 왜냐하면 가공법에서 재료주의는 자본중심주의를 의미하고, 가공주의는 노동중심주의를 뜻하기 때문이다. 재료주의와 가공주의 중 선택과 그 타협은 사물의 본성을 보는 관점에 관한 신조철학적인 문제를 넘어서 가공법의 문제는 재료소유자와 가공자의 개인적 차원의 문제이자, 자본(Kapital)과 노동(Arbeit)이 첨예하게 대결하고 있는 장(場)에서는 정치적·사회경제적 문제이기도 하다.[45]

자본이 주(主)이고 노동이 종(從)인 사회에서 가공법의 원리는 재료주의 즉 자본중심주의가 선호될 것이고, 노동을 숭상하고 근로자를 진정하게 사회구성원으로 인정하는 사회에서는 물건의 제작은 노동에 의해 비로소 가능하기 때문에 가공물의 소유권귀속에 대해서는 노동이 재료보다도 중요한 요소로 인정되어 가공주의를 선호하는 쪽[46]으로 기우는 것이 당연할 것이다. 근대유럽에서 가공주의가 득세했던 배경에도 노동이 가공에 있어 본질적인 계기를 형성하는 것이고, 인간의 지혜와 노력이 물건을 생산하는 것이며, 그것 없이는 무릇 어떠한 물건의 변화도 생각할 수 없다고 하는 노동에 대한 인식변화가 있었다고 할 것이다. 근대사회에서 "노동이 창조하기 때문에 취득한다"[47]고 하든가 "생산하는 자에게 생산물은 귀속한다. 왜냐하면 생산하였기 때문에"[48]라고 하는 소박한 노동소유권론이 가공주의를 지지하는 중요한 근거였다고 하겠다. 이러한 사회적 분위기 속에서 성립되었던 근대민법전은 주로 이러한 가공주의의 입장을 채용하였던 것이고, 1795년의 프러시아보통법(제304조), 1865년의 작센민법(제246조), 도이치민법(제950조), 스위스민법(제726조)은 모두 그러한 예에 따른 것이라고 하겠다.[49] 그뿐만 아니라 프랑

---

43) 재료주의에 해당하는 도이치어로는 Substantialprinzip이라고 하는데, 가공주의에 해당하는 용어로는 Erzeugungsprinzip, Kreationslehre도 사용되고 있는 듯하다.

44) Alfred Jacusiel, *Der Eigentumsvorbehalt*, 1932, S. 28.

45) Hans Schreuer, *Deutsches Privatrecht*, 1921, S. 158; Alexander Elste, Artikel "Specifikation", *Handwörterbuch der Rechtswissenschaft* Bd. 5. 1928, S. 568; Paul von Sokolowski, *Die Philosophie im Privatrecht*, Volume 1 – Primary Source Edition, Halle A. S., 1902 (reprinted by Nabu Press 2014), S. 69ff.

46) Rudolf Sohm/Ludwig Mittels/Leopold Wenger, *Institionen*, 17. Aufl. Berlin 1949, S. 304.

47) Sokolowski, a.a.O, S. 70.

48) Bechmann, a.a.O, S. 25.

49) Müller와 Sokolowski는 도이치 민법 제950조만큼 철저한 가공주의를 채용하고 있는 가공규정은 다른 나라의 근대법전에 없다고 하고 있다. Hans-Dietrich Müller, *Wie verhält sich der*

스민법도 형식적으로는 재료주의를 원칙으로 하고 있는 것처럼 보이지만(제570조), 가공물의 소유권귀속을 결정함에 있어 노동과 재료 간의 가치를 표준으로 취하고, 노동이 가치에서 재료의 가치를 어느 정도 초과하면 가공자가 가공물의 소유권을 취득한다고 하여(제571조), 그 실제에 있어서 가공주의의 입장을 옹호하였던 것[50]도 노동에 대한 근대적 각성에 기인한 것이라고 말할 수 있다.

2) 가공법의 구조변동 : 철학적 문제에서 경제적 문제로 그리고 정치적 문제로

앞에서 이미 언급했듯이 가공법의 역사는 아주 깊다.[51] 가공법은 한편에서는 인간노동에 대한 인식변화와 연관되어 있고 다른 한편에서는 생산방식의 변동과도 연계되어 있다. 고대유대사회나 로마사회에서와 같이 노예계급이나 농노계급이 사회적 생산을 담당하고 있었던 때에 가공의 문제는 노예가 제작한 물건은 주인에 귀속하였고 노예의 조악한 가공에 의한 부가가치가 크지 않았기 때문에 노

---

§950 BGB. zu dem Satz, dass jeder Arbeiter Eigentümer des Arbeitsproduktes werden soll? G. Fischer 1930 Schriften des Instituts für Wirtschaftsrecht an der Universität Jena Nr. 10. S. 48f.(이것은 Hans-Dietrich Müller의 박사학위 논문이다); Sokolowski, a.a.O., S. 191ff. 참조. 프러시아보통법, 작센민법, 스위스민법은 모두 가공자의 선의를 조건으로 하고 있기 때문에 도이치민법만큼 가공주의는 철저하지 않다. 가공노동을 보호하는 의미에서 입법기술상도 가장 명확한 태도를 취하였던 것이다. Werner Flume, Der verlängerte und erweiterte Eigentumsvorbehlat, *Neue Juristische Wochenschrift,* 1950, S. 843, Anm. 16. 물론 도이치민법 제950조의 성립의 과정에서는 (제1초안 893조, 제2초안 865조도 동일하게, 가공자의 선의, 악의를 묻지 않았다), 악의의 가공자의 보호를 해야 하는가가 문제도 되었지만, 가공자의 주관적 조건은 가공물의 소유권귀속의 문제에는 영향이 없는 것으로 하여 현행법과 같이 낙착되었던 것이다. 도이치민법 제950조는 노동의 사회윤리적 권능(Sozial ethischen Berechtigung der Arbeit)을 문제로 하고 있으며, 가공자의 선의악의라는 개인윤리(Individualethik)을 문제로 하고 있는 것은 아니다. Josef Kohler, *Lehrbuch des Bürgerlichen Rechts,* Bd. 2: Vermögensrecht 2. Teil, Köln, 1919, S. 212.

50) Ambroise Colin et H. Capitant, *Cours élémentaire de droit civil français I*, 7. édition 1931, p. 902. 근세 민법전에서 재료주의를 채용하였던 것은 1812년 오스트리아민법인데, 동법 414조에서 타인의 물에 가공해서 소유권을 취득하는 것으로 한다고 규정하고 415조에서 물의 상태로의 환원 또는 분리가 불가능한 경우에는 가공물은 관계당사자의 공유로 된다. 가공자가 악의이면, 재료의 소유자는 가공비용을 지불하고 가공물을 취득하거나 가공물을 위양하여 재료의 가액을 배상케 하는가 어느 하나를 선택할 수 있다고 규정하고 어디까지나 재료소유권을 옹호하고 있다. 이와 같이 철저한 재료주의를 취한 규정도 다른 나라에는 없다. Armin Ehrenzweig, *System des österreichischen allgemeinen Privatsrechts,* Bd. I, 1923, S. 228ff.; Müller, a.a.O. S. 43ff.

51) 가공법의 역사에 관해서 栗生武夫, 「加工の歴史」, 『法学』(東北帝国大学法学会) 第9巻 第6号 1940, 1면 이하(和田徹[発行], 和田電子出版).

동문제나 사회문제로 진전되지 못했다. 그것은 노예의 주인들 간의 사물의 본성에 관한 철학적 인식의 문제이었을 뿐이다. 노동에 대한 평가가 어떠한가에 따라 즉 근로자에 대한 사회적 평가의 성숙도에 따라 가공법의 원칙은 극단적인 재료주의와 극단적인 가공주의의 사이에서 왕복하게 된다. 인간노동 그 자체에 대한 사회적 인식의 변화라는 측면에서 보면, 가공법의 문제가 사회경제적 문제로 대두하였던 것은 상업적 생산이 어느 정도 본격화되었던 중세 말기부터라고 말할 수 있다. 특히 르네상스시대에 들어와 인간의 창작활동이 왕성하게 발전하자마자 창작존중의 사상이 생기고 가공은 재료의 단순한 변형이 아니라 새로운 창조라는 인식이 높아졌다. 근대에 들어오면서 재료의 소유권보다도 가공자의 창작노동(schöpferische Arbeit)을 중시하는 경향이 더 강해졌다. 이렇게 되면서 가공물에 새로운 소유권이 성립하여 가공자 자신에게 귀속하게 된다고 보았다. 그 결과 근대시민법은 가공물의 소유권을 가공자에게 귀속케 하는 쪽으로 입법화되었다.

그런데 가공물의 소유권귀속에 관한 문제가 본격적으로 사회적·경제적·정치적 문제로 대두하기 시작하였던 것은 물론 여러 명의 근로자를 고용하여 수인으로부터 제공받은 많은 다양한 종류의 재료를 가공하여 상품을 생산하는 기업적 생산방식이 본격화되면서부터이다. 즉 산업자본주의가 가속화되면서 지금까지 시민법상의 가공법의 양대 원칙인 소박한 재료주의와 가공주의에 의한 해답은 바람직하지 못하다는 결론에 이른다. 그래서 근대시민법이 규정하고 있는 「가공자」를 다르게 해석하게 되었다. 가공법의 규범적 원리로서 재료주의원칙도 가공주의원칙도 아닌 기업주의원칙(Unternehmerprinzip)[52]이 대두하게 되었다. 그래서 근대민법전의 가공법에서 가공자라 함은 현장에서 노동하는 사람을 가리키는 것이 아니고, 노동을 명하는 사람 즉 기업자를 의미하는 것으로 해석하는 쪽으로 변경되었다. 기업주의원칙에 의하면, 누가 원재료의 소유자이고 또 현실적으로 누가 가공노동을 하였는가에 관계없이 가공신생물은 「가공자」로서의 기업 즉 기업운영자에게 귀속해야 한다는 것이다. 예컨대, 어떠한 기업이 근로자를 사용하여 펄프에서 종이를 만들고 견에서 실을 만들고 목재에서 가구를 만들었다고 하면, 기업 자체가 「가공자

52) 기업주의는 고대부터 일관되어왔던 사소유권제도에 기한 재료주의의 변형이라고 말할 수 있다. 기업주의는 근대사회에서 계약자유원칙에 기하여 기업 내에 로마시대의 노예노동을 부활시키는 것을 가능하게 만들었다. 그것은 자본주의경제체제에 부합하도록 노무이행과정에 있어 종속노동의 형태를 유지하는 방안이다. 한편 노동보호입법은 기업주의에 의해 종속적 상태에 있는 근로자에게 야기되는 실질적 위해에 대한 위험을 그의 생존을 위해 어느 정도 사용자에게 부과시키는 방법이다.

」이라는 것이다. 따라서 기업은 가공자인 자격에서 이들의 가공신생물 위에 소유권을 취득하는 것이고 재료의 소유자인 자격에 있어서 소유권을 취득하는 것은 아니라고 한다. 만약 법이 재료주의를 취하고 재료의 소유권을 근거로 하여 가공신생물을 취득케 해야 한다고 하면, 기업자는 타인을 위해 가공하는 우를 피하기 위해서 그 공장에 집중되는 무한량의 재료에 대해 일일이 소유관계를 확인해야 하는데 그러한 거추장스러움과 수고는 기업자의 창조활동을 둔화시킬 것[53]이라고 한다. 그러므로 자본주의기업사회에서는 기업자를 가공법의 「가공자」로 해석해야 하고 기업가가 합법적인 가공자로서 가공신생물(新生物)을 취득하도록 하는 기업주의가 자본주의경제생활에 가장 적합한 가공법의 원리라고 주장하는 것이다.

서유럽의 역사에서 가공법의 구조변동을 간단히 정리해보면, 고대 및 중세의 구(舊)전통존중의 시대에는 재료주의, 근세의 창의존중의 시대는 가공주의, 그것도 초기는 수공업자 즉 노동하는 사람을 「가공자」로 보고, 수공업자에게 가공물을 귀속케 했는데, 그 후에는 기업자 즉 노동을 명하는 사람을 「가공자」로 보고 기업자에게 가공물을 귀속케 하였던 것이다. 이렇듯 가공법은 고대와 중세(15세기 이전)의 재료주의 → 중세 말기와 근대 초기(16세기-18세기)의 가공자주의 → 근대 후기(산업혁명 이후)의 기업주의(자본중심주의)로 전개되어왔고, 기업주의가 현재에도 당연한 것으로 되어 있다.

이렇듯 19세기 후반 기업주의가 가공법의 당연한 법규범적 원리로 정리되면서 노동법입법이 본격적으로 전개되기 시작한다. 즉 가공법의 규범원리를 정치적 관점에서 보면, 가공노동을 실제로 담당하는 근로자의 지위가 사회경제적 정치적으로 어떠한가에 따라 가공법의 규범원리가 다르게 구조화되고 또 가공물의 소유권 취득을 가공자에게 인정하는 가공주의원칙조차도 그 적용범위와 그 영향력이 다르게 변한다. 고대와 중세사회에서는 그야말로 자유인의 노동만이 가공법의 사정범위에 들어오고, 근대이후의 자본주의사회에는 독립사업자의 노동만이 가공법의 사정범위에 들어온다. 가공법에서 기업주의원칙이 지배하면서 가공노동을 실제로 담당하는 근로자는 노동법의 보호대상으로 된다. 이러한 의미에서 가공법의 역사는 가공의 주체로서 근로자의 권리사(權利史)라고 말할 수 있다. 자본주의경제체제에서 가공법에 기업자주의가 지배되면서 기업근로자는 기업적 부속물로 전락되어 가공법의 사정(射程)범위에서 사라지게 된다. 기업의 가공근로자는 가공법의 사정범위 밖에 놓이는 대신 노동입법의 사정범위에 넣어서 보호·관리대상으로

53) Sokolowski, a.a.O., S. 192.

취급된다. 이러한 맥락에서 보면 가공법의 사정범위와 노동보호입법의 적용대상은 자본주의의 전개과정과 밀접한 관련이 있다. 기업근로자는 가공법에 의한 노동생산물에 관한 소유권을 포기하게 하는 한편, 그 생존을 위한 노동입법에 의한 보호대상으로 된다. 자본주의경제에서 노동입법은 기업 내에서 근로자의 종속을 전제로 한다. 노동입법은 역설적으로 종속노동의 강화를 가져왔다. 마치 근로자들은 양어장에서 양식되고 있는 물고기와 같이 필요한 범위에서 보호·육성되는 것이다. 노동법에 의하면 근로자들은 보호대상이지 노동생산물에 관한 소유권을 주장할 수 있는 주체로 성장할 수 없다. 근대시민법의 이념에 의하면 위와 같은 의미에 있어서의 노동법은 폐지되어야 한다. 왜냐하면 근로자들이 실질적 법주체로서 시민법의 이념에 기초한 삶의 질서 속에 통합하기 위해서는 그들을 더 이상 보호의 대상으로 억압해서는 아니 된다. 어떠한 보호든 그것은 통제 하에 있어야 비로소 가능하다. 모든 법이 그러하듯이 가공법의 사정범위도 가공주체의 정치경제적 세력에 의해 결정된다. "규범이 권력이고, 권력이 규범이다"라는 말은 가공법과 노동입법을 관통하고 있다고 하겠다. 기업주의에 있어 가공법과 노동법 중 어느 것을 선택하는가는 근로자의 정치세력의 강도에 따라 다르게 될 수 있다. 이러한 맥락에서 보면, 자본주의사회에 있어 노동관계에 있어 가공법의 부활은 한편으로는 사회경제적으로 미묘하고 다른 한편으로는 심각한 정치적 문제인 것이다. 경제사회적 투쟁은 법적 규범의 획득을 목적으로 정치적 투쟁으로 실행된다. 그리고 법적 규범원리는 정치적 투쟁에서 일방의 승리와 그 패자인 상대방의 생존이 승인되는 평화결정으로서 확립되는 것이다. 결국, 종속노동을 기초개념으로 하는 노동법은 근대시민법적 기업주의가공법의 이면이라고 하겠다. 말하자면, 노동법은 가공법을 위한 정치적 투쟁의 패자인 가공근로자가 종속노동의 상태에서 기업주의원칙을 받아들이는 전제 하에 그의 생존유지를 위한 최소한의 평화협정인 것이다.

2. 가공법의 규범적 성격

1) 인간생활의 원초적 규율로서 소유권

먼저 구체적인 문제를 제기하기 위해 그 예비적인 준비작업으로서 물권 특히 소유권에 관한 법률규정 또는 법률제도의 의의를 생각해보기로 한다. 사법은 형식적으로 보면 사람과 물건의 관계, 그리고 사람과 사람의 관계로 구성되어 있다. 우리 민법은 전자를 물권이라는 형식으로 후자를 채권이라는 형식으로 규정하고 있다. 그렇지만 형식적으로 보면 전자는 결국 후자로 환원되는 것 같이 보인다. 그러나 실질적으로 전자가 후자를 규정한다. 물권은 희소성의 원칙이 지배하는 세계에서는 사람에 대한 권력으로 작용한다. 이러한 현상은 물권 중에서 추상적이고 포괄적인 물권인 소유권에서 가장 뚜렷하다. 이와 관련하여 우리나라에서도 유명한 도이치 법철학자 구스타브 라드부르흐(Gustav Radbruch, 1878-1949)는 그의 『법철학』[54)] 각론 제18장 소유권에 관한 기술의 모두에서 그의 사상적 선배인 슈타믈러(Rudolf Stammler, 1856-1938)의 견해[55)]에 근거해서 소유권에 관해서 다음과 같이 기술하고 있다.

> "생활재의 비축이 한정되어 있는 세계에서 인간관계의 규율은 물건과 사람의 관계 즉 사람 간의 물건분배의 규율일 수밖에 없다. 그래서 물권은 그것을 배제하고서는 어떠한 법질서도 생각할 수 없는 개념이다. 물권 특히 소유권은 법적 경험에 기초를 두고 있는 것이 아니라 모든 법적 경험에 선행하는 법적 사고의 범주로서 나타난다. 제한적 내용의 물권의 숫자로 물건에 대한 가능한 행태의 다양성을 모조리 분류하는 것은 불가능하지만, 특정형식으로 제한하지 않고 물건을 권리자에게 복종케 하는 권리 즉 물건에 관한 "최종발언"(letztes Wort)을 위한 권리 즉 소유권은 필요하다. 소유권에는 소유자의 개별 행태에 대한 모든 권능이 다 포함되어 있는 것에 비해, 내용적으로 제한된 물권(제한물권)은 자기물건에 대한 권리가 아니라 단지 타인의 물건에 관한 권리로서 생각할 수 있을 뿐이다. 그러한 권리(제한물권)는 개별법질서의 산물이지만 정말 반드시 생각할 것은 물론 아니다. 그렇지만 소유권은 법적 성찰에서 필요불가결한 사유형식이다. 각 물건에 관해서 누가 그것의 소유자인가는 모든 법질서에서 제기되는 유의미한 질문이다. 이 질문에 대한 답은 오로지 경험에서 나올 수밖에 없고 그래서 비판을 받게 된다. 소유권은 선험적 법범주이지만 개별소유권 또는 공동소유권은 그렇지 않다. 개별소유권 또는 공동소유권인가는 경험이 말할 수 있지만, 이들 중 어느 것이어야 하는가는 법철학만이 답할 수 있다. 여기에서 사소유권의 법철학이 소유권이론에 그 얼굴을 드러낸다."[56)]

라드부르흐의 언급과 같이 소유권제도는 희소성의 원칙이 지배하고 있는 인간의 물적 생활에서 필수불가결한 원초적인 규율이다. 어떻게 보면 인류역사는 소

---

54) Gustav Radbruch(hrsg. v. Erik Wolf u. Hans-Peter Schneider), *Rechtsphilosophie,* 8. Aufl. Stuttgart 1973: 최종고(역), 『법철학』, 삼영사, 1975.

55) Rudolf Stammler, *Theorie der Rechtswissenschaft,* Halle 1911(Neudruck, 1970), 253ff.

56) Radbruch(최종고 역), 위 같은 책, 186-7면(필자가 원문에 입각해서 일부를 수정했다).

유권을 둘러싼 투쟁의 역사이다. 국가제도는 어떠한 형식이든 소유권제도이고 소유권의 내용과 형식이 국가의 성격을 규정하였다. 그리고 생산수단의 소유권을 장악한 집단이 국가권력을 장악하였고 또 국가권력을 장악한 자가 어떠한 형식으로든 생산수단을 장악하고 그것을 법제도로 구축했다고 말할 수 있다. 이러한 의미에서 소유권은 삶의 자원이 유한한 세계에서 살아가고 있는 인간에게는 운명과 같은 것인지도 모른다. 이러한 맥락에서 소유권은 물건과 사람의 관계에 관한 선험적인 법적 범주이자 인간과 인간의 관계에 대한 기본적 규율이라는 라드부르흐의 위 지적은 정곡을 찌르는 말이다.

그러므로 소유권은 인간공동생활의 물적 기반이기 때문에 그것에 관한 법률제도는 대부분의 사회에서 강행성을 가지며, 그 내용은 강행적인 국가법에 의해 명확하게 규정될 수밖에 없다. 이것은 법공동체로서 국가의 출발점이기 때문이다. 게다가 거래가 빈번하고 복잡한 현대사회에서 소유권의 취득 변동 및 소멸을 규율하는 법률의 규정이 명확하고 거래의 안전을 위해 강행성이 담보되지 않는다면 사회질서가 유지될 수 없다는 것은 자명할 것이다. 소유권법의 강행성은 자유로운 거래를 형성하는 채권법의 전제이자 기초이다. 왜냐하면 소유권의 확정성과 그 귀속주체가 확정되어 있어야 비로소 그것을 기점으로 해서 구성원 간의 거래가 성립할 수 있기 때문이다. 이러한 의미에서 소유권에 관한 물권법적 규정은 근대국가에 있어 권리주체의 능력에 관한 규정에 버금가는 규정이라고 말할 수 있다. 건물에 비유해서 말하자면 소유권법은 법공동체로서 국가라는 건물의 물적 기초이자 핵심적 골조와 같은 것이라고 말할 수 있다. 기초와 골조가 없이 건물이 구축될 수 없고 그 건물에 거주하는 사람은 그 물적 기초와 핵심골조를 있는 그대로 받아들여야 한다. 이렇듯 하나의 법공동체에 있어 공동체구성원으로서 법주체는 법공동체의 물적 기반으로서 법객체에 관한 귀속질서인 소유권에 대한 상호적인 승인이 없이 그것을 대상으로 하는 새로운 생활질서를 형성할 수 없다. 사소유권의 확정은 상품거래를 전제로 하는 자본주의사회가 성립하기 위한 궁극적인 출발점이자 전제인 것이다. 소유권질서야말로 권리주체와 같이 마찬가지로 공동체질서를 형성하기 위한 전제이다. 그러므로 자유로운 상품거래를 기획하고자 했던 자본주의적 근대시민법에서 권리주체 즉 권리능력에 관한 규정과 권리객체 즉 피(被)권리능력에 관한 규정을 모두 강행규정으로 정했던 것은 당연한 법적 귀결이다. 그러므로 물권의 취득, 내용 및 소멸에 관한 물권법상의 규정은 당연히 강행규정이다. 당사자는 이들 규정의 내용을 임의로 변경할 수는 없다. 만약 그렇게 한다면 그것은 사회질서를 파괴하는 것이다. 우리 현행민법은 법률행위의 한계로서 공서(公序) 즉 '선량한 풍속 기타 사회질서'(민법 제103조 참조)라고 표현하고 있는데 이것은 사법의 공법적 테두리이며 여기에는 소유권질서도 그 중요한 내용을 이루고 있다고 하겠다.

2) 강행법으로서 가공법

근대국가의 법질서에서 가공법의 법적 지위를 어떻게 보아야 하는 것일까? 가공법은 국가법정주의가 지배하고 있는 물권법의 일부이다. 그것은 시민사회의 물적 기반인 소유권귀속을 규율하는 근본법이다. 위에서 라드부르흐가 말하고 있듯이 소유권이 선험적 법범주로서 인간과 인간의 관계에 대한 본원적 규율이라고 한다면, 그러한 소유권의 취득에 관한 규율도 그러할 것이다. 가공에 의한 소유권취득에 관한 민법 제259조는 앞에서 언급했듯이 당연히 강행규정이고,[57] 이러한 강행규정은 이른바 사회질서(민법 제103조 참조)로서 법질서 전체를 관통하는 기본규정이라고 할 것이다. 이러한 사회질서로서 물권관계를 전제로 해서 그것을 거래하는 채권관계가 이루어져야 한다는 것은 당연한 요청이다. 그러므로 가공에 의해 새로운 가치의 창출이 이루어지는 경우, 즉 가공결과물의 가치가 현저하게 증가하는 경우에는 민법 제259조가 당연히 적용되고 그러한 경우에는 재료에 가공한 자, 즉 가공자가 그 가공결과물에 대해 소유권을 취득해야 할 것이다.

결국 고용계약 또는 근로계약에 의해 가공법의 적용을 배제하여 사용자에게 노동생산물의 소유권을 당연히 귀속하게 하여 사용자가 부당하게 과도한 이익을 취하도록 하거나 그렇게 가공법의 규정을 해석하는 것은 기본적 법질서에 반하는 것으로서 위법이라고 해야 할 것이다(민법 제103조 및 제104조 참조). 그리고 또 다른 한 가지 문제가 되는 것은 기업적 생산관계에서 가공법이 말하고 있는 가공자

---

57) 그러나 우리나라 민법학자들은 일본 민법학의 영향 때문이지는 몰라도 첨부의 효력발생요건은 강행규정이라고 하면서 새로운 물건에 관한 소유권의 취득과 보상청구권에 관한 조항은 임의규정으로 보아야 한다고 하고 있다. 결국 이러한 견해에 의하면, 우리 민법 제259조는 임의규정이므로 특약에 의해서 배제할 수 있으며 또 고용계약이나 노동계약(근로계약)에서는 노동생산물의 소유권을 사용자에게 귀속시키기로 하는 묵시적 특약이 항상 있는 것으로 해석해야 한다는 것이다. 이것은 이해하지 어려운 점이다. 이영준, 위 같은 책, 475면; 곽윤직, 위 같은 책, 315면; 김용한, 위 같은 책, 302면 등 참조. 위와 같은 우리나라 민법학자들의 견해는 뒤에서 살펴보는 펴보는 바와 같이 기업적 노동관계에 도이치민법 제950조와 일본민법 제246조의 적용을 배제하기 위해서 도이칠란트 및 일본의 민법학자들이 찾아냈던 정당화이론의 논거 일부이다.

를 기업자 즉 사용자로 해석하고자 하는 기업주의원칙이다. 그런데 기업이란 적어도 근대시민법의 이념에 의하면 사용자와 근로자의 대등한 계약관계에 기초하고 있다. 뒤에서 다시 언급하듯이 기업주의는 고용계약 또는 근로계약에 기하여 그 계약의 이행인 노동과정에 있어 근로자의 법인격성을 완전히 부정하기 때문에 근대시민법의 이념에 배치된다.

3. 「본원적 노동법」으로서 가공법

근대시민법의 가공법은 노동생산물에 관한 소유권자를 결정하기 위한 규범이다. 대부분의 민법학자는 근대시민법상의 가공법에서 가공행위가 소위 생산적 노동(produktive Arbeit) 내지 창조적 노동(schöpferische Arbeit)이며 이러한 노동이 가공물의 소유권취득의 근거로 된다고 하면서도 그러한 노동에서 임노동은 배제하고 있다.[58] 그러나 임노동을 생산적 노동 또는 창조적 노동에서 배제해야 하는 근거가 있는지는 의문이다. 생산적이라는 것은 기술적 경제적인 의미에서 이해되어야 할 것이다. 우선 자연적 기술적인 측면에서 이해하면 생산적 노동이라 함은 재료를 사용하여 새로운 유용한 물건을 제작하는 행위 또는 활동을 말한다. 그리고 경제적인 측면에서 이해하면 생산적 노동이라 함은 생산에 의해 새로이 창출된 가치가 비용의 가치보다 큰 경우 그러한 노동을 말할 것이다. 그렇기 때문에 고용계약이나 근로계약에 기한 임노동이라고 할지라도, 그것이 단지 임노동이란 이유만으로 생산적 노동에 해당하지 않는다고 단정할 수는 없을 것이다. 생산적 노동에 그 생산물의 소유를 인정하는 가공법에 의하면, 모든 근로자는 그의 노동이 노동생산물의 가치를 증식하는 생산노동인 한 그 노동의 생산물의 소유자로 되어야 한다는 것이 원칙이다. 이것은 또한 자연적 관념에 부응하는 것이고, 노동소유권론에서 보면 당연한 것이고, 일반적 법감정(eine allgemeine Rechtsempfindung) 및 자연적 감정(ein natürliches Gefühl)과도 대응하는 것이다. 그렇다면 노동소유권론은 모든

58) 물론 도이치 민법학자 대부분은 도이치 민법 제950조의 해석적용에 있어 모든 근로자를 재료소유권에 대해 승자(Siegerin)로 평가하였던 것은 아니다. 그들은 도이치 민법 제950조가 오로지 생산적 노동 내지 창조적 가치형성적 노동(schöpferische und wertschäffende Arbeit)에게만 가공물의 소유권을 귀속케 하려고 한다고 한정적으로 해석하여 도이치 민법 제950조가 말하는 가공자에서 임근로자를 배제했다. 이 점과 관련해서는 Hedemannm a.a.O. S. 157: Emge, a.a.O. S. 59. Ludwig Schnorr von Carosfeld, Soziale Ausgestaltungs des Erwerbs von Erzeugnissen, *Archiv für die civilistische Praxis* Bd. 145, S. 51; Bechmann, a.a.O. S. 30; F. Endemann, *Lehrbuch des Bürgerlichen Rechts,* 8. Aufl. Bd. 2, 1905, S. 549 등 참조.

법질서가 순응해야 하는 자연법상의 원리라고 말할 수 있다.[59] 게다가 근대시민법질서에서 노예노동이 인정되어서는 안 되기 때문에 근로자들이 고용계약 또는 근로계약에 기한 노동관계에서도 가공법의 규범원리에 따라 자신의 노동결과물에 관한 소유권을 취득해야 한다는 것은 시민법의 정당한 결과일 것이다.

근대시민법은 이러한 가공법을 물권법편에 규정하고 있었지만, 그 가공법의 법리는 기업적 노동관계에 당연히 적용되어야 할 것이다. 가공근로자가 가공물의 소유권을 취득한다는 가공법은 가공자로서 근로자가 일방당사자로 있는 노동계약관계의 구조를 결정하는 법적 기초로 되어야 한다. 이렇듯 가공법을 노동관계의 기반으로 이해한다면, 가공법은 "물권적 노동법(sachenrechtliches Arbeitsrecht)"이고 또 이러한 의미에서 이를테면 "본원적 노동법"(Urarbeitsrecht)이라고 해야 할 것이다. 본원적 노동법으로서 가공법의 이념에 의하면 모든 근로자는 가공자로서 기업적 노동생산물의 공동지분권자인 것이다. 이것은 근로자가 기업적 생산관계에서 기업의 구성원으로서 활동하는 경우에도 동일하게 말할 수 있다. 이 경우에는 다수근로자의 공동작업에 의해 하나의 가공물이 만들어지기 때문에 그 소유권은 근로자의 편에서 보면 다수근로자에게 공동으로 귀속하는 것이다. 이것은 근로자의 집합적 소유권(Kollektiveigentum)이라고 말할 수도 있지만, 다른 한편 기업시설과 재료 등 자본을 제공하는 사용자의 지분이 있기 때문에 기업생산물에 대해 사용자와 근로자들이 공유하는 형태가 될 것이다.

만약 이렇게 되었다면 근대시민법의 가공법은 정말 노동법으로서 임근로자를 위한 축복이라고 해야 할 것이다. 그러나 아래에서 언급하듯이 역사는 얄궂게도 다른 방향으로 나아갔다. 임근로자는 근대시민법 하에서 생존을 위협하는 형식적 자유만 얻었을 뿐 최악의 상태로 전락했다. 노동법의 역사는 종속근로자이라는 이유로 가공법에 의한 노동생산물에 관한 소유권취득이 부정되고, 천신만고 끝에 임근로자는 노동보호입법에 의한 보호대상으로 되어 관리되면서 겨우 생존권을 확보하는 방향으로 결착되었다.

---

59) Müller, a.a.O. S. 9.

V. 가공의 법리와 노동법의 재구성

1. 문제의 제기

1) 가공법과 기업적 노동관계에 대한 지금까지의 논의

위에서 자세히 언급했듯이 가공법에 있어 문제의 핵심은 재료의 가공에 의해 제작된 가공물(Verarbeitungsergebnis) 즉 노동생산물(Arbeitsergebnis)로서 새로운 물건을 그 재료의 소유자에게 귀속케 하는가 또는 가공자에게 귀속케 하는가, 즉 가공물의 소유권취득에 대한 재료의 측면에서 결정하는가 혹은 투여된 노동의 측면에서 결정하는가라는 것에 있는데, 여기에서 재료주의와 가공주의의 대립문제가 야기되었던 것이다. 근대에 들어와서 유럽에서는 노동의 가치에 대한 각성과 근대적 자연법론에 기한 소박한 노동소유권론에 힘입어 가공주의가 그 지배적 원리로서 힘을 얻기 시작한다. 그런데 산업화가 본격적인 궤도에 오르는 19세기말부터 20세기 초 그 당시 현실적인 자본주의경제질서를 전제로 해서 형식적으로는 가공주의의 연장인 것처럼 보이지만 그 실질에 있어서는 재료주의의 변형으로서 기업주의가 규범원리로서 등장하여 가공법에 있어 재료주의와 가공주의의 대립은 완전히 해소되는 것처럼 되었다. 그렇지만 기업주의원칙 하에서도 가공자 즉 근로자의 노동생산물에 대한 소유권취득을 인정한다고 하는 근대시민법상의 가공법규정은 부르주아법학자 및 법률가들에게는 반드시 극복되어야 할, 목구멍에 걸린 가시와 같이 식히지 않고 그냥 삼킬 수 없는 "뜨거운 감자"로 남아 있었다.[60] 그 이유는 "생산하는 자에게 생산물은 귀속한다. 왜냐하면 그가 생산하기 때문에"라는 근대시민법의 가공주의원칙이 근대기업 내에 있어 기업주와 근로자의 관계에서 여전

60) 근대시민법에 있어 가공법과 임노동의 관계는 산업자본주의가 본격화되기 않았던 19세기 이전에는 거의 법적 문제로 의식되지 않았다. 그렇지만 산업자본주의가 궤도에 올라 노동운동이 조직화되면서 임노동관계에 있어 가공법은 서서히 중요한 관심사로 부각되기 시작했고 그것의 적용을 부정하는 것을 정당화할 수 있는 근거를 찾는 것은 사법(私法)이론적으로 중요한 과제의 하나가 된다. 뒤에서 언급하겠지만 대부분의 사법학자들은 자본의 편에서 가공법이 노동관계에 적용되지 않도록 하는데 온갖 이론적 노력을 경주했다고 해도 과언이 아니다.

히 곤란한 문제를 제기하고 있기 때문이다. 가공법은 원래 개인주의적 소유권취득의 기본원리이다. 그럼에도 기업주의원칙에 의하면 노동관계에 있어서 기업주(企業主)에 대해 가공자인 근로자에게 근대시민법의 기본원리인 소유권취득의 원인인 가공법이 부정되나 기업주 외의 자에 대해서 인정되는 결과로 된다. 즉 가공법은 기업의 외적 관계에서 기업을 위해서는 가공자인 근로자에게 가공에 의한 소유권취득을 인정하지만 기업 내적 관계에서는 그것을 부정하게 된다. 강행법으로서 가공법의 결과는 기업의 대내외적 관계에 따라 상이하게 된다.

이렇듯 기업주의원칙은 가공법의 법리로서는 불철저할 수밖에 없다. 왜냐하면 기업주의원칙에 의해서 기업주와 근로자 사이에 있어 노동결과물의 소유권귀속문제를 궁극적으로 해소할 수 없기 때문이다. 어떻든 시민법상의 가공법이 자본주의적 기업적 생산관계에 철저하게 관철된다면 그것은 양날의 칼로서 타인노동에 기해서 잉여이윤을 창출할 수밖에 없는 자본주의현실에서 자기모순적인 결과를 초래하여 궁극에는 자본주의체제를 근본적으로 동요케 우려가 있었기 때문이었다. 실제로 가공법을 소유권의 취득원인에 관한 사회주의이론과 결부하여 논하는 자도 있었지만[61] 많은 법학자들은 그렇지 않았다. 예컨대, 이익법학(Interessenjurisprudenz)의 주창자인 헥(Philip Heck, 1858-1943), 민법학자 마니크(Alfred Manigk, 1873-1942) 등은 가공법에 사회주의요청을 합법적으로 실현하는 통로가 열려 있는 것처럼 보인다고 논평하였고,[62] 뮐러(Hans-Dietrich Müller)와 같은 자는 그의 박사학위 논문에서 도이치 민법의 가공규정에 대해 개인주의의 전성기에 이미 기각되었던 개인법의 규범인데 집단적 현상이 초래되면 사적 소유권을 보장하고자 하는 가공법이 오히려 사적 소유권의 몰수를 초래하는 결과로 되어 시민적·경제적 자유주의가 공산주의적 이데올로기의 실현도 갈망하는 것까지 인정하게 된다고 평가하기도 했다.[63] 그뿐만 아니라 젊은 시절에 법의 사회화를 제창했던 법철학자 라드부르흐조차도 이들

---

61) 이른바 강단사회주의법학자 특히 안톤 멩거(Anton Menger, 1841-1906)가 그 대표적인 인물이라고 할 수 있다. Anton Menger, *Das Recht auf vollen Arbeitsertrag in geschichtlichen Darstellung*, Stuttgart 1886, S. 102ff. 그런데 니키쉬는 정작 사회주의경제에서도 근로자가 기업에서 생산한 결과물의 소유자로 될 수 없다고 비판하고 있다. Arthur Nikisch, *Arbeitsrecht*, Tübingen 1951, S. 117.

62) Philip Heck, Grundriss des Sachenrechts, Tübingen 1930(Neudruck, 1994), S. 262; Alfred Manigk, Willenserklärung und Willensgeschäft. Ihr Begriff und ihre Behandlung nach Bürgerlichem Gesetzbuch. Berlin 1907(Neudruck, 1970), S. 668.

63) Hans-Dietrich Müller, *Wie verhält sich der §950 BGB. zu dem Satz, dass jeder Arbeiter Eigentümer des Arbeitsproduktes werden soll?* Dissertation an der Jena Universität 1929 (Schriften des Instituts für Wirtschaftsrecht an der Universität Jena Nr. 10. Jena, 1930), 3ff.

과 거의 같은 우려를 표현했던 것[64]을 짐작해보면 가공법의 규범적 파괴력에 대해 얼마나 고민을 했는지 알 수 있다.[65]

재료가 풍부하게 있는 경우에 그것으로써 아주 쉽게 새로운 것을 제작할 수 있다고 하더라도 새로운 물건의 제작은 어떠한 형식으로든 인간의 노동이 가해져야 비로소 가능하기 때문에 그 새로운 물건에 관한 소유권귀속에 대해서는 노동이 재료보다도 중요한 요소로 평가될 가능성이 크다는 것은 자연적인 순리일지도 모른다. 그래서 노동은 가공에 있어 본질적인 계기를 형성하는 것이고, 원초적으로는 인간의 정신적·육체적 노력 즉 노동이 물건을 생산하는 것이며, 그것 없이는 어떠한 물건에서 유용한 변화를 생각할 수 없다고 할 것이다. 그래서 '노동은 창조하고 그 노동의 주체가 창조물을 취득한다'라고 하든가 '생산하는 자에게 생산물은 귀속한다. 왜냐하면 생산하였기 때문에'라고 하지 않는가? 이러한 원초적인 주장은 고래로부터 내려오고 있는 노동소유권론의 핵심이다. 그럼에도 오늘날 사회적 현실은 이러한 노동소유권론과 배치되고 있다. 왜 기업적 노동관계에 있어서 근로자는 가공자(Spezifikant, Arbeiter) 즉 가치창조자로서 가공물의 소유권을 취득해서는 아니 되는가? 이것이 기업적 생산근로자에 대한 가공법 적용 여부의 핵심적 문제이다. 다른 말로 하면, 이것은 바로 자본제생산양식에 있어 자본대(對)노동의 본질적 문제이다.[66]

---

64) G. Radbruch(최종고 역), 위 같은 책, 188면은 "민법(BGB) 제950조는 노동설에 따라 「하나 혹은 여러 재료의 가공 또는 개조에 의하여 새로운 동산을 제작한 자는 그 새로운 물건에 대한 소유권을 취득한다」고 규정하고 있지만, 이 규정이 현대의 경제상태에 적용되는 경우에는 이미 사회주의를 의무할 것이다. 물론 이러한 해석은 재료의 가공자 또는 개조자라고 하는 이름으로 그 임무가 행하는 사람이 아니라 자신의 손으로 직접 임무를 행하는 사람을 의미하는 한에서만 그러하다. 그래서 사회질서에 관한 1931년의 비오 11세(Pius XI)의 회칙도 노동을 소유의 권원으로 인정하는 데에 재빨리 제한을 가하고 있다."라고 한다(여기에서 노동설은 가공주의를 의미한다 - 필자).

65) 법학자, 법률가 등 법이론가는 자본주의의 현실을 정당화하는 쪽으로 법이론을 구성했다. 즉 가공법에 있어 가공자의 범위에서 임근로자를 배제하는 쪽으로 법률이론을 구성하는 데에만 열중했다. 지금까지 도이칠란트에서 가공의 법리를 논함에 있어서 대부분의 논자는 현재의 노동법상황을 정당화하는 방향에서 가공의 법리를 전개하였다. 즉 가공법리를 변경하고 거기에서 생기는 틈을 노동법으로 보완하는 방향에서 시도한다. 왜 그런가? 대부분의 법률문제를 정당화함에 있어서 법이론적 구성은 연역적으로 진행된다. 즉 법적 말씀론의 기본적 속성이 연역적이다. 그럼에도 가공법과 노동관계에 있어서 있어서는 왜 귀납적인가? 현실에 의해서 법규범의 내용을 변경 내지 비트는 작업인가? 그것은 자본주의체제를 근본적으로 동요케 우려가 있기 때문이었을 것이다. 이것이 법이론의 출신이 의심되는 지점이다. 가공법과 임노동의 관계에 관한 논의에서 도이치 법률가의 보수성이 적나라하게 드러났다고 말할 수 있다.

66) Hans Schreuer, *Deutsches Privatrecht*, 1921, S. 158; Alexander Elste, Artikel "Specifikation",

19세기 말부터 도이칠란트에서 누구라도 그 당시 공장생산관계에 눈만 돌려보면 임금근로자(Lohnarbeiter)에 의한 가공노동이 일상적인 사회적 경제적 현상이었고,67) 게다가 다른 어떠한 근대민법전보다 가공주의원칙에 투철했던 도이치 민법 제950조가 엄연히 유효하게 존재하고 있었음에도 불구하고 임금근로자들은 자신의 노동결과물에 대해서는 아무런 권리주장을 할 수 없고 또 주장해서도 아니 되는 현실을 어떻게 정당화할 것인가가 가장 큰 이론적 골칫거리였다. 20세기 중반에는 유럽 특히 도이칠란트에서 가공법과 임노동의 관계에 관한 논의가 어느 정도 정리되어 가공에 관한 도이치민법전(BGB) 제950조가 임노동관계에 적용되지 않는다는 결론을 정당화하는 논리가 구축되었다.68)

노동관계에 대한 가공법의 적용에 관한 문제에 대해서 도이칠란트에서의 논의 결과에 의하면 가공의 법리를 기업적 노동관계에 일관할 수 없는 법적 제한이 있다는 것이다. 이러한 이론적 논거들을 자신의 박사학위논문으로 정리했던 사람이 바로 헤르즈(Erst Herz)69)와 뮐러(Hans-Dietrich Müller)70)였다. 이들의 주장에 의하면,

---

Handwörterbuch der Rechtswissenschaft Bd. 5. 1928, S. 568; Sokolowski, a.a.O., S. 69.

67) Nikisch, a.a.O.

68) 도이칠란트에 가공법(BGB 제950조)이 노동관계에 적용되지 않는다는 것을 정당화하는 법이론적 논거로서 민법학 및 노동법학계에서는 다양한 견해들이 표출되었다. 이들 견해를 대체로 보면 견강부회(牽强附會)로서 이론적 억지가 대부분이다. 이들 주장을 정리해 본다면, ① 가공행위가 사실행위임에도 민법상의 대리 및 대리유사의 개념조작에 의해 근로자의 가공효과가 대리규정에 의해 본인인 사용자에게 귀속한다는 주장, ② 민법상 보조자개념에 기하여 근로자를 사용자의 이행보조자 또는 이행도구로서 격하하여 근로자의 가공결과가 사용자에게 귀속한다고 하는 주장, ③ 노사관계가 협력관계이기 때문에 그러한 객관적 관계에 기하여 근로자의 가공결과가 사용자에게 직접 귀속한다고 하는 주장, ④ 노사관계에는 근로자의 가공결과가 사용자에게 귀속하는 것이 거래관념상 당연하다는 하는 주장, ⑤ 가공규정은 노동관계를 예상하지 않았기 때문에 노동관계에 적용되어서는 아니 된다고 하는 주장, ⑥ 근로자는 추상적 의미에서 사용자와 동등한 권리능력을 가지고 있지만 구체적 의미에서 권리능력의 제한이 있기 때문에 가공에 의한 소유권취득능력이 없다고 하는 주장, ⑦ 가공규정이 임의규정이기 때문에 노동계약(근로계약)의 추정적 해석에 의해 배제된다고 하는 주장, ⑧ 가공규정이 법률정책상 노동관계에 적용할 수 없다는 주장 등이 그러하다. 이에 관한 자세한 정리는 久保敬治 「加工法と勞動關係」, 神戶法學雜誌 제2권 3호, 470-531면. 특히 483-503면 참조. 한편 오늘날 도이치노동법의 아버지라고 불리고 있는 진츠하이머는 노동계약을 단순한 채권계약으로 보았던 당시 도이치 민법학계의 통설이 도이치민법 제950조의 가공규정에 모순된다고 비판하면서도 "근로자가 생산한 노동생산물의 소유권을 사용자가 직접 취득한다"고 하는 노동관계의 현실에서 출발해서 노동의 종속성을 정당화하여 노동법의 이론적 기초를 구축하였다. H. Sinzheimer(이원희 역), 위 같은 책, 133면 참조.

69) Ernst Herz, Rechtsgrund für Eigentumserwerb am Arbeitsprodukt im Arbeitsvertrag, Dissertation an der Frankfurt Universität, 1923(*Jahrbücher für die Dogmatik des heutigen römischen und deutschen*

모든 규범에는 “규범제한적 타당범위”(beschränkte Geltung der Norm)와 “규범의 제한적 내용”(beschränketer Inhalt der Norm)이 있는데, 왜 가공의 규정에도 불구하고 임근로자가 가공물의 소유권을 취득할 수 없는가는 한편에서는 가공법 그 자체의 성격에 있고, 다른 한편에서는 노동관계에서 근로자가 제공하는 노동의 종속성에 있다고 하면서 기업적 노동관계에 가공법리의 적용이 제한된다는 것이다. 즉 가공조항의 제한적 타당범위에 의하여 임근로자에 대한 가공조항의 적용제한이 정당화되고 가공조항의 제한적 내용에 의해서 임근로자의 소유권취득 제한이 정당화된다는 그 핵심적 내용이다.71)

위와 같은 일련의 도이치논의결과가 일본에 수입되었고 일본에서 민법학자들은 가공에 관한 도이치민법전 제950조를 임의규정이라고 격하했던 도이치의 민법학자들의 논의결과를 다수설로 확립시켜 정당화하여 물권의 성립에 관한 일본민법전 제246조를 도급 또는 고용계약의 당사자가 명시적 또는 묵시적인 합의로 배제할 수 있는 길을 열고 있다.72) 이에 일본의 일부노동법학자들은 위와 같은 뮐러의 견해를 지지하고 있는 듯하다.73) 우리나라에서 일본국 민법전을 모델로 민법전이 제정되었고 일본에서 정착된 가공법의 논의 결과만 그대로 접수했기 때문에 우리나라에는 가공법에 대한 깊은 고민이 없어 별도로 제대로 논의된 적이 없었던 것 같고74) 또 기업적 생산관계에는 민법상의 가공규정이 당연히 적용되지 않다고 주장하고 있는 것75)이 아닌가 생각한다.

Rechts(Jehrings Jahrbuch, Bd. 74 [1948]), S. 21ff.

70) Müller의 위 논문.

71) Müller, a.a.O., S. 7ff.

72) 川島武宣(편), 『注釋民法 7』 物權(2), 有斐閣, 昭和43, 293면 이하(五十嵐清 집필부분) 참조.

73) 淺井清信, 「勞働生産物の所有權取得について」, 同 『(改訂增補)勞働契約の基本問題』, 法律文化社, 1967, 147-216면; 久保敬治, 위 논문 등이 있다. 이들 두 일본노동학자는 위 Herz와 Müller의 논문에서 전개되었던 이론을 근거로 하여 가공법의 법규범적 원리로서 기업주의원칙를 찬성하고 있다.

74) 우리나라의 물권법 교과서들은 가공과 고용관계나 근로관계에 가공법이 적용되는지 여부를 거의 고민조차 하고 있지 않은 것처럼 보인다. 예컨대 곽윤직, 위 책은 책, 321면은 김증한, 『물권법[민법강의 II]』(개정판), 박영사, 1983, 159면과 160면을 인용하여 한 줄로 처리하고 있으며, 김용한, 위 같은 책, 307면은 가공법이 고용관계나 근로관계에는 당연히 적용되지 않는다는 식으로 처리하고 있다.

75) 우리나라 노동법학에서는 근로자의 노동생산물의 소유권취득문제가 적극적이든 소극이든 간에 아예 언급조차 되고 있지 않는 실정이다. 그 이유에 대해서 생각해보면, 우리 노동법학이 일본을 통해 수입된 종속근로자만을 대상으로 하는 바이마르 도이치노동법적 사고를 기반하고 있기 때문이 아닌가 생각한다. 20세기 초반 도이치민법학에서는 도

2) 구체적 문제의 제기

가공법의 규범원리로서 기업주의가 득세하면서 민법 제259조의 규정내용과 관계없이 발명이나 저작 이외 사용자가 주로 공급하는 여러 가지 종류의 재료(동산)에 육체적 및 정신적 집중력(노동)을 투하하여 새로이 만들어진 유형적인 물건(가공물)의 소유권이 사업주에게 귀속하는 것이 자명한 현상인 것처럼 되어 있다. 그러나 기업주의는 기업적 생산관계에서 '새로운 물건을 제작한 자' 즉 「가공자」를 '새로운 물건을 제작케 한 자' 즉 「가공명령자」로 해석하는 것에 불과하다. 이렇게 해석하는 것이 타당한가? 다시 말하면 이러한 해석이 가공법의 본지에 맞는가라는 근본적인 의문이 제기될 뿐만 아니라 이것으로서 가공법의 핵심적 문제를 해결할 수는 없다. 이것은 가공법의 본지를 흐려서 사물의 이치를 왜곡하는 것이다. 게다가 기업 내에서 자본측과 노동측 중 누가 가공자인가라는 문제는 여전히 해결되지 않은 채 그대로 남아 있는 것이다.

여기에서 근로자는 왜 가공법상의 가공자가 아닌가? 왜 가공노동을 제공하는 근로자가 왜 가공법의 주체가 될 수 없는가? 무엇 때문에 근로자는 가공자로서 그의 노동의 결과물에 대해 소유권을 주장할 수 없는가? 가공법에 있어서 노동결과물의 소유권취득의 원인으로서 노동 즉 가공이란 무엇인가? 기업적 노동관계에서 가공자는 누구인가? 기업에서 가공의 법리는 기업의 대외적 관계에서 소유권 결정의 법리일 뿐인가? 그렇다면 시민법이 기업적 노사관계에서 상정하였던 가공자는 누구인가, 보다 근본적으로 묻는다면, 인간주체성의 자각과 노동의 가치에 대해 숭상하는 근대정신에서 비롯되었던 근대시민법에 있어 가공이란 무엇인가? 가공법이 강행규정이라면 고용관계 또는 노동관계에서 종속근로자의 존재를 법적으로 인정하는 것 그 자체가 시민법질서에 배치되는 것이 아닌가? 등등의 의문들이 제기된다. 그러면 강행규정인 물권편의 가공법이 노동에 의한 가공을 본래적 내용으로 하는 채권편의 도급과 고용 그리고 노동법상의 근로관계에서 어떠한 규범적 의의가 있는가라는 것이다. 이 근본적인 의문에 연계해서 새로운 부수적인 의문이 제기된다. 첫째로 제기되는 문제가 당사자의 계약에 의해서 소유권의 원

이치민법(BGB) 제950조가 종속근로자에게 적용되지 않는 것으로 일단 정리되었고 이를 전제로 해서 그 대신 종속근로자의 보호를 목적으로 하는 노동법 및 노동법학이 전개되었다. 김용한, 위 같은 책, 307면, 특히 이영준, 위 같은 책, 476면은, 20세기 초반 도이칠란트의 보수적인 민법학자들이 그랬듯이, "노동관계에 민법 제259조를 적용하면 실제상 곤란한 문제가 발생한다"고 커다란 우려를 표시하고 있다.

시적 취득원인 자체를 부정할 수 있는가라는 것이다. 둘째로 도급계약과 고용계약 또는 근로계약은 당연히 민법 제259조를 배제한다고 보는 것이 타당한가? 셋째, 민법 제259조는 타인의 동산을 가공하게 되는 법적 원인관계가 도급관계인가 고용관계인가 또는 근로관계인가에 따라 그 적용여부가 다르게 판단되어야 하는가? 이 경우에 그렇게 해야 된다면, 그 근거는 어디에 있는가? 등등과 같은 의문이 줄줄이 제기된다. 만약에 도급계약과 고용계약 및 근로계약이 민법 제259조의 적용을 처음부터 배제하는 내용을 가진다면 그것은 사회질서에 반하는 것으로 당연히 무효가 되어야 하는 것이 아닌가? 그렇지 않으면 도급과 고용 및 근로관계에서 계약의사에는 수급인과 노무자 및 근로자가 가공에 의한 가공물의 소유권취득의사의 사전적 포기가 포함되어 있고, 보수 또는 임금에는 그러한 소유권포기의 대가가 포함되어 있다고 보아야 하는가? 이렇게 해석하는 것이 대등한 인격자의 법적 결합을 이념으로 하는 근대사법질서에 부합하는가라는 것이다.

가공법리의 측면에서 볼 때, 생존권확보 또는 인간다운 생활이라는 가치를 내걸고 오늘날 전개되고 있는 노동법의 이념과 논리에 근본적인 회의가 생긴다. 가공법은 경제적 문제인가 정치적 문제인가? 모든 법이 그러하듯이 가공법이 사회경제력에 의해 결정된다면, 노동법은 가공법을 대체하기 위한 입법적 조치가 아닌가? 이러한 대체입법이 오늘날에도 여전히 유효한가? 근로자가 제공하는 노동의 질이 가공법을 회복할 수 있는 수준으로 향상되는 것은 아닌가? 오늘날 기업에서 근로자들이 제공하고 있는 노동이 여전히 기계적인 동력(動力)에 불과한가? 근로자의 교육이라는 측면에서 볼 때 19세기의 근로자의 노동과 21세기의 근로자의 근로는 질적으로 다르지 않는가? 오늘날 근로자의 지적 상황이 20세기 이전에 있어 근로자의 그것과는 판이하게 변하지 않았는가? 적어도 노동의 질과 관련하여 근로자의 교육 또는 교양수준에는 과거와 비교할 수 없을 정도로 향상되어 노동에 있어 창조적 요소가 증대하고 있다. 특히 학력에서 비교할 때 오늘날 근로자는 19세기의 근로자들과는 비교할 수 없을 정도이고 대부분이 최고학력인 대학을 졸업하여 사용자 보다 오히려 더 높은 정신적 수준에 있다. 이와 같이 현대사회에는 기업적 노동관계에 제공되는 노동이 질적으로 고급화되어서 가공법의 사회적·경제적 그리고 정신적 배경에 커다란 변화가 있다. 근로자는 더 이상 정신적으로 예속적 상태에 있지 않다. 오늘날 대학 등 전문교육과정에서 전문적인 지식과 기술을 습득한 근로자가 제공하는 고급노동의 가치를 19세기의 단순근로자가 제공했던 저급노동과 법적으로 동일하게 평가하는 것은 잘못된 것이 아닌가? 어떻든 모든 근로자의 노동을 동일하게 평가할 수 없다면, 적어도 지적 수준이 높은 일군의 근로자의 노동이라도 다르게 평가해야 하지 않는가? 현행노동법에서는 종속노동이라는 획일적 개념 하에 노동의 가치가 너무나 저평가되는 것은 아닌가? 오히려 가공법의 결과가 자본주의경제질서와 배치되기 때문에 노동법이 생존권보장이라는 새로운 법적 개념조작을 통해 노동주체들을 종속노동의 상태에 묶어두려고 하는 것은 아닌가? 근로자가 가공법문제에서 철저하게 배제된 이유는 무엇인가? 자본주의적 근대산업사회가 성립하면서 왜 법률가와 법학자들은 상품생산을 목적으로 하는 기업에서 자본(재료 또는 원료)과 노동의 관계를 규율하고자 하는 법원리를 추구함에 있어 2000여년 전부터 내려왔던 가공법의 정신과 정통을 버리고 그 대신 종속노동을 계속 유지하고자 하는 노동법을 기획하고 그것을 정당화하는 쪽으로 간 것일까? 가공법에 기하여 노동과 자본의 대등한 관계를 확립할 수 있는 법률관계가 전개되어야 함에도, 그 정반대로 현실은 노사의 불평등한 관계 즉 노동의 종속성을 유지하면서 그러한 상태의 근로자를 보호한다고 하는 현재와 같은 노동법으로 나아갔다.

그런데 이러한 노동법의 현재적 상황에 대해 민법상의 가공법과 연관해서 다양한 차원에서 여러 가지의 근본적인 의문이 제기된다. 가공법의 이념이 노동법으로 연결되었다면 오늘날의 노동법상황이 새로운 차원에서 다르게 구성될 수 있지 않았을까는 것이다. 가공법리가 현대자본주의사회에서 노동주체와 자본주체를 동위적·동가치적 차원에서 구성할 수 있는 새로운 법적 가능성으로서 기능하게 하는 것은 불가능한가? 기업적 노사관계는 단순한 계약관계인가, 근로관계가 가공법리에 의해 집단적 조합관계로 발전할 수 있는 가능성은 없는가, 근대시민법의 고용을 매매 또는 임대차로까지는 파악하려고 했는데, 왜 그것을 조합관계로 승화시켜서 파악하진 않았던가? 사회주의자는 자본가의 타도만 주장하며, 프롤레타리아의 독재에 기한 자본주의체제의 역전만 주장하고 노동과 자본의 화해는 추진하지 않을까? 등등.

오늘날 노동관계에서 전개되고 있는 가공에서는 근로자가 가공물의 소유권을 취득하고 사용자에게 그것을 이전할 의무를 부담하는 것이 아니고 직접 사용자가 취득한다. 이것은 현재의 경제질서상, 일반적 법감정상, 자연법상 당연한 것처럼 보이지만, 이러한 당연한 현실은 우리 민법 제259조 소위 가공법에 배치되는 것이 아닌가? 우리의 의문은 지금까지 당연하다고 생각해왔던 것에 의문을 제기하는 것에서 출발하되, 현실을 정당화하는 것이 아니라 규범에 맞춰서 새로운 규범을 기획하는 것으로 나아가고자 한다.

만약 노동계약관계에 있어 노동의 종속성을 인정한다면, 노동계약이 형식적으로 자유계약이라고 하지만 계약을 체결하고 이행과정으로 들어가는 순간 종속적 지위로 전락하기 때문에 그것은 부분적인 노예계약이라고 해야 할 것이다. 이와 같은 종속성을 개념적 요소로 하는 노동계약은, 사회적 차원에서 보면, 집단적인 신분노예계약이라고 말해야 할 것이다. 그런데 아래에서 살펴보게 되겠지만 현대 노동법은 노동의 종속성에 그 뿌리를 두고 있는 법제이다. 즉 현행 노동법적 사고는 근로자의 종속을 유지하는 전제 하에서 가능하다. 노동법은 자본주의체제 하에 근로자의 종속성을 유지하기 위한 법적 장치라고 해야 할 것이다. 결국 노동법에 의해 근로자는 이를테면 '새로운 노예'로 태어나서 그러한 노예상태에 고착되는 것이다.

자유·평등 그리고 노동에 의한 소유권취득을 지향하고자 했던 근대시민법 자체가 노동관계에서 구현될 수 없는가? 특히 노동소유권론에 터 잡고 있는 가공법이 노동관계에서 구현되지 못했는가? 오늘날 법현실을 보면, 노동법은 노동인격의 회복에 의한 근대시민법의 실현에 그 목적이 있다고 하지만, 얄궂게도 그 실질은 근대시민법의 이념을 부정하고 있다. 모든 법이 정치경제적 산물이듯, 가공법리도 정치경제적 산물이다. 라드부르흐가 염려했듯이 노동관계에서 가공법리의 관철은 자본주의와 양립될 수 없을까? 자본주의체제와 양립할 수 범위에서 가공법을 관철할 수 없을까? 가공법리에 의해 노동을 자본과 동일하게 평가한다면 즉 노동을 근로자본으로 인정하다면, 가공법의 관철이 사회주의나 공산주의로 전환되는 것은 아니라고 생각한다. 현재 직무발명이나 직무저작에서 사용자와 근로자가 공동으로 사용하도록 하고 있는 현행법에서 볼 수 있듯이 그 정도의 수준에서 그 외의 노동생산물에 대해서 가공의 법리를 관철한다면 자본주의체제와 가공법리가 양립할 수 있다고 생각한다. 가공법리에 맞춰 새로운 노사관계의 구축가능성을 타진해 본다.

여기에서는 민법 제259조의 해석론을 전개하고자 하는 것이 아니라 노동주체의 승인과 노동에 의한 가치창조를 승인하고 있는 가공법리에서 노사관계의 새로운 가능성을 모색하고자 한다. 그래서 가공의 법규범원리에서 현재의 노동법상황을 재구성하려는 방향에서 고찰하고자 한다. 근대시민법으로 돌아가서 노동문제를 다시 돌아보면서 노동법의 근본적 문제를 재평가해보려고 한다.

2. 노동계약의 법적 파악 문제

1) 서 설

17, 18세기부터 이미 노동이 가지고 있는 특수성 때문에 타인의 노동(또는 노무)을 이용하는 계약을 어떻게 파악하여 정당화해야 하는가라는 문제는 근대시민법학의 중요한 과제의 하나였다. 칸트나 헤겔조차도 근대법의 철학적 기초를 구축하면서 고용계약(Dienstvertrag)을 어떻게 파악해야 하는가에 대해 고민했던 것 같다. 칸트(Immanuel Kant, 1724-1804)는 고용계약을 대물방식의 대인권으로 구성하여 고용계약을 이른바 인격임대차로 파악하였는데,[76] 헤겔(Georg Wilhelm Friedrich Hegel, 1770-1831)은 칸트의 이론을 비판하면서 생산행위로서 외부화할 수 있는 것을 목적으로 해야 하고 또는 시간적으로 제한되어야 한다는 두 가지의 조건을 붙여 노동력을 타인에게 양도하는 것을 고용계약(locatio operae)으로 파악하여[77] 고용계약에 의해 노동주체가 노예화되지 않도록 하고자 했다.[78]

자본주의생산사회의 존립에서 절대적으로 필요한 타인의 노동력의 확보는 경제적으로 노동력과 임금의 상품교환관계로서 현상된다. 생산수단의 소유자와 노동력소유자의 결합이 자본주의생산의 기초구조를 이루고 있으며, 그러한 의미에서 노동력상품교환관계는 자본주의사회에 있어서 모든 상품교환관계에서 근원적 의의를 담당하고 있다. 이러한 상품교환관계를 법적 프리즘을 통해서 보면, 이것을 합법적으로 지지하고 그것에 구속력을 부여하여 강제화하는 법적 장치가 바로 계약이다. 법적 장치로서 계약은 그 내용에 따라 상당히 다양한 것들이 있는데 노동력과 임금의 상품교환관계를 규율하는 「계약」은 자본주의사회에서는 그 어떠한 계약보다도 중요한 의의를 가지고 있다. 계약은 자본주의사회에서 상품교환운동을 매개하고 지지하는 결정적 의의를 담당하는 본원적인 법률적 기제(Mechanismus)이다. 생산수단소유자와

---

76) I. Kant, *Die Metaphysik der Sitten*, 1797: 백종현(옮김), 『윤리형이상학』(대우고전총서 31), 아카넷, 2012, 328면 이하 참조.

77) Georg Wilhelm Friedrich Hegel, *Grundlinien der Philosophie des Rechts oder Naturrecht und Staatswissenschaft im Grudrisse,* 1820. 임석진 옮김, 『법철학』, 한길사, 2008, 189-190면.

78) 그런데 근대계약법은 사소유권제도를 전제로 해서 상품교환경제의 법적 기제로서 매매와 임대차를 대표적인 계약유형으로 표상하고 있는데, 칸트는 고용계약의 본질을 노동력상품의 사용가치를 목적으로 하는 임대차계약으로 파악하였고 헤겔은 노동력의 양도를 목적으로 하는 매매계약으로 보았다고 말할 수 있다.

노동력상품소유자의「사적 소유」관계를 전제로 한「결합」즉「계약」이야말로 자본주의생산의 기초구조를 형성하고 자본주의사회의 모든 경제활동(자본의 운동)의 기초이자 기점으로서 존재한다. 그러므로 노동계약(고용계약도 포함해서)은 자본주의적 생산관계에서 다른 어떠한 계약유형보다 중요하다. 그런데 이러한 노동계약의 본질을 어떠한 형식으로 파악할 것인가가 법적 문제로 된다. 노동계약은 형식상으로는 노동력상품과 임금의 교환관계로서 나타나지만, 단순한 물물교환의 차원을 넘는 것이기 때문에 경제학적으로 노동력상품과 화폐의 교환관계로서의「매매」로서 파악하는 것도 가능하고 또 임대차로 파악할 수도 있다. 물론 실정법상 계약유형의 구별이 절대적인 것은 아니지만, 대부분의 근대시민법전은 전형계약으로서「교환」,「매매」또는「사용대차」,「임대차」와는 다른 계약유형으로서「고용」을 규정하고 있으며, 이러한 근대민법의 입법태도를 일본을 통해 받아들여 성립된 우리 민법의 상황도 마찬가지로 그러하다. 게다가 우리 근로기준법은 민법전의 고용계약과는 별도로「근로계약」이라는 새로운 계약유형도 특정하고 있어 이들 관계의 규범적 규율내용은 상당히 복잡하게 뒤엉키게 된다.[79] 사실, 사소유권제도를 전제로 해서 상품교환경제의 법적 기제로서 근대계약법에서 매매와 임대차는 재화의 교환가치와 사용가치를 나누어서 시장화할 수 있는 가장 기본적인 법형식이다. 통상 법률적 사고의 전개과정이란 어떠한 전형의 규범적 내용을 유추적으로 다른 새로운 법형상으로 확장해서 사용하기 위한 규범적 조작이라고 말할 수 있는데, 노동력이 살아 있는 인간의 것이라는 특수성 때문에 노동계약을 법적으로 파악함에 있어 그것을 노동력상품의 교환가치를 목적으로 하는 매매계약으로 볼 것인가, 노동력상품의 사용가치를 목적으로 임대차계약으로 보는 것이 타당한가라는 문제가 제기되는 것이다.

2) 노동계약본질론

19세기 중반부터 산업혁명으로 자본주의적 산업화가 본격화되면서 노동문제가 사회문제로 대두하고 노동입법이 왕성하게 이루어지고 노동법학이 독자적인 법학분과로 독립한 후에는 기업적 노동관계를 법이론적으로 어떻게 파악해야 하는가라

79) 우리나라 노동법제에서 근로계약법의 법체계적 지위는 세 측면에서 파악해야 한다. 첫째, 근로기본법(또는 노동기본법)으로서 지위, 둘째, 노동보호법으로서의 지위, 셋째, 근로계약법(또는 노동계약법)으로서 지위가 그것이다. 이러한 관점에서 보면 근로기준법이 독자적인 근로계약법(노동계약법)이고 근로기준법상의 근로계약(노동계약)은 민법상의 고용계약과 구별해서 파악해야 한다. 이에 관해서 강희원,「근로계약법의 이론적 정초」,『노동법학』제48호(2013.12), 169-209면 참조.

는 문제는 노동법학의 핵심적 과제가 되었다. 노동계약론은 현대노동법학에 있어 그 출발점이자 종착점이다. 노동계약법론에서 노동계약을 법적으로 어떻게 파악하고 다른 계약과 어떻게 구별하여 어떠한 법적 효력을 부여할 것인가가 여전히 중요한 과제로 남아 있다.[80] 노동법학에서 이론구성의 목적은 다르지만 지금까지 노동계약을 어떻게 법적으로 파악하는가라는 문제에는 크게 두 가지의 입장이 대두하였다. 하나는 노동법을 민법의 특별법으로 체계화하고 민법상의 고용계약과 노동계약을 동일하게 파악하는 입장이고(동일설) 다른 하나는 노동법을 민법과는 그 차원을 달리하는 사회법으로 파악하고 민법에 대해 노동법의 독자성을 강조하면서 고용계약과 노동계약을 별개로 파악하고자 하는 입장(준별설)이 그것이다.[81]

(1) 동일설

전자의 경우에 민법상 고용계약과 노동계약을 동일하게 보더라도 고용계약의 본질을 어떻게 파악하는가에 따라 노동계약의 본질파악은 다르게 된다. 여기에는 노동계약의 이행과정에서 필연적으로 생길 수밖에 없는 사용자에 대한 근로자의 종속성을 어떠한 시각에서 파악하고 또 소극적인 의미에서든 적극적인 의미에서든 법적으로 어떻게 정당화하는가라는 문제가 제기된다. 이 문제에 대한 태도에 따라 위에서 이미 언급했던 고용계약에 관한 칸트적 사고와 헤겔적 사고와 같이 노동계약에 대해서도 노동계약을 근로자가 그의 노동을 사용자에게 임대하고 그 사용대가를 화폐로 지급하는 노동력임대차설과 그의 노동력을 일정한 기간을 단위로 사용자에게 매매하는 노동력매매설로 나누어질 수 있다.[82]

---

80) 우리나라에서는 노동보호법제와 관련하여 주로 노동계약(근로계약)과 노동관계(근로관계)의 상호관계에 관한 20세기 초기에 도이칠란트에서 제기되었던 계약설과 편입설이 소개되고 있는 것에 그치고 있다. 예컨대, 김형배, 위 같은 책, 225면.

81) 이에 관한 자세한 내용에 관해서는 강희원, 「근로계약의 개념에 관한 일고찰」, 『경희법학』 44권 3호(2009년), 265-312면 참조. 우리나라 노동법학자 대부분은 고용계약과 근로계약을 법적으로 동일하게 보는 동일설의 입장에 있는 것 같다. 이러한 입장은 특히 해고의 문제에서 여실하게 나타난다. 예컨대, 김형배, 『노동법』(제23판), 박영사, 2014, 666면 이하 참조.

82) 우리나라에서는 필자의 과문인지는 몰라도 노동계약(또는 고용계약)을 노동임대차 또는 노동력매매로 파악하려고 하는 법학자는 없는 것 같다. 다만 일본에서 과거에 노동계약(우리나라에서는 근로계약)을 노동력임대차로 구성하려고 하는 학자가 있었는데, 예컨대 三宅正男를 들 수 있다. 三宅正男, 『就業規則』, 日本評論社, 1952, 제1장(11-64쪽). 특히, 59-64쪽 참조. 또 노동계약을 노동력매매로 보았던 학자는 예컨대 山中康雄, 「労働契約の本質－労働契約をして民法の雇傭契約と本質的に異ならしめるものの探求」, 季刊労働法 제7호(1953)를 들 수 있다.

노동력임대차설은 인간이 인간을 지배해서는 아니 된다는 추상적 관념 하에 타인에게 노동력을 제공하기로 하는 약정은 일정한 기간을 정하여 그의 노동(실질적으로는 인신)을 임차하는 것으로 파악하여 노동계약을 노동력의 임대차로 구성한다. 이 설은 노동계약의 경제학적 본질은 노동력의 매매라고도 하면서도 그것을 그대로 법적 구성에서 매매로 파악해서 아니 된다고 하여 경제학적 파악과 법학적 파악을 구별하고자 하는 입장이다.

법적 측면에서 노동계약을 굳이 노동력의 임대차로 파악하고자 하는 이론에는 노동관계에서 자유로운 근로자의 인격성을 끝까지 유지하고자 하는 근대법사상이 관통하고 있다고 평가할 수 있다.[83] 그런데 이에 대해서는 비판이 제기될 수 있다. 이러한 노동력임대차설의 입장을 우리 민법에 적용해본다면, 우리 민법전상의 임대차는 물건의 임대차를 전제로 해서 규정한 것이라고 할 것이다. 물론 노동력을 물건으로 파악할 수 있다면, 노동계약을 임대차계약으로서 파악하는 것도 가능하지만, 노동력은 우리 민법상의 물건이 아니기 때문에(민법 제98조 참조)[84] 별도로 「고용」을 설정하고 있다고 하는 설명은 우리 민법의 설명으로서는 타당한 것처럼 보인다. 그러나 우리 민법전이 노동력의 임대차라는 것을 고려하지 않았기 때문에 오로지 물건의 임대차만을 고려하여 규정하고 있다고 하는 주장은 우리 민법의 해석론으로 도출될 수 없다. 결국 계약유형으로서 임대차와 별개로 고용을 규정하고 있다고 하는 것의 의미는 반드시 고용을 노동력의 임대차로서 파악하는 것을 거부하고 있다고 하는 설명으로는 되지 않는다는 반론도 가능할 것이다. 왜냐하면, 우리 민법은 물건의 임대차를 임대차로서 규정하였지만, 노동력의 임대에 대해 「고용」이라는 명칭을 붙였을 뿐이고, 고용을 그 본질적 구조에서 임대차이라고 파악하더라도 문제가 없기 때문이다.

노동력매매설은 근로자가 그의 노동력의 「소유권」을 상실하지 않고 일정한 시간적 한정을 붙인 노동의 사용만을 타인에게 인정한다고 하는 경제학상의 기본적 관념도 고려한 이론이라고 하겠다. 특히 자본주의의 폐절을 목적으로 하는 마르크스주의로 경도되었던 법학자는 경제학적 관점을 법학으로 그대로 가지고 들어와 노동관계를 상품으로서 노동력의 매매관계로 보면서 노동계약을 매매계약으로

83) 예컨대 근대시민법전의 대표라고 말할 수 있는 프랑스민법 제1780조는 고용을 「역무(役務)의 임대차(louage de services)」로 규정하고, 별도로 「물건」의 「임대차」와는 구별하면서도 「임대차」로 규정하고 있다.

84) 물론 여기에서 민법 제98조의 해석론으로 노동력이 관리할 수 있는 자연력에 포함될 수 있는가라는 문제가 제기될 수 있다.

본다. 노동계약이 경제학에 있어서 임노동의 본질적 파악으로서는 「노동」의 교환이 아니라 「노동력상품」의 교환이라고 하고, 임노동관계를 노동력상품교환이라는 의미에서 「매매」로서 파악하는 것이다.[85)]

노동력매매설은 노동력임대차설에 대해서 노동계약을 노동력의 임대차로 구성하면, 임금은 그 임료로 되는데, 그것은 임금이 노동력의 가치로서 그 재생산에 필요한 비용에 의해 규정되는 것을 놓쳐버리게 된다. 또 임대차에 있어서 임료는 반대급부와 등가교환에 서는 것은 아니기 때문에 노동력 그 자체의 제공과 임금 사이에 등가교환의 관계가 성립하는 것을 부정한다고 비판하지만, 이에 대해 후자는 노동력의 등가교환이 법적으로 임대차로서 구성되는가 여부에 의해 다르게 되는 것처럼 파악하는 것은 타당하지 않다고 반박하면서 노동계약의 경제학적 본질을 노동력상품의 시간급의 양도 내지 매매로서 인정하는 것은 가능하지만 이것을 그대로 법률구성으로서 도입해서는 아니 된다고 한다.

(2) 준별설

이 입장은 시민법상의 고용계약과 노동법상의 노동계약을 분리한 후 우리 헌법 제10조, 제12조에 규정되어 있는 바와 같은 인성(人性)에 관한 현대헌법의 기본적 정신과 우리 헌법 제32조와 제33조와 같은 노동기본권에 기한 사회정책적 또는 노동정책적 차원에서 자본주의경제체제 하에서 노동계약의 체결, 이행, 종료 등 모든 측면에서 근로자의 종속성을 완화하기 위해서 새롭게 고안된 노동법적 계약유형으로 노동계약을 파악하여 노동계약에 대한 시민법적 규율에서 해방시켜 노동계약 특유의 법적 구성을 시도하고자 하는 입장이다.

노동계약이란 근로자가 사용자에 대해 일정조건 하에 「노동」하는 것을 약속하

85) 그런데 프랑스에는 "노동력의 매매"라고 보는 것과는 달리 차원에서 고용계약을 매매계약의 일종으로 보았다. 즉 프랑스 민법전상의 가공 규정(제570조-572조)을 의식해서 근로자가 취득한 노동생산물에 대한 소유권을 사용자에게 매각하는 매매계약으로서 구성하는 입장도 있었던 것 같다. P. Durand, Traité de droit du travail, t. II, 1950, p. 226 참조. 그런데 흥미로운 점은 노동계약(또는 고용계약)의 본질을 노동생산물에 관한 매매계약으로 파악하게 되면, 노동계약(또는 고용계약)관계에 있어서 자본주(또는 사용자)와 근로자(또는 피용자)의 지위가 전도(顚倒)된다는 것이다. 즉 자본주의사회에 있어 현실적 노동관계에 의하면 사용자가 주(主)적 지위에 있고 근로자가 종(從)적 지위에 있는데, 노동계약의 규범적 구성은 근로자가 생산에 있어서 주적 지위로 되고 사용자가 종적 지위로 되어 현실과 규범에 괴리가 생기게 된다. 그뿐만 아니라 근로자는 마치 도급(都給) 또는 위임(委任)계약관계에 있어서의 도급인 또는 수급인과 같은 독립적인 생산자가 되어 사용자가 노동관계에서 개입할 수 없게 된다.

고 사용자가 그것에 보수(임금)를 줄 것을 약속하는 계약이다. 여기에서 말하는 「노동한다」고 하는 것은 「노동」의 양도인 노동력의 임대차도 아니고, 「노동력」의 양도도 아니다. 노동력을 임대하거나 매매하여 사용자에게 노동력을 임대 또는 양도한다고 하면, 그것은 그 노동력의 처분권은 사용자측에 있고 자유로이 처분할 수 있는 상태에 놓이게 되고 그렇게 되면 강제노역을 인정하는 것으로 된다. 이것은 현대 헌법질서에 반하는 것으로 된다.

3) 가공의 법리에서 본 노동계약본질론

노동계약을 법구성하는 데에 과연 민법학적 관점이나 노동법학적 관점인가라는 것이 있을 수 있는가, 만약 있을 수 있다면, 두 관점을 구별하는 것은 무엇인가라는 문제가 발생한다. 실정법률로서 민법전과 노동입법이 노동계약을 어떻게 파악하여 법규범화하고 있는가를 이해하는 태도에 따라 노동계약의 실정법적 개념과 그것에 대한 적용법규의 차이 그리고 법적 효과 등에 차이가 현실로 생긴다고 하는 것은 사실이라고 하여도, 노동계약본질이라는 이론적 문제에 있어서 민법 규정 또는 노동입법과 같은 적용법규정의 차이가 그대로 이론구성의 차이로서 나타날 필연성은 없을 것 같다. 왜냐하면 문제는 민법과 노동법에 있어서 노동계약에 대한 실정법상의 규제방식의 차이라는 사실을 전제로 하여 노동계약을 어떻게 법구성해야 하는가라는 것에 있기 때문이다. 등가교환 자체는 법외적인 사실이고, 법은 이러한 사실을 형식적으로 국가권력에 의해 담보하는 기능을 가지는 것에 불과하며, 법적으로 그것을 임대차로 구성하는가 혹은 매매로서 규정하는가에 따라 변화하는 것은 아니기 때문이다.

노동계약의 본질을 노동력대차로 보든 노동력매매로 보든, 이들 견해는 사용자에 대한 근로자 종속성에 관심을 두고 그것을 계약내적 또는 계약외적으로 수인하려고 하는 입장이다. 그러나 이러한 입장에 의하면 설령 사용자에 대한 근로자의 종속노동을 계약외적 요소로 수인한다고 하더라도 결국 계약의 효력을 법적으로 강제하여 종속성을 긍정하는 결과로 되기 때문에 인간평등을 이념으로 하는 근대시민법에 배치된다. 즉 제도적 또는 법적으로 노예제나 농노제를 부정하면서 계약자유(Vertragfreiheit)라는 이름으로 새로운 노예제나 농노제를 인정하는 결과로 된다. 이것은 근대시민법이 예상하지 못했던 결과라고 하여 그것을 사실로 수인하는 것은 근대시민법의 부정으로서 허용되어서는 아니 되는 것이다. 그것이 아무리 쌍방의 자유로운 의사에 기한 결과라고 하더라도 허용해서는 아니 된다.

기존의 노동계약본질론은 자본주의경제질서 하에서 노동관계에 있어 사용자에 대한 근로자의 종속을 사실적 전제로 하지만 노동력교환의 법적 방식으로서 노동계약관계에서 근로자의 종속적 상태를 적극적으로 또는 소극적으로 부각하여 그 법적 규율에 어떻게 반영할 것인가에 집중되어 있었다고 말할 수 있다. 노동계약을 어떻게 보든 기존의 근로관계의 법적 구성은 노동력의 발현인 노동 그 자체가 자본가의 의사(지휘) 하에 이루어지는 한에서 그 노동은 자본가에 귀속하는 것이고, 그 노동에 기인하여 제3자의 권리가 침해되면 자본가가 손해배상의 책임을 부담한다. 자본가의 그러한 책임은 고용의 본질적 관계에 기한 귀결이고 개인책임의 예외는 아니라는 것이다. 그래서 노동의 생산물이 자본가의 소유로 귀속하는 것도 노동계약의 본질에서 보면, 당연한 귀결이라고 하겠다.

우선 노동계약에서 그 계약이행과정에 있어 근로자의 종속성을 법적으로까지 인정한다면 그러한 결과는 시민법의 이념에 부합하지 않는다. 그렇지만 다른 한편에서 근로자의 종속성을 법외적 요소로 방치하고 시민법질서가 그것의 결과를 법적으로 그대로 인정한다면 그것은 시민법의 허위성을 폭로하는 것이 될 것이다. 시민법전에서 고용계약은 시민법의 이념과는 부합할 수 없는 계약유형이다. 근대법이념에서 볼 때 근대국가의 시민법에서 로마법의 locatio conductio operarum를 계수한다는 것은 불가능하다. 로마법의 locatio conductio operarum는 형식적으로 자유인간의 계약이지만 그 실질에 있어서는 노예제도를 전제로 하고 있기 때문이다.[86)]

---

86) 유럽의 사법사를 보면, 노예제도를 전제로 해서 노예노동을 이용할 수 있는 고대로마법의 locatio conductio가 시민혁명의 결과로서 노예제도를 부정하는 근대사회의 기본법인 시민법전에 타인의 노무를 이용하는 위임, 도급, 고용의 세 가지 전형계약으로 부활했다는 것은 놀라운 사건이라고 아니 할 수 없다. 왜냐하면 타인의 노동을 목적으로 하는 법률관계를 규율하였던 로마법 노예를 물건과 같이 취급해서 물건의 임대차(locatio conductio)로서 노동관계를 형성케하기 위한 것에 그 특질이 있었기 때문이다. 타인의 노동을 목적으로 하는 고대로마법의 locatio conductio는 그 형식에 있어서는 자유인 상호간 계약이다. 여기에는 물건을 목적으로 하는 locatio conductio rei와 타인의 노무를 이용하는 locatio conductio operis, locatio conductio operarum, mandatum가 이었다. 그런데 locatio conductio rei도 타인의 노무를 이용하는 법형식에 포함될 수 있다. 고대로마에서는 노예가 물건이었으므로 노예소유자는 자유로이 노예를 권리의 객체로서 이용할 수 있었기 때문이다. 예컨대, 노예소유자가 제3자의 수요를 위해 노예를 그 제3자에게 대여하는 경우에는 locatio conductio rei의 형태를 취하였다. 그리고 locatio conductio operis, locatio conductio operarum, mandatum라는 세 가지의 법형태도 실제로 그 구별이 명확하지 않았다고 한다. locatio conductio operis은 근대민법상의 도급계약과 달리 관리가 자기의 신분에 상응하지 않는 하급노동(예컨대, 급사, 서기 등)을 노예로 하여금 하도록 하는 때에 3자로부터 노예를 차용하는 경우이다. locatio conductio operarum는 관리(官吏) 또는 가장(家長)이 경제적 시설의 건축 등을 위해 필요한 노무를 조달하기 위해 노예를 소유하고 자와 계약을 체결하여 노예로 하여금 노

그런데 가공법리를 전제로 할 때, 기존의 노동계약본질론과 같이 노동계약을 파악하는 것이 타당한가라는 의문이 제기된다. 왜냐하면 양자는 고용계약과 노동계약에 있어서 노동결과물에 대한 근로자의 소유권취득을 부정하기 때문이다. 기존의 노동계약본질에서는 노동계약을 노동력임대차계약으로 보든 노동력매매계약으로 보든, 또는 노동계약에 대한 적용법규로서 민법과 노동입법의 관계를 어떻게 보든 노동관계에서 근로자가 노동하여 생긴 결과 즉 노동생산물의 소유권 귀속문제에서 처음부터 그것을 사용자에게 귀속케 하는 것이 전제로 되어 있다. 이것은 위에서 언급했던 가공법의 규범원리로서 기업주의원칙에 의해 노동생산물의 소유권이 기업자로서 사용자에게 귀속한다는 것을 노동계약본질론상의 이론구성에 의해서 인정하는 결과로 된다. 노동계약을 노동력의 매매와 임대차로 파악하고자 하는 동일설은 근로자의 종속성을 기정사실화하여 그것에 기하여 노동생산물에 대한 근로자의 소유권취득을 부정하는 것이고, 고용계약과 노동계약을 구별하는 준별설은 종속근로자를 위한 독자적인 노동법이론을 구축하는 길을 열려고 하지만 아래에서 살펴보듯이 노동관계에 있어 가공법의 적용을 배제하여 근로자의 종속성을 영속화하는 결과로 되어서 정당화되기 어렵다고 할 것이다.

어떻게 채권계약인 노동계약이 물권법인 가공법의 적용을 배제할 수 있다는 말인가? 왜 가공의 규정에도 불구하고 근로자가 가공물의 소유권을 취득할 수 없고

동하게 하는 경우이다. mandatum은 「자유인답지 않은 노무」(operae liberales) (예컨대, 법률가, 의사, 미술가, 건축가 등)에 한해서 체결되는 계약이다. 그리고 locatio conductio operis와 locatio conductio operarum에 있어 노동급부가 유상이고, mandatum에서는 원칙으로서 호의적 노동이어서 무보수이었는데, 특약(Extraodinaria Cognitio)에 의한 특별소송절차에 의해 허용되었던 경우만 「사례금」(honorarium)이라는 보수가 지불되었고 mandatum의 경우 노동의 급부에 대한 보수를 법률적으로 청구하는 권리는 인정되지 않았다. 그렇지만 그와 같은 상급민에 의한 무보수의 노동급여도 후대에 이르러 「사례금」에 대한 법률상의 보호를 요구하는 의식이 높아지고 점차 하급민의 노동과 마찬가지로 보수청구권이 인정되게 되었다. 玄勝鍾, 『로마법 原論』, 一潮閣, 1982, 178-182면 참조.

로마법상의 locatio conductio operarum이 근대시민법전에서는 고용계약으로 계수되었다고 보는데, 이에 대해서는 기르케와 같이 다른 견해가 있긴 하지만(Otto von GIERKE, Die Wurzeln des Dienstvertrages, in: Festschrift für Heinrich Brunner zum fünfzigjährigen Doktorjubiläum am 8. April 1914 überreicht von der Juristenfakultät der Universität Berlin, München und Leipzig 1914, S. 37ff. 참조), 어떻든 고용계약은 계약이행과정에서 사용자에 대한 근로자의 종속성이 그 특징이다. 고용계약의 이행에서 근로자의 종속성이란 근로자가 스스로 사용자에게 복종하는 것을 의미하지만, 이것은 현실적으로 노동과정에 있어 사용자에 대한 근로자의 노예화를 말한다. 고용계약은 실제로 고대로마에서와 같은 노예제도를 전제해야 비로소 그 기능이 가능하다고 할 것이다. 이러한 의미에서 근대시민법상의 고용계약은 형식적으로 자유계약이라고 하지만, 그 실질에 있어서는 '계약적 노예'를 법적으로 허용하는, 말하자면 '제한적 노예계약'인 것이다.

노동계약에 의해 임금청구권만 취득하는 것일까?

3. 종속노동론의 문제

1) 서 설

노동의 종속성 또는 종속노동은 우리 노동법을 기초하고 있는 핵심적 개념이다. 노동법은 종속노동을 제공하는 자를 위한 법이므로 이 개념은 노동법의 존재이유(raison d'être)이기도 하다. 실정노동보호법에서 근로자란 "사용자의 지휘·감독하에서 노동을 하는 자"를 의미하고, 이러한 종속성의 징표가 노동보호법의 인적 적용범위에 관한 실천적 판단기준이다. 이 개념은 노동법에 있어서 인식개념이자 판단개념이다. 종속노동개념은 앞에서 언급했던 노동계약이라는 개념보다 오히려 실천적 혹은 실무적 개념이라고 말할 수 있다. 이러한 의미에서 종속노동개념은 노동법의 알파(α)이자 오메가(ω)이라고 하겠다.

그렇지만 우리 노동법의 기초개념으로서 종속노동개념에 관한 논의는 다분히 일본의 영향을 받고 있다. 사실 우리 노동법학이 성립하기도 전인 1953년에 일본의 노동법제가 거의 그대로 수입되었고, 그 후에도 정부주도적인 경제개발이 급속하게 추진되면서 산업현장에서 생기는 불만을 완화하기 위해 장식적 무마용노동입법이 일본 노동법제를 모방하여 선행되었으나, 1987년까지 우리 모든 법률이 그러했듯이, 위에서부터 주어졌던 실정노동법률마저도 필요할 때마다 내걸리는 그림 속의 떡과 같은 존재였지 법규범으로서 제대로 작동되지 않았다. 물론 이들 노동법률 조항을 노동사건에 적용해서 내려진 도구적 및 땜질용으로서 명령적인 단편적인 노동판결이 있긴 했으나 그 나름의 깊이 있는 노동판례는 실제로 거의 없었다고 해도 과언이 아니다. 그러다보니 법다운 노동판례법이 제대로 축적되지 못했었다. 게다가 우리 노동법이론도 수입된 법제를 피상적으로 주석하는 데에 그쳤기 때문에 이론다운 노동이론이 정착할 수 있는 상황이 아니었다. 또 남북으로 진영이 나누어져 치열하게 갈등하고 있는 상황에서 자기 쪽의 가치만이 폭력적으로 강요되었기 때문에 다양한 가치와 이념으로 지향된 노동법이론에 관한 논의는 아예 처음부터 성립할 수 없었다고 해야 할 것이다. 우리의 현대사가 잘 말해주고 있듯이 제2차 세계대전에서 한반도의 식민종주국이었던 일본이 패하여 그로부터 독립하였던 대한민국에는 어쩔 수 없이 종주국의 논의 상당부분이 거의 그대로 수용되었는데, 우리 노동법의 종속노동론도 그 중의 하나이다.

제2차 세계대전 이전에는 일본에도 명실상부하게 노동법제라고 부를 만한 제정법이 없었기 때문에 일본노동법학의 선구자들은 말하자면 "있어야 할 노동법"의 추급이라는 이론적 문제의식을 품고 바이마르 도이치의 종속노동론을 수용하여 그들 나름으로 이론적 모방을 전개하였다고 말할 수 있다.[87] 일본에서 종속노동론은 제2차 대전 후 실정노동법제가 정비·체계화되었던 단계에서도 여전히 문제가 되었고 그 후에도 이론적으로 완전히 정리되지 않은 채 현재에 이르고 있는데, 자본제노동법이데올로기의 비판, 노동법(학)의 기초개념으로서 탐구, 노동법의 적용대상 문제 등과 같은 측면에서 적극적으로 논의를 전개하는 경향이 있는가 하면, 법적 개념구성이라는 차원에서 말씀론적인 실무법학에 주는 유효성이 거의 없다고 소극적으로 평가하면서 실무노동법학에서 종속노동론의 의의를 부정하는 경향도 있는 것 같다.

아래에 일본의 종속노동론을 참고로 해서 우리 노동법의 기초로서 종속노동개념을 요약적으로 정리하기로 한다.

2) 종속노동론

(1) 종속성의 개념

종속노동론의 조류는 종속노동을 사회경제적 구조와 관련해서 문제로 삼는 흐름과 오로지 실용법학적 내지 법말씀론적(실정법해석론적) 관점에서 논하고자 하는 흐름으로 크게 나누어 볼 수 있는데 이들 두 조류는 현실적으로는 서로 연관되어 있다. 하지만 이들 논의의 대상으로 되는 종속노동이 어떠한 의미내용을 가진 개념인가에 대해서 반드시 공통적인 이해가 있는 것은 아니다. 대별해서 경제적 종속성, 인적 종속성, 조직적 종속성으로 나눌 수 있지만, 경제적 종속성이란 자본주의사회에서 근로자의 사회경제적 지위 그 자체를 나타내는 소위 상태개념이다. 근로자가 노동계약을 매개로 하여 노동관계에 들어간 단계에서의 근로자의 상태를 표시하는 것이 인적종속성, 조직적 종속이다.

인적 종속이란 노동과정에서 사용자의 지휘명령을 받아 노동하는 것에 필연적으로 수반하는 인적 종속성이라는 관계를 파악하는 것이다. 조직적 종속이란 기

87) 제2차 세계대전 전 일본에서 바이마르도이칠란트의 종속노동론을 비판적으로 검토하고 있는 문헌으로는 津曲藏之丞, 『勞動法原理』, 有信堂, 1958, 특히 170면 이하 참조.

업조직 속에서 통일적 유기적으로 노동을 할 수밖에 없는 것을 파악하는 것이다. 후자는 근대경영에 있어서 노동의 존재방식을 객관적으로 파악하는 것인 한 인적 종속성을 경영조직이라는 측면에서 파악한 것이라고 하겠다. 우리나라에서 노동의 종속성을 법적 시각에서 문제로 하는 경우 인(격)적 종속성이라는 의미로 이해하고 있다. 그 경우에서도 인적 종속성 그 자체의 필연성은 경제적 종속성에 기한 것이라고 하는 것을 인식할 수밖에 없고, 현실에서는 두 요소는 밀접하게 관련되어 있다고 하겠다. 그러나 이 두 개의 요소를 법적 시각에서 문제로 하는 경우, 하나는 자본주의사회에 있어 근로자의 사회경제적 상태라는 계급적 관계 그 자체이고, 다른 하나는 계약을 매개로 하여 이어지는 노동의 존재방식인 한, 법적 시야에는 일단 넣을 수 있지만, 경제적 종속성은 그 자체로서는 법의 시야에는 들어오지 않기 때문에, 양자를 관련지어 통일적으로 이해하고자 하는 경우에 곤란한 문제에 부딪친다. 노동법학이 종속노동을 법적 차원에서 관심사로 하여 그것에 대한 논의를 현재까지 끝내지 못하고 있는 사정은 위에서 언급한 난문을 어떠한 형태로 통일적으로 파악하려고 하지만 그것을 성공하지 못하고 그저 어정쩡한 상태에 머물고 있기 때문이라고 말할 수 있다.88)

우리 노동법학은 「노동계약」을 논할 때에 노동의 종속성개념을 기초개념으로서 사용하고 있다. 그래서 이러한 종속노동론이 현실의 구체적인 사안에서 실정노동법률 적용대상자의 범위획정과 어떻게 연관되어 있는가를 명확하게 해야 한다. 그러나 이 점은 노동계약과 고용계약을 구별하는 문제와 관련되어 있으면서도 반드시 명확하게 논해지고 있다고 할 수 없다. 종속노동론을 노동계약이라는 관점에서 보면, 노동계약의 체결을 매개 내지 전제로 한 노동과정에서의 종속성에 관점을 맞추고 있는 것(인적 종속설, 조직적 종속설)과 노동계약의 체결을 통해 자신의 노동력을 상품으로서 매매할 수밖에 없다고 하는 임근로자의 경제적 필연성이라는 지위 내지 상태에 관점을 맞추고 논하는 견해(계급적 종속성 내지 경제적 종속성)로 나누어진다.

인적 종속성은 노동력상품이 근로자의 인격, 육체와 불가분리의 것이라는 특수성에서 노동력의 발휘와 실현으로서의 노동계약이행과정에 있어 사용자의 노동지휘에 따라야 한다는 것을 그 대인적 관계에 입각해서 기술하는 것이며, 이 견해는 노동계약의 대인적 현상론으로서 의미를 가지고 있다. 여기에서 말하는 종속

88) 그 다양한 견해에 대해서는 강희원, 『노동법 기초이론』(3판), 법영사, 2011, 204면 이하; 김형배, 위 같은책, 40면 이하 등 참조.

이란 계약을 매개로 하여 또 그것을 기저로 해서 사용자의 현실적 지시에 복종하는 것에 필연적으로 수반하는 의지적 부자유이다. 여기에는 노동계약체결을 특히 그 사회경제적인 사실관계에서 인적 종속의 상태와 연관해서 의식하면서도, 그것이 곧바로 여기에서 말하는 인적 종속과 직결되는 것은 아니라고 한다. 근로계약체결은 말하자면 그것을 간접적으로 전제로 하긴 하지만 인적 종속성은 계약체결의 결과로서 생기는 그 이행으로서 파악되는 것에 불과하다.

계급적 종속설이 노동계약을 체결하지 않으면 아니 되는 자본주의사회에 있어서 근로자의 경제적 강제 그 자체도 「종속」으로서 파악하는 것이라면, 그것은 「노동계약」이 가진 이데올로기성도 포함해서 논하는 것으로 된다. 왜냐하면, 법의 대상론으로서 기술하는 종속성은 어디까지나 그 규범적 근거를 「계약」으로부터 찾을 수밖에 없는 것은 근대법의 원칙에서 보면 당연하고, 계약을 매개로 한 노동이 문제가 되기 때문이다.

이와 같이 종속노동을 노동계약과의 관련에서 파악해보면, 노동계약 그 자체가 가지는 이데올로기성을 문제로 하는 경우와 계약을 매개로 하여 필연적으로 생기는 종속노동의 폐해를 생존권의 이념으로써 법규범차원에서 문제로 하는 경우로 일응 구별할 수 있을 것이다. 노사의 경제적 불평등과 사회적 세력의 차이 그 자체에 비중을 두고 그것을 문제로 삼는다면, 노동과정에 있어 종속성이 문제로 되기 전에 우선 노동계약체결, 노동시장 그 자체에 있어 종속성이 일차적으로 문제가 된다. 그것은 노동계약체결시의 경제적 불평등 즉 경제적 종속이며, 노동력소유자로서의 근로자의 사회적 종속, 자유인으로서 근로자의 인격부정(부자유인성) 그 자체(「계급적 종속성」)를 문제로 하는 것을 의미한다.[89] 이와 같이 파악하면 노동과정에 있어 종속 자체는 계약자유 속에 매몰하고 법적 영역 밖에서 이루어지는 것으로 되어 직접 법적 규제대상으로 파악하지 않으므로 시민법상 고용계약에 있어 자유이념의 허위성이 문제로 되는 것이다.

(2) 노동법적 의의

종속노동개념은 다양한 의미로 사용되고 있지만, 오늘날에 노동법학에서 종속노동론이 가지는 의의를 정리하면, 크게 두 가지라고 할 수 있다. 첫째가 종속노동을 노동법(학)의 기초개념으로서 사용하는 경우이고, 둘째가 실정노동법률의 해석·적용기준으로 사용하는 경우가 그것이다.

---

89) 沼田稻次郎, 『勞動法論 序說』, 勁草書房, 1950, 149면 이하.

첫째, 노동법의 기초로서 종속노동개념은 노동법의 독자성을 구축하기 위한 기초개념이라는 것이다. 즉 노동법을 다른 법영역에서 독립된 독자적 법영역으로서 확립하는 것을 가능하게 하기 위한 표식(Markmal)으로서 종속노동개념을 사용한다. 노동법은 자본주의사회에 있어 노동 일반을 대상으로 하는 것이 아니라 그 중에서도 종속성을 그 특징으로 가진 노동만을 대상으로 하는 독자적인 법영역이라는 것이다. 이와 같이 종속노동개념은 노동법을 독자의 법영역으로 파악하기 위한 중심개념으로서 그리고 노동법학의 체계적 구성에 있어 중심적 개념으로서 중요한 의미를 가지게 된다고 하겠다.

둘째, 종속노동개념의 법말씀론적 의의는 실정노동법률의 해석적용기준으로서 종속노동개념이 가진 도구적 기능에 있다. 현행노동법상의 「근로자」를 통일적 개념으로 파악하거나 근로기준법에서 말하는 「사용(使用)」이란 무엇인가를 분명하게 해서 법해석상의 기준으로서 사용하는 방법이다. 이러한 점에서 종속노동론의 의의를 찾을 때에 문제의식은 구체적인 사안에 입각한 경우 당해 노무제공자 및 당해 계약이 노동법의 적용을 받을 수 있는 근로자, 근로계약에 해당하는지 여부라는 해석기준으로서 종속성을 문제로 하여 실정노동법의 적용을 명확하게 하는 점에 있다. 이와 같은 종속노동론의 논법은 법말씀론적 입장에서의 종속노동의 파악이다.

위와 같이 종속노동론은 노동법의 개념 혹은 노동법의 적용대상의 확정이라는 노동법의 성격규정에 관련된 문제로서 논의된다. 이 경우에는 주로 종속노동론은 「노동계약」과의 관련에서도 논해지고 있다. 어떻든 노동계약개념을 노동의 종속성을 기초로 해서 구성하려고 하는 입장은 노동의 종속성을 어떻게 이해하는가에 따라 그 표현을 달리하고 있긴 하지만 우리나라 노동법학에서 일반적으로 사용되고 있다. 종속노동론이 노동계약의 개념규정에 있어서 불가결한 것이라는 점은 우리나라 노동법학계에 널리 인식되어 있다. 이러한 맥락에서 보면 종속노동론은 우리나라 노동법의 존립기반이자 우리 노동법이론의 출발점이라고 하겠다.

(3) 종속노동의 법으로서 노동법 : 종속노동의 유지 및 재생산?

진정한 의미에 있어서의 노동법이라면 그 궁극적인 규범적 목적은 어쩌면 노동법 그 자체의 폐지에 있을지도 모른다. 그렇다고 한다면 그것은 노동법의 역설(paradox)이라고 해야 할 것이다. 왜냐하면, 그럴 리는 없겠지만, 노동법에 의해서 종속노동이 완전히 제거되는 상황으로 된다면 노동법은 그 존립기반을 잃기 때문이다. 그러나 노동법의 실질적 목적은 종속노동의 유지에 있다. 종속노동은 어느 시대에서나 현실적으로 존재하였지만, 유럽의 근대시민혁명 이후에는 적어도 규범적으로는 폐지되어야 할 것이었다. 근대시민법에서 종속노동은 법의 규범적 차원의 파악대상이 아니라 단순히 사실적인 현상이었다. 그것은 시민법의 인식 밖에 있는 시민법의 결과일 따름이다. 그런데 현실적으로 존재하고 있는 근로자계급을 보호한다는 목적 하에서 종속노동의 개념을 규범적 차원에 끌어들여 법적 개념으로 현실화시켰던 것은 근대시민법의 이념을 어느 정도 실질화하면서 자본주의현실과 타협하고자 했던 진보적인 시민법학자들 즉 도이치노동법학의 창설자들이었다. 이러한 맥락에서 보면 노동법의 핵심개념으로서 종속노동은 20세기 초반 도이치노동법학자의 "법학적 발명(Juristische Erfindung)"이라고 해야 할 것이다. 노동법의 목적은 종속근로자에 대한 규범적 인정이다. 노동법은 종속노동의 유지와 관리 및 보호 그리고 그것을 통한 재생산을 목적으로 한다. 왜냐하면 자본주의는 종속노동 없이는 존립할 수 없기 때문이다. 그래서 노동법은 종속노동유지법이자 종속노동보호법이다. 이러한 의미에서 노동법은 근로자를 위한 법이자 근로자에 대한 법이다.[90] 종속노동은 현대노동법의 존재론적 근거이자 한계이다.

우리나라 노동법학에 있어 종속노동론은 도이칠란트 특히 바이마르 도이칠란트의 이론의 계승·비판검토로서 개시되었던 일본의 것을 그대로 받아들인 것이라고 볼 수 있다. 바이마르 도이치노동법학의 종속노동론은 노동법학을 독자의 법영역이 될 수 있도록 하는 노동법의 확립에 있어서 중요하다. 즉 노동법은 자본제사회에 있어서 노동 일반을 대상으로 하는 것이 아니라 종속노동만을 대상으로 하는 것이며, 노동법은 종속노동에 관한 법이라고 하여 그 독자성이 주장되었던 것이다. 거기에서 문제는 노동법학의 대상인 노동이 진츠하이머가 주장했듯이[91] 노동 일반이 아니라 종속노동(abhängige Arbeit)이라고 하는 경우 그 「종속노동」이란 무엇인가에 관해 논의가 전개되게 되었다. 경제적 종속설, 타인결정노동설, 인격적 종속설(신분적 종속설), 조직적 종속설 등과 같이 종속노동의 의미내용에 관해 견해의 대립이 있었다.

오늘날 도이칠란트나 일본 및 우리나라에서도 이러한 사정은 다르지 않다고 하겠다. 다만 「조직적 종속성」에 법적 개념으로서의 종속성의 본질을 찾아야 한다

---

90) 강희원, 위 같은 책, 2011, 131면 이하 참조.

91) Hugo Sinzheimer, *Grundzüge des Arbeitsrechts,* zweite, erweiterte u. völlig umgearbeitete Aufl. Jena 1927, S. 12ff.: 이원희(역), 『노동법원리』, 관악사, 2004, 7면 이하.

고 하는 사고방식은 도이치 노동법학에서는 그것은 인적 종속이론과 비견할 수 있는 정도의 주장으로 되었다고 해도 과언이 아니다.[92] 우리나라에서 종속노동론에 적극적 의의를 부여하는 입장은 도이칠란트와 같이 인적 종속성에 중심을 두면서도 이것에 조직적 종속도 가미하여 파악하고자 하는 견해가 오늘날 유력하게 주장되고 있다.[93] 그것은 계약외적 법외적 사회경제적 사실과 법개념과의 혼동을 피하면서 「법외적인 것」과 「법내적인 것」을 어떻게든 연관시키려는 것이다.

종속노동개념이 가진 의미내용으로 자각하여 파악하는 한 그것은 노동법의 기초개념으로서도, 혹은 노동법의 독자성을 확립하는 데에도 커다란 역할을 하였다고는 부정할 수 없을 것이다. 종속노동개념 없이는 오늘날과 같은 노동법리가 성립될 수 없다는 것을 인정하면서도, 그것을 대신하는 노동법의 독자성을 말할 수 있는 새로운 기준은 찾아낼 수 없는 한 '노동법이란 종속노동관계를 대상으로 해서 그것을 보호(?)하는 자본주의법'이라고 하는 기구한 숙명이 노동법에게 부여된 역사적 존재적 의의인 것이다. 이러한 노동법의 존재론적 숙명에서 본다면, 어쩌면 '노동법은 종속노동의 유지법 또는 종속노동의 재생산법이다'고 규정하는 것이 가장 솔직한 노동법의 개념규정이라는 것은 부정할 수 없을 것 같다.

3) 가공의 법리에서 본 종속노동론

종속노동론이 위와 같이 시민법에 대해서 노동법의 독자성과 자주성을 주장할 수 있도록 하는 데에 중요한 이론적 기초를 제공할 수 있다는 것에 대해서는 어느 정도 인정할 수 있다. 그래서 종속노동론이 노동계약론과 함께 실정노동법의 적용대상을 획정한다고 하는 「실용법학상의 기초」가 될 수 있다. 그래서 한 면에서는 '있는 노동법(seinedes Arbeitsrecht)'을 다른 법영역으로부터 차별화하는 공고한 기초가 될 수 있는 동시에, 다른 한면에서는 근로자를 종속노동상태에서 해방할 수 있는 '있어야 할 노동법(sollendes Arbeitsrecht)'의 기초로는 될 수 없다고 하겠다. 종속노동론은 다양한 노무공급계약(고용, 도급, 위임)에서 노동계약의 존재를 확정하는 데에 사실인정을 위한 도구개념으로서의 유효성은 인정되지만, 그것은 노동의 종속성을 규범적 판단의 차원으로 끌어들이려고 하는 노동법상의 노동계약과 그것을 부정하고자 하는 시민법상의 고용계약의 관계를 해소하는 데에는 실패한다. 바이마르 도이치 노동법학은 종속노동의 급부를 목적으로 하는 계약을 노동

92) 久保敬治/下井隆史,『労働法學を學ぶ人のために』, 世界思想社, 1984, 4면.

93) 강희원, 위 같은 책, 2011, 207면 참조.

계약(Arbeitsvertrag)이라고 이를 고용계약(Dienstvertrag) 일반과 구별했다. 그런데 이를 근거로 해서 우리나라에서도 종속노동을 대상으로 하는가 그렇지 않는가에 의해 노동계약과 고용계약을 관념적으로만 구별하려고 한다면, 관념적 요소의 조작에 의해 우리나라 노동현실을 재단하려고 하는 무책임한 시도에 불과하다는 비판을 면할 수 없을 것이다.

게다가 동일한 종속노동이라는 개념에서도 노동법의 기초개념으로서 그 독자성을 확립하기 위한 종속노동개념과 노동계약의 독자성을 주장하기 위한 종속노동개념이 가지는 의미는 다르다. 전자에 대해 종속노동이 가지는 의미를 인정하면서도 후자의 경우, 특히 고용계약과 구별하는 때에 사용되는 종속노동은 의미가 있다고 해도 좋으며, 또 「노동법 = 노동계약법」이 아닌 것에서 노동법의 기초개념으로서 사용하는 경우와 노동계약의 대상으로 사용하는 경우에는 차이가 나오는 것도 당연하다고 하겠다.

그러나 종속노동론이 노동법이론과 노동계약의 이론구성차원을 넘어서 그러한 종속노동개념을 핵으로 하는 노동법이 노동의 종속성에 어떠한 작용과 역할을 하고 있는가에 눈을 돌려보면, 그러한 노동법의 결과는 종속성의 유지이다. 노동법의 현실은 자본주의사회에 새로운 노예제로 노동계약을 수긍하면서 근로자의 생존만은 허용하는 방식, 즉 일정한 사회정책적 필요한도 내에서 노동력의 보존과 노동력의 재생산보호법을 인정하는 한편, 또 다른 간접적인 노동보호방식으로 이른바 단결권을 인정하는 방식으로 나아갔다. 이것이 바로 노동법의 현재적 모습이다.

근대시민법에 있어 법률관계는 인격 대(對) 인격의 대등관계이다. 노동을 목적으로 하는 계약을 노동계약이라고 하든 고용계약이라고 하든, 종속적 노동을 제공하는 자의 존재를 전제하는 계약관계는 근대시민법의 이념에 배치된다. 근대시민법리는 노무이행과정에서 야기되는 종속성 문제를 사실상 문제로서 법외적 요소로 평가하여 법외적 요소에 평가된 종속성을 완화하기 위한 방안으로서 이른바 사용자의 배려의무라는 부수적 의무론을 고안하여 노무이행과정에서 종속성문제를 다시 법내적 문제로 끌어들이는 법규범구조이론을 구성하고, 이러한 규범구조이론이 더 이상 종속성문제를 해결하지 못하자 노동입법(사회입법)을 통해 노동보호법을 제정하여 조정하는 단계로 나아간다. 그러나 이러한 조치는 어디까지나 노무이행과정에 있어 노동주체의 종속성을 계속적으로 유지하기 위한 방안이다. 이러한 방안은 가공법의 이념에 배치된다. 그러므로 가공법과 현행노동법적 사고와는 양립하기가 어렵다. 현재의 노동법적 사고는 노동관계에 대한 가공법의 적용을 배제하는 전제하에 비로소 그 보완으로서 존립할 수 있을 뿐이다.

4. 새로운 가능성: 현대적 노동법의 재구성을 위한 단초로서 가공법

지금까지 근로계약(고용계약도 포함해서)의 법적 파악에 의하면 기업생산물로서 노동결과물은 사용자에게 귀속하는 것으로 되고, 근로자는 가공물의 가치증가와는 관계없이 근로계약에 의해 약정된 임금을 받을 수 있을 뿐이다. 그런데 기업적 노사관계에 있어 노동소유권론과 가공의 법리에 기하여 사용자와 근로자 간의 실질적 관계를 평가해본다면 형식적으로 가공자인 근로자가 기업생산물로서 노동결과물에 관한 소유권을 취득하는 것을 정당화하지만, 가공법리의 내용에 의하면 재료와 가공시설이 기여한 가치(자본기여분)만큼 사용자에게 부당이득으로 반환해야하기 때문에 그 실질에서는 노동결과물에 대한 일정한 지분을 확보하는 것으로 된다. 결국 실질적으로는 기업생산물에 대하여 노사의 공동소유관계가 성립한다. 그렇지만 이 경우에도 총자본과 총노동의 기여분을 어떻게 평가하는가에 따라 기업생산물에 대한 지분비율은 상이하게 될 것이다.

노동소유권론과 가공의 법리의 관점에서 보면, 우리 헌법이 보장하고 있는 노동권(또는 근로권, 헌법 제32조)과 노동3권(노동단체권, 헌법 제33조)의 법적 의의도 상당하게 파악할 수 있다. 지금까지의 이들 기본권에 대해서 종속근로자의 최소한의 생존을 보장하는 권리(생존권, 사회권)로 파악하였으나, 노동소유권과 가공의 법리를 기업적 노사관계에 관철하면 헌법에 보장된 근로권(헌법 제32조)은 노동결과물에 대한 소유권의 취득을 보장하는 헌법적 권리로 되고, 노동단체권(헌법 제33조 제1항)은 근로자가 노동시장에서 '자본으로서의 노동'을 적정하게 평가받고 이를 확보하기 위한 집단적 권리 즉 집단적 담보권으로 기능할 수 있다.

기업적 노사관계에 가공법의 적용을 배제하는 이유는 근로자를 경제적 차원에서 노예적 상태에 처하도록 하는 것을 승인하는 법구조 하에 그러한 노예로서 근로자는 노예이기 때문에 근로자가 창출한 노동결과물은 당연히 주인에게 그 소유권이 귀속한다는 법적 사고를 전개했기 때문에 생긴 결과이다. 그런데 이러한 법적 사고는 시민혁명에 의해서 노예제도를 부정하고 근로자와 자본가를 자유롭고 평등한 법주체로 인정하는 시민법질서 하에서 허용될 수 없는 것이다. 사용자에게 경제적 인적 종속성을 인정하는 것은 딴 이름의 노예제도를 실질적으로 인정하는 것이다. 이것은 시민법의 자기부정이다. 노예제도를 부정하고 근로자와 자본가를 자유·평등한 법주체로 인정하는 법질서에서 근로자의 종속성이 법외적 요소에 의한 것으로 평가하고 그것을 이유로 근로자에게 가공법의 적용을 배제하는 것은 속임수이다. 만약 가공법을 기업적 노사관계에 배제하려는 법이론은 근로자를 형식적으로는 자유·평등한 법주체로 독립시키고 실질적으로는 근로자를 노예상태로 전락케 해서 그러한 상태를 유지하기 위한 시도일 뿐이다.

가공법은 인간생활의 원초적 규율로서 소유권질서의 일부로서 강행규범성을 가지고 있다. 가공의 법리가 노동에 의해 가치증식이 있는 생산관계에서는 관철되는 것은 당연한 규범적 요청이라고 할 것이다. 그러나 가공법은 자본주의적 기업적 노동관계(고용관계)에도 관철되어야 한다. 가공법을 실질적으로 관철하면 사회주의체제나 공산주의체제로 된다고 하는 것은 결국 시민법을 실질적으로 관철하면 사회주의나 공산주의로 전락하는 것과 동일하다는 것이다. 이것은 얼마나 모순적인 주장인가? 가공법을 형식적으로만 관철하면 20세기 전개되었던 사이비사회주의체제나 공산주의체제로 전락하게 될 지는 모른다. 이러한 주장은 19세기말에 만인이 평등하고 자유롭다는 이념을 추구한다고 하는 시민법질서를 형식적으로 관철하면 불평등이 심화되고 시민법의 실질적 이념과 정신을 스스로 몰각시키는 부정적인 결과가 야기되었던 것과 동일하다고 말할 수 있다. 그래서 이러한 시민법의 자기부정상태를 시정하기 위한 대안으로 사회법사상 및 사회주의법사상이 나왔던 것이 아닌가? 이렇듯 가공법도 기업생산물로서 노동생산물의 소유권을 단순히 근로자에게만 일방적으로 귀속시키는 법형식적인 근거로 삼는 데만 그친다면, 그것은 기업생산물에 대한 자본의 기여를 배제하는 것이기 때문에 또한 반대의 모순적인 결과도 야기할 것이다. 하지만 노동소유권론과 가공법의 실질적 이념과 정신을 구현할 수 있다면, 그것은 전체사회의 차원 즉 거시적(Macro) 관점에서 기업을 노동과 자본의 결합체인 사회적 제도로 파악하고, 개별기업의 단위 즉 미시적(Micro) 관점에서는 기업적 노사관계를 노사의 조합적 조직관계(또는 조직적 조합관계)로 구성하여 근로계약을 근본적으로 조합적 조직체로서 기업의 조합설립계약 및 조합가입계약으로 구성하는 것을 정당화한다고 할 것이다. 이것은 기업적 노동관계를 지금과는 다르게 구성할 수 있는 가능성을 주고 있다.

우리 민법 제259조는 가공에 의해 새로운 물건을 만든 자는 가공의 가액이 재료의 가치보다 현저하게 적지 않은 때에 그 소유권을 취득한다고 규정하고 있다. 통상의 기업적 노동관계에서 근로자들이 재료를 가공하여 새로운 물건을 상품으로 제조할 것이고 그 상품의 가치는 재료의 가치보다 현저하게 많은 경우가 대부분일 것이다. 이러한 경우에는 근로자들이 위 규정에 의해 노동생산물의 소유권취득을 취득하는 것은 필수적일 것이다. 즉 제259조가 그 법문 그대로 실시된다고 하면 노동생산물의 소유권은 대부분의 경우에 가공자인 피용자에게 귀속하는 것이다. 가치증식으로서 '생산'이라고 말하기 위해서는 재료를 개조해서 사용할 수 있는 새로운 결과를 만든다고 하는 자연적 기술적 사실의 존재를 필요로 하고 그리고 생산물에 귀속된 가치가 비용보다도 커야 한다. 생산개념에 있어 필수적인 위 두 가지의 사항은 가공자의 소유권취득을 위한 두 개의 요건에 해당하는 것으로 말할 수 있다. 이러한 요건을 충족하면서 생산된 물건이 바로 노동생산물인 것이다. 그렇기 때문에 노동생산물은 생산자인 피용자의 소유로 돌아가야 한다는 것이 가공의 법리이다. 그런데 현재 우리 사회에서 나타나고 있는 현상은 사실은 전혀 그것에 반하여 노동생산물의 소유권은 모두 기업주에게 귀속한다. 왜 이렇게 되었을까? 근로자가 가공문제에서 철저하게 배제된 이유는? 왜 법학자들은 가공법 대신 노동법으로 간 것일까? 19세기와는 근로자의 상황이 변하지 않았는가? 오늘날 첨단과학기술의 발달과 더불어 노동의 질적 가치는 과거와는 판이하게 다르다. 그뿐만 아니라 근로자의 교육수준에 커다란 변화가 있다. 19세기말 20세기 초반에 있어서 제대로 교육받지 못했던 단순근로자의 노동이 기업적 생산에 했던 기여와 오늘날 대학교육까지 받은 근로자의 노동을 다르게 평가해야 하지 않는가? 그럼에도 노동법은 기업적 생산노동을 이른바 종속노동이라는 법적 틀 속에 가두어서 19세기적 노동관을 그대로 유지하고 있다. 19세기의 노동관을 폐기하지 못하는 이유는 그것이 자본주의와 배치되기 때문이 아닌가라고 생각해 본다. 고대와 중세에 근로자들이 일체의 자유가 박탈된 동물적 노예였다고 한다면, 오늘날의 근로자는 역설적이지만 '자유의 감옥'(das Gefängnis der Freiheit)[94]에 갇혀 있는 자본주의의 새로운 경제적 노예라고 할 것이다. 노동계약은 자유계약이라는 이름만 붙어 있을 뿐이지 그것은 집단적인 신분노예계약이라고 말할 수 있다. 노동법에 의한 종속노동의 법적 인정은 결국 근대시민법의 우회적인 자기부정이라고 해야 할 것이다.

위에서 언급했듯이 도이치 법학자들 특히 민법학자들은 가공의 법리가 가능한 한 임노동관계에 적용되지 않도록 하는 정당화논리를 개발하는 데에 열중했다.[95]

---

94) 이것은 현대 도이치 낭만주의 아동문학가 미하엘 엔데(Michael Ende)의 작품집의 제목이다(Michael Ende, *das Gefängnis der Freiheit,* Stuttgart/Wien 1992: 이병서 옮김, 『자유의 감옥』, 고려원, 1996, 223-251면). 이 작품은 인간이 가지고 있는 자유의지의 본질적 모순을 문학적으로 보여주고 있다. 엔데의 비유를 빌리자면, 자본주의사회에 있어 근로자는 근대시민법이 설계한 "자유의 감옥"에 갇혀 있는 죄수이라고 할 수 있다.

그뿐만 아니라 법철학자 라드부르흐도 가공의 법리가 노동관계에 적용되면 자본주의체제가 부정되어 사회주의 또는 공산주의로 간다고 호들갑을 떨었으며, 도이치노동법의 아버지라고 하는 진츠하이머조차도 노동관계에 대한 가공법의 적용을 포기하고 종속노동법의 입법에 열중하였다. 이들의 생각에 의하면 민법 제259조를 이론상 관철하면, 모든 근로자가 노동생산물의 소유권자로 되어야 하기에 그러한 직선적인 사고에 사로잡혀서 다른 가능성에 대해서는 검토하지 않았던 것 같다. 이러한 결론은 근로자가 경영조직의 구성원으로서 활동하는 경우에도 마찬가지라는 것이다. 이것은 실제로 개인주의의 황금시대에 정립된 개인법적 규범이 집단적 현상을 이끌어 소유권을 보증케 하는 법제가 소유권몰수를 결과하여 시민적 경제적 자유주의는 공산주의이데올로기가 가장 갈망하는 것을 줄 우려가 있다고 하는 얄궂은 결과임에 틀림없다고 하면서 민법전상 가공규정의 문제점을 과장했다.

그러나 이들의 과장적 언급은 가공법에 대한 그야말로 망상적 공포에서 비롯된 것이라고 해야 하겠다. 과연 그럴까? 필자는 그렇게 되지 않는다고 생각한다. 이것은 너무나 과도한 과장이라고 생각한다. 가공의 법철학이 반드시 반(反)자본주의적 법철학이 되는 것만은 아니라고 생각한다. 가공법의 정신은 "노동에 의한 소유"라는 소박한 가치를 실현하는 것이고 노동과 자본이 동위(同位)적·동가(同價)적으로 그리고 기업구성원이 동등하게 기업적 생산과정에 참가 내지 관여할 수 있는 본원적 통로를 열어 그야말로 경제민주주의를 실현해서 건강한 자본주의를 만드는 법적·제도적 초석이 될 수 있고 또 그렇게 되어야 한다고 생각한다.

그렇지만 근대유럽에 있어서 현실은 시민법전상의 가공규정이 예상하고 있었던 규범적 결과를 전혀 실현하지 못했다. 이것은 근대시민법전을 거의 계수했던 우리나라의 경우에도 마찬가지다. 우리 민법 제259조에도 불구하고 기업적 노동관계에서 기업주가 모든 노동생산물의 소유권을 취득하고 있다. 게다가 그것은 현재의 경제질서에서 당연한 것이고 일반법적 감정에도 합당하다고 생각되고 있다.

---

95) 이렇게 되었던 원인에는 도이치법률가 특히 민법학자의 출신배경과 어느 정도 연관이 있지 않을까 감히 추측해본다. 역사적으로 보면, 중세봉건제가 붕괴하기 시작하면서 초기에는 성직자와 귀족계층의 출신자들이 법률가로 진출하였으나, 그 후에는 주로 시민계층의 출신자들이 법률가로 진출하여 19세기 이후의 도이치법률가의 주된 계층을 형성하였다. 근대시민계급 출신 법이론가들 중에도 계급이익에 반하는 이상적인 이론을 전개했던 자들이 없었던 것은 아니지만, 그러한 자들은 예외에 불과하고, 주도적인 법률가계층은 근대사회의 정치와 경제영역뿐만 아니라 법영역까지 장악하여 법개념과 법이론을 자신들의 이익과 접목하여 구축하였다고 하겠다. 도이치법률가형성과정에 관해서는 上山安敏, 「ドイツにおける法律家層の形成過程(一)」, 『法學論叢』(京都大學法學會) 제69권 제3호(1951년), 28-30면 참조.

또 기업주의 소유권취득이 어느 당사자의 의사에도 연유할 수 없다는 것도 자연의 감정에서 당연한 것이라고까지 생각하는 것 같다. 근로자가 자기의 노동에 의해 사용자에 대해 소유권이 발생한다고 하는 것을 의식하고 있는 것을 요하지 않으며 사용자도 소유권취득을 의식하는 것도 필요하지 않는 듯하다. 즉 그것은 모든 법률질서가 순응해야 하는 자연법상의 원리인 것처럼 보인다. 그렇기 때문에 기업적 근로관계에서 기업주의 소유권취득은 사용자의 지위에 필연적으로 귀결되고 객관적으로 확정되는 사실이다[96]고 생각되는 것이다. 그런데 기업주의 소유권취득은 노동계약과 관계없이 사실상의 노동급부에 의존하고 있다. 의사가 없는 곳에 법률효과의 변동을 인정하는 것이 로마법의 형식주의적 사상에는 기이하게 느껴질 수 있을지는 모르지만 그것은 노동입법이 인정하고 있는 강한 경향이고, 그리고 그것은 사회의사에 의한 개인의사의 제약 외에 아무것도 아니다. 그와 같이 기업주의 소유권취득이 사회통념에 근거하는 것은 분명하다고 하여도 그것에만 의거하며 실정법질서에 입각하지 않고 문제의 해명을 시도하는 것은 허용될 수 없다고 하겠다.

가공법리에서 볼 때, 종속노동을 인정하면서 그것에서 출발해서 생존권을 확보하는 차원에서 종속노동을 긍정·유지하는 노동법의 법이론적 구성은 오히려 이론적 상상력의 부족이 아닌가 생각한다. 이러한 이론구성은 시민법의 가치와 이념에 정면에 배치된다. 그러므로 시민법의 가치와 이념에 입각해서 근로자와 자본가 간에 처음부터 종속노동을 거부하면서 가공법리에 의하여 노동의 가치를 적극적으로 평가하고 노동생산물에 대한 근로자들의 소유권의 집단적 취득을 긍정하면서 기업생산물에 대한 근로자들의 공유지분을 주장하는 한편 노동과 자본의 주체 측면을 부각하면서 자본과 노동이라는 수단적 또는 도구적 구성보다는 노동출자자와 자본출자자의 주체적 측면 즉 근로자와 자본가의 인적 결합체로서의 기업의 실질을 인정하는 이를테면 '조직적 조합계약' 또는 '조합가입계약'으로 근로계약(또는 고용계약)을 파악했어야 한다고 생각한다.

현재 도이칠란트나 북유럽에서 진행되고 있는 근로자의 경영참가제도는 가공법의 정신이 부분적으로 실현된 것으로 평가할 수 있다. 제헌헌법 제18조 제2항이 추진하고자 했던 근로자의 이익균점권도 가공법의 정신과는 일맥상통하는 것이라고 말할 수 있다. 가공의 법리가 기업적 노사관계에서 구현된다고 하더라도 그것

96) 그리고 이것에 반대되는 견해를 수미일관되게 관철한다면 민법전의 의도에 반하는 불합리한 결과로 되어서 모든 개인법은 결국 파멸되어야 할 것이다.

이 곧바로 자본주의체제를 부정하는 것은 결코 아니라고 생각한다. 가공법의 법리가 우리 노동헌법과 부합할 수 있다.[97] 가공법의 이념은 얼마든지 다른 모습으로 현실화될 수가 있다.

Ⅵ. 결 어

오래 전에 노동법을 본격적으로 공부하기 시작하면서부터 필자는 한 가지의 커다란 의문을 가지고 있었다. 어떻게 근로자의 종속성을 유지하고자 하는 노동법을 현대법이라고 말할 수 있는가? 근대시민혁명에 의해 이미 인간에 대한 인간일반의 종속성이 부정되었고 만인에 의한 만인을 위한 만인의 자유와 평등을 실현하기 위한 제도적 법적 장치로서 근대시민법이 성립되었는데도 자본가에 대한 근로자의 종속성을 법적으로 인정하면서 보호라는 미명하에 그것을 고착시키고자 하는 노동법이 현대법으로서 성립되었다는 사실은 역사적인 퇴보가 아닌가라는 것이다. 즉 근대법에 의해 노예제가 폐지되었음에도 노동법은 자본주의체제에서 사실상 새로운 노예제를 인정하면서 그것을 규범적으로 은폐하면서 유지하는 법이 아닌가? 이러한 커다란 의문 중에 구체적으로 떠올랐던 문제가 '가공법과 노동법의 관계'라는 주제이었다. 본 논문은 이 주제와 관련하여 필자 나름으로 추적한 그 일부라고도 말할 수 있겠다. 그 핵심은 물적 생산담당자를 둘러싼 법영역이 물권법에서 채권법 그리고 노동법으로 전개되었는데, 고대·중세사회에 있어 재료소유자와 가공자 그리고 근대사회에 있어서 자본소유자(자본)와 노동소유자(노동)의 법적 관계에 관한 「본원적 노동법(Urarbeitsrecht)」이었던 가공법의 이념이 물권법에서 채권법 그리고 현대법으로서의 노동법으로 넘어가면서 왜, 어디에서, 어떻게 차단되었는가라는 문제이다. 인류의 역사에서 계급적 지배구조로서 국가가 태동했던 시기인 고대에서부터 거대한 법적 구조물로서 작용하고 있는 현대에 이르기까지, 물적 생산담당자는 고대에는 노예, 중세에는 농노 그리고 근대 이후부터는 근로자로 명명되면서 현재에 이르고 있다. 법인격의 면에서 보면, 그것은 고대에 있어 물건으로서의 지위(객체)에, 중세에 있어 신분적 종속인(제한적 신분인)으로서

97) 이와 관련하여 강희원 「노사관계의 헌법적 구축－기업적 노사관계의 대립성과 협력성의 조화를 위한 헌법적 기초－」, 『노동법연구』(서울대학교 노동법연구회), 제39호(2015년 하반기), 223-297면 참조.

의 지위에 그리고 근대 이후부터 추상적 자유인으로서 지위로 변했으며, 법적 규율의 속성에서 보면, 그것은 물권법적 규율(공법적 규율)에서 채권법적 규율(사법적 규율) 그리고 노동법적 규율(사회법적 규율)로 변해왔다고 말할 수 있다. 어떠한 사회에서든 그 물적 기반을 구축하는 물권법은 강행성의 공법적 성격을 가지고 있다. 그래야 사회구성체의 물적 기반이 안정화될 수 있다.

고대와 중세에서 지배자와 피지배자의 관계로서 물권적으로 규율되었던 생산관계가 근대로 넘어오면서 대등한 대인적 관계로서 채권적 규율로 변하면서 어떤 요소가 법적 외로 배제되고 어떤 요소가 법적 내로 들어왔을까? 법적 객체이었던 피지배자가 지배자와 동등한 법적 주체로 되면서 그 전까지의 법적 주체가 향수했던 권익이 새롭게 주체의 지위를 얻었던 자들에게도 실질적으로 인정되었는가 또는 과거의 법적 주체가 가지고 있었던 지배권이 진정으로 폐지되고 새로이 법적 주체가 된 자와 진정으로 동등하게 되었는가를 역사적으로 추적해보려고 했다. 특히 법적 객체가 주체로 되면서 기성의 주체가 향수했던 권리가 새로이 주체에게도 인정되었는가를 역사적으로 꾸준히 찾아보았다. 만약 그대로 인정되지 않았다면 그 불인정의 근거가 어떻게 정당화되었을까?

지금까지 우리는 기업적 생산관계에서 노동생산물의 소유권은 사용주가 취득한다는 것을 당연한 전제로 하면서 이에 대해 아무런 의문을 제기하지 않고 있다. 노동생산물의 소유권취득에 대한 문제에는 사용자와 근로자 중 누가 진정한 권리자인가에 관하여 경제적·정치적 법적 구조가 첨예하게 뒤엉켜 있다. 물론 역사는 강자의 손을 들어 노동생산물에 대한 권리를 강자에게 인정했던 것 같다. 그러면 그 소유권취득의 법적 근거는 무엇이며 어떻게 정당화되었는가? 노동법학자들조차 대부분 이 문제에 대해 별로 관심을 가지지 않거나 기존의 결과를 당연한 것으로 받아들이고 있다. 오히려 그들은 사용주에 의한 노동생산물의 소유권취득이 이른바 종속적 노동관계의 본질에서 생기는 필연적인 결과이라는 것을 강조하였던 것이 사실이다.

이에 대해 필자는 근본적으로 의문을 제기해보았다. 바로 이러한 의문에서 가공의 법리에 기한 노동법의 재구성에 관한 시론적 논의가 시작되었다. 가공의 법리의 철학적 기초에 대해 근대시민사회의 정치철학적 기초자인 존 로크의 노동소유권론을 원용하여 논거하는 한편, 가공법이 인간생활의 원초적 규율로서 소유권질서의 일부로서 물권법적 강행규범성을 가진다는 것을 고찰하고 또 노동법으로서의 가공법의 가능성을 타진하면서 특히 기업적 노동관계에 대한 가공법의 적용을 배제하면서 사회정책적 차원에서 종속노동보호법으로서 노동입법을 지지하는 사회정책론에 기한 법이론적 구성을 비판적으로 검토하고, 노동관계에 가공의 법리를 관철하여 현재의 노동법적 사고를 비판하고 새로운 노동법의 구성을 모색해 보았다. 가공법의 정신과 이념은 오늘날 기업적 노사관계에도 실질적으로 관철되어야 한다. 자본주의체제 하에서 가공법의 정신을 다시 살려낸다고 하더라도, 그것은 20세기 초기에 보수적 법률가들이 걱정하였던 것과 같이 불량한 사회주의나 공산주의로 가는 통로가 아니라는 것을 강조하고자 한다.

20세기 벽두에 오스트리아의 노동법학자이자 정치가이었던 안톤 멩거는 "로마에는 노동하는 자 대다수는 노예상태에 있었다. 그리고 로마법에 의하면 노예는 '말하는 물건'에 불과하고 노예의 이익을 위해서는 어떠한 법률질서도 존재하지 않았다. 그러나 이미 중세 및 근대에 이르러 이 방면에서 완화된 다수의 법률제도의 발전이 촉진되었는데, 점차 노동계급이 일반적으로 인민으로 발전한 오늘날 우리는 이 노동계급을 위해 새로운 완전한 일체의 법률체계를 만들어야 할 임무에 직면하고 있다"[98]라고 하였다. 여기에서 멩거가 말하는 새로운 완전한 일체의 법률체계가 오늘날의 노동법일 것이다. 그렇지만 현재 노동법으로서 제정되어 있는 법률 중 진정으로 근로자를 위한 것이 얼마나 될까? 현재의 노동법은 근로자의 보호라는 목적 하에 근로자를 관리하는 법으로서 근본적으로 종속성을 유지하고자 하는 법률이라고 하겠다. 이미 100여년 전에 안톤 멩거가 소리 높여 말했던 위의 구절은 여전히 우리의 귀에 강하게 울리고 있다. 오늘날 근로대중이 갈망하고 있는 이상적인 법은 그들을 진정으로 자유·평등한 인간으로 대우하는 법률일 것이다. 그렇지만 법이란 한 국가의 역사적 발전과정에서 그 국가 속에 형성된 세력관계의 거대한 체계이다. 그래서 지배세력은 자신의 이익을 주장하여 그것을 마치 다른 계층에 대하여 객관적으로 부여되는 '그 어떠한 것'으로 승인되어 있는 것을 요구하는 법 즉 법률규범으로 관철한다. 그렇지만 어떠한 세력관계도 영원하지 않다. 어느 기간이 지나 변동이 생기면 그 법률규범은 객관적인 것처럼 생각되는 기저를 상실하고 다시 이익투쟁 속에서 새로운 법규범이 형성된다. 규범은 그야말로 권력이다. 사회적 투쟁은 규범의 획득을 목적으로 실행되고 규범은 사회적 실력 일방의 승리와 그 패자인 상대방의 생존이 승인되는 평화결정이라고 말할 수 있다. 이러한 의미에서 실정노동법은 현재 노동과 자본의 평화협정인 것이다. 현재

98) Anton Menger, *Über die sozialen Aufgaben der Rechtswissenschaft*(오스트리아 빈대학교 교수취임 강연), Wien, 1895, S. 23.

국민의 다수를 차지하는 근로대중이 자신의 이익을 부단히 강조하면서 스스로 자신들을 위한 법 즉 노동법의 제정을 촉진한다면 그러한 수준만큼 노동법은 전개될 것이다. 새로운 상황에 부응하는 새로운 노동법을 어떻게 조직해야 하는가에 관한 논의는 미래를 준비하는 노동법학에게 부여되는 긴급한 임무일 것이다. 현재의 노동법은 지금까지 약간의 내림과 오름은 있었지만 평균적으로 보면 과거 어느 때보다 기업조직 내에 근로자의 종속성을 유지하면서도 그 대가로서 근로자의 이익을 증진하는 데에 기여하고 있다. 그렇지만 노동법의 현재적 모습을 근로자를 위한 최선의 법이라고 말할 수 있는지는 여전히 의문으로 남는다.

노동법은 19세기 중반부터 유럽에서 초기의 소박한 공장입법(Fabrikgesetzgebung)에서 근로자보호법(Arbeiterschutz) 또는 근로자법(Arbeiterrecht) 그리고 사회법(Sozialrecht)이라고 하는 역사적 과정을 거쳐서 발전해 왔다. 유럽노동법의 전개사에서 분명하게 알 수 있듯이, 노동법의 장래가 어떻게 변해갈까에 대해서 여기에서 상론할 수 없지만, 초기노동법은 사회체제의 일정한 부속으로서 경제적 약자집단인 프롤레타리아 즉 이른바 전형적 「노동계급」을 위해서 전개되었다가 그 대상범위가 점차 확대되어왔다. 초기의 유치했던 시대에는 노동법규는 시의에 따라 선언되었던 말하자면 변덕스러운 입법이었고 어떠한 통일적인 기본적 관념에 기하여 제정되지도 않았었다. 또 이와 같은 시대에서는 각종 노동법규는 외부적으로 큰 차이가 있어도 그 내적 구성에는 동일한 법률관계가 규정된다고 하는 의식은 존재하지 않았다. 오히려 이와 같은 노동입법은 불리한 사회적 지위의 투쟁에 관련하여 따라서 정치적 고려가 당해규정의 성질과 양에 대해서 중대한 역할을 하였던 것은 분명하다. 우리나라의 노동입법의 현상도 아직 이 수준을 벗어나지 못했다. 따라서 우리나라에서 노동입법발전의 현단계에서는 노동법은 이른바 노동자의 이익을 위한 법이라는 의미에서 특별계급법이라고 할 것이다. 그러나 처음에 전형적 근로자에 대해 발전해온 노동입법은 전형적 노동계급의 범위에 한정되지 않는 이른바 사용인 도제 가내노동자 관리 등에 대해서도 사회상 마찬가지로 요구된다. 이것을 위해서 노동법이 노동계급의 특별법이라고 하는 것에 반대하여 그들의 모두를 포괄하는 통일적 노동법의 제정이 제창되고 있다. 여기에서 그것에 대하여 통일적 노동법이 적용되는 최고기준의 탐구가 되는 것은 당연할 것이다. 노동법의 현재적 기준은 「종속적 노동(abhängige Arbeit)」 또는 노동의 종속성이다. 노동법은 한편으로는 종속성을 묵인하고 다른 한편으로 그 대가로 일정수준으로 보호를 주는 것이다. 당초 노동법은 노동의 결과 즉 노동생산물에 대해서는 아무런 권리를 주장하는 못하는 종속근로자를 당연한 전제로 해서 그들의 생존과 노동력의 재생산에 필요한 최저 근로조건을 보장하여 자본주의체제를 유지하는데 그 기본적 목적이 있었다고 할 것이다. 대(對)자본적 관계에서 근로자는 진정한 의미에서 있어서 자유·평등한 법주체성을 인정받고 못하고 있는 것이다. 이러한 의미에서 현재의 노동법은 미완성품이다. 따라서 노동법의 문제는 노동결과물에 관한 권리주장에 있어서 자본(재산)과 노동의 관계를 어떻게 규율해야 하는가라는 문제로 귀착된다. 여기에서 자본과 노동의 관계를 대립적으로만 파악하는 때에는, 앞으로도 계속해서 한편에서는 심한 계급투쟁의 존재를 예상할 수밖에 없고, 다른 한편에서 그 궁극은 재산과 노동의 관계를 그 실질에서 규율할 수 있는 법률로 돌아갈 수밖에 없을 것 같다. 새로운 노동법을 위한 연구는 이분법적 사고(dichotomous thinking)에 집착된 법말씀론적 수준을 넘어서 경제학·사회학·철학·역사학 등등의 다양한 관점에서 근본적으로 통찰해야 한다.

오늘날 노동법이 어느 정도로 전개된 덕분에 근로대중은 과거 어느 때보다 윤택한 상황에서 생활할 수 있게 되었는지도 모른다. 그래서 노동법학도들은 기업적 노사관계에서 가공의 법리를 전개하는 것을 터부(taboo)시하면서 종속노동을 긍정하는 노동법의 사고에 집착해왔던 것이 아닌가 생각해 본다. 그렇지만 폐기처분했던 가공법에 들어 있는 오래된 이념과 가치 그리고 정신을 이제 다시 새롭게 살릴 수 없는가, 그리고 「노동에 의한 소유」를 이념으로 하는 가공법이 왜 폐기처분되었는가를 재삼 생각해 보지 않을 수 없다. 역사의 폐기장에 버려져 있는 가공법의 오래된 이념과 가치 그리고 정신을 오늘날에 새로운 형태로 또는 보다 진전된 인간적인 방식으로 다시 살릴 수는 없는가를 고민해 보아야 할 것이다.

현단계에서 기업적 노사관계에서 기업생산물에 대한 소유권은 사용자에게 귀속하고 근로자는 그 노동에 의해 얼마나 많은 결과물이 생산되었는가와 상관없이 약정된 임금만을 받을 수 있다는 것이 자명한 법칙인 것처럼 인식되고 있다. 그러나 이러한 인식이 어디에서 왔을까? 이것이 왜 이렇게 되었을까? 이와 같은 반성적인 의문을 제기해 본다면, 즉 오늘날 사회적 법칙처럼 자명한 것처럼 되어 있는 것에 대해 우리가 한 번쯤 의문을 품어본다면 지금까지 자명하게 보이던 것이 그 이전과는 판이하게 달리 보이게 된다. 그것은 자명한 것이 아니었다. 그것은 어느 한때에 만들어진 것이다. 인간의 삶을 위한 물적 생산역사를 공부해보면, 우리는 소유권과 노동의 결합에 의해서 산출된 노동생산물 그 자체의 소유권은 누구에게, 그리고 어떠한 정도에서 귀속시키면 가장 합리적이고 사회적 정의에 가장 잘 부합하는가라는 근본적인 물음 앞에 직면하게 된다. 이러한 물음에 대한 구체적인 답은 어느 시대의 어떠한 국가에서나 그 국가를 구조화하는 법제도에 의해서 현실에 맞는 모습으로 결착되는 것이다. 보다 더 나은 삶을 위한 새로운 요구들은 새로운 생산기술과 방식에 따라 그리고 다양한 사회적 세력관계에 의해서 법률에 의해서 기획되고 더 좋은 해결을 위한 입법의 문제로서 논의된다.

기업적 노동관계에서 가공법의 적용을 배제하는 이유가 노동의 종속성에 있다고 하는 것이 일응 타당하게 들리지 모르지만, 반대로 가공법에 의해서 노동의 종속성을 없애는 것이 더 타당하지 않는가라고 반문할 수 있다. 기업적 근로관계에서 근로자가 자신의 노동에 의한 창출된 생산물에 대해 소유권을 취득한다는 전제 하에서 출발한다면, 근로관계의 법적 구성과 노동법의 모습은 다르게 될 수 있지 않는가? 반대로 생각하는 것은 왜 허용될 수 없는가라는 의문이 제기되는 것이다. 이러한 문제제기를 도발적으로 전도해서 새로운 노동법의 모습을 그려보았다. 가공법은 현대적 노동법의 재구성을 위한 새로운 계기를 제공해줄 수도 있다. 그러한 의미에서 필자는 가공법의 이념이 오늘날과 같은 첨단자본주의사회에 있어 이른바 온고이지신(溫故而知新)에 의한 즉 아주 오래된 과거를 통해서 새롭게 그려볼 수 있는 종속노동의 초극으로서 인본주의적인 노동법의 상(像)에 관한 미래지향적인 구상이 될 수도 있지 않을까라는 생각을 해본다.

참 고 문 헌

[서 설]

* 강희원, 「한국인의 정서와 계약관념-새로운 한국적 계약법이론의 정초를 위해-」, 『비교사법』 제16권(통권47호, 2009년), 67-200면.
* ______, 「소위 一般條項에 관한 基礎法學的 考察」, 『고황법학』 제1호(1994), 209-265면 참조.

[제 1 장 노사관계와 헌법]

* 강희원, 『노동헌법론』 법영사, 2011.
* ______, "'인권'이라는 말에 관한 용어사적(用語史的) 고찰", 경희법학 45권 1호, 2010.
* ______, "근로기준법상 '취업규칙'의 개념에 대한 일고찰-취업규칙법의 재정립을 위해", 『노동법학』 제42호, 2012.
* 權寧星, 『憲法學原論(改訂版)』, 法文社, 2010.
* 金三洙, 『韓國資本主義國家の成立過程 1945-54年』, 東京大學出版會, 1993.
* 金哲洙, 『憲法學新論(第20全訂新版)』, 博英社, 2010.
* 김형배, 『노동법(제24판)』, 박영사, 2015.
* 성낙인, 『헌법학(제12판)』, 법문사, 2012.
* 梁 建, 『憲法講義(제5판)』, 法文社, 2014.
* 이흥재, 『노동법의 제정과 전진한의 역할』, 서울대학교출판문화원, 2010.
* 임송자, 『대한민국 노동운동의 보수적 기원』, 선인, 2007.
* 장영수, 『헌법학(제7판)』, 弘文社, 2012.
* 陳德奎/韓培浩/金學俊/韓昇洲/金大換 외, 『1950年代의 認識』, 한길사, 1981.
* 한국역사연구회 현대사연구반(편), 『한국현대사1: 해방직후의 변혁운동과 미군정』, 풀빛, 1991.
* 한수웅, 『헌법학(제3판)』, 법문사, 2013.
* 황승흠, "근로자 이익균점권의 탄생 배경과 법적 성격 논쟁", 『노동법연구』 제36호, 2014.
* 許 營, 『憲法理論과 憲法(上)』, 博英社, 1980.
* ______, 『憲法理論과 憲法(中)』(전정판), 博英社, 1988.
* ______, 『韓國憲法論』(10판), 博英社, 1998.

* 조류주 비뇨(Georges Vignaux) (임기대 옮김), 『분류하기의 유혹』, 동문선, 2000.
* 미셸 푸고(Michel Foucault) (이규현 옮김), 『말과 사물』, 민음사, 2012.

* Dietz, Rolf, Betriebsverfassungsgesetz, 3. Aufl. München 1960.

* Hueck, Alfred /Hans Carl Nipperdey, Lehrbuch des Arbeitsrechts, Bd. II, 6. Aufl. Berlin 1955
* Locke, John, Two Treaties of Government, a critical edition with an introduction and apparatus criticius by Petter Lastet, Cambridge at the University Press, 1963(任星熙 역, 『統治論』, 世界의 大思想 6, 휘문출판사 1983).
* Luhmann, Niklas, Grundrechte als Institution. Eine Beitrag zur politischen Soziologie, Berlin 1965.
* Müller-Armack, Alfred, Studien zur sozialen Marktwirtschaft, Köln, 1960
* Nikisch Arthur, Arbeitsrecht, Bd. I: Allgemeine Lehren und Arbeitsvertragsrecht, 3. Aufl. Tübingen 1961.
* Nipperdey, Hans, Freie Entfaltung der Persönlichkeit, in: Bettermann, Karl August/Nipperdey Hans Carl, Die Grundrechte, IV. Bd. 2. Halbband, Berlin 1954.
* Sinzheimer, Hugo, Grundzüge des Arbeitsrechts, Jena 1927(이원희 역, 『노동법원리』, 관악사 2004).

* 헌법재판소 판례집
* 대법원 판례집

[제 2 장 근로계약의 개념]

* 한국노동법학회(편), 『근로계약법제의 현황과 과제』, 한국노동법학회 국제학술대회(2009년 추계) 발표문모음집, 2009.
* 강희원, 『노동법 기초이론』(개정판), 동림사, 2009.
* _____, 「"계약"에 대한 법철학적 일고찰」 법철학연구 제11권(2008) 1호, 137-164면.
* 김형배, 『노동법』(신판 제5판), 박영사, 2009.
* 이승길 『근로계약에 관한 연구』(성균관대 대학원 박사학위논문), 1998.
* Ulrich Preis, Grundfragen der Vertragsgestaltung im Arbeitsrecht, Newied/Kriftel/Berlin 1993.
* 이영희, 『근로계약론』, 인하대학교출판부, 1988.
* 青木宗也 先生還曆記念論文集, 『勞動基準法의 課題와 展望 日本評論』, 1984.
* 片岡昇 外, 『新勞動基準法論』, 法律文化史, 1982.
* 本多淳亮, 『勞動契約·就業規則論』, 一粒社, 1981.
* 下井隆史, 「雇用 請負 委任と 勞動契約－『勞動法適用對象劃定』 問題를 中心ニ」, 甲南法學 11권 2, 3합병호, 241면 이하.
* _______, 「勞動契約と賃金を めぐる 若干の 基礎理論的 考察」, ジュリ 401호, 129~1130.
* Dix and Crump, Contract of Employment, 6th. ed. 1980.
* 片岡昇舜, 『團結と 勞動契約の硏究』, 有斐閣, 1957.

[제 3 장 근로계약과 근로기준법]

* 강성태, "제정노동법의 주요내용과 특징－일본법과의 비교를 중심으로", 『노동법학』 제48권, 2013.

* 강희원, "근로계약의 개념에 관한 일고찰", 「경희법학」 제44권 3호, 2009.
* ______, 『노동법의 기초이론』(3판), 법영사, 2011.
* ______, 『노자의 사회적 자치조직법으로서 노사관계법』, 법영사, 2012.
* ______, "근로기준법상 '취업규칙'의 개념에 대한 일고찰-취업규칙법의 재정립을 위해", 『노동법학』 제42호, 2012.
* ______, "근로계약법의 이론적 정초", 『노동법학』, 제48호, 2013.
* ______, "가공의 법리와 노동법-노동법의 갱신을 위한 시론적 검토", 『노동법학』 제56호, 2015.
* 전기호, 『일제시대 재일 한국인 근로자계급의 상태와 투쟁』, 지식산업사, 2003.
* 구해근(신광영 역), 『한국노동계급의 형성』, 창작과비평사, 2002.
* 金炳華, 『韓國司法史: 現世編』, 一潮閣, 1982.
* 金三洙, 『韓國資本主義國家の成立過程 1945-53년: 政治體制 勞動運動 勞動政策』, 東京大學出版會, 1993.
* 金元卿/方有成, 『韓國雇傭史』, 螢雪出版社, 1991.
* 金潤煥/金洛中, 『韓國勞動運動史(중판)』, 一潮閣, 1993.
* 김창록, "식민지 피지배기 법제의 기초", 『법제연구』, 제14호, 1995.
* 김형배, 『노동법(제24판)』, 박영사, 2015.
* 이철우, "일제시대 법제의 구조와 성격", 『한국정치외교사론총』 제22집 1호, 2000.
* 陳德奎/韓培浩/金學俊/韓昇洲/金大換, 『1950年代의 認識』, 한길사, 1981.
* 許粹烈, "朝鮮人勞動力强制動員의 實態", 車基壁(편), 『日帝의 韓國植民統治』, 正音社, 1985.

* 上井喜彦, "第一次大戰直後の勞動政策-治安法 第17條の解釋·適用問題を中心として-", 勞動運動史硏究會(편), 『黎明期日本勞動運動の再檢討』, 1979.
* 細井和喜藏, 『女工哀史』(岩波文庫 靑135-1), 岩波書店, 1980.
* 水波朗, "ジョルジュ·ルナールの法思想一, 二, 三)", 『法政硏究』(九州大学) 36권 2-6호, 1970; 41권 1/2호, 1974; 42권 1호, 1975.
* 黃山原之助, 『日本の下層社會』(岩波文庫 靑109-1), 岩波書店 1985.

* Friedrich Engels, *Die Lage der arbeitenden Klasse in England*, Leipzig, 1845.
* John Locke, Two Treaties of Government, a critical edition with an introduction and apparatus criticius by Petter Lastet, Cambridge at the University Press, 1963(任星熙 역, 『統治論』 世界의 大思想 6, 휘문출판사 1983)

[제 4 장 근로계약과 기업]

* 강희원, 『노동헌법론』, 법영사, 2011.
* 김상봉, 『기업은 누구의 것인가』, 꾸리에북스, 2012.

* C. I. Barnard, *The function of the executive*, Harvard University Press 1938.
* C. H. Cammerlynck, De la conception civilste du droit résiliation unilatéle á la statutaire de licenciement, J.C.P. 1958.

* J. R. Commons, Legal foundation of captalism, The University of Wisconsin Press 1939.
* H. Hoeniger/D. Wehrle, *Arbeitsrecht*, Sammlung der r. V. zum Arv. 6. Aufl.,
* A. Hueck/H.C.Nipperdey, Lehrbuch des Arbeitsrechts, Bd. I, 7. Aufl. 1967
* E. Jacobi, Betrieb u. Unternehmen als Rechtsbegriff, Leipzig 1926.
* J.G. March/H.A. Simon, *Oragnizations*, Manhattan: John Wiley & Sons, 1964.
* A. Nikisch, Arbeitsrecht, 3. Aufl. Tübingen 1961.
* J. Pelissier, Alain Supiot, et Antoine Jeammaud, Droit du travail, 20e. éd. 2000.
* E. Petersen/G. Plowman, *Business Organization and mangement,* Homewood Ill: R.D. Irwin, 1953
* H. A. Simon, Administrative behavior, New York 1961.
* H. Sinzheimer, *Grundzüge des Arbeitsrechts*, Jena 1927.
* J. VINCENT, La dissolution du contrat de travail, Etude comprarative du droit allemand et du droit franÇais, 1953.

[제 5 장 근로계약법의 이론적 기초]

* 강희원, 「근로기준법상 취업규칙의 개념에 대한 일고찰－취업규칙법론이 재정립을 위해」, 『노동법학』(한국노동법학회) 제42호(2012년), 73-137쪽.
* _____, 『노동법기초이론』, 법영사, 2011.
* _____, 「근로계약의 개념에 관한 일고찰」, 『경희법학』(경희대학교 법학연구소) 제44권 제3호(2009), 265-312쪽.
* _____, 「한국인의 정서와 계약관념」, 『비교사법』(한국비교사법학회) 제16권 4호(2009년), 167-199쪽.
* _____, 「“계약”에 대한 법철학적 일고찰」, 『법철학연구』(한국법철학회) 제11권 1호(2008), 137-164쪽.
* _____/선미란, 「취업규칙의 본질에 관한 일고찰－우리 근로기준법 제개정사와 관련하여」, 『외법논집』(한국외국어대학교 법학연구소) 제37권 제2호(2013년), 233-252쪽.
* 김형배, 『노동법(제22판)』, 박영사, 2103.
* _____, 『勤勞基準法(新訂第五版)』, 博英社, 1995.
* 김재훈, 「한국의 근로계약법제의 현황과 과제」, 『노동법학』(한국노동법학회) 제32호(2009년), 145-191쪽.
* 朴洪圭, 『勞動法論』, 三英社, 1995.
* 이영희, 『근로계약론』, 인하대학교출판부, 1988.
* 이종현, 「근로계약법제정에 대한 비판적 연구」, 경희대학교 대학원 2010년 박사학위논문.
* 임서정, 「일본의 근로계약법에 관한 연구한 연구」, 중앙대학교 대학원 2013년 박사학위논문.
* _____, 「근로계약법에 관한 연구: 일본의 사례를 중심으로」, 한국노동연구원, 2013.
* 임종률, 『노동법(제10판)』, 박영사, 2012.
* 최대권, 「기본권의 제3자적효력에 관한 한 연구」, 『법학』(서울대학교 법학연구소) Vol.22, No.1(1981년), 37-62쪽.
* 하갑래, 『근로기준법』, 중앙경제사, 2007.

* 許 營,『憲法理論과 憲法(中)』, 博英社, 1988.
* K. 마르크스(김수행 옮김),『資本論』 제1권, 비봉출판사, 1989.
* 隅谷三喜男(남춘호 역),『勞働經濟論』(形成新書17), 形成社, 1982.
* 三宅正男,『就業規則』, 日本評論社, 1952.
* 小林直樹(編),『現代法 1: 現代法の展開』, 岩波書店, 1965.
* 沼田稻次郎,『勞働法論序說』, 勁草書房, 1950.
* 籾井常喜(編著),『戰後勞働法學說史』, 勞働旬報社, 1996.
* 日本勞働法學會,『勞働契約法制の立法論的 檢討』(學會誌 82호), 1993년.
* 荒木尙志/菅野和夫/山川隆一,『勞働契約法』, 弘文堂, 2008.

* Enrico Iannone, *Die Kodifizierung des Arbeitsvertragsrechts – eine Jahrhundertprojekt ohne Erfolgsaussucht? Eine Undersuchung vorangegangener Bemühungen um eine Arbeitsveertragsgesetz und Analyse möglicher Erfolgsausichten ded Reformprojekts*, Frankfurt a.M 2009(프랑크푸르트대학 2009년 박사학위 논문).

[제 6 장 취업규칙론]

* 강희원,『노동법 기초이론』(제3판), 법영사, 2011.
* ______,『노동헌법론』, 법영사, 2011.
* ______,「독일적 법사유와 한국법학의 반성」,『경희법학』 제35권제1호, 2000.
* 김유성,『노동법 I』, 법문사, 2005.
* 김치선,『노동법강의』(제2전정증정판), 박영사, 1990.
* 김형배,『노동법』(제21판 전면개정판), 박영사, 2012.
* 박상필,『한국노동법』(전정판), 대왕사, 1990.
* 박종희,「유리한 조건 우선의 원칙에 대한 법이론적 검토와 체계상 재구성 시론」,『노동법학』 제8호, 1998.
* ______,『개별적 근로조건에 대한 집단적 결정시스템의 개선방안의 연구』(2005년 노동부 학술연구용역결과물), 노동부, 2005.
* 박홍규,『노동법론』, 삼영사, 1995,
* 이병태,『최신노동법』 제6전정판, 중앙경제사, 2005.
* 이상윤,『노동법』 제6판, 법문사, 2011.
* 임종률,『노동법』 제10판, 박영사, 2012.

* 管野和夫,『勞動法』(제7판보정판), 成文堂, 2006(이정[역],『일본노동법』, 법문사, 2007).
* 片岡曻,『新版 勞動法(2)－續勞動團體法·勞動者保護法』, 有斐閣, 1983.
* ______,『英國勞働法理史』(재판), 有斐閣, 1969.
* 西谷敏,『トイツ勞働法思想史論－集團的 勞動法における 個人 團體 國家－』, 日本評論社, 1987.
* 矢野達雄,『近代日本の勞働法と國家』, 成文堂, 1993.
* 元井久夫(편저), 新版 日本勞働運動史, 勞務行政研究所, 1983.

* 外尾健一,『勞動法入門』(제3판), 有斐閣, 1994.
* 田村讓,『日本勞働法史論』, 御茶の水書房, 1984.
* 藤本武,『勞働運動と勞働立法』, 新日本出版社, 1988.
* 日本勞動法學會,『現代勞動法講座 10: 勞動契約·就業規則』, 總合勞動研究所, 1986.

* Frank Deppe u.a.(Hrsg.), Geschichte der Deutschen Gewerkschaftsbewegungm, Köln, 1977.
* Wihlm Ebel, Quellen zur Geschte des deutschen Arbeitsrechts, Göttingen/Berlin/ Frankfurt a.M, 1964.
* Friedrich Engels, Die Lage der arbeitenden Klasse in England. Leipzig 1845, MEW. Dietz, Berlin 1972. Band 2. S. 225-506.
* Volker Hentschel, Geschichte der deutschen Sozialpolitik, 1880-1980; Soziale Sicherung und kollektives Arbeitsrecht, Frankfurt a.M, 1983.
* Hee-Won Kang, Gesetzesflut und Rechtsfreier Raum, Freiburg, 1990.
* Kühbler(Hrsg.) Verrechtlichung von Wirtschaft, Arbeit und sozialen Solidarität, Baden-Baden, 1984.
* K. Lärmer, Vom Arbeitszwang zur Zwangsarbeit, Berlin, 1961.
* T hilo Ramm(Hrsg.), Arbeitsrecht und Politik 1918-1933, Neuwied/Berlin, 1966.
* Rüdiger Voigt(Hrsg.), Verrechtlichung, Königstein/Ts, 1980.

* 김려수 외 7인(편집),『신법률학사전』, 국민서관, 1976.
* 김증한(책임편집위원),『신판 법률학사전』, 법문사, 1973.
* 신기철/신용철(편저),『새우리말 큰사전(상)』 제6차 수정증보 제1판, 삼성출판사, 1985.

[제 7 장 근로계약의 기간]

* 강희원, "근로계약의 개념에 관한 일고찰", 「경희법학」 제44권 제3호, 경희법학연구소, 2009, 265-312면.
* ______, 「노동법기초이론」(3판), 법영사, 2011.
* ______, 「노동헌법론」, 법영사, 2011.
* 김찬규/이영준, 「법학원론」, 법문사, 1990.
* 김부찬, 「법학의 기초이론」, 대응출판사, 1994.
* 金元卿/方有成, 「韓國雇傭史」, 螢雪出版社, 1991.
* 김형배, "연쇄적 근로계약관계와 해고제한", 「월간고시」, 1976, 94-102면.
* ______, 「노동법」(신판 보정판), 박영사, 2005.
* ______, 「노동법」(제20판), 박영사, 2011.
* 신권철, "기간제근로계약의 무기근로계약으로의 전환", 「노동법연구」 제30호, 서울대노동법연구회, 2011, 197-249면.
* 조천수 외 8인 공저, 「법학개론」, 법원사, 2002.
* 최종고, 「법학통론」, 박영사, 1991.

* 管野和夫, 「勞動法」(제8판), 弘問堂, 2000.
* 石田眞, 「近代雇用契約法の形成」, 日本評論社, 1994.
* 湯村武人, 「16-19世紀の英佛農村における農業年雇の硏究」, 九州大學出判會, 1984.

[제 8 장 근로계약과 노동생산물의 소유권]

* 강희원, 『노동법 기초이론』(제3판) 법영사, 2011.
* ______, 「근로계약의 개념에 관한 일고찰」, 『경희법학』 44권 3호(2009년), 265-312면.
* ______, 「근로계약법의 이론적 정초」, 『노동법학』 제48호(2013.12), 169-209면.
* ______, 「노사관계의 헌법적 구축-기업적 노사관계의 대립성과 협력성의 조화를 위한 헌법적 기초-」, 『노동법연구』(서울대학교 노동법연구회), 제39호(2015년 하반기), 223-297면.
* 곽윤직, 『물권법』(재전정판), 박영사, 1990.
* 김용한, 『물권법론』(전정판), 박영사, 1990.
* 김증한, 『물권법[민법강의 II](개정판), 박영사, 1983.
* 김형배, 『노동법』(제23판), 박영사, 2014.
* 육영수, 『혁명의 배반, 저항의 기억』, 돌베개, 2013.
* 이영준, 『물권법』 박영사, 1990.
* 玄勝鍾, 『로마법 原論』, 一潮閣, 1982.

* Michael Ende, *das Gefängnis der Freiheit*, Stuttgart/Wien 1992: 이병서 옮김, 『자유의 감옥』, 고려원, 1996.
* Georg Wilhelm Friedrich Hegel, *Grundlinien der Philosophie des Rechts oder Naturrecht und Staatswissenschaft im Grudrisse*, 1820: 임석진 옮김, 『법철학』, 한길사, 2008.
* Imanuel Kant, *Die Metaphysik der Sitten*, 1797: 백종현(옮김), 『윤리형이상학』(대우고전총서 31), 아카넷, 2012.
* John Locke, Two Treaties of Government, a critical edition with an introduction and apparatus criticius by Petter Lastet, Cambridge at the University Press, 1963: 任星熙 역, 『統治論』, 世界의 大思想 6, 휘문출판사, 1983.
* Thomas Piketty, *Capital in the Twenty-First Century*, Editiobs du Seuil 2013: 장경덕 외 옮김/이강국 감수, 『21세기 자본』, 글항아리, 2014.
* Francois Furet/Denis Richet, *Penser la Révolution française*, Éditions Gallimard, coll. 《Bibliothèque des histoires》, Paris, 1978: 김응종(옮김), 『프랑스혁명사』 (프랑스혁명 200주년 기념총서 5), 일원서각, 1990.
* Gustav Radbruch(hrsg. v. Erik Wolf u. Hans-Peter Schneider), Rechtsphilosophie, 8. Aufl. Stuttgart 1973: 최종고(역), 『법철학』, 삼영사, 1975.
* Jeremy Riffkin, The End of Work, Putnam Publishing Group 1995: 이영호(옮김), 『노동의 종말』, 민음사, 2005.
* Arthur Schopenhauer, Die Welt als Wille und Vorstellung(Ungekürzte Ausgabe) Köln: Atlas Verlag, 1960: 郭福錄(역), 『意志와 表象으로서의 世界』, 乙酉文化社, 1983.

* Hugo Sinzheimer, *Grundzüge des Arbeitsrechts*, zweite, erweiterte u. völlig umgearbeitete Aufl. Jena 1927: 이원희(역), 『노동법원리』, 관악사, 2004.
* 法典調査會(編), 『法典調査會民法議事速記錄』 9권, 日本學術振興會, 1939.
* 栗生武夫, 「加工の歴史」, 『法学』(東北帝国大学法学会) 第9巻(1940) 第6号(和田徹[発行], 和田電子出版).
* 船田亨二, 『羅馬法』 第2巻(私法第一分冊 〈総論, 物権〉), 岩波書店, 1943.
* 沼田稲次郎, 『労働法論 序説』, 勁草書房, 1950.
* 上山安敏, 「ドイツにおける法律家層の形成過程(一)」 『法學論叢』(京都大學法學會) 제69권 제3호(1951년).
* 三宅正男, 『就業規則』, 日本評論社, 1952.
* 山中康雄, 「労働契約の本質--労働契約をして民法の雇傭契約と本質的に異なら しめるものの探求」, 季刊労働法 제7호(1953년).
* 津曲藏之丞, 『労働法原理』, 有信堂, 1958.
* 淺井淸信, 『(改訂增補)労働契約の基本問題』, 法律文化社, 1967.
* 川島武宣(編), 『注釋民法 7』 物權(2), 有斐閣, 1968.
* 久保敬治/下井隆史, 『労働法學を學ぶ人のために』, 世界思想社, 1984.
* 杉原泰雄, 『憲法と資本主義』, 勁草書房, 2008. (출간연도 순)

* A. Bechmann, Über den Rechtsgrund des Eigentumserwerbs durch Specification, *Archiv für die civilistische Praxis*(AcP) Bd. 47, S. 26ff.
* S. Buckle, *Natural law and the Theory of Property*, Oxford U.P. 19911.
* Ambroise Colin et H. Capitant, *Cours élémentaire de droit civil français I*, 7. édition 1931.
* P. Durand, Traité de droit du travail, t. II, 1950.
* Armin Ehrenzweig, *System des österreichischen allgemeinen Privatsrechts*, Bd. I, 1923.
* G. A. Emge, Das Moment der Neuheit im §950 BGB, AcP. Bd. 114(1916), S. 23ff.
* Ludwig Ennecceys/Theodor Kipp/Martin Wolff, *Lehrbuch des Bürgerlichen Rechts*, Bd. 2, 1. Teil, Tübingen 1925.
* V. Fitting, Die Specification, AcP. Bd. 48, S. 1ff.
* Otto von GIERKE, Die Wurzeln des Dienstvertrages, in: Festschrift für Heinrich Brunner zum fünfzigjährigen Doktorjubiläum am 8. April 1914 überreicht von der Juristenfakultät der Universität Berlin, München und Leipzig 1914, 37ff.
* Felix Goldmann, Eigentumserwerb durch Spezifikation im jüdischen Rechts, *Zeitschrift für vergleichende Rechtswissenchaft*, Bd. 32(1914/15), S, 234ff.
* Justus Wilhelm Hedemann, *Sachenrecht des Bürgerlichen Besetzbuches*, 2. umgeartbeitete Auf. Berlin 1950.
* Philip Heck, Grundriss des Sachenrechts, Tübingen 1930(Neudruck, 1994).
* Carl Herz, Der Rechtsgrund für den Eigentümserwerb am Arbeitsvertrag, (1923년 프랑크푸르트 대학 박사학위논문), Jherings Jahrbücher für die Dogmatik des bürgerlichen Rechts, Bd. 74(1923년).
* Thomas Hobbes, *Leviathan*, J.C.A. Gaskin(ed), Oxford U.P. 1996, p. 163.

* David Hume, *A Treatise of Human Nature*, Norton, D.F. and Norton M.J.(eds), Oxford U.P. 2000.
* Max Kaser, *Das Römische Privatrecht*, Erster Abschnit: Das Alterrömische, Das Vorklassische und Klassische Recht, 2. neubearbeiter Aufl., München, 1971.
* Josef Kohler, *Lehrbuch des Bürgerlichen Rechts*, Bd. 2: Vermögensrecht 2. Teil, Köln, 1919.
* John Locke, *Essays on the Law of Nature*, Oxford U.P. Von Leyden, W.(ed.) 1954.
* Alfred Manigk, Willenserklärung und Willensgeschäft. Ihr Begriff und ihre Behandlung nach Bürgerlichem Gesetzbuch. Berlin 1907(Neudruck, 1970).
* Anton Menger, *Das Recht auf vollen Arbeitsertrag in geschichtlichen Darstellung*, Stuttgart 1886
* __________, *Über die sozialen Aufgaben der Rechtswissenschaft Wien*, 1895(오스트리아 빈대학교 교수취임 강연).
* Hans-Dietrich Müller, *Wie verhält sich der §950 BGB. zu dem Satz, dass jeder Arbeiter Eigentümer des Arbeitsproduktes werden soll?* (1929년 예나대학 박사학위논문), Schriften des Instituts für Wirtschaftsrecht an der Universität Jena Nr. 10. Jena 1930.
* Arthur Nikisch, *Arbeitsrecht*, Tübingen 1951.
* M.N. Rothbard, *The Ethics of Liberty*, New York U.P. 1998.
* A. J. Simmons, *The Lockean Theory of Rights*, Princeton U.P. 1992.
* Rudolf Sohm/Ludwig Mittels/Leopold Wenger, *Institionen*, 17. Aufl. Berlin 1949.
* Paul von Sokolowski, *Die Philosophie im Privatrecht*, Volume 1-Primary Source Edition, Halle A. S., 1902 (reprinted by Nabu Press 2014).
* Rudolf Stammler, *Theorie der Rechtswissenschaft*, Halle 1911.
* Hans Josef Wieling, *Sachenrecht* Bd. 1, Berlin/Heidelberg/New York/London/Paris/Tokyo/Hong Kong, 1990.
* Bernhard Windseid, *Lehrbuch des Pandektenrechts*, 8, Aufl., Bd. 1, Düsseldorf, 1900.

출 처

제1장 : "노사관계의 헌법적 구축—기업적 노사관계의 대립성과 협력성의 조화를 위한 헌법적 기초", 『노동법연구』(서울대학교 노동법연구회) 제39호(2015 하반기), 223-297면.

제2장 : "근로계약의 개념에 관한 일고찰", 『경희법학』 제44권 3호(2009년), 265-312면.

제3장 : "근로기준법의 법체계적 위상의 재정립—독자적인 근로계약법론을 위해서—", 『노동법연구』(서울대학교 노동법연구회) 제40호(2016 상반기), 87-160면.

제5장 : "근로계약법의 이론적 정초", 『노동법학』 제48호(2013.12), 169-209면.

제6장 : "근로기준법상 '취업규칙'의 개념에 대한 일고찰—취업규칙법의 재정립을 위해", 『노동법학』 제42호(2012), 73-137면.

제7장 : "근로계약의 기간에 관한 일고찰", 『노동법연구』(서울대학교 노동법연구회) 제32호(2012.3), 1-60면.

제8장 : "가공의 법리와 노동법—노동법의 갱신을 위한 시론적 검토", 『노동법학』 제56호(2015.12), 111-194면.

사 항 색 인

【ㄴ】

【ㅇ】

【ㅈ】

【ㅊ】

인 명 색 인

[저자 약력]

경희대학교 법과대학 졸업
제24회 사법시험 합격
제15기 사법연수원 수료(변호사)
도이칠란트 Freiburg대학교 법학부(법학박사)
현 사법시험위원 · 행정고시위원 · 공인노무사시험위원
현 경희대학교 법과대학 교수
현 경희법학전문대학원 교수

■ 저서 · 역서 및 주요논문

Gesetzesflut und rechtsfreier Raum
노동법
근로자의 경제적 공동결정 I, II
노동법에 새로운 모색 I
부당노동해위제도에 관한 연구
노동법 기초이론
노동헌법론
노자의 사회적 자치조직법으로서 노사관계법
근로자개념과 계약의 자유(공저)

노동철학(크반트 저, 번역)
법사회학(루만 저, 번역)

「현행 노조법 제81조 2호 단서의 해석문제」
「법률가의 도구로서 언어와 그 문제」
「법의 녹색화와 녹색법학」
「환경위기시대에 있어서 "위험"에 대한 법학적 계몽」
「손해배상법에 있어서 손해의 개념과 인간의 존엄성」
「복제인간을 위한 미래지향적 법률기획」
「배아복제와 인간존엄성의 정치학」 등 100여 편

근로계약법의 근본문제

2016년 9월 1일 초판인쇄
2016년 9월 10일 초판발행

저 자 강 희 원
발 행 인 고 호 균
발 행 처 **법 영 사**

06302 서울시 강남구 논현로 130
전화 (501)8898(대) Fax (501)8895
등록 1987. 5. 11. 제3-125호(윤)
Homepage : www.bubyoungsa.co.kr
E-mail : bypuco@chol.com

※ 파본은 교환해 드립니다. **정가 28,000원**

ISBN 978-89-7032-313-8